ERASMUS' ANNOTATIONS
ON THE NEW TESTAMENT

ACTS — ROMANS — I AND II CORINTHIANS

# STUDIES IN THE HISTORY OF CHRISTIAN THOUGHT



VOLUME XLII

ERASMUS' ANNOTATIONS
ON THE NEW TESTAMENT
ACTS — ROMANS — I AND II CORINTHIANS

Phillips

# ERASMUS' ANNOTATIONS ON THE NEW TESTAMENT

## ACTS — ROMANS — I AND II CORINTHIANS

*Facsimile of the final Latin text*
*with all earlier variants*


EDITED BY

ANNE REEVE

AND

M. A. SCREECH

*Calligraphy by Patricia Payn*



E.J. BRILL

LEIDEN • NEW YORK • KØBENHAVN • KÖLN

1990

The publication of this book has been made possible by a subsidy from the British Academy.
The earlier stages of the preparation were helped by a grant from the Fielden Fund (University College London). Anne Reeve was able to complete her contribution thanks to an Emeritus Fellowship from the Leverhulme Trust. M. A. Screech's contribution was further helped by the Fielden Fund, by a research grant from the British Academy and later by the academic allowances from All Souls College, Oxford.

**Library of Congress Cataloging-in-Publication Data**

Erasmus, Desiderius, d. 1536.
Erasmus' Annotations on the New Testament.

(Studies in the history of Christian thought, ISSN 0081-8607; v. 42)
Text in Latin; introd. in English.
Originally published: Des. Erasmi Roterodami In Novum Testamentum Annotationes. Basilae: Froben, 1535.
Bibliography: p.
1. Bible. N.T. Acts—Commentaries. 2. Bible. N.T. Epistles of Paul—Commentaries. I. Reeve, Anne. II. Screech, M. A. (Michael Andrew) III. Title. IV. Series.
BS2617.5.E69 1989 225 89-15792
ISBN 90-04-09124-6

ISSN 0081-8607
ISBN 90 04 09124 6



PRINTED IN THE NETHERLANDS

In Memory of

# MARGARET MANN PHILLIPS

*

## On White Horse Hill

Sunshine and shadow on the criss-cross fields,
The patchwork quilt that covers England's past:
The long-trudged height reveals it all at last.

So of a well-spent life the topmost day
Spreads out the distant wealth of joy and tears,
Of work fulfilled, and peace tying up the years.

Margaret Mann Phillips
August 2, 1987

(For C.W.P.—her dead husband).

# CONTENTS



## The Texts of Erasmus

# PREFACE

> Pium est opus, christianum est opus. Proinde te quaeso, lector optime, ut tu quoque vicissim pias aures, et Christianum pectus ad legendum adferes.
>
> Erasmus, Novum Instrumentum, *Praefatio* 1516, fol. a4$^{r}$

A 'mere' facsimile edition of Erasmus' *Annotationes* in its final version (1535) would be a significant addition to any well-balanced private library. But in two respects A. Reeve and M.A. Screech have provided the world of scholarship with much more: they have laid the foundation for a future critical edition of this central part of Erasmus' biblical scholarship; and they have identified the four revisions, noting the deletions and additions of 1519, 1522, 1527 and 1535, so that the modern reader is now allowed to trace the growth and to participate in the suspense of this most audacious sixteenth-century biblical project, which dared to question the established foundation of the Christian faith.

One cannot say that Erasmus was unaware of the challenge his undertaking represented: he confronted the tradition explicitly and without mincing words. The *Annotationes* may seem to deal with a bewildering number of small details; but it is exactly these minutiae, Erasmus insists in his original *Praefatio*, that have caused "maximos etiam Theologos nonnumquam et labi insigniter et hallacinari" (fol. a3$^{r}$). We invest endless care in cooking, in proper liturgical procedures and in exact financial accounts; why then "in solis literis divinis displicet haec diligentia, placet neglectus"?

The extent to which these 'minutiae' changed not only textual readings, but also challenged basic presuppositions in dogma and piety which obstructed access to the true 'philosophia Christi' can now for the first time be seen as they are reflected in the several chronological layers. As in the case of the first volume dedicated to the Gospels (1986), this second volume—with its annotations to the new Latin version of the Acts of the Apostles and the first three letters of St. Paul—shows the precise course of Erasmus' battle with what he calls "the dumb scholastic theologians who believe that innovation is heresy". With equal firmness, however, he stood on the other front, against what he saw as "rebellion against the Church". With good reason he could describe himself as being "under fire at once from the two strongholds at each side".

This present volume, so carefully edited by Anne Reeve and lucidly introduced by Michael A. Screech, marks the accelerated progress of a project which it is my great pleasure to incorporate in the series *Studies in the History of Christian Thought*: as few others, it documents the transition from one era to another, and suggests the intellectual risks that have to be taken on the lonely trek *ad fontes*.

Heiko A. Oberman
University of Arizona

# INTRODUCTION

This book will we hope give those who turn to it both pleasure and profit—some tithe indeed of that pleasure and profit which we have long enjoyed from being able to read these *Annotations on the New Testament* with all their various levels dated and docketed. For this book of Erasmus' is in Horace's highest category: it '*miscuit utile dulci*'. These *Annotations* remain remarkably fresh and pleasant to read. Even after thirty-odd years as bulky bedside-books stacked alongside Burton's *Anatomy of Melancholy* and much lighter reading they can still be dipped into with profit and delight. Their erudition is lightly borne; irony, Lucianesque laughter and some bitter gibes can whisk us away from sobering theological complexities into the divinely madder world of the *Praise of Folly*. Behind both the quiet intelligent comment, the argumentativeness and the passionate touchiness there lies an eirenic theology which would, if accepted, have brought the Western more in line with the Eastern Church and with what Erasmus conceived the primitive Church to be. These annotations are a treasure-hoard which can enrich our understanding of almost everything else that Erasmus wrote before and afterwards.

They are at their richest when read as they are presented here, with their various additions and deletions fully dated. Where the *Gospels* are concerned we have already been able to share those riches with a wider public.[1] This volume takes us into the rather different atmosphere of *Acts* and the first three epistles of St Paul.

We have found that these dated *Annotations* become most enlightening when they are read in tandem with Erasmus' letters and with the various apologetics found in the many last pages of Clericus' *Opera Omnia.*[2] Then we are reminded of Erasmus' struggles during a violent epoch which could bear heavily upon him; we are reminded too of the realities of life of a Renaissance writer in the heroic age of New Testament scholarship.

The printed editions of the *Annotations* span some twenty years of Erasmus' life, from 1516 to 1535. The project had doubtless been in some ways in his mind since 1504 when he had discovered a manuscript of Valla's short *Adnotationes in Novum Testamentum* in Louvain. (He pub-

---

[1] Erasmus' *Annotations on the New Testament. The Gospels. Facsimile of the Final Latin text with all earlier variants.* Edited by Anne Reeve. Introduction by M. A. Screech, London, Duckworth, 1986.

[2] These works of apologetics are of course being re-edited in the Amsterdam edition of Erasmus, much to our increased enlightenment, but most readers still probably have more easy access to LB (the 1703-06 Lug.Bat.Clericus *Opera*).

lished it next year in Paris). The project of producing a better Latin text of the central book of the Christian Church gradually became associated with the idea of producing in parallel the original Greek as well. And Erasmus was (unique in his day) aware that both his Latin and his Greek texts would need justification and explanation in a companion-volume of annotations on the Vulgate. Continually expanded beyond the terse utilitarian volume originally envisaged, the *Annotations* became (like the *Essays* of Montaigne) 'consubstantial' with their author. They reveal a man of flesh and blood, of verbal and intellectual dexterity, of passionate engagement: the kind of man who could seem to opponents to be too clever by half. The wish to be charitable and eirenic had to jostle against a drive to mock and to attack. Erasmus never suffered fools gladly. And he found fools everywhere.

In the Gospels read in Greek Erasmus came to savour the fragrance of Christ's words as reported by men who (he believed) had either heard them from his very lips or as specially revealed to them by the Holy Ghost. After such writings the *Acts of the Apostles* could have formed an anti-climax. In fact that is not the case. Erasmus rated Luke's second book very highly indeed: it is for him an integral part of the Good News; without it where else could we learn of the manner in which Christ left this earth; where, how and when his promised Spirit came; how the Church began, was polluted and grew? And the *Acts* providentially break off, lest we should be more concerned with men than with Christ.[3]

Some of Erasmus' most challenging annotations are anchored in *Acts*. It is not surprising that he chose to place that book where we normally do now: after the Gospels and before the Epistles.

The interest which Erasmus shows for the Pauline epistles stretches back to his days in England with John Colet. For many of Erasmus' contemporaries, I suspect, it was to what he had to say on those epistles that they turned with their highest hopes and fears. Many saw St Paul as the key to the renewal of faith and piety. Rabelais (who venerated Erasmus) invented a little devil who laments that Lucifer can no longer eat students' souls for breakfast nowadays: students who study Scripture 'no longer go to the devil' and so 'we shall never chew another one down yonder unless the hypocrites help us by wrenching their *Saint Paul* out of their hands by punishments, duress, violence and the stake.'[4] The two great laugh-raisers of the Renaissance had a deep respect for the power of St Paul. And the former was effectively protected from querulous and

---

[3] Cf. the opening annotations to *Acts* 1.
[4] Rabelais, *Le Quart Livre de Pantagruel*, Lyons, 1552, Chapter LXVI.

powerful enemies in Europe's universities and centres of power by his fulsome privilege from Pope Leo X.

Erasmus in the *Argumentum* he wrote for *Romans* emphasises as clearly as any Lutheran that *fides sola* is the foundation of Pauline doctrine:

> True and complete salvation is brought equally to all, without help from the Law, through the gospel and through faith alone in CHRIST (*per evangelium ac solam fidem in CHRISTO* ...).

But errors can adhere to such a doctrine. Erasmus countered them in one of his longer additions of 1535 (on *I Corinthians* 13:1, '*And have not charity*', pp. 498-501). And that long note is further supported with a lengthy extension (pp. 503-4) to '*The greatest of these is charity*'.

Some of Erasmus' most fascinating notes are long essays, making forays into fields of controversy and apologetics. His longest note by far is on *I Corinthians* 7:39, '*Liberata est a lege*'. It can hardly have been other than riveting in the context of the Henrican divorce, let alone the acceptance of divorce by many Reformers and the increasing pressure to allow the clergy to marry. Scarcely less disturbing for many is the disquisition on original sin which forms the long annotation on *Romans* 5: 12, '*In quo omnes peccaverunt*'. For Erasmus the words *in quo*, traced back to the Greek, mean not '*in whom*' (sc. *Adam*) but '*for that*' (AV), or '*because*' (RSV).[5]

There are many short annotations which also proved capable of arousing fury and controversy. That on *Acts* 19: 18 for example. Erasmus, writing more as an historian than as a philologist, refused to allow that '*Confitentes et annunciantes actus suos*' can be used to prove that the early Church practised auricular confession. To experience something of the rage such reflexions provoked it suffices to read Erasmus' retort to the criticism made by Edward Lee (LB: IX, 255-262). Erasmus will compel his thoughts ('even screaming protests') to accept what the Church decrees if she really does specifically declare that auricular confession was initiated by Christ himself and if she concludes that it cannot be abolished. But his distaste is manifest. And he will not allow that auricular confession is implied by the Greek at this point—as indeed it is not.

Historically speaking Erasmus' work as a textual critic is fascinating; our own textual and linguistic approaches today descend from the example and writings of Erasmus. Other immediate contemporaries of his working on the text of the New Testament would not have produced such descendants. That can be seen if we compare their practices with his and also their lesser sensitivity to the implications of necessarily incomplete

---

[5] The *Authorised Version* (AV) and the *Revised Standard Version* (RSV) are cited merely as examples. All versions which are based on the Greek of course follow suit.

evidence. Today a textual commentary may devote more space to the problems of *Acts* than to all the New Testament epistles put together.[6] On far less evidence Erasmus realised that the text of *Acts* was corrupt among the Greeks and therefore to be used with prudence when correcting the Latin—his original aim. There are innumerable variants. He tentatively explained this neglect by the apparently unimportant place given to *Acts* in the Eastern lectionary (p. 271 f.).

In the present edition all can see how Erasmus' critical apparatus grew, and how he himself grew more and more interested in the *veritas graeca* as he read more of the early Fathers and consulted more and more manuscripts, or, as they became available, the printed texts of Scripture in Greek. We can see him progress from a handful of Greek manuscripts—at first he only had one for St Paul—until he felt confident enough to generalise and draw conclusions. But even at the worst Erasmus was never nakedly alone with one isolated source—not even with that one of St Paul. There was the evidence of Latin manuscripts to start with (and his interest in them long preceded his concern with the Greek). There were the quotations and allusions in the Fathers; there was the evidence of Valla (itself based upon several Greek manuscripts;) there was, from 1512, the work on St Paul by Jacobus Faber (*Stapulensis*). And so on.

Like others in his day Erasmus can be maddeningly vague about the number and location of the manuscripts he consulted. But not always. And at least he did not follow the practice of many and toss his old chief manuscript (*Basle 2*) aside once the printing was done from it.

It was Erasmus' hunt for Greek manuscripts which first led him to Basle, to the collection bequeathed by John Stojkovič of Ragusa who died at the time of the Council of Florence. Erasmus struggled to Basle to carry on with his work in atrocious pain, with sores flaking off his legs which doctors thought were signs of the plague. But then he was working not for gain but for Christ (*Erasmi Epistolae*, no. 373).

His *Novum Instrumentum* first came off Froben's presses in 1516: so far as the work on the Gospels was concerned there was (apart from Valla) no yardstick to judge the scholarship by. The same is truer still of *Acts*. But the Pauline epistles were another matter. Scholars could compare his new Latin version, and often his Greek, with the edition St Paul published in 1512 by Faber (*Stapulensis*), the luminary of the 'school' of

[6] E.g., B. M. Metzger, *A Textual Commentary on the Greek New Testament*, United Bible Societies, London, New York, 1975 (corrected edition): pp. 259 to 503 for *Acts*; pp. 505 to 727 for all the New Testament epistles.

Meaux, who was encouraged by Guillaume Briçonnet and protected by Queen Margaret of Navarre.[7]

Impressive though Faber's achievement is, his conception of Pauline scholarship is essentially static. In his dedication to Guillaume Briçonnet (the Bishop of Lodève) Faber takes seriously St Paul's claim (*Ephesians* 3: 7) that he was a minister according to the gift of God's grace, which was given him 'by the working of his power' (κατὰ τὴν ἐνέργειαν τῆς δυνάμεως αὐτοῦ). For Faber this *energeia* made Paul solely a vehicle—a vehicle of God's grace, '*Nam Paulus solum instrumentum est*'. To study him is therefore to drink from the fountains of salvation. His is the teaching of which Hosea spoke (6:6): 'I desired knowledge of God more than burnt offerings' (Faber, *a*iv°-*a*2r°). Paul is in this way as infallible as Christ, not a man but an instrument of the Holy Ghost. Now that same irrefragable authority Faber all but bestowed on his Greek source, whatever it was. He did not accept that the Vulgate then read was the work of St Jerome. It was too corrupt (Faber, *a*2v°-*a*3r°). He felt no impiety or rashness in confronting it with Greek or his new Latin translation made with its aid. Nor did Erasmus. But unlike Erasmus he is so sure that what he calls 'Paulus'—his uncritical Greek text of Paul—is the Voice of Grace, that he hardly ever questions its readings or its authority. That way lies assertion not scholarship.

The contrast in method can be shown by taking an uncontroversial variant and seeing how first Faber, then Erasmus, then the Complutensians treat it. In *II Corinthians* 2:3 the Vulgate reads, 'Sorrow upon sorrow' (*tristitiam super tristitiam*). Faber comments thus in his *Examinatio*, 138r° (I add punctuation and italics for clarity):

> Vulgata aeditio: '*ut non cum venero tristitiam super tristitiam habeam*'. Superfluit *super tristitiam*. Paulus: ἵνα μὴ ἐλθὼν λύπην σχῶ.

And that is all. His commentary on the facing page is not concerned to justify the reading.

When we turn to the beautiful text of the Complutensian New Testament (with its absence of breathings and its accents designed to show tonic stress not modern Greek usage) we read, λύπην επί λύπη. Yet no authentic manuscript is known to give such a reading, although Lopis

[7] Erasmus is gentle about Faber's mistakes of Greek in his *Apologia ad Jacobum Fabrum Stapulensem* as well as in his *Annotations*. But there is no doubt that he considered himself from the outset to be a better Greek scholar and a better exegete. Cf. his remarks on *I Corinthians* 7:31, '*Praeterit enim figura*'; on the meaning of συναχθέντον in *I Corinthians* 5:4, '*Congregatis vobis & meo spiritu*'; and Faber's 'ridiculous' gaffe over the sense of ὑπερέκεινα in *II Corinthians* 10:16.

Stunica of Alcalá claimed (not in the work itself) that it was supported by the reading of a manuscript from Rhodes.

Erasmus, by contrast, enters into a dialogue with his readers and joins battle with his opponents, giving all available supporting evidence. On p. 527 of the *Annotations* he remarks that the redundant *super tristitiam* was probably borrowed from *Philippians*, 2, [27]. He emphasises that the phrase is not found in Ambrose nor in the Greek of Theophylact (though it is added, he notes, by his Latin translator). 'Someone' claims to have found it 'in one Greek manuscript sent from Rhodes' to Cardinal Ximenes. But when 'so many manuscripts' support Ambrose's reading it is wiser to assume that the Rhodes manuscript had been tampered with, like others which had been changed to make them conform to the Latin Vulgate for œcumenical reasons. Such evidence is but 'a white measure on a white stone', an '*amussis alba in alba lapide*'—a saying which as Erasmus explained in the *Adagia* applies 'to those who have no judgement or are stupid, or to those who give approval to uncertainties or who publish trivialities.' (Hardly a proverb to smooth susceptibilities). And Erasmus adds that he has no wish to correct the Vulgate 'on the faith of [Greek] manuscripts which agree with us on everything.'

As edition followed edition, Erasmus in his *Annotations* is tussling with Lopis Stunica, one of the powerful clergymen of *Complutum* (Alcalá de Henares) in the University of which was prepared the *Complutensian Polygot*. Historians of New Testament scholarship who tend to belittle Erasmus' achievement are often more generous to the Complutensian *New Testament*. Yet that edition was far, far less likely to encourage the development of textual criticism, which was just beginning to bud, than even Faber was in 1512.

It is clear that in a few places, not all of vital importance, the Greek manuscripts available at Alcalá had either been already tampered with or else were tampered with on the spot in order to bring them into conformity with the Latin Vulgate. This is nowhere avowed. Like Faber and Erasmus the scholars of *Complutum* believed that the Bible is, throughout both Testaments, uniquely inspired by the Holy Ghost. Since He inspired all the New Testament directly in Greek (apart from *Matthew* and *Hebrews*) that Greek is to be cherished. But it is not subjected by the Polyglot to *public* critical textual scrutiny. What preoccupied the scholars of Alcalá was not the presentation of textual variants but the revealing of the mystical meanings of Biblical proper-names, to which they devote a great many pages. Their intense interest in etymology is partly based on the assumptions of the platonised Christian cabbala. Such etymologies were believed to hold the key to Christian mysteries, providentially hidden and veiled in both Testaments.

That hard work of textual scholarship did indeed lie behind the plain Complutensian text is made clear in the brief prelims to both Volume One of the entire work and to the New Testament volume. (The very Greek type employed, moreover, is based apparently on the script of ninth-century manuscripts). The editors tell us that their *archetypus* derives not from any chance manuscripts but from ones 'so ancient and so correct and of such venerability that it would be impious to refuse them our trust.' (And they tactfully insist that some of them came direct from Leo X himself—a useful ploy when asking for papal support). But what deliberations took place to decide which readings to accept we are never told in their volumes. It is asserted that the manuscripts are reliable and the versions beyond suspicion. All that is required now is the right mental attitude on the part of the reader: 'If that is not lacking, without any doubt you will, as you taste the sweetness of Holy Writ, despise all other studies. Farewell: and interpret all in good part.' (Vol. 1: +5r°).

In the whole Complutensian *New Testament* only five textual notes are provided.[8] They suffer no comparison with what Erasmus provides in the *Annotations*. All five are limited in size, being fitted into the margins. All, save perhaps the first, may well arouse suspicions in the minds of readers with some experience of both material bibliography and Renaissance controversy.

The first note concerns the 'Power and Glory' clause appended to the Lord's Prayer in *Matthew* 6. It was interpolated into many Greek manuscripts by contamination with Eastern liturgical usage. In the West at least its omission in the Vulgate was often welcome: it confirmed the value of Latin evidence; it showed that Latin manuscripts can be right and Greek ones wrong. So that first marginal note (in which alone the doxology is given) may well have been part of the original scheme and of the original setting of type, an exceptional note designed to reassure readers about the central prayer of Christendom.[9] At all events, despite the evidence of the available Greek Mss the Greek words of the doxology are quite simply left out of the text, an act which reminds us of that at-

---

[8] These five were pointed out by T. H. Darlow and H. F. Moule in their *Historical Catalogue of the Printed Editions of Holy Scripture in the Library of the British and Foreign Bible Society*, London 1903 (reprint New York, 1963). A few more very minor ones could be added, but even a casual student of the Complutensian *New Testament* notices these five, which are in a class by themselves. They are on the Lord's Prayer in *Matthew* 6; on *I Corinthians* 13:3; 15:31; 15:51, and on the 'Johannine *Comma*' in *I John* 6. (A petty note which plays a different role is, for example, 'πυρός: ignis' on CC6v°).

[9] In his own annotation on *Matthew* 6, *Quia tuum est regnum*, Erasmus objects to the addition of such *nugae* to Christ's own words and points out that if the Greek MSS were right and the Latin ones wrong, then (something he refuses to contemplate) the entire Roman Church would have always erred over the main prayer of Christendom.

titude towards the Roman Church's Jewish predecessor and her Eastern rival which led the editors at *Complutum* (as noted by Darlow and Moule) to compare their Latin authority when printed between the Hebrew of the Synagogue and the Greek of the Eastern Schism to Christ hanging between the two thieves (Vol.1: + 3v°).

But what are we to make of the next three textual marginal notes? There are (it bears repeating) merely five in all. Yet of these five three appear in one single gathering, that signed U. The only one of great importance (in the context of the polyglot's deafening general silence on textual divergencies) is that commenting on *I Corinthians* 15: 51, Paul's 'telling' of the 'mystery' of the Resurrection of the Dead. The Greek means: 'We shall not all sleep, but we shall all be changed'. That clashes with the Vulgate which means, 'We shall all rise again, but we shall not all be changed.'

In 1512 Faber, with a slight bow to caution, juxtaposes the Latin Vulgate and his inerrant, infallible Greek 'Paulus'. And that is that. (His exegesis elsewhere is anchored in the Greek account). But the Complutensian Polyglot was eventually put on sale some years after the official printing.[10] By that time Erasmus' Latin rendering had caused a furore among a certain kind of critic, including some in England and at Alcalá. We know from the prelims to Volume One that the in-6 folio gatherings (the *terniones*) of the entire Complutensian Poluglot were left unsorted when the project was interrupted by the death of its patron, Cardinal Ximenes, only being divided into six volumes after the receipt of the *motu proprio* of Leo X (dated the twenty-second of March, 1520, and 'of our Pontificate the eighth'). Both Pope and Printer are concerned with the price at which the work is to be sold. Leo regrets that he was not asked for his approval earlier.[11]

Already in the 1820s T. J. Pettigrew was able to publish the results of a comparison of two variant copies of the Complutensian Polyglot and

---

[10] The printing of the whole set of gatherings was done before July 1517, but with at least some additional printing in 1521 (cf. F. J. Norton, *Printing in Spain, 1501-1520*, Cambridge University Press, 1966: pp. 36; 38-41; 129 etc.). The introduction to the *Interpretationes* specifically says that the relevant gathering, a, was printed afterwards. The worn state of the ornamental capitals show that this was considerably later.

[11] 'Sed cum post impressionem huiusmodi subito dictus Franciscus Cardinalis [i.e. Ximenes de Cisneros] morte esset ablatus: & noster ad publicationem dicti operis consensus petitus non esset : nequivit hactenus opus ipsum ad doctorum manus & publicam utilitatem cui erit fructuosum advenire.' Vol.1, + 8v°.

---

Fig. 1. Faber's textual notes: I Corinthians 15:34-58. Cf. Erasmus, pp. 514-520. *Photo*: Courtesy of the Warden and Fellows, All Souls College, Oxford.

1 Cor.

II 134

tat igitur eos: vt expergiſcātur & reſipiſcant ad iuſtitiam. Paulus. ἐκνήψατε δικαίως, καὶ μὴ ἁμαρτάνετε. ℭ Vulgata ęditio. Ad reuerentiam vobis loquor. ℭ Quia re
uerentia in bonam partē capi ſolet/ pro honeſto timore qui parentibus & ſuperioribus
E debetur: potius ad verecundiam/ pudorem/ aut aliquid ſimile vetus īterpres dicere po-
110 tuiſſet. Paulus. πρὸς ἐντροπὴν ὑμῖν λέγω. ℭ Vulgata ęditio. Niſi prius moriatur.
ℭ Prius: ſuperfluit. Paulus. ἐὰν μὴ ἀποθάνῃ. ℭ Vulgata ædítio. Dat ei corpus ſicut
vult. ℭ Per præteritum dixit Paulus voluit/ id eſt prædiffiniuit / & ab initio ordinauit.
Quis enim in æternitate neq; prius/ neq; poſterius ſit: diuinæ tamē ordinationes/ mū
do/ & omnibus quę in mūdo ſunt priores ſunt/ vt æterna nō æternis. Paulus. δίδωσι
σῶμα καθὼς ἠθέλησεν. ℭ Vulgata æditio. alia claritas ſolis/ alia claritas lunæ/ &
alia claritas ſtellarum. ℭ Potuit hic vbiq; & inferius vetus īterpres dicere gloria: vbi
dixit claritas. Nam idem vocabulum paulo ante verterat gloria. vt igitur Paulus
vocabulum non mutat: neq; interpres/ interpretationis vocabulum mutare debuit/
E niſi ſe potius paraphraſten q̄ interpretem dici maluit. Paulus. ἄλλη δόξα ἡλίου,
III καὶ ἄλλη δόξα σελήνης, καὶ ἄλλη δόξα ἀστέρων. ℭ Vulgata æditio. Factus ē
III primus homo Adam. ℭ Homo ſuperfluit. Paulus. ἐγένετο ὁ πρῶτος ἀδάμ. ℭ Vulgata æditio. Sed non prius quod ſpiritale ſed quod animale. ℭ Latinius ſpirituale a
ſpiritu. Et animale: ab anima hic deducitur/ non a vocabulo animal / vt & alias annotauimus. neq; enim amplius ſpirituale corpus ſortiti: edent/ bibēt/ vegetabunt. Nā hoc
eſſet animale corpus habere: & non ſpirituale. Et Paulus poſitiuo vtitur primum: non
comparatiuo prius. ſed nichili refert. Paulus. ἀλλ' οὐ πρῶτον τὸ πνευματικὸν,
ἀλλὰ τὸ ψυχικόν. ℭ Vulgata æditio. Primus homo de terra terrenus. Secūdus homo de cælo cœleſtis. ℭ Legendum ſecundus homo dominus e cœlo. Paulus. ὁ πρῶτος ἄνθρωπος ἐκ γῆς χοϊκὸς· ὁ δεύτερος ἄνθρωπος ὁ κύριος ἐξ οὐρανοῦ.
Choicus homo id eſt terrenus: qui huic diuinæ ſententiæ ſubiacet/ qua dicitur/ cinis
es & in cinerem reuerteris. Cœleſtis: qui illi nō eſt obnoxius/ qualis procul dubio Chri
ſtus natura fuit. voluit tamen in ſe/ choici portare ſimilitudinem vſq; ad mortem: ſed
non vſq; ad reſolutionem in cinerem. Quia de eo ſcriptum erat: non dabis ſanctū tuū
videre corruptionem. Et in hoc ſæculo portamus choici imaginem: qui & reſolutioni
& reuerſioni in puluerem obnoxij ſumus. ī altero vero portabimus Chriſti imaginem:
qui per eum (deſtructo mortis imperio) non amplius diſſolutioni & reuerſioni in terrā
erimus obnoxij (nam hoc iterum eſſet mori) qui immortales erimus. ℭ Vulgata æditio. Igitur ſicut portauimus imaginem terreni: portemus & imaginem cœleſtis. ℭ Dicē
dū & ſicut portauimus imaginē terreni: portabimus & imaginem cœleſtis/ portabimus
dico per futurum. non enī hortatur hic Paulus: ſed quod futurū eſt prædicit. q̄diu enī
ſumus in hoc mūdo: portamus imaginem terreni. ſed ī altero mundo: primum portabi
mus imaginē cœleſtis. ex prima enī vita: diſſipabiles ſumus in terræ atomos/ vt terra.
ex ſecūda: īdiſſipabiles/ vt cœlū. Quis enī diceret cœlū ī puluerē (vt terrenū corpus) re
ſolubile? nūc corpus noſtrū terræ: tūc cœli cōditionē feret. Paul9. καὶ καθὼς ἐφορέ-
C σαμεν τὴν εἰκόνα τοῦ χοϊκοῦ, φορέσομεν καὶ τὴν εἰκόνα τοῦ ἐπουρανίου.
III ℭ Vulgata æditio. Omnes quidem reſurgemus: ſed nō oēs immutabimur. ℭ Sic latini
codices habent. Sed ex Paulo vt dictum eſt: legendum/ non ōnes quidem dormiemus/
ſed omnes immutabimur. Verum literam credo immutatam: q verius illo modo/ q̄ hoc
modo dici crediderunt/ non intelligentes forte ſacramenta rerum. Credo poſſe ſtare: vt
græce legitur. Exiſtimant reproborum corpora non immutari: ſed magna profecto im-
mutatio eſt de mortali effici immortale/ incorruptibile/ & indiſſipabile. Et capiunt īmu
tationē: pro quadam immutatione ad gloriam/ & diuini ſplendoris ſuſceptionem. Sed
id arbitrarium/ & (mutata litera) fingere neceſſariū. Paulus. πάντες μὲν οὐ κοιμηθησόμεθα, πάντες δὲ ἀλλαγησόμεθα. ℭ Vulgata æditio. Canet enī tuba. ℭ Tuba ex archetypo ſuperfluit/ etſi intelligentiæ ex ſuperiori adaptetur. niſi forte tuba ſe-
xtus caſus intelligatur. Paulus. σαλπίσει γάρ. & continenter ſubiungit καὶ νεκροὶ.
& mortui. ℭ Oportet enī corruptibile hoc: īduere incorruptibilitatē/ et quæ ſequūtur:
ℭ Cū Paul9 hoc ſubiūgit: declarare videtur quid dixit/ īmutabimur. Q3 ſi reprobi īcor
ruptibilitatem induunt: immutantur. ℭ Vulgata æditio. Deo autem gratias. Dicendū
gratia/ recto ſingulari. eſto: ītelligatur verbū aut ſit. Paulus. τῷ δὲ θεῷ χάρις. Vulga
ta ęditio. Stabiles eſtote & immobiles. ℭ Abſq; copulatiua coniunctione profert Pau
lus. Sed id forte: notatu īdignū iudicabiſ. Paul9. ἑδραῖοι γίνεσθε, ἀμετακίνητοι,

to conclude that some leaves had been reprinted in 1520 or so, well after the first run.[12] Further bibliographical evidence is marshalled by F. J. Norton in his fine description and study.[13] It seems to me that we should suspect that the marginal notes to *I Corinthians* were added in the 1520s since (almost unbelievably otherwise) virtually all the textual cruces just happened to occur in that single in-6 gathering, the one signed U. By the time the Complutensian Bible was on sale *I Corinthians* 15:51 had become a bone of great contention. The temptation to defend the reading of *I Corinthians* 15:51 with a marginal note inserted about 1520 must have been very real. And once that gathering U had been retrieved from the pile, why not add two more on texts where Erasmus' scholarship could be shown to be shaky? I can see no sign however that the gathering itself was reprinted in its entirety. The evidence points the other way.

The Complutensian texts indicate word-for-word correspondences (whenever possible) by small letters of the Latin alphabet set high before the relevant words. Even with the marginal note to *I Corinthians* 15:51 the lack of correspondence at this juncture is puzzling. Against κοιμηθησόμεθα ('we shall fall asleep') there is a raised small z. There is no word in the Latin column able to have a corresponding one. Similarly *resurgemus* and the vital ensuing *non* are left unmarked.

To turn from that to Erasmus' annotation on *Omnes quidem resurgemus* (*I Corinthians* 15:51) is to enter into another, richer world. By 1535 that note stretches from p. 515 to p. 519. No one is left unaware of textual problems. No manuscript by itself is presented as Paul's very own words. And Erasmus does not demand to be taken on trust, on his own assertions.

That signature U may have been overprinted with its marginal notes in the 1520s (though not entirely reprinted) is a suspicion; it is by no means a certainty. But that suspicion is increased by running ahead to the final note, that on the infamous and much studied 'Johannine *Comma*'.[14] It occurs on KK2v°, being translated for the nonce. Now KK2r°

[12] O. T. J. Pettigrew: *Bibliotheca Sussexiana*, London, 1827, I (part 2) citing Dr Adam Clark.

[13] See both the work cited in note 10 and the satisfyingly detailed bibliographical description in *A Descriptive Catalogue of Printing in Spain and Portugal*, Cambridge University Press, 1978, pp. 11-15.

[14] That is, the interpolation in many Latin manuscripts of *I John* 5: 6-7 of the words translated in the Authorised Version as: 'For there are three that bear record *in heaven,*

Fig. 2. The bottom of KK2r° in the *Complutensian Polyglot* (showing over-run of the Greek) and of KK2v° (showing the 'Johannine *Comma*' and the marginal note). *Photos*: Courtesy of the Warden and Fellows of All Souls College, Oxford.

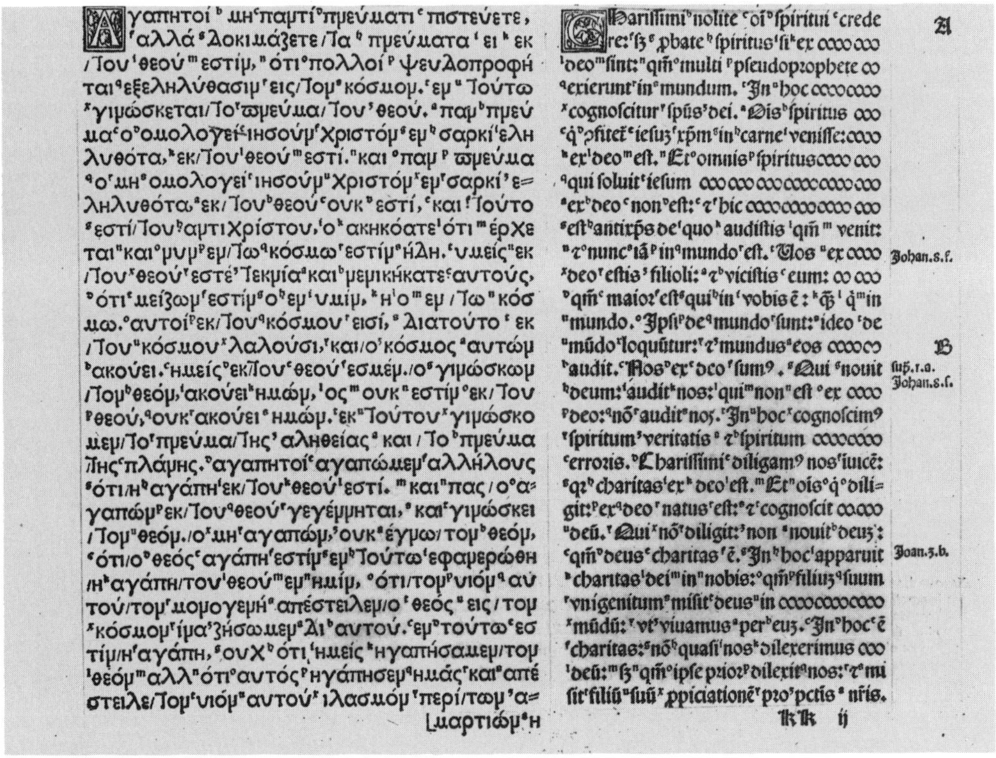

Ἀγαπητοί μὴ παντὶ πνεύματι πιστεύετε, ἀλλὰ δοκιμάζετε τὰ πνεύματα εἰ ἐκ τοῦ θεοῦ ἐστίν, ὅτι πολλοὶ ψευδοπροφῆται ἐξεληλύθασιν εἰς τὸν κόσμον. ἐν τούτῳ γινώσκεται τὸ πνεῦμα τοῦ θεοῦ. πᾶν πνεῦμα ὃ ὁμολογεῖ ἰησοῦν χριστὸν ἐν σαρκὶ ἐληλυθότα, ἐκ τοῦ θεοῦ ἐστί. καὶ πᾶν πνεῦμα ὃ μὴ ὁμολογεῖ ἰησοῦν χριστὸν ἐν σαρκὶ ἐληλυθότα ἐκ τοῦ θεοῦ οὐκ ἐστί, καὶ τοῦτο ἐστὶ τοῦ ἀντιχρίστου, ὃ ἀκηκόατε ὅτι ἔρχεται καὶ νῦν ἐν τῷ κόσμῳ ἐστὶν ἤδη. ὑμεῖς ἐκ τοῦ θεοῦ ἐστὲ τεκνία καὶ νενικήκατε αὐτούς, ὅτι μείζων ἐστὶν ὁ ἐν ὑμῖν, ἢ ὁ ἐν τῷ κόσμῳ. αὐτοὶ ἐκ τοῦ κόσμου εἰσί, διὰ τοῦτο ἐκ τοῦ κόσμου λαλοῦσι, καὶ ὁ κόσμος αὐτῶν ἀκούει. ἡμεῖς ἐκ τοῦ θεοῦ ἐσμέν. ὁ γινώσκων τὸν θεόν, ἀκούει ἡμῶν, ὃς οὐκ ἐστὶν ἐκ τοῦ θεοῦ, οὐκ ἀκούει ἡμῶν. ἐκ τούτου γινώσκομεν τὸ πνεῦμα τῆς ἀληθείας καὶ τὸ πνεῦμα τῆς πλάνης. ἀγαπητοί ἀγαπῶμεν ἀλλήλους ὅτι ἡ ἀγάπη ἐκ τοῦ θεοῦ ἐστί. καὶ πᾶς ὁ ἀγαπῶν ἐκ τοῦ θεοῦ γεγέννηται, καὶ γινώσκει τὸν θεόν. ὁ μὴ ἀγαπῶν, οὐκ ἔγνω τὸν θεόν, ὅτι ὁ θεὸς ἀγάπη ἐστίν. ἐν τούτῳ ἐφανερώθη ἡ ἀγάπη τοῦ θεοῦ ἐν ἡμῖν, ὅτι τὸν υἱὸν αὐτοῦ τὸν μονογενῆ ἀπέστειλεν ὁ θεὸς εἰς τὸν κόσμον ἵνα ζήσωμεν δι' αὐτοῦ. ἐν τούτῳ ἐστὶν ἡ ἀγάπη, οὐχ ὅτι ἡμεῖς ἠγαπήσαμεν τὸν θεόν, ἀλλ' ὅτι αὐτὸς ἠγάπησεν ἡμᾶς καὶ ἀπέστειλε τὸν υἱὸν αὐτοῦ ἱλασμὸν περὶ τῶν ἁμαρτιῶν ἡ

Charissimi nolite omni spiritui credere: sed probate spiritus si ex deo sint: quoniam multi pseudoprophete exierunt in mundum. In hoc cognoscitur spiritus dei. Omnis spiritus qui confitetur iesum christum in carne venisse: ex deo est. Et omnis spiritus qui soluit iesum ex deo non est: et hic est antichristus de quo audistis quoniam venit: et nunc iam in mundo est. Vos ex deo estis filioli: et vicistis eum: quoniam maior est qui in vobis est: quam qui in mundo. Ipsi de mundo sunt: ideo de mundo loquuntur: et mundus eos audit. Nos ex deo sumus. Qui novit deum: audit nos: qui non est ex deo: non audit nos. In hoc cognoscimus spiritum veritatis et spiritum erroris. Charissimi diligamus nos invicem: quia charitas ex deo est. Et omnis qui diligit: ex deo natus est: et cognoscit deum. Qui non diligit: non novit deum: quoniam deus charitas est. In hoc apparuit charitas dei in nobis: quoniam filium suum unigenitum misit deus in mundum: ut vivamus per eum. In hoc est charitas: non quasi nos dilexerimus deum: sed quoniam ipse prior dilexit nos: et misit filium suum propiciationem pro peccatis nostris.

A

Johan.8.f.

B

sup.1.a.
Johan.8.f.

Joan.3.b.

kk ij

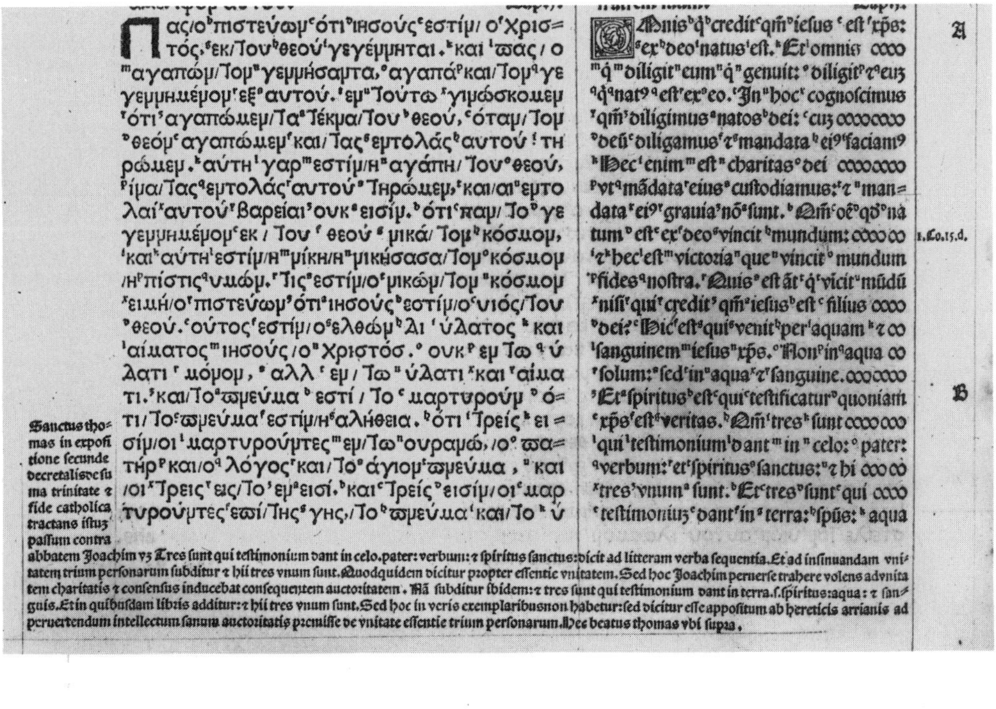

Πᾶς ὁ πιστεύων ὅτι ἰησοῦς ἐστὶν ὁ χριστός, ἐκ τοῦ θεοῦ γεγέννηται. καὶ πᾶς ὁ ἀγαπῶν τὸν γεννήσαντα, ἀγαπᾷ καὶ τὸν γεγεννημένον ἐξ αὐτοῦ. ἐν τούτῳ γινώσκομεν ὅτι ἀγαπῶμεν τὰ τέκνα τοῦ θεοῦ, ὅταν τὸν θεὸν ἀγαπῶμεν καὶ τὰς ἐντολὰς αὐτοῦ τηρῶμεν. αὕτη γάρ ἐστιν ἡ ἀγάπη τοῦ θεοῦ, ἵνα τὰς ἐντολὰς αὐτοῦ τηρῶμεν, καὶ αἱ ἐντολαὶ αὐτοῦ βαρεῖαι οὐκ εἰσίν. ὅτι πᾶν τὸ γεγεννημένον ἐκ τοῦ θεοῦ νικᾷ τὸν κόσμον, καὶ αὕτη ἐστὶν ἡ νίκη ἡ νικήσασα τὸν κόσμον ἡ πίστις ὑμῶν. τίς ἐστιν ὁ νικῶν τὸν κόσμον εἰ μὴ ὁ πιστεύων ὅτι ἰησοῦς ἐστὶν ὁ υἱὸς τοῦ θεοῦ. οὗτός ἐστιν ὁ ἐλθὼν δι' ὕδατος καὶ αἵματος ἰησοῦς ὁ χριστός. οὐκ ἐν τῷ ὕδατι μόνον, ἀλλ' ἐν τῷ ὕδατι καὶ αἵματι. καὶ τὸ πνεῦμά ἐστι τὸ μαρτυροῦν ὅτι τὸ πνεῦμά ἐστιν ἡ ἀλήθεια. ὅτι τρεῖς εἰσὶν οἱ μαρτυροῦντες ἐν τῷ οὐρανῷ, ὁ πατὴρ καὶ ὁ λόγος καὶ τὸ ἅγιον πνεῦμα, καὶ οἱ τρεῖς εἰς τὸ ἕν εἰσι. καὶ τρεῖς εἰσὶν οἱ μαρτυροῦντες ἐπὶ τῆς γῆς, τὸ πνεῦμα καὶ τὸ ὕ

Omnis qui credit quoniam iesus est christus: ex deo natus est. Et omnis qui diligit eum qui genuit: diligit et eum qui natus est ex eo. In hoc cognoscimus quoniam diligimus natos dei: cum deum diligamus et mandata eius faciamus. Hec enim est charitas dei ut mandata eius custodiamus: et mandata eius gravia non sunt. Quoniam omne quod natum est ex deo vincit mundum: et hec est victoria que vincit mundum fides nostra. Quis est autem qui vincit mundum nisi qui credit quoniam iesus est filius dei? Hic est qui venit per aquam et sanguinem iesus christus. Non in aqua solum: sed in aqua et sanguine. Et spiritus est qui testificatur quoniam christus est veritas. Quoniam tres sunt qui testimonium dant in celo: pater: verbum: et spiritus sanctus: et hi tres unum sunt. Et tres sunt qui testimonium dant in terra: spiritus: aqua

A

1.Co.15.d.

B

Sanctus thomas in expositione secunde decretalis de summa trinitate et fide catholica tractans istum passum contra abbatem Joachim vt Tres sunt qui testimonium dant in celo, pater: verbum: et spiritus sanctus: dicit ad litteram verba sequentia. Et ad insinuandam unitatem trium personarum subditur et hii tres unum sunt. Quodquidem dicitur propter essentie unitatem. Sed hoc Joachim perverse trahere volens ad unitatem charitatis et consensus inducebat consequentem auctoritatem. Nam subditur ibidem: et tres sunt qui testimonium dant in terra. s. spiritus: aqua: et sanguis. Et in quibusdam libris additur: et hii tres unum sunt. Sed hoc in veris exemplaribus non habetur: sed dicitur esse appositum ab hereticis arrianis ad pervertendum intellectum sanum auctoritatis premisse de unitate essentie trium personarum. Hec beatus thomas ubi supra.

is unique in having Greek which over-runs into the lower margin, as illustrated. It also contains the maximum number of lines of type (54: most have 53). This and other evidence show that KK2 and its conjoint KK5 are cancels, reprinted much later to make room for a long note (also illustrated). If the Greek of the *Comma* had originally been lacking, its space would have been occupied by fillers: not much crowding-up of reset type would have been required to insert it. The fact that the roman letters linking Greek and Latin words could remain unchanged on KK3 (which is not a cancel) shows that the *Comma* had in fact been included in the original setting of the Greek and that it had conveniently occupied the bottom lines of the original KK2v°. But to add that long note on a reset KK2 required all type to be shifted up. Since the *terniones* lay unbound, no awkward tipping-in of a single leaf was undertaken: it was easier to reprint both KK2 and KK5. This was done (at the behest of Stunica?) about 1520, or in any case well after the completion of the main printing of the *New Testament* in 1514: an examination of relevant ornamental capitals allows us to see that this was so. (That the paper in many, perhaps all, copies looks different has not however proved to be important.) [15]

So behind the austere text of the Complutensian Polyglot lay tensions between scholarly integrity and the arrogance of power. And somebody was prepared to betray the reader's trust, quietly giving at times readings

---

*the Father, the Word, and the Holy Ghost: and these three are one. And there are three which bear witness in earth*'. Their absence from the Greek (and from those who, like Erasmus, therefore at first omitted them) aroused worries in some that weapons were being given to Arians—as though the Eastern Church had not maintained orthodoxy without them! (They are of course omitted in modern scholarly versions). It is significant, I think, that the first four marginal notes in the Polyglot New Testament are paralleled in what seem to be the translators' notes in Madrid ms. no. 117-Z-1, fascinatingly studied by Dr J. M. Bentley (BHR, XLII, 1980, pp. 145-156), whereas the 'Johannine *Comma*' does not.

[15] In all the copies examined in Oxford and London, though more obviously so in some than in others (in for example the copy in St John's College, Oxford) KK1 and its conjoint KK6 are heavily foxed. KK2-5 are much whiter and on paper which feels different. That in itself should not be taken as proving that these leaves were printed at *Complutum* at different dates: there is too much random foxing throughout (In 1833 Pettigrew attributed it to long and bad storing of the sheets after printing). Typography does however supply proof. KK2 is conjoint with KK5. On KK5v° there is an ornamental I (a saint displaying an open book). The breaks in its frame and (as my friend Stephen Rawles first spotted) the growing break in the saint's forehead show that its condition has deteriorated since it was used on BB3r° and (tellingly on KK4r°, as well as on 2r°, 4v° and 10r° of the a[10] gathering entitled *Incipiunt Interpretationes hebreorum chaldeorum grecorumque nominum novi testamenti*. This gathering 'a' was printed after the date of the colophon on MM7v° (10th January, 1514)—considerably after as is shown by the state of the ornamental P (with a pope) on a5v°, 6v° and 10v°, which has noticeably worsened since its use on R1r°. The evidence (the fuller details of which I hope to publish later) therefore points to the conjoint leaves KK2 and KK5 having been printed well after the rest of the volume.

in the Greek which never had—and never did have—any valid manuscript authority behind them. It was doubtless a suspicion of the gulf which separated his own openness from the arrogant secretiveness of others which accounts for the scathing indignation which spills out from Erasmus' pages in the *Annotations*. In the 1522 addition to his long note on I *Corinthians* 15:51 Erasmus, echoing the denunciations of the Pharisees by Christ in the Gospels (*Matthew* 23 and *Mark* 4), piled up his terms of abuse: his critics (who included Lopis Stunica and Edward Lee) serve not Christ but their belly; they love their mitres and their abbacies; they love their university chairs (which Erasmus likens to the 'πρωτοκαθεδρίας ἐν ταῖς συναγωγαῖς' of *Matthew* 23:6); they obscure the light of the Gospel truth with their *traditiunculae*; and they quench the spark of Gospel love. They abandon scholarship, the true weapon of Theology, for compulsion as though the mind of Man can be compelled into believing what it has not been convinced by. Erasmus yearns to be liberated from such 'Judaism and tyranny'—'Unless, that is, Christ once redeemed us by his blood so that we should serve such monsters!' The whole of Erasmus' life and work prove that he was not striking an attitude when he exclaimed (LB IX, 322C): '*Mihi non videtur esse mutanda Scriptura*'.

*

Not all of Erasmus' ingenuity in this volume went into textual scholarship. From the outset he was concerned to render the nuances of the Greek into good Christian Latin. Such revised translations could cause ructions when they touched, for example, on the taboos of a celibate clergy. In *Acts* 1:13 several apostles are mentioned by name. We are then told that they prayed 'σὺν γυναιξὶ καὶ Μαρίᾳ'. That, says Erasmus, in a brief note, can mean '*cum uxoribus*,' (not 'with the women' but 'with their wives'.) 'With their wives' makes better sense: Mary is distinguished here not from 'women' (she is one herself) but, as a widow no doubt, from the other women who were wives, wives of the apostles. There are similar challenges throughout these pages, often in the shortest of notes. As here, they do not always get into Erasmus' translation.

Perhaps inevitably we are drawn to such controversial renderings and to such comments as set the dovecotes a-flutter and which eventually caused the Tridentine fathers to place Desiderius Erasmus between Dante and David Chytraeus in their *Index Librorum Prohibitorum*. But such interest in controversy can mislead. Nothing in that unlovely *Index* stopped liberal Roman Catholic censors from making their own expurgations of Erasmus pending the still-awaited censorship by the universities of

Louvain and Paris. The greatest of the Roman Catholic exegetes after Trent (who was in fact a delegate at the Council) is often judged to be Cornelius Jansenius—the Bishop of Ghent, not his exact homonym the Bishop of Ypres, he of 'Jansenist' fame. In his eirenic *Commentarii in suam concordiam* Cornelius Jansenius of Ghent passed almost all of Erasmus' erudition, stripped of much (but not all) of its controversy and irony, into the mainstream of Roman Catholic exegesis. It is demonstrable that he had the *Annotations* of Erasmus permanently open before him as he wrote his massive work. Erasmus is tacitly cited throughout, often a dozen times or more in a single page. Thanks to the Bishop of Ghent the essentials of the *Annotations*, including the entire *philosophia Christi* with its emphasis on Christian 'Folly', was sympathetically though tacitly expounded to scholars by one of the most honoured later exegetes of the Church of which Erasmus remained, for all his critical irony, a priest who, by the time he was writing the last additions to the *Annotations* of 1535, was tiring of controversy and yearning for an increase in Christian charity.[16] In the *Spongia* (LB X, 1672) he could even conceive of martyrdom—'What is important about casting an old man, who is about to die, into the fire? [...] I myself am preparing myself for that day when I shall stand before Christ's judgement-seat.' And he would refrain from such controversy and the exchanging of blows which lead to a loss of Christian calm. That spirit too can be found in these pages, with their 1535 additions moving Christians towards the special Christian virtue of *caritas*.

*

This volume (like our previous volume on the Gospels) owes much to many people, above all to the encouragement over a lifetime of Margaret Mann Phillips. Our dedication of this book to her memory is more than an act of piety between colleagues of different generations. We loved her; and we owe her a debt of love. There is much tedium in preparing a work such as this, first for our own use and then for the press. The brunt of that work was often borne by my wife (Anne Reeve). From the outset, so long ago when this work was first undertaken, Margaret gave it her blessing; it was under her aegis, and with her encouragment, that it was completed.

We would repeat here our gratitude to Dr Sally [Burch] North of University College London who, when my Research Assistant, made a

[16] Details in the *Colloque Erasmien de Liège*, ed. J-.P. Massaut, Paris, Société d'Edition 'Les Belles Lettres', 1987 ('Erasmus and the *Concordia* of Cornelius Jansenius, Bishop of Ghent', pp. 297-307) and in a paper given at Pierre Fraenkel's Colloquy on Scriptural exegesis, Geneva, 1988, now being published.

pilot version of the variants of the *Annotations*. Simon Harris (when still a student at University College London) gave invaluable and cheerful help with the transliteration of Erasmus' Hebrew (which, in Froben's hands, anyway, was often defective). Professor Raphael Loewe, of University College London, gave us encouragement and scholarly advice. Miss Patricia Payn's calligraphy has been much admired. We have admired too her patience, her intelligence and her ingenuity as she fitted so much information so neatly and comprehensibly on to page after page.[17]

A special acknowledgement of our gratitude is long overdue to the librarian of Dr Williams's Library, London, John Creasey, Esq., M.A., A.L.A. Without him this work could never have been presented in the way we have done it. He allowed Miss Reeve to xerox the whole volume of the 1535 *Annotations* (which was providentially disbound). He kept the book so disbound until photographs could be professionally made from it. And then (foreseeing problems which we did not) he still kept it disbound so that we could re-photograph some pages when, years later, some of the original photographs proved unusable. We cannot thank him enough.[18]

M. A. Screech
All Souls College, Oxford
The Second Sunday in Lent, 1989.

---

[17] All the calligraphy is hers, except that on pages 404, 406, 530 and 532 which had to be photographed afresh and re-edited during her absence in Australia.

[18] Some errors slipped into my *Introduction* as printed in the previous volume (on the Gospels). All such errors are irritating. None is more regrettable than that which led to my failure to thank Mr John Creasey properly.

# BIBLIOGRAPHY


ALAND, L. and B.: *The Text of the New Testament. An Introduction to the Critical Edition of the New Testament and to the Theory and Practice of Modern Textual Criticism*, Grand Rapids and Leiden, 1987, translated by RHODES, E. F., From *Der Text des Neuen Testaments*, Stuttgart, 1981.

ALDRIDGE, J. W.: *The Hermeneutic of Erasmus*, Zurich, 1966.

ALLEN, P. S. and H. M.: *Opus Epistolarum Erasmi*, 12 vols., Oxford 1906-58.

ANDERSON, M.: 'Erasmus the Exegete', in *Concordia Theological Monthly, A Theological Journal of the Lutheran Church*, Vol. XL, No. 11, Dec. 1969, pp. 722-33. St. Louis (Mi.).

AUGUSTIJN, A.: 'Erasmus und seine Theologie: Hatte Luther recht?' in *Colloque Erasmien de Liège*. See s.v. MASSAUT, J.-P.

——: 'Erasmus und die Juden', in *Nederlands Archief voor Kerkgeschiedenis*, (new series) LX (1980) pp. 22-38.

——: (Editor, with introduction): *Opera Erasmi*, IX-1, Amsterdam, 1982—several relevant works.

BAILEY, J. W.: 'Erasmus and the Textus Receptus' in *Crozer Quarterly*, XVII, No. 4, Philadelphia, 1940, pp. 271-79.

BAINTON, R. H.: 'The Paraphrases of Erasmus' in *Archiv für Reformationsgeschichte*, 1966, t. LVII, pp. 67-76.

BATAILLON, N.: *Erasme et l'Espagne*, Paris, 1937.

——: 'La situation présente du message érasmien', in *Colloquium erasmianum*, Mons, 1968, pp. 3-16.

BEDOUELLE, G.: *Lefèvre d'Etaples et l'intelligence des Ecritures*, Geneva, 1976.

BENÉ, C.: *Erasme et Saint Augustin, ou l'influence de Saint Augustin sur l'Humanisme d'Erasme*, Geneva and Paris, 1969.

BENTLEY, J. H.: 'Biblical Philology and Christian Humanism: L. Valla and Erasmus as Scholars of the Gospels', in *Sixteenth-Century Journal*, VIII, (1977), pp. 9-28.

——: 'Erasmus' *Annotationes in Novum Testamentum* and the Textual Criticism of the Gospels' in *Archiv für Reformationsgeschichte*, 67, 1976.

——: 'Erasmus, Jean Le Clerc and the Principle of the Harder Reading' in *Renaissance Quarterly*, XXXI (1978), pp. 309-21.

——: *Humanists and Holy Writ. New Testament Scholarship in the Renaissance*, Princeton, 1983.

——: 'New Light on the Editing of the Complutensian *New Testament*', in *Bibliothèque d'Humanisme et Renaissance*, XLII, Geneva, 1980, pp. 145-56.

——: 'New Testament Scholarship at Louvain in the Early Sixteenth Century', in *Studies in Medieval and Renaissance History*, n.s. 2, 1979.

——: 'Philology and Christian Humanism: Lorenzo Valla and Erasmus, Scholars of the Gospels', in *Sixteenth Century Journal* 8 No. 2, 1977.

BERQUIN, Le chevalier de: *La Complainte de la Paix*, ed. E. V. Telle, Geneva and Paris, 1978.

*Bible*. The Greek New Testament, edited by ALAND, K., BLACK, M., MARTINI, C. M., METZGER, B. M., WIKGREN, A.. United Bible Societies, 3rd edition, (corrected), Stuttgart, 1983.

——: Companion volume to the above: METZGER, BRUCE, M.: *A Textual Commentary on the Greek New Testament*, United Bible Societies: second edition (corrected), London and New York 1975.

BIERLAIRE, F.: *Les Colloques d'Erasme: réforme des études, réforme des moeurs et réforme de l'Eglise au XVIe siècle*, Paris, 1978.

——: *La 'Familia' d'Erasme*, Paris, 1968.

BIETENHOLZ, P. G.: *History and Biography in the Work of Erasmus of Rotterdam*, Geneva, 1966.
BLUDALL, A.: 'Der Beginn der Controverse über die Aechtheit des *Comma Johanneum, im XVI Jhdt.*' in *Der Katholik XXVI* (1902), pp. 25-51 and 151-175.
BLUM, C.: *Dix Conférences sur Erasme*, Paris-Geneva, 1988.
BOYLE, M. O'Rourke: *Erasmus on Language and Method in Theology*, Toronto, 1977.
BREWER, J. S.: 'Passages from the Life of Erasmus', in *English Studies or Essays in English History and Literature by the Late J. S. Brewer, M. A.*, ed. H. Wace, London, 1861.
BROWN, A. J.: 'The Date of Erasmus' Latin Translation of the New Testament', in *Transactions of the Cambridge Bibliographical Society*, VIII (1984), pp. 351-80.
CALSTER, G. van,: 'La Censure louvaniste du Nouveau Testament', in COPPENS, J., *Scrinium Erasmianum*, Leiden, 1969, II, pp. 374-436.
*Cambridge History of the Bible*, Chap. X, 'Erasmus in Relation to the Medieval Biblical Tradition', pp. 492-505, Cambridge 1969.
CANINIUS, Angelus (*Anglariensis*): *Disquisitiones in locos aliquot novi testamenti obscuriores*, Frankfurt, 1602.
CHANTRAINE, G.: *'Mystère' et 'philosophie du Christ' selon Erasme*, Namur, 1971.
———: 'Le mustérion paulien selon les *Annotations d'Erasme*', in *Revue des Sciences Religieuses*, t. LVIII, pp. 351-382. Strasbourg 1970.
CHARLIER, Y.: *Erasme et l'amitié d'après sa correspondance*, Paris, 1977.
CHOMARAT, J.: 'Les *Annotationes* de Valla, celles d'Erasme et la grammaire', in *Histoire de l'exégèse au XVIe siècle*, Geneva, 1978.
———: 'Erasme lecteur des *Elegantiae* de Valla', in *Acta Conventus Neo-latini Amstelodamensis*, Munich, 1979.
———: *Grammaire et Rhétorique chez Erasme*, Paris, 1981.
———: 'Sur Erasme et Origène', in *Colloque Erasmien de Liège*, Paris, 1987, pp. 87-113.
CLARK, E.: *Letters Concerning the Spanish Nation*, London, 1793.
CLARK, K. W.: 'The Erasmian notes in *Codex 2*', in ALAND, K. and CROSS, F. L., *Studia Evangelica*, Berlin, 1954, pp. 749-56.
COPPENS, J. and SCHEIRE, U.: '*Subsidia bibliographica*: L'herméneutique biblique', in *Exégèse et théologie*, Gembloux, 1968, pp. 282-315.
———: *Scrinium Erasmianum*, Leiden, 1969.
DE JONGE, H. J.: Erasmus and the *Comma Johanneum* in *Ephemerides Theologicae Lovanienses*, LVI (1980), pp. 381-89.
———: '*Novum Testamentum a nobis versum*', in *Journal of Theological Studies*, XXXV (1984), pp. 394-413.
———: 'The Character of Erasmus' Translation of the New Testament', in *Journal of Medieval and Renaissance Studies*, XIV (1984), pp. 81-87.
———: Four unpublished Letters on Erasmus from J. L. Stunica to Pope Leo X (1520) in *Colloque Erasmien de Liège*, Paris, 1987, pp. 147-160.
———: The Date and Purpose of Erasmus's *Castigatio Novi Testamenti*: A note on the Origins of the *Novum Instrumentum*', in DIONISOTTI, A. C., GRAFTON, A. and KRAYE, J.: *The Uses of Greek and Latin Historical Essays*, (Warburg Institute Surveys and Texts, XVI), London, 1988, pp. 98-110.
———: (editor with introduction): *Erasmi opera*, IX-2, Amsterdam, 1983 (for *Apologia* of Erasmus against criticisms of Lopis Stunica).
DELIZSCH, F.: *Handschriftliche Funde*, Vol. 1: 'Die Erasmischen Entstellung des Textes der Apokalypse', Leipzig, 1861.
———: *Studien zur Entstehungsgeschichte der Polyglottenbibel des Cardinals Ximenes, Leipzig, 1871.*
DEMOLEN, R. L.: *Essays on the Works of Erasmus*, New Haven, 1978.
———: *The Spirituality of Erasmus of Rotterdam*, Nieuwkoop, 1987.
*Dictionnaire de Théologie Catholique*: ed. Vacant et al., Paris, 1923-72.
ERASMUS: *Moriae encomium, id est Stultitiae Laus*, ed. C. H. Miller et *Opera Omnia Desiderii Erasmi Roterodami*, Amsterdam, 1979.
ETIENNE, J.: 'La médition des Écritures selon Erasme', in *Scrinium erasmianum*, t. 11, Leiden, 1969, pp. 3-11.

FABER (*Stapulensis*) J.: See LE FEVRE, J., *d'Etaples*.

FATIO, O. and FRAENKEL, P.: *Histoire de l'exégèse au XVIe siècle, Textes du Colloque International tenu à Genève* en 1976, Geneva 1978.

FINEGAN, J.: *Encountering New Testament Manuscripts*. A working introduction to Textual Criticism. Michigan, 1975.

GEANAKOPLOS, D. J.: *Greek Scholars in Venice: Studies in the Dissemination of Greek Learning from Byzantium to Western Europe*, Cambridge (Mass.), 1962.

GIBAUD, H.: *Un Inédit d'Erasme: la première version du Nouveau Testament, copiée par Pierre Meghen*, 1506-1509, Augers, 1982.

GINZBURG, C.: *Il Nicodemismo*, Turin, 1930.

GODIN, A.: 'De Vitrier à Origène: recherches sur la patristique érasmienne', in *Colloquium erasmianum*, Mons, 1968, pp. 47-57.

——: 'Fonction d'Origène dans la pratique exégétique d'Erasme: les Annotations sur l'épître aux Romains', in *Histoire de l'exégèse au XVIe siècle*, O. Fatio and P. Fraenkel, Geneva, 1978, 25.

——: *Spiritualité franciscaine en Flandre au XVIe siècle. L'homéliaire de Jean Vitrier, texte, étude thématique et sémantique*, Geneva, 1971.

——: *Erasme lecteur d'Origène*, Geneva, 1982.

GREGORY, C. R.: *The Canon and Text of the New Testament*, New York, 1907.

GOGUEL, M.: 'Le Texte et les éditions du Nouveau Testament grec', in *Revue de l'Histoire des Religions*, LXXXII (1920), pp. 14-18.

HADOT, J.: 'La critique textuelle dans l'édition du Nouveau Testament d'Erasme', in *Colloquia Erasmiana Turonensia*, Mons, 1968.

——: 'Le Nouveau Testament d'Erasme,' in *Colloquium Erasmianum*, Mons, 1968, pp. 59-67.

HALKIN, L. C.: *Erasmus ex Erasmo*, Aubel, 1983.

——: *Erasme et l'humanisme chrétien*, Paris, 1969.

——: *Initiation à la critique historique*, (5th edition revised), Serge Fleury, 1980.

HALL, B.: 'Erasmus: Biblical Scholar and Reformer', in *Erasmus*, ed. DOREY, T., London, 1970, pp. 81-113.

HOFFMANN, M.: *Erkenntnis und Verwirklichung der wahren Theologie nach Erasmus von Rotterdam*, Tübingen, 1972, pp. 39-47; 73-88.

——: 'Erasmus on Church and Ministry', in *Yearbook six* (1986) of the Erasmus of Rotterdam Society.

HOLECZEK, H.: *Humanistische Bibelphilologie als Reformproblem bei Erasmus von Rotterdam, Thomas More und William Tyndale*, Leiden, 1975.

——: Reprint of Erasmus' *Novum Instrumentum* (1516), Stuttgart, 1986.

HUNT, R. W.: 'Greek manuscripts in the Bodleian Library from Collection of John Stojkovič of Ragusa', in CROSS, F. L.: *Studia Patristica*, VII, *Texte und Untersuchungen zur Geschichte der altchristichen Literatur*, Band 92, Berlin 1966, pp. 75-82.

JARROTT, C. A. L.: 'Erasmus's Biblical Humanism', in *Studies in the Renaissance*, XVII (1970), pp. 119-52.

——: 'Erasmus' Annotations and Colet's Commentaries on Paul', in DEMOLEN, R. L., *Essays on the Works of Erasmus*, New Haven, 1978.

——: 'Erasmus' *In Principio erat sermo*: A Controversial Translation', in *Studies in Philology*', LXI (1964), Chapel Hill, N.C., pp. 35-40.

KENYON, F. G.: *The Text of the Greek Bible*, 3rd edition, revised, by A. W. Adams, London, 1948.

KING, D. G. and RIX, H. D.: *Desiderius Erasmus: On Copia of Words and Ideas*, Milwaukee (Wisconsin), 1963.

KOHLS, E.-W.: *Die Theologie des Erasmus*, Basle, 1966.

KRUEGER, F.: *Bucer und Erasmus. Eine Untersuchung zum Einfluss des Erasmus auf die Theologie Martin Bucers*, Wiesbaden, 1970.

KUMMEL, W. G.: *The New Testament: The History of the Investigation of Its Problems*, translated by GILMORE, S. M. and KEE, H. C., Nashville and New York, 1972.

LA GARANDERIE, M.-M. de: *Christianisme et lettres profanes* (1515-1535), Lille and Paris, 1976.
——: 'Erasme et Luther commentateurs de la Première Epître de St Jean,' in *Colloque Erasmien de Liège*, Paris, 1987, pp. 161-175.
——: *La correspondance d'Erasme avec Guillaume Budé*, Paris, 1967.
LAKE, K.,: 'Codex 1 of the Gospels and its Allies', in *Cambridge Texts and Studies*, 7 (3): Cambridge, 1902.
LAMPE, G. W. H.: 'The West from the Fathers to the Reformation', in *The Cambridge History of the Bible*, vol. 2, Cambridge, 1969.
LEFEVRE D'ETAPLES, J.: *Sancti Pauli epistolae XIV ex Vulgata editione, adiecta ex Graeco cum commentariis*, Paris, 1512, reprint Stuttgart, 1978.
—— (et ses disciples): *Epistres et Evangiles pour les cinquante et deux sepmaines de l'an*, ed. M. A. Screech, Geneva, 1964.
—— (et ses disciples): *Epistres et Evangiles pour les cinquante et deux sepmaines de l'an*, ed. G. Bedouelle and F. Giacone, Leiden, 1976.
——: *Le Nouveau Testament: fac-simile de la première édition Simon de Colines, 1523*, ed. SCREECH, M. A.: East Ardsley (Wakefield), New York, Paris, The Hague, 1970.
LUBAC (de) H.: *Exégèse médiévale. Les quatre sens de l'Ecriture*;-4 vols., Paris, 1959-64.
LYELL, J. P. R.: *Cardinal Ximenes*, London, 1967.
MANSFIELD, B.: *Phoenix of his Age: Interpretations of Erasmus, c.1550-1750*, Toronto, Buffalo and London, 1979.
MARA, M. G.: 'L'Esegesi erasmiana d'alcuni passi della Lettera ai Romani', in *Studi Storici Religiosi*, I (1977), pp. 162-82.
MARC'HADOUR, G.: *L'Univers de Thomas More, Chronologie critique de More, Erasme et leur époque (1477-1536)*, Paris, 1963.
MARGOLIN, J.-C.: *Acta Conventus neo-Latini Turonensis, Troisième Congrès international d'Etudes Neó-latines. Tours* (6-10 Sept. 1976), Paris, 1980.
——: *Douze années de bibliographie érasmienne, 1950-61*, Paris, 1963.
——: *Neuf années de bibliographie érasmienne, 1962-70*, Paris, Toronto, Buffalo, 1977.
——: *Quatorze années de bibliographie érasmienne, 1936-49*, Paris, 1969.
MARKISH, S.: *Erasme et les Juifs*, Lausanne, 1979.
MASSAUT, J.-P.: *Critique et Tradition à la veille de la Réforme en France*, Paris, 1974.
——: 'L'humanisme chrétien et la Bible: le cas de Thomas More', in *Revue d'Histoire Ecclésiastique*, Vol. LXVII, 1972, No. 1.
——: 'Humanisme et spiritualité chez Erasme', in *Dictionnaire de spiritualité*, t. VII, Paris, 1969, col. 1006-1028.
——: La Nouvelle Edition des *Opera Omnia* d'Erasme, in *Archiv für Reformationsgeschichte*, Vol. 69, 1978, pp. 299-316.
—— (editor): *Colloque Erasmien de Liège*, (Bibliothèque de la Faculté de Philosophie et Lettres de l'Université de Liège, fascicule CCXLVII), Paris, 1987.
MCCONICA, J. K.: 'Erasmus and the Grammar of Consent', in *Scrinium, Erasmianum* II, 95. 2 Vols, 1969.
MESNARD, P.: 'La Paraclesis d'Erasme', in *Bibliothèque d'Humanisme et Renaissance*, XIII:I (April 1951), pp. 26-42.
METZGER, B. M.: *The Text of the New Testament. Its Transmission, Corruption and Restoration*, Oxford 1965, pp. 98-103: 'Erasmus' Edition of the New Testament'.
——: *A Textual Commentary on the Greek New Testament*, London and New York, 1971 (corrected edition, 1975).
——: *The Early Versions of the New Testament, Their Origin, Transmission and Limitations*, Oxford, 1977.
MEERSHOEK, C. Q. A.: 'Le Latin biblique d'après Jérome, in *Coll. 'Latinitas Christianorum primaeva'*, no. 20, Nimègue/Utrecht, 1966.
MICHAELIS, J. D.: *Introductory Lectures to the Sacred Books of the New Testament*, London, 1761.
MORISI, A.: 'La Filologia neotestamentaria di L. Valla,' in *Nuova Rivista Storica*, XLVIII (1964), pp. 35-49.

Mynors, R. A. B. and Thomson, D. F. S. (with Ferguson, W. K.): *The Correspondence of Erasmus*, Toronto, 1974, in progress.

Norton, P. J.: *Printing in Spain, 1501-1520*, Cambridge, 1966.

Oberman, H. A.: *The Harvest of Medieval Theology. Gabriel Biel and the late medieval nominalism*. Cambridge (Mass.) 1963 p. 407.

—— with Trinkaus, C.: *The Pursuit of Holiness*, Leiden, 1974.

Padberg, A.: *Erasmus contra Augustinum. Das Problem des bellum justum in der erasmischeen Friedensethik*, in *Colloque Erasmien de Liège*, 1987, pp. 279-296.

Payne, J. B.: 'Erasmus. His Theology of the Sacraments', in *Research in Theology*, Richmond (Virginia), 1970.

——: 'The Significance of Lutheranizing Changes in Erasmus' Interpretations of Paul's Letters to Romans and Galatians, in his *Annotations* (1527) and *Paraphrases* (1532), in Fatio and Fraenkel, *Histoire de l'Exégèse au XVI^e^s*, Geneva, 1938, pp. 312-30.

——: 'Toward the Hermeneutics of Erasmus', in Coppens, J. *Scrinium Erasmianum*, 1969, II, pp. 13-49.

——: 'Erasmus and Lefèvre d'Etaples as interpreters of Paul', in *Archiv für Religionsgeschichte*, LXV (1974), pp. 54-82.

Pearson, J.: *Critici Sacri: sive doctissimorum virorum in SS Biblia annotationes*, 1698.

Peters, R.: 'Erasmus and the Fathers: Their Practical Value', in *Church History*, 36 (3), 1967, pp. 254-62.

Phillips, Margaret Mann: *Erasme et les débuts de la Réforme française, 1517-1536*, Paris, 1934.

——: *The 'Adages' of Erasmus*, Cambridge, 1964.

——: *Erasmus and the Northern Renaissance*, revised and illustrated edition, Woodbridge (Suffolk) and Totowa (N.J.), 1981.

——: 'Visages d'Erasme', in *Colloque Erasmien de Liège*, pp. 17-24; See s.v. Massaut, J.-P.

Polus, M.: *Synopsis Criticorum Aliorumque Sacrae Scripturae Interpretum et Commentatorum...*, Utrecht, 1684-86.

Preus, J. S.: *From Shadow to Promise, Old Testament Interpretation from Augustine to the Young Luther*, Cambridge (Mass.), 1969.

Rabil, A.: *Erasmus and the New Testament. The Mind of a Christian Humanist*, San Antonio (Texas), 1972.

Reicke, B.: 'Erasmus und die neu-testamentliche Textgeschichte', in *Theologische Zeitschrift*1, Basle, XXII:IV, (July-August, 1966) pp. 254-65.

Reeve, A.: *'Erasmus' Annotations on the New Testament: the Gospels. Facsimile of the Final Latin Text with all earlier variants*, (with Screech, M. A.) London, 1986.

Revilla Rico, M.: *La políglota de Alcalá*, Madrid, 1917.

Rice, E. F.: *The Prefatory Epistle of Jacques Lefèvre d'Etaples and Related Texts*, New York and London, 1972.

Roussel, B.: *Histoire de l'Eglise et histoire de l'exégèse au XVI^e^s.*, in *Bibliothèque d'Humanisme et Renaissance*, XXXVII (1975), pp. 181-92.

Rummel, E.: *Erasmus' Annotations on the New Testament*, Toronto, 1986.

Sabatier, P.: *Bibliorum sacrorum latinae versiones antiquae seu vetus Italica*, 3 vols., Reims, 1743, reprint Munich 1976.

Schlingensiepen, H.: 'Erasmus als Exeget', in *Zeitschrift für Kirchengeschichte*, 1929, t.XLII, pp. 16-57.

Schwartz, W.: *Principles and Problems of Biblical Translation*, Cambridge, 1955.

——: 'The Theory of Translation in Sixteenth Century Germany', in *Modern Language Review*, 40, 1945.

Schoeck, R. J.: *Erasmus grandescens: the Growth of a Humanist's Mind and Spirituality*, Nieuwkoop, 1988.

Scholderer, V.: *Greek Printing Types, 1465-1927*, London, 1927.

Screech, M. A.: 'La Communication verbale chez Rabelais et Erasme', in *Littérature et Communication*, (*Actes du Colloque de juillet* 1979 [at the *Institut Collégial Européen*, Loches], director, G. Gadoffre), 1979, pp. 26-28.

——: *Ecstasy and the Praise of Folly*, London, 1980 (1988).
——: 'Folie Erasmienne et folie rabelaisienne', and 'Comment Rabelais a exploité les travaux d'Erasme', both in *Colloquia Erasmiana Turonensia*, ed. J. C. Margolin, Vol. I, Paris, 1972, pp. 440-461.
——: 'La Légende des Rois Mages et son interprétation historique à la Renaissance', in *Histoire et Communication* (*Actes du Colloque de juillet, 1982* 'at the *Institut Collégial Européen*, Loches] director, G. Gadoffre), 1982, pp. 28-30.
——: 'Le livre en expansion au XVI^e s.', in, *Culture et Media* (*Actes du Colloque de juillet 1982* [at the *Institut Collégial Européen*, Loches] ) 1981, pp. 16-20.
——: 'Vérité historique et vérité révélée chez Erasme', in GADOFFRE, G.: *Histoire et Vérité*, Paris, 1985, pp. 69-76.
——: 'Erasmus and the *Concordia* of Cornelius Jansenius, Bishop of Ghent', in MASSAUT, J. P., *Colloque érasmien de Liège*, Paris, 1987, pp. 297-301.
SHAW, S. D.: 'The Collaboration between Erasmus ... and Froben, 1514-1527', in *Yearbook Six* (1986), Erasmus of Rotterdam Society.
SIMON, R.: *Histoire critique des versions du Nouveau Testament*, Rotterdam, 1690.
SMITH, Preserved: *Erasmus. A Study of His Life, Ideas and Place in History*, New York and London, 1923.
SOUTER, A.: *The Text and Canon of the New Testament*, London, 1913.
TARELLI, C. C.: 'Erasmus's Manuscripts of the Gospels', in *Journal of Theologial Studies*, XLIV (1943) 48, 1947, pp. 155-62.
TASKER, R. V. G.: 'The Complutensian Polyglot', in *Church Quarterly Review*, April, 1953, pp. 197-210.
TELLE, E. V.: 'To everything there is a season: Ways and Fashions in the Art of Preaching on the Eve of the Religious Upheaval in the Sixteenth Century', in *Yearbook Two*, Erasmus of Rotterdam Society, 1982, pp. 13-24.
THOMPSON, C. R.: *The Colloquies of Erasmus*, London/Chicago, 1965.
——: The Translation of Lucian by Erasmus and St Thomas More, Ithaca, 1940.
THOMSON, D. F. S. and PORTER, H. C.: *Erasmus and Cambridge: the Cambridge Letters of Erasmus*, Toronto, 1963.
TRAPP, J. B.: 'Notes on Manuscripts Written by Peter Meghen', in, *The Book Collector*, Spring 1975.
—— with SCHULTE-HERBRUGGEN, H.: *The King's Good Servant Sir Thomas More* 1477/8-1535, (Catalogue), London, 1977.
TRINKAUS, C.: *In Our Image and Likeness*, Chicago, 1970.
TURNER, C. H.: *The Early Printed Editions of the Greek Testament*, Oxford, 1924.
TUYNMAN, P., KUIPER, G. C., and KESSLER, E.: *Acta Conventus Neo-latini Amstelodamensis* (Amsterdam, 19-24 August 1973), Munich, 1979.
VALLA, Lorenzo,: *Collatio novi testamenti*, ed. A. Perosa, Florence, 1972.
VASOLI, C.: *Annotationes in Novum Testamentum*, 'Gli sviluppi della tradizione humanistica nella cultura del Cinquecento', in *Grande antologia filiosofica* IX, Section V.
VERNET, A.: 'Les Manuscrits grecs de Jean de Ruguse' in *Basler Zeitschrift für Geschichte und Altertumskunde*, LXI (1961), pp. 75-108.
WALKER, D. P.: 'Origène en France au début du XVIe siècle', in, *Courants religieux et humanisme à la fin du XVe siècle et au début du XVIe siècle*. Colloque de Strasbourg, 9-11 May, 1957, Paris, 1959, p. 101-119.
WEISS, R.: *Humanism in England during the Fifteenth Century*, Oxford, 1941.
WETTSTEIN, J.: *Novum Testamentum Graecum*, reprint, Graz (Austria) 1962.
WINKER, G. B.: *Erasmus von Rotterdam und die Einleitungschriften zum Neuen Testament*, Munich, 1974.
ZUNTZ, G.: *The Text of the Epistles*, London, 1953.

*

The Reverend Professor J.-R. ARMOGATHE of the *Ecole Pratique des Hautes-Etudes* (Paris) tells me that Dr Ulrich Bubenheimer described a copy of Erasmus' *Novum Testamentum* with *Marginalia* by Luther at the *Seventh Congress of Lutheran Studies* at Stockholm (Summer 1988).

## Explanation of the Symbols, Abbreviations and Mss Notes

The text reproduced is that of 1535.

Symbols and mss notes enable the reader to identify the various stages of the text as it appeared in print in 1516, 1519, 1522, 1527, and 1535.

The aim has been clearly and accurately to date all additions, excisions and other changes. This has been done by the use of mss brackets placed within the 1535 printed text, showing when a word, phrase or passage first appeared. Bold dots show where variant readings are given in the margins. Hebrew has been transliterated; Greek ligatures have been resolved; Latin abbreviations have been expanded. Minor changes of spelling have been ignored unless otherwise important.

### The text of 1516.

Where there are no brackets of any kind, the text as given in 1535 is already found in 1516 and in all subsequent editions.
The only exception to this concerns Erasmus's marginal headings. These first appear in 1519 unless otherwise bracketed.

### Subsequent additions to the text of 1516.

Each stage of these additions is indicated by a combination of brackets and abbreviated year dates.

{ } with 19 in the margin means: first added in 1519;

< > with 22 in the margin means: first added in 1522;

( ) with 27 in the margin means: first added in 1527;

[ ] with 35 in the margin means: first added in 1535.

### Variant readings, including excisions.

Attention is drawn to variants and excisions by bold dots within the text. When these occur, as they often do, where a date bracket is also appropriate, the bold dots are added to the brackets thus:

{ < ( [ or, when there are two such dots,

{ < ( [

Details are then given in the wider - outer - margin. Where no bracket appears, the dot is superimposed on a stroke inserted in the text, thus: | .

When it has not been possible to give the variant or to write the note in the margin due to lack of space, an arrow beside the symbol in the margin directs the reader elsewhere, normally to the bottom of the page but occasionally higher up, thus:

{° ↓ or occasionally {° ↑

<° ↓ or occasionally <° ↑

(° ↓ or occasionally (° ↑

[° ↓ or occasionally [° ↑

In the rare cases where there is not enough space anywhere on the page, readers are referred to the appendices by instructions given against the symbol in the margin.

Asterisks draw attention to different readings explained in the margins.
When words have been transposed this is shown by dotted underlinings in the text and tr in the margin.
Dotted underlinings in the text without tr refer to variants given in the margin.

The transliteration of the Hebrew is in accordance with one of the less complex systems currently used for academic purposes and will be readily intelligible to Hebrew scholars. No reference is made to the frequently faulty vocalisation (interchange of pathah and qamas etc.). Whilst some of the confusion is doubtless due to similarity of sound, and to Erasmus' own inadequate grasp of the intricacies of massoretic Hebrew accidence and morphology, another factor could well have been paucity of adequately differentiated typefount. Apparently the typefount did not contain (or the typesetter entirely ignored) the letter ה he = h, for which ח heth = ḥ regularly appears. This being so, sic has not been inserted in regard to this particular error.

## Summary Key

No bracket : text of 1516 or, for the margin headings only, 1519.

{ and 19 : 1519

< and 22 : 1522

( and 27 : 1527

[ and 35 : 1535

16-17: Actus

ACTA Apoſtolorum.) πράξεις. Quod Cyprianus uertit,acta, Hieronymus interim actiones,interim acta uocat. Cæterum actus maſculino genere reperitur quidem,ſed in carmine, ut apud Lucanum:Licet ingentes abruperit actus. Verum acta magis uocantur,quæ iudicijs aut teſtamentis, aut conſimilibus modis tranſiguntur. Proinde ego geſta malim quàm acta 〈ſi utrunqꝫ ſit ex æquo liberum.〉 *Actus Acta Geſta*

22 〈ſi utrunqꝫ ſit ex æquo liberum.〉

Primum quidem ſermonem.) Equidem cupiebam hunc librum Lucæ, cum priore coniungere. Quandoquidem ille hiſtoriam Euãgelicam duobus eſt complexus uoluminibus, quorum utrunqꝫ ad eundem ſcripſit Theophilum, & poſterius auſpicans,prioris facit mentionem. Cæterum uerebar,ne non ferendū uideretur,euangelia diſtrahere. Quanquam hæc hiſtoria quid aliud eſt, ꝙ euangelij pars, eaqꝫ meo iudicio non minima. Siquidem illic deſcribitur granum frumenti ſolo cõditum, hic deſcribitur enatum,ſuasqꝫ paulatim aperiens ac proferens opes. Quod ni per Lucam cognouiſſemus, quibus modis Chriſtus reliquerit terras, ubi,quo loco, quibus modis aduenerit promiſſus ille ſpiritus,quibus initijs cœperit eccleſia, quibus rebus polluerit, quibus creuerit rationibus,nonne bonam euangelij partem ignoraſſemus? Atqꝫ utinam ſanctus Lucas,quemadmodum exorſus erat hanc narrationem,ita longius fuiſſet proſecutus, ac de cæterorū item apoſtolorum geſtis nonnihil attigiſſet. Quo magis admiror, apud Græcos hunc librū tam *Hæc hiſtoria pars eſt euangelij* 16-22: ac ſuas

22 uarium haberi, neqꝫ quenqꝫ extitiſſe〈apud Latinos ex antiquis ſcriptoribus〉 qui tam præclarum opus,ac prorſus euangelicę tum maieſtatis, tum fidei,ſuis commentarijs illuſtrarit. Nihil enim extat,quod ſciam,in hoc,præter aliquot locorum uocabula, quæ Hieronymus *Acta apud Græcos deprauata*

27 annotauit, uerum ea non ſolum pauca, ſed etiam paucis 〈ſi tamen hoc ipſum opuſculum Hieronymi cẽſendum eſt:certe docti hominis eſt,nec indignum Hieronymo, niſi quod ibi citatur Hieronymus〉Sero recepta eſt epiſtola ad Hebræos. De epiſtola Iacobi nonnihil eſt addubitatum. Apocalypſim ſero recepit Italia,Græcia ne nunc quidem ſatis approbat. Cæ

19 terum de actis nulla unqꝫ dubitatio.〈Nam quod hic liber non receptus fuerit à Manichæis, quemadmodum indicauit Auguſtinus libro quo refellit Adamantium Manichæum, hoc plus etiam ponderis apud orthodoxos habere conuenit,ſi diſplicuit hæreticis non minus ri

16 diculis ꝙ impijs. Atqꝫ hoc ſane〉maiore ſtudio conuenit,ut Chriſtiani ſuæ gentis incunabula ſtudeant cognoſcere: quo poſteaquam cognitum habuerint quibus rebus adoleuerit, 16: Quo adoleverint

27 ijſdem intelligant collapſam religionem inſtaurandam eſſe.〈Quum quartam adornarem æditionem, forte nactus ſum Græcos commentarios Ioannis Chryſoſtomi titulo, uero ne an falſo nondum pronuncio. Ex his tertia æditione quædam retuleram ſchedis per amicos ſuppeditata. Is exordiens teſtatur hoc opus adeo non fuiſſe celebre apud Græcos, ut non *Chryſoſtomi commentarij in Acta amphiboli* 27: hanc

 autor

autor modo plerisq; fuerit ignotus, uerum ne id quidem sciretur, an extaret liber hic de gestis apostolorum. Hoc opinor illum de uulgo fuisse loquutum, non de doctis. Cæterum exemplaria declarant hunc librum non perinde fuisse tritum apud Græcos, ut Euangelia aut epistolas Pauli. Nec enim in ullo uolumine (de sacris loquor) maior erat lectionis uarietas. Ex fragmentis quæ truncatim adferuntur in glossa quam uocant ordinariam, apparet extitisse tum in hoc opus commentarios neutiquam indoctos, quos ego ab istis rhapsodis studio suppressos fuisse suspicor, quo pluris fierent quæ collegerant. Idem suspicor de ueteribus, quos citari uidemus in Catena aurea. Quæ enim occasio tot uolumina sic extinxisset, ut nullum usquam superesset, uel casus incolume beneficio? Apud me certe nulla est dubitatio, quin spiritus sanctus ad fidei nostrę certitudinem hoc opus superesse uoluerit, nec ultra tamen proferri rerum gestarum historiam, partim ne nobis incerta essent ecclesiæ crepundia, partim ne uarietate narrationum à Christo paulatim delaberemur ad humana. Et erat semel finienda scripturarum inuiolabilis autoritas, ne turba uoluminum eleuaretur. Etenim si legas ea quæ cæteri qui feruntur fuisse uicini temporibus apostolorū literis prodiderunt, uel ut ab ipsis audita conspectaq;, uel ab ijs qui uiderant accepta, uideberis tibi fabulas, ut ita dixerim legere, si conferas cum grauitate fideq; huius historiæ. Et in his esse constat, qui quod in dialogis fieri solet, ex his quæ sacris libris continentur narrationes fictas cōtexuerint, aut certe ueris falsa miscuerint: rursum, qui uel ob ingenij tarditatem, uel ob memoriæ debilitatem, ea tradiderint, quæ uel non audierant, uel non intellexerant. Huius generis esse puto scripta Clementis & Papiæ, fortasis & Dionysij. Certe Papiam notat Eusebius in historia ecclesiastica, quasi qui quæ à Ioanne audierat, ingenio non sit assequutus, unde & scriptis suis præbuerit multis ansam erroris. Homines erant, & humanis affectibus obnoxij. Quod si statim in his qui uixerant cum apostolis reperta est suspicio uel erroris, uel uanitatis, quid futurum arbitraris fuisse, si talium narrationum aut scriptorum autoritas longo successionis ordine, trāsisset ad posteros? Summa cura pariq; fide contexuit ecclesiasticam historiam Eusebius Cæsariensis, At quàm multa illic referuntur, quæ nihil habent grauitatis Ecclesiasticæ?)

*27: Quis enim casus ?* — *Actorū liber necessarius* — *Humanæ historiæ quales*

*Primum pro priorem* Primum quidem.) Sæpius admonuimus apud Græcos πρῶτον usurpari uice comparatiui. Primum, pro priorem, siue superiorem. Nam sermonem, haud dubie librum euangelicum uocat: neq; enim ea dixerat, sed scripserat. Et Isocrates suos libellos λόγους appellat. Deinde haud scio satis ne Latine dicatur, Facere sermonem, pro eo quod est, uerba facere. Vnde nos, quo dilucidior esset sensus, non ueriti sumus ad hunc transferre modum, Superiore quidem uolumine diximus Theophile, de omnibus quę cœpit Iesus, tum facere, tum docere: Poterat & sic, Et facere & docere, siue uel facere uel docere. Nam facereq; & docere, poeticum est apud Latinos, apud Græcos secus, ποιεῖν τε καὶ διδάσκειν. Partitus enim est omnem Christi uitam in duo, in facta & doctrinam. Fecit is admiranda, sed non minus stupenda docuit. Facta constant miraculis, doctrina decretis. Porrò quod huc adducunt quidam, prius esse facere, deinde docere, id argutius est quàm accommodatius. ⟨Et tamen ad exhortandum, non inutilis est argutatio.⟩ 22

*Reiecta quorundam interpretatio*

*De omnib. & omnia quid differunt* (De omnibus.) Annotauit & hoc Chrysostomus, quod non dixit, omnia, sed de omnibus, nimirum ordinem ac seriem rerum indicans potius quàm nihil esse prætermissum. Alioqui dissentiret à Ioanne, qui negat mundum fore capacem uoluminum si singula quæ dominus dixit fecit'ue scriberentur. Quod autem de ordine loquitur arguit quod sequitur, usq; ad diem illum. Exorsus est à natiuitate pręcursoris, prosequutus est narrationem usq; ad ascensionem domini. Quoniam autem Ambrosius tribuit Lucæ stilum historicū, multum lucis adferunt rerum narrationi trāsitiones eiusmodi, ceu commissuræ partium, quæ paucis repetendo quod dictum est, refricant lectoris memoriam, & proponendo quæ dicenda sunt, reddunt auditorem ad ea quæ restant magis docilem. Euangelicam, inquit, historiam ab initio prosequutus sum usque ad tempus ascensionis: quod superest, absoluam hoc libro. Annotauit & hoc Chrysostomus, quod modestiæ causa suum opus sermonem uocat non Euangelium.) 27

*Per spūm sanctū præcipiēs* Præcipiens [apostolis] per spiritum sanctum.) ἐντειλάμενος. Præteriti temporis est, hoc est, cum præcepisset. Et hunc locum quoniam alioqui uidebatur obscurior, paulo fusius explicuimus 35

16-27: Per s.s. praecipiens

 16-19: mandasset apostolis quos delegerat

explicuimus ad hunc modum. Ad eum usque diem, quo postquam impartitus in hoc ipsum
27 spiritum sanctum mandata dedisset, quos delegerat, apostolis, sursum assumptus est. (Sensit Sensus anceps
22 hic nonnihil incommodi etiam Beda, nam meminit hyperbati.) Caeterum illud (Per) spiritum
sanctum, ita positum est, ut ambigi possit utro sit referendum, ad superiora, an ad sequetia.
19 Verum sensus (magis) exigit, ut ad superiora referatur. Siquidem impartiit illis spiritum san
ctum à resurrectione: & ita mandauit praedicandi munus. Nisi malumus sic accipere, quod
ipse Christus in baptismo, spiritum sanctum in se descendentẽ acceperit, quo facto postea
22 delegerit apostolos. Caeterum prior lectio mihi magis probatur. (Praesertim cum huic assen
tiatur Chrysostomus διὰ πνεύματος, inquiens, ἐντειλάμενος, τοῦτ' ἐστιν, πνευματικὰ πρὸς αὐτοὺς
ῥήματα, οὐδὲν ἀνθρώπινον. Neque enim perinde arridet quod additur Per spiritũ sanctum, qua-
27 si illius essent, quae mandasset. (Nam & hunc sensum proponit Chrysostomus.) Et quod ait
praecepisse, idem Chrysostomus non refert ad id quod sequitur, Ab Hierosolymis ne disce
derent, sed ad illud potius, Ite & docete omnes gentes &c. ut intelligamus eam doctrinam
non esse Mosaicam, neque mundanam, sed spiritualem ac coelestem. Hoc admonere uisum
est, quod uideam interpretes Latinos, hoc in loco & torqueri nonnihil & uariare.)

Quos elegit.) οὓς ἐξελέξατο. Hoc interiecit, ut appareat Christum non omnibus mandata dedisse, sed iis duntaxat, quos ad hoc muneris delegerat, nempe duodecim apostolis,
& septuaginta discipulis.

27 (Assumptus est.) ἀνελήφθη, quod magis sonat receptus est, uidelicet in coelum unde uenerat. Nam assumi dicitur qui in consortium adiungitur, quod Graeci dicunt παραλαβεῖν,
Matthaei primo. Et προσλαμβάνεσθαι, Rom. xiiii. Et hanc ipsam uocem ἀνελήφθη uertit
receptum est, Actuum decimo.)

In multis argumentis.) τεκμηρίοις. Argumentum hic uocat signum aliquod, per quod Argumentum signum
fides fit rei alioqui dubiae. Et in multis, Hebraico more dixit, pro per multa argumenta. Cae
terum quod sequitur, ὀπτανόμενος, participium est passiuum praesentis temporis. Proinde
interpres dum, quod non solet, conatur exprimere rationem temporis, nimis diluto usus
est uerbo. Siquidem apparet id quoque quod non est. Nos itaque maluimus circumloqui,
Dum conspicitur.

22 Et conuescens praecepit.) (Laurentius Valla, putat perperam in Latinis codicibus legi Conuescens Iesus Lectio duplex
conuescens, sed scriptum fuisse conuersans, non dissimulans interim in aliquot Graecis codicibus haberi συναυλιζόμενος, in aliis συναλιζόμενος. Prius illud interpretatur conuersans, posterius hoc, conueniens, siue coniungens se cum illis: sic tamen ut uelit utriusque
dictionis eandem esse uim. Ac satis apparet συναυλίζομαι dictum ab αὐλή, quod stabulum
sonat aut diuersorium. Graecum unde dicatur συναλίζεσθαι, non perinde liquet, nisi quod 22-27: Caeterum
Hesychius συναλιζόμενος, interpretatur συναχθείς, καὶ συναθροισθείς, id est, Congregatus
& conglomeratus, nec alio uergunt, quae scribit Suidas. Licet apud hunc addatur, υ, συναυ 22-27: Quanquam
λίσας, inquit, συνάξας, συναθροίσας, ac paulo post συναυλίαν interpretatur συμφωνίαν. Quan 22-27: additur
quam autem ferè consequens est, ut qui sub eodem tecto uersantur, unà nonnunquam cibum capiant, tamen id nec ex ipsa uocis ratione, nec ex Graecis, quos citaui, autoribus liquere potest. Iam in aceruo uocabulorum ad conuiuium pertinentium, quae congerit Iu-
lius Pollux, nulla huius uocis mentio. Tametsi non inficior Hieronymum in quaestione ad
Hedibiam septima, uideri legisse conuescens, quum scribit hunc in modum: In altero autem tanta familiaritas erat, & perseuerantia, ut cum eis pariter uesceretur. Vnde & Paulus
apostolus refert, eum quingentis simul apparuisse discipulis. Et in Ioanne legimus, quod
piscantibus apostolis in litore steterit, & partem assi piscis fauumque comederit, quę uerae re
surrectionis indicia sunt. Et Chrysostomus in commentariis qui feruntur in hunc librum
eo nomine, palàm interpretatur de cibo sumpto. Eius uerba subscribam διά τοι τοῦτο καὶ τότε
τεσσαράκοντα ἡμέρας ἔμεινεν ἐπὶ τῆς γῆς μετὰ τὴν ἀνάστασιν, ἔλεγχον διδοὺς ἐν τῷ μακρῷ χρόνῳ τῆς
ὄψεως τῆς οἰκείας, ἵνα μὴ φάντασμα εἶναι νομίζωσι τὸ ὁρώμενον. καὶ οὐδὲ τούτῳ ἠρκέσθη, ἀλλὰ καὶ τρά-
πεζαν προσετίθει, ὅπερ οὖν καὶ προϊὼν λέγει, καὶ συναλιζόμενος αὐτοῖς. τοῦτο δὲ ἀεὶ καὶ αὐτοὶ οἱ ἀπόστολοι τεκμήριον ἐποιοῦντο τῆς ἀναστάσεως λέγοντες, οἵτινες συνεφάγομεν καὶ συνεπίομεν αὐτῷ.
27 (id est, Atque hac sanè de causa & ipse diebus quadraginta cõmoratus est post resurrectionẽ
in terris, nimirum longo temporis spatio per argumenta certa declarans & comprobans
conspectum

16-19: praecepit.) Quisquis vel mediocriter attenderit, facile conjectabit ab interprete scriptum fuisse conversans, non convescens. Id famelicus opinor quispiam, nihil nisi cibum somnians vertit in convescens, quod inhumanum putaret Christum suos relinquere nisi prius habita cum illis compotatiuncula, quemadmodum hodie vulgus nostratium facit. Caeterum in graecis exemplaribus variat hic locus. In aliis scriptum est συναλιζόμενος, quod sonat congregatos sive congregans. In aliis συναυλιζόμενος, id est, commorans et sub eodem versans tecto. Rursum p. 274

conspectum suipsius, ne spectrum & inane phantasma crederent quod uidebatur. Ac ne his quidem contentus fuit, sed mensam etiam addidit, Nimirum hoc est quod deinceps dicit, Et conuescens simul cum illis. Nam hoc argumento ipsi quoque apostoli semper astruxerunt resurrectionis fidem, ut quum aiunt, qui quidem cibum una sumpsimus & bibimus cum illo.) Hæc si cui probantur, ut mihi sanè non improbantur, expendat, num συναλίζεσθαι, dicatur, à salis communione, Iuxta prouerbium Salem & mensam ne prætereas. Alioqui ex hoc loco non liquet fuisse conuiuium Christo cum apostolis. Certe Cyrillus in opere quo

συναλίζεσθαι exponit dictiones sacrarum scripturarum συναλιζόμενος interpretatur, συναθροιζόμενος) [a 35

uoce ἁλὴς siue ἁλία, quæ concilium siue congregationem sonat. Ita Herodotus in primo li

συναλίζεσθαι bro, κῦρος γράψας εἰς βιβλίον, τὰ ἐβούλετο, ἁλίην τῶν περσέων ἐποιήσατο: apud eundem frequenter obuium est συναλίζεσθαι pro cõgregare. Nec dubito quin ἁλία dicta sit à sale, iuxta illud, Salem & mensam ne prætereas. etymologicon indicat ἁλίαν dici uas in quo tunditur sal, aut ubi reponitur] Rursum uariat & ipsa sermonis distinctio. Nam quidã hoc participium referunt ad superiora, ut & hoc censeatur inter argumenta resurrectionis, quod domesticam cum illis ac diutinam egerit consuetudinem. Nam id est, ni fallor, συναυλίζεσθαι. Alij rursus ad sequentia, ut sub eodem tecto commorans apud illos, intelligatur mandasse ne discederet Hierosolymis. Id quod mihi magis probatur, quod quidem ad distinctionem attinet. Alioqui duriuscule cohæreant cum superioribus, quæ sequuntur. Cæterum si legamus, συναλιζόμενος {iuxta Vallam, id est, congregans se cum illis, siue congregans illos in 22

idem loci} id magis congruit cum eo quod aliquanto post sequitur: Illi igitur cum conuenissent, interrogabant eum dicentes, Domine &c. Apparuit enim illis nunc paucioribus, nunc pluribus. Cæterum conscensurus in cœlum omnes uoluit adesse, ut ultima æderet mandata. [Augustinus aliquot locis legit conuersans.] 35

Inquit, additũ Quam audistis, inquit, per os meum.) ἣν ἠκούσατέ μου, id est, Quam audistis ex me. (Hila 27

rius allegans hunc locum lib. de trin. octauo, non addit, inquit) Cæterum haud male interpres addidit, Inquit, de suo, ne durior esset sermo, ob repente mutatam personam loquẽtis. (Et ubi sunt interim, qui clamitant esse sacrilegium uel iota addere sacris uoluminibus.) 27

19-27: coniunctionem Baptizabimini spiritu sancto.) ἐν πνεύματι ἁγίῳ, id est, In spiritu sancto, hoc est, per spi

ritum sanctum. {Recte igitur prepositionẽ omisit interpres. Augustinus epistola centesima 19

octaua admonet in nonnullis Latinis codicibus scriptũ fuisse pro baptizabimini incipietis baptizari. Verum hanc lectionem ut mẽdosam reijcit, ex autoritate Græcorum codicum, cum hic interpres subinde uerterit ad consimilem modum.}

Si in hoc tempore.) εἰ apud Græcos frequenter est interrogantis. Rectius itaque uertisset, Num in tempore hoc, siue An in tempore hoc.

{Restitues regnum Israel.) τῷ ἰσραὴλ, id est, Israeli. Sic enim uocant gentem Iudaicam. 19

Somniabant enim adhuc, nescio quod, regnum Hebræorum.}

καιρὸς Tempora uel momenta.) χρόνους ἢ καιροὺς, id est, Tempora & articulos, siue opportunita

χρόνος tes. Quanquam apud Græcos καιρὸς nonnunquam pro χρόνος usurpetur, at non contra. Est autem proprie χρόνος, quoties de genere seu modo spatioue temporis agitur, ueluti seculũ, annus, mensis, dies, hora. καιρὸς autem cum sentimus oportunitatem rei gerendæ. Nam utrunque refertur à Rhetoribus inter argumenta coniecturalia. {Annotat hanc uocum differentiam 19

& diuus Augustinus in epistola lxxviij. ad Hesychium.} Quin apud Græcos καιρὸς deus est, quem Ausonius uertit occasionem. Neque uero καιρὸς species est huius ceu generis χρόνος, quemadmodum indicat Valla. diuersum magis est quàm pars. Et omnino plus quid

116-22: est dam [καιρὸς quàm tempus, nempe articulus, ipsumque momentum ac punctum, ut aiunt, in quo res sit agenda. Vnde nonnunquam articulum uertit. Neque dubito quin illud Terentianum, Vt in ipso articulo oppressit, Græcis sit καιρῷ. Duabus dictionibus Græcis respon

det unica Latina, tempus. {Augustinus locum hunc adduxerat hoc pacto, Nemo potest co 19

gnoscere tempora, quæ pater posuit in sua potestate. At Hesychius ex autoritate ueterum exemplarium nobiscum legit, Non est uestrum.}

Quæ pater posuit in sua potestate.) ἐν τῇ ἰδίᾳ ἐξουσίᾳ. i. In ꝓpria siue sua ipsius potestate.

[δύναμις Accipietis uirtutem.) δύναμιν, id est, Robur ac fortitudinẽ. ne quis accipiat ἀρετὴν, quæ

ἀρετὴ probitas est uitio opposita. Et, Superuenientis spiritus, ἐπελθόντος, præteriti temporis participium

participium est, sed quod uerbo futuri temporis adhæreat. Vertere poterat, Illapsi in uos,
27 siue ut nos uertimus, Postquam spiritus sanctus aduenerit super uos. (Nam & illud ambiguum est apud Græcos, an genitiui casus ponantur absolute, Sic enim refert Hilarius in libris de trinitate. Superueniente spiritu sancto in uos.)
Testes in Hierusalem.) Gemina est coniunctio Græcis, ἐν τε ἱερουσαλὴμ, καὶ ἐν πάσῃ ἰου-
δαίᾳ. Cæterum quod subiunxit, Iudæam Hierusalem, totum parti, non potuit reddi, neque
per geminum &, neque per tum. Proinde nos reddidimus, Non solum Hierosolymis, uerum,
27 etiam in uniuersa Iudæa. (Nam hic Iudæam arbitror positam non pro tota regione Iudaicæ
gentis quæ duodecim tribus complectitur, sed pro ea prouincia cuius metropolis est Hierosolyma, quanquam ipsa quidem est in tribu Beniamin. His enim gradibus propagatum
est Euangelium. Ab Hierosolyma uelut à fonte dimanauit, ad omnes Iudææ partes, deinde
ad Samaritanos semipaganos & semiiudæos, Mox in Syriam, hinc in totam Asiam minorem, hinc in Græciam, postremo in Italiam, denique in uniuersum terrarum orbem.)

Iudæa pro tota gente Iudaica

16: in Hierusalen

Cumque intuerentur in cœlum.) καὶ ὡς ἀτενίζοντες ἦσαν, id est, Cum essent intentis siue
defixis in cœlũ oculis. Id enim Græcis est ἀτενίζειν fixis & immotis obtueri oculis, aman-
19 tium more. {In cœlum autem ita positum est, ut utrouis possit referri, uel ad intuentes, uel
27 ad euntem. Nisi quod mox uelut explicat, Quid statis aspicientes in cœlum? (Annotarat
hoc nescio quis in glossa quam uocant ordinariam.) Nam quod Veste alba, uertit uestibus
albis, nihil refert ad sensum.

Anceps sermo

Ecce duo uiri.) καὶ ἰδοὺ, Admonuimus esse peculiare Lucæ καὶ coniunctionem ex superfluo addere. Proinde interpres recte omisit.}
Quemadmodum.) ὃν τρόπον, ut quem ad modum, tres sint dictiones.
22 Sabbati habens iter.) σαββάτου ἔχον ὁδόν. Sentit spacium (bis) mille passuum. Longius
22 iter facere Iudæis fas non erat sabbatis. (Hoc enim indicat Hieronymus scribens ad Algasiam quæstione decima, nimirum Iudæis religiose obseruatum, ne sabbatis ambularent, su
pra bis mille passus, ex institutione, Barachibæ Simeonis, & Helles Rabinorum, quos illi
magistros nostros uocare soliti sunt, ut inibi docet Hieronymus. Præterea apud Ioannem
cap. undecimo, Bethaniam abfuisse ab Hierosolymis stadiis fermè quindecim. Ea confi-
ciunt paulo minus quàm passuum duo milia. Erat autem Bethania in latere montis Oliue
ti. Testatur hoc idem Chrysostomus enarrans conuiuium Simonis leprosi. Proinde miror
unde apud Lyranum cæterosque recentiores interpretes legamus, Iter sabbati non habere
plus quàm mille passus: nisi forte hoc accidit uitio librariorũ.) Proinde nos uertimus, Abest
ab Hierosolymis iter sabbati.

Sabbati iter

16: Hierusalem

In cœnaculum.) εἰς τὸ ὑπερῷον. Hic cœnaculum non significat eum locum in quo cœ-
natur, sed superiorem domus partem. Id quod Græca uox indicat.

Cœnaculum ὑπερῷον

In cœnaculum ascenderunt.) ἀνέβησαν εἰς τὸ ὑπερῷον, id est, Ascenderunt in cœnaculum,
22 hoc est, Ingressi ciuitatem, conscenderunt cœnaculum. (Nostra lectio perinde sonat, quasi
27 ingressi cœnaculum conscenderint eò ubi manebat Petrus.) (Lyranus putat esse πρεσβύτερον.
In glossa ordinaria nescio quis admonet Grecæ lectionis. Quanquam nec in Latina lectione opus erat ulla figura. Siquidem hypostigme addita dictioni introissent, excludit amphibologiam. In aliquot uetustis nostræ linguæ codicibus, habebatur, ascenderunt in superiora ubi manebat Petrus, Et fieri potest, ut supra cœnaculum fuerit locus altior, quod capite
huius operis decimo uocat δῶμα, quò Petrus ascendit oraturus.)
19 {Petrus & Ioannes.) Suspicor incuria librariorum accidisse, quod hic perpetuo non di-
stinguantur apostolorum iuga. Nos tamen nihil ausi sumus immutare, cum neque suffraga
rentur exemplaria, nec interpretes idonei. Ne ordo quidem satis congruit. Apud nos enim
Petrus copulatur cum Ioanne, apud Græcos cum Iacobo. Apud nos Iacobus & Andreas,
apud Græcos Ioannes & Andreas.}

Ordo diuersus

35 [Perseuerantes. προσκαρτεροῦντες, id est, Perdurantes, quod Augustinus alicubi uertit,
asseruientes.] In oratione.) Deest in Latinis codicibus, καὶ τῇ δεήσει, id est, Et obse
cratione. Congeminat hæc ad eum modum sæpenumero & Paulus.
Cum mulieribus.) σὺν γυναιξί. Accipi potest, & cum uxoribus, propterea quod separa
uit Mariam à mulieribus. Ac rursum:

Cum

Cum fratribus eius.)(Eius)ad Iesum refertur, non ad Mariam αὐτοῦ.(Annotauit & hoc 22·27
glossa ordinaria, Citatur autem nomine Bedæ, quum in illius commentarijs nihil tale repe
riatur. Id quum mihi compertum sit & alijs aliquot locis, suspicor hos, quos Badius nobis
*Bedæ cōmentarios uideri decurtatos* dedit, esse decurtatos.) In diebus illis.) ταύταις, id est, His, nec enim est ἐκείναις. Est autem historicum, referre rem quasi iam geratur.
In medio fratrum.) μαθητῶν, id est, Discipulorum. Et simul, est ἐπὶ τὸ αὐτὸ, id est, colle-
16: autem cta siue congregata in eodem loco.
*Hominū pro nominum* Erat autem hominum.) ἦν τε ὄχλος ὀνομάτων, id est, Eratque turba nominum. Quod quidem palam est nō accidisse culpa interpretis, sed ab audaculo quopiam fuisse deprauatum
qui putarit nominum hoc loco nihil significare, cæterum hominum probe quadrare. Adeo
præceps est iudex inscitia. Porrò nominū dixit, quod nominatim homines censeri soleant,
quoties exquiritur numerus. Hæc orationis pars, quoniam per parenthesim est interiecta,
suis notulis est utrinque semouenda, {quæ tamen aptior erit, si legamus ἦν δέ.} 19
Oportet impleri.) ἔδει, id est, Oportebat, siue oportuit, de re peracta loquitur.
Quam prædixit.) ταύτην ἣν, id est, Hanc quam prædixit.
Qui fuit dux.) ὁδηγοῦ. Is proprie dicitur, qui commonstrat uiam: ne ductorem exercitus
16: Graecis intelligat aliquis, cui apud Græcos aliud est nomen(στρατηγός.) 27
In nobis.) σὺν ἡμῖν, id est, Nobiscum. Et, Qui connumeratus est, ὅτι, quia, non qui.
*Possedit pro parauit* Et possedit agrum.) ἐκτήσατο, quod uerti poterat etiam, parauit. Neque enim Iudas possedit hunc agrum, uerum ea pecunia paratus est is ager. Porrò de mercede iniquitatis, allu
16-19: tr sit, ni fallor, ad cognomen Iscariotæ, quod שָׂכָר Hebræis mercedem sonet.
Et suspensus crepuit.) καὶ πρηνὴς γενόμενος, id est, Pronus factus, siue decliuis. πρηνὴς e-
nim Græcis dicitur, qui uultu est in terram deiecto. Expressit autem gestum & habitum la
queo præfocati. Alioquin ex hoc sanè loco nō poterat intelligi, quod Iudas suspenderit se.
19: Tertio {Augustinus libro primo contra Felicem Manichæum, capite quarto & quinto, hunc addu 19
cens locū legit, Et deiectus in faciē, diruptus est medius.} Acheldemach.) Græci scribunt
ἀκελδαμά, propius accedentes ad uocem Hebraicam quàm nos. Hebræis אחקל fundus est
27: manifestum siue facultas דם sanguis, {etiamsi diuus Hieronymus indicat nomen esse Syrum.} 19
*Et manifestū factū est. Scrupulus excussus* (Et notum factum est.) Quum Petrus hæc loquatur & Hierosolymis & Hebraice, ta- 27
men ita sonāt Lucæ uerba, quasi Petrus alibi diuersa lingua loquatur. Etenim qui dicit, eo-
rum, uidetur de absentibus loqui, & qui dicit lingua eorū, uidelicet Hebraica, uidetur alia
lingua loqui quàm Hebraica. Proinde quidam uoluerunt totam hanc sermonis partem, Et no
tum factum est, usque ad, scriptum est enim, Lucam Græce scribentem intertexuisse de suo.
Sunt qui lingua eorum, referant ad discrimen linguæ Galilææ, & Hierosolymitanæ, quæ
tam uariabant, ut hinc Petrus fuerit deprehensus. Sed mea sententia simplicius est, ut intelligamus Lucā Græce scribentē, ad maiorē rei fidem addidisse uocem Hebraicā, & hanc
particulam, lingua eorum, ad Theophyli Lucæque personam esse referendam, quorum alter
Græce scriberet, alter legeret. Probabile est enim hoc ipsum agri uocabulum Hebræum diuersæ linguæ hominibus innotuisse, quemadmodū aliquot exoticarum rerum uocabula,
nonnulla etiam prouerbia sua lingua demigrant ad alienigenas.)
Fiat commoratio.) ἔπαυλις. Compositum ab eadem dictione unde συναυλιζόμενος, de
quo dictū est paulo ante. {Augustinus eo quem modo citauimus loco, legit, Fiat uilla eius 19
*ἐπισκοπή* deserta.} Cæterum episcopatum est ἐπισκοπὴν, quod Hebræis est פְּקֻדָּה. Id inter alia præ-
fecturam quoque significat. (Græca uox ab inspiciendo dicta) {Audiui quendam Hebræum, 27,19
qui quod interpres Græcus ac Latinus uertit episcopatum, affirmaret Hebræis sonare uxo
rem egregie charam, quæ non prolis gignendæ gratia, sed animi causa haberetur in delitijs
semota ac seclusa.} (Hoc an uerum sit nescio. Hoc testimonium è duobus psalmis sumptum 27
est, Fiat commoratio eorum deserta, & in tabernaculis eorum non sit qui inhabitet, sumptum est è psalmo sexagesimo octauo. Et episcopatum eius accipiat alter, sumptum est è
psalmo cviij. Prius testimoniū quod pertinebat ad omnes Iudæos qui Christum persequu
ti sunt accommodauit ad Iudam. Porrò quum uterque psalmus inscriptus sit ipsi Dauid, aut
non est uerum quod quidam annotant de titulis, aut hi psalmi non sunt scripti per Dauid.
Et tamen Petrus ait spiritum sanctum loquutū per os Dauid. Cæterū quod Beda queritur

per

per imperitum lectorem contextum psalmorũ esse corruptum, hodie nihil tale reperimus
in codicibus nostris. Queritur enim priorẽ testimonij partẽ, quæ extat psalmo LXVIII
fuisse additam psalmo CVIII. Qua de re nec Augustinus, nec Hieronymus queritur in
cõmẽtarijs. Et tamen probabile est Bedam hoc alicunde hausisse. Nam adduntur hi uer
sus in psalterio quod dicitur Romanum. Verum interim dum hæc sector in aliud incidi. *Psalteriũ Ro-*
Aliâs admonui cõmẽtarios quos habemus in psalmos Hieronymi titulo, mihi uideri de- *manum à no-*
curtatos alicubi, Contra locis aliquot ceu pannis assutis dilatatos. Quod enim in hunc uer *stro diuersum*
siculum, Et episcopatum eius accipiat alter, additum est commenti, potest credi Hieronymi, est autem tale. Hoc & in actibus Apostolorum manifestius interpretatum est. Quod *Hieronymi*
sequitur ambiguum est, Non solum autem in illo tempore de Iuda dictum est, sed usque *cõmentarij in*
hodie dicitur & usque in diem iudicij. Si ipse Iudas apostolatum perdidit, custodiant se sa *psalmos con-*
cerdotes & episcopi, ut nõ & ipsi suum sacerdotium perdant. Si apostolus cecidit, facilius *taminati*
monachus potest cadere. Hæc ille. Ne quid hic exagitem sermonis ineptiam, minime con
gruentem Hieronymo, usq; hodie dicitur, & usque in diem iudicij, subaudi dicetur, Quid
refert dici? quid fiat refert. Præterea si ipse Iudas, quasi is fuerit apostolorũ princeps, Non
satis erat dicere Iudas. Et custodiant se, pro caueant sibi, & ut non, pro ne, ut hæc inquam
non excutiam, quid sibi uolunt quæ sequuntur, Si apostolus cecidit, facilius monachus po
test cadere. An idem est apostolus & monachus? Amphora cœpit institui, currente rota
quur urceus exit? Ad hæc qui cohærent quæ adijcit. Virtus non perit, licet homo cadat &
pereat, tamen dominus denarios suos dat sub fœnore. Si ille non duplicauerit, accipitur pe
cunia eius & dabitur habenti. Pecunia domini ociosa esse non potest. Quis non uidet hæc *Libros depra-*
esse non Hieronymi, sed hominis inepte loquacis, qui similibus emblematis totum hunc *uari patimur*
psalmum contaminauit, & utinam hunc solum. Qui uideri uolunt custodes scripturæ di- *æquo animo*
uinæ, hæc æquis animis ferunt, & indignantur admonẽtibus, haud quaquam eadem usuri
lenitate, si quis ad eundem modum istis imponat in uino aut panno, & si quis monitor ibi
depulerit imposturam, magnas habituri gratias.

Alter.) ἕτερος, rectius erat alius. Nam Græci frequenter usurpant ἕτερος pro ἄλλος.
Cæterum quod quidam alter refert ad duos designatos electioni, quorum alter succedat in
locum Iudæ, coactius est.)

Intrauit & exiuit.) Pro eo quod est perpetuam uitæ consuetudinem habuit. Dictũ est *Intrauit*
autem figura prouerbiali. Cæterum hic sermo totus nonnihil habebat obscuritatis, non so *& exiuit*
lum in lingua Latina, uerum etiam Græca. Proinde nos quantũ potuimus, conati sumus 16-19: quoad
dilucidius uertere.

Qui cognominatus est Iustus.) ἰοῦστος nomen Romanum. Quod cognomen olim in-
27 ditum fuit Aristidi apud Athenięses. (Glossa ordinaria dubitat Latinũ ne sit an Hebræum,
& interpretatur tanquam Hebręum, quasi nouum sit Iudæos Græcorum ac Romanorum
designari cognominibus. Andreas Græcum est quemadmodum Barptolemeus. Marcus
& Lucas latina uocabula sunt, Nicodemus Græcũ est. Et hoc citatur nomine Bedæ, quum
in Bedæ commentarijs nõ habeatur. Paulo ante refertur opinio cuiusdam qui putarit hos
duos de quibus fit sortitio fuisse è numero discipulorũ septuaginta, quum Beda numeret *Bedæ locus ci-*
septuaginta duos. Et tamen hic erat adscriptum B. quid indicans nescio.) *tatur q apud*

Qui corda nosti.) Græcis est dictio unica composita, καρδιογνῶστα, cognitor cordi- *illum non est* 16-22 tr.
um. Et mox:

Ostende.) Est ἀνάδειξον, id est, Designa. Sic enim uertit, Designauit Iesus & alios septuaginta.

27 Accipere locum.) λαβεῖν τὸν κλῆρον, id est, Vt accipiat sortem, siue hæreditatem (aut
successionem.)

27 Vt iret in locum suum.) ἴδιον, (id est proprium.) Velut ante occupasset alienum.

Et dederunt sortes eis.) καὶ ἔδωκαν κλήρους αὐτῶν, id est, Et dederunt sortes eorum, nimi- 16: sortem
27 rum duorũ, de quibus sortiebantur (Sors enim illius dicitur cuius nomine mittitur.)

Et annumeratus est.) καὶ συγκατεψηφίσθη, id est, Suffragijs siue calculis additus est. *Augustini le-*
Vallæ placet cooptatus est, neque mihi sanè displicet. Superius erat diuersum huic uerbũ *ctio quantum*
19 κατηριθμημένος σὺν ἡμῖν, id est, Numeratus nobiscum. {Totum hoc caput, ac sequentis bo- *à nostra uariet*

nam partem recitat Augustinus libro, cuius paulo ante meminimus,[uidelicet contra Ma 35
nichæum Felicem 1. cap. 4. & 5.]sed nonnulla secus quàm nos legimus, quæ qui puta-
19: conferat bit operæprecium cognoscere,quo commodius liceat conferre nos hic asscripsimus:Et re- 22
citauit in actibus apostolorum,Primum quidem sermonem feci de omnibus ō Theophile,
quæ cœpit Iesus facere & docere,in die quo apostolos elegit per spiritum sanctum:& præcepit prædicare Euangelium,quibus præbuit se uiuum post passionē in multis argumen
tis dierum,uisus eis dies quadraginta, & docens de regno Dei, & quomodo conuersatus
sit cum illis.Et præcepit eis ne discederent ab Hierosolymis, sed sustinerēt pollicitationem
patris,quam audistis,inquit,ex ore meo.Quoniam Ioannes quidem baptizauit aqua,uos
22: baptizare autem spiritu sancto incipietis baptizari, quem accepturi estis non post multos hos dies,
usque ad Pentecosten. Illi ergo conuenientes,interrogabant eum dicentes,Domine si hoc
tempore præsentabis regnum Israël? Ille autem dixit, Nemo potest cognoscere tempus,
quod pater posuit in sua potestate, sed accipietis uirtutem spiritus sancti superuenientem
in uos,& eritis mihi testes apud Hierosolymam, & in tota Iudæa & Samaria,& usque in
totam terrā.Cum hæc diceret,nubes suscepit eum,& sublatus est ab eis.Et quomodo con-
templantes erant,cum iret in cœlum,ecce duo uiri astabant illis in ueste alba,qui dixerunt
ad eos: Viri Galilæi quid statis respicientes in cœlum? Iste Iesus qui assumptus est in cœlum à uobis, sic ueniet quemadmodum uidistis eum euntem in cœlum. Tunc reuersi sunt
Hierosolymam à monte qui uocatur Eleon, qui est iuxta Hierosolymam, sabbati habens
iter.Et cum introissent ascenderunt in superiora, ubi habitabāt Petrus[& Ioannes,Iacobus] 35
& Andreas,Philippus & Thomas, Bartholomæus & Matthæus,Iacobus Alphæi & Simon zelotes, & Iudas Iacobi. Et erant perseuerātes omnes unanimes in orationibus, cum
mulieribus & Maria,quæ fuerat mater Iesu, & fratribus eius. Et in diebus illis surrexit Pe
trus in medio fratrum & dixit, Fuit autem turba in uno, hominum quasi centum uiginti,
Viri fratres,oportet adimpleri scripturam istam, quam prædixit spiritus sanctus, ore sancti Dauid de Iuda, qui fuit deductor illorum,qui comprehenderunt Iesum,qui annumeratus erat inter nos,qui habuit sortem huius ministerij. Hic igitur possedit agrum ex mercede iniustitiæ suæ,& collum sibi alligauit, & deiectus in faciem diruptus est medius:& effu
sa sunt omnia uiscera eius.Quod & cognitum factum est omnibus qui habitabant Hierosolymam,ita ut uocaretur ager ille ipsorū lingua Acheldemach, id est, ager sanguinis.Scri
ptum est enim in libro psalmorū,Fiat uilla eius deserta,& non sit qui inhabitet in ea,& epi
scopatum eius accipiet alter. Oportet itaq; ex his uiris qui cōuenerunt nobiscum,in omni
tempore quo introiuit inter nos & excessit dominus Iesus Christus, incipiens à baptismo
Ioannis,usque in illū diem quo assumptus est à nobis,testem resurrectionis eius nobiscum
esse.Et statuit duos, Ioseph qui uocatur Barsabas,qui & Iustus, & Matthiam,& precatus
dixit: Tu domine cordium omnium intellector, ostende ex his duobus, quem elegisti ad
suscipiendum locum huius ministerij & annunciationis à quo excessit Iudas, ambulare in
locum suum. Et dederunt sortem, & cecidit sors super Matthiam, & similis deputatus est
cum undecim apostolis duodecimus.Tempore quo suppletus est dies Pentecostes,fue-
runt omnes simul in uno.Et factus est subito de cœlo sonus,quasi ferretur flatus uehemēs,
& impleuit totam illam domum in qua erant sedētes. Et uisæ sunt illis linguæ diuisæ quasi
ignis, qui & insedit super unumquenq; illorum. Et impleti sunt omnes spiritu sancto, &
cœperunt loqui uarijs linguis,quomodo spiritus dabat illis pronunciare.Hierosolymis au
tem fuerunt habitatores Iudæi, homines ex omni natione quæ est sub cœlo.Et cum facta
esset uox, collecta est turba & confusa est, quoniam audiebat unusquisq; suo sermone &
suis linguis loquentes eos. Stupebant autem & admirabantur adinuicem,dicētes:Nonne
omnes qui loquuntur, natione sunt Galilæi? Et quomodo agnoscimus in illis sermonem,
in quo nati sumus? Parthi & Medi,Elamitæ,& qui habitant Mesopotamiam,Armeniam
& Cappadociam,Pontum,Asiam,Phrygiamq; & Pamphyliam, Aegyptum & partes Libyæ,quæ est circa Cyrenen, & qui aduenerant Rhomani, Iudæiq; & Proselyti, Cretenses
& Arabes,audiebāt loquentes illos suis linguis magnalia dei. Citatur hic locus ab eodem
libro contra epist. Manichæi cap. 9.>

Ex

## EX CAPITE SECVNDO.

Dies Pentecostes.) Dies singularis est numeri. Itaq; compleretur legendũ est.
19 {Atq; ita sanè recitat Augustinus libro aduersus Felicem primo, cap. 5.} ἐν τῷ
συμπληροῦσθαι τὴν ἡμέραν, Quod ultimus ille dies quinquagesimus sit dictus.
Quanquam uulgo tempus hoc uniuersum, quadragesima & quinquagesima dicitur. 16-22: dicatur

Erant omnes pariter.) ὁμοθυμαδὸν, id est, Vnanimiter, quod ita paulo ante uertit, Per-
27 seuerantes unanimiter in oratione. (Interpres legisse uidetur ὁμαδὸν, quam lectionem suspicor esse ueram. Aliquis interpretatus est, ὁμοθυμαδὸν, ea uox quoniam magis arrisit, ὁμοθυμαδὸν
35 obtinuit) [Augustinus contra epistolam Manichæi legit, eadem animatione.] uertit pariter ]

Aduenientis spiritus.) φερομένης πνοῆς, id est, Flatus qui fertur, quod proprium est uen
19 ti impetu citato euntis {Id quod propemodũ expressit Augustinus libro de origine animæ {16: +
ad Renatum primo: Factus est subito de cœlo sonus, quasi ferretur flatus uehemens. Item
in epistola cẽtesima secũda ad Euodiũ. Rursum sermone de uerbis Apostoli sexto. Iterum
35 aduersus Felicem libro primo, cap. 5.} [Item contra epistolam Manichæi cap. 9. φορὰν Græci
uocant impetum.]

Vehementis.) Magis est uiolenti, βιαίας.

Et apparuerunt illis. καὶ ὤφθησαν αὐτοῖς, id est, Visæ sunt illis, seu potius conspectæ. 16: avisae

27 (Dispartitæ linguæ.) διαμεριζόμεναι præsentis temporis, id est, quæ dispartiebantur. Po- 27: tr.
test autẽ geminus intelligi sensus, ut uel accipiamus ipsas linguas fuisse sectiles, uel ut intelligamus eas è cœlo delapsas sese in singulos discipulos fuisse dispartitas.)

Tanquam ignis.) Ignis hoc loco genitiui casus est, non nominatiui, ὡσεὶ πυρὸς, id est,
Velut ex igni. Nos uertimus igneæ, quo uitaremus amphibologiam.

35 [Et repleuit totam domũ.) Dubium est an uerbum referatur ad flatum siue ad sonitum,
an ad ignem, quæ uox proxime præcessit. Is cuius Græca cõmentaria titulo Chrysostomi
feruntur in acta apostolorũ, putat totã domũ sic fuisse impletã igni, licet inuisibili, quemad
modum piscina impletur aqua. Simplicius est, ut domus impleta dicatur, quod in eadem margin 19-27:
essent permulti, & linguæ singulorum uerticibus insidebant.] In aliis linguis

Varijs linguis.) ἑτέραις, id est, Alijs linguis. Ita citat & Hieronymus in quæstionibus ad
Hebibiam, iuxta uetustos codices, ut conueniat cum illo euangelico, Linguis loquẽtur no 16-27: Agalsiam
uis. Nam quod aliud est, idem est nouum.

22 Ex omni natione quæ sub.) τῶν ὑπὸ τὸν οὐρανὸν, id est, Earũ quæ sub cœlo sunt. <Siue eo- 16: eorum
rum qui sub cœlo sunt, ut referatur ad homines. Lubens rogarim istos, qui nõ recipiũt hyperbolen in sacris uoluminibus, an in hoc conuentu fuerint etiam Angli, aut Scoti.>

27 (Facta autẽ hac uoce. γενομένης δὲ τῆς φωνῆς ταύτης. Quidam interpretantur de sonitu fla Amphibolum ]
tus, quidã de uoce qua cœperunt apostoli loqui, quod mihi nõ displicet. Mihi uidetur uox,
dictus rumor rem peractam diuulgans, quemadmodum aliàs indicauimus sermonem aut
35 uerbum pro re gesta poni, quæ rumore dissipatur) [Augustinus non addit pronomen hac
sed interpres uidetur expressisse articulum.]

Et mente confusa est.) Mente non lego in Græcis codicibus. Tantũ est συνεχύθη, con-
35 fusa est [ita legit Augustinus] quod tamen ad perturbationẽ uel admirationem pertineat,
non pudorem, quomodo solet hic uertere.

Et mirabantur dicentes.) Addunt Græci, πρὸς ἀλλήλους, id est, Alius alij, siue inter sese:
35 [ad inuicem legit Augustinus.]

Et quomodo nos audiuimus.) ἀκούομεν, Audimus præsentis tẽporis, id quod à librarijs
35 est deprauatum [pro audimus, Augustinus legit Agnoscimus.]

Linguam nostram.) ἰδίᾳ διαλέκτῳ, id est, Propria lingua, siue sermone, ut subaudia- Apostoli qua
19 mus, loquẽtes eos {Græcis dialectus est, linguæ proprietas aut species, uelut apud Græcos lingua sint usi ]
cum una sit lingua, quinq; tamẽ sunt dialecti, ut qui Græce calleat mox possit agnoscere,
Atticus sit qui loquitur an Doricus, Ionicus an Lacedæmonius. Probabilius est autẽ apostolos sua lingua fuisse locutos, & miraculo factum, ut nemo non intelligeret, perinde ac si
suam quisq; linguam audisset. Nec unquam legimus hoc miraculũ accidisse aliàs nisi forte
27.35 semel (atque iterũ) [Veluti Actorum 10. de familia Cornelij, Audiebant illos loquentes lin-

 guis

guis. Et Paulus scribens Corinthijs, gloriatur quod omnium illorũ linguis loqueretur. Du
bitandum nõ est quin apostoli fuerint diuersis loquuti linguis quoties id postulabat euan/
gelij negotium. Verum eundem hominem eodem tempore diuersis loqui linguis implicat
contradictionẽ. Restat ille scrupulus an Cretenses & Medi cæteriq; procul à Iudæis dissiti
nouerint Syriace, an suam tantũ linguam. Nunc enim Iudæi incolentes Germaniã præter
uulgi linguam & suam habent. Itidem qui incolunt Hispaniam & Italiam.] Cæterum illud
ἡμῶν Latine commode reddi non poterat.

Et qui habitãt.) καὶ κατοικοῦντες, id est, Habitãtes. Alioqui si per uerbũ libuit transferre,
16: audivimus
dicendum erat, Qui habitamus, propter uerbum quod præcessit, audimus.

19-27: margin: Advene προσήλυτοι ἐπιδημοῦντες
16-22: agentes

Aduenæ Rhomani.) Non est προσήλυτοι, quo mox utitur, sed ἐπιδημοῦντες, hoc est, illic
uersantes. Cæterum Hebræi Proselytos Hebraice גרים uocabant, qui diuersæ factionis
nati in ius Mosaicæ legis reciperentur. Hic sentit Iudæos quidem religione, uerum Rho/
mæ domicilium habentes.

Iudæi quoq;.) ἰουδαῖοί τε καὶ προσήλυτοι, id est, Iudæiq; & Proselyti, ut sit gemina coniun
ctio. {Videntur hæ duæ particulæ referri ad id quod præcesserat Romani, Romani siue Iu/ 27
dæi genere, siue Proselyti, hoc est, non gente sed adoptione Iudæi. Rursus quod sequitur
Cretes & Arabes incertum est, utrum referendum sit ad generalem partitionem gentium,
*Iudæa pro tota Iudæorum regione*
an ad Proselytos tantum, quorum alij sint Cretenses alij Arabes. Beda putat hoc loco Iu/
dæam accipi non pro tota regione Iudæorũ, sed pro ea duntaxat quæ complectitur tribum
Iudæ & Beniamin. Verum id uerisimile non est. Nam addidisset & Galilæos & Samari/
tanos & Decapolitas, nunc harum nullam commemorat, sed alias regiones in quas Iudæi
*Iudæi religionis uocabulũ*
suis finibus pulsi confugerant. Porrò quod in fine repetit, Iudæiq; & Proselyti, Iudæi, non
ex gente dicuntur sed ex religione & origine, à quibus distinguit Proselytos natione paga
nos religione factos Iudæos. Verum Cretes & Arabes sic adiecti sunt, ut ad priorem recen
sionem referri possint, ut accipiamus ex cæteris quoq; nationibus uenisse Proselytos ad/
mixtos Iudæis. Ex Creta uero & Arabia nullos uenisse Iudæos, quod eò nõ profugissent,
sed tantũ Proselytos. Cretes interpres Græce dicere maluit quàm Cretenses.

[Et partes Libyæ.) pro Libyæ Augustinus legit Africæ. Nec temere additum est circa 35
Cyrenen. Hieronymus in locis huius operis indicat duas esse Libyas prouincias, alteram
Cyrenaicam de qua hic sentit Lucas iuxta Cyrenen. Hæc, inquit, porta Aegypti in parte
Aphricæ prima est: & mari Libyco cognomen dedit, Alteram post hanc ponit Libyam
Aethiopum, quæ usque meridianum pertingat Oceanum.]

Audiuimus eos.) Rursus ἀκούομεν, id est, Audimus, ut superius admonuimus.

*Stupebant διηπόρουν*
Stupebant autẽ omnes & mirabantur.) καὶ διηπόρουν. Id uerbum significat eos animo
hæsitasse ac perplexos fuisse. Quo uerbo usus est de Herode, cum crederet Ioannem reui/
xisse διηπόρει, quod illic uertit, hæsitabat [Et Augustinus hic pro mirabantur legit, hæsita/ 35
bant] Cæterum aliquis mutauit hunc locum ex superiori, quem tamen puto corruptum,
ἐξίσταντο δὲ καὶ ἐθαύμαζον, quod plus sit prius illud, quàm hoc posterius

Ad inuicem dicentes.) ἄλλος πρὸς ἄλλον λέγοντες, id est, Alius ad alium dicentes, siue in/
ter se dicentes.

Musto pleni. μεμεστωμένοι, id est, Impleti sunt. [Augustinus legit, musto onerati sunt.] 35

Pleni sunt isti.) Isti, redundat {Nec habetur in emendatioribus Latinis. 27

Quum sit hora diei tertia.) Tempus erat Pentecostes, quo sol exoritur ante quintam,
ni fallor. Quam igitur tertiam uocat Petrus, nobis esset octaua. Atqui prodigium non sit
apud nationes quasdam hominem esse temulentum hora octaua. Verum in illis regioni/
bus, iuxta Pauli dictum, qui erant ebrij, nocte erant ebrij.)

19: Joel
Per prophetam Iohel.) Testimonium quod citat est apud eum prophetam cap. 2. Ac
mire declarat largitatem diuini muneris, quod solis Iudæis antea uidebatur deberi, iam in
omnes orbis nationes redundantis. Cæterum Lucas nonnihil discrepat & ab Hebræis, &
à Septuaginta, quibus hoc loco cum illis est {ferè} concordia. Nec est apud Hebræos, in die/ 19
bus nouissimis, sed post hæc.

*Lucas addit aliqd de suo*
Et dicit dominus.) Lucas {aut certe Petrus} addit de suo, quod ea clausula prophetijs 19
omnibus soleat apponi. Deinde, De spiritu, iuxta Septuaginta dixit, cum Hebræis sit, spi/
ritum

ritum meum. Porrò quod priori loco posuit iuuenes, deinde senes, cum & apud Hebræos
& Septuaginta diuersus sit ordo, librariorum errore factum suspicor. Præterea quod Latinus interpres uertit, Et quidem super seruos meos, legisse uidetur καί γε. Hieronymus uer
tit, Sed & super seruos meos. Rursus post hæc uerba, In diebus illis effundã spiritũ meum,
Lucas addidit de suo, Et prophetabunt. Quod nec apud Hebræos est, nec apud Septuagin
22 ta ⟨si bona fide recensentur apud Hieronymum ab his uersa⟩ Verum ut hoc huc translatum
19 est ex initio huius uaticinij, ita ex hoc loco translata sunt in initiũ illa uerba, In diebus {nisi
forte lectori malumus hoc imputare} Ac mox, Dabunt prodigia in cœlo sursum, & signa 16-27: dabo
in terra deorsum. Sursum ac deorsum & signa, tria uerba de suo adiecit Lucas, quæ nec
apud Hebræos sunt, nec apud Septuaginta. Deniq;,

Dies domini magnus & horribilis.) Pro horribilis Lucas posuit ἐπιφανής, id est, mani- *Euãgelistæ nõ*
festus, siue illustris, cum Hebræis sit horribilis. Vt intelligere liceat, id quod frequenter ad- *fuerunt anxij*
monuimus, apostolos & euangelistas nõ fuisse anxios in reddendis uerbis prophetarum, *in reddendis*
sed ipsam sententiam bona fide reddidisse. Quanquam potest aliquoties fieri, ut lector eru *scripturæ uer*
ditus nõnihil corrumpat, dum corrigere nititur ad æditionem Septuaginta. Cæterum quo *bis*
lector ipse facilius hæc conferat, Hebræa sic uertit Hieronymus: Et erit post hæc effundam *Iuxta Hebrai* ↑↓
spiritum meum super omnem carnem, & prophetabunt filij uestri, & filiæ uestræ, senes ue *cam ueritatẽ*
stri somnia somniabunt, & iuuenes uestri uisiones uidebunt. Sed & super seruos meos &
ancillas meas, in diebus illis effundam spiritum meum, & dabo prodigia in cœlo, & in terra, sanguinem & ignem, & uapores fumi. Sol cõuertetur in tenebras & luna in sanguinem
antequam ueniat dies domini magnus & horribilis. Et erit omnis qui inuocauerit nomen
22 domini saluus erit. Iuxta Septuaginta legimus ad hunc modum, ⟨καὶ ἔσαι μετὰ ταῦτα, καὶ *Iuxta Se-*
ἐκχεῶ ἀπὸ τοῦ πνεύματός μου ἐπὶ πᾶσαν σάρκα, καὶ προφητεύσουσιν οἱ υἱοὶ ὑμῶν, καὶ αἱ θυγατέρες ὑμῶν, *ptuaginta*
καὶ οἱ πρεσβύτεροι ὑμῶν ἐνύπνια ἐνυπνιασθήσονται, καὶ οἱ νεανίσκοι ὑμῶν ὁράσεις ὄψονται. καὶ ἐπὶ τοὺς
δούλους μου, καὶ ἐπὶ τὰς δούλας μου ἐν ταῖς ἡμέραις ἐκείναις ἐκχεῶ ἀπὸ τοῦ πνεύματός μου. καὶ προφητεύ-
σουσι, καὶ δώσουσι τέρατα ἐν τῷ οὐρανῷ καὶ ἐπὶ τῆς γῆς αἷμα καὶ πῦρ καὶ ἀτμίδα καπνοῦ. ὁ ἥλιος μετα-
στραφήσεται εἰς σκότος καὶ ἡ σελήνη εἰς αἷμα, πρὶν ἐλθεῖν τὴν ἡμέραν κυρίου τὴν μεγάλην καὶ ἐπιφανῆ.
καὶ ἔσαι πᾶς ὃς ἂν ἐπικαλέσηται τὸ ὄνομα κυρίου σωθήσεται, id est⟩ Et erit post hæc, effundam de
spiritu meo super omnẽ carnem, & prophetabunt filij uestri & filiæ uestræ, & senes uestri
somnia somniabũt, & iuuenes uestri uisiones uidebunt. Et super seruos meos, & super an-
35 cillas meas in diebus illis effundam de spiritu meo [& prophetabũt.] Et dabunt prodigia in 16-27: dabo
cœlo, & super terrã sanguinem, ignem & uaporem fumi. Sol cõuertetur in tenebras, & lu
na in sanguinem, antequam ueniat dies domini magnus & illustris. Et erit, omnis qui inuo
22 cauerit nomen domini, saluus erit ⟨Illud obiter admonendum, quod apud Hieronymũ non
refert, Et prophetabũt, haberi tñ in hac æditione, quam nobis nup dedit officina Asulani.
Et quod illic redditũ est Dabo Græci legũt, dabunt, cum Lucas habeat δώσω⟩ Annotauit
Hieronymus hoc uerbũ אשפך quod Septuaginta uerterũt ἐκχεῶ, id est, effundã. Effun- *Effundendi*
dimus enim, nõ quod dispensamus ac parce damus, sed quod ampliter & effuse largiterq;. *emphasis*
27 (Virum approbatum.) Interpres legisse uidetur, ἀποδεδεγμένον, ab ἀποδέχομαι, quod
nonnunquam sonat approbo. Nostri codices habebant ἀποδεδειγμένον, id est, demonstra- *Varia lectio*
35 tum, declaratum siue exhibitum. Vtraq; lectio tolerabilis est. [Laudatur hic Petri prudẽtia
qui apud rudem multitudinem Christum magnifice laudat, sed uirum tantũ nominat, ut
ex factis paulatim agnoscant diuinitatem.]

Præscientia dei traditum.) Variant hic Græci codices à nostris, ἔκδοτον λαβόντες, id est,
traditum accipiẽtes. Id annotauit & Rabanus. Cæterum sermo non caret amphibologia. *Rabanus*
Potest enim intelligi deum tradidisse filium, & potest accipi iniquos tradidisse. Prior sen-
35 sus mihi magis arridet. [Consentit enim cum uerbis Pauli, qui proprio filio non pepercit,
sed pro nobis omnibus tradidit illum. Cæterũ aduerbium οὕτως in codicibus Græcis quos
hodie uidemus nõ additur, quum tamen non careat emphasi. Sic traditum quemadmodũ
à deo fuerat præscitũ ac decretum. Quibus uerbis Petrus ostendit in Christo nihil temere
gestum, sed immutabili dei consilio facta omnia, simulq; mitigat Iudæorum facinus, qui li
cet imprudentes subseruierunt diuino consilio. Simili orationis forma Lucas dixit huius
operis capite 27. & summisso uase sic ferebantur.]



↑16: hebraea ut habent subiiciemus we-hayah 'aharey khen 'eshpokh 'eth ruhi 'al kol basar we-nibbu beneykhem u-venoteykhem ziqneykhem halomoth yahalomun bahureykhem hezyonoth yir'u: We-gam 'al ha-'avadim we-'al hashephahoth ba-yamim hahemmah 'eshpokh 'eth ruhi: We-nathati mophthim ba-shamayim u-va'ares dam wa'esh we-thimroth 'ashan: Ha-shemesh yehaphekh le-hoshekh we-hayyareah le-dam liphney bo' yom 'adonai ha-gadol we-hanora': We-hayah kol 'asher yiqra' be-shem 'adonai yimmalet. Ea sic vertit

Affligentes pro affigētes Affligētes interemiſtis.) Quū græce ſit προσπήξαντες dubitari nō pōt,ꝙn interpres uer
terit affigētes. Sic & Iren.citat,ac germana ſcriptura adhuc extat in uetuſtis exēplaribus.
Solutis dolorib.) λύσας. Vnde neceſſe eſt intelligere deū ſoluiſſe dolores.Porrò q̄d ad/
monet Beda in Græcis codicib.haberi ſoluēs p̄ ipm, in noſtris codicibus nō addit̄ δι᾽ αὐτοῦ.
Doloribus inferni.) Interpres legiſſe uidetur ᾅδου, quum noſtri codices habeāt θανάτου,
Vnde ab ea non ab eo uertendum erat.
Teneri ab illo.) Teneri eſt Græcis κρατεῖσθαι, quod ſonat uinci ſiue captum eſſe.)
16-27: Secundum Iuxta quod.) καθ᾽ ὅτι, id eſt,Quatenus,ſiue propterea quod.& Ab ea,nō ab eo,ut mor
tem referat.
Ne commouear.) ἵνα μὴ σαλευθῶ. Quod eſt proprie loco moueri.
ἐξὸν abſo/lute poſitū Liceat audēter dicere.) ἐξὸν εἰπεῖν μετὰ παῤῥησίας,Cum liceat libere loqui.Eſt enim par/
ticipium imperſonale poſitum abſolute,caſu nominādi, quod alioqui fit in genitiuis apud
Græcos.{Sed interpres arbitratus eſt ſermonem parum fore concinnum,niſi participiū mu 19
taſſet in uerbum}⟨Præmollit enim hoc procemio Petrus ſermonem,qui durior erat futurus 22
auribus Iudæorum,ſi nude dixiſſet,hoc nō fuiſſe prædictum de Dauid, ſed de Chriſto.Sic
nimirum interpretatus eſt Chryſoſtomus, prædicans Petri modeſtiam,qui non aperte ne/
garit hoc eſſe dictum de Dauid,ſed de Chriſto,uerum præfatus multum honorem prophe
tæ Dauid,præmollierit ſermonem,ne quid offenderētur orationis libertate.⟩
Quoniam defunctus eſt.) {Quod}& defunctus eſt Græce,{ὅτι καὶ ἐτελεύτησε.} 19
Iureiurando &c.) Græca plus habent quàm Latina, ὅτι ὅρκῳ ὤμοσεν αὐτῷ ὁ θεὸς, ἐκ καρποῦ
τῆς ὀσφύος αὐτοῦ τὸ κατὰ σάρκα ἀναστήσειν τὸν χριστὸν, καθίσαι ἐπὶ τοῦ θρόνου, id eſt, Quod iureiurando iu/
raſſet ſibi deus,ex fructu lumbi ſui,quantum ad carnem,ſurrecturum Chriſtum,ut ſederet
in throno.tametſi uariant hoc loco Græci codices.{Et ſuſpicor adiectum ab eruditulo quo/ 19
piam, cui alioqui ſermo uidebatur parum abſolutus}Cæterum in⟨his uerbis⟩iureiurando 22
iurauit,non eſt apud Græcos ea uocum affinitas, ὅρκῳ ὤμοσεν. Ad hæc, De fructu lumbi
eius ſedere,ſupplendum erat,aliquem.
Deeſt in noſtris (De fructu lumbi eius.) Græci plus habent quàm noſtri, ἐκ καρποῦ τῆς ὀσφύος αὐτοῦ καθίσαι 27
ἐπὶ τοῦ θρόνου αὐτοῦ, τὸ κατὰ σάρκα ἀναστῆσαι τὸν χριστόν. Rurſum in Græcis uerbis ambiguus eſt ſen
ſus.Nam καθίσαι ſonat & ſedere & collocare,& ἀναστῆσαι ſonat excitare & reſurgere.Sen
ſus actiuus magis conuenit prophetiæ, quæ promittit, futurum ut deus excitaret illum &
collocaret in throno Dauid. Is eſt thronus regni euangelici.)
Prouidēs.) προϊδὼν,id eſt,Præuidēs.Quanq̄ in nōnullis erat προειδὼς, id eſt,præſcius.
Neque derelictus eſt in infer.) ὅτι οὐκ ἐγκατελείφθη ἡ ψυχὴ αὐτοῦ,id eſt,Quoniam non eſt
derelicta anima eius.
(Effudit hunc.) ἐξέχεε τοῦτο. Græcus ſermo eſt anceps,Poteſt enim intelligi effudit hunc 27
ſpiritum,quod πνεῦμα apud Græcos ſit neutri generis.Nam quod gloſſa ordinaria admo
net in Græco eſſe,hoc donum, δῶρον in Græcis codicibus non reperio.)
16-27: Certe Certiſsime ſciat. ἀσφαλῶς οὖν, id eſt,Certo igitur.
His autem auditis.) ἀκούσαντες δὲ, id eſt,Cum audiſſent autem⟨Laudo tamen interpre/ 22
tem qui feliciter receſsit à uerbis,cum nulla neceſsitas compelleret.⟩
Pœnitentiam agite.) μετανοήσατε, id eſt,Pœniteat uos,ſiue reſipiſcite.
Vobis enim eſt promiſsio.) Addendum erat facta,ſiue ad uos.
Alijs etiam.) ἑτέροις τε, id eſt,Alijſq́.
Qui ergo receperunt.) οἱ μὲν οὖν ἀσμένως ἀποδεξάμενοι, id eſt,Qui libenter receperunt.
Præpoſitio ſubaudita In die illo.) τῇ ἡμέρᾳ ἐκείνῃ, id eſt,Diei illi,niſi ſubaudias præpoſitionem ἐν.
Fractione panis.) καὶ τῇ κλάσει,id eſt,Et in fractione panis,ut ſint quatuor,doctrina,com
16: orationes munio,fractio panis, & precationes⟨Ita quidem conſtanter habēt Græci codices(& ita in/ 22·27
terpretatur Chryſoſtomus)Fortaſſe cōmunicationem uocat, communionem facultatum.
Tria in cōgre gatione Chri/ſtianis,doctri/na, fractio pa niset precatio Illud animaduertendū,quod primo loco poſuit doctrinam, ſed euangelicam, proximo mu
tuam charitatem, quæ faciebat inter eos omnia communia,tertio ſymbolum illud ſacrum
Chriſtianæ conſpirationis, quarto precationes⟩(Noſtra lectio tria duntaxat ponit, doctri/ 27
nam, fractionem panis, quam uocant communionem & preces. Qui mos diu perdurauit
apud ueteres,ut epiſcopi aut hoſpites alioqui graues cum epiſcopo,primū orarent,deinde
ſumerent

ſumerent fracti panis partem, poſtremo colloquerentur. Ita dicebantur eiuſdem communionis, quod ad eam communionem non admitterētur hæretici. Incertum an hic loquatur
de pane conſecrato quum nulla fiat mentio calicis.)
27 In Hieruſalē.) Hæc duo uerba nō reperio in Græco codice (Nec addunt apud Chryſoſt.)
Et metus erat magnus in uniuerſis.) At ne hæc quidem aſſcripta reperi.
Omnes etiam.) πάντες δὲ, id eſt, Omnes autē. Opinor interpretem legiſſe πάντες τε.
Erant pariter.) ἐπὶ τὸ αὐτὸ, Quod antea uertit in eodem loco.
27 Poſſeſsiones &c.) Græce eſt, Et poſſeſsiones & facultates, geminata coniunctione, (καὶ
τὰ κτήματα καὶ τὰς ὑπάρξεις.)
Circa domos.) κατ᾽ οἶκον, id eſt, Per ſingulas domos, ſiue domeſticatim. Quemadmo-
dum κατὰ πόλιν, & καθ᾽ ἡμέραν, id eſt, Oppidatim & cotidie.
Sumebant cibum.) μετελάμβανον, Quod eſt ab alio ſumere, & participem eſſe. Nos
uertimus, Inuicem ſumebant. Ac rurſum.
Ad omnem plebem.) Omnem, pro totam dixit, & plebem pro populum, ὅλον τὸν λαόν. 16-27: Apud
Dominus autem augebat.) Græca ſic habent, ὁ δὲ κύριος προσετίθει τοὺς σωζομένους καθ᾽
ἡμέραν τῇ ἐκκλησίᾳ, id eſt, Dominus apponebat eos, qui ſalui fiebant cotidie eccleſiæ. Suſpi
27 cor interpretem ſcripſiſſe, addebat, idq; ſcribam deprauaſſe, in augebat. (Annotauit & hoc Addebat in
neſcio quis in gloſſa ordinaria Græcos codices à noſtris diſcrepare, quanq; ridiculo lapſu augebat
ſcribarum pro eccleſiæ poſitum eſt, ecce.)
In idipſum.) Id Latini referre uidētur ad ſuperiora, contrà Græci referūt ad ea quæ ſe- Diſtinctio
quuntur, ἐπὶ τὸ αὐτὸ δὲ πέτρος, id eſt, Simul autē Petrus, ut ἐπὶ τὸ αὐτὸ, non ſolū pertineat ad
27 locum, uerum etiā ad tempus. (Certe Chryſoſtomus ab his ἐπὶ τὸ αὐτὸ, orditur nouū caput
commentariorum, Diſtinctionem uiciatam annotauit neſcio quis in gloſſa ordinaria.)

## EX CAPITE TERTIO.

AD portam.) πρὸς τὴν θύραν, id eſt, Ad ianuam.
Incipientes introire.) μέλλοντας εἰσιέναι, id eſt, Ingreſſuros. margin 19 only:
Rogabat ut eleemoſynam acciperet.) Græce tantum eſt, Rogabat elee- Incipere μέλλειν
19 moſynam, ἠρώτα ἐλεημοσύνην. {In nonnullis tamen additur λαβεῖν, ut cum
noſtris conſentiant.}
Intuens.) ἀτενίσας, id eſt, Defixis in eum oculis.
Reſpice in nos.) βλέψον εἰς ἡμᾶς, id eſt, Aſpice in nos, ſiue Aſpice nos.
Et apprehenſa manu.) καὶ πιάσας αὐτὸν τῆς δεξιᾶς χειρὸς. Pro πιάσας, in nonnullis erat κρα-
τήσας, hoc eſt, Apprehenſa manu illius dextra.
Conſolidatæ ſunt baſes.) βάσεις Græcam uocem reliquit interpres. Vertere poterat, Baſes pro
19 greſſus, ſiue pedes. {Aut quoniam ſequitur σφυρία uox penè idem pollens, plantæ ac tali, pedibus
27 ut baſis ſit infima pedis pars} (Ireneus pro baſes legit greſſus.)
Ambulans & exiliens.) καὶ ἁλλόμενος, id eſt, Saliens, ut ſignificaret nō ſolum inceſſum
27 more uulgari, uerum etiā alacrem & geſtientem. (Ita refert Ireneus.) Ac paulo ante uerbum
19 erat compoſitum, καὶ ἐξαλλόμενος ἔστη, id eſt {Et} exiliens ſtetit.
Ad eleemoſynam ſedebat.) ὁ πρὸς τὴν ἐλεημοσύνην καθήμενος, id eſt, Ille ad eleemoſy-
19 nam ſedens, {ſiue qui ſederat.}
Et ecſtaſi.) καὶ ἐκστάσεως. Quod aliâs uertit ſtuporem. Verum quia ſic reddidit θάμβους,
22 deerat quo redderet ecſtaſin. ⟨Poterat θάμβους uertere admiratione. Sic enim uſurpatur
apud Homerū θάμβος δ᾽ ἔχεν εἰσορόωντας. Deduci putāt, à uerbo θήπω, quod eſt admiror.⟩
Cum uiderent autem &c.) Græca diuerſa ſunt, κρατοῦντος δὲ τοῦ ἰαθέντος χωλοῦ τὸν πέτρον
καὶ ἰωάννην, συνέδραμε πρὸς αὐτοὺς πᾶς ὁ λαός, id eſt, Cum teneret autem is qui ſanatus fuerat
27 claudus Petrum & Ioannem, concurrit ad eos totus populus. (Quin & in noſtris codicibus 16-22: omnis
aliquot ſcriptum uiſitur pro uiderent, tenerent, unde ſatis conſtat ſcriptum fuiſſe teneret.
Chryſoſtomus hoc interpretatur argumentum amoris erga apoſtolos, à quibus non poterat auelli qui claudus fuerat.)
Ad porticum.) ἐπὶ τῇ στοᾷ, id eſt, In porticu. 16-27: porticum
Videns autem.) ἰδὼν participium præteriti temporis, uerti poterat, Id cum uidiſſet Petrus, ſiue eo uiſo Petrus.

Nostra uirtute aut potestate.) ἰδίᾳ δυνάμει ἢ εὐσεβείᾳ, id est, Proprijs uiribus, aut religione, siue pietate. Apparet interpretem legisse ἐξουσίᾳ, pro εὐσεβείᾳ. Atque ea sanè lectio
mihi magis probatur. (Ireneus non meminit potestatis. In peruetusto codice Constantiensi 27
erat pietate.)
Deus Abraham, & deus Isaac, & deus Iacob.) Græci tantum semel ponunt deus, Deus
Abraham, & Isaac & Iacob. (Apud Chrysostomum quater repetitur ὁ θεὸς, atque ita sanè fre 27
quenter nominatur in sacris literis. Sciolus aliquis offensus, quod ex uno deo uiderētur fie
ri plures, sustulit bis ὁ θεὸς.)
* Iudicante illo.) κρίναντος, præteriti temporis, Cum iudicasset, siue cum statuisset ille
absoluere.
+ Facūdia Petri Virum homicidam.) Graphice sanè maiestatem illam Apostolicam expresit, quam
illi fuisse in dicendo, uel una eius testatur epistola. Retulit inter se contraria non minus gra
+ margin notes reversed uiter, quàm festiuiter. Homicida eripit uitam, huic Iudæi donarunt uitam & autorem uitæ traxerunt in mortem.
* {Et in fide nominis eius.) καὶ ἐπὶ τῇ πίστει τοῦ ὀνόματος αὐτοῦ, τοῦτον ὃν θεωρεῖτε καὶ οἴδατε ἐστερέ- 19
+ Sermo ambiguus ωσε τὸ ὄνομα αὐτοῦ, Sermo Græcus multum habet ἀμφιβολογίας, quod incertum sit quid referat αὐτοῦ, & quis sit nominatiuus uerbi ἐστερέωσε, & ὄνομα rectus sit casus an accusatiuus.
Mihi uidetur hoc sensisse Petrus, Deus patrum nostrorum confirmauit suum nomen, per
fiduciam de nomine Iesu, quam hic habuit, quem uidetis ac nostis. Quod si hæc duo uerba amputarentur ὄνομα αὐτοῦ, tum sensus esset, Deus consolidauit hunc quem conspicitis
ac nostis fuisse claudum, ob fiduciam quam habuit uel ipse, uel Petrus in nomine Iesu.
Quod si ὄνομα sit rectus casus, hic sensus erit, nomen Christi confirmauit hunc quem ui-
detis ac nostis per fiduciam nominis ipsius.}
Hunc quē uos uidistis.) τοῦτον ὃν θεωρεῖτε, id est, Quem uidetis uerbum præsentis temporis.
(Nomen eius & fides.) Apud Græcos alia est distinctio, nomen eius referunt ad supe- 27
riora, fides ad ea quæ sequuntur.)
* {Et fides quæ per eum est.) Rursus incertum, an αὐτοῦ referat Christum, an nomen, per 19
illum an per illud.}
Dedit integram.) ἔδωκεν αὐτῷ, id est, Dedit illi.
Integram sanitatē istam.) ὁλοκληρίαν ταύτην, id est, Integritatē hanc cui opponitur debi
litas (quæ proprie significat uitiū membrorū. Ireneus pro ὁλοκληρίαν legit incolumitatem.) 27
Deus autem qui.) Non est qui Græce, sed quæ, ἃ. Deus ea quæ prius nunciarat fore,
idque per omnium prophetarum ora sic impleuit ut prædixerat.
Pœnitemini Pœnitemini igitur.) μετανοήσατε. Demiror cur hic suo more nō dixerit, Pœnitentiam
p resipiscite agite. Verti poterat, Resipiscite, (quemadmodum legit Tertullianus libro de carnis resur- 27
rectione, quanquam excusi primum codices habebant respicite pro resipiscite) siue pœni-
teat uos (uitæ prioris, aut aliud simile.) 22
Vt cum uenerint tempora.) Apparet hoc anapodoton esse, nec enim explet quod cœ
margin 19-22: pit. Aut igitur aliquid subaudiat oportet, ut salui sitis, cum uenerint tēpora refrigerij &c.
obscurus Aut ὅπως ἂν positum est pro utcunque. {& ἂν accipiendum est ut sit coniunctio expletiua, 19
locus [ἀναπόδοτον] utcunque ueniāt tempora refrigerij. Nam interpres legisse uidetur, ὅπως ὅτι. Alioqui uerten
dum erat, Vt si uenerint tēpora refrigerij} (Tertullianus libro de resurrectione carnis, tollit 27
hoc incommodū sublato uocabulo ὅτι, ut tempora uobis superueniant refrigerij ex perso
na dei. Nec aliter legit Ireneus, ut deleantur peccata uestra, & ueniāt uobis tempora refrigerij domini) Cæterū illud à facie domini, referendum est ad dictionem refrigerij, ut intelli
gas aspectum eum fore formidabilem malis, pijs tamen fore refrigerium. Hoc admonendū
16: theologus duxi, quod uideam recentiores interpretes secus interpretari.
{Qui prædicatus est uobis.) Opinor errore scribarum accidisse, quod pro prædicatus in 19
quibusdā Latinis habebatur prædicaturus. In nonnullis Græcorū exemplaribus pro προκεκηρυγμένον scriptū erat προκεχειρισμένον, id est, præparatū. Nam hoc uerbo semel atque
iterū usus est circa cap. 22. Nec tamen est simpliciter prædicatus, sed ante prædicatus.}
(Tempora restitutionis.) ἀποκαταστάσεως, pro quo miror quid sequutus Ireneus legit 27
dispositionis.)

Per

* 19-22: Et in fides nominis eius) and Et fides quae per eum est) precede Iudicante illo)

19.22 {Per os sanctorum) Græci codices hic repetunt omnium, πάντων, {quemadmodum &
& apud nos additur in ijs, quæ præcedunt ac sequuntur.}
Moyses quidẽ dixit) μωϋσῆς μὲν γὰρ πρὸς τοὺς πατέρας εἶπεν, id est, Nam Moyses quidem
22 ad patres dixit. {Exponit enim quare dixerit προκεκηρυγμένον.}
Prophetam suscitabit uobis dominus deus.) Testimoniũ quod adducit extat Deuteronomij capite decimooctauo. Petrus sententiam reddidit, non uerba. Distinctio apud
Tanquam meipsum.) Diuidenda est hæc dictio, ut me referatur ad suscitabit, ipsum ad nos uitiosa
audietis. Id enim indicat sermo Græcus προφήτην ἀναστήσει ὡς ἐμέ, αὐτοῦ ἀκούσεσθε, id est, Prophetam excitabit deus mei similem, uos illum audietis. Porrò tanquam meipsum, paulo
22 post dicit Similem tui {ὥσπερ σε.}
27 {Exterminabitur) ἐξολοθρευθήσεται, Græca uox non sonat eiectionẽ, sed exitiũ ab ὄλεθρος.
Verum ut salus est ex adiunctione ad ecclesiam, ita exitium est in discessu ab ecclesia.}
Et omnes prophetæ à Samuel & deinceps.) Græci addũt cõiunctionẽ καὶ, quæ sermonẽ Moses propheta
19 reddit inabsolutũ, ea apud Latinos omittitur. Verũ quoniã uidemus in oratione Petri {seu
potius in sermone Lucæ frequẽter} huiusmodi incidere, haud scio an aliquis offensus eam 16: nonnunquam
sustulerit. Proinde cui uidebit addẽda, is subaudiat oportet aliquid, ut sit sensus, nõ solum 16-22: oporteat
Moyses, sed & oẽs prophetæ hmõi quiddã polliciti sunt quotquot &c. Nec est simpliciter
Et oẽs prophetæ, sed καὶ πάντες δὲ, id est, Sed & oẽs, ut pertineat ad Moysen qui præcessit.
Omnes familiæ terræ.) Pro familijs Græce est πατριαί. quod aliàs uertit, paternitates. 16-19: paternitas
19 Ex quo omnis paternitas in cœlo & in terra nominatur. {Aliàs familiæ, De domo & fami- Familia margin
lia Dauid. In nonnullis exemplaribus habebatur φυλαί, id est, tribus.} 19 only: familiae πατριαί
Vobis primum deus suscitans. ἀναστήσας, præteriti temporis, excitatũ siue productum.
Nam suscitari dicit exoriri, non resurgere à mortuis. Respexit Petrus ad uerba Moysi, Suscitauit uobis deus prophetam. 16-27: nequitiis suis
A nequitia sua.) ἀπὸ τῶν πονηριῶν ὑμῶν, id est, A malicijs uestris, tametsi recte mutauit Anceps sermo
19 interpres sermonis formam, ut peregrinam Latinis auribus. {Etiamsi Græca non carent am- 16: nequitiis
phibologia. Potest enim & hic sensus accipi, In hoc quod unũquemq; uestrũ auertat à uitijs suis. Benedictionẽ enim uocat fauorem ac beneficiũ dei. Id sitũ erat in hoc, quod auo- Benedictio
27 cauit nos à peccatis ad innocentiam.} {Qui superstitiosius obseruant elegantiam linguæ La- dei fauor
tinæ, docent nequiciæ uocem proprie cõgruere flagitijs, quæ luxu libidineq; cõmittuntur,
quanquam hanc præceptiunculam negligit aliquoties Seneca.}

EX CAPITE QVARTO.

ET magistratus templi.) καὶ ὁ στρατηγὸς τοῦ ἱεροῦ, id est, princeps siue dux templi.
Nam magistratus hic singularis est numeri, & hominem quempiam significat, cui commissa fuerit tutela templi.
Virorum quinque milia.) Fermè quinq; milia, ὡσεὶ χιλιάδες πέντε, quod
ante uertit circiter.
19 Et Caiphas.) καὶ καϊάφαν, id est, Et Caiaphan {quatuor syllabis, & Hebræa desinentia, 16: Caiaphas
sicut & Annan.}
Et seniores Israel audite.) Audite, non additur apud Græcos, uerum id aliquis adiecit Additum in
27 de suo. {In codice Constantiensi nec erat audite, nec Israel.} nostris
In benefacto hominis infirmi, in quo iste saluus factus est.) Primum quis unquam dixit 16-27: Sanus
benefactum illius, qui beneficio sit adiutus? Deinde quid est hoc, In quo iste sanus factus
est? Nisi forte Petrus hoc interrogat, & ipse sibi mox respondet. Sanè Græca sic habent,
εἰ ἡμεῖς σήμερον ἀνακρινόμεθα ἐπὶ εὐεργεσίᾳ ἀνθρώπου ἀσθενοῦς, ἐν τίνι οὗτος σέσωσται, γνωστὸν ἔστω πᾶ- Obscurus
σιν ὑμῖν, καὶ παντὶ τῷ λαῷ ἰσραήλ, ὅτι ἐν τῷ ὀνόματι ἰησοῦ τοῦ ναζωραίου. Quæ quidẽ sic fuerãt red- sermo
denda: Si nos examinamur hodie, de hoc quod benefecerimus homini infirmo, siue q̃ be-
19 nefactũ sit homini infirmo, in quo {siue per quẽ} aut q̃d hic saluus factus sit, notũ sit omnib.
uobis, & toti populo Israel, q̃ in noĩe Iesu Nazareni &c. hoc est, Si hac de re quæstio est,
& si hoc à nobis cupitis cognoscere, cuius uirtute, & cuius noĩe hic claudus restitutus sit
sanitati, scitote id esse factũ nec arte magica, neq; nostris uiribus, sed in nomine dñi Iesu.
Qui reprobatus est.) ἐξουθενηθείς, id est, Qui contemptus fuit, siue pro nihilo habitus.
Datum hominibus.) τὸ δεδομένον ἐν ἀνθρώποις, id est, Quod datum sit inter homines

nes, hoc est, quod contigerit audiri inter homines. Iesus enim hominis est nomen. Inter ho
mines addit, ob Moysen, cui fidebant Iudaei.
Petri constantiam.) τοῦ Πέτρου παῤῥησίαν, id est, Petri in dicẽdo audaciam siue libertatem.
Et cognoscebant eos.) Et Latinius & aptius ad Graeca exprimenda uertisset, Et agno-
uerunt, καὶ ἐπεγίνωσκον.
Hominem quoque.) Graece est τὸν δὲ ἄνθρωπον, id est, Hominem autem. Interpres legisse uidetur, τόν τε ἄνθρωπον.
Quoniã quidem notũ signũ factũ est.) Dilucidius fuerat, si uertisset ad hunc modũ, Et-
16: + non ---- enim manifestariũ signũ factũ esse p illos, palàm est omnib. habitãtibus Hierosolymis, nec
possumus negare. γνωστὸν enim refert ad signũ, & φανερὸν ad ὅτι, & ea quae huic adhaerẽt.
Ne amplius diuulgetur in populum.) διανεμηθῇ. Maluissem serpat, & sic uertit alicu-
16-22: serpit bi, Vt cancer serpat (νομὴν ἕξει, 2. Timoth. 2.) 27
*Hebraeum idioma* Comminemur eis.) ἀπειλῇ ἀπειλησώμεθα, id est, Minando minemur illis. Idq; Hebraeorum more, quo uehementem & acrem significant interminationem.
Et uocantes eos denunciauerunt.) Quomodo denũciamus praesenti? Proinde παράγγει-
λαν, maluissem praeceperunt. {Siquidem παραγγέλματα praecepta dici constat} [Atq; ita uer- 19.35
tit ipse proximo capite sequenti, praecipiendo praecipimus.]
[ *In nomine* ⟨In nomine hoc.) Hic sermo nobis frequenter obuius est in sacris libris. & aliquoties in 22
praepositio non inepte uertitur in per, aliquoties melius omittitur. Hic quoniã neutrum sa
tis quadrare uisum est, reliquimus id quod erat, petentes à lectore, ut hic nobis det eam ueniam, quam in aliis pauculis excepimus. Sub nomine non placet quibusdam, quod fictionem sonare uideatur, quod tamen non est illi perpetuum.⟩
Ne [omnino] loquerentur.) μὴ φθέγγεσθαι, quod plus est, quàm ne loquerẽtur. quasi dicas, 35
ne hiscerent, aut ullam uocem aederent de Iesu.
↑16-27: hominibus) Si iustum est!) εἰ δίκαιον, id est, An iustum sit, siue, iustum ne sit. Ac mox:
At illi comminantes.) προσαπειλησάμενοι, id est, Additis minis. Prius enim tantũ praece-
perant. Qua uia cum parum profecissent, addidere minas (supplicii capitalis) ni parerent. 27
Clarificabãt id q̃d factũ fuerat.) ἐδόξαζον τὸν θεὸν ἐπὶ τῷ γεγονότι, id est, Glorificabãt deũ
16-19: in --- sup eo quod factũ fuerat (Alioqui uidet' idẽ bis dictũ, id q̃d fuerat factũ in eo q̃d acciderat) 27
Quanta.) ὅσα, id est, Quaecunq;, alioqui dixisset πόσα.
{Domine tu qui fecisti.) Apud Graecos plusculũ est, δέσποτα σὺ ὁ θεὸς, id est, Dñe tu (q̃) es 19.27
deus (siue, tu es ille deus) Nisi enim subaudieris uerbũ substãtiuũ, sermo nõ erit absolutus.} 22
Tu qui fecisti.) σὺ ὁ θεὸς, ὁ ποιήσας, id est, Tu [es] deus, qui fecisti. 19
Qui spiritu.) Hoc quoq; loco Graeca nonnihil discrepant. Sic enim habẽt, ὁ διὰ στόματος
Δαβὶδ παιδός σου, id est, Qui per os Dauid pueri tui.
[ *Lucas sequitur LXX* Quare fremuerũt gentes.) Hos duos uersus ad uerbũ reddidit iuxta aeditionẽ Septua-
ginta. Caeterũ illud συνήχθησαν, nõ est simpliciter cõuenire, sed in concionẽ aut concilium
cõgregari, ac ueluti cõspirare, quod Hebraica quoq; uox indicat. נוסדו Item illud fremue
runt, ἐφρύαξαν Hebraeis est רגשו quod significat cum tumultu fremituq; cõglobati sunt.
Vere in ciuitate ista.) In ciuitate ista, non reperio in Graeco codice, & additum uidetur
ab interprete quopiam.
*Christus an recte dicatur seruus* Ad uersus [sanctũ] puerum tuũ Iesum.) Stomachatur hoc loco Valla, quod Iesu filio dei, 35
serui cognomen tribuerit interpres. Quanquam & puer apud Latinos filiũ significat, sed
infrequenter. Seruũ frequentius, frequentissime aetatis primae hominem. At Christus cum
salutem adferret, puer nõ erat (Siquidem morte sua nos seruauit, de qua loquitur hic) Et for 22.19
tasse [serui appellatio, in hunc non conuenit, etiamsi obediuit & subditus fuit patri iuxta
assumptum hominem, sed ut filius, nõ ut seruus. Proinde uertendũ erat hic παῖδα filium,
[ *Forma serui* non puerum. {Licet non sim nescius id quod est apud Paulum, Formam serui accipiens, 19
à quibusdã referri ad naturam humanã assumptam, ut uere fuerit seruus. At mihi magis
19: exinanitus ------- probatur ut dicatur inanitus, nõ quod esset homo, sed quod ut seruus, & seruus flagitiosus
flagris afficeretur & cruce.} Nam quod paulo ante Dauid puerum, hoc est, famulũ dei uo-
cat, recte facit. Si nusquam interpres παῖδα uertisset filium, uideri poterat in hac opinione
fuisse, non licere secus uertere. Nunc cum aliàs saepenumero sic transtulerit, atque adeo
paulo

22 paulo post, mirum cur hoc loco uariarit.⟨Certe Ambrosius locum hunc adducens libro de
uocatione gentium secundo, capite quinto, Filium legit nō puerum, ne quis mihi moueat
27 atrocem tragœdiam⟨Præterea sanctus Hilarius in commentarijs quibus hunc enarrat psal
mum, filium legit non puerum aut seruum. Ac rursus libro de Trin. undecimo, atque his
omnibus recentior Cassiodorus.⟩Et Chrysostomus enarrans hunc locum ex epistola ad
Hebræos: Sedes tua domine, negat filium appellari seruū, cum angelos dixerit ministros.
Neque tamen me fugit Hieronymū multis locis contendere, in Christum competere serui
uocabulum. At interim nō uideo, cur aut ille laboret in hoc, ut Christus alicubi dicatur ser
uus, aut alij tātopere abhorreant à serui uocabulo, Iesu ut homini tribuendo. Etenim si ser
uus est, qui bona fide obedit iussis domini, Christus ut homo, cur non dicatur seruus? Sin
seruus est, qui malo coactus, suum officium facit, nō competit in Christū serui cognomen.
Hic cum recensuerim in prima æditione sententiā Vallæ, tamen locus hic fuit acriter à duobus impetitus, quorū alteri respondi ædito in hoc ipsum libello. Alter non contentus impe
gisse imperitiam sacrarum scripturarum, sugillat me, quasi cum Apollinari sentiam, qui de
traham aliquid humanæ naturæ. Nam id auguror illum sentire. Iam atrociorem etiam suspicionem colligit ex his uerbis meis: Etiamsi obediuit & subditus fuit patri, sed ut filius
non ut seruus, quasi cum Ario sentiā filiū non esse æqualem patri. Quid impudentius hac
calumnia? Qui fatetur Christū subditū patri, nonne fatetur hominem? Porrò filius dei dicitur, iuxta naturā utranque. Nec alio sensu negant filium dei seruum, nisi quo Christus negat suos discipulos uocandos seruos, sed potius amicos. Si serui appellatio recte adimitur
apostolis, hæresis est eam in Christo nō admittere? Et non pudet homines, qui sibi uidetur
absolute docti huiusmodi nænias literis prodere, atque ex uanissimis somnijs impingere geminam hæresim? Atque huiusmodi periculosos errores pollicetur se quamplurimos indica-
turum. Si hæc lues habet literas theologicas, multo præstat aut in poeticis philosophicisque
literis cōsenescere, aut fiscellā hibisco texere. Postremo non agitur hic an serui cognomen
tribui possit Christo, sed an tribui soleat in sacris literis.⟩

*Hieronymi expensa sententia*

*Calūnia depulsa*

Herodes & Pontius Pilatus) ἡρώδης τε καὶ πόντιος. Græcis gemina est coniunctio, &
Herodes & Pontius, aut, Herodes simul & Pōtius. Delectatus uidetur hac cōgeminatione
Paulus quoque. Et omnino ambobus nonnihil est affinitatis in ratione sermonis.

22 ⟨Et populis Israel.) Nōnulli codices habebant, καὶ λαὸς & populus, magis probatur καὶ
λαοῖς Interpretans enim psalmum, gentes refert ad cohortes Herodis ac Pilati, populos
ad Iudæos.⟩

Facere quæ manus tua.) Vertit Græcam figuram interpres, quam uitasset si dixisset,
ut facerent.

Decreuerat fieri.) προώρισε γενέσθαι, id est, Præstituerat ut fierēt, siue præfinierat futura. *προορίζειν*

In eo quod manum tuam extendas.) ἐν τῷ τὴν χεῖρά σου ἐκτείνειν σε, id est, In extendēdo
manum tuam. Sentit enim ita futurum, ut libere & intrepide loquantur uerbum dei apud
populum, si ille porrigat manum, & adiuuet loquentes, addita uirtute signorum.

Ad sanitates.) εἰς ἴασιν, id est, Ad sanationem.

Filij tui Iesu.) παιδός. Eadem uox est Græca, quam modo uertit, pueri, haud scio quo
consilio uarietatem hanc affectans.

Cum fiducia.) μετὰ παῤῥησίας, id est, Audacter ac libere.

22 Multitudinis autem credentium.) τῶν πιστευσάντων, id est, Eorum qui crediderant.⟨Au-
gustinus adducēs hunc locum in epistola octaua ad Lætum, addit duo uerba: Dictum est,
inquit, Erat illis in deum cor unum & anima una, licet stilus huius epistolæ, magis sapiat
Paulinum, quàm Augustinum.⟩

*Epistola Augustini suspecto titulo*

Ante pedes.) παρὰ τοὺς πόδας, id est, Iuxta pedes.

Ioseph.) ἰωσῆς, id est Ioses. *Ioses*

Quod est filius consolationis.) Barnabas. Est enim uox Hebraica. בר filius est בבשׂ
22 præter alia recreari significat & refrigerari ac consolari.⟨Etiamsi Hieronymus uarie interpretatur, Filius prophetæ, filius uenientis, siue filius cōsolationis. Quod extremū significat
plurimis placuisse. Est qui putet hanc uocem in Paulo deprauatam, ac pro Barnaba legendum Barnahum, ac uocem esse Syram non Hebraicam. Quod ut ego in tanto codicum
consensu

*Barnahū pro Barnaba*

consensu diuinare non audeo, ita non est animus acriter refellere.) Hoc autem honoris habere uoluit illius pietati, qui syncere obtulerit sua, quo detestabilius redderet exemplum diuersum, quod sequitur. {In nonnullis Græcorum codicibus additũ erat μεθερμηνευόμενον, 19
id est, Quod est interpretatum, siue, si quis interpretetur.}

EX CAPITE QVINTO.

Vendidit agrum.) ἐπώλησε κτῆμα, id est, Vendidit possessionem, hoc est, domum aut prædium.

Et fraudauit de precio.) ἐνοσφίσατο, hoc est, Seposuit & auulsit, quod tamen recte uertit interpres.

Adferens partem quandã.) ἐνέγκας μέρος τι, id est, Allatã partẽ aliquam.

(Ad Ananiam.) Hæc duo uerba nec apud Græcos habentur, nec in uetustis codicibus 27
Latinis.)

Cur tentauit.) διὰ τί ἐπλήρωσεν, id est Impleuit. {Ita legit Augustinus in libello de tem- 19
pore Barbarico, cap. tertio.} (Annotauit hic diuersam apud Græcos lectionẽ, nescio quis in 27
Glossa ordinaria. Chrysostomus legit ἐπλήρωσεν.) Opinor interpretẽ legisse, ἐπείρασεν.

Mentiri te.) Rursum uertit Græcam figuram, Vt mentireris.

| 16-27: et — Mentiri spiritum

| Spiritui sancto.) Græce est, spiritũ sanctum, ψεύσασθαί σε τὸ πνεῦμα τὸ ἅγιον. Siue quod
ita loquãtur Græci, mentior te, sicut euãgelizo te, & benefacio te, siue quod sensus sit, eum
mentiri spiritum sanctum, qui ficte simulet & imitetur, quod cæteri instinctu spiritussancti
faciebant. Nam mẽtitur nõ solum qui falsum dicit, uerum (etiã) qui simulat, ut, Faciem men 27
tita Creusæ. Et, æs mẽtitur aurum. {Augustinus in libello quem modo citaui, legit mentiri 19
apud spiritum sanctum, quasi Græce fuerit, πρὸς τὸ πνεῦμα.} (Chrysostomus legit quidem 27
nobiscum, cæterum ex interpretatione non soluitur ambiguitas lectionis.)

Manens tibi manebat.) Rursum Hebræorum more congeminatione uocis, expressit
epitasin μένον ἔμενεν, hoc est, Vere ac prorsus manebat, nemine ullo pacto cogente. Accu-
sat autem eum Petrus duobus gradibus. Primum manebat, cum nemo cogeret uendere.
Deinde si uendere libuit, nemo cogebat adducere | precium.

| 16-19: huc

Dormitans interpres

16-19: venditum

Et uenundatũ erat in tua potesta.) καὶ πραθέν. Interpres diuersas apud Græcos dictiones per eandem Latinam reddidit. Illis est κτῆμα {possessionẽ} & χωρίον {prædium aut uil- 19
lam} hic utrunque uertit agrum: & tamen oblitus sui subiecit, uenundatum, respondens ad
Græcam uocem, oblitus Latinæ, cum dicere debuerit, uenundatus.

Horarum trium spacium.) διάστημα, id est, Interuallum.

16: rogatum

Dixit autem ei Petrus.) ἀπεκρίθη, id est, Respondit, cum nihil sit interrogatum. (Atque 27
ita scriptum comperi in exemplaribus uetustioribus Latinis aliquot.)

Conuenit uobis.) τί ὅτι συνεφωνήθη, id est, Quid conspiratum est à uobis, & in hoc con-
sentitis, ut tentetis spiritum domini (aut quæ est inter uos conspiratio.) 27

Ad uirum suum.) πρὸς τὸν ἄνδρα. Cur non potius, Iuxta uirum.

Magis autem augebatur credentium in domino.) Græce paulo diuersius est, μᾶλλον δὲ
προσετίθοντο πιστεύοντες τῷ κυρίῳ, πλήθη ἀνδρῶν τε καὶ γυναικῶν, hoc est, ut uerbum uerbo reddam: Magis autem apponebantur credentes domino, multitudines uirorumque & mulierum. Cæterum illud, Ita ut in plateas eijcerẽt, aliquanto durius cohæret cum his quæ præcedunt, nisi subaudias unà cum turba famam item apostolorũ creuisse. Vtinã hæc attente
legant isti, qui toti addicti commodis huius mundi, Christi paupertatem & humilitatem
uel contemnunt, uel irrident etiam. Quod regnum, quas opes, quam potestatem cum hac

19-27: tr — Apostolica maiestas uera

apostolorum gloria conferant? Omnia sunt in Christo multo splendidiora, quàm hic mundus præbere possit. Cæterum alio modo. Nec ea communicat, nisi qui contemptis cæteris, huic regno toto pectore sese addixerit. Ipse spectaui primum Bononiæ, deinde Romæ,
Iulium {pontificem Romanũ, eius nominis} secundũ, splendidissimos agentem triumphos, 19
ac prorsus tales, ut cum Pompeianis, aut Cæsarianis triumphis conferri possent. Verum
quid illi ad hanc Petri maiestatem, non armis, non copijs, non machinis, non auro, sed sola
fide totum orbem in sui miraculum conuertentis? Atque eadem magnificentia & hodie
sequeretur apostolorum successores, si pares essent spiritu.

Eijcerẽt infirmos.) ἐκφέρειν, id est, Educerẽt, siue exportarẽt. In humanũ enim eijcere.

Nec est Græce ἐκβάλλειν, ut coactus fuerit ita uertere.

Et grabatis.) καὶ κραββάτων. Græca uox est, recepta tamen apud Latinos, mutatis dua/bus literulis. Quenquam illorum.) Latinius, aliquem. 16: liberarent ab infir. s.

* Et liberarentur ab infirmitatibus suis.) Non est in Græcis exemplaribus, sed adiectum Redundat in nostris ]
22 apparet à quopiam, qui uoluerit interpretari.{Græcæ lectioni suffragantur uetustissimi codices sancti Donatiani.}

Et omnes seniores, τὴν γερουσίαν, id est, Ordinem seniorum.] ]↓

* Ambigebant de illis.) διηπόρουν. Plus quiddam dixit, perplexum esse, & ancipitis ani/mi, consiliique inopem. * 16: precedes Et liberarent ab infir. s.)

Præcipiendo præcepimus.) οὐ παραγγελίᾳ παρηγγείλαμεν, id est, An non præcepto præce/
19 pimus, hoc est, acriter præcepimus{ut ante dixit, Minis comminemur.}

Obedire oportet deo.) πειθαρχεῖν. Quod est proprie parere principi aut magistratui, dictione composita, à πείθειν obedire, & ἄρχων princeps. Ac paulo post, τοῖς πειθαρχοῦσιν αὐτῷ, id est, obedientibus sibi. πειθαρχεῖν

Quem uos interemistis.) διεχειρίσασθε. Quod est manibus uiolētis occidere. Hinc enim
27 dicta uox Græca{Nam interimitur, & qui iure meritoque plectitur.}

Principem & saluatorem.) ἀρχηγὸν, Ducem & autorem. Quanquam non reprehendo quod uertit interpres.

Et nos sumus testes.) Græci addunt genitiuum αὐτοῦ, id est, Eius, quem Latinus poterat uertere in datiuum, ei. Nec est simpliciter, Et spiritussanctus, sed, καὶ τὸ πνεῦμα δὲ τὸ ἅγιον, id est, Quin & spiritussanctus, ut sit ueluti correctio superioris dicti. Quasi diceret, nō tam nos testes sumus illi, quàm ipse spiritussanctus, cuius uirtute hæc fiunt.

Et cogitabant interficere illos.) ἐβουλεύοντο, id est, Consultabāt ut interficerent. Interpres ἐβούλοντο legit, aut certe somniauit.

Homines fieri.) Græce est apostolos, non homines. Nec est fieri, sed facere, ποιῆσαι, hoc est, emittere foras.

Extitit Theodas.) Eleganter uertit, extitit, ἀνέστη, id est surrexit, siue exortus est. Græ/ci codices habent θευδᾶς, id est Theudas, non Theodas. Hos Chrysostomus putat ob id Theodas
19.27 sublatos{e medio,}quod uetuerint censum dari cæsari, fuisseque pharisæos.{Vide Eusebium in historia Eccles. lib. 2. capite undecimo.}

Cui cōsensit.) προσεκλίθη. Quod aliàs uertit, adhæsit, rectius & hic ita uersurus. Non solum enim consenserunt, sed & conspirarunt cum illo, & eadem docebant.

31 In diebus professionis.) ἀπογραφῆς. Quam in euangelio uertit descriptionem. Professio de/scriptio cēsus

Auertit populum.) Græci addunt ἱκανὸν, id est, Multum.

Consilium hoc opus.) ἡ βουλὴ, ἢ τὸ ἔργον τοῦτο, id est, Consilium aut opus hoc.

Ne forte.) μήποτε, id est, ne quando.

Et deo repugnare uideamini.) καὶ θεομάχοι εὑρεθῆτε, Et cum deo pugnantes reperiamini. θεομαχεῖν ]
19 Græcis est dictio composita{deriuataque à uerbo θεομαχεῖν. Cæterum recte uertit interpres,}
35 [nisi quod Græca plus habent emphasis, habitum significātia, non tantū actionem, quasi dicas hostes dei, aut rebelles deo.]

Consenserunt autē illi.) ἐπείσθησαν, id est, Paruerunt siue obtemperarunt.

Ne omnino loquerent.) Omnino, nō inuenio in Græcis codicibus, tantū est, μὴ λαλεῖν,
27 id est, ne loquerentur.{Suffragabantur uetusti codices.}

19 Et circa domos.) κατ᾽ οἶκον, id est, Per singulas{domos, siue domesticatim.}

Docentes.) ἐπαύοντο διδάσκοντες. Vertendum erat, Cessabāt docere & euangelizare, participio commutato in infinitum. Participium pro infinito ]

## EX CAPITE SEXTO.

CRescente numero discipulorum.) πληθυνόντων τῶν μαθητῶν, id est, Cum plures fierent discipuli. Quanquam periphrasin interpretis probo. ἑλληνιστῶν ?]
19.27 {Murmur Græcorū.) Non est ἑλλήνων, sed ἑλληνιστῶν Hellenistarū}{Nam Iudæi Græcos appellabāt omnes paganos & alienos à lege Mosaica. Et probabile est in hoc numero nondum fuisse quenquam gentium, proinde non ἕλληνας dixit sed ἑλληνιστὰς, Iudæos qui nati fuerāt aut uixerant inter gentes, eiusque gentis }↓



] 16-27: Seniorum. Et aperto carcere.) Non est carcere apud Graecos, sed tantum ἀνοίξαντες δὲ id est caeterum cum apperuissemus, Nam ianuarum modo meminerat. 16: Praecipiendo 19-27: Ambigebant

} 19-22: Hellenistarum, ut factionem etiam sonet non tantum nationem. Advocati ubi uixerant, lingua loquebantur. Itaque qui nati erant in regionibus Iudæorũ, Iudæos alibi natos aliaque loquẽtes lingua, pro semipaganis ducebãt, quos hic nõ appellat Iudæos, quod religionis erat nomen, sed Hebræos, quod magis indicat gentem & nationem.

[ *Sensus anceps* — Eo quod despicerentur.) Et hic sensus anceps est, utrum ideo uiderentur despici, quod non admitterentur ad ministerium, ceu non uere Iudææ, an quod grauarentur onere sordidioris ministerij. Et ideo uidentur electi septem diaconi, non ut ipsi ministrarent omnibus, sed ut dispensarent ministrandi uices & ordines, ne similibus querelis interpellarentur apostoli. ]

19-27: *Advocati* ↓ ⌈ — {Conuocãtes autẽ duodecim.) Obscure explicuit. Potest enim accipi ut fuerint ab alijs 19
aduocati duodecim discipuli, [unde nos dilucide uertimus.] Iam in, Instantes erimus, quid 35
opus erat paraphrasi? Rursum in, Multa etiam turba, τε est, id est, Que: nec aliud est ad quod respondeat etiam.}

Non est æquum.) οὐκ ἀρεστόν, id est, Non est placitum, siue Non est gratum {aut Non est 19
eiusmodi ut nobis placere debeat.}

Boni testimonij.) μαρτυρουμένους, Quasi dicas, testimoniatos. ⟨Hoc est spectatæ probatæque 22
integritatis, de quibus alij bene testentur. Alioqui boni testimonij dici uidetur, qui bona fide fert testimonium.⟩

Super hoc opus.) ἐπὶ τῆς χρείας ταύτης, id est, In hoc usu, siue, Super hanc necessitatem, id quod magis blanditur Vallæ {mihi non item} (quanquam functio magis quadrat.) 19.27

[ *Nicolaus proselytus* — Et Nicolaum aduenam.) Rectius dixisset proselytum, annotãte Valla, ut intelligamus ad legem Mosaicam receptũ (utpote patria Antiochenum, religione Iudæum. Hic post habitus est Hæresiarches, quanquam Clemens apud Eusebium ipsum diligenter excusat. 27

Et imposuerunt illis manus.) Rabanus opinor admonet hunc esse modum in conferendis sacris ordinibus, ut populus eligat, episcopus ordinet. Ea certe consuetudo diutissime perseuerauit in ecclesia, uerum ob tumultus populares recte mutata est.)

*Duplex sensus* — {Spiritui qui loquebatur.) ᾧ ἐλάλει. Quod sic accipi potest, ut sit sensus, Non poterant 19
resistere spiritui qui loquebatur. Quanquam & altera lectio probe habet, ut ᾧ positum sit
pro ὅ, propter datiuũ præcedentem πνεύματι} (Hic in uetusto codice asscriptum comperi, 27
Propter quod redarguerẽtur ab eo cum omni fiducia. Idem habebat æditio Hispaniensis, uerum in Græcis non additur, nec in Latinis nisi paucis.)

Non cessat loqui uerba.) ῥήματα βλάσφημα, id est, Verba blasphema siue maledica. Quanquam opinor blasphema additum. Quorsum enim opus cum sequatur aduersus locum sanctum? ⟨Certe Chrysostomus hunc enarrans locum, nullã facit mentionem blasphe 22
morum. Nec additur usquam in Latinis codicibus (uetustioribus.) 27

Et mutabit traditiones.) τὰ ἔθη, id est, Consuetudines aut instituta.

Si hæc ita se habent.) εἰ ἄρα ταῦτα οὕτως ἔχει, id est, Num hæc ita se habent?

[ *Interpres parum attentus* ] — {Qui ait.) Obsecro quæ tandem est hæc supinitas in uertẽdo? Quomodo cohæret cum 19
proximo sermone qui ait? ⟨Præcessit enim: Dixit autem princeps sacerdotum, si hæc ita se 22
haberent⟩ Atqui Græce est ὁ δὲ ἔφη, id est, At ille ait.}

↓λ

EX CAPITE SEPTIMO. λ

*Narratio uidetur dissonare* — {PRiusquam habitaret in Charran.) Videbatur nonnihil discrepare Stephani 19
narratio, cum historia Geneseos capite 12. quod illic facta mentione Tharæ patris Abraham, post refertur cum illo colloquutus deus. Neque satis conuenit de numero annorum. Verum hac de re nodum explicuerunt Hieronymus in quæstionib. Hebraicis, & Augustinus lib. de ciuitate dei 16. capite 15. Rursum in quæstionibus super Genesim libro primo.}

16-19: *Ne* — Nec passum pedis.) οὐδὲ βῆμα ποδός, id est, Ne uestigium quidem pedis. Nam passus aliquot pedes complectitur, nec potest unius pedis esse passus. {Tolerabilius igitur est quod 19
legit Augustinus in quæstionibus super Genesim libro primo, Nec spacium pedis. Quo quidem loco simul illud excutit, qui fieri potuerit, ut qui prius legatur emisse agrum circa puteum iurisiurandi, nunc ne pedis quidem uestigium illic possideret. Non possedit, nec tantillum ex munere diuino, de cuius pollicitatione illic agit Stephanus. Nam pecunia licebat ubiuis parare agros.}

[ *Nec passum pedis* ]
19: tr. l. g. R. Margin 19-27: *Nodus solutus*

Loquutus

⌈ 19: disciputi. Et boni testimonii dici videtur, qui bona fide testatur. Iam in

λ 16: Cap. VII opens with text of 'Quod emit Abraham') from p. 291 with heading 'In septuaginta quinque animabus descendit Jacob') also on p. 291

Loquutus est autem ei.) οὕτως, Loquutus est autem sic, est Græce, & non additur ei.
Quia erit semen eius accola.) ὅτι ἔσαι τὸ σπέρμα αὐτοῦ πάροικον. Vt conniueamus quod πάροικος ]
quia, abusus sit pro quod, quod accola posuit genere neutro, Certe aliud est incola quàm
accola. Siquidem accolæ dicuntur finitimi, ut accola Rheni. Incola qui non sit αὐτόχθων. αὐτόχθων ]
Quanquam Græcis est πάροικος, qui aliunde profectus alibi domũ habet. Nos uertimus
inquilinum, ad hunc modum, Loquutus est autem deus sic, quod futurũ esset semen eius
27 inquilinum in terra aliena, quodq; seruituti illud subiecturi essent &c. (Mollius erat posteri
eius incolæ. Semen enim posteros appellat.) Nec in clausula est, Dicit dominus, sed εἶπεν
ὁ θεός, id est, Dixit deus.
27 (Male tractabunt.) Est κακώσουσι, id est, affligent siue cruciabunt.
Annis quadringentis.) In æditione peruetusta, legebatur quadringentis triginta, atque
ita legit Rabanus ex supputatione temporum. Beda indicat hyperbaton, erit incola annis Hyperbaton ]
quadringentis, ut quod in medio intercesit, & seruituti eos subijcient & male tractabunt
eos, non impediat contextum præcedentiũ & sequentium. Quanquam mea sentẽtia non
est opus, ad hoc hyperbaton confugere.)
19 {Et sic genuit Isaac.) Interpres, nisi mendum est, legisse uidetur οὕτως, cum in Græcis co
dicibus sit οὗτος hic, siue iste. Si legas, οὕτως, sensus est, illum non genuisse Isaac nisi circum-
cisum, cum Ismaelem suscepisset incircuncisus. Suspicor factum, ut Græci odio circunci-
27 sionis mutarint οὕτως in οὗτος.} (Tametsi uariabant Græci codices, Chrysostomus & Hispa
niensis æditio habebant οὕτως, mei codices & Aldina æditio οὗτος.)
19 {Et Isaac Iacob.) τὸν ἰακώβ, Vt subaudias, genuit.} +19: entries reversed
+ Non inueniebant cibos.) χορτάσματα. Vox est à saturando dicta. 16-27: inueniebat
19 + {Et in secundo.) καὶ ἐν τῷ δευτέρῳ, Et in secundo, ut uerbum uerbo reddatur, Altera uice, Ordo ]
siue Cum iterum misisset eos.}
35 * [Quod emit Abraham precio argenti à filijs Emor filij Sichem.)] Et hunc locum anno- *↓
tauit Hieronymus in libro ad Pammachium de optimo genere interpretandi, qui secus ha
beatur in Genesi, ubi legitur, quod Abraham emerit ab Ephron Etheo filio Saor, iuxta He Locus discre
bron quadringentis drachmis speluncam duplicem, & agrum circa eam, sepelieritq; in ea pans prima
Saram uxorem suam. Atque in eodem legimus libro, postea reuertentem è Mesopotamia fronte 16-19: de
Iacob cum uxoribus & filijs suis, posuisse tabernaculum ante Salem urbem Sichimorum,
quæ est in terra Chanaan, & habitasse ibi, & emisse partem agri, in quo habebat tentoria,
ab Emor patre Sichem, centum agnis, & statuisse ibi altare, & inuocasse deum Israel. Proinde Abraham nõ emit specum ab Emor patre Sichem, sed ab Ephron filio Saor, nec sepul
tus est in Sichem, sed in Hebron, quæ corrupte dicitur Arboch. Porrò duodecim patriar-
chæ non sunt sepulti in Arboch, sed in Sichem, qui ager non est emptus ab Abraham, sed
à Iacob. Hunc nodum illic nectit Hieronymus, nec eum dissoluit [hoc sane loco, sed eum ele ⌈°↓
ganter explicat in quæstionibus Hebraicis.]
35 * In septuaginta quinq; animabus descendit Iacob.) [Geneseos cap. 46. diuus Hierony- **↓
mus iuxta ueritatem Hebraicam uertit Septuaginta tantũ. Et tamen Lucas sequutus uidetur autoritatem Septuaginta, tum ubiq; receptam siue quod apud Hebræos additi sunt
à librarijs anni quinq;, siue quod non existimarit numeri rationem ad id quod tum agebatur pertinere.]
35 Quam cõfessus erat.) ἧς ὤμοσεν, id est, Quã iurauerat [Interp̃s legisse uidet̃ ὡμολόγησεν.] 16-27: professus
Qui non sciebat. ὃς οὐκ ᾔδει, id est, Qui non nouerat.
Ne uiuificaretur.) εἰς τὸ μὴ ζωογονεῖσθαι, id est, Ad hoc, ut partus non essent uitales.
Gratus deo.) ἀστεῖος τῷ θεῷ. ἀστεῖος aliâs sonat festiuus, siue urbanus. Abusus uidetur 19-27:
hac uoce pro χαρίεις, quod gratum significat, & item urbanum. Putabant enim
19 {Existimabat autẽ intelligere fratres.}) Hic fratres uocat suæ gentis homines, quod post Fratres qui e- ⌈19-27:
translatum est ad Christianos. Augustinus in quæstionibus in Exodum, dubitat utrum ho iusdem gentis suos
micidium Moysi duntaxat indolis specimen sit, an laudi dandum, quod ex hac oratione
Stephani uideatur id fecisse numinis admonitu.
27 (Litigantibus.) Græce est μαχομένοις, id est, pugnãtibus. Recte tamen uertit interpres.) 27: Litigantes



* 16 : This entry placed on previous page with heading in septuaginta quinque ... Jacob)

⌈° 19-27 : dissoluit. Nos aliò properantes in hoc proponimus, quo studioso lectori stimulos addamus ad exquirendum. Quam professus

In igne flammæ rubi.) Græce est contrarius ordo ἐν φλογὶ πυρὸς, id est, In flāma ignis. Tametsi & alioqui sermo duriusculus est nobis ob proprietatem sermonis Hebraici.}

⟨16-22: Verum perperam opinor. ⟨etiamsi⟩

Videns uidi.) Hebræum est schema, pro eo quod est, Attente uidi.

Et nunc ueni & mittam.) καὶ νῦν δεῦρο, id est, Et nunc uenito, siue nunc adsis, ut secundæ personæ sit uerbum, non primæ. Iubet enim Moysen adesse.

*Tanquam me audietis audietis redundat*

Tanquam meipsum audietis.) Audietis hoc loco in nōnullis exēplaribus Græcis non scribitur.{Donatiani codices suffragabātur Grææ lectioni, in quibus erat, De fratribus ue 22
stris tanquam me.}⟨Apud Chrysostomum nec in contextu nec in enarratione sit huius clau 27
sulæ mentio. Quod autem dictum est tanquam me, Chrysostomus exponit, contemptum & insidijs appetitum, quod ut Christo puero insidiatus est Herodes, ita Pharao Mosi in Aegypto, & uterque saluus euasit.⟩Superius demonstratum⟨est⟩ipsum, pertinere ad uerbum 27
audietis, non ad me{quod pertinet ad uerbum suscitabit: Suscitabit uobis prophetā ut me, 19
id est, similem mei, & uelut alterum me, ipsum audietis. Quanquam apparet interpretem legisse ὡς ἐμαυτοῦ⟨nisi, quod probabilius est, hoc aliquis assuit de suo.⟩ 27

In ecclesia & in solitudine.) Et, apud Græcos nō est, sed ἐν τῇ ἐκκλησίᾳ, ἐν τῇ ἐρήμῳ, id est,
In cōgregatione, in deserto, citra coniunctionē⟨consentiētibus Latinis emendatioribus.⟩ 27

{Verba uitæ dare uobis.) Nōnulli codices habebāt, λόγον ζῶντα, id est, sermonē uiuum, 19
Nonnulli λόγια ζῶντα, id est, Eloquia uiua. Sic enim solitus est uertere λόγια.}

Patres uestri.) Vtroque loco Græcis est ἡμῶν, id est, Nostri, primæ personæ.

*Interpres recte discedit à uerbis*

Mosi enim huic.) ὁ γὰρ μωϋσῆς, id est, Nam Moyses iste:⟨& sic habet exemplar Con 27
stantiense⟩Quanquam id recte mutauit interpres.

16-27: mutavit

Quas fecistis adorare.) Interpres nō notauit Græcam figuram loquendi, οὓς ἐποιήσατε προσκυνεῖν αὐτοῖς, id est, Quas fecistis ut adoretis eas.{Sed mirum non addi articulum uer 19
bo infinito.}

*Trans Babylonem Trans Damascum*

⟨Et transferam uos trans Babylonem.) In nonnullis exemplaribus repperi mutatum, 22
trans in, In. Locus sumptus est ex Amos prophetæ capite quinto. Quanquā illic pro trans Babylonem legitur trans Damascum, ex autoritate ueritatis Hebraicæ simul & Septuaginta. Hieronymus sic excusat Stephanum, ut dicat eum magis sensum reddidisse quàm uerba, quod Iudæi trans Damascum ducti sunt in Babylonem, siue trans Babylonem. Sunt qui malunt fateri scripturam esse deprauatam, & pro Trans Damascum scriptum fuisse Trans Babylonem.⟩

Cum patribus.) Cum, redundat.

Deus loquens.) ὁ λαλῶν, id est, Ille qui loquebatur.

Patres uestri.) ἡμῶν Græce est, id est, nostri, quemadmodum admonuimus modo.

16-27: + c

Sed non excelsus in manu factis.) Græcus addit templis, ἐν χειροποιήτοις ναοῖς. Et Manufactis unica illis dictio est.

*Stephani oratio cū lōga sit, est inabsoluta*

19-27: tr.

Dura ceruice.) Græcis epitheton est compositum, σκληροτράχηλοι, Quasi dicas, duri
ceruicos, ut[Pacuuius apud Quintilianum, & hunc imitatus]Politianus dixit, incurui 35
ceruicum pecus.{Cæterum apparet orationem Stephani clamoribus obstrepentium Iu 19
dæorum interruptam fuisse. Neque enim satis alioqui respondet hic finis, tam alte repetito principio, præsertim cum in ea multa sint, quæ non ita multum pertinere uideantur ad id quod instituit.}

Restitistis.) ἀντιπίπτετε, id est, Resistitis.

Et homicidæ.) φονεῖς, id est, Occisores.

In dispositione.) εἰς διαταγὰς, id est, In dispositiones,{siue ad dispositiones, à διατάσσω 19
quod est ordino. Augustinus libro de ciuitate dei x. citat aliquoties, In edictis angelorum, pro eo quod nos legimus, In dispositione angelorum.}

Virtutis dei.) Virtutis, in Græco codice non reperio.⟨Tantum est à dextris dei, suffra 27
gantibus & Latinis uetustioribus.⟩

*Additum in nostris*

Obdormiuit in domino.) In domino non additum est in Græco exemplari, tantum est
ἐκοιμήθη, id est, Dormiuit.⟨Suffragantibus uetustis exemplaribus Latinis.⟩ 27

EX

EX CAPITE OCTAVO.

↓ † IN ecclesia.) ἐπὶ τὴν ἐκκλησίαν, id est, In ecclesiam, siue Aduersus ecclesiam.
Curauerunt autē Stephanū.) συνεκόμισαν, id est, Simul aūt curauerūt.
* Viri timorati.) εὐλαβεῖς, id est, Religiosi siue pij. — * 16: entries reversed
* Per domos intrans.) κατ' οἴκους, id est, Domesticatim, ut ita loquar, siue per singulas domos, ut ostendat ingens studium perdendi.

Igitur qui dispersi erant.) οἱ μὲν οὖν διασπαρέντες, id est, Igitur illi quidem dispersi. Iam enim dispergebantur. — 16: erat

27 (In ciuitatem Samariæ.) Videtur appositiue dictum ciuitatem Samariæ, ut Samaria sit nomen non regionis, sed ciuitatis, unde tota regio nomen est sortita. Eadem autem dicta est Sebaste.) — † 16-27: enim

Multi eorum qui habebant spiritus immundos clamātes uoce magna exibant.) Quæso qui nam exibant? num ipsi homines? Nec Græca reddidit ut habent, nec ita uertit ut possit sensus percipi. Quod genus est illud quod canitur in laudibus deiparæ uirginis. Cuius dominus humilitatem respiciens, angelo nunciante concepit redemptorem mundi. Ex his uerbis quid aliud Latinus intelligat, nisi dominum factum esse grauidum? usque adeo nihil interesse putant, quomodo loquamur, modo ipsi intelligamus quod loquimur. Sed quod ad hunc attinet locum, Græca sic habent, πολλῶν γὰρ τῶν ἐχόντων πνεύματα ἀκάθαρτα, βοῶντα μεγάλῃ φωνῇ ἐξήρχετο. Ea quoniam ad uerbum reddi non poterant, nos sensum expressimus in hunc modum, Spiritus enim immundi, à multis qui ab illis tenebantur, clamantes uoce magna exibant. (In duobus codicibus Donatiani non addebatur hæc particula, opinor, quod eā scriba prætermiserit offensus absurditate sermonis. (Nam Græci codices consentiunt.) — *Locus ridicule redditus ab interprete*
22
27

In ciuitate magus.) ἐν τῇ πόλει μαγεύων, id est, artem exercens magicam.
* Cui auscultabant.) Hoc auscultabant, & quod mox sequitur, attendebāt, Græcis idem est uerbum προσεῖχον. — * 16: entries reversed
* Quæ uocatur magna.) Quæ uocatur, non additur in Græco codice, ἡ δύναμις τοῦ θεοῦ ἡ μεγάλη, id est, Dei uirtus magna. Interpres studuit explicare uim articuli Græci ἡ μεγάλη. — 16: magia

27 Propter quod.) διὰ τὸ, id est, Propterea quod (& tamen hanc sermonis formam uideo fuisse familiarem priscis Christianis, quum longe aliud significet.)
Magicis suis.) ταῖς μαγείαις, id est, Magijs siue magicis artibus.
Dementasset.) ἐξεστακέναι αὐτούς, id est, Stupefacti essent, & uelut à mente alienati.
De regno dei in nomine Iesu.) Græce est, Et nomine.
Stupens admirabatur.) ἐξίστατο. Interpres unam Græcam uocem, duabus Latinis reddidit. Stomachatur hoc loco nonnihil Laurentius, nec sanè prorsus abs re, quod interpres tantum sibi permiserit, ut eandem dictionem Græcam eodem in loco trifariam reddiderit. Siquidem quod paulo ante uertit, seducens, Græcis est ἐξιστῶν: Quod dementasset, est ἐξεστακέναι: Quod stupens admirabatur, est ἐξίστατο. — *Interpretis copia* — 19-27: tr.

27 (Et rogabant pro eis.) Dubiū est an ipsi apostoli rogarint deum pro eis, an Philippus &
35 qui cum illo erant rogarint apostolos. Posteriorem sensum sequi uidētur interpretes, quod Græce sit προσηύξαντο, qua uoce scriptura solet uti pro deprecatione ad deum.)
In quenquam illorum uenerat.) ἦν ἐπιπεπτωκός, id est, Erat elapsus siue delapsus.
Manus apostolorum.) χειρῶν, id est, Manuum. Sed interpres offensus concentu genitiuorum uariauit.
Si forte.) εἰ ἄρα. Coniunctionem expletiuam suo more uertit in forte.
27 In felle amaritudinis.) εἰς χολὴν πικρίας, id est, In bili amaritudinis, (id est, Amara bili. Non irascebatur Magus, sed uitiatum animum expressit per bilis amaritudinem.)
27 Et in obligatione.) καὶ σύνδεσμον, id est, In colligatione (hoc est, In uinculis.)
19 (Quæ dixistis.) ὧν εἰρήκατε. Articulus postpositiuus congruit cum casu antecedentis, dissidens à suo uerbo. Annotandū quod uni Petro respondens, multitudinis utitur uerbo, dixistis. Vnde probabile est, quod Petrus admonuit, cæteros item admonuisse.) — *Articulus præcedenti uerbo cōgruēs à suo dißidens.*
19 Et multis regionibus.) πολλάς τε κώμας, uicis siue pagis. (Apparet interpretem legisse χώρας.)

B 3 Contra

† 16: In ecclesia) forms last note of Cap VII

Contra meridianum.) κατὰ μεσημβρίαν, id est, Meridiem uersus, siue Ad meridiem.
{Quæ descendit ab Hierusalem.) καταβαίνουσαν. Quod Hierosolymorum urbs in monte 19
Sion sita sit ex parte. Nonnulli codices habebant φέρουσαν, id est, Quæ ducit.
Gaza — Gazam.) Ciuitas est insignis Palæstinæ, destinata in sortem tribus Iuda, licet obtineri
↓} non potuerit} Desertā addit quod uetus illa Gaza, de qua Sophonias, Gaza destructa erit, 27
]16-27: sic fuerit diruta, ut uix urbis extet uestigiū, pro qua extructa est alia, sed non eodem loco.)
erat autem vir quidam) Et ecce uir eunuchus.) Annotauit Hieronymus uirum dici qui sit eunuchus, cum pugnent inter sese, uirum esse & eunuchum esse, unde & euirati dicuntur. Verum in Christo
neque sexus est, neque conditio, sed noua creatura.

Eunuchus potens.) δυνάστης, id est, Magistratus siue præfectus. Græca uoce usus est &
(16-22: Dynastæ — Cicero, Tetrarchæ & Dynastæ.(Non enim dicitur reginæ eunuchus, sed reginæ præfe- 27
ob quandam.. præfecti — ctus, nimirum gazophylax.)
..meritam from next entry, placed here — Candacis.) κανδάκης, id est, Candaces, à nominatiuo Candace. Quod nomen ita uidetur commune fuisse reginis, ob quandā reginam Aethiopiæ nomine Candacen de gente
illa optime meritam, ut apud Aegyptios Pharao & Ptolemæus{regibus.} 19

Venerat adorare.) προσκυνήσων, id est, Adoraturus.

Putas'ne intelligis.) ἆρά γε. Num, siue an, siue Nunquid intelligis quæ legis?

Et quomodo.) Et, non est apud Græcos, sed tantū πῶς γὰρ ἂν δυναίμην, Qui enim pos-
sim, aut Qui nam possim⟨Subauditur enim negatio non intelligo.⟩ 22

Ostenderet mihi.) ὁδηγήσει με, id est, Duxerit me.

Locus, pro argumēto — Locus autem scripturæ.) ἡ δὲ περιοχή. Quod continentiam possis dicere: Nos uertimus
argumentum, poterat dici & sententia.

16-19: quinquagesimo — Tanquam ouis ad occisionem.) Locus est apud Esaiam capite LIII. Verum apparet
I 16: libro [Eunuchus è Græco legit — eunuchum hunc non ex Hebræo libro, sed ex Græco hæc legisse, quod omnia adamussim
consentiant cum æditione Septuaginta.⟨Et Aegyptus id temporis græcissabat ob com- 22
↓I mercium cum Romanis & ante hoc cum Alexandro⟩Nam Hebræa I Hieronymus ita uertit, Sicut ouis ad occisionem ducetur, & quasi agnus coram tondente obmutescet, & non
aperiet os suum. De angustia & de iudicio sublatus est, generationem eius quis enarrabit,
quia abscisus est de terra uiuentium. Iuxta Septuaginta legimus hunc in modum,⟨ὡς πρό- 22
Cōsentit cum Septuaginta — βατον ἐπὶ σφαγὴν ἤχθη, καὶ ὡς ἀμνὸς ἐναντίον τοῦ κείροντος ἄφωνος, οὕτως οὐκ ἀνοίγει τὸ στόμα
αὐτοῦ. ἐν τῇ ταπεινώσει, ἡ κρίσις αὐτοῦ ἤρθη. τὴν γενεὰν αὐτοῦ τίς διηγήσεται, ὅτι αἴρεται ἀπὸ τῆς γῆς
ἡ ζωὴ αὐτοῦ, id est⟩Sicut ouis ad uictimam ductus est, & sicut agnus coram tondente mu-
16-22: aperuit — tus, sic non aperit os suum. In humilitate iudicium eius sublatum est, generationem illius
quis enarrabit, quia tollitur de terra uita eius. Porrò pro tollitur αἴρεται perperam habetur in nostris codicibus tolletur, uerbum futuri temporis,(quemadmodum & pro aperit le- 27
gimus aperuit.)

16-27: Dixit — Dicit hoc.) λέγει τοῦτο, id est, Dicit hoc, quasi iam loquatur tibi, cuius scripta legis.

Quis prohibet.) τί κωλύει, id est, Quid prohibet, seu potius, Quid uetat, aut quid obstat quo minus baptizer.

Dixit autem Philippus. Si credis &c. usq; ad eum locum, Et iussit stare currum, non reperi in Græco codice. Quanquam arbitror omissum librariorum incuria. Nam & hæc in
22-27: Certe — quodam codice Græco asscripta reperi, sed in margine.⟨Cæterum apud interpretem Chry 22
sostomum hæc non adduntur⟩(Nec in æditione Hispaniensi. In Aldina fuit additum.)

Vterque.) ἀμφότεροι, id est, Ambo.

I 16-27: + — I Philippus & eunuchus.) ὅ τε Φίλιππος καὶ εὐνοῦχος, id est, Et Philippus & eunuchus,
conduplicata coniunctione.

(Spiritus domini rapuit Philippum.) Rabanus in glossa ordinaria uidetur annotasse di- 27
uersam lectionem, quasi spiritus dictus sit irruisse in eunuchum, & rapuerit Philippum, uerum huiusmodi nihil reperio uel in Græcis uel in Latinis codicibus.)

Azotus — Inuentus est in Azoto.) Quis quærebat illū, ut illic fuerit inuentus? Repertus est, erat
tolerabilius. Est enim sensus, Philippum subito fuisse Azoti. Ea ciuitas est{Palestinæ}una 19
16-27: Aschdoda — è quinq; ciuitatibus Allophylorum. Hebræis dicta אשדוד Aschdod.

EX

} 19-22: potuerit desertum vero ad austrum est. Haec est deserta) Subaudiendum est regio. Nam urbs ipsa tum celebris erat + insignis, autore Hieronymo. Erat autem

I 16: Hebraea sic habent Ka-seh la-tevah yuval u-kherahel liphnay gozezehya ne'lamah welo' yiphtah ppiyw: Me'oser umimmishpat luqqah we'eth doro mi yesoheah ki nigzar me'ereṣ hayyiym Hieronymus

EX CAPITE NONO.

ADhuc spirans.) ἐμπνέων, Forte pro ἔτι mutatū est ἐμ. In alijs habetur utrunq; ἔτι ἐμπνέων, id est, Etiamnum spirans. Sed unde minarum? Neq; enim ut dicimus, Cupit te, & cupiens est tui, ita dicere licet, Vox non sonat hominem, & uox non est sonans hominis, & Sapit uinum, & est sapiens uini. Proinde
19 {meo iudicio} uertendum erat, Spirans minas ac cædem, Et,
In discipulos domini.) Apertius erat Aduersus discipulos domini.
Huius uiæ uiros.) τῆς ὁδοῦ ὄντας, id est, Qui eius essent sectæ. Articulus enim pronomi *Articulus uice pnominis* 16: viae
27 nis uice fungitur hoc loco. {Et pro uiæ, multi codices habebant uitæ.}
Viros ac mulieres.) ἄνδρας τε καὶ γυναῖκας, id est, Et uiros ac mulieres, aut seu uiros seu mulieres. 16-27: et
Circumfulsit.) περιήστραψεν, id est, Circumfulgurauit, si sic liceret loqui. Subitam enim lucem fulgur appellat.
Saule Saule.) Σαοὺλ Σαούλ, id est, Saul Saul. Cum Lucas alibi Saulum uocet ac Paulum, *Saul* hic Hebræam uocem integram reliquit, quod Christus illum Hebraice compellarit, ut & ipse postea testatur. Atque item Ananias, Σαοὺλ ἀδελφέ, id est, Saul frater, de quo nonnihil attingemus in Paulinis epistolis.
19 Durum est tibi.) In {plerisq;} Græcis codicibus id nō additur hoc loco, cum mox sequa-
22 tur, surge, sed aliquanto inferius, cum narratur hæc res. {Neque raro cōtingit, ut scriba doctulus aliunde addat aliquid in spacijs, quod post alius indoctior referat in cōtextum. Certe Chrysostomus hoc loco nullam mentionem facit huius particulæ.} Est autem ethnicis *16: gentilibus* etiam in prouerbio πρὸς τὸ κέντρον λακτίζειν, id est, Aduersus stimulum calcitrare. Trans- *Parœmia*
27 latum à bubus aut alijs iumentis quæ stimulo incitantur, ut equi calcaribus. {In uetustioribus codicibus ne hæc quidem habebātur, & tremēs ac stupens dixit, Domine quid me uis facere? & dominus ad eum, Tantum est, durum est tibi contra stimulum calcitrare. Ego tum Iesus, quem tu persequeris, surge & ingredere &c.}
Qui concomitabantur cum illo.) οἱ συνοδεύοντες αὐτῷ, id est, Qui iter faciebāt cum illo, siue comites itineris. Interpres nec Latine loquutus est, nec Græco uerbo respondit.
Stabant stupefacti.) ἐνεοί, Græca uox inde facta est, quod rei nouitas hominem reddat attonitum. 16-27: dicta
Nihil uidebat.) οὐδένα ἔβλεπεν, id est, Neminem uidebat. Apparet interpretem legisse οὐδὲν ἔβλεπεν.
Ad manus autem illum trahentes.) χειραγωγοῦντες δὲ αὐτὸν, id est, Manuducētes illum. Quorsum enim opus erat trahentibus, cum sponte iret? Atque ita uertit ipse paulo post, Ad manum autem deductus à comitibus.
In uicum qui uocatur rectus.) ἐπὶ τὴν ῥύμην. Vicus hoc loco non est pagus aut oppidulum, ne quis in hoc erret, nam id est Græcis κώμη, sed pars urbis. Ciuitas enim distinguitur in uicos, uici in uias, uiæ in domos. *Vicus pars urbis*
Quanta mala fecerit sanctis.) ὅσα, id est, Quot, siue quæcunq;. Item paulo post, Quanta oporteat illum pro nomine meo pati.
Et hic habet.) Hic hoc loco aduerbium est, non pronomen ὧδε, id est, In hac ciuitate.
Vas electionis.) σκεῦος. Ego maluissem organum electum. Quanquam uasa ueteribus omnis dicebatur supellex.
Saule frater.) Σαοὺλ ἀδελφέ, id est, Saul frater, quod consentaneum sit Hebraice fuisse loquutum Ananiam. *Saul*
Vt uideas.) ὅπως ἀναβλέψῃς, id est, Vt uisum recipias. Sic enim idē uerbū paulo ante traduxerat. Ceciderunt ab oculis eius.) ἀπέπεσον, Deciderunt. 16: deciderunt
Qui expugnabat.) Græce militari est usus uerbo. πορθεῖν enim Græcis est urbem excindere ac depopulari.
Vt uinctos illos duceret.) ὡς ἀγάγῃ, id est, Ducat siue ptrahat, id quod mauult Valla. 16-22: malit
Et confundebat.) Nō est hic pudefaciebat, ut aliās solet uti, sed συνέχυνε, hoc est, Commouebat ac perturbabat, confirmans Iesum esse Christum. *Cōfundo pro pudefacio*
19 {Consilium fecerunt in unum.) In unum, non reperio in libris Græcorū, quos ego sanè

 uiderim

uiderim tantũ est συνεβαλλόντο{ Nisi forte uoluit exprimere uim præpositionis συν.} 22
χαλάσαι Submittentes in sporta.) χαλάσαντες. Quod est funibus ex alto pensilem demittere, ut aliâs indicauimus.
{Intrans & exiens.) In Græcis exemplaribus tantũ reperio εἰσπορευόμενος intrans, ἐκπο 19
ρευόμενος non inuenio. Quanquam ingrediens & egrediens Hebraica figura dictũ est pro
uersans, quomodo Latini dicunt, domi ac foris.} [Itaque ex commentarijs qui Chrysostomi 35
titulo leguntur adieci, καὶ ἐκπορευόμενος, quanquam hoc ad sensum minimum habet momenti. arbitror autem alteram lectionem esse germanam.]
⟨Fiducialiter agens.) παῤῥησιαζόμενος, id est, Libere siue cum fiducia loquens aut agens, 22
sed magis ad sermonem pertinet, unde & Græca dictio composita est.⟩
ἑλληνισαί Et disputabat cum Græcis.) συνεζήτει πρὸς τοὺς ἑλληνιστάς, Disputabat aduersus Græcos.
19-22: {Rursus usus est uerbo Hellenistæ} {significat enim Iudæos ibi natos. Nondum autem erat 19.27
seu factionem indicans. tempus disputandi cum gentibus} Cæterum illud quod præcessit, Cum gentibus, in Græcis codicibus non inuenio (ne in Latinis quidem uetustioribus) Et mox, 27
Quærebant eũ occidere.) Græcis est ἐπεχείρουν, id est, Conabãtur siue aggrediebãtur.
Ecclesia quidem.) αἱ μὲν οὖν ἐκκλησίαι, id est, Igitur ecclesiæ quidem, numero pluratiuo,
quod tum omnes congregationes Christianorum dispersæ dicerentur ecclesiæ, quæ tamen
16-27: per universos deveniret omnes in unam recidunt ecclesiam.
Dum transiret uniuersos.) Quidam addunt hoc loco fines, sed perperam, quandoqui-
16: Paulus dem de hominibus sentit Lucas, non de locis.
Sanet te dominus.) ἰᾶται. Poterat accipi & sanat, indicandi modo non imperandi.
Assaron Lyddæ & Assaronæ.) λύδδαν καὶ τὸν ἀσσάρωνα. Haud scio an hæc sit quam in Hebraicis nominibus corrupte legimus Accaron, quam eandem quidam putarunt esse turrim
Stratonis, postea Cæsaream nominatam.{Vero proximum est, hanc esse regionem, quam 19
Saronas Hieronymus in nominibus locorum appellat Saronas, id Hebræis sonat campestrem regionem. Est autem à Cæsarea Palæstinæ pertingens usque ad oppidũ Ioppe. Testatur sua
etiamnum ætate illic agrum fuisse pascendis gregibus aptum. Porrò Ioppe non longe aberat à Lydde. Quanquam est & altera eiusdem nominis regio inter montem Thabor &
stagnum Tyberiadis, cuius meminit Esaias, In paludes uersus est Saron. Verum priorem
fuisse eam de qua hic sentit Lucas, indicat Hieronymus.}
Capnion Nomine Tabitha.) Hoc certe loco Tabitha non potest esse uerbum. Ioannes Capnion
Thabia Thabiam legendũ esse putat, uocẽ enim Assyriã esse, quæ illis Capreã significat. Certe qui
Chaldæis literas callent Hebraicas, fatentur hoc puellæ uocabulũ nonnihil habere cognationis cum
capra uerbo uidendi, quod illis dicitur נִבָּט. Et Græcis item δορκὰς caprea, à δέρκομαι uideo de-
ducta est, quod id animal acri oculorum acie putetur esse. Vnde & qui sunt perspicacibus
oculis ὀξυδερκεῖς uocantur. Cæterũ Laurentius maluit ab interprete Latinam uocem fuisse
redditam, nempe capream. Nam Lucas Dorcadem interpretatur, sed Græce scribens.
⟨Quam cum lauissent.) Glossa ordinaria submonet in quibusdam codicibus scriptum 27
fuisse Lauissent unguentis. Sed more ueterũ primum lauabant corpus, deinde ungebant.
Quanquam probabile non est, hic tantũ sumptus fuisse factum in Dorcade.⟩
16: miserunt Miserunt duos uiros.) In plerisque Græcis codicibus, tantũ est ἀπέστειλαν, id est, Emise-
runt. In uno reperi δύο ἄνδρες asscriptum, sed in spacio marginali.
Ne pigriteris.) Sine causa mutauit personam μὴ ὀκνῆσαι διελθεῖν ἕως αὐτῶν, id est, Ne pi
gritaretur (siue ne grauaretur) pertransire usque ad sese (siue ad ipsum.) 27
Quas faciebat illis Dorcas.) ὅσα ἐποίει μετ᾽ αὐτῶν οὖσα ἡ δορκάς, id est, Quas faciebat secum
16: illis uiuens Dorcas, siue quas faciebat dum cum ipsis esset Dorcas.
Et multi crediderunt domino.) ἐπὶ τὸν κύριον, id est, In dominũ. Vnde apparet interpreti
nihil retulisse, utrum dicas Credere domino, an credere in dominum.
Petrus hospes coriarij Apud Simonem Coriarium.) βυρσεῖ. Quod opificium non solũ plebeium, uerũ & sor
didum habetur. O quantus hospes, & apostolici culminis princeps apud cuiusmodi diuer
satur hospitem? Nunc (in immensum) creuerunt opes ecclesiæ. {Gratulandum est felicitati, 27.19
si modo uere sita est in hoc ecclesiæ felicitas, & si felicitati respondet pietas.}

EX

C 16-22: Nunc trium regum palatia vix sufficerent, excipiendo Petri vicario. Eo creverunt

EX CAPITE DECIMO.

* CEnturio cohortis.) Minus ambiguum erat. Ex cohorte. Neque enim is erat princeps totius cohortis, quæ circiter mille milites cõtinet, sed unus ex ea co- * 16: Centurio cohortis) forms last entry of Cap. IX
27 horte. Atque ita est Græce ἐκ σπείρης. (Spiram autẽ Chrysostomus aut quis/
quis is fuit interpretatur νούμερον, & hic Latine loquens.)
27 Quis es domine.) τί ἐστι κύριε, id est, Quid est domine (hoc est, Quid rei est.)
22 Atque ita legendum arguit ipsa etiam angeli responsio (Orationes tuæ &c.)
27 (Hic tibi dicet quid te oporteat facere.) Hoc non habebatur in æditione Hispaniensi, & uidetur asscriptũ ex capite quod proxime præcessit, & in hoc ipso mox repetitur inferius.) 16-22: metuendum

Duos domesticos.) δύο τῶν οἰκετῶν, id est, Duos famulorum.
27 (Et militem timentem dominum.) στρατιώτην εὐσεβῆ, id est, militem pium. (Quid hic o/ pus erat periphrasi? Cæterũ ne lector offenderetur, quod Cornelius ad pietatis negocium uteretur milite, addidit pium.) Periphrasis sine causa captata

Qui illi parebãt.) τῶν προσκαρτερούντων αὐτῷ, id est, Qui illi assistebant, siue ut alibi uertit, inseruiebãt. Parebãt & cæteri milites, uerũ hi semper aderant ministerij gratia. 16: assistebat
19 In superiora.) ἐπὶ τὸ δῶμα. {Quod in euangelijs uertit, tectum. Apparet enim Petrum conscendisse tectum, in quo soliti sunt inambulare quidam, ut oraret sub dio, ceu uicinior deo, tum etiam semotior ab hominum strepitu.} δῶμα

Et uidit.) καὶ θεωρεῖ, id est, Videt, præsentis temporis.

Vas quoddam uelut linteum.) Hieronymus in Esaiam citat, Vas quoddã linteum, nec
19 id uno sanè loco. {Vt accipiamus ipsum linteũ fuisse uas, atque ita mox appellat absque ὡς.} Vas linteum

Quatuor initijs summitti.) Græci legunt, Quatuor initijs alligatum ac demissum è cœlo, τέσσαρσιν ἀρχαῖς δεδεμένον καὶ καθιέμενον.

Quadrupedia &c.) Græce sic habet τετράποδα τῆς γῆς, καὶ τὰ θηρία καὶ τὰ ἑρπετά, idest, Quadrupedia terræ, & bestiæ, & reptilia. Porrò θηρίον Græcis proprie noxiam bestiam significat, ueluti uiperam aut lupum. θηρίον

Occide & manduca.) θῦσον καὶ φάγε, id est, Sacrifica, siue macta, & ede.

Absit domine.) μηδαμῶς, id est, Nequaquam.

Iterum secundo.) πάλιν ἐκ δευτέρου, Rursus iterum.

Tu commune ne dixeris.) Communia, uertendum erat. Quanquam Græce uerbũ est μὴ κοίνου, id est, Ne communica, hoc est, ne feceris communia. Sic enim Hebræi uocant im/
27 pura (& nefasta.)

Per ter.) ἐπὶ τρίς, id est, Ad ter quanquam satis erat dicere ter. Nouum sermonis decus Per ter
35 commẽtus est interpres. [Quidam hũc locum sic defendit à solœcismo, quod interpres red/ margin 19-27: fabella
didit Græcam formam. At dicendum erat, ad ter. Et Latini dicunt ad calendas Ianuar. pro
19 circiter. Quanquam reddere figuram Græcam Latine frequenter est σολοικίζειν] {Atqui ex hoc solœcismo natus est, opinor, Apologus, qui uulgo fertur nõ infestiuus. Sacerdos quispiam rusticanæ plebis rusticior pastor, cum primũ esset baptizaturus infantem, ac in libro unde solennia uerba pronunciabat, minio asscriptum offenderet, Salta per ter, quibus uerbis librarius admonebat, tres retro paginas esse reuoluendas, mox iussit, ut æditus adduceret hastile, quo crux imposita circũfertur. Eo accepto, bene sit, inquit, antehac nunquam idem expertus sum, sed ita res postulat, & hastili innixus, apsidem saxeam ter transilijt, atque ita recepto codice, reliqua peregit.}

Et statim receptum est.) καὶ πάλιν ἀνελήφθη, id est, Et rursus receptũ est, nimirum quod inde uenisset.
19 {Descendens autem Petrus ad uiros.) Post hæc uerba in nonnullis Græcorum exemplaribus additum erat, τοὺς ἀπεσταλμένους ἀπὸ τοῦ κορνηλίου πρὸς αὐτόν, id est, Qui missi fuerant à Cornelio ad se.}

Accersire te.) Rursum uertit figuram Græcam. Latine dixisset, Vt accerseret te.

Introducens ergo.) εἰσκαλεσάμενος, id est, Introuocatos siue inuitatos.

Quomodo abominatum sit.) ὡς ἀθέμιτόν ἐστι, id est, Vt nefas est. Nam parũ erat ciuile, ἀθέμιτον uertit abominandum nõ recte
19 ut Petrus apud ethnicum dicat, abominandũ esse cum eo colloqui. Verum (ait) ex cõsuetudine suæ gentis sibi non esse fas cum illo congredi. Et mox.

Con/

16-27: Adjungere se

Coniungi.) Græcis est κολλᾶσθαι adhærere siue adglutinare.

Sine dubitatione.) ἀναντιῤῥήτως, id est, Citra contradictionem {siue incunctanter.} 19

Obscure reddita græca

Nudius quarto die &c.) ἀπὸ τετάρτης ἡμέρας μέχρι ταύτης τῆς ὥρας ἤμην νηστεύων, καὶ τὴν ἐννάτην ὥραν προσευχόμενος, id est, Quarto ab hinc die, usque ad hanc horam, sedebã ieiunans, & hora nona orans. Ex uerbis interpretis apparet Corneliũ ieiunasse & orasse totum quatriduum. Sentit autem se ieiunasse & orasse die quodam, qui quartus esset ab eo quo colloquebatur cum Petro. Siquidẽ usque ad hanc horam dixit, pro usque ad hoc tempus, & pro ἤμην sedebam, nonnulli legunt ἤμην eram, prima uocali attenuata.

In ueste candida.) λαμπρᾷ, id est, Splendida.

E eleemosynæ tuæ commemoratæ sunt.) ἐμνήσθησαν, id est, In memoria habitæ. Nam memoratur quod narratur.

Simonis coriarij iuxta mare.) Sub hæc addunt Græci codices, quod in nostris omnino non habetur ὃς παραγενόμενος λαλήσει σοι, id est, Qui adueniens loquetur tibi.

(In cõspectu tuo.) Græci legũt in cõspectu dei ἐνώπιον τοῦ θεοῦ. Est aũt sermo cõfirmantis 27
animi simplicitatẽ, cuius deum facit testem. Annotat hic nõnihil & glossa ordinaria.)

Adsumus audire.) Græcanici sermonis formã reddidit, πάρεσμεν ἀκοῦσαι pro eo quod est, Adsumus ut audiamus, siue ad audiendum.

16-27: populo.)

Sed in omni gente.) ἐν παντὶ ἔθνει, id est, In quauis gente.

Ordo perturbatior

Verbum misit filijs.) τὸν λόγον ὃν ἀπέστειλεν, id est, Verbum quod misit. Offensus lector oratione non absoluta sustulit, quod. Aut enim anapodotos est oratio, aut accusatiuo abusus est loco nominatiui, hoc est, uerbũ quod misit filijs Israel. Aut, quod mihi maxime probatur, accusatiuus hic λόγον referendus est ad uerbum quod sequitur οἴδατε, id est, scitis. Deinde quia intercessit hyperbaton, & item parenthesis, quod ante dixerat λόγον, alia uoce repetijt ῥῆμα, ut legamus ad hunc modum, Verbum quod misit filijs Israel, annuncians

16: interiicit

19-27: interiiciat

pacem per Iesum Christum: deinde per parenthesim interijciatur (hic est omniũ dominus) 27
{moxque sequatur} Ipsi nostis, uerbum inquam, quod factum est per omnem Iudæam. 19

Verbum res acta

Incipiens enim.) Enim adiecit aliquis de suo. cum non sit in Græcis exemplaribus. Et incipiens ἀρξάμενον hoc loco neutri generis est, ut referatur ad uerbum. Porrò uerbum hoc in loco nihil aliud dicit, quàm rem populari sermone iactatam. Eum rumorem ait ortum ex Galilæa post baptisma Ioannis. Deinde ponit argumentum rumoris uidelicet de Iesu Nazareno.

De sermone apostolorũ an è spiritu sancto

Miraculũ linguarum raro legitur

Homines erãt apostoli

Quomodo unxit eum.) Quidam codices habebant, ὡς ἔχρισεν αὐτὸν, id est, Quomodo unxerit eum. Quidam ὃν ἔχρισεν αὐτὸν, id est, Quem unxit eum. Cæterum illud pronomen eum, omittendum erat interpreti, quod ex idiomate sit sermonis Hebræi. Incertum Petrus hæc Hebraice dixerit an Græce. Tamen etiã cum Græce scribũt apostoli, multum referũt ex proprietate suæ linguæ. Quemadmodũ & hodie qui latine loquuntur, parum alioqui literati, nonnihil admiscent ex sermone uernaculo, uel imprudentes, puta Gallus è sermone gallico, Britannus è britannico, Germanus è germanico. Nam apostoli Græcitatem suam
non è Demosthenis orationibus, sed è uulgi colloquio didicerũt {Sic enim uisum est sapien 19
tiæ diuinæ, nullis eloquentiæ mortalis adminiculis orbem in suam sententiam pertrahere.

to pg 300

Neque enim donũ illud linguarũ oportebat esse perpetuũ. Satis erat adesse quoties usus postulabat. Vt non semper excitabãt mortuos, nõ semper sanabãt ægrotos, sed tum demum cum ad religionis & euãgelij negocium pertinebat. Semel duntaxat legimus apostolos nouis linguis loquentes miraculo fuisse. Et huius uoluminis cap. 19. narrantur, qui baptizati spiritum sanctum acceperãt, linguis loquuti & prophetasse. Quanquam uero propius est apostolos id temporis unica lingua fuisse loquutos, ac uirtute diuina factum, ut æque ab omnibus intelligerentur. Neque uero necesse est, opinor, quicquid fuit in apostolis, protinus tribuere miraculo. Homines erant, quædam ignorabant, in nonnullis errabant. Etiam post acceptum spiritum sanctum obiurgatur, ac docetur Petrus à Paulo. Paulus à Barnaba dissentit, usque ad diuortium. Et haud scio an hoc magis congruerit euangelio Christi, ut simplici inconditoque sermone proderetur in uulgus, ac talis esset apostolorum oratio, qualis cultus, qualis uictus, qualis omnis uita, exceptis ijs quæ sunt pietatis & animi, ne quid in hoc negocio sibi uindicare posset humanæ facundiæ superciliũ. Sæpe relinquebat disci

pulos

pulos suos Christus humanis uiribus, esuriebãt, sitiebant, fatigabãtur corporis laboribus, animi curis, sentiebant ingrauescentem ætatem, aliaq; fragilitatis humanæ incommoda. Sed idem aderat, quoties maiestatem suã mundo uoluit innotescere. Atq; ita temperabat organa suorum, quibus ad euangelij propagationem utebatur, quatenus intelligebat ad diuini sui consilij rationem, adq; mortaliũ salutem maxime cõducere. Neq; uero mirum, si cum Aegyptus ac Syria, Cilicia, totaq; penè minor Asia, primum ob imperium Alexandri, mox Romanorum, uulgo Græce loqueretur, apostoli citra miraculũ Græce nouissent, præsertim cum postea tot annos inter Græce loquentes uersarentur. Neque enim statim ab ijs conscriptum est euangelium. Qui inter Gallos uiuit, uno protinus anno Gallice loquitur, etiamsi prius nihil eius sermonis tenuerit. Et miramur apostolos tot annis mediocrem sermonis facultatem fuisse consequutos? Iam uero non sum nescius à Paulo commemorari genera linguarum & interpretationem sermonum inter dona spiritus. Et ipse gloriatur quod plus cæteris omnibus loquatur linguis. Verum id cuiusmodi fuerit, nõ est fortasis huius loci persequi. Sed ut donemus interim simile fuisse ei, quod accidit à spiritu sancto in apostolos effuso, addamus & illud, nõ contigisse illis hoc dono politã & exactam linguarum peritiam, sed eatenus duntaxat, quatenus maxime conducebat ad negocium euangelicum: sicut cui contigerat prophetiæ donum, ut hunc aut illum locum explanaret, non continuo quouis tempore, quemuis scripturæ locum poterat explicare, quod eas dotes deus singulis impartiret ad mensuram fidei, teste Paulo: ita si cui contigerat pro re nata linguarum peritia, non statim apud quosuis, in quouis argumento idem potuisse uidetur. Siquidem existimamus & Augustino prophetiæ donum adfuisse in explicandis sacris literis, & tamen alicubi nõ assequitur sensum scripturæ germanum. Neq; Hieronymo defuit, opinor, donum linguarũ, & tamen in nonnullis dissentiunt ab eo, qui literas Hebræas profitentur. Quod si quis omnino contendat, apostolis infusam cœlitus omnium linguarum peritiam, atque hoc donum illis fuisse perpetuum, cum ea quæ fiunt uirtute diuina perfectiora sint ijs, quæ fiunt iuxta naturæ ordinem, aut per humanã industriam, autore Chrysostomo, qui fit ut apostolorum sermo non solum impolitus sit & incõditus, uerum etiam imperfectus, perturbatus, aliquoties planè solœcissans. Neq; enim id negari potest, quod res ipsa clamitat. Placebat spiritui sancto sermonis simplicitas, sed pura tamen & integra, atq; ijs uacans incommodis, quæ solent auditorum intelligentiam impedire. Atque in his passim desudãt interpretes Græci, quibus Demosthenes & Plato facilis erat ac pspicuus. Quoties Origenes in Paulo desiderat Græcanici sermonis integritatem? Quoties hyperbatis, anantapodotis, & amphibologijs offenditur? Neq; id negat Chrysostomus, & fatetur cõpluribus in locis Hieronymus, aperte Paulo tribuens Græcanici sermonis imperitiã. Idem Lucæ plus tribuit in literis Græcis quàm Hebræis, non ob aliud, nisi quod in his magis esset institutus, quippe Antiochenus. Idem fatetur Paulũ disertiorẽ in lingua Hebræa quàm Græca, quod in illa natus esset, in hac institutus. Rursus alicubi, quod posterior epistola Petri dissideat à phrasi prioris, hãc adducit causam, quod in ea sit alio usus interprete. At quorsum opus interprete, si perfectã omniũ linguarũ peritiam dabat spiritus sanctus? præsertim cum extra controuersiã sit apostolos omnes Græce duntaxat scripsisse excepto
35 Matthæo [iuxta quorundã opinionem] Cur ausi sunt interpretari ueteres, quod Paulus ob id Titum desideraret, quod is in Græci sermonis facultate esset promptior? Hæc non multum absint à blasphemia, si quis hanc sententiam de dono linguarum mordicus teneat. Et tamen ea nõ ueriti sunt ecclesiæ probatissimi Doctores libris suis prodere. Atque hæc pluribus à me disserta sunt, quàm fortasis annotationum argumentum postulabat, ne quis impie aut temere à me dictum existimet, apostolos sermonem Græcum non ex orationibus Demosthenicis, sed ex populari colloquio didicisse. Neque enim ex orationis, sed ex mentis habitu metienda est apostolorum autoritas. Neq; magis pium hominem debet offendere in apostolis sermo incultus, quàm corpus illotum, aut uestis plebeia. Quin ipse Christus, ut multis colligi potest coniecturis, uulgatissimo maximeq; populari sermone est usus, Syriace loquens, & fortasis aliquãdo Chaldaice, & haud scio an Græce nonnun-
27 quam (ut erat id temporis populi sermo uarijs linguis corruptus, quandoquidem & apostoli Græce scribentes, Romanorum multis uocibus utuntur) Atq; hanc de apostolorũ sermone

Poterãt apostoli & citra miraculũ Græce scire

Dona linguarum nõ erant perpetua

Apostolorum sermo obscurus sæpe & perturbatior

Apostolici sermonis simplicitas nõ est dedecori illis

mone opinionem ipſa res nobis perſuadet,etiamſi nõ ſuffragaretur ſummorũ uirorum au
toritas. Mihi tamen nõ eſt animus,neq; pro hac,neque pro ulla alia digladiari,ſi diuerſum
ſentit eccleſia. Lectorem admonemus, non proponimus oracula, nuſquam non parati cedere melioribus}(Addam ridiculũ quiddam. Quum alicubi ſcripſiſſem ſermonem quo do- 27
[ Calumnia ſutoria ] minus eſt uſus, fuiſſe nõ pure Hebraicum,ſed Syra Chaldæaq; lingua corruptum,quidam
triſmegiſtus theologus è Sorbona libro uulgato uociferatus eſt μάλα τραγικῶς, quod domini & apoſtolorum ſermonem dixerim corruptum. Idem clamaret opinor, ſi ſcripſiſſem
dominum non bibiſſe ſyncerum uinum, ſed aqua dilutum. Huc reciderunt Rabinorum
↓ ) quorundam iudicia.)

Omnes oppreſſos.) καταδυναστευομένους. Recte uertit interpres, modo intelligamus hic
oppreſſos dici,qui tyrannide & potẽtia cuiuſpiã opprimũtur,id enim ſonat Græca uox.

In regione Iudæorum.) ἔν τε τῇ χώρᾳ, id eſt, Et in regione Iudæorum,conduplicata con
iunctione.

Præordinatis à deo.) προκεχειροτονημένοις, Quod magis ſonat delectis,ut fit per ſuffragia.
{Græca uox dicta eſt,à porrigendis digitis,quo geſtu ſuffragabatur olim populus.} 19

(Qui manducauimus & bibimus.) Gloſſa ordinaria monet in Græcis ſcriptum fuiſſe, 27
Qui quadraginta dies &c. Quanquam id in noſtris codicibus nõ reperitur.)

Remiſſionem peccatorũ accipere.) ἄφεσιν ἁμαρτιῶν λαβεῖν, id eſt,cõſequi remiſſionem
peccatorum,ſiue Remiſſionem peccatorum accepturum eſſe.

Omnes qui credũt.) πάντα τὸν πιστεύοντα, id eſt,Omnẽ qui credit,aut quiſq; crediliſſet.

16: circumciſione

Ex circunciſione.) οἱ ἐκ περιτομῆς, id eſt, Qui erant ex circunciſione.

↓ {

Et in nationes.) καὶ ἐπὶ τὰ ἔθνη, id eſt,Et in gentes{Nec eſt gratia χάρις, ſed δωρεὰ donũ. 19
Et quia effuſa eſt,dictum eſt,pro, Quod effuſum eſſet.}

Noua interpretatio

Nunquid aqua.) Græci legunt in hunc modum, μήτι τὸ ὕδωρ κωλῦσαι δύναταί τις, τοῦ μὴ
βαπτισθῆναι τούτους. Et apparet hunc eſſe ſenſum: Num quis uetare poteſt,quo minus aqua
baptizentur ij,qui ſpiritum ſanctum acceperũt ſicut & nos? Veluti plus ſit ſpiritus quàm
aqua,cumq; ille cõtigerit,nihil eſſe magni ſi hoc acceſſerit. Cæterum τὸ ὕδωρ accuſatiuus
aut pendet à præpoſitione ſubaudita κατὰ, aut adhæret uerbo βαπτισθῆναι, ea forma qua dicimus, βαπτίζομαι βάπτισμα.

EX CAPITE VNDECIMO.

QVare introiſti.) ὅτι πρὸς ἄνδρας, Ad uiros præputiũ habentes introiſti. Nam
ὅτι hoc loco confirmantis eſt. Nec interrogant, ſed accuſant{aut certe expo- 19
ſtulant}[Interpres legiſſe uidetur τί pro ὅτι.] 35

16: duae

* 16: entries reversed

* Nequaquam dñe.) μηδαμῶς, Idem uerbum quod ſuperius uerterat abſit.
(Pœnitentiam dedit.) Græci codices addunt, εἰς ζωὴν, id eſt,ad uitam.) 27
* Sub Stephano.) ἐπὶ Στεφάνῳ. id eſt, In Stephano ſiue Aduerſus Stephanũ. Nam ſub eo
res geri dicitur, qui imperio potitur.(Sed tum Græci addunt paternum caſum.) 27

[ ἑλληνιστάς

(Loquebantur & ad Græcos.) Rurſus non eſt ἕλληνας ſed ἑλληνιστὰς, ſignificat enim re- 27
ligione & origine Iudæos,ſed alibi natos, qui nondum crediderant euangelio. Alioqui uideri poterat exemplum baptizati Cornelij tantũ animi addidiſſe Chriſtianis,ut iam etiam
gentibus auderent prædicare Chriſtum.

Permanere in domino.) Pluſculum hic habent Græci ſic, προθέσει τῆς καρδίας προσμένειν
τῷ κυρίῳ, id eſt,propoſito cordis adhærere domino, ſiue perſeueranter adhærere domino.
Latini addidere bis præpoſitionem,in. Quod autem dixit propoſito cordis, perinde ualet
quaſi diceret ex animo & libera uoluntate,non metu neq; pudore humano.)

Ita ut cognominarentur.) ἐγένετο δὲ αὐτοὺς ἐνιαυτὸν ὅλον συναχθῆναι τῇ ἐκκλησίᾳ, καὶ διδά-
ξαι τὸν ὄχλον ἱκανὸν, χρηματίσαι τε πρῶτον ἐν Ἀντιοχείᾳ τοὺς μαθητὰς χριστιανούς, id eſt, Accidit autem ut annum totum conſuetudinem agerent cum cõgregatione, docerentq; turbam mul
[ Chriſtianorũ cognomẽ, ubi primũ natum ] tam, & primum Antiochiæ diſcipulos uocarent Chriſtianos. Nam illi uocabant eos Chri
ſtianos,ſed Lucas appellat eos diſcipulos(Sẽſum explicat hiſtoria eccleſiaſtica. Ibi,inquit, 27
primum diſcipuli,ueluti perhenni fonte ſumpto uocabulo, appellati ſunt Chriſtiani. Vſus
eſt autem nouo uerbo χρηματίσαι, pro ὀνομάζεσθαι,quod idem uſurpauit Paulus in epiſtolæ
ad Ro. capite ſeptimo. Videtur autẽ inde dicta uox, quod cognomen ex officio quo quis
fungitur

) 27: iudicia. Quidam excusat soloecismum interpretis quod reddiderit figuram Graecam. Id si fecisset, dixisset ad ter non per ter. Quanquam reddere figuram Graecam Latine, frequenter est σολοικίζειν. Omnes

{ 16: gentes, + δωρεά donum esset, + effusum, non quia est. Nunquid fungitur addi solet, uelut publicani dicuntur, quod publica uectigalia colligunt, ita Christiani, quod Christum profiteretur. Porrò quod actiuo uerbo uidetur abusus pro passiuo, simile est ei quod Latini dicunt, audit doctor, pro eo quod erat appellatur doctor.)

19 {In ministerium mittere.) εἰς διακονίαν. Ministeriũ uocat subsidium, siue suppeditatio-
27 nem.(Subministrat enim qui necessaria suppeditat.) Sic appellat & Paulus.}

EX CAPITE DVODECIMO.

35 Misit Herodes rex.) ἐπέβαλεν, id est, Iniecit, siue inijciebat. [Quem hic Lucas uocat Herodem Iosephus Agrippam appellat, qui & Maior dictus est ad discretionem filij Agrippæ. Videtur autẽ nomen Herodis multis fuisse commune, quemadmodũ Herodes Antipater filius Herodis maioris, & Philippus Herodes huius frater. Hic autem Herodes Agrippa frater fuit Herodiadis quæ fuit uxor Herodis Tetrarchæ, filius Aristobuli, qui fuit filius Herodis maioris, frater Alexandri, quos ambos pater interfecit. Hunc Agrippam Tiberius Cæsar coniecerat in uincula, quod in splendido conuiuio quo Caium Germanici filium excipiebat, palam comprecatus est, ut Tiberio mature defuncto Caium uideret imperatorem. Fuit autẽ sex menses in carcere, usque ad mortem Tiberij, quem Caius, cui Caligulæ cognomen additum fuit, non solum liberauit, uerum etiam tres illi tetrarchias contulit, Philippi, Lysaniæ, & Herodis iunioris Lugdunum relegati, insuper & regij nominis honorem concessit. Ita ferme sane Iosephus libro de bello Iudaico secundo cap. 8. & libro Antiquitatum Iudaicarum capite 9.] [• ↓

* Quia placeret.) ὅτι ἀρεστόν ἐστι, id est, Placitum, siue gratum esse. Idem nomen quod ante uertit æquum est: Non est æquum relinquere uerbum dei, & ministrare mensis. ἀρεστὸν uarie uertit 16-19: Qui

Apprehendere.) συλλαβεῖν, id est, Comprehendere.

Erat autem dies.) ἦσαν, erant, numero multitudinis. * 16: Sine intermissione) precedes Qui placeret)

* Sine intermissione.) ἐκτενής, id est, Prolixa, ut uertit in euangelio, siue intenta.

Et calcia te caligas tuas.) καὶ ὑπόδησαι τὰ σανδάλιά σου, id est, Subliga sandalia tua. Caliga pro sandalijs

Consideransq;.) συνιδών τε, id est, Recq; perpensa, nisi mauis ad cognitã domũ referre.

Ad ostium.) Ad, redundat.

19.22 Ianuæ.) πυλῶνος,{non θύρας.}(Cum enim dicat ostium ianuæ τὴν θύραν τοῦ πυλῶνος, aut uestibulum ædium habebat ostium, quemadmodum & hodie uidemus in plerisque ædificijs: aut ianuam uestibuli, dixit primum ostium quod expositum erat uestibulo.)

Ad uidendũ.) ὑπακοῦσαι, id est, Vt subauscultaret. Sequitur enim. Et agnita uoce Petri.

19 Annuens autem.) κατασείσας δὲ, {Mota manu innuens.}

Quid nam factum esset de Petro.) τί ἄρα ὁ πέτρος ἐγένετο, id est, Quid Petrus esset fa- Quid factus esset
19 ctus, siue quia sic permisit sibi loqui Lucas,{ut quemadmodum Græci dicunt, fecit illum, pro, fecit illi, ita per uerbum passiuum dixerit, quid factus esset:} siue quod suspicaretur Metamorphosi mutatum in aliud quiddam, iuxta uulgi stultitiam, qua creditum est ma-
22 gicis artibus homines uerti in aues(aut)in genios.

Iussit eos duci.) ἐκέλευσεν ἀπαχθῆναι. Parum liquet an Lucas Romano more dixerit duci eos, qui ducuntur ad supplicium, an abduci à sese in carcerem.

Erat autem iratus Tyrijs.) θυμομαχῶν. Quod Laurentius uertendum putat, Irate siue acerbe pugnans. Quanquam hic homini non assentior, nam dictio Græca composita est ex θυμὸς animus, & μάχεσθαι pugnare. Quod nondum indixisset bellum, sed iam animo bellum agitaret, ni placassent iratum. θυμομαχεῖν

Eo quod alerentur regiones eorũ ab illo.) διὰ τὸ τρέφεσθαι αὐτῶν τὴν χώραν ἀπὸ τῆς βασιλικῆς, 16-27: illorum
27 id est, Eo quod ipsorum regio aleretur à regia, ut subaudias annona(pecunia)aut alimonia,
27 (siue hoc intelligendum est de commercio Iudaicæ gentis siue de salario.)

22 Dei uoces.) φωνὴ θεοῦ, id est, Vox dei.(Interpres legisse uidetur φωναί. Cum in Græcis codicibus constanter habeatur φωνὴ ultima graui, tamen quidam contendit legendũ φωνῇ ultima circumflexa, & interpretatur dei uocẽ, qua deo acclamamus nõ homini. Imò quum Lucas memoret eum fuisse concionatũ, rectius est, ut per adulationẽ acclamarint uocem non hominẽ sonare, sed deum. Quemadmodũ apud Vergilium Aeneas ex uoce agnoscit
27 Venerem.)(In hanc certe sententiã narrat Iosephus, & interpretatur Chrysostomus.) Calumnia cuiusdam improbi depulsa

C Honorem

[• 27: inijciebat. Quis fuerit hic Herodes tam est varia scriptorum opinio, ut non existimem operaepretium annotationes his onerare difficultatibus. Quia

Honorem deo.) δόξαν, id eſt, Gloriam.
Et conſumptus à uermibus.) καὶ γενόμενος σκωληκόβρωτος, id eſt, Obnoxius factus morbo, quo qui laborant, exeduntur à uermibus. Opinor eundem eſſe quem medici pedicula-
*16: Simon qui…) forms last entry of cap XII — rem uocant, quo periit & Lucius Sylla, certe ibi non felix.
Reuerſi ſunt ab Hieroſolymis.) εἰς ἱερουσαλὴμ, id eſt, In Hieruſalem. Ita legũt Græci. Ve
rum haud ſcio an perperam‹Tametſi conſentit æditio Aldina.› 22

EX CAPITE DECIMOTERTIO.

[Niger græce* 16-27: cognominatus est] — SImon qui uocabatur Niger.) Mirum eſt Latinam uocẽ ab Euangeliſta eſſe
poſitam{etiã forma Latina. Nam eiuſmodi nomina apud nos in er deſinen- 19
tia deflectere ſolent in ρος. Ad hæc pro Simon in nõnullis exẽplaribus Græ
corum ſcriptum erat Simeon, uoce triſyllaba.}
‹22: nos [σύντροφος collactaneus — Collactaneus.) σύντροφος, id eſt, Simul cum eo educatus‹quanquam ſci 22
remus collactaneum legi apud iureconſultos dig. nouo Titul. de manumiſsis uindicta ex
↓› Vlpia. leg. §. Collactaneus.›
{Miniſtrantibus autem illis.) λειτουργούντων. Quod proprium eſt operantium ſacris}‹Nul 19.27
lum autem ſacrificium deo gratius, quàm impartiri doctrinam euangelicam.)
**16: Assumpsi.) follows Venerunt Pergen Pamphyliae) p 303 — Segregate mihi Saulũ.) Interpres omiſit δή, ἀφορίσατε δή μοι, id eſt, Separate iã mihi.
** Aſſumpſi.) προσκέκλημαι, id eſt, Aduocaui, ſiue accerſiui.
{Abierunt Seleuciam.) Si regionẽ accipias, rectius erat, In Seleuciam. Sin ciuitatẽ eius 19
[22: in Cilicia — nominis}ſic à Seleuco dictam, recte loquutus eſt}‹Eſt autem duplex Seleucia, una in pro- 27
montorio[cœles] Syriæ quæ Syria dicitur Antiochia, altera in Piſidia: de priore hic loquit.) 35
Salamis in Cypro — {Et cum ueniſſent Salaminam.) Græce, γενόμενοι ἐν σαλαμῖνι, Cum eſſent Salamine. Ea 19
eſt ciuitas Cypri poſt dicta Conſtãtia, autore Hieronymo, quam Iudæi funditus demoliti
ſunt Traiani principis temporibus, extinctis omnibus accolis.
Paphus in Cypro — Vſque ad Paphum.) Ea eſt ciuitas Cypri quondã ſacra Veneri. Vt autẽ Salamis extre
ma eſt Cypri ad Orientem, ita Paphus extrema eſt ad Occidentem, ut intelligas totã inſu-
lam peragratã. Hieronymus refert eam olim nobilem, ſuis temporibus frequẽti terræmotu
ſic collapſam fuiſſe, ut ueſtigiis duntaxat quid aliquando fuiſſet oſtenderet.}
Barieu — Barieu.) Græci legũt βαριησοῦ, quod ſonat filium Ieſu‹dictione tamen compoſita.›Vt 27
appareat quod ſuperius adiectum eſt, ᾧ ὄνομα non fuiſſe ſcriptum à Luca, quæ uox expli-
cuerit{no}ipſius hominis nomen, ſed patris duntaxat, ipſius nomen paulo poſt adiecit. Ve 19
16: At — rum cur addidit μεθερμηνεύεται, ueluti translatum indicãs? Aut quò refertur hæc interpre
tatio? Ad Barieſum? non poteſt, cum illud ſonet filium Ieſu, aut certe filium Ieu, Elymas
idem ſit quod faciens præuaricari, ſiue ut Lyranus interpretatur menſura dei mei, ſiue dei
mei cenſus. Nam אֵלִי deus meus, מַשׁ cenſus, unde ſunt qui miſſam pro ſacrificio Chriſtianorum deductã putant‹mihi non ſit uериſimile›An ad linguam diuerſam? Iudæus erat, 22
& Elymas neque Græcum eſt, neque Latinum. Quur igitur dicit interpretari Elymas? niſi
forte Barieſu dictus ſit à parentibus, deinde ob uitæ merita commutatũ ſit illi nomen Ely-
↓C — mas.‹Beda indicat hanc uocem Bariehu ſeu Bariem corrupte ſcribi pro Barieu, Suſpicatur 27
autem ſcripturam corruptam hac occaſione, quod βαριηῦ ſi ſuperponas uirgulam abbre
uiationis notam, ſignificat idem quod βαριησοῦ, plene ſcriptum. Nõ patitur autem hoc ſan
ctum nomen imponi mago. Quaſi magus ille prior non habuerit nomen cum Petro apoſtolo commune, dictus Simon.
Reſiſtebat autem illi.) Græci legunt illis, ut referatur ad Barnabam & Paulum. Nam il
li refertur ad uerbum dei.)
Saulus autẽ qui & Paulus.) Laurentius hoc loco litigat de nomine Pauli, de quo non
nihil attingemus cum ad Paulinas epiſtolas uentum erit. Qui Laurentiana uolet cognoſcere, ex ipſius petat libris‹Certe ante hac perpetuo dictus eſt Saulus. Hic primum admo- 22
nuit de Pauli uocabulo.›
Fallacia — Et omni fallacia.) ῥᾳδιουργίας. Dolum ante dixit, hic magis addendum erat diuerſum
19 only {ῥᾳδιουργία — quiddam. Et Græca uox ſignificat propenſionem ad quoduis facinus}patrandum, à ῥᾳδίου 19
facile, & ἐργάζομαι operor. Licet Heſychius uocem exiſtimet eſſe polyſemon, ſignificare
eandem πλαστογράφον, ταχυγράφον, πονηρόν, μηχανουργόν, πολυμήχανον, id eſt, Falſo aut etiam
celeriter

› 22 only: Collactaneus, tamen quoniam hic non videbatur satis appositum rei, nec Latina vox satis respondere Graecae periphrasi sensum explicavimus. Ministrantibus.

C 22 only: Elymas. In glossa ordinaria Beda, ni fallor, indicat hanc vocem Bariehu corrupte scribi. Hoc quod sibi velit non satis intelligo. Saulus

celeriter scribentem, uersutum, artificem, uersipellem. Nec est proprie Subuertere, sed διαστρέφων, id est inuertere, deprauare, ex rectis facere flexuosa.}

Qui ei manum darent.) χειραγωγοὺς, id est, Manuductores, ut uerbum uerbo reddam, siue qui se manu ducerent.

22 ⟨Paulus & qui cum eo erant.) οἱ περὶ τὸν παῦλον. Ad uerbũ sonat, qui circa Paulũ erant, sed iuxta sermonis Græci proprietatẽ, sonat Paulus. Verũ ne abiret incomitatus, interpres

27 utrunq; sensum reddit, Paulus & qui cum eo erãt⟩ (Arbitror enim hic eadem figura dictum οἱ περὶ τὸν παῦλον, qua Græci dicunt, οἱ ἀμφὶ τὸν πλάτωνα, Platonem ipsum sentientes.)

Venerunt Pergen Pamphyliæ.) Prouinciæ nomen adiecit non ob discretionem, cum non sit nisi una Perge, sed quod oppidi uocabulum non perinde notum esset omnibus ut prouinciæ. At paulo inferius discernendi causa apposuit prouinciæ nomen, Antiochiam Perge

27 Pisidiæ, quod duæ sint Antiochiæ. (Altera Syriæ Cœles (autore Hieronymo) in qua Barnabas & Paulus apostoli sunt ordinati. altera Pisidiæ, in qua prædicarunt.) 16: Assumpsi.) from

19 {Pertranseuntes Pergen uenerunt Antiochiam.) Græca nonnihil dissident, αὐτοὶ δὲ διελθόντες ἀπὸ τῆς πέργης παρεγένοντο εἰς ἀντιόχειαν, At ipsi cum peragrassent relicta Perga, uenerunt Antiochiam. Siquidem ipsi, discernit illos ab Ioanne, qui recta reuersus est Hierosolymam, cum ipsi peragratis, quæ in medio erant, oppidis peruenerint Antiochiam.} p302 placed here

Et manu silentium indicens.) καὶ κατασείσας τῇ χειρί. Idem hoc loco participium est, quod Interpres audet de suo addere

27 superius uerterat, Annuens manu. Sonat autem mota manu (Nam hoc gestu olim uerba facturi pro concione, silentiũ exigebant. Persius. Fecisse silẽtia turbæ Maiestate manus.)

Plebis Israel.) τοῦ λαοῦ τούτου, id est, Populi huius.

Mores eorũ sustinuit.) ἐτροποφόρησεν αὐτοὺς. Græcis unica dictio est conflata è duabus τροποφορεῖν, quod est ferre ac tolerare mores alicuius.

Quasi post &c.) Græca nõnihil dissident à nostris, καὶ μετὰ ταῦτα ὡς ἔτεσι τετρακοσίοις καὶ πεντήκοντα, ἔδωκε κριτὰς, id est, Et post hæc annis circiter quadringentis & quinquaginta.

Eduxit Israel saluatorem.) ἤγαγε τῷ ἰσραὴλ σωτηρίαν, id est, Adduxit Israeli salutem. Est

35 autẽ Israel hoc loco dandi casus [Interpres legisse uidetur σωτῆρα siue σωτήριον.] 16-19: saluatorem

Iesum.) Iesum non additur apud Græcos in nonnullis exemplaribus, sed tantũ serua- Iesum pro

19 torem. Et fortasse nondum erat tempus explicãdi nominis {apud eius sermonis admodum seruatorem rudes. Etiamsi mihi probabile uidetur apud Græcos ortũ hunc scripturæ errorem, ex illorũ notulis. Fortassis enim ex σρα ιυ parum attentus scriba aut lusciosus etiam, fecit σωτηρίαν.} 19: abbreviaturis

22 ⟨Hoc, utcunq; habet, certe Chrysostomus interpres nõ addit, legens in hunc modum, τούτου ὁ θεὸς ἀπὸ σπέρματος κατ᾽ ἐπαγγελίαν ἤγειρε τῷ ἰσραὴλ σωτῆρα, προκηρύξαντος ἰωάννου.⟩

Prædicante Ioanne.) προκηρύξαντος ἰωάννου, id est, Vt ante prædicarat Ioannes.

Quem me arbitramini esse, non sum.) Aut Lucas abusus est τίνα pro ὃν, aut secus est distinguendũ, Quem me arbitramini esse? ut hic sit interrogatio. Deinde respõdeat, Non

27 sum ego ille. Nam Græcis est τίνα με ὑπονοεῖτε; (Admonet & glossa quam uocãt ordinariã Quem me esse dicitis, per interrogationem legi posse.)

19 {Et q in uobis timẽt.) Mire miscuit duas psonas, ita ut separari nõ queãt, uobis & timẽt.}

27 (Vt interficeret eũ.) Potest accipi ut Pilatus occideret eũ, Nã Græcus sermo anceps est.) 27: occiderent

Adimpleuit filijs uestris.) τοῖς τέκνοις αὐτῶν, id est, Filijs illorum, nempe patrum.

Sicut in psalmo secũdo scriptũ est.) Quidã codices habebãt in psalmo secũdo, quidam Secundus

19 in psalmo, omisso numero. At Hieronymus {hunc edisserẽs psalmũ} palàm testatur in actis psalmus p hunc psalmum, qui apud nos secũdus est, primi titulo citari. Et hinc sumit argumentũ: aut primo 16: sumunt primum illũ: Beatus uir, præfationis additũ uice, aut illum & proximũ, Quare fremuerũt,

19 eundem esse psalmũ {Idem prodit fermè Hilarius, illud ingenue testatus, hunc primũ citari à Paulo. Quin & diuus Augustinus in commẽtarijs indicat hunc potius esse unum quàm primum} Proinde nos his autoribus germanam restituimus scripturam.

Voluntati dei.) τῇ βουλῇ, id est, Cõsilio dei. Sẽsus apud Græcos nõnihil habet ambigui, Sensus δαβὶδ μὲν γὰρ ἰδίᾳ γενεᾷ ὑπηρετήσας, τῇ τοῦ θεοῦ βουλῇ ἐκοιμήθη, id est, Nam Dauid quidem, cum anceps suæ generationi ministrasset, dei consilio dormiuit, Vt accipiamus Dauid non uixisse, nisi suam ætatem, & rebus bene gestis obdormisse cum cæteris, cæterum Christum esse immortalem. Interpres legit ἰδίᾳ γενεᾷ, subaudiens præpositionem ἐν, & ὑπηρετήσας, refert

ad conſilium, ſiue ut ille uertit Voluntatem dei. Mihi prior lectio uidetur ſyncerior.
{Quod dictũ eſt in prophetis.) Abuſus eſt numero pro numero, cum ſit apud Abakuk 19
Numeri capite primo. Hoc quoque Paulus adduxit iuxta æditionem Septuaginta. Siquidem Hie-
ἱστόρωσις ronymus iuxta ueritatem Hebraicã ita uertit, Aſpicite in gẽtibus & uidete & admiramini
& obſtupeſcite, quia opus factũ eſt in diebus ueſtris, quod nemo credet cum narrabitur.}
Et diſperdimini.) ἀφανίσθητε, id eſt, Euaneſcite. {Eſt enim ita tolli è medio ut nuſquam 19
appareat, Pro quo Hieronymus uertit obſtupeſcite.}

Exeuntibus autẽ illis.) Et hoc loco nonnihil diſsident Græca, ἐξιόντων δὲ ἐκ τῆς συναγωγῆς τῶν ἰουδαίων, παρεκάλουν τὰ ἔθνη εἰς τὸ μεταξὺ σάββατον λαληθῆναι, id eſt, Egreſsis è ſynagoga Iudæis, rogabant gentes, ut ſequẽti ſabbato loquerẽtur. Quidam addunt αὐτοῖς τὰ ῥήματα,
id eſt, Sibi uerba. [Quanquam ſermo Græcus habet ambiguitatem, poteſt enim utrunlibet 35
accipi, Iudæos egreſſos è cœtu, & apoſtolos egreſſos è cœtu Iudæorum.]

Et colentium deum.) σεβομένων, id eſt, Religioſorum.

[προσηλύτοι] Aduenarum.) προσηλύτων, id eſt, Proſelytorum. Sic enim aliquoties uertit.

Contradicebãt ijs quæ dicebãtur à Paulo blaſphemãtes.) Græci adijciũt uerbũ unum, haud ſcio an recte, ἀντιλέγοντες καὶ βλασφημοῦντες, id eſt, Contradicẽtes & blaſphemantes.

Conſtanter.) παῤῥησιασάμενοι, id eſt, Sumpta fiducia ſiue audacia.

Præordinati.) τεταγμένοι, id eſt, Ordinati ad uitam.

Diſſeminabatur autem uerbum.) διεφέρετο, id eſt, Differebatur, diſpergebatur. {Appa- 19
ret interpretem legiſſe διεσπείρετο.}

Mulieres religioſas.) σεβομένας. Idem participiũ quod modo uerterat, Colentes deum, uarietatis affectator.

Et honeſtas.) καὶ εὐσχήμονας. Quod ad cultum habitumq́ corporis decorum ac probis dignum pertinet.

19-27: margin Iconia duo

## EX CAPITE DECIMOQVARTO.

Actum eſt autem in Iconio.) Cum Iconium ciuitatis ſit nomen non regionis, Iconij dicendum erat, non in Iconio. (Iconij habebat exemplar Conſtan- 27
tienſe) Sunt autẽ duæ huius nominis, altera Lycaoniæ {ad montem Taurum,} 19
16: qua altera Ciliciæ. De {priore, ni fallor} hic loquitur. 19
(Suſcitauerunt & ad iracundiam concitauerunt.) ἐπήγειραν καὶ ἐκάκωσαν, 27
id eſt, Concitauerunt & corruperunt, Nam afflixerunt hic non congruebat.)

[ὑβρίσαι uim facere] Contumelijs afficerent.) ὑβρίσαι. Potius eſt hoc loco, ut uim facerent. Neque enim uſque adeo timebant contumelias. Deinde quod ſequitur de lapidando, uelut interpretatur ſuperius uerbum, ὑβρίσαι.

Intelligentes fugerunt ad ciuitates Lycaoniæ.) συνιδόντες. Aptius erat, Re intellecta, ſiue Quod cum animaduertiſſent.

[Latini codices plus habent] Et uniuerſam in circuitu regionem.) καὶ τὴν περίχωρον, id eſt, Et in circumiacentem regionem. Quorſum autem hic attinebat addere uniuerſam? (Hoc loco Latini codices plus 22
habent, quàm Græci. Nimirum hæc, Et commota eſt omnis multitudo in doctrina eorum, Paulus autem & Barnabas morabãtur Lyſtris. Quæ uerba Beda, ni fallor, in gloſſa quam uocant ordinariam, fatetur in nonnullis Latinorũ codicibus non haberi, & certe in eo contextu, non habentur. Nec hæc attingit Lyranus, cum ſcribat commentarium perpetuum. Cæterum in æditione cui ſunt adiecti commẽtarij Carrenſis, adiectum uidemus in ſpacio marginali: Aliâs non habet, ſed eſt in Græco. Ne Chryſoſtomus quidem diligenter enarrans hunc locum, quicquam horum uerborum attingit. Quin etiam paulo ſuperius, poſt hæc uerba, Et uniuerſam in circuitu regionem, Beda notat in Græcis codicibus plus eſſe, Deus autem pacem fecit, quod in noſtris aliquot non habeatur. Cum hodie nec in Græcis, nec in Latinis haberi uideamus. Ac ne Chryſoſtomus quidem attingit quod indicauimus deeſſe, Surge ſuper pedes tuos rectus. Et hic Beda in gloſſa quam uocant ordinariam, indicat in Græcis libris ſecus haberi. Nimirum hunc in modum, Dixit magna uoce, tibi dico in nomine domini noſtri Ieſu Chriſti, ſurge ſuper pedes tuos rectus. Ac fieri poteſt, ut tale quippiam repertũ ſit in aliquo Græco codice, cum mire uarient in actis. Certe in his quos
ego uiderim nihil hic diſcrepat à noſtra lectione. (Poſt additum comperi in æditione Hiſpa- 27
nienſi

nienſi, σοι λέγω ἐν τῷ ὀνόματι τοῦ κυρίου ἰησοῦ χριστοῦ. In Aldina non addebatur.

Lyſtra.) Ciuitas Lycaoniæ, quemadmodum & Derbe, ut tradit Hieronymus.)

Dij ſimiles facti hoib.) ὁμοιωθέντες, Adſimilati, ut ita loquar, hoc eſt, dij ſpecie humana.

Ante ianuas. ἐπὶ τοὺς πυλῶνας, id eſt, Ad fores ſiue ad ueſtibula.

Cum populis.) σὺν τοῖς ὄχλοις, id eſt, Cum turbis.

19 {Volebat ſacrificare.) Nonnulli codices habebant ἤθελον, uolebant, quod dictum ſit Cum turbis, nonnulli ἤθελε uolebat. Id tamen nihil refert ad ſententiam.}

Exilierunt in turbas.) εἰσεπήδησαν, id eſt, Inſilierunt in turbam. eſt enim ὄχλον.

Mortales ſumus ſimiles uobis.) καὶ ἡμεῖς ὁμοιοπαθεῖς ἐσμὲν, id eſt, Et nos ijſdem obnoxij

22.19 ſumus paſsionibus (ſiue malis) homines. Neque enim hoc ad mortem tantum pertinet {ſed ad omnia quæ poſſunt homini accidere.}

Omnes gentes ingredi uias ſuas. ταῖς ὁδοῖς αὐτῶν, id eſt, Vijs ſuis. Nam ingredi poſuit pro uiuere, & uiam pro ratione uitæ.

Non ſine teſtimonio.) Græce eſt, ἀμάρτυρον, dictione compoſita, id eſt, Non expertem teſtium, ſiue teſtimonij. Et pro εἴασε Laurētius mauult permiſit. Ego malim. Nō paſſus eſt 16-19: testatus est

22 eſſe ſe expertē teſtimonij, hoc eſt, aliquo modo teſtatam eſſe (uoluit) & illis ſuā diuinitatem.

19 {Ne ſibi immolarent.) Sub hæc uerba nonnulli Græcorum codices hic addebant, ἀλλὰ πορεύεσθαι ἕκαστον εἰς τὰ ἴδια. διατριβόντων δὲ αὐτῶν καὶ διδασκόντων, id eſt, Sed iret quiſq; ad ſua. Cæterum cum illic uerſarentur, ac docerent, ſuperuenerunt &c. *In græcis plus eſt quàm in noſtris*

Et perſuaſis turbis.) καὶ πείσαντες τοὺς ὄχλους, καὶ λιθάσαντες τὸν παῦλον, id eſt, Et perſuaſis turbis, ac lapidato Paulo. Verum pro his longe ſecus habebatur in nonnullis Græcorum exemplaribus, καὶ διαλεγομένων αὐτῶν παῤῥησίᾳ, ἀνέπεισαν τοὺς ὄχλους ἀποστῆναι αὐτῶν, λέγοντες ὅτι οὐδὲν ἀληθὲς λέγουσιν, ἀλλὰ πάντα ψεύδονται, id eſt, Et cum illi fortiter diſputarent, perſuaſerunt turbis, ut deſciſcerent ab eis, dicentes, quod nihil ueri dicerent, ſed omnia mentirentur.} *Mire Græci diſſentiunt à noſtris*

Et cum conſtituiſſent illis.) χειροτονήσαντες, Creatis ſiue delectis illis presbyteris, ut intelligamus ſuffragijs delectos. Quanquam ſuperius nonnihil abuſus eſt eo uerbo.

Loquentes uerbum domini in Pergen.) λαλήσαντες ἐν πέργῃ τὸν λόγον, id eſt, Locuti 19-27: margin: Attalia in Pamphylia

27 Pergæ ſermonem, nec additum eſt domini. (Articulus indicat, quem ſermonem dicerent.) Ac mox,

27 Deſcenderunt in Italiam.) Græci legunt, εἰς ἀττάλειαν, id eſt, Attaliam (Quidā uetuſtus codex habebat Mattaliam pro Attalia) Ea ciuitas eſt Pamphiliæ maritima, autore Hiero- *Deprauatio manifeſta in noſtris*

19 nymo. Nam {Stephanus eam ponit in Lydia. Siquidem} procul aberant ab Italia.

Morati ſunt autem tempus.) Græcis additur ἐκεῖ, Commorati ſunt illic tempus.

EX CAPITE DECIMOQVINTO.

FActa autem ſeditione non minima.) Græcis pro una duæ ſunt dictiones, στάσεως καὶ συζητήσεως, id eſt, Seditione & diſceptatione. Alioqui non quadrat quod ſequitur, Cum Paulo & Barnaba. Nec eſt Non minima, ſed οὐκ ὀλίγης, id eſt, Non exigua.

Et quidā alij ex alijs.) Pro ex alijs, Græci legunt ἐξ αὐτῶν, id eſt, Ex eis. * 16-19: entries reversed

* Pertranſibant Phœnicem.) Phœnicen legendum eſt per n, à φοινίκη, hoc eſt, Phœnice Phœnices, non à phœnix.

* Ab apoſtolis & ſenioribus. Pluribus uerbis agit hoc loco Laurentius, quoties dignitas ſignificatur, Græca uoce fuiſſe utendum presbyteri. Sic enim olim uocabantur epiſcopi, teſte non uno in loco diuo Hieronymo. Quoties ætas indicatur, Latine dicendum erat *Seniores honoris uocabulū*

22 ſeniores. Nunc (interpres) ſuo arbitratu, ne dicam abſque delectu, modo presbyteros uocat modo ſeniores.

Et qui nouit corda.) Rurſus eſt dictio compoſita καρδιογνώστης, id eſt, Cordis cognitor.

Fide purificās.) καθαρίσας. Præteriti temporis, id eſt, Cum fide purificauerit corda eorum. Agit enim de ijs qui iam crediderant.

Simon narrauit quemadmodū.) συμεὼν, Symeon. Haud ſcio utrū errore perperam ſcri *Simon Symeon idem*

22 ptum, an quod nihil interſit inter Simonē & Symeonem: niſi quod (forte) Symeon Hebraice dicitur, Græce inflexa uoce Simon, ut à Saul Saulus (Sic enim diuinat Valla.)

22

Et dirupta eius.) κατεσκαμμένα, id est diruta. atque ita legitur & in Latinis emendatio-
Dirupta, pro diruta
ribus. Cæterum testimonium quod adducit est Amos capite nono. quanquam Iacobus ita
adducit sensum uaticinij, ut nec Septuaginta sit usus uerbis, nec ad Hebræorum lectionem
Iacobus prophetiā non adducit ad uerbum
per omnia responderit. Siquidem Hebræa sic habent {interprete} Hieronymo: In die illa su- 19
scitabo tabernaculum Dauid quod cecidit, & reædificabo aperturas murorum eius, & ea
quæ corruerant instaurabo, & reædificabo illud sicut in diebus antiquis, ut possideant reliquias Idumeæ, & omnes nationes, eo quod inuocatum sit nomen meum super eos, dicit
dominus faciens hæc. Porrò iuxta æditionem Septuaginta legimus ad hunc modum. ⟨ἐν 22
τῇ ἡμέρᾳ ἐκείνῃ ἀναστήσω τὴν σκηνὴν Δαβίδ, τὴν πεπτωκυῖαν, καὶ ἀνοικοδομήσω τὰ πεπτωκότα
αὐτῆς, καὶ κατεσκαμμένα αὐτῆς ἀναστήσω, καὶ ἀνοικοδομήσω αὐτὴν καθὼς αἱ ἡμέραι τοῦ αἰῶνος, ὅπως
ἐκζητήσωσί με οἱ κατάλοιποι τῶν ἀνθρώπων, καὶ πάντα τὰ ἔθνη, ἐφ' οὓς ἐπικέκληται τὸ ὄνομά μου, λέγει κύριος ὁ ποιῶν πάντα ταῦτα. id est⟩ In die illo suscitabo tabernaculum Dauid quod ceci-
derat, & reædificabo ea quæ corruerant, & quæ suffossa sunt suscitabo, & instaurabo ea sicut dies antiquos, ut quærāt me reliqui hominum, & omnes gentes super quas inuocatum
Deprauatio manifesta in nostris
est nomen meum, dicit dominus faciens hæc omnia. Primum, pro In die illo, posuit Et post
hæc ⟨ac reuertar addidit de suo⟩ Cæterum in hoc, Vt quærant me reliqui hominum: Septua- 22
ginta sequutus est, non Hebræorum libros. Denique quòd nos suffossa citauimus, in uulgatis exemplaribus est Suffusa, sed mendose. Respondet enim illi Græco, κατεσκαμμένα, à κα-
τασκάπτειν, quod est suffossione demoliri.

⟨Super quas inuocatum est nomen meum.) Interpres rectè omisit, ἐπ' αὐτοὺς: quod addi- 22
tum est ex idiomate sermonis Hebraici, quum tamen non addatur apud Septuaginta.⟩

Notum à seculo.) Græce est γνωστὰ, numero multitudinis, id est Nota sunt deo opera
sua. & additur, πάντα, id est omnia.

Ego iudico.) ἐγὼ κρίνω. accommodatius erat, Ego censeo: deinde, Non inquietari: quod
Græcis est μὴ παρενοχλεῖν, rectius uertisset, non obturbandum esse: siue, non addendū molestiam. Id enim sonat παρὰ præpositio.

A temporibus antiquis.) ἐκ γενεῶν, id est à generationibus antiquis, si uoluisset ad uerbum reddere. Iam admonuimus aliquoties, γενεὰν, pro ætate poni.

Viros primos in fratribus.) ἄνδρας ἡγουμένους, id est præcedentes siue præminentes: hoc
est primarios, magis quàm primos.

Antiochiæ & Syriæ & Ciliciæ.) κατὰ τὴν Ἀντιόχειαν καὶ Συρίαν καὶ Κιλικίαν. Opinor hic
Antiochiam regionem esse non ciuitatem, {quod iungatur Syriæ & Ciliciæ, quæ sunt utique 35
regiones.} Vnde addenda erat præpositio, Qui sunt in Antiochia & Syria & Cilicia. Interpres neque Græca reddidit, neque Latinitatis habuit rationem. {Nam ut reperiatur alicubi 35
Vixit Galliæ, pro in Gallia, certe inusitatus ac durus sermo est.}

(Quibus non mandauimus,) Ante hæc uerba Græci codices addunt, λέγοντες περιτέμνε- 27
σθαι καὶ τηρεῖν τὸν νόμον. id est, iubentes uos circumcidi & seruare legem. Indicauit hoc Beda.)

Collectis in unum.) γενομένοις ὁμοθυμαδὸν, id est consentientibus siue communi consensu animorum.

Ab immolatis simulacrorum.) τῶν εἰδωλοθύτων, id est ab ijs quæ immolantur simulacris.
Immolaticia
{Suspicor interpretem scripsisse Ab immolatitijs simulacrorum} {Nam hoc uerbo frequen- 19.22
ter utitur Ambrosius} (Hunc locum quum aliquoties referat Irenæus, tamen non meminit 27
suffocatorum, sed tantum idolothytorum sanguinis & fornicationis.)

Verbo plurimo.) διὰ λόγου πολλοῦ, id est sermone multo (aut multis uerbis) Quid autem 27
est Verbo plurimo: aut quid attinebat positiuum nomen uertere in superlatiuum?

Consolati sunt fratres & confirmauerunt.) καὶ ἐπεστήριξαν, hoc est addiderunt confirmationem, iam confirmatis ipsa epistola: ea uis est præpositionis ἐπί.

Ad eos qui miserant illos.) πρὸς τοὺς ἀποστόλους, id est ad apostolos. Apparet interpretem legisse, πρὸς τοὺς ἀποστείλαντας.

Manere ibi.) ἐπιμεῖναι αὐτοῦ, id est permanere ibidem. Cæterum post hæc uerba, quod sequitur in nostris exemplaribus, Iudas autem solus abijt Hierusalem: apud Græcos non reperio. imò ne hæc ipsa quidem, Visum est autem Silæ manere ibi, reperi, nisi in uno dūtaxat codice, eaque adiecta in margine. Verum id librariorum errore factum uideri potest.

Barnabas

Barnabas autem uolebat.) ἐβουλεύσατο, id est consulebat siue cogitabat. Interpres legisse uidetur ἐβούλετο.
Paulus autem rogabat.) Videtur interpres mitigare uoluisse dissidij suspicionem, nam Interpres mi-
Græce est ἠξίου, id est censebat aut æquum iudicabat. Nec est simpliciter Discessisset, sed tigat Græca
τὸν ἀποστάντα, id est qui desciuisset siue defecisset, participium eius uerbi, unde dictus ἀποστά-
της, desertor siue defector. 16-27: inter eos
Facta est autem [dissensio.) Rursum studuit mitigare Græcam uocem, quæ est παροξυσ- παροξυσμός
μός, quæ plus significat quàm dissensionem, à παροξύνω, irito, prouoco, exacerbo. Signifi-
19 cat igitur illos usque ad cõmotionem hac in re dissensisse, & adeo ut diuellerentur. {Apostoli
erant, sed tamẽ homines erant} Origenes ingenue fatetur inter optimos quoque uiros, huius- 16-22: in
modi incidere dissidia, dum in suo quisque sensu abũdat: quæ tamẽ non procedãt eò, ut Chri- 19-27: margin:
19 stiana scindatur charitas {aut Christi religio labefactetur} Porrò stultum est, consentiẽtibus Dissensio inter
exemplaribus Græcis, ad eum modum mederi uelle incõmodo. Nos uertimus, Tam acris Paulum + Barnabam
autem fuit inter eos disceptatio.
27 (Præcipiens custodire præcepta apostolorum & seniorum.) Hæc uerba in Græcorum codicibus non inuenio. Videntur huc translata ex capite quod proxime sequitur, Tradebant
eis custodire dogmata.) margin: 19-27:

EX CAPITE XVI Vidua pro Judaea

Filius mulieris uiduæ fidelis.) Apud Græcos ita legimus, υἱὸς γυναικός τινος Deprauatio
ἰουδαίας πιστῆς, id est filius mulieris cuiusdam Iudææ fidelis. Et ad hanc lectio- manifesta in
nem respondet, id quod sequitur, patre uero gentili. Nam gentilem patrem nostris
opponit Iudææ matri. At scriptor parum attẽtus ex Iudæa, uiduã fecit trans-
22 positis literis aliquot. {Atque adeo in nonnullis libris scriptũ fuisse Iudææ, sub-
monuit & Rabanus in glossa, quam uocant ordinariam} Nec rursum est gentilis hic ἐθνικὸς
sed ἕλλην, id est Græcus, quam uocem uarie uertit interpres, nunc Græcum nunc gentilem.
Dogmata, quæ erant decreta.) κεκριμένα, id est iudicata, recte uertit in decreta. Cæterum
dogmata Græca uox est, significans & ipsa decreta siue placita, non doctrinam ut uulgus
existimat. Interpres aliâs decretum uertit δόγμα, aliâs edictum.
19-27 {Loqui uerbum in Asia.) Asiam eam sentit non quæ (generali uerbo) dicitur minor, undi- Asia minor
que mari cincta, præter eam partem qua spectat orientem, quæque complectitur Phrygiam,
Pamphyliam, Lycaoniam, Ciliciam, Galatiam, aliasque nõnullas. Sed qua finitima est Ephe-
27 so (nam hæc propriè) minor Asia dicitur, (de qua hic uidetur sentire.) 19-22: maxime
Descenderunt Troadem.) Nam ea ciuitas est Asiæ maritima, dicta eadem Antigonia.} Troas
* Recto cursu uenimus.) Vnum uerbum Græcum tribus Latinis est circumloquutus, εὐ- Samothrace
θυδρομήσαμεν, id est recto cursu contendimus. Cursus enim & nauigãtium proprie dicitur. εὐθυδρομεῖν
19 * {Venimus Samothracen.) Ea est insula in sinu Pacusiaco, è regione Thraciæ, nomine * 19-22
composito ex Samijs & Thracibus.} entries reversed
22 Neapolin.) Non est ea quam nunc in Italia tenent Hispani, sed altera Cariæ in Asia. {De Neapolis
27 hac sensisse uidetur Hieronymus colligens nomina locorum in Actis apostolicis, (sed falsus 16-19: occupant
27 opinor) Sunt qui malint Neapolin esse Thraciæ (siue Macedoniæ iuxta Ptolemæum, non
19 procul à Philippis. Et hæc opinio probabilior est) nam sunt huius nominis complures} Phi- Philippi
lippi ciuitas est in prima parte Macedoniæ.}
** Ciuitas colonia.) κολώνια. Vsurpauit Lucas uocem Latinam, tum ut apparet & Græcis Colonia
usurpatam. Addidit enim coloniam, quod ea ciuitas ab aliunde deductis habitaretur.
22 ** ⟨Diebus aliquot consistentes.) Indicat glossa ordinaria in nonnullis libris fuisse conferen- ** 22-27: entries reversed
tes, pro Consistentes. Nam διατρίβεται, qui commoratur, & διατρίβοντοι, qui conferunt
ac disputant: unde scholasticas disputationes Græci diatribas appellant.⟩ 19-27: margin:
27 (Consistentes.) διατρίβοντες, quod magis sonat commorantes.) Foras portam
Foras portam.) ἔξω τῆς πόλεως, id est è ciuitate: siue omissa præpositione, egressi sumus ci- Solœcismus
19 uitatem. Quod{quæso} sermonis schema est, foras portam? affectatus
Vbi uidebatur oratio esse.) οὗ ἐνομίζετο, id est ubi putabatur futura precatio, aut certe 16: oratio
quod ego malim, ubi solebat esse precatio: quandoquidem νόμος nonnunquam & con- 16: oratio
suetudinem sonat, & νομίζεσθαι solitum esse.

16: purpurii — Lydia purpuraria.) πορφυρόπωλις, id est, Purpurarũ uenditrix, à nomine πορφύρα purpura, & πωλεῖν uendere. Nam purpurarij magis uidentur dici qui colligunt purpuras, hoc est, urinatores, aut qui tingunt. Purpuræ uenditricem interpretatur Hieronymus in dictione Thyatira, quæ dictio multitudinis numero effertur genere neutro, ciuitas est Lydiæ in Asia. Vnde quod dictum est Lydia non uidebatur esse nomen puellæ, sed regionis, nisi additum fuisset nomine Lydia.

Thyatira

Et coegit nos.) καὶ παρεβιάσατο ἡμᾶς. Magis est Adegit nos quàm coegit.

Puella pro ancilla

Puellam quandam.) παιδίσκην, id est, Ancillam quandam, quod mox fiat mentio dominorum, ut intelligamus conditionem explicatam, non ætatem mulieris.

Pytho

Habentem spiritum Pythonem.) πύθωνος legunt Græci, hoc est pythonis. Id erat nomen draconis, quem iaculis suis confecit Apollo, unde & ipse Pythius dictus. Deinde spiritus ille quo afflati prædicebant futura, pytho uocari cœptus est.

16-27: Taedio autem affectus — Dolens autem Paulus.) διαπονηθεὶς, quod aliàs uertit moleste ferre διαπονούμενοι.

16: quo — Magistratibus.) τοῖς στρατηγοῖς, Quod magis sonat primores exercitus. [quum tamen pro magistratu accipiatur, qui olim militum satellitio ministerioque utebatur.] 35

Morem quem non licet.) ἔθη, id est, Mores, sed recte mutauit numerum, quod mores aliud quiddam sonet quàm morem. Dicere poterat, Alias cõsuetudines, siue alia instituta, ut interim ne dicam, quod suo more ἱμάτια uertit tunicas.

(Scissis tunicis eorum.) Græcus anceps est sermo, utrum magistratus lacerarint apostolorum tunicas an suas ipsorum.) 27

Strinxit ligno) ἠσφαλίσατο. Verbum est cognatum aduerbio ἀσφαλῶς, quod modo uertit diligenter, aliàs caute. Significat autem tuto & sine periculo.

16-22: Adorabant — Adorantes, laudabant deum.) προσευχόμενοι ὕμνουν. Cur nõ potius orantes quàm adorantes: {quandoquidẽ προσεύχομαι, utrunque significat, imò precari potius quàm adorare, teste & Augustino} Et laudabãt est ὕμνουν, id est, canebãt & hymnis laudabãt. 19

Introgressus est.) εἰσπηδήσας, id est, Insilijt siue introsilijt, aut irruit, siue irrupit, ut impetum ac celeritatem ingredientis exprimas, quemadmodum Græca uox facit.

Procidit Paulo & Silæ ad pedes) Ad pedes interpres addidit de suo. Græce tantum est, προσέπεσε τῷ παύλῳ. Verum recte addidit interpres uitans amphibologiam.

⟨Et omnis domus eius.) καὶ οἱ αὐτοῦ, id est, Illius familiares siue domestici.⟩ 22

Cum omni domo sua.) πανοικί. Græcum aduerbiũ, tribus circũlocutus est dictionibus. Est autẽ commodius, ut πανοικί referatur ad participium proxime sequens πεπιστευκώς.

16: locutus — Nec est simpliciter Lætatus est, sed ἠγαλλιάσατο, id est, exultauit. Sic enim ferè solitus est uertere.

Lictores — 19 only: margin: ῥαβδοῦχοι

Miserunt magistratus lictores.) ῥαβδούχους, A uirgis gestandis. Nos uiatores uertimus, quod his quoque mos sit gestare uirgas. Nam ij proprie dicuntur per quos magistratus denunciant quid uelint.

Ipsi nos eijciant.) Paulo ante Occulte nos eijciunt, erat ἐκβάλλουσιν, hic diuersum est uerbum ἐξαγαγέτωσαν, id est, educant. Nam illud conueniebat clàm extrudendis, hoc conuenit palàm educendis, non sine satisfactione.

Introierunt ad Lydiam.) Incertum an ad Lydiam mulierem paulo ante conuersam, an in regionem. Verum prior sensus mihi probatur. (Nam Lydia in minore est Asia, moxque peruenitur ad Amphipolim & Apolloniam, quæ minimũ absunt à Philippis. Nec arbitror hic quicquam esse scrupuli, nisi quod præpositio Græca εἰς, nõ perinde uidetur cõgruere personæ, ut πρὸς, nisi Lydiam accipiamus pro domo Lydiæ.) 27

EX CAPITE DECIMOSEPTIMO.

* 16: This entry forms last sentence of CAP XVI

* CAeterum Amphipolis, (de qua hic sentit locus,) & Apollonia ciuitates sunt Macedoniæ, quemadmodum & Thessalonica. {Quanquam est altera Amphipolis in Syria. Apollonia item altera in prouincia Aphricæ, quæ & Pentapolis dicta est.} 27 19

Secundum consuetudinem autem.) Græcus sermo expressius dicit, κατὰ δὲ τὸ εἰωθὸς τῷ παύλῳ, id est, Paulus ut erat illi mos, siue ut solitus erat, siue pro sua consuetudine ingressus est.

Et

16-27: exercitus. Opinor autem hic στρατηγοὺς dici magistratus templi. Sic enim illos vocat alibi. Morem

Et insinuans.) καὶ παρατιθέμενος, hoc est, citans siue allegans. Nec est De scripturis, sed *Insinuans*
27 ἀπὸ τῶν γραφῶν, id est, è scripturis. Hinc enim adducebat testimonia.(Demiror autem quid *pro allegãs*
sequutus interpres hoc loco posuerit insinuans, quum præcedat adaperiẽs. Nam insinuare
est latenter inducere, pugnans cum aperiendi uerbo, nisi forte pro παρατιθέμενος, legit παρεν-
θέμενος, ut Iudæis exposuerit scripturas, sed obiter ubi locus ferret, faceret mentionem
Christi, quam illi laturi non fuerant, nisi deliniti scripturarum expositione.)

Quem ego annuncio uobis.) Cum subito mutata sit persona, cur non & hic addidit, in/
quit: ut in initio huius operis fecit, Quem audistis, inquit, per os meum.

Et de colẽtibus gentilibusq́ꝫ.) τῶν τε σεβομένων ἑλλήνων πολὺ πλῆθος, id est, Religiosorumq́ꝫ *Colẽtes pro*
Græcorũ multitudo magna. Quis intellexisset, colẽtes significare pios ac religiosos: Iam *religiosis*
nõ semel admonui, Græcũ, in literis apostolorũ aliq̃ties pro gente, aliq̃ties, ꝑ ethnico poni.

Zelantes autem Iudæi.) Græci nonnihil hic addunt uerborum ζηλώσαντες οἱ ἀπειθοῦ-
ντες ἰουδαῖοι, καὶ προσλαβόμενοι. id est, Zelo autem commoti, ij qui non credebant Iudæi, & as/
sumptis nonnullis circũforaneis. Nam Græce est ἀγοραίων, quod interpres uertit de uulgo,
Quanquam hoc in loco nonnihil uariabant Græcorum exemplaria.

Et assistentes domui.) Quid audio: Num defensabãt domum Iasonis: Est autem ἐπι- *Aßistentes*
στάντες, id est, Adorti, siue urgentes & imminentes. *pro adorti*

Et quosdã fratres.) Quoties fratres absolute ponit, Christianos intelligit, quos eosdem
22 aliquando discipulos uocat.⟨Hic Beda, qui citatur in glossa ordinaria, notat in Græcis ha/
beri, Et quosdam alios fratres, ex hoc colligens & Iasonem fuisse Christianum. Verum
ἄλλους apud Græcos non repperi.⟩

Hi qui urbem concitant.) Orbem haud dubie legendum, τὴν οἰκουμένην, quod frequen
ter uertit orbem terrarum. Nec est concitant, sed ἀναστατώσαντες, id est, commouerunt,
hoc est, qui rerum statum conturbarunt. Id quod fieri consueuit rebus nouatis. Sensus est,
quod ubique fecerunt, hic quoque facturi adsunt.

Quos suscepit Iason.) ὑποδέδεκται. i. Clanculũ siue furtim excepit, ob præpositionẽ ὑπό.

Contra decreta Cæsaris.) τῶν δογμάτων. Quod paulo ante ut erat Græce extulit dogmata. *Decreta*

Dimiserũt Paulum & Silam.) ἐξέπεμψαν, τόν τε παῦλον τόν τε σίλαν, id est, Emiserũt, tum *δόγματα*
35 Paulum, tum Silam. Ac mox,[Berrhœam scribunt quidam, tametsi Stephanus βέροιαν &
27 βέροιαν appellat, id est, Beroam,]Est autem ciuitas Macedoniæ,(non procul à Pella patria
Alexandri Magni.)

Qui cum uenissent in synagogam Iudæorum introierunt.) Alius est ordo sermonis
apud Græcos, οἵ τινες παραγενόμενοι εἰς τὴν συναγωγὴν ἀπῄεσαν τῶν ἰουδαίων, id est, Qui postea
quàm aduenerant, in Synagogam abierunt Iudæorum. Vt prius referatur ad ciuitatem,
proximum ad conciliabulum. Deinde nobiliores, rectius uertisset in nobilissimos, tametsi
19 uideo Catullum, & Plinium{cumq́ꝫ his Q. Curtium, alicubi}more Græcorum abusos com
paratiuo uice superlatiui, εὐγενέστεροι, id est, summo loco natos inter eos qui erant Thessa/
27 lonicæ(Quanquam Græci sermonis sensus prorsus anceps est, ac magis uidetur hic esse.
Hi autẽ erant generosiores Thessalonicẽsibus, ut generositas ad animum referatur, prom/
ptiorem magisq́ꝫ docilem.)

Cum omni auiditate). προθυμίας, id est, Animi promptitudine, siue libẽter, aut propen
sis animis. Ac mox: Si hæc ita se haberent, εἰ, uertendum erat in an.

Mulierum gentilium.) ἑλληνίδων, id est, Græcarum. Et mox, Honestarũ, est εὐσχημόνων,
quod ut diximus, ad habitus, cultus, & incessus honestatem pertinet.

In Thessalonica Iudæi.) ἀπὸ τῆς θεσσαλονίκης ἰουδαῖοι, id est, Thessalonicenses Iudæi.

Commouentes & turbantes.) σαλεύοντες τοὺς ὄχλους, id est, Commouentes turbas. Tur/
bantes non offendi in Græcis exemplaribus, præterquam in uno codice Græco, idq́ꝫ asscri
22 ptum in margine, σαλεύοντες καὶ ταράσσοντες τοὺς ὄχλους.⟨Opinor adiectum ab eo qui uolue/
rit uocem uoce simili explicare.⟩

Vt iret usque ad mare.) ὡς ἐπὶ τὴν θάλασσαν, id est, Velut ad mare. Interpres legisse ui/
27 detur ἕως ἐπὶ τὴν θάλασσαν.(Incertum est autem an Paulus Athenas peruenerit nauigio an
itinere pedestri. Nisi quod probabilius est eum nauigauisse, uel quia refertur deductus ad
mare, uel quia nulla mentio fit eorum quæ Paulus in itinere gesserit, cui fuerant tot ciuita
tes

[16-27: mox, Beroeam legendum, non Beroam, neque Berœam Est 19-22: Berrhoeam

tes peragrandæ, quum ille non soleat ullam ciuitatem transire tacitus, nisi forte solus & collegis destitutus tacuit.)

Accepto mandato ab eo.) Ab eo, addidit interpres, quo sensus esset explanatior, καὶ λαβόντες ἐντολὴν πρὸς τὸν σίλαν, id est, Cum accepissent mandatum ad Silam.

Vt quàm celeriter.) [Latinius & Græco sermoni congruētius erat, quàm celerrime.] Siquidem Græce est ὡς τάχιστα, id est, quàm celerrime. 35

Paroxysmus — Incitabatur spiritus eius.) παρωξύνετο, id est, Irritabatur [quemadmodū legit Augustinus libro aduersus Cresco. primo cap. 12. Irritabatur spiritu sancto intra se] Idem est uerbum, unde deductum est nomen παροξυσμός, quod paulo ante transtulit dissensionem. Hoc sanè loco melius reddidit. 35

16: vidente — In ipso uidēs.) Græcis est θεωροῦντι, id est, Vidēti siue cū uideret. Paulus em̄ uidebat. deinde uidēti cōmotus est animus. Interpres aut legit, aut certe somniauit, θεωρῶν pro θεωροῦντι.

16-22: deditum — Idololatriæ deditam.) Non male circūlocutus est κατείδωλον, quasi dicas obnoxiam simulacris, quod præpositio κατὰ subiectionem sonet.

19-27: margin: Audierant pro adierant — Colentes — Et colentibus.) τοῖς σεβομένοις, id est, Religiosis, & diuino cultui deditis.

Deprauatio manifesta — Ad eos qui audierāt.) πρὸς τοὺς παρατυγχάνοντας, id est, Ad eos qui forte accedebāt. Palam autem hoc nō interpretis esse uitiū, sed librarij, qui ex adierant fecerit audierant.

16-27: est — Rabani ridiculus lapsus — (Epicurei & Stoici.) Epicurei ab Epicuro, Stoici dicti à Stoa porticu. Rabanus hic annotat. Stoici, inquit, Græce, Latine elementa. Hoc quid sibi uelit planè nō intelligo, nisi quod diuino causam erroris. Quisquis is fuit, habebat Lexicum Græcarū dictionum, male Græcis scriptum literis. στοιχοι asscriptū erat elementa, Is ex χ fecit κ, ita in elementa uersi sunt στοϊκοί, iam facti στοιχοι.) 27

Disserebant cum eo.) συνέβαλον αὐτῷ, id est, Congrediebantur siue committebāt cum eo. Idem uerbum quo significant conserere manus in bello.

Seminiuerbius.) {Pro quo Augustinus citat, seminator uerborum, atque adeo sic scriptū uisitur in nonnullis nostræ æditionis exemplaribus} ὁ σπερμολόγος. Interpres effinxit Græcanicam compositionem. Mirum autē cur id magis libuerit in hac una dictione, quàm in alijs multis. Sed quid tandē significat Latinis seminiuerbius? Fortasse felicius effinxisset, si dixisset uerbisator, pro eo qui nouos rumores spargit in uulgus, {siue seminilegus, pro locutuleio, & ad quæstū quiduis garriente. Hesychius interpretatur σπερμολόγος, ὁ φλύαρος, hoc est, nugator, aut ὁ τὰ σπέρματα συλλέγων, id est, qui semina colligit. Atque hinc auem de genere graculorū dictam fuisse σπερμολόγον. Meminit & Athenæus Dipnosophistarum libro secūdo, sed σπερματολόγος illic scriptū reperio, τέτρακες τε σπερματολόγοι, id est, Tetraces seminum sublectrices. Nam suspicor tetracem, siue tetricem, quando utrunque scriptū reperio, dici auem, quam sentit Athenæus. Meminit idem auis σπερμολόγου libro nono. Vsus est hoc uerbo & Demosthenes in oratione pro Ctesiphonte: Καὶ εἰ μὲν ἡ βουλὴ ἡ ἐξ ἀρείου πάγου τὸ πρᾶγμα αἰσθομένη, καὶ τὴν ὑμετέραν ἄγνοιαν ἐν τῷ δέοντι συμβεβηκυῖαν ἰδοῦσα ἐπεζήτησε τὸν ἄνθρωπον, καὶ συλλαβοῦσα ἐπανήγαγεν ὡς ὑμᾶς, ἐξήρπασ᾽ ἂν ὁ τοιοῦτος, καὶ τὸ δίκην δοῦναι διαδὺς ἐξέπεμπετ᾽ ἂν ὑπὸ τοῦ σπερμολόγου τουτουί. Qui uoculas aliquot ex hoc sublectas interpretatur, ait, hoc conuicium dici solere in hominem nequam, minimique precij & pro nihilo habitum, addubitans etiam, num conueniat in eum qui non ex suis alatur, sed alieno pascatur cibo. Metaphora sumpta ab auicula cuius modo meminimus. Cæterum Demosthenes Aeschinem σπερμολόγον appellat, cōtumelioso uocabulo, quod ad quæstum quiduis diceret <quo conuicio nos rabulas dicimus> Huiusmodi quispiam & Paulus adhuc incognitus, uisus est quibusdam Atheniēsibus. [Vnde & σπερμολογεῖν pro nugari Leonardus Aretinus, pro spermologon uertit rabulam, hoc est intemperantis ac molestæ loquacitatis hominem.] Porrò non potest accipi pro seminatore uerborum, quod arbitratur Augustinus, cum uox composita sit à σπέρμα, & λέγω τὸ συλλέγω (hoc est à colligendis seminibus. σπερολόγος magis exprimeret quod sentit Augustinus.) 19 19 22 35 27

19: verbilegus — Spermologus pro nugatore uulgatū apud Athenienses conuitium — Atheneus — Demosthenes

Dæmonia pro dijs — Nouorum dæmoniorum.) ξένων δαιμονίων, id est, Peregrinorū deorum: maxime cum hæc dicant ethnici, qui dæmonia deos uocāt. Porrò ξένον, ut sonat peregrinū, ita {declarat} & nouum & inauditum, nonnunquam absurdum. 19

[Areopagi — Ad Areopagum.) ἐπὶ τὸν ἄρειον πάγον, id est, Ad Martium pagum. Sunt enim Græcis duæ

16-27: celeriter.) Usque adeo ne placet barbare loqui, ut hac gratia putemus esse recedendum a verbis graecis, ne latine loquamur. Si quidem

19-27: meminimus. Etiamsi me non fugit in exemplaribus ab Aldo meo vulgatis pro σπερμολόγον legi σεμνολόγον, sed apposito asterisco. Nec dubium quin eam vocem sciolus quispiam mutarit, offensus novitate. Quin et Leonardus Aretinus huius orationis interpres vocem hanc prorsus omisit, ut minus intellectam. Caeterum

19-27: margin: Aldina deditio deprauata

duæ uoces. Est autem locus æditus, ut uertex collis seu scopuli. Miror autem, cur Hierony
27 mus hoc loco pagum interpretetur uillam (Si tamen hoc opus est Hieronymi.) Ego uicum
27 maluissem, quandoquidem constat Martium uicum fuisse Athenis (Nec omnes erant iudices qui illic habitabant.)
Noua enim quædam.) ξενίζοντα γάρ τινα. Participium uerbi deductum ab eo nomine
quod modo uertit nouorum ξένων.
Et aduenæ hospites.) καὶ ἐπιδημοῦντες ξένοι, id est, Et q illic uersabãt hospites siue pegrini.
Ad nihil aliud uacabãt.) ηὐκαίρουν. Hoc bene reddidit, uelut ad cætera occupati. Verum
illud, aut dicere, aut audire, Laurentianis auribus nimis Græce transtulit, rectius dicturus,
nisi ad dicendũ aut audiendũ aliquid noui: quod tamen ipsum est καινότερον, ut extenuet
etiam, quasi ad quæcunque noua audienda fuisset illis ocium.
Superstitiosos uos uideo.) Sermo Græcus paulo ciuilior est, ὡς δεισιδαιμονεστέρους, id est, Pauli ci-
22 Ferè superstitiosiores. {Certe superstitiosiores non superstitiosos habebant codices Dona- uilitas
tiani} Mitigauit enim odium dicti, primũ aduerbio ὡς, deinde comparatiuo. Hoc enim erat
fieri omnia omnibus, ut omnes lucrifaceret.
Et uidens simulacra uestra.) ἀναθεωρῶν, id est, Considerans & inspectans, uelut ij, qui
rem diu non uisam inspiciũt. Nec simulacra hoc loco est εἴδωλα quod uerbum erat odiosius, sed σεβάσματα, quod uerbum complectitur omnia quæ ueneramur, nempe aras, delu σεβάσματα
bra, statuas, monumenta, à uerbo σέβομαι, quod proprie ad religionem pertinet. Hierony
mus citans hunc locum in commentarijs in epistolam ad Titum, ἀναθεωρῶν uertit contem
plans, & σεβάσματα, culturas.
Ignoto deo.) Et hic Hieronymus indicat Paulũ pia quadã usum uafricie, quod nõnihil Pauli uafri
mutauit in titulo, non pauca omisit, quo cõmodius detorqueret ad exordium prædicandi cies pia.
Christum. Titulus enim sic habebat autore, quem modo citaui Hieronymo, Dijs Asiæ, & Titulus i-
Europæ, & Africæ, dijs ignotis & peregrinis. Ex dijs ignotis, deum fecit ignotum, & men- gnoti dei
19 tionem cæterorũ omisit. {Quam equidẽ ciuilitatem imitandã arbitror ijs, quibus studium
est ethnicos, aut principes mala educatione deprauatos, ad pietatẽ adducere, ne protinus Boni uiri in
conuicijs rem agant & exacerbent, quibus mederi uolunt, sed multa dissimulantes, paula- aulis princi
tim illos adducant ad mentem meliorem. Et fortassis reprehendi non oporteat, si boni uiri pum
hoc animo in regum aulis agant, quo paulatim irrepant in principũ affectus, modo ne sint
autores eorum quæ palàm sunt iniqua, licet ad quædam conniueant inuiti.}
Quod ergo ignorantes.) ὃν οὖν ἀγνοοῦντες εὐσεβεῖτε, τοῦτον ἐγὼ καταγγέλλω, id est, Quem igi
tur ignorantes colitis, hunc ego annuncio. Loquitur enim de deo ignoto.
27 (Manibus hominum colitur.) θεραπεύεται, pro quo Irenæus legit, tractatur. Nam & fa
muli & medici Græcis dicuntur θεραπεύειν.)
Vitam & inspirationem.) ζωὴν καὶ πνοὴν, id est, Vitam & halitum, uelut exponẽs quid
27 sit uita animantis (in Græcis uocibus est iucundus concentus.)
Fecitque ex uno omne hominũ genus. Græci legunt, ἐξ ἑνὸς αἵματος, id est, Ex uno san- Græci addunt
27 guine (quod indicauit etiã Beda,) Verũ haud scio an perperam à librarijs mutata scriptura.
Deinde quod subijcitur, Inhabitare super faciem, infinitũ mutandum erat in gerundiũ, Ad
inhabitandum super faciẽ terræ. Alioqui sensus erit, deum effecisse, ut omne genus hominum habitaret in terra. Imò cõdidit omnes, & in hoc condidit, ut agerent in terris.
Definiens statuta tempora.) ὁρίσας προτεταγμένους καιροὺς, id est, Cum definisset prius sta 16: ante definisset
27 tuta tempora (Tempora non est χρόνους, sed καιροὺς, ut accipiamus à deo præfinitum, quid stata
quaque ætate fieret, Distinxit enim, imperia ad certum tempus duratura, exilia, migratio-
nes. Item legem naturæ, Mosi & Euãgelij. Neque enim horum quicquam temere gestum
est, sed suo quicque tempore.)
Et terminos habitationis.) καὶ τὰς ὁροθεσίας τῆς κατοικίας αὐτῶν, id est, Præfixis terminis ha
bitationis eorum. Nam ὁροθεσία est designatio terminorum.
Si forte attractẽt eũ.) ψηλαφήσειαν, id est, Palpent. quod est cæcorũ manu uestigantiũ. 16-19: poetarum
19 Quidam uestrorũ.) τῶν καθ' ὑμᾶς ποιητῶν, id est, Vestratium poetarũ. {Augustinus expli τῶν καθ' ὑμᾶς
cans quæstiones aliqt in epistolã ad Romanos legit, Sicut & quidã secundũ uos dixerunt.} Vestratium
27 (Itidem legit & Irenæus omissa mentione poetæ.)

Ipsius

16-27: Huius

Aratus à Paulo citatus

19-22: Arati versus

Ipsius enim & genus sumus.) Hemistichium est heroicum, ex Phænomenis Arati. Ac mire quod dixit de Ioue, hic torquet ad uerum deum. Horum aliquot locorum patrocinio solet uti diuus Hieronymus, aduersus eos qui calumniabātur quod sacras literas ethnicorum sordibus contaminaret. Verum Paulus id uno aut altero fecit loco, idq; penè cogente occasione prædicandi euangelij. Quid hæc ad istos, qui coacte & affectate non solum poetarum & oratorum, sed omnium sophistarum, philosophorum, mathematicorum, denique & magorum literas inuehunt in doctrinam Christi, quam simplicissimam ac purissimam

Doctrina Christi pura

19-22: In nonnullis ... sumus forms last sentence of next entry

oportebat esse. {In nonnullis Græcorum exemplaribus habebatur τοῦτο γὰρ καὶ γένος ἐσμέν. 19
sed mendose, ni fallor, cum apud Aratum poetico more τοῦ positum sit uice τούτου. Interpres Arati admonet dictum esse iuxta illud quod apud Hesiodum & Homerum frequens est, πατὴρ ἀνδρῶν τε θεῶν τε. Nos hemistichium hemistichio reddidimus: Nam huius progenies etiam sumus.}

Non debemus æstimare.) νομίζειν, id est, Existimare, siue putare.

Deinde aut lapidi sculpturæ artis.) Sculpturæ datiuus est, & appositiue refertur ad quodlibet illorum trium, lapidi, argento, auro. Nos igitur quo planior esset sensus, ita uertimus, Non debemus existimare auro aut argento, aut lapidi arte sculpto, & inuentò hominis numen esse simile.

16-19: intellexit

19-27 margin Lyranus notatus

Despiciens deus.) ὑπεριδών. Interpres intellexisse (uidetur) ex alto uidens, id enim dixit 22
despiciens. At ὑπεριδεῖν, est ueluti dissimulare, & cum uideas perinde te gerere, quasi non uideas. Et temporis ratio erat interpreti seruāda in ὑπεριδών, hoc est, dissimulatis temporibus ignorantiæ. Tum enim silebat, nunc omnibus denunciat, non dissimulaturus amplius. Lyranus interpretans despiciens, nempe deos, quod nollet eos amplius durare, quid senserit ipse uiderit.

16-27: eo

16-27: statuerat

In uiro in quo statuit.) ἐν ἀνδρὶ ᾧ ὥρισε, id est, in uiro quem definierat, siue statuerat. Græcis enim postpositiuus articulus sæpenumero cōgruit cum eo nomine quod antecessit non respondens sequenti uerbo.

16: in quo

Fidem præbens omnibus.) Duo sunt participia præteriti temporis, quorum neutrum ut par erat uertit. Sensus autem est, deum iam fidem exhibuisse cunctis, Christum esse per quem statuerat innouare mundum, quod illum excitasset à mortuis: hoc unum nulli contigit mortalium, nec Mosi, nec prophetæ.

Dionysius qs

16: Quae si

In quibus & Dionysius.) ἐν οἷς. Laurentius hoc loco refellit eorum opinionem, qui putant hunc Areopagitam fuisse autorem eorum librorum, quos habemus de Hierarchijs ac diuinis nominibus, & eundē esse, qui apud Lutetiam Parisiorū martyrio fuerit laureatus, è tribus, ni fallor, Dionysijs unum reddentes. Primum Areopagitæ iudices erant non philosophi. At isti Dionysium summum faciūt philosophū, qui ex eclipsi solis deprehenderit periclitari rerum naturam, cum consentaneum non sit eas tenebras Athenas usque peruenisse. Nam quod ait Euangelista tenebras factas super uniuersam terram, eius regionis terram intellexit, assentiēte & diuo Hieronymo {& asseuerante Origene in homilijs, quas scri 19
psit in Matthæum: ubi planè negat eas tenebras è solis accidisse deliquio, sed aut nubibus intercedentibus, aut alioqui aeris densitate coacta} Quod si hæ tenebræ tanto spacio contigissent per uniuersum orbem, aliquis certe seu Latinus, seu Græcus scriptor eius rei meminisset. Iam epistolam super hac re, uelut Dionysij nomine confictam deridet Laurētius. Mihi non uidetur priscis illis temporibus tantū fuisse Christianis ceremoniarū, quantum ille describit. Deinde mirum si tam priscus autor fuit, & tam multa scripsit, à nemine ueterum, seu Græcorum seu Latinorum fuisse citatum {non ab Origene, non à Chrysostomo,} 19
ne ab Hieronymo quidem, qui nihil intentatū reliquit. Quin & Gregorius ipse uir probæ fidei, citans huius literas, nō indicat eum fuisse Dionysium Areopagitam. (Porrò quum in 27
ecclesiastica historia multa fiat mentio de libris Dionysij Corinthiorum episcopi, non est probabile taciturum fuisse Eusebiū de tanto Pauli discipulo, si tantū uoluminum reliquisset) Hieronymus in Catalogo scriptorum illustriū unum aut alterum Dionysium recenset, huius libros non recenset. Laurentius indicat fuisse suæ ætatis doctissimos uiros, qui iudicarint eos libros esse Apollinarij. {Tametsi eius nominis duos commemorat Hieronymus, 19
alterum Hierapolitanum episcopum, qui floruit sub M. Antonino secundo. Alterum Lao

dicenum

dicenum in Syria episcopum. Neutri tamen huiusmodi quicquam tribuit operum. Neque enim opinor hæc Apollinari hæretico tribuenda. Ante complures annos, ut memini, uir incomparabilis Gulielmus Grocinus, ut theologus summus, ita in nulla disciplina non exquisite doctus & exercitatus, auspicaturus Londini in æde diuo Paulo sacra enarrationem cœlestis hierarchiæ, meditata præfatione multũ asseuerauit hoc opus esse Dionysij Areopagitæ, uehementer destomachans in eorum impudentiam qui dissentirent. At idem prius quàm operis dimidium confecisset, ubi gustum attentius cepisset, ingenue coram auditorio fassus est, sibi uerso calculo non uideri id opus esse Dionysij Areopagitæ. Demiror autem quur Beda putet hunc Dionysium factum episcopum Corinthiorum, quum Ecclesiastica historia palàm ostendat alium fuisse Dionysium episcopum Corinthiorum, qui multa conscripserit. Atque huius autoritas ibi citatur, qui in epistola quadam quam scripsit ad Athenienses, ostenderit Dionysium Areopagitam à Paulo cõuersum, primum fuisse Athenis episcopum, ab eodem apostolo institutum. Nec aliud quicquã apud priscos scriptores comperitur de Dionysio Areopagita. Verum hæc, ceu παρέργα paucis indicasse sat erit. Gulielmus Grocinus

27 (marked at "rio fassus est")

EX CAPITE XVIII

EGressus ab Athenis.) χωρισθεὶς, id est, digressus Athenis.

Ponticum genere.) Pontus enim Asiæ minoris pars est. non enim à mari hic dictus est ponticus. Hunc salutat Paulus in epistola ad Romanos, nisi quod illic uxor pro Priscilla, Prisca nominatur, adnotante Origene. Hæc scribenti risus obortus est, quòd in uoluminibus Origenicis primum à Badio nostro excusis, ita nescio quis scripturam deprauarat: Post hæc autem discedens Paulus ab Athenis, uenit Corinthum, & inuento ibi quodam Iudæo nomine Aquila, de pontificio genere. pro eo quod erat, de Pontico genere. Offensus opinor, quod absurdum putaret, Pontici generis dici, qui Iudæus esset. Quasi id temporis non habitarint per omnes fermè regiones sparsi Iudæi. Certe Petrus nominatim scribit ad eos qui in Galatia, qui in Bithynia, qui in Ponto habitabant, Iudæos. Verum hac de re nonnihil attingemus in epistola ad Romanos.

Pontus — 16: in suis epistolis P. — Deprauatio ridicula — 19-27: Gr. — Badius — 19-27: habitarant

Eiusdem erat artis.) ὁμοτέχνοι dicuntur Græcis, eiusdem artificij, siue opificij: uelut pi- 16: Græci
19 ctori pictor, faber fabro, sutor sutori, nauta nautæ, ὁμότεχνος est.
19 Scenofactoriæ artis.) ἦσαν γὰρ σκηνοποιοὶ τὴν τέχνην, id est, erant enim aulæorum siue ta- σκηνοποιὸς
19 bernaculorum texendorum artifices. Interpres Origenis enarrantis epistolam Pauli ad Ro- Paulus
manos, interpretatur σκηνοποιοὺς artifices tabernaculorum, hoc est sutores: ob id opinor, 19-27: margin:
22 quòd tabernacula apud priscos pellibus conficiebantur. Et nunc apud Hispanos fiunt au- Apostolus sutor
22 læa. Idem testatur Homilia in Numeros decimaseptima: O uere pontificem, uere suisque do- coriarius
22 tibus maximum. Nos satellitio, copijs, censu, minis, magni uideri uolumus. Et disputabat in synagoga per omne sabbatum, interponens nomen domini Iesu: suadebatque Iudæis & Græcis. Totum hoc non habetur in quibusdam codicibus etiam excusis. Vnus codex Donatiani consentiebat cum Græcis: qui quum cætera habeant, non addunt tamen, Interponens nomen domini Iesu.

Instabat uerbo Paulus, testificans.) Græci longe secus legunt quàm nos: συνείχετο τῷ πνεύματι ὁ παῦλος διαμαρτυρόμενος. id est, coartabatur spiritu Paulus, testificans Iudæis. ut intelligas illum inuitum & animo reluctante id fecisse, ceu præsentiret se lusurum operam.

Titi Iusti.) Titi, non reperio in Græcis codicibus: sed tantum, Iusti. Verum opinor in-
19 curia librariorum prætermissum. Quandoquidem Hieronymus aut quisquis fuit is autor, huius meminit Titi, in nominibus scripturæ sacræ. Quanquam nec illic de Iusti cognomine ulla mentio.

Propter quod ego tecum.) διότι. propterea quod ego tecum sum.

Et nemo apponetur tibi.) οὐδεὶς ἐπιθήσεταί σοι, id est, nullus adorietur, siue inuadet te. Quando quidem id quoque significat, ἐπιτίθεσθαι. Nec est, Apponetur, pro inuadet

Vt noceat te. sed, τοῦ κακῶσαί σε: id est, ut affligat te, siue ad affligendum te.

Quoniam populus est mihi multus.) διότι. Quur non & hic transtulit, Propter quod: ut
19 modo fecit: aut quur non ante uertit, Quoniam?

Proconsule Achaiæ.) ἀνθυπατεύοντος τῆς ἀχαΐας, id est, quum ageret proconsulẽ Achaiæ.

Persuadet hominibus.) ἀναπείθει, suadet potius quàm persuadet: atque adeo resuadet, si sic liceat loqui, quòd Paulus à ueteri cultu deorum reuocaret.

Incipiente autem Paulo.) μέλλοντος δὲ τοῦ παύλου ἀνοίγειν τὸ στόμα. quum autem aperturus esset os. Quod tamen aliquoties data opera sic uertit interpres, nec id sanè perperam.

16-27: Iniquitas — Iniquum aliquid aut facinus.) ἀδίκημα, quod magis sonat iniuriam illatam, aut maleficium. Deinde qui hic uertit Facinus ῥᾳδιούργημα, cur huic cognatam uocem ῥᾳδιουργίαν, superius transtulit Fallaciam? Nec est, Pessimum, sed Malum πονηρόν. Nec est, Recte uos sustinerem: sed κατὰ λόγον, hoc est probabiliter, siue merito.

16-22: ut — Deest in nostris — De uerbo & nominibus legis uestræ.) Deest apud nos una coniunctio Et. περὶ λόγου, καὶ ὀνομάτων καὶ νόμου τοῦ καθ' ὑμᾶς. id est, de uerbis & nominibus & lege uestrate. Verba opposuit factis. Deinde, quæstiones de communi & non communi, deque genealogiis, uocat nomina. Ceremonias Mosaicas uocat legem.

Et uideritis.) Futuri temporis est, ὄψεσθε: quemadmodum in euangelio.

Et minauit eos.) ἀπήλασεν. Cur non potius Abegit, siue Depulit? Nam Minare, sanè quàm insolens uerbum est Latinis auribus.

Fratribus ualefaciens.) ἀποταξάμενος, id est dimissis fratribus, siue uale dicto fratribus. Nec est, Nauigauit: sed ἐξέπλει, id est abnauigauit.

Ambiguus sermo — Qui sibi totonderat caput.) Ex ipso sermone Græco, non liquet uter sibi raserit caput, Paulus an Aquila. Ad hæc, participium est præteriti temporis, κειράμενος τὴν κεφαλὴν, id est 16: raso — tonso capite. Prius enim tonsus est in portu, deinde nauigauit. Et Cenchreis, legendum est nomine trisyllabo Cenchreæ, sicut Athenæ. Portus est Corinthiorum.

Iterum reuertar ad uos,) In Græcis exemplaribus plus est quàm in nostris: δεῖ με πάντως τὴν ἑορτὴν τὴν ἐρχομένην ποιῆσαι εἰς ἱεροσόλυμα, πάλιν δὲ ἀνακάμψω πρὸς ὑμᾶς. id est, Oportet 16: reflectam — me omnino festum quod instat, agere Hierosolymis, sed denuo conferam me ad uos.

Profectus est ab Epheso.) καὶ ἀνήχθη. Quod ego maluissem, Soluit Epheso.

Apollos — Apollo nomine.) ἀπολλώς, id est Apollos: cuius genitiuus Apollo, non Apollinis. Meminit huius Paulus in epistolis.

κατηχημένος — {Vir eloquens.) λόγιος, quod & eruditum sonat & prudentem.} 19

Hic erat edoctus.) κατηχημένος, participium ab eo uerbo unde dicti sunt catechumeni. Non igitur erat edoctus uiam domini, quam mox discit à Priscilla & Aquila, uerum erat utcunque initiatus baptismo Ioannis.

(Quum autem uellet ire Achaiam.) Quum Græce sit, εἰς τὴν ἀχαΐαν, mirum cur inter- 27
pres omiserit præpositionem, reclamantibus grammaticis, eo quod Achaia regionis nomen est, non ciuitatis.)

Contulit multum his qui crediderunt.) Hic Græci codices addunt, διὰ τῆς χάριτος, id est per gratiam. Hoc adiectũ est, ut intelligeremus muneris esse diuini, quod conduceret Christianis. (Beda admonet in nonnullis codicibus pro Contulit, scriptum fuisse Profuit) Et Ve- 27
hementer est: εὐτόνως, acriter. Et Publice, incertum utrò sit referendum, opinor, ad superiora, nam id erat gratiæ, quòd publicitus etiam ausus sit refellere Iudæos.

Articuli uis — Esse Christum Iesum.) εἶναι τὸν χριστὸν ἰησοῦν. Non negabant Iudæi Iesum esse, uerum negabant illum esse Messiam quem expectabant: unde Christo præposuit articulum, τὸν χρι-
16: negans — στὸν, id est illum Christum, siue ostendens quod Iesus esset Christus, siue Iesum esse Christum.

EX CAPITE XIX

Si pro An, siue Num — SI spiritum sanctum.) εἰ, suo more uertit per Si, quum uertendum fuerit per num, aut an, aut ne. Num spiritum sanctum accepistis? aut, Accepistis ne spiritum sanctum? Et mox,

Si spiritus sanctus est.) Pro eo quod erat, Sit ne spiritus sanctus.

19-27: Tyranni tr. — Tyranni schola — In schola tyranni cuiusdam.) Ambigunt hic interpretes, tyrannus hoc loco primatem ac potentem significet, an proprium sit hominis uocabulum. Sed quid scholæ cum tyranno? Deinde si nomen est proprium, cur addidit τινός. Proinde suspicor fuisse secessum magnatis alicuius, in quo solitus sit ociari, quandoquidem Schola Græcis sonat
Ocium. {Hieronymus alludens ad uoces magis quàm ad sensum, huc torquet alicubi, ut 19
scholam tyranni uocet, ubi res non agitur argumentis, sed autoritate ac ui. Quod displicuit

duit etiam Augustino, qui nec hæreticos uult cogi, nisi doceantur. Nunc satis esse iudicamus, si dicatur, Hic error est, recanta: hæc hæresis est, abnega. Quasi qui alios insimulant Docendi sunt
hæreseos, ipsi non possint errare.} homines, non
Iudæi atque gentiles.) ἰουδαίους τε καὶ ἕλληνας. id est, Tum Iudæi, tum Græci, quos hic cogẽdi tãtum
gentiles uertit.

Virtutesq; non modicas quaslibet.) Ita scriptum reperi in nonnullis exemplaribus Lati Quaslibet
norum. Verum ipsa res satis indicat id accidisse culpa librariorũ, qui dictionem Modicas,
quam quispiam interpretamenti uice adiecerat, retulerunt in contextum uelut à scriptore
prætermissam, δυνάμεις τε οὐ τὰς τυχούσας, id est, uirtutesq; non quaslibet, siue non uulga- τυχούσας
35·19 res: ad uerbum [non] contingentes. {In alijs scriptũ habebatur, Virtutes quaslibet, omissa ne-
gatione. Carrensis putat utrunq; posse legi, sed reclamat sermo Græcus.}

Sudaria & semicinctia.) Vtramq; uocem Latinam usurpauit, σουδάρια καὶ σιμικίνθια.

Dæmonium pessimum.) τὸ πνεῦμα τὸ πονηρόν, id est, spiritus malus. Cæterum in eo
quod proxime sequitur, Et dominatus: quidam Græci codices habebant, κατακυριεῦσαν,
ut referendum sit ad Dæmonium dominatum. Quidam κατακυριεύσας, id est, dominatus,
27 ut pertineat ad hominem in quo erat dæmonium. (Porrò quoniam nostri codices habent
amborum interpres, pro αὐτῶν legisse uidetur ἀμφοῖν.)

Confitentes & annunciantes actus suos.) Vel hinc colligi potest fuisse & antiquitus Olim fuit ali-
nonnullam confessionem male actæ uitæ, sed apertam, ut opinor, & in genere, quam nec qua confeßio,
19 ipsam legimus exactam abs quoquam. {Cæterum quæ nunc recepta est clãcularia & in au- licet nõ omni
rem fit, uidetur ex consultationibus priuatis esse nata, quæ solent apud episcopos fieri, si no talis qua-
qui scrupulus urgeret animum.} Et, Actus, τὰς πράξεις, facta, siue quæ fecissent. lis nunc rece-

Qui fuerant curiosa sectati.) τὰ περίεργα πραξάντων, id est, Qui curiosas artes exercuis- pta est
sent. Sic enim uocat artes magicas.

Pecuniam denariorum quinque milium.) ἀργυρίου μυριάδας πέντε. id est, Quinquagies
mille numûm.

Turbatio non minima.) τάραχος οὐκ ὀλίγος. id est, turbatio non exigua. Ac paulopost,
Non modicum quæstum.) ἐργασίαν οὐκ ὀλίγην. id est, quæstum non exiguum.

De uia domini.) περὶ τῆς ὁδοῦ. id est, de uia, siue de hac uia. Nam articulus additus facit
22 ut certam accipiamus uiam. Porrò Domini, addiderunt, quo res esset explicatior, ⟨aut certe mollior.⟩

Demetrius quidam nomine argentarius.) Argentarius aliâs Latinis & mensarium si- Argentarius
gnificat, & numularium: uerum hoc loco sonat opificem & sculptorem argenti, quem nos Aurifex
22 aurificem seu aurifabrum uocamus, ⟨quãdoquidem quicũq; cudunt aurum, ijdem cudunt
27 & argentum.⟩ Est enim ἀργυροκόπος, ab elaborando argento dictus: (nisi mauis à κόπτω 16-19: incidendo
deducere, unde & monetam Græci κόμμα dicunt, πονηροῦ κόμματος.)

Aedes argenteas.) ναούς, id est, templa. Sentit enim ædiculas, seu thecas, effigie templi
in quibus reponebantur statuæ. Nos uertimus, delubra.

De hoc artificio est nobis acquisitio.) ἐκ ταύτης τῆς ἐργασίας ἡ εὐπορία ἡμῶν ἐστιν. Quod
modo uertit Quæstum, nunc uertit Artificium, & εὐπορίαν, acquisitionem. Ex hoc quæstu nobis suppeditat rerum copia.

27 (Non solum Ephesi.) Non est ἐν ἐφέσῳ, sed ἐφέσου, ut referatur ad multam turbam. Vn
de quoniam nõnullos offendebat amphibologia, pro Ephesi, uertimus Ephesinæ ciuitatis.)

Non solum autem hæc periclitabitur.) κινδυνεύει, id est, periclitatur. Quanquam totus
hic sermo parum commode redditus est ab interprete Latino: οὐ μόνον δὲ τοῦτο κινδυνεύει ἡ-
μῖν τὸ μέρος εἰς ἀπελεγμὸν ἐλθεῖν, ἀλλὰ καὶ τὸ τῆς μεγάλης θεᾶς ἀρτέμιδος ἱερὸν, εἰς οὐδὲν λογισθῆ
19 ναι, μέλλειν δὲ καὶ καθαιρεῖσθαι τὴν μεγαλειότητα αὐτῆς. id est, Non solum autem hæc pars {siue
hac parte} nobis periclitatur, ne reprobetur, siue ne reprobemur: uerum etiam ne magnæ
Dianæ templum, pro nihilo habeatur. Porrò autem ne fiat, ut maiestas quoque destruatur 16-19: futurum sit
eius, quam tota Asia & orbis colit.

19 {Et destrui incipiet maiestas eius.) Interpres legisse uidetur μέλλειν τε, atq; ita scriptum Varia lectio
erat in plerisque Græcorum libris. In alijs rursus erat μᾶλλον δέ, magis autem, ut sit corri- apud Græcos
gentis, quasi grauissimum sit omnium futurum, si maiestas ac numẽ ipsius depereat apud

uulgus. Hieronymus in prima præfatione Commentariorum, quos ædidit in epistolam ad Ephesios, indicat hanc Ephesiorum Dianam non fuisse iaculatricem illam, sed cognomēto πολύμαστον, id est multimāmiam: quod eam omnium uiuentium nutricem haberi uolebant. }

Comitibus Pauli.) συνεκδήμους, id est socios peregrinationis, qui & comites dicuntur.

Erat enim ecclesia confusa.) Quum de promiscua multitudine loquatur, magis conueniebat contionem dicere, quàm ecclesiam.

Detraxerunt Alexandrum.) προεβίβασαν, id est prius instruxerunt. Nam id est προβιβάζειν, Et instruimus patronum, causam nostram acturum{Interpres, ni fallor, legit προβίβασαν: etiam si προβιβάζεσθαι dicitur, qui cogitur prodire, ac protruditur.} 19

Manu silentio postulato.) Mira uarietate ludit in hoc sermone reddendo interpres, κατασείσας τὴν χεῖρα, id est mota manu. Ita Persius: Et calidæ fecisse silentia turbæ Maiestate manus.

Et quum sedasset scriba turbas.) καταστείλας δὲ ὁ γραμματεὺς τὸν ὄχλον, id est, ubi uero scriba compescuisset turbam. Verum ex uerbis Græcis parum liquet, uter sedata turba sit loquutus, Alexander, an scriba.

Cultrix νεωκόρος | Cultricem esse magnæ Dianæ.) Vsus est peculiari uerbo, νεωκόρον: que uox composita est ex νεώς, {quod Atticè sonat templum, & κορῶ} purgo siue uerro, autoribus Hesychio etymologico & Suida, unde acuitur penultima νεωκόρος. Solent autem qui impensius dediti sunt alicui diuæ, aram illius uarijs ornamentorum generibus cohonestare, quemadmodum facit apud Apuleium Psyche.} 19

19: alicubi

Iouisq; prolis.) Græca longe secus habent, τῆς μεγάλης ἀρτέμιδος καὶ τοῦ διοπετοῦς, id est Magnæ illius Dianæ, & è cœlo delapsi. ut subaudias signi aut simulacri. Siquidem articulus τοῦ, facit ne possit διοπετοῦς ad Dianam referri, sed ad ἄγαλμα, hoc est statuam Dianæ. nam Diopetes Græcis dicitur, quod ab Ioue delapsum sit, ac è cœlo uenerit. Porrò opifices simulacrorum, quo maior esset superstitio uulgi, fingebant ea cœlitus delapsa: hoc est esse διοπετῆ. Idem uulgo creditum fuit de simulacro Dianæ Ephesiæ, ut testis est & Suidas in dictione διοπετής. {Pro nobis facit & coniunctio καὶ, quæ fuerat superuacanea, si διοπετοῦς pertineret ad Dianam.} Sensus igitur est: Apud Ephesios templum fuisse Dianæ, & huius simulacri, quod cœlo delapsum putabatur. Quod ipsum Numa persuasit Romanis de ancylibus{Homerus hoc cognomenti tribuit regibus, uelut à Ioue profectis. Id sequutus uidetur interpres}{cuius liber fortasse non habebat additum articulum τοῦ.} 19 22

16: agalma
19 only: margin: Diopetes

{Contradici non possit.) ἀναντιῤῥήτων ὄντων. Poterat accipi, Quum his nemo cōtradicat.} 19

Conuentus forenses.) Conuentus addidit explicandæ rei causa, quum Græce tantū sit, ἀγοραῖοι ἄγονται, id est forenses aguntur: ut subaudiendum sit, cognitiones aut lites.

Ecclesia, pro contione | In legitima ecclesia poterit absolui.) Quum de prophano promiscuoq; hominum cœtu loquatur, contio dicenda erat potius quàm ecclesia. Atque ita mox, Dimisit ecclesiam: pro contionem. Deinde legitima est ἐννόμῳ, hoc est quæ non tumultu, sed legitimo more sit indicta. Nec est,

Poterat absolui.) sed Absoluetur. ἐπιλυθήσεται.

Quum nullus obnoxius.) μηδενὸς αἰτίου ὑπάρχοντος, id est quum nemo sit in culpa, siue quum nemo fuerit autor huius concursus. Nam illud de quo poterimus reddere rationem, per parenthesim interiectum est. Quanquam in nonnullis exemplaribus reperio scriptum, περὶ οὗ οὐ δυνησόμεθα δοῦναι λόγον. id est, de quo non poterimus reddere rationem: hoc est, quod non sumus defensuri. Deniq; illud μηδενὸς αἰτίου, incertum est ad hominem referatur, ut sit masculini generis: an ad rem, ut sit neutri{Itaq; hic fuerit sensus: Quum nihil subsit causæ per quam poterimus defendere hunc populi concursum.} 19

16: simus

EX CAPITE XX

16-27: v.a.s. | Variant à nobis Græci | ET exhortatus eos ualedixit.) Græca dissonant à Latinis. προσκαλεσάμενος ὁ παῦλος τοὺς μαθητὰς καὶ ἀσπασάμενος ἐξῆλθε. id est, Paulus ad se uocatis discipulis, & cōplexus eos exiuit. Interpres legisse{uidetur} παρακαλέσας, pro προσκαλεσάμενος. Atque id sanè mihi magis probatur. 19

Comitatus est autem eum Sosipater Pyrrhi Berœensis.) Pyrrhi Græcis non additur. Sed ut hoc deest, ita supersunt hæc: Vsque ad Asiam. quæ apud Latinos non inuenio

{16: κόρη, virgo, quod nomen tribuunt Dianae + proserpinae Ephesiorum igitur civitatem νεωκόρον vocat, quod illic esset templum illud toto orbe notissimum. Iouisque

inuenio. συνείπετο δὲ αὐτῷ ἄχρι τῆς ἀσίας σώπατρος βεῤῥοιαῖος. consequutus est autem il/
19 lum usq; ad Asiam Sopater Berrhœensis.{Nam & Sopater, habent Græci, non Sosipater.}
22 ⟨Beda subindicat in uetustis exemplaribus Latinis scriptum fuisse, Sosipater Pyrrhi: quasi filius fuerit notior patre.⟩

Sustinuerunt nos.) ἔμενον ἡμᾶς, id est, Expectarunt nos, siue, ut ad uerbum, Mane/bant nos. 16-27: Sustinebant

19 Vna sabbati.) σαββάτων, id est uno die sabbatorum.{Vna, dictum apparet pro prima.}

Paulus disputabat cum ijs.) διελέγετο αὐτοῖς, id est disserebat illis, siue colloquutus est cum illis. Nec enim disceptabat cum eis qui uenerant ad frangendum panem. Verum illic apud eos orationem habuit Paulus. Nam quod συνηγμένων τῶν μαθητῶν, id est, congrega tis discipulis uertit, quum conuenissent, tolerabile est.

Profecturus in crastinum.) μέλλων ἐξιέναι τῇ ἐπαύριον. id est, Profecturus siue discessu/rus postridie. Nam crastinum diem dicimus qui proxime sequitur hunc in quo iam loqui/mur. Porrò quoties ad præteritum aut futurum aliquem diem respicitur, non dicendum est heri, aut cras, sed pridie, aut postridie.

Quum mergeretur somno.) καταφερόμενος, id est, quum deorsum traheretur, id quod accidit ei qui sedens grauius obdormiscat. Neque tamen hic est somno graui, sed βαθεῖ, id est alto siue profundo. Interpres legisse uidetur βαρεῖ.

Disputante Paulo.) Et hic malim disserente. Ne quis imaginetur inter illos pure Chri/stianos disputationem fuisse sophisticam.

Ductus somno cecidit.) κατενεχθείς, id est, deorsum tractus, siue depressus, aut deue/
19 ctus.{Et fortasse deuectus scripserat interpres.} Cæterum illud ἐπὶ πλεῖον, quod interpres re/tulit ad superiora, Græcis sic est in meditullio positum, ut utrouis possit accommodari, ad diutius disserentem Paulum, & ad magis etiam depressum somnio. Ac mea sententia, ad sequentem particulam referre satius est. Primum enim nutabat deorsum uergente corpo/re, deinde magis depressus cecidit. 16-27: somno 16: quod nos vertimus

De tertio cœnaculo.) ἀπὸ τοῦ τριστέγου, uerti poterat &, à tertia contignatione. Id enim adiecit Lucas, ut intelligeremus lapsum fuisse letalem, nimirum ex loco tam alto. Vox di/cta est à τρὶς, ter, & στέγος, tectum. Deum immortalem quas nænias adducit autor Catho/licon de hac uoce Tristegum. O miserum illud seculum, quum ex huiusmodi libris, uelut ex adytis petebantur oracula literarum. Cæterum solum primæ contignationis, tectum est infimæ partis ædium. Rursum secundæ solum, tectum est primæ. Item tertiæ solum, te/ctum est secundæ. Tristegum 16-19: insulsissimus

Et consolati sunt non minime.) οὐ μετρίως, id est non mediocriter. Quod equidem demi/ror cur interpres putarit immutandum.

Nauigauimus in Asson.) Nonnulli codices Thasson habebant pro Asson. Est enim & Thassus insula Thraciæ opposita, de qua natum est prouerbium, θάσος ἀγαθῶν, id est, Thassus bonorum. Cæterum complures sunt urbes huius nominis Assos: una Lyciæ, in prærupto sita: altera in Aeolide: tertia in Mysia: quarta in Lydia: quinta in Epiro minore, Cleanthis patria. Diuus Hieronymus hanc ponit in Asia, quæ eadem dicta sit Apollonia,
19 {suffragante & Plinio libro quinto capite trigesimo. Carrensis facit nobis liberum, utrum malimus Asson insulam esse an ciuitatem.} Aßon

Ipse per terram iter facturus.) οὕτως γὰρ ἦν διατεταγμένος, μέλλων αὐτὸς πεζεύειν. sic enim ordinauerat ipse pedestri itinere uenturus, siue pedibus iter facturus. Interpres uitasse ui/detur, ne quis Paulum existimaret, non equis aut uehiculis, sed pedibus eò uenisse. Atqui hoc ipsum accedebat ad Pauli gloriam, quòd mallet iter laboriosius, modo maiore cum fructu. Paulus pedes
27 ⟨Mytilene.) Ciuitas est littoralis Lesbi obuia ad dextram nauigantibus in Chium insu/lam. Samos insula è regione Cariæ. Miletum oppidum est littoralis Cariæ.⟩

Et sequenti die uenimus contra Chium.) Hoc loco Græca dissident ab ijs quæ nos legi/mus, τῇ ἐπιούσῃ κατηντήσαμεν ἀντικρὺ χίου. τῇ δὲ ἑτέρᾳ παρεβάλομεν εἰς σάμον, καὶ μείναντες ἐν τρωγυλλίῳ, τῇ ἐχομένῃ ἤλθομεν εἰς μίλητον. id est, Postridie deuenimus contra Chium: altero uero die appulimus Samum, & commorati Trogyllij, proximo die uenimus in Miletum. Græca dissonant
27 Cæterum Trogyllium ⟨promontorium est è regione Sami, autore Ptolemæo & Strabone,⟩ Trogyllium ⟨16-22: oppidum est Siciliae,

D 3 tametsi

19 only: literarum. Atqui ab hac dissentire, pene sapit haeresim, & facinus habetur incendio vindicandum nonnullorum sententia, nec ob aliud nisi quod praedicatorii fuerit ordinis. Caeterum

tametsi sunt eiusdem nominis alia.

Transnauigare Ephesum.(παραπλεῦσαι τὴν ἔφεσον,id est prænauigare siue præterue hi. Quid enim est omnino transnauigare ciuitatem,nisi nauis feratur in nubibus?{Ephesus 27
autem ciuitas littoralis prior occurrebat,quàm Trogyllium.)

[χρονοτριβεῖν] Ne qua mora illi fieret.) μὴ γένοιτο αὐτῷ χρονοτριβῆσαι, id est, ne contingeret sibi terere tempus in Asia.Interpres elegantius reddidit quam uerius. Neque enim Paulus timebat quamlibet moram,sed longiorem metuebat,nimirum properans Hierosolymam.

Maiores natu.)πρεσβυτέρους:quos nunc seniores uocat,nunc presbyteros Græca uoce, nunc maiores natu:quum hoc loco magis quadraret Greca uox,honorem indicans potius quàm ætatem.Quandoquidem hic episcopos intelligit & primores ecclesiarum,qui nonnunquam iuuenes erant,quemadmodum Timotheus.

Cum omni humilitate.)ταπεινοφροσύνης.Quæ est animi modestia,nihil altum de se sentientis.O uocem dignam uere magno pontifice.

*Interpres obscure reddidit* Vt nihil subtraxerim uobis.) Nunc uidetur id dicere,se nihil subtraxisse ab illis bonarũ rerum,hoc est,in nullo fraudasse illos:quum contrà sentiat Paulus,se nihil detrectasse neque periculi neque laboris,qui modo ad illorũ pertineret utilitatem.Ac paulo post idem uerbum transtulit Subterfugi,Non enim subterfugi:& cætera.

16: domus Publice & per domos.) κατ᾽ οἴκους, id est publicitus ac domestice,siue per singulas domos:quod respondere uidetur ei quod Latini dicunt,priuatim.{Hieronymus in præfatione 19
Commentariorum in epistolam ad Ephesios uertit,Publice ac domestice.}

Vincula & tribulationes me manent.) μένουσιν, idem est uerbum quod aliquanto superius uertit,sustinent.

Nihil horum uereor.) ἀλλ᾽ οὐδενὸς λόγον ποιοῦμαι,id est Nihil curo,siue Nihil me mouet, Quomodo non uerebatur,quum sciret uentura?sed contemnebat.

16-27: meam *Interpres non expressit sensum* Nec facio animam[preciosiorem quàm me.) Quid mouit interpretem,ut neque sensum exprimeret,neque uerba redderet Lucæ? οὐδὲ ἔχω τὴν ψυχήν μου τιμίαν ἐμαυτῷ.id est, neque habeo siue duco uitam[preciosam mihi ipsi.{Augustinus in Psalmo trigesimosexto le 19
16-27: sensum; 16-27: meam *Lyranus delirans* git:Non facio animam meam preciosam mihi.}Lyranus interpretatur animam intellectiuam.At Paulus sentit se contemnere uitam amore euangelij.

16-27: ut Dummodo consummem cursum meum.)Græcus addit μετὰ χαρᾶς,id est cum gaudio.
(Omne consilium dei.)Mirum quid sequutus Irenæus,pro consilio dei,legit sententiam: 27
nam Græce est βουλὴν, non γνώμην.)

Regere ecclesiam dei.) ποιμαίνειν, quod est pastorũ more gubernare & curare gregem: nam mox mentionem facit luporum.

*Deprauatio manifesta* Lupi rapaces.) βαρεῖς,id est graues,non rapaces.⟨Suffragabatur unus codex Donatiani.⟩ 22
(Nec aliter refert hunc locum Irenæus libro tertio capite decimoquarto.) 27

Viri loquentes peruersa.) διεστραμμένα,id est distorta & obliqua,hoc est minime simplicia,minimeque syncera.Nam ueritatis,ut ait Tragicus,simplex est oratio.

16-27: cessaverim Non cessaui monens.) Et hic participium uertendum erat in uerbum infinitum,Non cessauerim monere.

*Interpres dormitans* Qui potens est.)Quod,erat potius quàm qui,quum referat uerbum.Cæterũ quia uerbum Græcis est masculini generis,id nimirum fefellit interpretem.Nec est simpliciter ædificare,sed ἐποικοδομῆσαι,id est superstruere,uidelicet his fundamentis quæ iecerat Paulus.

*Decimæ exactæ* Oportet suscipere infirmos.) ἀντιλαμβάνεσθαι. quod est proprie porrecta manu retinere lapsurum alioqui aut abiturum.Paulus,ne ullius omnino iacturã faceret,cauebat,ne quam ansam præberet infirmis & alienandis à Christo,quod nollẽt grauari sumptu. Vtinam hoc exemplo delectentur,qui dum decimas tam non sacerdotaliter exigunt à populo,sui officij prorsus obliuiscũtur:non quòd negem illas deberi,sed quòd cæteri apostoli oblata duntaxat acceperint,Paulus ne oblata quidem,quum unus plus omnibus laborarit.

*Solœcismus sine causa affectatus* Beatius est dare magis quàm accipere.)Neque Latinitatis ratio patiebatur comparatiuum,neque sermo Græcus habebat.Mirum{itaque}quid interpreti uenerit in mentem, μακάριόν ἐστι διδόναι μᾶλλον,ἢ λαμβάνειν. id est,Beatum est dare magis quàm accipere.Cæterum 19
hoc testimonium negant usquam inueniri dictum à domino.{Vtinam autẽ hunc animum 19
Pauli

Pauli tam excelsum & ab omni specie quæstus abhorrentem, imitarentur nostri temporis
27 contionatores.}(Fuit aliquis qui sibi in omnem uitam interdixit esum carnium, inueniũtur
qui imitetur: fuit qui semper nudis incesserit pedibus, habet imitatores: fuit qui fune se cin-
xerit, non desunt qui studiose æmulentur: fuit qui semper pullatus incesserit, repperit æmu
latores: solum hoc pulcherrimum exemplum Pauli non habet æmulos.)

EX CAPITE XXI

19 {VEnimus Coum.) Nonnulli codices habent κῶς, nõnulli κῶν: utroq; modo pro- *κῶς insula uarie pronunciata*
nunciari fatetur Stephanus, quin & κέων dictam fuisse quondam: unde & Pli
nius admonet Ceam dictam & κόον. insula notior est quàm ut sit explananda.}
Et inde Pataram.) πάταρα Græci pronunciant neutro genere numero pluratiuo. quanquam utroque modo reperio usurpari huiusmodi nomina, Ly-
stra & Lystram, Psyra & Psyram.

Quum apparuissemus autem Cypro.) Suspicor interpretem ita uertisse, Quum aperuissemus autem Cyprum. nam Græce est, ἀναφάναντες δὲ τὴν κύπρον. Porrò qui nauigant
nunc hanc nunc illam terram dicũtur aperire aut celare, quum incipit in prospectu esse, aut
secus. Proinde uertimus, Quum autem cœpisset nobis apparere Cyprus. Consimili figu- *Locus deprauatus*
27 ra dixit Vergilius, Terræq; urbesq; recedunt. (In codice diui Donatiani, Apparuissemus, erat deprauatum: sed Cyprum relictum, indicabat germanam lectionem fuisse,
Quum aperuissemus Cyprum.)

19 Venimus Tyrum.) Ciuitas est maritima{metropolis}Phœnices, quondam insula{septin
gentis passibus diuisa à continente, mari præalto, sed uix credibili opere comportatis ag-
19 geribus}per Alexandrum magnum adiuncta continenti{Est in tribu Neptalim, uicesimo
fermè miliario à Cæsarea Philippi.}

Valefecissemus inuicem.) ἀσπασάμενοι ἀλλήλους, id est complexi alius alium, siue consa-
lutatione mutua facta. Apparet interpretem legisse ἀποταξάμενοι.

* Venimus Cæsaream.) Hæc est Cæsarea Palæstinæ ciuitas litoralis, primum dicta turris *Cæsarea*
Stratonis: deinde ab Herode instaurata in honorem Cæsaris Augusti, Cæsarea dicta est.
Est altera Cæsarea Philippi, ad radices montis Libani, in honorem Tyberij Cæsaris Cæsa-
19 rea dicta. Est tertia Cappadociæ, quò Paulus Epheso delatus salutauit ecclesiam{autor Hie
ronymus.} * Per dies aliquot.) ἡμέρας πλείους, id est dies complures.

Nos & qui loci illius erant.) ἡμεῖς τε καὶ οἱ ἐντόπιοι, id est, tum nos tũ ij qui erant illius loci.

Et quum suadere ei non possemus.) Quid est hoc? An non dixerat modo illos suasisse?
Verum interpres abusus est Suadere, pro persuadere. Suadet enim qui consulit, persuadet *Suadere, pro persuadere*
qui quò uult inducit hominem. Græca uox anceps est ad utrunq;: πείθειν, insuper conue-
nit non solum suadenti aut persuadenti, uerumetiam obtemperanti. μὴ πειθομένου δὲ αὐτοῦ.
Cæterum quum illi non persuaderetur, siue quum ille non obtemperaret, quieuimus.

Preparati ascendebamus.) ἀποσκευασάμενοι. quod ego puto uertendum, sublatis sarcinis.
35 Iasonem quendam.) Græci legunt, μνάσωνί τινι, id est Mnasonem quendam[Licet apud
Chrysostomum in epistolam ad Romanos capite ultimo, legitur ἰάσονα: tametsi scribæ so
lent eiusmodi multa deprauare]ut dissimulem quod ἐδόξαζον uerterit Magnificabant,
pro glorificabant.

Audierunt aũt de te) κατηχήθησαν. idem uerbũ unde diximus dici catechumenos. Eodem *κατηχήθησαν audierunt*
utitur paulopost, ὅτι ὧν κατήχηνται. Nec est Discessionem, sed ἀποστασίαν, id est defectionem.

Eorum qui per gentes sunt Iudæorum.) τοὺς κατὰ τὰ ἔθνη πάντας ἰουδαίους, id est Eos qui
in gentibus sunt omnes Iudæos. Offendit interpretem geminus accusatiuus additus uerbo docendi.

Neq; secundum consuetudinem ingredi.) μηδὲ τοῖς ἔθεσι περιπατεῖν, Neq; iuxta consue- *ἔθη*
tudines ambulare. Nam ambulare, uocat uiuere, & cõsuetudines, instituta & morem eius
gentis. Nec est, Falsa sunt: sed οὐδέν ἐστιν, id est Nihil sunt. Atque ex hoc sanè loco Iacobus
27 uidetur, tum adhuc in ea fuisse sententia, ut existimaret Iudæis(aliqua ex parte)seruandam *Iacobus aliqd tribuens legi*
22 esse legem Mosaicam, quum Petrus & Paulus gentilium more uixisse legãtur{Non quod
illam existimaret necessariam ad salutem, sed utilem ad uitandum offendiculum infirmorum, quum Paulus putaret iam esse tempus negligendi eam superstitionẽ, utpote uergen-

tem in magnum discrimen euangelicæ doctrinæ.> Nec est,

16: purificare

Sanctifica te.) sed ἁγνίσθητι, id est purifica te. Et paulopost, Purificatus, ἁγνισθείς.
Concitauerunt omnem.) συνέχυον, id est confundebant siue conturbabant. Et, Totum, potius quàm Omnem. Nec est, Populum: sed ὄχλον, turbam siue multitudinem. Et, Succurrite, potius quàm Adiuuate, βοηθεῖτε. nam adiuuat, qui est particeps operis. Et, Hic est homo, ὁ ἄνθρωπος, id est ille homo.

[Ab idolis immolato: & cætera.) Nos quatuor habemus, quemadmodum & Græci. Au 35
gustinus in Speculo, non commemorat nisi tria, idolothyta, sanguinem, & fornicationem. Et ne quis hunc casum interpretetur, addit quosdam ex his Lucæ uerbis occasionem erroris arripuisse, ut dicerent non esse nisi tria crimina letalia.]

Omnes ubique docet.) Perijt apud nos gratia schematis, πάντας πανταχοῦ, id est omnes omni in loco. Nec est, Violauit sanctum locum istum: sed κεκοίνωκε, id est prophanauit, siue ut Hebræi loquuntur, communem reddidit.

Certum cognoscere.) τὸ ἀσφαλές. Recte sanè hoc. At cur non itidem transtulit in præfatione Euangelij, τὴν ἀσφάλειαν, certitudinem.

Iussit eum duci in castra.) εἰς τὴν παρεμβολήν. Ita uocat locum communitũ. Cæterum quidam ex Castris, fecerãt carcerem: & ob id admonẽdum duximus, ne serpat id mendi latius.

16-27: ille

Nonne tu es Aegyptius?) Aegyptij male audiebant olim, tanquam malarum autores artium. Id quod non paucis locis indicat Iuuenalis ac Lucianus. Quin & prouerbijs aliquot huius gentis mores notati sunt, quæ recensuimus in Chiliadibus nostris.

*Latinã uocẽ usurpauit*

Et sicariorum.) Græce scribens, usus est uoce Latina, id quod iam nouum uideri non potest, quum toties sit obuium.

*Tarsus Ciliciæ*

A Tarso Ciliciæ.) ταρσεὺς τῆς κιλικίας. id est, Tarsensis, quæ est ciuitas Ciliciæ. Est autem metropolis eius regionis. Nec est, Ignotæ: sed ἀσήμου, id est, obscuræ (nisi quòd igno- 27
tos homines, Horatius dixit obscuros & ignobiles.) Testatur idem Stephanus De nominibus urbium, hanc ἐπισημοτάτην appellans, hoc est primariam ac præter cæteras insignem, olim dictam Terson, per e psilon, siue quòd illic à diluuio primum apparuerit terra sicca, siue quòd illic delapsus Pegasus talo fracto, quem illi ταρσὸν appellant, claudicationem contraxerit. Porrò quantumuis fuit celebris alijs nominibus, nullo tamen insignior, quàm quòd illi Paulum debemus, usqueadeo præcipuum Christianæ philosophiæ præconem ac propugnatorem, ut ni ille nobis diuino munere contigisset, periculum fuerit futurum, ne Christiani omnes in seruilem illam & humilem Moysi legem relaberentur. Quanquam nunc quoque ratione magis quàm numero ceremoniarum ab illis differimus: eò Christus progressu temporum recidit. Est & alia eiusdem nominis in Bithynia. [Rursus alia quæpi- 19
am in India, ut indicat Hieronymus in Commentarijs quos conscripsit in Ionam. Iosephus putat Tarsum Ciliciæ esse in quam fugerit Ionas.] Porrò quòd quidam legunt Municeps, quidam Ciuis, Græcis est πολίτης, id est ciuis. Verum opinor interpretem offensum affinitate uocum, ciuitatis & ciuis, quæ tamen eadem est in sermone Græco, (πόλεως, πολίτης. 27
Subest & amphibologiæ nonnihil: uidetur enim πόλεως appositiue iungi Ciliciæ, quum pertineat ad Tarsum.)

16-22: quam
16: appellant

*Municeps πολίτης*

EX CAPITE XXII

16: Redde

Reddo rationem.) ἀπολογίας, Quod & defensionem & excusationem significat.

*Patrius & paternus*

Iuxta ueritatem paternæ legis.) κατ' ἀκρίβειαν τοῦ πατρῴου νόμου. id est, Iuxta exactam rationem patriæ legis, siue Iuxta rigorem patriæ legis. Et, Patriæ, potius quàm Paternæ: quum non de patre suo, sed de omnibus maioribus sentiat.

16-27: progenitoribus

Aemulator legis.) ζηλωτὴς τοῦ θεοῦ, id est æmulator dei, legimus apud Græcos.

Sicut princeps sacerdotum.) ὡς καὶ ὁ ἀρχιερεὺς μαρτυρεῖ μοι. id est, Quemadmodum & pontifex mihi testis est. Et rursum, αὖθις αὖ,
Omnes maiores natu, quum Græce sit, πᾶν τὸ πρεσβυτέριον, id est omnis presbyterorum ordo. Opinor enim hic de dignitate sentiendum, non de ætate.

(Ad fratres.) πρὸς τοὺς ἀδελφούς. Aut fratres hic dicit Iudæos, aut πρὸς rectius uertisset 27
aduersus

aduersus, si fratres dixit Christianos.)

Vt adducerem inde uinctos.) ἄξων καὶ τοὺς ἐκεῖσε ὄντας δεδεμένους. id est, adducturus & eos qui illic essent, uinctos Hierusalem.

Circumfulsit me lux copiosa.) περιαστράψαι est circumfulgurare, potius quàm circumfulgere: quemadmodum indicatum est & ante.

Et decidens in terram.) ἔπεσά τε εἰς τὸ ἔδαφος. id est, Cecidiq; in solum. Id enim sonat ἔδαφος, etiam si saxeum sit aut ligneum.

Saule Saule.) Græci legunt, Saul Saul, Hebræorum more. Quum illi Christus Hebraice loqueretur, ut posterius testatur ipse Paulus.

Et qui mecum erant, lumen quidem uiderunt.) His addunt Græci, καὶ ἔμφοβοι ἐγένοντο. id est, Et territi sunt. Deinde adijcitur, Vocem autem non audierunt, quæ loquebatur mecum. Equidem non possum non uehementer probare diligentiam Laurentij Vallæ, qui quum homo rhetoricus esset, ut uulgus existimat, certe theologiam non profiteretur, tamen uigilantia tanta uestigarit, quid in sacris literis aut dissideret aut conueniret aut deprauatum esset: quum hodie tot sint theologorum, ausim dicere millia, qui usqueadeo non utantur hac conferendi disquirendiq; solertia, ut ne id quidem cognitum habeant, qua lingua scripserint apostoli. Et quum forte fortuna audiunt Marcum, Lucam, Paulum, Petrum, ac Ioannem Græce scripsisse, uelut ad rem inauditam & incredibilem obstupescunt. Alius putat illos nihil nisi Hebraice scripsisse, quum fuerint Hebræi. Alius hæc ab illis ædita credit, quæ nos uulgo legimus: tanta est in re tam necessaria socordia. Rogat autem qui
27 consistere posit, ut quum Lucas superius (capite nono,) scripserit eos qui Paulo comites erant, uocem quidem audisse, cæterum neminem uidisse, hic neget eos audisse uocem lo-
27 quentis cum illo (sed tantum uidisse lumen,) Deinde qui conueniat, ut quum illic dicantur
27 stetisse stupefacti, paulo post (nimirum capite uigesimosexto,) hanc eandem rem exponens Agrippæ Paulus, dicat omnes fuisse collapsos in terram: quod hic de se tantum narrat. At
22 illic: Die (inquit) media in uia uidi rex, de cœlo supra splendorem solis circumfulsisse me lumen, & eos qui simul mecum erant: omnesq; quum decidissemus in terram, audiui uocem mihi Hebraica lingua dicentem, Saul Saul. Quomodo factum est, ut pugnantia scripserit
27 Lucas, & illic sub persona sua referat (comites) audisse uocem loquentis, quum Paulus hic rursus ipse narret uocem uni sibi fuisse auditam? Nam quod differit de stando & cadendo, non ita magni negocij est dissoluere. Siquidem fieri potest, ut ad primum pauorem collapsi, mox erexerint sese, Paulo adhuc iacente. De uoce audita & non audita, durior est nodus. Recentiores utcunque tergiuersantur, quum aiunt uocem quidem, hoc est sonitum uerborum auditum, cæterum uerba uni Paulo percepta: ita factum, ut audita fuerit uox, & eadem non audita. Valla magis existimat superiorem locum, in quo Lucas hãc historiam sub sua ipsius persona recenset, fuisse deprauatum, transpositis duabus uoculis, ijsq; inter sese non admodum dissimilibus, apud Græcos duntaxat, φῶς & φωνή: cæterum à Luca
27 sic fuisse scriptum, Videntes quidem lumen, neminem autem audientes. (Huic sententiæ quantum tribuendum sit, alij uiderint. Petrus Comestor per aliam rimam elabitur. In capite nono dicuntur audisse uocem loquentis, non Christi compellantis, sed Pauli respondentis. Hic quum Paulus negat illos audisse uocem, de Christi uoce sentit.)

*Vallæ diligentia*

*Narratio quæ sibi non cõstare uidetur*

19 Quæ te oporteat facere.) In nonnullis sic habebatur, περὶ πάντων ὧν τέτακταί σοι ποιῆσαι. id est, de omnibus quæ ordinata sunt tibi ut facias. In alijs rursus tantum erat, τί σε δεῖ ποιεῖν, aut ποιῆσαι, id est, quid te oporteat facere.

Quum non uiderem præ claritate luminis.) ἀπὸ τῆς δόξης τοῦ φωτὸς ἐκείνου. id est, præ gloria luminis illius.

Ananias quidam uir secundum legem testimonium habens.) Græci codices nonnihil addunt: ἀνανίας δέ τις, ἀνὴρ εὐλαβὴς, κατὰ τὸν νόμον μαρτυρούμενος ὑπὸ πάντων. id est, Ana-
19 nias autem quidam, uir pius, siue religiosus, in lege testimonio probatus omnium habitantium in Iudæa. Laurentius indicat se in uno Latino codice reperisse additum quod Græcæ uoci responderet: Ananias quidam uir timoratus. Timoratum enim pro religioso dixit. Cæterum pro εὐλαβὴς, in nonnullis exemplaribus erat, εὐσεβὴς, hoc est,
19 pius. Et quod hic uertit,

Secundum

Secundum legem.) Verti poterat & In lege. Potestq́ue ea particula utroque uersum referri: ad superiora, ut sit sensus, Religiosus siue pius in lege, siue iuxta legem, non iuxta euangelium; aut ad sequentia, Probatus omnium testimonio in lege, siue iuxta legem.}

Ab omnibus cohabitantibus Iudæis.) Habitantibus, est, siue Inhabitantibus κατοικούντων. Et quidam Græcus codex habebat adscriptum, sed in spacio dirimente uersus, ἐν δαμάσκῳ, ab omnibus habitantibus Damasci Iudæis.

*Respice ἀνάβλεψον*

Respice.) ἀνάβλεψον, hoc est, Recipe uisum, siue Attolle oculos. Vt mox, Et respexi.) ἀνέβλεψα.

Præordinauit te.) προεχειρίσατο, id est, præparauit te, siue prius apparauit te: nisi quis malit, προεκυρώσατο, id est prius statuit. Cæterum id non erat in ullis Græcorum exemplaribus. Nec Ananias hic agit de prædestinatione diuina, sed de ruina ac cæcitate Pauli, quibus rebus Christus iam agebat & aggrediebatur, ut hac occasione cognosceret euangelij fidem.
⟨Nec annotatio mea excludit prædestinationem, sed explicat proprietatem Græcæ uocis. 22
Chrysostomus hunc enarrans locum nullam facit mentionem prædestinationis.⟩

*Articuli uis, ut uideres iustum*

{Vt uideres iustum.) τὸ δίκαιον, id est, iusticiam, siue id quod iustum est: hoc est, cernas id 19
quod antehac zelo legis excæcatus non uidebas. Rursum in alijs habebatur, τὸν δίκαιον,
hoc est, iustum illum, uidelicet Christum: idq́ue congruit cum eo quod sequitur, Et audires
uocem ex ore eius}⟨Videtur enim sentire de luce quam uiderat, & uoce Iesu quam audie- 27
rat: quanquam & mox narret quomodo uiderit & audierit dominum in templo.⟩

*Articulus congruens antecedenti*

Quæ uidisti & audisti.) ὧν ἑώρακας. Articulus postpositiuus, iuxta Græcorum idioma, congruit antecedenti pronomini, quod subauditur Eorum, dissidens à suo ipsius uerbo. Interpres bene adiecit de suo Eorum.

Ego stabam & consentiebam.) Hic Græci addunt duo uerba, τῇ ἀναιρέσει αὐτοῦ, id est, morti eius. καὶ αὐτὸς ἤμην ἐφεστὼς καὶ συνευδοκῶν, id est, & ipse eram assistens & comprobans interfectionem eius.

Tolle de terra huiusmodi.) τοιοῦτον, id est, talem: ut ad Paulum referatur. Vnde non male addidisset Huiusmodi hominem. Et mox,

Non est fas.) sed καθῆκον, id est, non conuenit, siue non decet.

*Torqueri addidit interpres*

Et flagellis cædi & torqueri.) ἐκέλευσεν αὐτὸν ὁ χιλίαρχος ἄγεσθαι εἰς τὴν παρεμβολὴν, εἴπων μάστιξιν ἀνετάζεσθαι αὐτόν. id est, Iussit eum tribunus duci in castra, dato mandato, ut flagris examinarent eum. Nec aliud fuisse iussum, indicant ea quæ sequuntur, ut illud interim dissimulem, quòd Si hominem Romanum dixit, pro An hominem: quãdoquidem adeo constanter id facit, ut suo iure uideatur facere.

Multa summa.) πολλοῦ κεφαλαίου. Ita Græci uocant supputationem in summam subductam. In nonnullis legimus, Hanc ciuitatem, in alijs Ciuilitatem, Græce πολιτείαν. Laurentius magis probat Ciuilitatem, ego contrà Ciuitatem. Quandoquidem ciuitate donati
dicuntur Latinis, quibus ius ciuitatis concessum: & ut Græcis à πολίτης, πολιτεία, sic nobis
à ciue, ciuitas dicitur⟨Beda subindicat in nonnullis codicibus sermonem fuisse magis dilu- 22
cidum, in quibus sic erat scriptum: Dixit tribunus, Tam facile dicis ciuem Romanum esse
te. Ego enim scio, quanto precio ciuilitatem possedi istam.⟩ Nec est, Consequutus sum: sed ἐκτησάμην, id est, paraui. quod ante uertit, Possedit agrum de mercede iniquitatis.

Volens scire diligentius.) τὸ ἀσφαλές, id est, certum: ut & superius uerterat Certius, quod nunc uertit diligentius.

## EX CAPITE XXIII

*Percutiet te deus*

PErcutiat te deus, paries.) In plerisque Latinis exemplaribus, Percutiet, mutatum erat in Percutiat: quasi Paulus imprecaretur pontifici malum. At Græci legunt, τύπτειν σε μέλλει, id est, Futurum est ut te percutiat deus{Atque ita 19
citat Augustinus libro secundo Commentariorum, quos scripsit De sermone domini in monte habito. Rursum in epistola quinta ad Marcellinum, ubi declarat & interpretatio quam subijcit, quòd Percutiet, legerit uerbo futuri temporis. Succedit enim, ut qui saperent, intelligerent destruendum esse aduentu Christi parietem dealbatum, hoc est, hypocrisim sacerdotij Iudæorum}⟨Ad eundem modum legit & interpre- 22
tatur Chrysostomus⟩ Nec in his apud Græcos est facilis scripturæ deprauatio, nisi quis

locum

locum hunc studio mutauit, ne Paulus uideretur oblitus exempli Christi, qui similiter acce- pta plaga, mansuete tranquilleque respondit, quique iussit ut bene precaremur male precan- tibus, bene mereremur de male merentibus. At si Paulus tantum prædixit futurum ut deus illum feriret, cur mox uocant maledictum? Et ipse ueluti redarguens seipsum: Scriptum est, inquit, Principi populi tui non maledices. nisi fortè qui commoto animo prædicit euen- turum, is maledicit. Quanquam de conuicio facile sit explicare, quandoquidem in pariete dealbato manifestum conuicium [est. Sed qui potuit fieri, ut Paulus non agnosceret prima- rium sacerdotem, uel ex ipso ornatu, præsertim homo Iudæus nusquam loci non uersatus? Deinde cur recantat, non quòd homini maledixerit, sed quòd principi populi? At sanè iudi- cem esse sciebat, etiam quum conuicium diceret: Tu, inquit, sedens iudicas me secundum legem. An cæteris licet maledicere, soli principi non licet? At Christus noluit cuiquam om- nino maledici. Diuus Hieronymus adducens hunc locum in dialogis aduersus Pelagium, excusat quidem Paulum, attamen fatetur eum non præstitisse mansuetudinem eam, quam præstitit Christus. Verum hoc scripsit Hieronymus undecunque suam muniens causam, & in ipso quoque Christo aliquod imperfectæ pietatis uestigium inquirens. Nec ipse dissi- mulat, aliud esse colligare nodis aduersarium, aliud docere discipulum. Aliud agit qui pu- gnat, aliud qui exhortatur, aliud qui deterret. Deinde ut sunt diuersa hominum ingenia & instituta, ita sunt & diuersæ sententiæ. At nos nulla harum rerum habita ratione, ex quo- uis cuiusuis operis angulo, tria uerba decerpimus, & inde contexto syllogismo, nouum ędi- mus oraculum. Equidem non nego Paulum non caruisse prorsum humanis affectibus, quum ipse meminerit de stimulo carnis, & constet inter Barnabam & ipsum, nempe duos optimos uiros, dissidium aliquod extitisse. Cæterum hoc loco consentaneum est Paulum non ignorasse summum sacerdotem, nec tamen illi male precatum hoc animo quo uulgus iritatum solet, sed apostolico spiritu incanduisse aduersus eum, qui quum optimi uiri tene- ret locum, ne speciem quidem æquitatis præberet, quam præstabant etiam ethnici. Sic Pe- trus incanduit aduersus Ananiam & Sapphiram. Sic hic ipse Paulus aduersus Elymam ma- gum. Quid igitur est quod excusat se, Nesciebam quòd esset pontifex? Nimirum cessit tu- multui, & se ignorasse pontificem dicit, qui se non pontificem, sed tyrannum re declarabat. Itaque gemino nomine concedit turbæ. Primum agnoscens esse pontificem, qui re ipsa non
22 erat nisi paries dealbatus: deinde conuicium esse <non negat> quòd illis uidebatur conuicium,
22 quum non esset conuicium, sed libera obiurgatio. <Chrysostomus indicat quibusdam hoc per ironiam uideri dictum, Nesciebam quòd pontifex esset. Verum ipse prorsus asseuerat illum uere ignorasse, uel quòd diutius abfuisset à consuetudine Iudæorum, uel quòd Ana- niam in turba multorum non agnosceret. Beda non dissentiens à Chrysostomo, addit argu- tam magis quàm ueram interpretationem, Nesciebam eum esse pontificem, quod per eu- angelium iam cessasset sacerdotium Mosaicum: & tamen ita corrigit se quasi peccasset, ut alios doceret deberi reuerentiam ijs, in quorum potestate sumus.> Porrò testimonium quod adduxit, extat Exodi capite uigesimosecũdo: Dijs non detrahes, & principi populi tui non maledices.] Siquidem illi iudices ac magistratus, deos uocant.

19 {Nesciebam fratres quia princeps est.) Quia, redundat Latinis: apud Græcos nonnun- quam additur affirmandi causa. Annotauit & Augustinus libro de Geneseos loquutioni- bus primo, Quia sæpe redundare in sacris libris: uelut illo loco, Et dixit, quia dominus est in loco hoc, ego autem ignorabam.}

27 (Et soluta est multitudo.) καὶ ἐσχίσθη, id est, secta est. interpres legisse uidetur ἐλύθη.)

35 Quid si spiritus [loquutus est ei] aut angelus.) Græci secus legunt: εἰ δὲ πνεῦμα ἐλάλησεν αὐτῷ, ἢ ἄγγελος, μὴ θεομαχῶμεν. id est, Quod si spiritus loquutus est illi aut ange-
19 lus, ne pugnemus cum deo. quo uerbo usus est antè Gamaliel. {Hæc clausula, Ne repu-
27 gnemus deo: non habebatur in nostris exemplaribus Latinis} & adscriptam apparet ex superioribus.)

Deuouerunt.) ἀνεθεμάτισαν. quod tamen eleganter uertit interpres. Demiror equidem quis hoc indicarit Carrensi, Græcis hoc loco scriptum anathematizauerunt. Et paulopost, Deuotione deuouimus.) ἀναθέματι ἀνεθεματίσαμεν, id est, execrari seipsum, ac dijs ma- nibus, ut ethnici loquuntur, deuouere.

Notum

Marginal notes: 16: qui — 16: verum — Hieronymi sententia excussa — 16: & — Vafricies Pauli pia — 16: exitisse — 16: 'elohim — Quia, superfluum — θεομαχεῖν — 16: dealere — Deuouere

16: maledices. Hebraei legunt ad hunc modum 'elohim lo' theqallel we-nasi' ve-'ammekha lo' tha'or Siquidem

Notum facite tribuno.) Græca nonnihil dissonant à nostris: νῦν οὖν ὑμεῖς ἐμφανίσατε τῷ χιλιάρχῳ, καὶ τῷ συνεδρίῳ, ὅπως αὔριον αὐτὸν καταγάγῃ πρὸς ἡμᾶς, ὡς μέλλοντας διαγινώσκειν ἀκριβέστερον, τὰ περὶ αὐτοῦ. id est, Nunc igitur indicate tribuno & concilio, ut cras eum producat ad nos, uelut disquisituros exactius de causa illius. ⟨Cum hac lectione concordat Chrysostomus & Aldina æditio⟩ tametsi nonnulli Græci codices propemodum consentiũt cum nostris exemplaribus, in quibus est, ὑμᾶς uos, pro ἡμᾶς, & μελλόντων pro μέλλοντας. 22
Atque ita sensus erit: Nos planè decreuimus quocunque periculo Paulum occidere, uos adiuuate, ut tantum producatis [eum] ad populum, abutentes hoc prætextu, quasi uelitis exactius de causa disputare. Alioqui sciebant tribunum non producturum Paulum cognitis insidijs. Atqui sic exponit Carrensis, uelut hoc ipsum uoluerint nunciari tribuno & concilio, quod destinassent per tumultum occidere Paulum. Iam uero Lyranum apparet ita legisse, Nunc autem uos notum facite tribuno cum concilio {quomodo legitur in nonnullis Græcis exemplaribus. Id quum idem ualeat, sic interpretatur} & ordinat⟩ Vos, inquit, cum concilio, id est uos simul conciliati Pharisæi & Sadducæi, ne per uestram dissensionem impediatis mortem Pauli. ⟨Eamus nunc & negemus quicquam referre utrum Greca quis conferat, an non. Iam non satis intelligo quur quibusdam hic magis arrideat, ut μέλλοντας uertatur per Debet, uerbum. Fingit enim hoc futurum, & ideo apponitur ὡς. Nec usquam comperi μέλλω sic usurpatum (nisi quod indocti dicunt, Vult uenire, & Debet uenire, pro Venturus est.) 35 19 22 22 27

*[margin, printed:]* Carrensis & Lyranus — Lapsus ex Græcis non inspectis

16-27: producatur — 16: Carrensis & Lyrano — 16: nescio quid acciderit hoc loco quem — 22: arrideant — 22: utatur

Tanquam aliquid certius cogniturí de eo.) Si πυνθάνεσθαι referatur ad tribunum & consilium, fortasse congruentius erat Audituri. Nam Græca uox anceps est, præsertim quum præcesserit διαγινώσκειν: quod magis uidetur ad iudicem pertinere, quàm actorem. Atque ita in priore parte legendum μελλόντων, non μέλλοντας: & nominandi casus accipiendus esset pro gignendi casu, absolute posito. [tametsi Græci nonnunquam & accusandi casum usurpant absolute] Iam πρὸς ἡμᾶς, an πρὸς ὑμᾶς legendum sit, expendendum est.⟩ 35

22-27: inquisituri sint de illo

Quoniam hæc nota fecisset sibi.) Interpres bene mutauit personam secundam in tertiam. nam Græce est, παραγγείλας μηδενὶ ἐκλαλῆσαι, ὅτι ταῦτα ἐνεφάνισας πρός με. id est, Iussitque ne cui efferret quòd hæc indicaueris mihi. Nisi mauis infinitum modum positum uice imperatiui, quemadmodum nos uertimus (μηδενὶ ἐκλαλῆσαι, ne cui patefacias.) 27

Et lancearios ducentos.) δεξιοβόλους, quod dextra mitterent hastilia. ⟨Siue, ut in alijs legitur, δεξιολάβους⟩ nam olim ferè missilibus utebantur. Ac mox, 22

Et iumenta præparate.) κτήνη τε παραστῆσαι, id est, iumentaque exhibere. & hic usus est infinito pro imperatiuo.

Timuit enim, ne forte raperent eum Iudæi & occiderent, & ipse postea calumniam sustineret, tanquam accepturus pecuniam.) Quæ hactenus recensui, omnia desunt in Græcis exemplaribus, quæ quidem mihi uidere contigit. [Nec offendit hic locus Laurentium Vallam: unde apparet aut exemplar illius hæc habuisse ⟨aut [ipsum] non animaduertisse. Certe Lyranus negat hæc haberi in libris emendatioribus: uerum hoc glossema adiectum fuisse in margine, quod inscius quispiam retulerit in cõtextum. Certum est autem hoc non somniasse Lyranum. Iam nec Chrysostomus enarrans hunc locum, legit aut exponit, quæ nos ostendimus in Græcis non haberi.⟩ 22.35

*[margin, printed:]* Desunt in Græcis

16-19: Opinor oblivione

Optimo præsidi.) τῷ κρατίστῳ {Græca uox} magis competit in potentẽ, quàm in bonum uirum {ut dictum est in Præfatione Lucæ, in suum euangelium.} 19 19

*[margin, printed:]* Optimus κράτιστος

16: quod ut ante dictum est

Per noctem in Antipatridem.) Nihil opus erat præpositionem apponere, quum Antipatris uocabulum sit ciuitatis Palæstinæ, ab Antipatro patre Herodis sortita nomen.

De qua prouincia esset.) ἐκ ποίας ἐπαρχίας. quod sanè non inelegãter reddidit interpres.

16: pronunciasset

EX CAPITE XXIIII

(QVi adierunt præsidem.) ⟩ (ἐνεφάνισαν τῷ ἡγεμόνι κατὰ τοῦ παύλου. Sensum quidem probe reddidit interpres: Adeunt enim iudicem, qui deferunt reum. Cæterum ἐνεφάνισαν sonat Significarunt, nisi subaudias ἑαυτούς. ⟩ (Quidam deprauate legebant Audierunt, pro Adierunt.) 27.22 27

Et multa corrigantur per tuam prouidentiam.) Græcis est non ἀνορθωμάτων, sed κατορθωμάτων, quod rem cum uirtute & laude factam significat, interprete Cicerone

*[margin, printed:]* Oratio rhetorica, non apostolica

{ 16: concilio, idque cum male legerit, peius interpretatur, vos inquit

⟨ 16: Pauli. Quis haec posset comminisci, nisi penitus Aristotelis dialecticam ac physicam imbibisset? Quoniam

19: Scoti eas subtilitates

rone, quod Latini uocant officium, à uerbo κατορθόω. Sensus enim est, Quum per tuam prouidentiam multa fruamur pace, multaque officia præstes huic populo.

Suscipimus optime Felix.) ἀποδεχόμεθα. Quo uerbo nonnunquam & Paulus usus est pro approbare & amplecti.

*Suscipere, pro approbare*

22 <Optime Felix.) Græce non est βέλτιστε, sed κράτιστε: quod ut modo dixi, magis sonat potentissime. Nos uertimus, præstantissime.>

Ne diutius te protraham.) ἐγκόπτω, id est impediam, siue morer, aut detineam. Et pro Tua clementia, est ἐπιεικεία, quod aliâs humanitatem, aliâs æquitatem uertunt.

Hominem hunc pestiferum.) Græcis non est pestiferũ, sed λοιμόν, hoc est pestem, quem admodum exitialem uocant ὄλεθρον, id est exitium. Nec est, Hominem, sed Virum.

19-22: exitiale
16-22: exitium

Et autorem seditionis sectæ.) Seditionis, abest in Græcis codicibus. πρωτοστάτην τε τῆς τῶν ναζωραίων αἱρέσεως. id est, autorem seu præfectum sectæ seu factionis quæ dicitur Nazarenorum.

*αἵρεσιν uertit seditionem*

Etiam templum conatus est uiolare.) βεβηλῶσαι, id est, prophanare, nimirum quod induxerit Græcos. Ne quis imaginetur accusari Paulum, quod uim admouerit templo.

Quem & apprehensum uoluimus secũdum legem nostram iudicare. Superueniens autem tribunus Lysias, cum ui magna eripuit eum de manibus nostris, iubens accusatores eius ad te uenire.) Hæc omnia deerant in multis exemplaribus Græcis. In uno duntaxat reperi adscripta, sed minutissimis formulis, idque in spacio marginali. Vnde & adiecimus.

22 <Quin & Beda, ni fallor, in glossa quam ordinariam uocãt, indicat in Latinorum codicibus aliquot uersus defuisse, qui Græcis legantur ad hanc sententiam, Quem apprehendimus:

27 &(cætera) quemadmodum modo retulimus. Porrò non dissimile ueri est, Bedæ fuisse commentariolos aliquos eruditorum, qui nobis non extent. [In præfatione fatetur se in hoc opere quorundam scriptorum commentarijs fuisse adiutum, quorum tamen neminem nominat, præter Aratorem, qui carmine contexuit huius operis historiam: quum in alijs soleat autorum nomenclaturam in marginibus annotare] Illud mirum, hæc quæ notat olim desiderata in Latinorum codicibus, nunc constanter in his haberi, & in plerisque Græcorum co-

22-27: Hieronymi

27 dicibus desiderari (In peruetusto codice quem nobis exhibuit Constantia, eadem desiderabantur) Fieri potest, ut aliquis adiecerit è narratione capitis prioris, ubi legitur. Et quũ magna dissensio facta esset, timens tribunus ne discerperetur Paulus, iussit milites descendere, & rapere eum de medio eorum. Aut potius ex epistola Lysiæ, Virum hunc comprehensum à Iudæis, & incipientem interfici ab eis, superueniẽs cum exercitu eripui. Porrò quod his è medio sublatis, non uidetur cohærere sermonis ordo, secus habet. Potest enim sic legi, Quem & apprehensum uoluimus secundum legem nostram iudicare, à quo poteris iudicans ipse de omnibus istis cognoscere. De Paulo comprehenso fuerat mentio, & illum hic repetit à quo poteris. Nec erit opus narrare illum deductum ad Felicem, quum id ipsa res

22-27: erat

27 loqueretur (Pro superueniens, quidam Latini codices habebant Intercedens.)

A quo poteris ipse iudicans.) Quum Græce sit ἀνακρίνας, magis hic quadrabat Interrogans, siue facta interrogatione, aut ut nos uertimus, inquisitione facta.>

Annuente sibi præside.) νεύσαντος αὐτῷ τοῦ ἡγεμόνος, id est, quum annuisset ipse præses. Interpres legisse uidetur αὐτός: nec admodum refert.

16-27: praesul

19 Bono animo pro me satisfaciam.) εὐθυμότερον τὰ περὶ ἐμαυτοῦ. {seu περὶ ἐμαυτοῦ} ἀπολογοῦμαι. id est, æquiore animo pro mea causa respondeo. Est enim præsentis temporis ἀπολογοῦμαι. quod interpres uarie uertit. Est autem proprie apologia, oratio qua se defendit apud iudicem reus.

Neque probare possunt tibi de quibus nunc me accusant.) οὔτε παραστῆσαί με δύνανται, περὶ ὧν κατηγοροῦσί μου. id est, nec exhibere me possunt in his de quibus accusant me. Exhibere dixit, pro conuincere.

Secundum sectam quam dicunt hæresim.) Quum hæresis apud Græcos, nihil aliud sit quàm secta, quid uenit interpreti in mentem, ut Latinam uocem interpretaretur per [Græcam, sed idem significantem? An uerebatur, ne quis parum intellecturus esset uocabulum

*Ridicule Latinam uocẽ per Græcã interpretatur*

16-19: aliam

35 Sectæ, & ob id Græca uoce ceu notiore explicuit? Quapropter sciat lector [hoc loco] Græcis non esse sectam, alioqui bis erat dicendum, secta & secta: sed ὁδόν, id est uiam, κατὰ τὴν ὁδὸν ἣν

E

<16-19: adiecimus, uelut omissa librariorum incuria praesertim, cum hoc loco nihil offenderit Laurentium. Annuente

[22-27: extent. Siquidem Bedae rarum est citare autorem, sed alienis fere abutitur pro suis. Illud

ὁδὸν ἣν λέγουσιν αἵρεσιν. id eſt, iuxta uiam quam dicunt hæreſim,ſiue ſectam.Exponit enim
Paulus quid dixerit uiam,hoc eſt uitæ inſtitutum,quod notiore uerbo ſectam uocant.Sen-
tit enim,[opinor]de ſecta Phariſæorum,quæ cæteris antecellebat eruditione.[Id ex eo colli- 35
gitur,quod addit,Credens omnibus quæ in lege & prophetis ſcripta ſunt,ſpem habens in
deum,quam & hi ipſi expectant reſurrectionem futuram iuſtorum & iniquorum. Diſsimulat Apoſtolus odioſum nomen Nazarenorum, quod impegerat accuſans Tertullus.
Simili prudentia uſus eſt & ſuperiore capite,clamans, Viri fratres, Phariſæus ego ſum, filius Phariſæorum,de ſpe & reſurrectione ego iudicor]Cæterum hæreſis,apud ueteres non
erat tam odioſum uocabulū,quàm eſt hodie apud Chriſtianos.Quibus cum ſumma competat cōcordia,utpote eiuſdem corporis membris,iure uidelicet optimo inuiſum eſt ſectæ
uocabulum,diuiſionem ſonans.{Quod annotauimus de uia & hæreſi,pòſt comperimus à 22
Beda notatum in [Scholijs in hoc opus.Refertur in]gloſſa ordinaria.Quanq̃ illi non omni- 35
no aſſentior quod addit,ab incredulis hæreſim appellari,quum eo ſeculo nondum eſſet in-
fame uocabulum hæreſeos, imò potius exponit nota uulgo uoce,quod Hebraice magis
quàm Græce dixerat uiam.}[In his enim Pauli uerbis,Quam hæreſim dicunt:ſubauditur, 35
Nazarenorum.quæ reuera erat hæreſis,legem cum euangelio commiſcentium.Huius ſectæ Paulus non erat,qui docebat circunciſionem cum cæteris legis ceremonijs per euange
lium antiquatam eſſe.Phariſæum autem ſe profitetur,quod inter accuſatores multi eſſent
Phariſæi,nec is titulus laboraret ſimili inuidia atque Nazarenorum.Quod autem hæreſeos uocabulum olim non fuerit tam inuidioſum quàm nunc eſt,multis argumētis poteſt
colligi.Primum quod Ioſephus Iudæorum ſectas commemorans, Eſſeis & Sadducæis annumerat Phariſæos,quibus quartam adiungit Herodianorum.At Phariſæis nullus error
obiectus eſt.Quin ipſe Paulus huius operis capite uigeſimoſexto,hunc in modum loqui-
tur.Secundum certiſsimam noſtræ religionis ſectam,uixi Hieroſolymis Phariſæus.Quod
hic interpres uertit ſectam,Græcis eſt hæreſis,citra cōtrouerſiam in bonam partem.Apud
Iudæos igitur nihilo inuidioſius erat ſectæ uocabulum,quàm apud Græcos, Platonicum
aut Stoicum aut Peripateticum appellari.Et ſi uoces ipſas excutiamus, odioſius eſt ſectæ
uocabulum,quod à ſecando dicitur,quàm hæreſeos,quod Græcis dicitur ab eligendo.Se-
cta autem proprie dicitur Via è multis una. Sic uſus eſt Columella libro ſecundo:Quam
uelut ſectam legemq́ in proſcindendis agris ſequuntur agricolæ.]

Deſeruio patri & deo meo.) Primum deſeruio eſt λατρεύω, quod eſt cultum exhibere,
à quo uerbo dicta eſt theologorum latria.Quo quidem in loco neſcio quid ſibi uelit Hugo
Carrenſis,excuſans Paulum quod ſeſe hic æquarit prophetis,quum nihil huiuſmodi perci
pi poſsit ex uerbis Pauli. Deinde non eſt,

*Patri & deo, pro patrio deo*

Patri & deo.) ſed,patrio deo. τῷ πατρῴῳ τῷ θεῷ. Quod tamen haud accidit interpretis
uitio,ſed librariorum errore.Neque uero hoc loco dormiuit Carrenſis,addens quod deum
patrem ſuum dixerit Paulus,cuius filius demonſtraretur,non ſeruus.Quaſi uero Paulus
ullo titulo magis ſoleat gloriari,quàm quod ſeruus eſſet dei ac Ieſu Chriſti. Se nunquam
uocat filium,niſi quum de omnibus in genere facit uerba{ut illic,Quod ſumus filij dei}Por 19
rò patrium deum uocat,quod idem eſſet cuius cultum à maioribus ſuis accepiſſet,ne uideretur abrogare religionem Iudæorum.[quaſi dixiſſet,Deo Abraham,Iſaac & Iacob.] 35

Sine offendiculo conſcientiam.) ἀπρόσκοπον συνείδησιν, ueluti dicas,inoffenſam conſcientiam,ſiue expertem offenſæ:hoc eſt,quæ nuſquam offendat.

[Et apprehenderunt me,clamantes & dicentes,Tolle inimicum noſtrum.) Hæc uerba in 35
duobus peruetuſtis exemplaribus S.Donatiani non addebantur,ne in Conſtantienſi quidem,quibus uerbis ſubmotis unà cum coniunctione,Quidam ex Aſia, refertur ad Inuenerunt me.]

*Sermo inabſolutus*

Quidam autem ex Aſia Iudæi.) Non eſt abſolutus ſermo,niſi ſubaudias aliquid. Et,
quod demiror,ſenſit hoc Carrenſis,ac ſupplendum autumat, Viderūt me in templo.Quaſi
uero id quicquam ad huius cauſæ defenſionem pertineat,ſi uiſus eſt ab Aſianis Iudæis in
templo. Ego puto è proximo ſarciendum quod deeſt. Nam quum modo dixerit ſe fuiſſe
purificatum in templo,ſed citra tumultum,ſubijcit,Cæterum quidam Aſiani Iudæi:ſubau
dias,concitarunt eum tumultum,non ego.{Ad hanc coniecturam facit id quod legimus ca- 22
pite

pite nono: Quum autem septem dies consummarentur, ij qui de Asia erant Iudaei, qum uidissent eum in templo, concitauerunt omnem populum, & iniecerunt ei manus. Chryso-
27 stomus in Commentarijs Graecis, non addit coniunctionem δὲ, (nec erat in aeditione Hispaniensi) Potest & sic accipi, quasi Paulus interrogatus qui nam essent illi à quibus fuisset inuentus in templo: quia tantum dixerat Inuenerunt, non designata persona, responderit, Quidam autem ex Asia Iudaei: atque eos oportebat adesse. Potest & sic intelligi, non omnes fuisse Iudaeos Asianos, sed aliquot ex illis: qui hoc commodius poterant adesse, quod essent Asiatici, quemadmodum erat Paulus.⟩ >↓

35.22 Nisi de una hac [solummodo] uoce.) Interpres pro ἤ, legisse ⟨uidetur⟩ εἰ μή. Quid autem? Agnoscit Paulus hoc unum crimen, quod ea uoce concitarit seditionem? Non opinor, ni forte data opera hoc admiscuit, quo rursus Iudaeos inter se commissos à sese auerte- 16-19: legit
22 ret. ⟨Rabanus in glossa quam uocant ordinariam, indicat hoc dictum κατ᾽ ἀντίφρασιν, quasi Paulus sensisset hanc uocem non posse uideri causam seditionis, nec in crimen uocandam ab Asianis, qua testatus est se idem praedicare, quod ipsi crederent.⟩ Certe sic legunt Graeci: ἢ περὶ μιᾶς ταύτης φωνῆς ἧς ἐκέκραξα ἑστὼς ἐν αὐτοῖς. id est, Aut de una hac uoce qua clamaui 16-19: secus Graeci dissidet à nobis
22 stans inter eos. ut sit sensus: Si nihil aliud habent, uel hoc obijciant crimen. ⟨Potest ἢ accipi pro quàm, cum quo uim eandem habet aliquoties Nisi: ut, Nihil aliud habent nisi uerba: nihil aliud quàm uerba. Ac tum quidem oportet supplere, quod ultro uidetur cōsequi quae dicta sunt: aut hi ipsi dicant, si quid inuenerunt in me iniquitatis. Sed non habent quod obijciant, nisi de una hac solummodo uoce.⟩

Certissime sciens.) ἀκριβέστερον εἰδὼς τὰ περὶ τῆς ὁδοῦ. id est, Quum exacte nosset eam uiam. Abusus est comparatiuo uice positiui, ni referas ad Lysiam tribunum, ut intelligamus Felici notiorem fuisse eam sectae rationem quàm Lysiae, quod diutius fuisset apud Iudaeos magistratu functus.

Et habere requiem.) ἄνεσιν, id est, relaxationem: hoc est, ne durius aut arctius haberetur. Ac mox, 16-27: ut haberet

Nec quenquam de suis.) καὶ μηδένα κωλύειν τῶν ἰδίων αὐτοῦ, ὑπηρετεῖν ἢ προσέρχεσθαι αὐτῷ. id est, Et ne quem familiarium illius uetaret inseruire aut adire eum. ἰδίους enim uocat Pauli uel amicos familiares uel ministros uel discipulos. In nonnullis Grecis codicibus pro ἰδίων scriptum erat ἰουδαίων, id est, Iudaeorum. At altera lectio uel hoc nomine mihi magis probatur, quod cum nostra consentiat aeditione. 16-19: nec

## EX CAPITE XXV

Dierunt'que eum principes sacerdotum.) ἐνεφάνισαν δὲ αὐτῷ, id est, significa-
19 runt ei: idque priuatim. Superius uertit, notum facere: ac mox, adire. {Interpres legisse uidetur ἐνετύχησαν. Nec mihi displicet. Praesertim quum aliquanto post ubi res narratur Agrippae, rursus aeditio uetus habeat Adierunt.}

Postulantes gratiam aduersus.) αἰτούμενοι χάριν. Gratiam hoc loco uocat fauorem iudicis. Et mox,

Potentes.) δυνατοί, hoc est, qui possunt, & quibus commodum est, eò nos consequantur.
27 (Dies non amplius quàm octo aut decem.) Graeci legunt, πλείους ἢ δέκα, id est, plures quàm decem.)
35 Si enim nocui aut dignum.) εἰ μὲν γὰρ ἀδικῶ, id est, si laedo, aut si iniuriam facio. [Repente mutauit tempus. Sequitur enim πέπραχα. unde ἀδικῶ, hic sonare uidetur actum ἐμμένοντα, si sum iniurius, aut sum in noxa.]

Postulantes aduersus illum damnationem.) δίκην. quod causam ac litem siue ius si- δίκην uertit damnationem
22 gnificat, nonnunquam & poenam. Nos uertimus ⟨Sententiam, uerti poterat⟩ cognitionem.
22 Quis enim postulat damnationem à iudice indicta causa? ⟨Sed postulabant, ut ficta specie cognitionis Paulus uideretur iure damnatus. Id enim indicant uerba Festi, Non est consue-
27 tudo Romanis ⟨donare aliquē hominem⟩ & caetera. Et tamen qui malunt δίκην uerti poenam aut damnationem, uerbo magis à nobis dissident quàm sententia. Nec enim in aliud postulabant cognitionem, nisi ut damnaretur ficto iuris praetextu. Proinde in horum gratiam posuimus Sententiam, pro Cognitione.⟩ Donare, in damnare

Aliquem donare prius quàm.) In nonnullis scriptum erat Damnare, pro Donare: quod

E 2 prae-

> 27: Paulus. Et apprehenderunt me clamantes & dicentes, tolle inimicum nostrum.) Haec verba in duobus pervetustis exemplaribus S. Donatiani non addebantur, ne in Constantiensi quidem, quibus verbis submotis una cum conjunctione, quidem ex Asia refertur ad invenerunt me. Nisi

præcesserit de postulata damnatione. Cæterum Græce est, χαρίζεσθαι εἰς ἀπώλειαν. id est, donare in perniciem siue in interitum. Est autem χαρίζεσθαι, in gratiam alicuius donare.

Nullam causam deferebant, de quibus ego suspicabar malum.) Locus hic apud Latinos nonnihil est corruptus, quum apud Græcos syncerus habeatur. οὐδὲ μίαν αἰτίαν ἐπέφερον ὧν ὑπενόουν ἐγώ. id est, nullum crimen intentabant super hisce rebus de quibus suspicabar ego. Suspicabatur enim eos accusaturos Paulum de aliis rebus, quàm de quæstionibus legis, quas ut superstitiosas negligebant Romani.

Cum multa ambitione.) μετὰ πολλῆς φαντασίας. id est, cum multa ostentatione. Nos strepitum siue apparatum dicere possumus. ⟨Annotauit hoc ante nos Beda.⟩ 22

Interpellauit me.) ἐνέτυχόν μοι. id est, adiit siue conuenit me. Quanquam hoc sanè rectè uertit interpres.

Adduxi eum ad uos.) ἐφ' ὑμῶν καὶ μάλιστα ἐπὶ σοῦ. quod magis sonat Græcis, ad cognitionem siue iudicium tuum, quàm ad te aut ad uos.

Sine ratione mihi uidetur.) ἄλογον, id est iniquum, quod uulgo uocant irrationabile.

EX CAPITE XXVI

Æstimo me beatum.) Vt ne quid causemur quod pro existimo, dixit æstimo, quum Græce sit ἥγημαι. quod Quum sim defensurus, pro Quod sim defensurus. Cæterum ἐπὶ σοῦ, apud te, belle uertit: quum antea uerterit Ad te. Iam quum præcesserit Apud te, uide quàm concinne cohæreat Maxime te scien-

16: theologis

Egregie dormitans interpres

te. Verum illud omnium suauissimũ, quod addit, Omnia quæ apud nos sunt consuetudines & quæstiones: ceu fas sit ita loqui, Omnia consuetudines & quæstiones. At qui Hieronymus in libro quẽ scripsit ad Pammachiũ de optimo genere dicẽdi, citans hunc locum, uertit ad hunc modum: De omnibus quibus accusor à Iudæis ô rex Agrippa, existimo me beatum, quum apud te sim hodie defendendus, qui præcipue nosti cunctas quæ in
Iudæis sunt consuetudines & quæstiones. ⟨Atque huius loci per Hieronymum restituti me- 27
minit Beda⟩ Nos uertimus hunc in modum: Super omnibus de quibus accusor à Iudæis rex Agrippa, existimo me beatum, qui causam dicturus sim hodie apud te, quod tu maxime sis gnarus earum quæ apud Iudæos sunt & quæstionum & consuetudinum. Græca sic habent: περὶ πάντων ὧν ἐγκαλοῦμαι ὑπὸ τῶν Ἰουδαίων βασιλεῦ Ἀγρίππα, ἥγημαι ἐμαυτὸν μακάριον, μέλλων ἀπολογεῖσθαι ἐπὶ σοῦ σήμερον, μάλιστα γνώστην ὄντα σε πάντων τῶν κατ' Ἰουδαίους ἐθῶν
τε καὶ ζητημάτων. {Quanquam dure congruit, ὄντα σε, nisi forte scribendum erat, ὄντος 19
σοῦ.} [aut nisi placet accusandi casum pro genitiuo poni absolute] ⟨Hic Beda refert aliam ædi- 35·27
tionem quæ sic habuerit, Aestimo meipsum beatum apud te, incipiens reddere rationem hodie. Libens rogarim istos, qui contendunt hanc translationem esse Hieronymi, & afflatu spiritus sancti proditam, & hæreticum esse quicquid ab ea diuersum est, cur Hieronymus ausus est eam immutare? Aut si post hæc emendauit, cur delectatus est inutili solœcismo, præsertim quum Græcus sermo tale nihil habeat. In ὄντα consentiunt Græci codices, nec uideo solutionem, nisi subaudiamus εἰδὼς, id est, sciens.⟩

ἄνωθεν

Quæ ab initio fuit in gente mea.) Bis est hoc loco ἄνωθεν, quod interpres uertit Ab initio. Significat autem uitæ seriem ab initio usque ad finem.

16-27: sim

Hæresis in bonam partem

Secundum certissimam sectam.) κατὰ τὴν ἀκριβεστάτην αἵρεσιν. Pharisæorum sectam hære-
m uocauit, haud dubie quin in bonam partem. Deinde quod hic uertit Certissimam, Græcis est ἀκριβεστάτην, hoc est, exactissimam ac diligentissimam: quod esset eruditior ac rigidior quàm Sadducæorum, proximeq; ad uerum accedens.

Et nunc in spe quæ ad patres.) ἐπ' ἐλπίδι. Melius erat De spe [siue ob spem.] Et mox, 35

δωδεκάφυλον

Duodecim tribus.) τὸ δωδεκάφυλον. Græcis una dictio est, quæ significat non unam aut alteram sectam, sed uniuersam gentem Iudæorum in duodecim tribus distinctã: cui respondet participium λατρεῦον: quod, ut sæpe iam diximus, cultum numinis significat {unde nos 19
uertimus, colentes deum} Cæterum apud nos desunt duo uerba, ἐν ἐκτενείᾳ. id est, acriter siue assidue, ut legas, Duodecim tribus instanter nocte ac die seruiuimus.

{Detuli sententiam.) κατήνεγκα ψῆφον. Incertum an sentiat illum adduxisse decretum 19
à synagoga factum, an ipsum quoq; suo suffragio damnasse Christianos ⟨Nam fert senten- 22
tiam iudex, fert suffragium qui dicit in concilio sententiam, & defert minister, aut exequu-

tor

tor. In poſteriore ſententia eſt Lyranus, in priore Rabanus.〉
In quibus dum irem.) ἐν οἷς, hoc eſt, in his uerſans, & hæc agens: qua figura ſermonis &
antea ſemel eſt uſus.}
Vt conſtituam te miniſtrum.) προχειρίσασθαι, id eſt, Vt præparem: quod ante uertit, 16: magiſtrum
præordinare.
Eripiens te de populis & gentibus in quas.) Græcis eſt, ἐκ τοῦ λαοῦ. id eſt, de populo: ſen/
tiens nimirum de Iudæis. Et nonnulli Græci codices, pro populo, habebant Iudæis. Repe/
tit ad eundem modum paulopoſt: τῷ λαῷ καὶ τοῖς ἔθνεσι. id eſt, populo & gentibus. Verum
apud illos non eſt, In quas: ut reſpondeat gentibus: ſed οὕς, id eſt Ad quos: rei magis habita
ratione, quàm uocis.
19 {Digna pœnitentiæ opera.) Si Digna, ſumis abſolute, bene habet oratio: ſin minus, ope/
ra digna pœnitentia ſiue pœnitentiæ ſunt, quorum iure pœniteat〈de quo nonnihil dictum
eſt nobis, Matthæi capite tertio.〉
Volentes me interficere.) διαχειρίσασθαι. quod magis ſignificat iniecta manu uiolare, *Interficere*
quàm interficere. *διαχειρί-*
Si paſsibilis Chriſtus.) εἰ παθητὸς ὁ χριστός. an pati debuerit Chriſtus. Sic enim diſputabat *ζεσθαι*
ex prophetis, ut oſtenderet illorum uaticinia competere in Chriſtum. Siquidem hæc refe/ *Si paßibilis*
renda ſunt ad prædictionem prophetarum, non ad Chriſtum paſſum: alioqui parum apte *Chriſtus, pa/*
cohærebit, Lumen annunciaturus ſit populo. *rum commo/*
19 {Neq; enim in angulo quicquam horum geſtum eſt) Non diſplicet quod legit interpres, *de redditum*
Græci tamen aliquãto ſecus habent. οὐ γάρ ἐστιν ἐν γωνίᾳ πεπραγμένον τοῦτο. id eſt, neq; enim
hoc in angulo factum eſt.}
In modico ſuades.) ἐν ὀλίγῳ με πείθεις. Primum, modicum, pro paulo, ſuo more uſurpat. *Suadere, pro*
Deinde inter ſuadere & perſuadere non ſentit eſſe diſcrimen apud Latinos, etiam ſi apud *perſuadere*
Græcos unicum uerbum noſtris duobus reſpondet. Cæterum haud erat in procliui com/
mode locum hũc uertere. Valla putat ita reddi potuiſſe: Parum abeſt quin perſuadeas me
fieri Chriſtianum. Cui Paulus dixit: Optarim apud deum, ſiue parum ſiue multum abeſt.
Arbitror & ita reddi potuiſſe: Aliquantulum mihi perſuades ut fiam Chriſtianus. Et Pau/
lus ait, Optarim à deo, ut non ſolum aliquantulum, uerum etiam multum, neque te tan/
19 tum, ſed & omneis qui audiunt me hodie{& cætera. Neque enim opinor id ſenſiſſe Agrip 16: omnes
pam, parum abeſſe quin cuperet fieri Chriſtianus, ſed aliquantulum huc propenſum eſſe
redditum oratione Pauli.}

## EX CAPITE XXVII

VT autem iudicatum eſt eum.) ἐκρίθη, id eſt, Decretum eſt, ſiue conſtitu/
tum. Nec ad Paulum refertur, ſed ad regem & præſidem, qui ſic ſtatuerant
audito Paulo.
35 [Et] tradiderunt Paulum cum reliquis cuſtodijs.) παρεδίδουν τόν τε παῦλον
καί τινας ἑτέρους δεσμώτας. id eſt, Tradiderunt tum Paulum, tum alios quoſ/
dam uinctos.
Nauim Adrumetinam.) Carrenſis interpretatur Adrumetinam nauem quæ Romam *Adrumetina*
petat. Cæterum Adrumetum ſiue Adrumetium ciuitas eſt Myſiæ, autore Stephano. Eſt
& Adramyttis inſula Lyciæ, & Adrumes Adrumetis ciuitas Aphricæ: unde dicẽdum erat
19 Adrumetinam{licet in his uarient codices. Nam Hieronymus aut ſi quis alius fuit autor, in
Catalogo locorum huius operis, indicat Adrumetum eſſe ciuitatem in Byzacio regione 19-27: Bazatio
Africæ. Plinius Adrumetum uocat neutro genere. In Græcis codicibus Adramyttinam le/
gimus. Et Stephanus ab Adramyttio oppido deformat Adramyttenum.} 16-27: Peruenimus
Venimus Lyſtram quæ eſt Lyciæ.) κατήλθομεν εἰς μύρα τῆς λυκίας. id eſt, deuenimus My *Lyſtra, pro*
ram quæ eſt Lyciæ, ſiue ciuitatem Lyciæ. Pronunciatur autem bifariam genere neutro & *Myra*
22 fœminino〈meminit huius Strabo libro decimoquarto〉Cæterum Lyſtra Lycaoniæ eſt, non
Lyciæ. Carrenſis homo uigilans admonet hoc loco apud Græcos haberi Smyrnam, ſed ab
19 Hieronymo poni Myrrham{Et omnino in receſione locorum huius operis meminit, Smyr
næ Lyciæ: admonens in nõnullis exemplaribus fuiſſe ſcriptum, Venimus in Lyſtram quæ
eſt in Cilicia. atque eo loco pannum ſuum aſſuit neſcio quis. Porrò Hieronymus in libris

Hebræorum nominum ponit Smyrnam,& interpretatur amaram.}⟨Verum de locis accura 27
tius disseremus in peregrinatione diui Pauli.⟩

*Βραδυπλοοῦν* — 19: Cathiam

Tarde nauigaremus.) Græcis composita est dictio βραδυπλοοῦντες.
{Gnidum.) Gnidus insula est opposita Asiæ,spectans prouinciam Cariam,atque est eius 19
dem nominis oppidum in insula Calymna,autore Hieronymo}in libello qui fertur ipsius
titulo,quem sequutus est Beda. At Pomponius Mela ostendit Gnidum esse oppidum in
cornu peninsulæ Cariæ:& huic sententiæ suffragatur Ptolemæus in prima Asiæ tabula.
Constat autem illos tunc legisse oras Asiæ minoris,in qua est Caria.⟨Recenset & hanc Stra 22
bo libro decimoquarto⟩[qui eam appellat insulam,quum fateatur aggeribus contineti iun 35
ctam.Ambitu uero esse septem stadiorum,duos habetem portus,ut ipse loci situs in edito,
uelut ad spectaculum expositus efficiat,ut insula uideatur habere duas ciuitates, hoc est,
δίπολις esse. Horatius in Odis indicat hoc loco solere coli Venerem:
O Venus regina Gnidi Paphique.
Beda indicat,in quibusdam codicibus pro Gnidum,scriptum Chium.sed reijcit.]
Iuxta Salmonem.) Salmon,ciuitas est maritima insulæ Cretæ{autore Hieronymo.} 19

*Boni portus*

Qui uocatur Boni portus.) Boni portus,pluratiui sunt numeri, καλοὺς λιμένας, quan
quam magis dixit,Pulchros portus quàm bonos. Sentit autem,ni fallor,de ciuitate Creten
sium,cui nomen καλὴ ἀκτή,id est pulchrum littus{cuius meminit Stephanus.} 19

*Deprauatio manifesta* — 19-27: margin: Lassaea

Cui iuxta erat ciuitas Thalassa.) Indicat & diuus Hieronymus hunc locum corrupte le
gi Thalassa.Quanquam id ipsum quod uice corrupti uocabuli subiecit,in uulgatis codici
bus corruptum erat:siquidem scriptum erat,Laphet.Græci legunt Lassæa,quæ & ipsa ci
uitas est littoralis Cretæ,haud procul à Bonis portibus.⟨Quidam excusi codices pro Tha 27
lassa,habebant Thessala.⟩
⟨Eo quod ieiunium iam præterisset.) διὰ τὸ καὶ τὴν νηστείαν ἤδη παρεληλυθέναι. Non me 22
fugit quibusdam hic ieiunium esse tempus aliquod,quo ex more soliti sint ieiunare Iudæi.
Sed primum quid centurioni & nautis cum huiusmodi ieiunijs? Deinde,si iam preterierat
ieiunium,eo commodior debebat esse nauigatio.[Burgensis indicat præcipuum apud Iu 35
dæos ieiunium incidere solere circiter æquinoctium autumnale,quo tempore iam incom
modior est nauigatio.Atqui Iudæis non unum erat ieiunij tempus,& circiter æquinoctiũ
autumnale sat commoda nauigatio est.Burgensis contendit ieiuniũ Iudæorum fuisse om
nium præcipuum quod celebrabatur festo expiationis. Id autem festum incidebat in diem
mensis septimi decimum,qui mensis ferè conuenit cum Septembri.Restabat autem longa
nauigatio,quum immineret October ac Nouember menses parum accommodi ad naui
gandum olim quidem,quum hodie nostri nautæ uel media bruma uolitent per omnia ma
ria.Is cuius extant in hoc opus Græci commentarij titulo Chrysostomi,per ieiunium uult
intelligi non inediam nautarum,sed anni tempus,astipulans Burgensi. Accedit huc & il
lud argumentum,quod hoc ieiunium appellat νηστείαν, quæ uox ferè pro religioso ieiu
nio usurpatur,nautarum inediam ἀσιτίαν, uocat.Quanquam utraque uox eandem ha
bet etymologiam à priuatione cibi. νηστεύειν, νὴ ἐσθίειν. Adiuuat hanc opinionem,quod
additur articulus τὴν νηστείαν, qui non quoduis ieiunium,sed notum ac celebre nobis de
signat.Sed quærendum quid agat illic coniunctio καὶ. διὰ τὸ καὶ τὴν νηστείαν ἤδη παρεληλυθέναι. eo quod iam etiam ieiunij tempus præterisset. Indicat coniunctio nauigationem
duplici nomine fore periculosam:& quod tẽpestas urgeret:& quod instaret tempus quod
per se reddit incommodam nauigationem.Prius sequuti fueramus]Lyrani sententiam,qui
putat illis quum suppeteret commeatus,tamen ob curam ac mœrorem non uacasse cibum
sumere.Atque ideo Paulus suadet manendum,quo liceat reficere corpora.⟩[Quin & illud mi 35
rum uideri potest, quomodo nautæ edax hominum genus,quatuordecim dies durauerint
ἄσιτοι, id est, impasti:nisi fortè non sumpsisse cibum dicuntur,qui per ocium non egerint
conuiuium,quemadmodum solent nautæ tranquillo mari.]

*Consolabatur p admonebat*

Consolabatur eos Paulus.) Quid acciderat illis,ut egerent consolatore? Nam Græcis
est παρῄνει, id est,hortabatur siue admonebat,ne longius irent:quanquam ipsa Pauli ora
tio quæ mox subijcitur,satis arguit illum non consolari,sed dare consilium.
Incipit esse nauigatio.) μέλλειν ἔσεσθαι, id est,futuram esse nauigationem:quod tamen
frequenter

[ 22-27: navigatio. Proinde hac quidem in parte secuti sumus Lyrani

frequenter ad hunc uertit modum.

Deuenientes Phœnicē hyemare.) Phœnicem hic est accusatiuus à Phœnix, quæ Græcis palmam significat: unde & Phœnicen Syriæ partem apparet dictam. Ipse Lucas indicat esse portum Cretæ huius nominis.

*Phœnix portus*

35 Ad Africum [& ad] Corum.) Ventorum nomina sunt. Duos nominat, quod ad utrunque uergeret is portus. Dixerit quispiam: Quorsum opus erat hoc admonere, quod
nemo nesciebat? Imò quorsum attinebat, ut Hugo Carrensis tantus theologus adscribe-
ret Commentarijs: Chorum esse insulam aut ciuitatem in Creta? Vsqueadeò nihil referebat, utrum nouam extrueret insulam, an nouam conderet ciuitatem in uetustissima insula.

*Chorus, Hugo Card. ex Choro facit insulā*

Quum sustulissent de Asson.) ἄραντες ἄσσον. id est, Quum sustulissent Asson. Incertum autem an illuc appulerint, & rursum inde soluentes præteruecti sint Cretam, an Asso
præterita, putarint se iam esse in tuto. Est enim Assos maritima Lyciæ ciuitas, in ædito sita
promontorio, adeo ut parum tutum sit accedere. Vnde iocus Nicostrati Citharœdi: ἄσσον
ἴθ' ὥς κεν θᾶσσον ὀλέθρου πείραθ' ἵκηαι. id est, Asson eas ut citius ad exitij terminos perue-
19 nias. Ac Hieronymus quidem Asson ponit in Asia {maritimam urbem, quæ eadem dicta
sit Apollonia: teste Plinio quoque libro quinto, capite trigesimo} Cæterum opinor Lucam
sentire de Asso, oppidulo Cretæ: unde dictus est & Iupiter Asius. Nam adhuc lambebant
littora Cretæ.

16: sunt

*Aßos Cretæ*

Ventus Typhonicus.) Vnus est è uentis subitis ac repentinis nomine Typhon. Quibus omnibus illud est commune, quod exhalante terra coorti, nubibus obductis inclusi
non uno erumpant modo. Nam uagantes, ac torrentium more ruentes, tonitrua & fulgu-
ra ædunt. Cæterum maiore illati pondere incursuq́ue, si flatu siccam ruperint nubem, pro-
cellam gignunt, quæ Græcis dicitur ἐκνεφίας. Sin uero depresso sinu arctius rotati ef-
fregerint sine igni, hoc est, sine fulmine, uorticem faciunt, qui typhon uocatur, id est, ui-
bratus Ecnephias. Defert hic aliquid secum è nube gelida abreptum, conuoluens uersans'que, & ruinam suam illo pondere aggrauans, locum ex loco mutans rapida uertigi-
ne. Quod si maiore depressæ nubis eruperit specu, sed minus alto quàm procella, nec sine fragore, turbo dicitur, proxima quæque prosternens. Idem si fuerit ardentior accen-
sus'que, prester dicitur, amburens contacta pariter ac proterens. Porrò Typhonem Plinius appellat, præcipuam nauigantium pestem, ut qui non antemnas modo, uerum etiam
27 ipsa nauigia contorta frangat. Cæterum tanto malo (scribit) tenui remedio occurri, si ace-
tum in aduenientem effundas, cuius uis frigidissima est. Idem illisu ipso repercussus, cor-
repta secum in cœlum refert, sorbet'que in excelsum. Dictus est autem Typhon, à Græ-
22 co uerbo τύφω, quod est inflammo. ⟨Rabanus in Glossa ordinaria, super uerbo Typhonicus, adscribit: Alia translatio, Ventus tempestiuus. Suspicor aliquem commenti uice ad-
scripsisse, Ventus tempestuosus.⟩

*Typhonicus uentus*

Qui uocatur Euroaquilo.) Græci, pro Euroaquilo legunt, εὐροκλύδων: uox hinc
dicta, quod ingentes excitat fluctus. Verum haud scio, an Lucas, tametsi Græce scribens,
effinxerit uocem nostram, dicens, εὐροακύλων: quemadmodum aquilam Paulus quoq;
facit ἀκύλαν. Addidit autem non solum cognomen Typhonis, ut periculum exprimeret, uerum etiam unde erumperet: ut intelligeremus hoc quoque nomine incommodum,
quod non faceret ad institutum cursum, quum Notus sit accommodus è Syria nauigantibus in Italiam.

*Euroaquilo*

Non posset conari in uentum.) ἀντοφθαλμεῖν. quod Græcis sonat Obtueri, hoc est, ex
aduerso aspicere. Porrò qui renititur, obuertit oculos.

Data naue flatibus.) Græcis unica dictio est, ἐπιδόντες. & referri potest ad τῷ ἀνέ-
μῳ, ut ea uox in confinio sita, utrôque respondeat, ad Obniti, & Data.

19 {Quæ uocatur Clauda.) Ptolemæo Claudos dicitur, spectans Cretam inter meridiem &
35 occidentem, quo magis consentaneum est huc depulsos fuisse flatu Euroaquilonis} [Tamet
si quidam admonent in codice Græco pontificiæ bibliothecæ scriptum haberi, καῦδα, id
est, Cauda. Et Suidas indicat insulam uicinam Cretæ, quæ dicta sit καυδώ, hoc nomine
memorabilem, quod illic nascantur ingentes onagri.]

*Claude*

Suis manibus armamenta nauis proiecerunt.) αὐτόχειρες τὴν σκευὴν τοῦ πλοίου ἐῤῥίψαμεν, id est, nostris ipsorum manibus armamenta nauis proiecimus. Apparet interpretem legisse ἐῤῥίψαν. & ad sensum perpusillum interest.

Multa ieiunatio.) ἀσιτία, id est inedia.

Audito me.) πειθαρχήσαντας, id est, obtemperasse mihi. tametsi non uideo cur hoc loco Valla notet interpretem. {Nam audit qui obtemperat. Iustius annotasset quod πειθαρχεῖν, 27 proprie dicuntur Græcis, qui obtemperant principibus aut magistratibus.}

Non tollere à Creta.) Græce est, μὴ ἀνάγεσθαι. hoc est, non soluere à Creta.

Lucrifacere, pro accersere — 16-22: lucrum vocant — Lucriq; facere iniuriam.) κερδῆσαι, hoc est, Accersere sine causa. Id enim lucri facere sonat hoc loco. Et ὕβριν, id est, iniuriam, uocat incommoditatem cœli, ac uiolentiam maris. Nec est,

Suadeo.) sed παραινῶ, id est Hortor.

Angelus dei cuius sum.) Incertum erat utrum Cuius, referat deum an angelum: nisi addidisset, ᾧ καὶ λατρεύω, id est quem colo, siue cui seruio.

Apparere sibi.) προσάγειν. quod magis sonat Accedere: nisi forte interpres legit προσαυγεῖν, id est affulgere.

Bolis — Submittentes bolidem.) βολὶς dicitur à βάλλειν, quod est mittere: id est pondus funiculo affixum, quo deiecto nautæ explorant altitudinem maris. {Idem aliquoties efficiunt hastili 19 aut conto prælongo demisso in mare. Et missiles hastæ, Græcis bolides dicũtur: autore Hesychio} Cæterum Lucas unico uerbo dixit, quod interpres duobus reddidit, βολίσαντες.

[Commisissent scapham.) Scapha Græcis duo significat, ligonem, & nauigij leuioris ge- 35 nus, à uerbo σκάπτω, fodio. nam ligo fossorium est instrumentum, & scaphæ fiunt è trunco excauato, quod genus adhuc uidemus in Reno. Beda putat è uiminibus corio cõtectis fieri scaphas. Addit scapham Græcis etiam dici catascopum, à contemplãdo. Hinc error eorum qui concinnarunt Glossam ordinariam, putantium scapham dici à contemplando. Catascopus Græce dicitur explorator: id nominis inditum est scaphæ, quod hac emissa nautæ explorent profunditatem per littus, aut alia pericula maris.]

Inciperent ancoras extendere.) μελλόντων ἐκτείνειν, id est extensuri: quod sæpenumero fecit interpres. Verum hic duriusculum erat. Ac paulo post: ἄχρι δὲ οὗ ἔμελλεν ἡμέρα γίνεσθαι. id est, quum futurus esset dies: hoc est, quum instaret dies, & non longe abesset.

Animæquiores autem facti.) εὔθυμοι, id est bono animo {sine recreatis iam animis} posi- 19 tiuum est, non comparatiuum.

Littus in quẽ cogitabant.) ἔχοντα αἰγιαλὸν εἰς ὃν. cur non potius in quod, quàm in quem? quandoquidem αἰγιαλός, Græcis est masculini generis: quemadmodum & κόλπος. nam terram, opinor, expetebant. Et multa sunt littora apud cosmographos, quæ proprio uocabulo Aegiali uocantur, uelut inter Sicyonem & Buprasium. Est & alius finitimus Ponto, post promontoriũ Carambin, cuius meminit Homerus. Rursus est Thraciæ apud fluuium Strymonem. Postremo est Aegialus, cognomento magnus, inter Aegyptum & Aethiopiam. Et Hieronymus hunc locum citans, Aegiali meminit.

Aegiali

[Artemon — Leuantes artemonem.) ἐπάραντες τὸν ἀρτέμονα. id est, sublata artemone. & τῇ πνεούσῃ, quod interpres uertit, Secundum auræ flatum, puto ad ἐπάραντες esse referendum: ut accipiamus carbasa oppansa flatibus, antemna in altum subrecta: quo magis uenti arbitrio ferrentur in littus. ⟨Cæterum artemon uidetur hic pro ueli genere positum: quod in- 22 dicauit & Beda in Glossa ordinaria: à suspendendo nomen habet, siue ab assuendo. Solet enim imis uelis affigi pars aliqua, quo plus uenti concipiant. Sunt qui pro artemone, antemonem malint scribi.⟩

Dithalassus — In locum bithalassum.) Nec exposuit Græcam uocem interpres, nec nos eam incorruptam seruauimus {pro dithalasso legentes bithalassum} Nam Lucas scripsit, εἰς τόπον διθά- 19 λασσον. id est, In locum bimarem. Sic enim Horatius in Odis:

Bimaris'ue Corinthi Mœnia.

Quod ea sit Isthmos, & utrinque mari alluatur. Contendebant, ut si possent, in sinum im- 16: aliquem pellerent nauim. Verum id non contigit, uentis impellentibus in Isthmum aliquam in mare prominentem.

EX CAPITE XXVIII 19-27: margin: Melite insula

QVia Mitilene insula uocabatur.) Hugo Carrensis liberum nobis facit, utrum Depravatio manifesta
malimus Militen legere, an Miletum: etiam si sunt qui corruptius legunt
Mytilene. Græci legunt Melite. Ea est insula inter Aphricam & Siciliam: un
22 de Melitæi dicti, canes in delicijs habiti. ⟨Cuius meminit Strabo libro sexto.⟩ 16-27: Militenen Epirum & Italiam
35 [Ptolemæus Geographiæ libro quarto, Melitam recenset inter insulas Aphri
cæ. Plinius libro tertio capite octauo, inter insulas Siculi maris.] Quanquam est Militene
Cappadociæ ciuitas, uerum hic insulam uocat.
27 (Reficiebant nos omnes.) προσελάβοντο, id est recipiebant.)
In tumorem conuertendum.) μέλλειν πίμπρασθαι, id est inflammari siue incendi, quan
quam inflammationem comitatur tumor. 16-22: id
Benigne triduo habuit.) φιλοφρόνως ἐξένισεν, id est amice tractauit, aut si dicere liceret,
19 hospitatus est. Cæterum {demiror} qui uerbum tam elegans in mentem uenerit interpreti, 16: idemiror
tantum abest ut reprehendam quod ille uertit, Habuit, pro Tractauit,
Cui erat insigne castrorum.) Castorum esse legendum, indicant etiam recentiores, Ly Insigne castrorum, pudenda deprauatione
ranus & Carrensis. Nam Græcis est, διοσκούρων. Id enim nominis est Castori & Polluci,
22 filijs Iouis & Ledæ. ⟨Nam & Beda in glossa quam uocant ordinariam, indicat in nonnullis
codicibus scriptum fuisse, pro Castorum, Iouis filij.⟩ Credidit antiquitas eos esse deos saluta 19-27: margin: Lyranus & Carrensis
res nauigantibus, si simul apparerent: apparent autem ignis specie, malo aut antemnæ in
27 sidentes: contrà (diros) si singuli aut solitarij. Horum igitur insigne habebat ea nauis. Quæ
so te lector, si libet ridere, legito quæ prodiderit hoc loco Carrensis de insigni castrorum,
22 quanquam adiecit denique nescio quis, ueram ac seriam interpretationem. ⟨Mihi uidetur
totum hoc opus, quod Hugoni tribuitur, à multis fuisse conflatum.⟩ Neque uero minus fe
stiua sunt, quæ prodidit de tribus tabernis. Cæterum ambo Castores nonnunquam uocan Tres tabernæ
19 tur, quum alteri duntaxat id nominis fuerit. {Nos quo minus posthac erraret lector, uerti
mus, Castor & Pollux.} 19-27:
Deuenimus Rhegium.) Nam ea ciuitas est Italiæ maritima, à promontorio Peloro dis Rhegium Siciliae
27 sita uiginti milia passuum, nomen (Græcum) à ruptura sortita, quod ea Siciliæ pars olim co
hærens cum Brutio agro Italiæ, postea mari interfuso sit reuulsa: fretum quindecim milli
35 bus passuum [longum, mille quingentis] latum intercurrit. In eo Scylla est scopulus, & Cha
35 rybdis mare uorticosum. [Hæc fermè Hieronymus. de quo mirum quid sequutus Rhegi
um appellet ciuitatem Siciliæ, quum geographi doceant eam esse in agro Brutiorum, qui
populus est Italiæ. Nisi fortè pro Italiæ, scriba corrupit Siciliæ. De modo interualli Strabo
libro sexto tradit Rhegium ab Messana, quæ ciuitas est in Peloro, distare stadijs sexagin
ta, hoc est fermè millibus septem & quinquaginta passibus. De mensura freti interiacentis
suspicor locum apud Hieronymum esse corruptum. Si tamen hoc opus est Hieronymi,
quum in eo citetur Hieronymus.]
Vsque ad Appij forum.) Quoniam præcessit, Et sic Romam uenimus: ac postea men Appij forum
tio fit de Appij foro, quidam putant Appij forum in urbe Roma esse: idque legitur & in ca
talogo locorum, quos indicauit diuus Hieronymus in Actis apostolorum. Verum ut illinc
complura detracta suspicor à compendiarijs, quibus impendio placet adagium illud in Error quorundam
ter pocula natum: Gaudent breuitate moderni. ita uideo nonnulla ab alijs adiecta,
quorum hoc unum esse crediderim. Alioqui constat oppidum, quod Appij forum dicitur,
longius abesse à Roma, quàm sit Aricia: id quod declarat Horatius Sermonum libro pri 16: in satyris
mo, satyra quinta:

Egressum magna me accepit Aricia Roma,
19 {Hospitio modico, rhetor comes Heliodorus
Græcorum longe doctissimus} inde forum Appi.

19 Proinde quum Lucas in summa dixisset {Romam} esse itum, retrocedit nonnihil, ut occursum 16-27: Paulus
fratrum describat apud Appij forum ac Tres tabernas. Sic enim legimus in emendatis ex
emplaribus Latinis, quum in nonnullis scriptum sit, Et tribus tabernis. Alioqui si Appij fo
rum & Tres tabernæ Romæ sunt, quid sibi uult quod mox subijcit,
27 Vt uenimus autem Romam permissum est Paulo manere.) (Hic Græci plus ha
bent

bent: ὅτε δὲ ἤλθομεν εἰς ῥώμην ὁ ἑκατόνταρχος παρέδωκε τοὺς δεσμίους τῷ στρατοπεδάρχῃ, τῷ δὲ παύλῳ. id est, Quum autem uenissemus Romam, centurio tradidit uinctos principi exercitus, siue tribuno: permissum est autem Paulo.)

16-27: Manere

Permanere sibimet.) μένειν καθ' ἑαυτόν. id est, manere apud semetipsum, hoc est solum & sine reliquis captiuis.

ἀναδίπλωσις

{Aure audietis.) ἀκοῇ ἀκούσετε. id est, ut ad uerbum reddamus, Auditione audietis. atque 19
ita uertit Hieronymus interpres Didymi, de spiritu sancto. Est autem coduplicatio Hebraica, perinde quasi dicas, audientes audietis: hoc est, prorsus audietis. Nec improbo quod hic uertit Aure, nisi quod ego malim Auribus. Sic enim loquuntur Latini, Hisce oculis uidi, hisce auribus audiui.}

(Et quum hæc dixissent, exierunt ab eo Iudæi, multam habentes inter se quæstionem.) 27
Hæc uerba in aliquot uetustis codicibus non repperi.)

Sine prohibitione.) ἀκωλύτως. Quod bifariam accipi potest, à nemine prohibitus siue uetitus, aut hoc animo ut à nemine possit impediri.

↑ 16-27: ANNOTATIONUM IN ACTA APOSTOLORUM FINIS.

# ANNOTATIONES DES. ERASMI ROTERODAMI ↑ IN EPISTOLAS PAVLI APOSTOLI

↑ 19: inter theologiae professores infimi

diligenter recognitas ab eodem, primum ad Græcam ueritatem, deinde ad uetustissimorum exemplarium Latinorum fidem, postremo ad probatissimorum autorum citationes simul & interpretationes.

19-27: De nomine Pauli

Pauli nomen unde

PAVLVS.) Sunt qui putent Saulo commutatum fuisse uocabulum à conuersione{atque inter hos est Ambrosius: licet di- 19
uus Hieronymus enarrans epistolam ad Philemonem arbitretur pro Saulo, Paulum uocari cœptum ob Sergium Paulum proconsulem, quem hic Apostolus primum omnium(ex gen- 27
tibus)Christo lucrifecit: sicut legimus Actorum apostolicorũ capite decimotertio(Chrysostomus putat illi diuinitus fuisse 27
mutatum nomen, quemadmodum apostolorum principi, qui pro Simone dictus est Cephas, seu Petrus). Sunt rursum qui putant illum fuisse binominẽ: id quod mea sententia uero propius est. Quanquam arbitror Paulo primum Hebręo, nomen Hebraicum inditum Saul. Nam hoc nomine compellat illum Christus in uia: σαοὺλ σαοὺλ τί με διώκεις; id est, Saul Saul quid me persequeris? Deinde quoniam Aegyptus, Cilicia, & huic finitima Syriæ pars, propter Alexandri Magni imperium, & postea Romanam administrationem, iam ferè Gręco sermone utebatur, Hebraicã uocem in Græcam formã fuisse deflexam, quod Græci nullum habeant uocabulum in λ desinens, atque ita ex Saul factum esse Saulum, quemadmodum & hodie(Latini)ex Adam faciunt Adamũ, ex Abrahã Abra- 27
hamum, ex Ioseph Iosephum. Denique quoniã Pauli nomen iuxta Græcis ac Romanis erat familiare, è Saulo rursum factum esse Paulum, ut uocabulum etiam lubentius agnosceret, quorum se doctorem profitebatur, & hic quoque omnia fieret omnibus. Ipse certe hoc nomine perpetuo est usus in scriptis suis↑ Saul שאול Hebræis sonat petitum, passiuum à שאל: quod ascitus fuerit ad munus apostolicum. Ambrosius indicat Saulum dici tentationem seu inquietudinem. Addunt alias item interpretationes nescio quas in nominibus Hebraicis, quæ uocum allusionem modo tenuem habent, quas, quoniam non est huius instituti, non anxie discutiam. Cæterum Græcis σαῦλος, υ duntaxat abiecta, commotionem ac tumultum sonat proprie maris ac fluctuum, σάλος. Paulus autem Græcis sonat quietum, à uerbo παύομαι, inde & παῦλαν quietem appellãt, Romanis pusillũ sonat.{Nam quod 19
Hieronymus admonet Paulum Hebræis sonare mirabilem, demiror ipsum committere quod aliàs reprehendit in aliis, qui uocum etymologias è diuersa lingua petebant. Etenim quum

19-22: putent

margin: 19: Syria Graece loquens

↓↑ Saul quid sonet Hebræis

↑ 16-22: Suis. Verum hisce de rebus accuratius disputamus in commentariis, quos olim in Paulum institutos, brevi absolvemus, aspirante favore Christi. Nunc quod ad hoc institutum pertinet, illud admonuisse satis est. Saul

quum constet Paulum aut Romanã esse uocem, aut certe Græcam, non conueniebat eius
etymologiam ab Hebræis mutuari} Hæc obiter admonui, quo facilius intelligantur ea quæ
sancti interpretes de nominum ratione uel attingunt uel alludunt in suis commentarijs. [19-27: Non

Vocatus apostolus.) κλητὸς ἀπόστολος. Vocatus, hoc loco non est participium Dictus] Vocatus apo/
aut Nominatus: quemadmodum nunc uulgo quidã modestiæ causa scribunt, Vocatus epi stolus [non di/
scopus: significantes non tã modeste quàm uere, se magis nomine quàm re episcopos esse. ctum est] ut uo
19 {etiam si in hoc κακόζηλον incidit diuus Bernardus, uir alioqui & Christiane doctus & san/ catus abbas
cte facundus & pie festiuus, sic sui nominis titulum moderans, uocatus Abbas} uerum no/
men est substantiuum uelut apostolus κλητός, non κληθείς aut κεκλημένος: quemadmo
dum & paulo inferius, Vocati Iesu Christi: κλητοί. & subinde κλητοῖς ἁγίοις, id est, Vocatis
sanctis. Est autem Vocati, nomen absolutum: quemadmodum olim apud Romanos, euo/
19 cati dicebantur, qui uelut amici ad bellum accersebãtur: & hodie quoq; {Gallis} nonnulli uo
cantur electi, qui proximi sunt senatoriæ dignitati. Valet autem fermè perinde quasi dicas
Vocaticius apostolus, siue uocatione apostolus, & uocatione sanctis. Statim enim in ipso
exordio suum agit negocium, conciliatq; sibi fidem & autoritatem. Primum cum ipso no/ Consiliũ Pau/
mine præ se fert nouatum uitæ genus. Deinde quum seruum se uocat, indicat se non suum li [in dicendo]
19 negociũ agere {sed eius à quo missus fuerat} Ad hæc quum addit, Iesu Christi, excludit Mo
sen, qui sic insederat animis Iudæorum, ut periculum esset, ne gentes etiam in seruitutẽ Mo
saicæ legis abducerentur. Et planè futurum erat, nisi Paulus acerrime manibus pedibusq;
restitisset, ut per hunc athletam, euangelium Christi uelut renatum uideri possit. Post hæc
adijcit, Apostolus: quod significat legatum, siue ab alio missum. Et quoniã id temporis erãt
multi pseudapostoli, qui sese famæ, quæstus'ue gratia in hoc munus ingerebant, adiecit κλη
τός, uocatus, quod geminam habet sententiam: siue quod ad hoc munus fuerit ab ipso Chri
sto uocatus, hoc est accersitus, nec sibi uindicarit apostolicam functionem, imò nec ab ho/
mine susceperit hoc muneris, sed ab ipso Christo: siue quod hoc uerbo meritum operaq;
legis excludat & euangelij gratiam asserat, quæ datur omnibus, non è Mosaicæ legis cere/
monijs quibus fidebant Iudæi, non ex humana sapientia, cui nitebantur Græci, sed ex uo/
catione numinis. Nam id potissimum agit in hac epistola diuus Paulus, ut utrisq; detrahat
supercilium, & Iudæis adimat Mosaicæ legis fiduciam, & Gręcis philosophiæ præsidium,
atque ita utrosque ex æquo coniungat in Christo. Habent apostoli sua quædam peculiaria 16: +
27 (uerba) gratiam, uocationem, electionem, præscientiam, destinationem, ac prædestinationẽ,
quæ fermè semper legis fiduciæ opponuntur, quod inde tum præcipuum periculum immi
19 nere uideretur {Non me clam est, quædam ab Origene disseri ex huius uocis occasione de Origenes uio/
uocatis quidem, sed desciscentibus à muneris fructu, sanè argute & erudite, quæ mihi non lentior inter/
est animus reijcere, sed magis arrident in literis diuinis quæ simplicissima sunt minimeq; pres alicubi
coacta} Quanquam haud inficias iuerim hanc uocem κλητός, aliquoties sic usurpari, ut
non multum absit à natura participij, uelut apud Matthæum: Multi sunt uocati, pauci ue/
27 ro electi. ἐκλεκτοί legitur, & κλητοί. (Hæc uox peculiaris est Paulo, cui studium est omni
bus adimere fiduciam operum humanorũ, totamq; gloriam transferre ad uocãtem deum,
cui uocanti qui auscultat saluus est. Ita Paulus è cœlo uocatus mox obedit.)

Segregatus in euangelium dei.) ἀφωρισμένος. Mira epitasi commendat suum officium Segregatus
27 qui non solum uocatus fuerit ad apostolici muneris functionem, uerũetiam (ut uas electum)
sepositus sit & separatus in munus euangelij prædicãdi. Est enim ἀφορίζειν, non solum sepa
rare, uerumetiam iudicio seponere ac secernere: unde medici ἀφορισμούς uocant leges abso
lute breuiterq; pronunciatas, quemadmodum uocantur sapientum ἀποφθέγματα. Neq; sim
plicem ἔμφασιν habet hæc dictio. Primum enim deprecatur inconstantiæ crimen, ꝙ à Mo/
saica lege desciscere uideretur: Vocatus, inquit, & segregatus: uelut eximium quoddam &
electum organum, ipso testãte Christo: Vas electionis est mihi, ut portet nomen meum co/
ram gẽtibus. Deinde allusit ad factionẽ suam quam sequebatur in Iudaismo. Quum enim Sectæ Iudæo/
35 Iudæorũ populus, quanq̃ eandem legem amplecteretur, in uarias sectas esset diuisus {qua/ rum uariæ [↓
rum præcipuas Iosephus libro Antiquitatum decimooctauo, capite secundo, refert Esseos,
Sadducæos &} Pharisæos: Paulus Pharisaicæ hæreseos erat, quæ sic appellatur ab Hebræa
uoce, pharas פרש: quod ob insignem uitæ sanctimoniã & excellẽtem doctrinã, semoti sepa
ratiq;

[16: diuisus, Samaritanos, Esseos, Nazaraeos, Sadducaeos, Herodianos, Pharisaeos

ratiq; à uulgo uideri uellent. Cœpit igitur Paulus esse in euangelio, quod fuerat in Iudais/
*Paulus pharisæus* mo, sed alio pacto. Illic supercilij titulus erat, hic mire separatus erat à Mose ad Christum, à litera ad spiritum, à fiducia operum ad gratiam.

Qui factus est ei.) τοῦ γενομένου. Laurentius Valla mauult genitus aut natus, quàm factus; cuius equidem sententiam in præsentia nec probo nec improbo. Certe genitus esset, si scriptum fuisset γεννηθεὶς,⟨aut γεννώμενος. Augustinus libro aduersus Faustum unde 22
cimo, capite quarto, testatur in nonnullis Latinis codicibus pro Factus, scriptum fuisse Natus. Et tamen idem alibi reddit causam cur apostolus maluerit dicere Factus est, quàm Natus est: nimirum quod non ex semine uirili, sed ex opificio spiritus sancti conceptus ac na/
*Ei, additum temere* tus sit. Et tamen hæc causa non obstat quo minus alibi dicatur Natus.⟩Ceterum pronomen Ei, quod additur in Latinorum codicibus, in nullis Græcorū inuenitur. Sed quoniam subabsurdus sermo uidebatur si dixisset, Qui factus est ex semine Dauid: explicandi causa adiecit Ei. Quanquam huius pronominis additamentum adeo nihil facit ad sensum, ut officiat quoq;. Neq; enim hoc agit Paulus, ut appareat cui natus sit Christus, uerum ut liqueat eum à quo segregatus fuerat in præconium euangelij, fuisse deum uerum, & eundem item uerum hominem:{Hominem}ex eo quod natus esset ex semine Dauid secundum carnem: 19
Deum, ex hoc quod uirtus eius diuina declarata sit per spiritum sanctificationis & resurrectionem à mortuis. Quod si quid ad rem pertinuisset definire, cui natus aut factus esset, nobis natus erat potius quàm patri, quorum negocium agebatur. Quod si cui non satis arri/
*Factus est, pro cœpit esse* det uerbum illud Natus, & mauult illud quod habet uulgata æditio, factus, equidē non admodum refragabor, modo intelligat hoc loco Factum dici, pro eo quod est, esse cœpisse. Quod genus est & illud: Qui post me uenit, ante me factus est: hoc est, qui me sequebatur, cœpit esse prior, & præcessit me: quemadmodum in euangelicis annotationibus indicaui/
19: Vulgarius mus. Is enim qui nunquam cœpit esse deus, homo tamen esse cœpit.

19: Vulgarius *Theophylactus* Qui prædestinatus est.) Magno consensu Græci codices habent ὁρισθέντος, id est, qui finitus seu definitus erat, hoc est, iuxta Græcorum scholiorum interpretationem, certo pronunciatus, demonstratus, ac declaratus. Atque ita legit⟨Chrysostomus &⟩Theophylactus, 19.27
*Origenes adducēs testimonia Latinorū uoluminum* ac legendum esse nominatim etiam admonet Origenes, enarrans hunc locum. In quo tamen illud obiter succurrit admirari, quomodo Origenes eo in loco citet exemplaria Latinorum, in quorum plerisque fatetur, pro Destinatus, haberi prædestinatus. nisi forte interpres aliquid addidit de suo, aut Origenes quo studio peruestigarat Hebræorum fon/
*Thomas Aquinas laudatus* tes, non contentus tot æditionibus, eodem Latinos quoq; codices lustrauit. Dictu mirum
16-19: Diuus est, quàm se torqueat hoc loco Thomas Aquinas, uir alioqui non suo tantum seculo magnus. Nam meo quidem animo nullus est recentium theologorum, cui par sit diligentia, cui sanius ingenium, cui solidior eruditio: planeq; dignus erat, cui linguarum quoque peritia, reliquaq; bonarum literarum supellex contingeret, qui ijs quæ per eam tempestatem dabantur tam dextre sit usus. Quare si magni scriptores nonnunquam hæsitant in Paulinis epistolis, id partim imputandum est sermonis ac sensuum obscuritati, partim infelicitati temporum, quibus bonæ literæ penè funditus interierant. Vir igitur uigilans & ingenio fus, omnem hoc loco mouet lapidem, ac ceu Proteus quispiam semet in omnia uertit, si quà possit elabi, nunc lectionem Origenicā sequens, nunc ad nostram se recipiens, & nunc interpretatur Destinare, pro mittere, nunc ordinare, rursum prædestinare, nunc præscire, nunc aliud quiddam esse uult, ac uarias inducit destinationis, ac prædestinationis relatio/
*Destinari, prædestinari, quid intersit* nes. Atqui Origenes quidem expedite definit prædestinationem ac destinationem, ita pronuncians, Destinari eum qui iam est, prædestinari qui nondum sit. Vnde notat diuus Hieronymus, enarrās primum caput epistolæ ad Ephesios, ex huius opinor sententia, Paulum his uerbis προορίζειν, non uti, nisi quum de nobis loquitur, ac palàm admonet hoc loco de
16: Atqui *Expensa Origenis sentētia* filio dictum esse ὁρισθέντος, non προορισθέντος, id est destinati, non prædestinati. Cæterum si hoc nos offendit, quod prædestinari ob additam antecessionis præpositionem referatur ad aliquid quod nondum sit, idem scrupulus manet in uerbo simplici. Quum enim destinare sit non mittere, quemadmodum uulgus illiteratum putat, sed certum aliquid in animo præfigere, nimirum ipsa uerbi natura rei futuræ significationem habet, quemadmodum sperare, timere, decernere, deliberare, statuere. Nihil enim horū fit, nisi ad aliquid futurum

referatur

referatur. Rursum, si malumus hunc futuri respectum aliò deriuare, quàm ad ipsam filij dei
19 rationem, ut is qui ab æterno genitus fuit {dei} filius, idem destinatus fuerit & ordinatus ad
hoc aut illud faciendum, iam nihil etiam obstat præpositio Præ. Quandoquidem ad hunc
19 modum nihil prohibet dei filium, prędestinatũ uocare, ad id quod postea accidit. {Nisi fortè
placet quod Origenes sensisse uidetur: in prædestinare, duplicem esse respectum futuri: in
destinare, duntaxat unicum. Etenim si filio iam mihi nato, destinem sponsam, persona cui
destino, ad præsens tempus pertinet, id quod destino ad futurum. Cæterum si in animo statuo filium qui primus mihi nascetur, theologicis literis dedicare, persona simul & res ad futurum tempus pertinẽt. & ad huiusmodi noluit Origenes pertinere prædestinandi uerbũ.}
Verum siue destinatus legas, siue prædestinatus, & quocunque referas eam futuri rationem,
19 constanter obstrepit id quod sequitur, Filius dei secundum spiritum sanctificationis {&} ex
resurrectione mortuorum. Fac enim destinationem æternam, ut semper destinatus fuerit
ad hoc ut esset filius dei, quomodo iam cohæret per spiritum sanctificationis, & Ex resurrectione mortuorum? Quid enim hæc ad illam destinationem? Vnde Ambrosius laborans — *Ambrosij*
& ipse in his angustijs, addit haud scio unde, duo uerba: Vt manifestaretur filius dei. Et — *sententia*
19 Thomas admonet nonnunquam in diuinis literis dici fieri, quum {aliqua} intelliguntur fieri
& innotescunt. Atque hæc quum dicunt, ueluti diuinant, id quod nos sentimus. Quanquam
nihil erat necesse aliunde petere quod in ipsis Pauli uerbis inest. Nã ipsa Græca uox ὁρίζειν, — *ὁρίζειν*
non solum significat definire ac decernere, uerum certo pronunciare ac prouulgare quod — *declarare*
decreueris: unde certam de rei natura sententiam, ὅρον appellant. Et indicatiuum modum
quod certum aliquid indicet ac declaret, ὁριστικὸν appellant grammatici. Proinde si pro prædestinatus, legas declaratus, tota undique sententia uel ad amussim quadrabit, neque quicquã
usquam occurret salebræ. Hominem fuisse Christum, euidens est argumentum quod natus sit ex semine Dauid. id ipsis comprobatum est sensibus. At declarandum erat, eundem
esse filium dei, id quod semper fuerat, sed ignotum erat mundo. Quem igitur cõstabat esse
hominem, is declaratus est esse filius dei. Caro declarauit hominem, uirtus & spiritus sanctificationis declarat filium dei ac deum. Idque declaratum est cum alijs quidem modis, nempe uaticinijs prophetarum, signis innumeris, tum uero præcipue ex resurrectione mortuo-
19 rum. Ad hunc modum interpretantur {ut dictum est} & Græcorum scholia, è quibus ipsa
subscribam uerba, ne quis nobis diffidat. ὁρισθέντος τουτέστιν ἀποδειχθέντος, ἀποφανθέντος,
διά τε τῶν προφητῶν, διά τε τῶν τοσούτων θεοσημειῶν, διά τε τῆς ἀναστάσεως. id est, Definiti, hoc est
demonstrati, declarati, tum per prophetas, tum per tot diuinitatis signa, tum per ipsam re-
19 surrectionem. Hactenus Græcorum scholia. {A quibus adeo non dissentit Theophylactus, — 19: *Vulgarius*
ut non aliam quàm hanc adducat interpretationem, exponens ὁρισθέντος υἱοῦ τοῦ θεοῦ. cogniti
pro filio dei, tum ostensi, confirmati, indicati. nam ijs uerbis utitur interpres operis, falsò inscripti Athanasio: quum id quod ante suspicabamur, mox collato Græco Latinoque compe-
27 rerimus esse Theophylacti} cuius uerba sunt hæc, ἀποδειχθέντος, βεβαιωθέντος, κριθέντος. — 19: *Vulgarij*
id est, demonstrati siue declarati, confirmati, iudicati, siue decreti. Chrysostomus hisce uer- — *Qui prædesti-*
bis exponit, δειχθέντος, ἀποφανθέντος, κριθέντος, ὁμολογηθέντος. id est, demonstrati, declara- — *natus est, se-*
ti, iudicati, confessi. Semper quidem fuerat filius dei, sed paucis cognitus, uidelicet Iudæis, — *cus à ueteri-*
& horum etiam paucis. Verum post declaratus est talis uniuerso mundo. Quo magis au- — *bus expositũ*
tem liqueat hic non fieri mentionem æternæ prædestinationis, Chrysostomus addit: Iu- — *quàm expo-*
dicati omnium suffragio, ex prophetis, ex mirabili natiuitate secundum carnem, ex uirtu- — *nũt recẽtiores*
te signorum, ex spiritu per quem dedit sanctificationem, ex resurrectione, per quam mortis soluit tyrannidem. Hæc satis arguunt ὁρισθέντος aliud sonare Græcis, quàm interpretantur Latini.)

In uirtute.) ἐν δυνάμει. Recte quidem uertit, si modo recte accipiamus. Nam Latina uox
anceps est: & aliquoties sic accipitur, ut opponatur uitio, & respondeat Græce ἀρετῇ: non- — *Virtus*
nunquam ut pugnet cum imbecillitate. Proinde nos maluimus alicubi uertere Potentiam, — *δυνάμις*
siue potestatem: quandoquidem à δύναμαι dicta est δύναμις. Miro autem consilio Paulus — *Pauli cõsiliũ* 19.27
contraria contrarijs opposuit. Primum enim Paulum opposuit Saulo, seruum Iesu Christi,
Mosaicæ legis seruituti, uocatum Apostolum, ijs qui se ingerebant, segregatum in euangelium, pharisaismo quem ante profitebatur. Atque hactenus se suumque cõmẽdauit officium.

Quæ sequuntur pertinent ad commendationem Christi, qui promissus fuit, non à quouis, sed ab ipso deo, nec per quosuis, sed per prophetas suos, hoc est uiros ac diuinos, nec id quibuslibet instrumētis, sed in scripturis sanctis. Deinde Christi geminam in eadem hypostasi naturam, mira uerborū emphasi describit. de homine dicit, Factus est: ut intelligas aliquid accessisse quod non erat, de diuinitate dicit, Declaratus est. Illic addit, Secundum carnem: cuius comites sunt infirmitas & impuritas. unde, Spiritus quidem promptus, caro uero infirma. Et concupiscentias carnis uocant affectus ad uitia sollicitantes. Proinde carni opposuit uirtutem dei, & spiritum sanctificationis, hoc est, potentiam imbecillitati, & sanctificationem immundiciæ. Assumpsit igitur nostram carnem, & ostendit suam potentiam: idq; potissimum ex eo, quod suapte uirtute resurrexit à mortuis, & animam quam uolens depo-

16-22: libuit — suerat moriens, quum uisum est, recepit. Ac rursum, quoniam carnis est mortalitas, & huic opposuit resurrectionem mortuorum, quæ est immortalitas. Illud uero uisum est admonere, ἐν δυνάμει, id est In uirtute, præpositionem hanc in euangelicis & apostolicis literis nonnunquam sic usurpari, ut idem sit fermè quod Per: ut sit sensus, In uirtute dei, id est per

16-22: divinitatis — uirtutem diuinam (siue ex uirtute, quemadmodum interpretatur Chrysostomus) A Dauid 27
accepit ut mori posset, à patre ut nos redderet immortales.

16-19: Divus — Ordo uarius

Per spiritum sanctificationis.) Thomas indicat fuisse qui hæc uerba torquerent ad particulam incarnationis: Qui factus est ex semine Dauid: idq; nō uulgari coitu corporum, sed per spiritum sanctificationis, ex quo cōceptus fuit mirabilis ille fœtus. Verum hæc opinio absurdior est, quàm ut uel refelli mereatur: unde non laborabimus in explodenda ea, quam & ipse Thomas reiecit. Illud est admonēdus lector, huiusmodi sermonis typos peculiareis esse uiris apostolicis, ut pro Filijs inobedientibus, dicant Filios inobediētiæ: pro saxo offensorio, petram scandali. ita hic quoq; pro spiritu sanctificante, spiritum sanctificationis {dixit 19
Paulus} Cæterum quod hic meminit Origenes suæ diuisionis de carne, anima, & spiritu, quanquam id suo loco belle dicebatur, tamen hoc loco alienius est & coactius.

Spiritus sanctificationis

Iesu Christi domini nostri.) Id quoq; lector in Paulo comperies {quemadmodum anno- 19
tauit & Ambrosius} atq; item in cæteris apostolis. Patri {ferè} tribuunt cognomen dei, Chri- 19
sto domini, quum utrunque uocabulum utrique pariter competat (eo quod idem est domi- 27
nium patris & filij.)

margin: 19-27: Gratia quid sonet Graecis — 16: Charis

Gratiam & apostolatum.) χάριν καὶ ἀποστολήν. Gratia quoque Paulinum est uerbum, quod libenter inculcat, excludere cupiens (carnalem) fiduciam legis Mosaicæ. χάρις au- 27
tem apud Græcos nonnunquam beneficium significat, quod confertur gratuito: unde &
χαρίζομαι uerbum {largior, siue gratuito dono} nonnunquam fauorem: ut, Inuenisti gra- 19
tiam apud deum. nonnunquam obligationem beneficij: ut ἔχω χάριν, οἶδα χάριν, καὶ μνήσομαι χάριν. Iam uideo fuisse quosdam, quos offendat uox Apostolatus, parum probata Latinis auribus, & Græcam uocem malint ἀποστολήν. Quorum ego sententiæ facile subscriberem, si perinde multi intelligerent apostolen ut apostolatum. Ad hæc uideo Christianos scriptores, coactos opinor, formam hāc in plerisq; recepisse, clericatus, diaconatus, episcopatus. Nos uertimus, apostolici muneris functionem, ne quis dignitatem à Paulo pu-

16-22: semel duntaxat ad literam

tet significari: ut enim ἐπισκοπή, est ipsa functio {episcopatus} sic & ἀποστολή, {apostolatus} 19
(Gratiam hic uocat, quod ab errore sit reuocatus, nec reuocatus modo, uerum etiam ad hoc 27
delegatus, ut alios cum autoritate uocaret ad euangelij gratiam.)

16-22: trifariam — Ex resurrectione mort. uarie posse legi

* Ex resurrectione mortuorum Iesu Christi.) Locus hic multifariam legi potest. Nos rationes omnes simpliciter, id quod huius est instituti, proponemus, penes lectorem erit, & iudicandi ius, & eligendi potestas. Primam lectionem ueteres fermè sequuti uidētur {uide- 19
licet} ut sensus sit, uirtutem diuinam, & spiritum sanctificationis fuisse declaratum, ex hoc quod multa corpora sanctorum resurrexerunt cum Christo, quemadmodū recensuit Matthæus euangelista. Cui sententiæ non admodum refragor, præsertim quum uideam non

margin: Prima lectio

displicuisse Origeni, Hieronymo uero etiam placuisse, maxime quum Paulus {Colossensi- 19
bus scribens} Christum appellet primogenitum ex mortuis, & {in priore ad Corinthios epi- 19
stola uocet} primitias dormientium. Super omnia, quod capitis & membrorum eadem sit resurrectio, ut quemadmodum Origenes scribit, Christi gloriam quodammodo nondum esse perfectam, nisi collectis totius corporis membris, ita resurrectio illius non sit perfecta, nisi

Capitis & mēbrorum uidetur eadem resurrectio

* 16: precedes Per spiritum sanctificationis) above
{ 16: + primogenitum ex multis fratribus primitias

nisi reliqua etiam membra suo capiti socientur. In Christo igitur cœpta est resurrectio, &
spes præbita membris, unde sic accipi potest, ut mortuorum Iesu Christi, & ipsius eadem sit
resurrectio. Alioqui quod Paulus scribit Corinthijs, Nunc autem Christus surrexit primitiæ dormientium, non pertinet tantum ad pauculos illos, qui tum apertis monumentis sur-
rexerant, sed ad omnia Christi membra, quibus Paulus resurgendi spem conatur infunde-
re ex eo quod ipse Christus resurrexerit. Nec enim consentaneum est, caput & tale caput,
quum uiuat & regnet deserturum sua membra. Primum autem illud constat, opinor, Paulum hoc agere ut persuadeat Christum hominem fuisse, qui pro nobis immolarit seipsum,
& eundem deum, cuius uirtute simus sanctificandi, & immortalitatē assequuturi. Atq; in
transcursu attingit ex argumentis præcipua, nempe genus Dauid, tum mortem, quæ præcesserit oportet resurrectionem: deinde resurrectionem à mortuis, unde totus fidei nostræ
cardo pendet. Porrò de his mortuis qui cum Christo resurrexerūt, Paulus nusquam alibi fe
cit mentionem in suis epistolis, quum sæpius conetur astruere resurrectionē mortuorum,
imò ne euangelistarum quidem quispiam, excepto Matthæo, qui tamen ipse paucis hoc, ac
uelut obiter attingit, non explicatis uel, qui fuerint qui resurrexerant, uel quibus apparue- 16: explicans
rint. Quod sane non ideo dixerim, quasi minus certa sit Matthæi narrātis fides, q̄ si idem li- Euangelista-
teris prodidissent omnes: nec enim ad eandem coticulā, euangelistarū ac cæterorum histo- rum fides
ricorum fidem exploramus: sed quod probabile sit, si ea res proprie pertinuisset ad Christi
diuinitatem comprobandā, cæteros euangelistas rem tanti momenti non fuisse omissuros,
19 præsertim quum nusquam fuerint diligentiores, quàm in resurrectionis argumētis {appro-
bandis} Vt ne dicam interim, quod ex Matthæi uerbis, horum resurrectio uideatur Christi
resurrectionem præcessisse. Sic enim legimus apud hunc: Iesus autem iterum clamans emi
sit spiritum: & ecce uelum templi scissum est in duas partes, à summo usq; ad imum, & ter
ra mota est, & petræ scissæ sunt, & monumenta aperta sunt, & multa corpora sanctorū qui 19-27: An aliqui
dormierant, surrexerunt, & exeuntes de monumentis, post resurrectionem uenerunt in san revixerunt
ctam ciuitatem, & apparuerunt multis. Atq; id magis apparet ex ipsis Græcis, ut suo indi-
19 cauimus loco, hæc uerba, Post resurrectionem, referenda esse ad proxima, nempe ad {hæc.} Reuixerūt'ne
Apparuerunt multis, aut certe ad id quod proxime præcessit. Egressi de monumentis, ut aliqui ante re
accipias statim in ipsa morte reuixisse corpora mortuorum, at non apparuisse nisi post re- surrectionem
surrectionem Christi, ut quemadmodum Ioannes prædicationis & passionis Christi, ita Christi
hi resurrectionis πρόδρομοι fuerint. Neque uero me clàm est Hieronymum, quumq; hoc
complures interpretes in hac esse sententia, ut dicant monumenta duntaxat aperta fuisse
moriente Christo, uerum non resurrexisse quenq̄ nisi post peractam illius resurrectionem.
Et facile cedimus autoritati. Quanquam si quis expenderit ipsa Matthæi uerba, deprehen
det hanc interpretationem nonnihil esse detortam. Porrò si quem hoc torquet, ne Christus
non sit primitiæ dormientium, quemadmodum scripsit Paulus, quid is dicet quod Laza- 16-22: innumerabiles
rus & præter hunc multi reuixerunt ante Christum? At illi resurrexerunt denuo morituri, Christus pri-
hi semper uicturi. fateor, interest omnino nonnihil. Verum ut demus hos priores reuixisse, mitiæ dormi-
nihilo secius primitiæ dormientium erit Christus, qui princeps & autor fuerit omnis resur- entium
rectionis, per quem & illi reuixerunt qui priores illo reuixerunt: uerū hac de re nihil digla-
dior. Illud propius ad rem nostram pertinet, Paulus cum obiter & in transcursu uoluerit as-
19 serere diuinitatem & uirtutem Christi, magis debebat {ut uidetur} ipsius adducere resurrectionem quàm aliorum, de quibus haud scio, an Romani quicquam audierant: & sicut pro
posuit ipsius natiuitatem per quam declararet hominem, ita & eiusdem proponeret resurrectionem, per quam declaratus fuerit filius dei. Aut igitur de tota resurrectione accipiendum est quæ cœpit in Christo, aut de ipsius Christi resurrectione. Ad quem sensum proxime accedit secunda lectio, quam uideo Laurentio Vallæ placuisse, acerrimi sanè iudicij ui- Secūda lectio
ro, ut genitiuus Latinus, Iesu Christi, uertatur in ablatiuum: nam apud Græcos genitiuus
ἰησοῦ χριστοῦ, potest utrolibet referri, uel ad mortuos, uel ad id quod præcessit, περὶ τοῦ υἱοῦ αὐτοῦ
ἰησοῦ χριστοῦ, id est, de filio suo Iesu Christo: deinde post hyperbaton, quo sæpe Paulus utitur, reddatur Iesu Christo. Hanc equidem Laurentij sententiam adeo non improbo, ut ad-
27 mirer nec Origeni (nec Chrysostomo, nec Theopylacto), nec Augustino, nec Ambrosio
19 tale quicquam in mentem incidisse, præsertim quum locus nonnihil torqueret {Sensit enim

Augustinus incommodum,quod sic adijci uideretur Iesu Christi,quasi alius esset filius dei
alius Iesus Christus:qua de re disseruit enarrans psalmum sexagesimum septimum. Atqui
hoc incommoditatis effugerimus,si Laurentianā amplectemur lectionem⟩⟨Alij sic meden- 27
tur,ut dicant hanc eiusdem dictionis iterationem esse ex idiomate sermonis Hebraici,qui
uice pronominis proprium nomen repetunt.quod genus est illud, Fecit Moses sicut præ-
*Tertia lectio* cepit dominus Mosi,pro eo quod erat sicut præcepit dominus ei⟩ Tertia lectio sic habet,ut
Iesu Christi,sit casus paternus,sed ad resurrectionem tantum referatur, non ad alios mortuos,non quod eos excludamus à resurrectione,sed illud perpendimus quid hic agat Paulus. Nam quod additum est mortuorum,non efficit ut de alijs mortuis intelligamus,quàm
de Christo. Sed quoniam anceps erat{apud Latinos}resurrectionis,apud Græcos ἀναστά- 19
σεως uocabulum,resurgit enim & is qui sedebat aut iacebat,& dicturi sententiam in sena-
†16: igitur tu ἀνίσανται, addidit|Mortuorum,ne quis esset amphibologiæ locus. Duo igitur hæc uer
ba,Resurrectio mortuorum: uelut periphrasi rem eandem explicantia,complexim referun
tur ad Iesu Christi.ut hic sit sensus,qui sicuti factus fuit homo,iuxta carnem natus ex Da-
*Præpositio* uid,ita declaratus est filius dei,in uirtute dei per spiritum sanctificationis. Declaratus,in-
*omissa* quam,ex eo quod resurrexit à mortuis,quod quidem solius est dei. Porrò si quem etiam ille scrupulus habet,quod iuxta nostram sententiam Græca præpositio ἐξ, fuerit addēda,
ἐξ ἀναστάσεως,ἐκ τῶν νεκρῶν ἰησοῦ χριστοῦ, huic responderi potest,præpositionem quæ præcessit facile repeti posse,præsertim quum eadem fuerit repetenda,& uel ob hoc omissam uideri posse:deinde passim apud Græcos omitti præpositiones,præsertim ἐν, σὺν, κατὰ, ἐξ, ἀπὸ.
16-22: obtinet Id quod hic quoque fit mollius,propterea quod ἀνάστασις in se uim obtineat præpositionis,
& motum à loco quopiam significet. In quod genus uerbis,Latini quoque non infrequenter
omittunt præpositionem si libeat,ut surrexit terra,& surrexit à terra,deiecit cœlo,deiecit è
cœlo. Denique si quis Resurrectionis mortuorum,complexim accipiat,ita ut ostēdimus antea,ne opus quidem fuerit ulla præpositione{quum duæ dictiones pro unica ponantur}Cæ 19
terum quod nos uertimus,Iesus Christus,nominandi casu,primum nihil uariat Pauli sententiam,& tamen effugimus duo pariter incommoda,nempe sermonis ambiguitatem,&
hyperbati molestiam. Alioqui ad uerbum reddi poterant ad hunc modum, De filio suo ge
nito ex semine Dauid secundum carnem , declarato filio dei,in potentia, secundum spiritum sanctificationis ex resurrectione mortuorum Iesu Christo domino nostro {Quin & 19
19: Vulgarius illud diligens lector expendat uelim,num hic ἀνάστασις accipi possit transitiue,ut perinde
ualeat ac si dicas,resuscitatione mortuorum. Quod quidem propemodum subindicauit
*Resurrectio* (Chrysostomus & huius imitator)Theophylactus, quum ait:Christum primum omnium 27
*actiue qua eri* ac solum fuisse qui seipsum suscitarit,atque hoc potissimum argumento liquere,quod fue
*git aliquis* rit filius dei. Illud certe recte monstrauit Augustinus, Ex resurrectione mortuorum,refe-
rendum esse non ad proxime præcedentia,sed ad id quod præcessit, Qui prædestinatus
†19-22: mortuorum est. Atqui illud prædestinatus est,dure cohæret, quum Ex resurrectione,|nisi interprete-
mur Declaratus est. Idem Augustinus,Prædestinatus ex mortuis:interpretatur, Prædestinatus in hoc,ut primus resurgeret,ut præpositio Præ, pertineat ad ordinem resurgendi.
Cæterum hunc sensum ipsa Pauli uerba non satis exprimunt⟩⟨Vt igitur sermonem proli- 27
xum conferam in epilogum,si legimus Iesu Christi,triplex est uarietas,prima ut anastasis
accipiatur actiue siue neutraliter,idque gemino sensu,siue ut pater intelligatur suscitasse filium à mortuis,siue ut filius suscitarit seipsum. Nam uterque sensus pius est. Deinde ut resurrectio dicatur passiue,sentiamusque mortuos suscitandos ad uocem filij dei,quemadmo-
dum & Lazarum præter alios suscitauit. Quanquam nihil uetat hic resurrectionem accipi
pro resurrectione uniuersali,quæ est & capitis & totius corporis mystici. Postremo genitiuus hic Mortuorum,refertur ad Iesum Christum,cuius mortui dicuntur qui moriuntur in
fide,ut intelligas hic tantum fieri mentionem de resurrectione iustorum. Potest & comple
xim legi Resurrectio mortuorum,pro resurrectione à mortuis,ut Iesu Christi pertineat ad
ἀνάστασιν, non ad mortuos. Cæterum si legimus,Iesu Christo:pertinebit ad superiora,de fi
lio suo Iesu Christo,qui prædestinatus est. & cætera.⟩ Hæc paulo uerbosius disserui,quàm
huius instituti fortasse patiebatur ratio:sed id cōsulto fecimus,ne quis clamitet me temere,
præter omnium superiorum sententiam huius loci mutasse lectionem. Quod superest,ego
sum

sum iudicis officio functus,lectori iudicium deferens.

Ad obediendum fidei.) Nomen est apud Græcos non infinitum, εἰς ὑπακοὴν πίστεως. id est,ad obedientiam fidei. Verum quoniam is sermo Latinis anceps erat,interpres expli/cuit per gerundium,nos per uerbum, Vt obediatur fidei. Vocat autem obedientiam fidei, *Obedientia fidei*
27 {quemadmodum exponit Chrysostomus} quod non accipiatur curiosis ratiocinationibus, sed simplici obedientia,& tacita auscultatione:idq; ad utrunque populum pertinet:& Iu/
19 dæorum,qui signa requirebant:& gentium,quæ philosophicas rationes flagitabant{& ho 16: requirebant
die fortasis,ad quæstionum scholasticarum labyrinthos inexplicabiles,de his rebus quæ pie nesciuntur.}

Pro nomine eius.) ὑπὲρ τοῦ ὀνόματος αὐτοῦ. id est,De nomine,siue super nomine eius. Nam Græca præpositio ancipiti est significatu:sicut sunt apud illos pleræque.ut sit sensus, Accepimus apostolicum munus in hoc,ut in omnibus gentibus,non solum apud Iudæos *Duplex sensus*
obediatur fidei,quæ est de nomine Iesu Christi.Idem indicant Græcorum scholia,ut hæc
35 uerba De nomine ipsius,referantur ad obedientiam fidei.[Theophylactus ὑπὲρ exponit per περί.] Tametsi dissentit eximius ille uir & amicus noster incomparabilis, Iacobus Fa/ *Fabri Stapu/lensis laus* 19-27: laus F.S.
ber Stapulensis,quem ego quoties nomino,honoris causa nomino,nempe cuius ardentis/simum in restituendis bonis literis studium magnopere comprobo,eruditionem tam ua/riam minimeq; uulgarem admiror,raram quandam morum comitatem ac facilitatem ada mo. Porrò singularem uitæ sanctimoniã ueneror etiã & exosculor. Verum quis unq̃ fuit uel adeo doctus uel attentus,qui non hallucinatus sit ac dormitarit alicubi,præsertim in tot uoluminibus,totq; rerum difficultatibus uersans?Neq; quicquam addubitarim,quin ipse sua relegens,alicubi facturus sit quod in suis libris fecit Augustinus.Proinde nemo ueluti contumeliosum interpretetur,si locis aliquot ab eo dissentiens,pro mea uirili patrocinor ueritati.(Quod ego uicissim in me fieri non solum æquo feram animo,uerum etiam sum/mi beneficij loco ducturus sum,modo absit procacitas.Quanquam hoc in loco nec mihi sanè Fabri displicet sententia,ut Super nomine eius,referatur ad illa superiora,Accepimus apostolatum,hoc est functionem apostolicã & legationem hanc qua fungimur.sed qua de re?nempe de nomine Iesu prædicando. Proinde utraq; lectio probe quadrat,adeo ut diffi/
27 cile sit pronunciare utram alteri præferri oporteat{Chrysostomus interpres sequi uidetur posteriorem sententiam. Sic enim exponit: Non missus sum ut ratiocinarer, sed ut quod
35 mihi commissum est,redderem}.[Græca sic habent: εἰς ὑπακοήν,οὐκ εἶπε ζήτησιν καὶ κατα-σκευασμόν,ἀλλ' ὑπακοήν. οὐδὲ γὰρ ἐπέμφθημεν φησὶ συλλογίζεσθαι, ἀλλ' ὅπερ ἐνεχειρίσθημεν ἀ-ποδοῦναι.]

In quibus estis.) ἐν οἷς. id est,Inter quas,uel quarum de numero,hoc est gentium uo/catarum.Quod genus est illud, In omnibus gentibus, ἐν πᾶσι τοῖς ἔθνεσιν. id est, Inter omnes gentes.Quanquam haud me fugit ad Græcanicum modum & Latinos autores *In quibus pro inter quos*
27 aliquoties fuisse loquutos. At nos quod dilucidius erat sequuti sumus.{Annotauit hoc Chrysostomus,quod Paulus Romanis rerum dominis nihil eximium attribuerit, sed in euangelij ratione unam è numero cæterarum gentium fecerit.}

Omnibus qui sunt Romæ.) πᾶσι τοῖς οὖσιν ἐν ῥώμῃ. Quoniam Græce per participi/um extulit,potest accipi uel tertia uel secunda persona,Omnibus qui sunt,aut Omnibus qui estis. Ad uerbum sonat, Omnibus entibus Romæ:quanquam ea res nihil ad senten/tiam pertinet.Et iam solenne est nomen eius quem salutamus epistola,in tertia persona adscribere: Plinius Tacito suo S. D. Atque hactenus quidem totus sermo suspensus fuit:nunc demum absoluto commate principali,redditur altera pars. Hoc loco coarguen/dus uel ridendus magis error eorum,qui putant Paulum Romanis lingua Romana scri/psisse,sicut Hebræis scripsit Hebraice, & Græcis Græce. Neq; enim scribit Romanis tan/tum,sed omnibus qui Romæ agerent.At eò iam confluxerat tota ferè Græcia:adeo ut Iu/uenalis Græcam urbem appellet.Certe Græcorum linguam iam non Italia solum,uerum etiam Syria, Aegyptus, Cilicia,ac bona orbis pars receperat.Quòd si Romane scripsit, immerito queritur Origenes hanc interpretans epistolam,Græcam dictionem esse per/
19 plexam,& hyperbatis obscuratam,& è Cilicum idiomate quædam parum Græca{pere/grinitatem}resipere. *Longum hyperbaton* *Error existimantium Paulum Romanis scripsisse Romane*

Dilectis dei.) ἀγαπητοῖς θεοῦ. Hæc est ea uox, quam subinde uertunt in charissimos. Est autem Græcis non participium, sed nomen: quasi dicas, amicus: & idcirco apud illos mollius adhæret nomini dei.

Vocati sancti, non nati

19-27: has

19-27: genus

Vocatis sanctis.) κλητοῖς ἁγίοις. Superius admonui, uocatis, hoc loco non esse participium, sed nomen, & perinde ualere quasi dicas, uocatis ad sanctimoniã. {Gentium enim nomen Iudæis inuisum erat, quod hos haberent tanquã prophanos, & à deo Mosecp alienos. 19
Amolitur igitur hanc opinionem Paulus, quum ait Romanos, quod ad ius attinet, esse de numero gentium, cæterum hoc pares esse Iudæis, quod diligantur ab eodem deo, uocaticp sint ab eodem ad eandem sanctimoniam. Iudæi sua opinione nascebantur sancti, è sanctis oriundi, & in sancta lege nati: at quod his præstare uidebatur genus, hoc gentibus præstabat fauor & uocatio dei.} {Gratiam aũt uocat gratuitam munificentiam. Prius dixerat ἀγαπητοῖς, mox κλητοῖς. quoniam autem potest aliquis suo merito uocari ac diligi, addit gratiam. Gratia data parit remissionem peccatorum, quam suo more pacem uocat. Peccatum enim inimicitiam ponit inter deum & homines. Ille nos uocauit, non nos illũ quæsiuimus: ille nos dilexit prior, quum essemus inimici: ille pœnam commeritis impartijt spiritus donum. Per spiritum autem, peccatorum ueniam & abundantiam charismatum.) 27

margin: 19-27: Duplex lectio

Christus quãdo dicitur deus ex consuetudine sacræ scripturæ

{16: equidem meminerim nusquam

A deo patre & domino nostro Iesu Christo.) Sermo quidem Græcus anceps est. Siquidem accipi potest, A patre nostro & domini Iesu Christi, ut intelligas patrem nobis cum illo communem: aut à patre nostro & domino Iesu Christo, ut intelligas gratiam quam illis precatur, proficisci simul & à patre: quem {ut modo dictũ est} suo more ueluti peculiari uerbo deum uocat: & à filio, quem plerunque dominum appellare gaudet, deum {perquàm raro: quum in hac ipsa epistola palàm hominem dicat, capite quinto: Multo magis gratia dei & domini, in gratia unius hominis Iesu Christi in plures abundauit. & Petrus in Actis apostolorum, uirum appellat, Virum approbatum à deo. Item Paulus apud Athenienses, In uiro quo statuit} Atque hanc posteriorem lectionem magis approbo {præsertim quum id annotatum sit, & ab Ambrosio, & Didymo in libro De spiritu sancto, secundo. sed ita ut ea sermonis forma, nec patri auferat dominationem, neque filio deitatem. Siquidem eadem ratione qua pater dominus est, & filius deus est, sic & spiritus sanctus dominus nuncupatur. nam his uerbis usus est Didymus} {Siquidem hæc annotatio non aliò spectat, quàm ad indicandum morem apostolici sermonis. Annotauit idem Tertullianus libro quem scripsit aduersus Praxeam. Huius uerba præstiterit subscribere. Itaque deos omnino non dicam, nec dominos, sed apostolum sequor, ut si pariter nominandi fuerint pater & filius, deum, patrem appellem, & Iesum Christum, dominum nominem. Solum autem Christum potero deum dicere, sicut idem Apostolus, Ex quibus Christus qui est, inquit, deus super omnia benedictus in æuum omne. Nam & radium solis seorsum solem uocabo, solem autem nominans, cuius est radius, non statim & radium solem appellabo. Nam etsi soles duos faciam, tamen & solem & radium eius tam duas res & duas species unius & indiuisæ substantiæ numerabo, quàm deum & sermonem eius, quàm patrem & filium.) 19 19 19 27

Christus solis radius

margin: 19-27: Primum pro principio

Origenis in scripturis excutiendis diligentia

{Primum quidem gratias ago.) Quis satis admiretur Origenis in excutiendis sacris literis diligentiam: Hoc quoque torsit hominem, quum Paulus hic dicat primum, quæ pars huc respondeat quæ sit secunda, & dubitat an illic reddatur, Nolo autem uos ignorare fratres. Verum in exordio cuiusuis argumenti, fortassis non sit absurdum dici primum, etiam si nihil proprie reddas. 19

Hyperbole autore Origene

In uniuerso mundo.) Quum Græce dictum sit, ἐν ὅλῳ τῷ κόσμῳ. in toto mundo. Idque iuxta Græcos interpretes dictum sit ὑπερβολικῶς, pro eo quod est, In multis partibus mundi: quorsum attinebat ut Latinus interpres exaggeraret etiã, dicens, In uniuerso mundo. Nam quod Origenes post indicatam hyperbolen, philosophari pergit de mundo angelico, & hoc nostro, non inelegantem habet anagogen. Cæterum nos simplicia & γνήσια magis delectant, quæ sensum Apostoli potius ostendunt, quàm interpretis ingenium ostentant.}

Testis enim mihi est deus.) μάρτυς γάρ μου ἐστίν. id est, testis enim meus est deus. quanquam interpres belle uertit, & magis seruiuit Latinis auribus, quàm exprimendo Græco sermoni. nisi forte legit μοι, pro μου.

Cui

Cui seruio.) ᾧ λατρεύω. id est, quem colo. Diuersum enim ab eo quod est Græcis δουλεύω. unde λατρείαν uocant cultum, qui præstatur diuis aut deo. Græci uocem deductã putant ex λα, quæ particula uehementiam significat apud illos, & τρεῖν, quod est tremere siue metuere. Quanquam interpres & aliàs nunc obsequium nunc seruitutem uertit Seruire pro colere
19 λατρείαν, rectius uersurus, cultum{Subindicat enim Paulus religionis & cultus rationem esse nouandam, urgentibus Iudæis, ut ad Mosaicæ legis ceremonias pertraherentur ethnici. Proinde quanquam ipse Paulus à Mose prouectus ad Christum, iam non immolaret pecudes, tamen eundem deum alio ritu colebat, nempe prædicando filij euangelio, qui cultus spiritualis esset, & ob id deo longe gratissimus. Quum enim dicit, In spiritu meo: excludit corporeas uictimas. Porrò, In spiritu: præpositionem ἐν, additam esse datiuo instrumenti aut modi, iuxta proprietatem sermonis Hebræi, frequenter iam ostendimus.} Spiritus opponitur ceremonijs 19: Iam in

Memoriam uestri.) μνείαν ὑμῶν. Quum Græcis ad utrumque sit anceps uox, & Facio
19 memoriam, non dicamus Latine: commodius uertisset, mentionem{quandoquidem orare nihil aliud est quàm colloqui cum deo, ne quis putet durius dictum Mentionem uestri facio.} Memoria pro mentione

Si quomodo.) εἴπως ἤδη ποτὲ. id est, Si quo pacto iam aliquando, siue tandem aliquando. Nam ἤδη apud Græcos nonnunquam urgentis uim habet. Cæterum hæc aduerbiorum & coniunctionum congeries, πῶς, ἤδη, ποτὲ, mirum quoddam & impatiens exprimunt desiderium ac studium festinandi, quemadmodum admonent & Græcanica scholia. Epitasis

Prosperum iter habeam.) Græcis est, εὐοδωθήσομαι, uerbum duabus è partibus compositum, εὖ bene, & ὁδὸς uia, εὐοδόω. quo uerbo utuntur quoties res succedit ex animi sententia. Idem est in psalmo primo: Et omnia quæcunque faciet, prosperabuntur. εὐοδωθήσονται. Significat enim Paulus hactenus non successisse.

19 In uolũtate.) ἐν τῷ θελήματι. Admonuimus{quum aliàs tum paulo superius}hanc præpositionem ἐν nonnunquam usurpari pro Per, figura loquendi, sicut opinor, ab Hebræis
19 sumpta{Proinde nos exprimentes sensum magis quàm uerba, uertimus, Volente deo.}

* Veniendi ad uos.) ἐλθεῖν. Rectius erat, Venire, siue ut ueniam: ut infinitum uerbum referatur ad participium quod paulo ante præcessit, δεόμενος. Orans ut ueniam ad uos, * 16: follows Si quomodo) above
19 siquando mihi contingat, uolente deo, prosperum{iter.} Nam hæc est uerborum Græcorum sententia.

Aliquid impartiar gratiæ. ἵνα τι μεταδῶ χάρισμα. id est, Donum, non gratiam, χάριν. Quanquam interpres in hac uoce lusit copia suo more. Nam alicubi uertit Donum: ut illic, Sed non sicut delictum, ita & donum. ἀλλ' οὐχ ὡς τὸ παράπτωμα, οὕτως καὶ τὸ χάρισμα. Alibi Græcam uocem reliquit, quasi deesset quo redderet eam Latine: ut illic, Sectamini charismata meliora. ζηλοῦτε δὲ τὰ χαρίσματα τὰ κρείττονα. Porrò quid intersit inter χάριν & χάρισμα, alijs expendendum relinquo. Illud constat & χάριν pro beneficio poni, & Gratia, pro dono χάρισμα χάρις
19 χαρίζομαι{beneficium}largior, siue ad gratiam facio. unde uerbale nomen deductum† χά- }16: Quod est
19 ρισμα. à χάρις{χαρίζομαι. à κεχάρισμαι, χάρισμα} profectum est. Vtrumque competit ubi quid gratis donatur, aut benefit alicui. †16: est

Simul consolari.) Laurentius hic interpretem μαστιγοῖ, nec prorsus abs re. Quid enim erat causæ quum Græcis utrobique uerbum sit infinitum, στηριχθῆναι & συμπαρακληθῆναι, ut alterum relinqueret, alterum redderet per gerundium: Apparet utrunque pertinere ad accusatiuum ὑμᾶς, quia præcedit in ordine: ut sit sensus, Vt uos confirmemini, simulque consolationem accipiatis mutuam inter uos. Siquidem illud Simul consolari, subiecisse uidetur non ad diuersa digrediens, sed uelut expositione molliens quod dixerat, Ad confirmandos uos: ne quid offenderetur Romanorum arrogãtius ingenium, si uiderentur egere confirmatione ceu uacillantes ac nutantes. Sed eam confirmationem, mutuam consolationem interpretatur, suo more modestissime loquens. tametsi Græcanica scholia posterius uerbum συμπαρακληθῆναι referunt & ad Paulum, ut intelligas illos confirmandos & fulciendos aduentu Pauli, Paulum autem solatium mutuum accepturum ex illorum confirmata fide. Quod si placet, subaudiendum est pronomen primæ personæ, ἐμὲ siue ἡμᾶς, id est Simul consolari, sensus uarius margin: 19-27: Duplex expositio
19 me uel nos. Et ad hanc quidem sententiam interpretatur Origenes{ac Theophylactus,} mihique hoc magis ea probatur quod addidit coniunctionem δέ. τοῦτο δέ ἐστι, quæ palàm indicat mitigari & corrigi quod præcessit. Quod genus est & illud, Sacramentum 19: Vulgarius

hoc magnum eſt, ego autem dico in Chriſto & eccleſia. Deinde ſi ſenſiſſet, Inter uos, ἐν ὑ-
μῖν: magis dixiſſet ἐν ἑαυτοῖς. Deniq; magis quadrat quod ſequitur. διὰ τῆς ἐν ἀλλήλοις πίστεως ὑμῶν τε καὶ ἐμοῦ. id eſt, per mutuam fidem ueſtram ſimul & meam. Illorum fides præ-
dicabatur in toto mundo, & Paulus habebat fidem. Itaq; collatione facta futurum erat ut
utrinq; in ſua, hoc eſt communi fide, alteri ab alteris fulcirentur. Quemadmodum fit quoties duo rem à diuerſis acceptam autoribus inter ſe conferunt, uterque certius credit quod
audierat ob narrationis mutuæ conſenſum. {Illud adijciam, ne quid fugiat lectorem, συμ- 19
παρακληθῆναι referri poſſe uel ad mutuam cōſolationem uel ad mutuam exhortationem.
Et quum mox loquutus ſit de confirmandis illis, ad id magis quadrat, exhortatio mutua q̃
conſolatio. Theophylactus admonet hoc loco conſolationem pro gaudio non inepte poſſe
accipi.} {Chryſoſtomus refert ad lenimentum afflictionum, quas ob Chriſti nomen perpetie- 27
bantur qui credebant euangelio, ſimul indicans gradus quibus Apoſtolus lenijt ac temperauit ſermonē. Quum enim dixiſſet, confirmari, metuens ne Romani arrogantes dicerent,
Quid: an uacillamus, ut tua lingua ſimus fulciendi: mitigauit hoc, & uerbum confirmādi,
uertit in conſolandi. nec hoc contentus, non dixit παρακληθῆναι, ſed συμπαρακληθῆναι:
quaſi non minus ipſe egeret illorum conſolatione. Deniq; iunxit fidei communionem, de-
ponens doctoris perſonam & induens condiſcipuli. Sic Paulus fit omnia omnibus, ut omnes lucrifaciat. Hæc eſt pia uafricies, & ſancta, ut ita dixerim, adulatio.} [Interpretatio Theo- 35
phylacti non diſſentit à Chryſoſtomo.]

margin: 19-27: Consolatio pro gaudio

19: Vulgarius

Hyperbaton

* Nolo autem uos.) Origenes hoc loco commonſtrat hyperbaton, hoc eſt confuſum orationis ordinem, putans nonnihil etiam deeſſe. Sed exiſtimat orationis ſeriem ad hunc modum poſſe reſtitui: Sicut fructum habui in cæteris gentibus ( Græcis ac Barbaris, ſapienti-
bus & inſipientibus debitor ſum ) ita quod in me eſt, promptus ſum, ſi liceat, etiam uobis
qui Romæ eſtis euangelizare. Hoc obiter annotaui, quod ad ſcripturæ diſtinctionem
pertineat.

*16: entries reversed

( Et prohibitus ſum.) ἐκωλύθην. quod magis ſonat Præpeditus ſum, quàm prohibitus, 27
nimirum obſtantibus negocijs, quod Græci dicunt ἐμποδίζειν. Prohibet enim proprie, qui
interdicit ne facias.) [niſi ſentiamus Paulum prohibitum à ſpiritu ſancto: quemadmodum 35
Actorum decimoſexto, uolentem proficiſci in Bithyniam, non permiſit ſpiritus ſanctus.
Nam tale quiddam ſubindicat Chryſoſtomus, quum ait: τῷ μὲν θελήματι τοῦ θεοῦ οὐκ ἀντι-
πίπτων, τὴν δὲ ἀγάπην διατηρῶν. Etiamſi Paulus non datam proficiſcendi Romam oportunitatem, religioſe interpretatur dei uoluntatem.]

Et in uobis, in uobis quoque

* Habeam in uobis.) σχῶ καὶ ἐν ὑμῖν. id eſt, habeam & in uobis. Nec enim emphaſi caret
Et, coniunctio. Apud Græcos omneis, aliquid fructus collegerat, idem optat & apud Romanos. Rurſum, In uobis: poſitum eſt pro eo quod eſt, Inter uos.

Græci & Barbari

Græcis ac Barbaris.) Apud Græcos gemina eſt copula: ἕλλησί τε καὶ βαρβάροις. id eſt,
Græcisq; ac Barbaris. Ac rurſum: σοφοῖς τε καὶ ἀνοήτοις. id eſt, Sapientibusq; & inſipientibus. Nec eſt ocioſa coniunctionis iteratio, ſignificans Paulum eſſe debitorem ex æquo omnibus citra ullum gentis delectum. Idq; inculcat ob Iudæos, qui prædicationem euangelij
ad ſe ſolos attinere uolebant. Cæterum hic σοφοῖς non tam ſapientes ſignificat quàm eruditos, & ἀνοήτοις, craſſos potius & indoctos, quàm ſtultos. Sapientiam enim, hoc eſt eruditionem, ſibi uendicabant Græci. Porrò Græcos {quos} aliquoties pro quibuſuis gentibus 19
poſitos reperies, hic Barbaris oppoſuit, {quos ἀνοήτους uocat, ceu rudes philoſophiæ & 19
indoctos.}

Sophi docti

Stulti rudes

16-27: Itaque

Promptū pro prōptitudine

Ita quod in me promptum {eſt}) Laurentius admonet hoc loco, promptum accipiendum 19
ſubſtantiue, nempe pro ipſa promptitudine: quemadmodum illi χρυσὸν uocant χρυσότη-
τα, ταχὺ, ταχύτητα, appoſitiuis abutentes pro ſubſtantiuis nominibus, ut ſit ſenſus: Ita pro
mea uirili promptus ſum, & promptitudo animi mihi adeſt, etiam uobis qui Romæ eſtis
euangelizare. Atque ita ſanè legit Ambroſius: Itaque quod in me eſt promptus ſum: & cætera. At ſunt qui malint infinitum εὐαγγελίσασθαι referre ad nomen uerbale ὀφειλέτης, &
οὕτως aduerbium ſic accipere, non ut connectat hanc orationis partem cum ſuperioribus,
ſed referatur ad reliquos, quibus iam prædicauerat euangelium Paulus. ut ſit ſenſus, Sicut
alijs gentibus iam prædicaui, quum omnibus debeam, ſic quantum ad animi mei promptitudinem

titudinem attinet, debeo & uobis qui Romæ agitis, tametsi sapientes, potentes, & docti sitis, prædicare euangelium Christi. Atque id sanè belle quadrat cum ijs quæ mox sequuntur.

Non enim erubesco euangelium.) οὐ γὰρ ἐπαισχύνομαι τὸ εὐαγγέλιον. Interpres aliquando uertit confundor, aliquando erubesco, adiungens accusandi casum. Latinius erat, Non
19 enim me pudet euangelij. {Quanquam apud Q. Curtium scio legi, Erubescit fortunæ. quod
22 si crebro occurreret in bonis autoribus non pigeret imitari} Græci codices (aliquot) addunt, Christi. τὸ εὐαγγέλιον τοῦ χριστοῦ. quod Christi nomen adhuc apud multos præsertim sapien
19 tiæ persuasione turgidos, contemptum haberetur {apud quos Platones, Pythagoræ, Zeno
27 nes, Aristoteles erant in precio} (Quanquam Chrysostomus non addit, τοῦ χριστοῦ. sed articulus indicat de euangelio sentiendum de quo prius dixerat, Euangelium dei.)

Erubesco hoc aut illud an Latine.

Erubescit fortunæ apud Qu. Curtium

Virtus enim dei est.) δύναμις γὰρ θεοῦ. id est, potentia enim dei est. ut ostendat ne Romanis quidem rem esse aspernãdam, ceu humilem & inefficacem. Hoc admonui quod uirtus apud Latinos sit anceps, quæ nonnunquam sic usurpatur, ut respondeat ei uoci quæ apud Græcos est ἀρετή, & opponatur κακία, hoc est uitio: aliquoties ut respõdeat Græcæ, quæ est δύναμις, & opponatur imbecillitati siue impotentiæ. Addidit autem Dei, ne
27.35 Christus ut homo contemneretur ab infirmis (& incredulis) [Non additur articulus, τοῦ θεοῦ. quod deus hic ponitur non tanquam certa persona, sed pro ipsa natura diuina, ut distinguatur aduersus homines.]

Virtus 16-27: tr δύναμις

16-22: impiis

Omni credenti.) παντὶ τῷ πιστεύοντι. Dilucidius erat, Cuiuis credenti. Non enim uult
19 haberi delectum {gentis aut fortunæ, modo fides sit communis.}

πᾶς p quiuis

Iudæo primum & Græco.) Et hic gemina Græcis est coniunctio: ἰουδαίῳ τε πρῶτον καὶ ἕλληνι. id est, Et Iudæo primum & Græco. Primum autem hoc loco perinde ualet, quasi dicas potissimum: quod Iudæis promissus esset Christus, à quibus & exortus est, & Græci sapientia præstarent. Cæterum hoc loco Græcum accipit pro ethnico, atque ita uertit alibi non uno in loco. Tametsi superius, Græcis ac Barbaris, pro peculiari gente posuerit.

Græcus pro ethnico

16: gentili

27 (Ex fide in fidem.) Sermo Latinus nullam habet uocem satis respondentem πίστει. Latinis enim, habere fidem alicui dicitur, qui credit dictis illius: & dare fidem dicitur, qui sanctè promittit: & astringit fidem suam, qui se obligat alicui. Liberat autem fidem suam, qui præstat quod promisit. Fide caret, cui non creditur, Fronti nulla fides. Fidem uiolat, qui non præstat conuenta: unde & perfidus dicitur & perfidia. Fidem derogat alicui, qui facit ne illi credatur. Fidem conciliat, qui contrà. Desideramus fidem in eo, qui non præstat ea quæ recepit. Probamus fidem illius, qui quod potuit fecit sedulo. Et in fidem alicui tradimus, quod illius fidei committimus. Et bonæ fidei possessor dicitur, qui sine dolo cœpit possidere. Qui contrà, malæ fidei. De fide seruorum in dominos, multa legimus. Et fidem facit qui persuadet, & fidus dicitur qui bona fide rem gerit, item fidelis. Fides igitur apud Latinos interdum est promittentis, interdum præstantis promissum, interdum credentis, interdum eius cui creditur, interdum generale nomen, ut quum dicimus fidem sublatam è moribus hominum, sentientes neminem præstare quod promittit, neque quenquam alteri fidere. Et Græce πίστις, nonnunquam sonat fidem præstantis aut promittentis, nonnunquam probationem per quam persuademus. Et πιστὸς dicitur qui non fallit, ἄπιστος infidus siue diffidens. πιστεύει qui credit siue confidit aut committit, & ἀπιστεῖ qui non fidit. Apud Latinos, incredulus est qui diffidit. Credulus enim, & credulitas, in uitium ferè sonant. & credere, uarium est. Credit, qui assentitur dictis: & credit, qui fidit: & credit uxorem alteri, qui committit. Iam & fidentem & fiduciam dicimus in bonam partem, quæ tantum est in credente. Confidere item & fidere, in bonam partem. Confidentem & confidentiam, in malã partem. Verum his uocibus frequenter abutuntur sacræ literę. nam fidem frequenter usurpãt pro fiducia erga deum, ut non multũ differat à spe. Interdũ pro credulitate siue persuasione, qua assentimur his quæ de illo nobis tradita sunt, qua credũt & dæmones. Nonnunq̃ hæc omnia complectitur fidei uocabulũ, assensum illum & in narratis & in promissis, & fiduciam ex illius omnipotẽte bonitate conceptam, non sine spe, hoc est expectatione promissorũ. Et hactenus quidẽ dicitur fides hominis. Cæterũ & dei fides dicitur, quã ille præstat in promissis: unde deus fidus siue fidelis, hoc est πιστὸς dicitur, eo quod nõ fallat: sed

Fides uerbum secus ab ecclesiasticis usurpatũ quàm à priscis

Credulus

Confidens Fidens

ſed homo fidelis dicitur,qui credit promittenti,præter uſum Latini ſermonis, & tamen ſic
[ *Fidelis* frequenter loquuntur ſacræ literæ.Nam diſpenſator fidelis Latine dicitur:infidelis autem
*Fidus* non Latine,ſed in ſcripturis,dicitur qui diffidit:Græce melius, ἄπιϛος, ſiue ἀπειθὴς. Non/
nũquam fides dei dicitur,qua nos illi fidimus potius quàm homini:cuius dicitur,& ob hoc
quod ab illo donatur,non ſolum quod in illum tendat.Interdum utriuſq;,ut Iuſtus ex fide
uiuet:dei,qui non fallit in promiſsis:& hominis,qui deo fidit.Ad utrumque pertinet quod
[ *Ex fide in fidem* hic dicit,Ex fide in fidem.Quemadmodũ enim deus ſtatis temporibus aperire cœpit qua/
lis eſſet,& præſtare quæ promiſerat:ita creuit per gradus hominibus erga deum cognitio
& fiducia.Prophetis pauci credebant prius quàm dominus exhibuiſſet oculis quæ illi pro
miſerant.Rurſus ex his quæ uidimus & uidemus confirmatur fides de ijs quæ prædicta
ſunt de poſtremo aduentu.)

Ex fide uiuit.) Viuet,legendum eſt uerbo futuri temporis. ἐκ πίϛεως ζήσεται. Atque
ita citatur & apud hunc in epiſtola ad Galatas,& in epiſtola diui Iacobi.(Sic interpretatur 27
Chryſoſtomus,exponens de futura uita,quum hic interim affligatur & occidatur:ideo di/
ctum eſſe,uiuet,non uiuit)Locus autem quem adducit Paulus,eſt apud prophetam Aba/
*Iuſtus ex fide* cuc capite ſecundo,quem Septuaginta ſic interpretati ſunt, Iuſtus autem ex fide mea ui/
*uicturus eſt* uet.Vnus Symmachus ſignificantius expreſsit. ὁ δὲ δίκαιος τῇ ἑαυτοῦ πίϛει ζήσεται. id eſt,
Iuſtus autem per propriam ſuam fidem uiuet,ſiue uicturus eſt.Hieronymus putat Septua
ginta lapſos Hebraicorum elementorũ ſimilitudine,quæ menſura tantum inter ſe diſtant.
*Paulus ex* Nam באמונתו ſonat Hebræis,In fide ſua:quod ו uau litera quum eſt appendix dictio/
*pphetia pro/* nis,uim habet huius pronominis Sui,aut Eius.Iod י item adiecta,uim habet huius pro/
*nomen omiſit* nominis Mei: באמונתי id eſt,In fide mea.Porrò uiuet futuri temporis eſſe uerbum,non
ſolũ indicat æditio Græca,quam citat Hieronymus,quæq; extat in uulgatis Græcorum co
dicibus,uerum etiam in Hebræo uerbo יחיה additum enim י à principio tertiam perſo
↓! nam futuri maſculini efficit.!Opinor autem Paulum utrũq; pronomen omiſiſſe,ſiue quod
Romanis nota eſſet æditio Septuaginta,& ob id ab ea diſſentire nollet,neque rurſum He/
braicam ingerere,quam neſciebant.Siue quod huiuſmodi pronomina paſsim ſoleant ſub/
audiri,ſiue quo ſententiam redderet abſolutiorem,magiſq; catholicam.

[ *Ex,præpoſitio* (ἐκ πίϛεως.) Præpoſitio ſignificat originem.Vita enim ex hoc habet initiũ,quod ſubmit 27
tentes humanum ſenſum credimus uerbis diuinis.Hoc aduerſus philoſophos dictum eſt.)

*Reuelatur quod apitur* Reuelatur.) ἀποκαλύπτεται,id eſt retegitur & aperitur,quum palàm fit quod ante tectum
fuerat.{Nam ante proditum euangelium Chriſti,in ſolos Iudæos uidebatur aperta, reſera/ 19
taq; ira dei,ſi peccaſſent.Atq; ob id addit,Super omnem impietatem,quod ad omneis ex
æquo pertineret euangelij gratia.Iam illud uel citra monitorẽ opinor intelligi,iram ex con
ſuetudine ſermonis Hebræi frequenter uſurpari pro ultione ſupplicioq;.}

{Veritatem dei.) Dei,apud Græcos non additur,nec in uetuſtis Latinorum exemplari/ 19
*Dei,additum* bus,(nec attingit Chryſoſtomus)Sentit enim ueritatem cognitã philoſophis,quæ ipſorum 27
potius eſt quam dei.}(Nam dei ueritas confert uitam,philoſophorum ueritas inflat.Sed ueri 27
tatem unde debebant ad altiora proficere detinebant in iniuſtitia.)

Quod notum eſt dei.) τὸ γνωϛὸν τοῦ θεοῦ, id eſt,quod cognobile eſt dei, hoc eſt,quod de
deo ſciri cognoſciq; poteſt,aſtipulantibus & interpretibus.Eſt enim in deo,ad quod nulla
humanæ mentis imaginatio poſsit ullo modo pertingere.

<Manifeſtũ eſt in illis.) In illis,noue dictum eſt pro Apud illos,ſiue Inter illos.Nec enim 22
in illis referri poteſt ad res conditas(de quibus nõdum facta eſt mentio)ſed ad philoſophos. 27
Cæterum adiecit In illis,ut eos diſtingueret à Barbaris & uulgo indocto.>

*Creatura* A creatura mundi.) κτίσις. Ambigua uox eſt apud Græcos,ut quæ uel creationẽ ipſam
*Græcis am* ſignificare poſsit,hoc eſt,actum creandi ſiue condendi:uel creaturam ipſam,hoc eſt,rem
*bigua uox* creatam.Interpres,κτίσιν ad hominem referre uidetur:τὰ ποιήματα,ad res creatas,ut intelli/
gas à creatura,hoc eſt ab homine creato cõſpici animo,quæ corporeis oculis cerni nõ poſ/
ſunt,idq; per res creatas,in quibus extant diuinitatis ueſtigia.Alij cõtrà:hoc,ad hominem
referre malunt:illud,ad mundi creationem.{Quanquã utrobiq; idem redditur ſenſus}Mihi 19
*Noua in/* uidetur utrũq; ad mundum conditum non abſurde referri poſſe,ut intelligas inuiſibilia dei
*terpretatio* cerni ex ipſa mundi creatione,dum intelliguntur per opera,quæ dei conditoris potentiam,
ſapientiam

!16: efficit. Testimonium prophetae, si quis requiret ad hunc habet modum we-ṣadiyq be-ʾemunatho yiḥyeh Opinor

ſapientiam ac bonitatem præ ſe ferunt. Vt datiuus Græcus ποιήμασιν,pertineat non ad uer
bum καθορᾶται,ſed ad participium νοούμενα,id eſt quæ intelliguntur.per quæ: nimirum τοῖς
ποιήμασιν,hoc eſt per opera,ueluti per inſtrumentum. Quandoquidem Græcis dandi caſu
exprimitur inſtrumentum,ut nobis auferendi caſu.Iam illud admonere non ita magni re/
fert,νοούμενα,quod uertit intellecta,participium eſſe præſentis temporis,non præteriti.Non
enim ita conſpiciuntur,ut prius ſint intellecta,ſed tum conſpiciuntur,quum ex rebus con/
ditis intelliguntur,uelut exponat quid ſenſerit quum ait Conſpiciũtur.Sic enim intelligun
tur ex rebus conditis,tanquam in ſpeculo cernas imaginem,unde & κάτοπτρον habet no
27 men.(Quin & pronomen αὐτοῦ utrolibet poteſt referri,ad τὰ ἀόρατα, ut accipias,dei na/
turam,ac uirtutes quæ cerni non poſſunt:uel ad id quod proxime ſequitur τοῖς ποιήμασιν
αὐτοῦ, id eſt,à creaturis illius.)

19-27: intellectu

Intellecta con ſpiciuntur

margin: 19-27: Origenis & Ambrosii interpretatio

Sempiterna quoque.) ἥ τε ἀΐδιος αὐτοῦ δύναμις. Græce non eſt quoq;,qua coniunctio/
ne illi prorſus carent,ſed τε. Quanquam interpres probe reddidit,ſi modo uera eſt Orige/
19 nis interpretatio,ut inuiſibilia referatur ad creaturas inuiſibiles{uidelicet ſubſtantias ſepa/
19 ratas}non ad ipſum deum,quem poſtea ſubijcit ſeparatim{Mihi ſanè non diſplicet Orige/
nica diligentia,quæ nuſquam non philoſophatur,uerum ea ſententia quam ſequitur Am/
27 broſius(& Chryſoſtomus)mihi uidetur ſimplicior.}

Sempiterna quoque

Ita ut ſint.) Ita,non ſolum redundat,uerum etiam ſubuertit ſenſum ſi addatur.Græci ſic
habent. εἰς τὸ εἶναι αὐτοὺς ἀναπολογήτους. id eſt, Vt ſint inexcuſabiles: ſiue,In hoc,ut ſint inex
cuſabiles.Siue quod per dei cognitionem eò deducti ſint,ut ignorantiam non queant præ/
texere quum peccant: ſiue quod deus in hoc ipſum indulſerit eis ſui cognitionem,ut poſt/
19 ea nihil haberent,quod prætexerẽt ſuæ incredulitati ſi Chriſtum reijcerent{Etiamſi Theo/
phylactus indicat, Paulum abuſum hoc typo ſermonis,quum non ſentiat de fine,ſed de
conſequentia,quod genus eſt & illud è Pſalmo,Quoniam malum coram te feci,ut iuſtifi/
ceris in ſermonibus.Neque enim hoc ſentit,ideo ſe peccaſſe,ut deus appareret iuſtus,ſed
hoc conſequutum,ut dum ille peccare non deſinit,eluceſcat dei iuſtitia,qui peccanti quo/
que promiſſa præſtet.}

Additũ,in noſtris quod ſubuertit ſenſum

19: Vulgarius

margin 19-27: Finis & Sequela

Vt,aliquando finem indicat aliquando ſe/quelam

Sed euanuerunt.) ἐματαιώθησαν, id eſt,uani ſiue ſuperuacanei facti ſunt,aut fruſtrati
ſunt.μάτην enim fruſtra:inde μάταιος ſuperuacaneus & nullius uſus:hinc ματαιόομαι,fru
ſtror. Vulgo uanum uocant glorioſum ac ſuperbum,& ad eum ſenſum exponit Lyranus.
19 Qui Latine callent,uanum dicunt,aut quod uerum non eſt,aut quod friuolum eſt{& ina/
ne}nihil habens ſolidi.Cæterum euaneſcere dicitur,quod cum prius falſa imagine offerre/
tur oculis,deinde deſinit apparere ueluti fumus.At Paulus ſentit illos fruſtratos fuiſſe ſuis
cogitationibus,hoc eſt longe ſecus eueniſſe quàm putabant.id quod declarant quæ mox
ſequuntur,Dicentes ſe eſſe ſapientes,ſtulti facti ſunt.Id enim eſt fruſtrari,quum ſummam
ſapientiam tibi ſperaris,in ſummam incidere ſtultitiam.Et quum clariſsimam lucem ſom/
19 niaris,in altiſsimas demergi tenebras{& quum raram quandam gloriam apud mortales ti/
bi propoſueris,in adeo probroſas prolabi cupiditates,ut ab ijs & brutorum animantiũ na/
tura abhorreat}Eſt autem διαλογισμός,non ſimplex cogitatio,ſed cogitatio ratiocinantis &
19 expendentis ac diiudicantis,quod alieniſsimum eſt à fide Chriſti,ad quam illos uocat{Pau
lus}Taxat enim obiter dialecticas philoſophorum argutias,quibus fruſtra freti,ſapiẽtiam
abſolutam & ſibi uindicabant,& alijs pollicitabantur.

Euanuerunt, pro Fruſtrati ſunt

Lyra

In cogita/tionibus

Dicentes ſe eſſe ſapientes.) φάσκοντες εἶναι σοφοί. Si nihil licet immutare in arcanis lite
ris,cur hic interpres auſus eſt Græcam ſermonis figuram Latinam reddere? Quãquam ne
ſic quidem ad plenum expreſsit ſententiam.Nam φάσκοντες εἶναι magis ſonat,qui cum pu
tarent aut profiterentur ſe ſapientes.Siquidem ob rerum affinitatem abutuntur ſæpe φημὶ
22 pro οἶμαι.<Iam coniunctio enim,quæ additur in noſtris pleriſq;,nec habetur in Græcis uolu
minibus,nec in uetuſtis Latinorum,nominatim ijs quæ nobis præbuit bibliotheca collegij
quod eſt Brugis S.Donatiano ſacrum.>

Dicentes,pro putantes

Stulti facti ſunt.) Græcis unica dictio eſt,ἐμωράνθησαν,id eſt,infatuati ſunt.
27 Incorruptibilis dei.) ἀφθάρτου. quod aliàs uertit,immortalis.(ut primæ Timothei pri/
mo,immortali deo, ἀφθάρτῳ θεῷ.) & hoc ſane loco magis quadrabat.Opponit enim de/
27 um immortalem ſimulacro hominis mortalis, φθαρτοῦ,(niſi quod ἄφθαρτον plus quiddam
ſignificat

significat, quàm ἀθάνατον. Nam hominum animi ἀθάνατοι sunt, ἄφθαρτοι nequaquam.)

*In similitudine, pro Per assimilationē*

In similitudinem imaginis.) ἐν ὁμοιώματι εἰκόνος. in similitudine imaginis, uel potius in effictione siue assimulatione imaginis. Neque enim sentit illos uertisse dei gloriam in imaginem hominis, sed aliter sensisse de deo quàm oportebat, quum illi (cui simile nihil est in rebus corporeis) affingerent imaginem hominis. Atque ita dictum est in similitudine, quasi dicas, per assimulationem imaginis. Ad eundem modum paulo post μετήλλαξαν τὴν ἀλήθειαν αὐτοῦ ἐν τῷ ψεύδει. id est, Transmutauerunt ueritatem eius in mendacio, ut utrobique {sit auferendi casus, non accusandi. Nec enim uerterunt ueritatem dei in mendacium, sed quum ipsi uersarentur in mendacio, sibi mutauerunt dei ueritatem, aliter de illo prædicantes quàm est. (Certe, In mendacio, habebat uetustissimus codex è bibliotheca S. Donatiani) Si hominem pro deo coluissent, magna erat in conditorem contumelia, leuior tamen fuisset insania: nunc simulachrum mendacium uocat, quod specie mentitur hominem aut aliud animal, quum nec uiuat nec sentiat. Præstabilior enim uiua simia, quàm simulachrum hominis.)

27

16: dei

*In mendacio, pro Per mendacium*

19

22

27

In desideria cordis.) ἐν ταῖς ἐπιθυμίαις τῶν καρδιῶν αὐτῶν. id est, in concupiscentijs cordium suorum: non cordis, nec in desideria. Quo sane loco uideri poterat abusus præpositione, id quod & aliâs facit, nisi magis quadraret, ut intelligamus Tradidit, positum pro Destituit. Non enim illos deus adegit in concupiscētias fœdas, sed destituit suopte uitio illuc euntes. {Potest & sic accipi, ut in concupiscentijs dictum sit, per concupiscentias. In tantas turpitudines prolapsi sunt, illecti & abstracti suis ipsorum cupiditatibus, permittente deo.} Nec emphasi caret quod cordium, dictum est multitudinis numero, ut intelligas diuersos esse stultorum affectus, nec in his unum cor, aut ullum consensum.

19-27: concupiscentias

*In cōcupiscentijs, pro Per cōcupiscētias*

19

Corpora sua in semetipsis.) ἐν ἑαυτοῖς, id est inter sese. Significat enim {ni fallor} masculorum mutuum inter ipsos stuprum, & mutuum item coitum fœminarum inter ipsas.

16: tr

16: se se

19

Veritatem dei.) τὴν ἀλήθειαν αὐτοῦ. id est, Veritatem eius: nempe dei. Alioqui quum mox præcesserit, Deus, duriusculum est subito repetere (quanquam hic uariabant Græcorum codices.)

*Dei, pro Eius*

27

Et coluerunt.) ἐσεβάσθησαν, id est, Venerati sunt. quod proprie dicimus de ijs quibus diuinum quiddam ac maiestatem tribuimus, quæ & σεβαστά, (id est, augusta) dicuntur. Quod sequitur, ἐλάτρευσαν, seruierunt: nos uertere maluimus, coluerunt.

*σεβάζομαι*

27

Potius quàm creatori.) παρὰ τὸν κτίσαντα, id est, Vltra eum, siue supra eum qui creauit. hoc est, plus honoris exhibuerunt rebus creatis, quàm illi qui creauerat (Hilarius libro De triade, duodecimo: Seruierunt, inquit, creaturæ, præterito creatore, pulchre sensum exprimens.)

27

*Benedictus, laudandus*

Qui est benedictus.) εὐλογητός. quod nos ob rudiores uertimus, laudandus. εὐλογεῖν enim Græcis est honorifice loqui de quopiam. unde & episcoporum benedictiones opinor dictas, quod populo bene precentur, beneque ominentur {Etiamsi hoc uerbum adeo passim receptum est in sacris literis, ut uix liceat mutare.}

19

*Passiones πάθη*

In passiones ignominiæ.) εἰς πάθη ἀτιμίας. πάθη apud Græcos nōnunquam perturbationes animi sonat aut motus aut morbos, aut quod maxime placet Fabio, affectus. In tanta copia probatorum nominum, quorsum opus erat nouo & factitio passionis uocabulo? Hoc loco maxime quadrabat morbos. quandoquidem effeminatam libidinem & Horatius morbum appellat. Cum grege turpium morbo uirorum. Porro quod addidit, Ignominiæ: ex Hebraica sermonis proprietate sumptū apparet, pro eo quod est, In affectus dedecorosos, siue contumeliosos {& ignominiosos} Siquidem libidinē contumeliam corporis appellat, ut paulo superius, τοῦ ἀτιμάζεσθαι τὰ σώματα αὐτῶν. Et Petrus (interprete Hieronymo) honorem uocat uxoris, si coitu non contaminetur. Honori uero opponitur ἀτιμία.

*Passiōes ignominiæ, pro Ignominiosis*

19

22

{Nam & fœminæ illorum commutauerunt naturalem usum fœminæ.) Postrema uox fœminæ θηλείας additur in nonnullis Græcorum codicibus, sed mendose, ni fallor, uidelicet ex proxima parte huc adiecta.}

19

In desiderijs suis.) ἐν τῇ ὀρέξει αὐτῶν. id est, In appetentia sua, siue quod malim sui: ut intelligas masculorum mutuam inter ipsos appetentiam.

*Merces ἀντιμισθία*

Et mercedem quam.) Græce significantius est ἀντιμισθίαν: quasi pensationem dicas, aut

19 aut repensationem, ac præmij retributionem, seu mercedem meritis respondentem{Sunt
enim quædam flagitia eiusmodi, ut non solum ipsa sint scelera, uerum etiam scelerum poe
35 næ}[Augustinus aduersus Iulianum lib.5.cap.3. aliquoties citat, mercedem mutuam, uelut
exprimens uim præpositionis ἀντί: Nam ἀντικατηγορία dicitur accusatio mutua. Verum
non est hoc perpetuũ ei uoci, nonnunquam enim redditionẽ indicat tantũ, quemadmodũ
latinis re, in respondere & rependere: & tamen non absurde diceretur mutua, si merces
mercedi rependeretur, sicut mutuum amat, qui respondet in amore: uerum hic peccatori
rependitur pœna, nõ peccatum peccato. Multo uero absurdius, si mutuam referas ad personas miscentes obscœnam uoluptatem.]

Et sicut non probauerunt.) Sensus est geminus, sed uterque redditur Græcis uerbis, καὶ καθὼς οὐκ ἐδοκίμασαν τὸν θεὸν ἔχειν ἐν ἐπιγνώσει. Siue enim accipis hũc sensum, Et quemadmodũ non probauerũt, hoc est, noluerunt deũ habere in agnitione. nam hic agnitio magis
27 est quàm cognitio, & cognitũ utcunq;, noluerũt agnoscere: uidetur deesse articulus τὸν
θεὸν ἔχειν. Siue hunc, quemadmodũ nõ probauerũt quod deus agnosceret & sciret omnia,
quo ueluti nihil intelligente licenter peccabant. uidetur accusatiuus deesse quem exigebat
uerbum ἔχειν, qui exprimeret quid deus haberet in notitia. Et quanquam alicubi uidentur
usurpare ἐπίγνωσιν pro γνῶσιν, id est, Agnitionem pro cognitione, tamen horũ nominum
differentia notatur & ab Hieronymo nostro, & à Græcis interpretibus. Hoc sanè loco pul
chre cõueniebat agnitum. Siquidem ante dixit deum ab illis cognitum, at hic negat agnitum. Cognoscere est intelligẽtis: agnoscere grati ac memoris. Ingratus nouit beneficium,
27 uerum dum dissimulat se debere, non agnoscit.(Theophylactus admonet hic ἐδοκίμασαν
positum pro ἔκριναν, id est, non uisum est eis, ut intelligas incusari nõ inscitiam sed peruer-
sam uoluntatem. Nam probandi uerbum Latinis anceps est, Probat qui approbat, probat,
qui tentat, probat, qui docet argumentis. Sensus igitur iuxta Græcos interpretes sic fermè
habet, Non uisum est illis deum quem cognoscebant, agnoscere ac uenerari.)

Duplex sensus

16: cognitum
Cognoscere
Agnoscere

In reprobum sensum.) εἰς ἀδόκιμον νοῦν. Non est hic sensus αἴσθησις, quod genus sunt, uisus, auditus, sed νοῦς, hoc est mens. unde dilucidius erat, in reprobam mentem. Est autem fe
stiua uocum affinitas in ἐδοκίμασαν, & ἀδόκιμον, id est, Probauerunt & reprobũ. Nam hic
probari dicitur quod placet, & ἀδόκιμον, quod omnibus displicet. Huiusmodi sunt hæc quæ
commemorat flagitiorum portenta, quæ execrantur & ipsi ethnici.

Quæ non conueniebant.) τὰ μὴ καθήκοντα. Sensus est, indigna se, hoc est, quæ tales uiros dedecebat facere.

Repletos.) Interpres hos accusatiuos retulit ad uerbũ quod præcessit, tradidit. At con-
modius referuntur ad infinitum uerbum ποιεῖν. quod posteaquam mutauerit in alium mo
27 dum, mutandi simul erant accusatiui in nominatiuos.(ut facerent quæ non conueniebant,
repleti omni iniquitate.)

Auaricia.) πλεονεξία. Quod aliquoties uertit rapinam, aliquoties fraudẽ, nonnunquam
auariciam. Est autem πλεονεκτεῖν uerbum compositum à πλέον ἔχειν, hoc est, à plus haben
do. quo Græci utuntur cum quis sibi plus usurpat quàm ius est, aut potiores partes, fraudatis etiam cæteris occupat. inde πλεονέκτης & πλεονεξία. Nõ solum autem nullus auarus
19 {est}qui non sit idem fraudator, sed ne diues quidem ullus, qui nõ aut iniquus sit, aut iniqui
22 hæres<si prouerbio credimus>Cæterum quoties incidit huiusmodi nominum catalogus,
19 nonnihil dissonant exemplaria{siue Græca consulas, siue Latina.}id quod obliuione nota-
riorum accidit, quod difficile sit huiusmodi meminisse. Nec usquequaq; probo quorundã
nimis anxiam in hisce rebus diligentiam, qui numerum quoque putant obseruandum in
congesta nominũ sylua. uelut cum alijs aliquot locis, tum in epistola ad Galatas, quorsum
22 attinet numerare fructus spiritus, cum opera carnis<neq; numero, neque generibus respon
deant: denique catalogo adijcitur, & his similia.>

Auaricia πλεονεξία

Anxia diligẽtia in nominibus congestis

<16-19: non numerentur

Nequitia.) κακία. Quæ dictio Græcis nunc uitium sonat, & opponitur ἀρετῇ. Aliquan
do ignauiam, unde ἐκκακεῖν deficere ac delassari. nonnunquam afflictionem, quod rectius
tamen κάκωσιν dicimus. Hoc loco maluissem uertere, maliciam, quæ apud Senecam simpliciter usurpatur pro uitio. alioqui peruersitatem sonat, cum quis data opera male agit.
At πονηρίαν uertit, maliciam. quæ uox aliquando non solum maliciam significat, sed uer-

Nequitia, pro malicia

πονηρία

sutiam & astutiã. unde ꝓxime præcedit auariciã uelut illius germana. Neqtia uero ꝓprie ad libidinẽ & luxũ pertinet, q̃d hæc uitia hominẽ perditũ & nihili declarẽt, & ab omnibus cõtẽni soleãt his obnoxij {Est aũt Grĉca legẽtibus nõ ingrata affinitas in πορνείᾳ & πονηρίᾳ.} 19

Adnominatio — Inuidia, homicidijs.) Apud Græcos iucunda uocum affinitas est in φθόνου, φόνου. Quanquam cæde, potius est, singulari numero quàm homicidijs.

Malignitas pro asperitate morũ — Malignitate.) κακοηθείας. Quod magis sonat morũ asperitatem ac difficultatem. Nam apud nos malignitas opponitur benignitati seu candori, & maligne laudat, qui parce ac propemodum inuide laudat. & maligne dat, qui contracte dat.

Detractores.) Significantius apud Græcos καταλάλους, id est {Obtrectatores} nam detrahit qui minuit laudem alicuius. Obtrectat qui male prædicat de alio. 19

[θεοστυγής — Deo odibiles.) Vnica uox est apud Græcos θεοστυγεῖς, & magis sonat, quibus deus est inuisus, quàm, quos deus habet inuisos. Atque ita interpretantur Græcanica scholia {licet 19

19: Vulgarius — Theophylactus utroq; modo interpretetur, [Chrysostomus nõ attingit] Cyprianus item in 35 epistola quarta libri primi legit, deo abhorrentes. nimirũ ex eorum genere qui dicunt deo, recede à nobis, scientiam uiarũ tuarum nolumus} [Iulius Pollux inter uocabula quibus im- 35 pietatem exprimimus cõmemorat & θεοστυγής, admonẽs eam uocẽ esse tragicam]

Contumeliosos.) ὑβριστάς, id est, Feroces & per uim alios opprimentes. quasi dicas, iniuriatores. unde mox subijcit huic cognatum uitium, ὑπερηφάνους, superbos.

Elatos.) ἀλαζόνας. Plautus ἀλαζόνα uertit gloriosum, quem & fastosum recte dixeris. (Vox dicta Græcis παρὰ τὸ ἐν ἄλῃ ζῆν, quod impostores eiusmodi subinde mutare solent lo- 27 cum, quo facilius fallant quibus sunt ignoti.) ἀλαζὼν diuersus est ab eo quem εἴρωνα uocant Græci. Siquidem ille præ se fert & ostentat quod nõ est, hic dissimulat quod est.

Inuẽtores malorũ.) ἐφευρετάς, id est, Adinuẽtores. Siue quod in rebus per se bonis aliqd admisceat mali, siue quod semper addant mala malis. Semper enim malum è malo gignit.

Non obedientes.) ἀπειθεῖς, id est, Immorigeros seu inobedientes, siue intractabiles. nec

16-27: Sine intellectu — hic opus erat periphrasi.

Adnominatio — Insipientes, incompositos.) Rursus est iucundissima uocũ affinitas in Græco sermone,

19: Vulgarius — quam interpres nec affectauit, nec potuit reddere, ἀσυνέτους, ἀσυνθέτους {Theophylactus 19 incompositos, interpretatur, infidos, minimeq; tenaces pactorũ, ac lubricæ fidei in conuentis. quod pacisci Græcis dicatur & συντίθεσθαι, & conuenta, συνθῆκαι. Porrò ἀσυνέτους uocat, quos nec ratio cohibet homini peculiaris, & sine qua homo desinit esse homo.}

[ἄστοργος — Sine affectione.) ἀστόργους. Vt ne excutiã interim quod interpres abusus est, affectione pro affectu, cum multum intersit. Affectibus carere iuxta Stoicos summa laus est, sic apud nos quoq; malis uacare affectibus, laudi ducitur. At στοργὴ nõ simpliciter affectũ significat,

16: Ur — sed potius affectum illum pietatis aut charitatis, quo parentes tangũtur erga liberos, ac uicissim illi erga eos, quo frater erga fratrem. Vnde qui eò processerunt in uitijs, ut ad hos quoque communes affectus, & ad ipsum naturæ sensum obsurduerint, ἄστοργοι uocantur. (Qualis erat ille de quo Satyricus, Nec amat, nec amatur ab ullo.) [Chrysostomus ita 27·35 connectit hac uoces enarrãs, ἀσυνθέτους, ἀσπόνδους, ἀστόργους, ἀνελεήμονας: quasi prima pertineat ad naturalem omniũ animantiũ affectũ, quo cõmuni specie conciliantur, ut homo homini, lupus lupo: Secunda ad fœdera ciuilia, quæ fiunt ex pactis: tertia ad affectus propinquitatis aut affinitatis, quarta ad affectum misericordiæ, quo & hostiũ malis indolescimus interdũ. Exaggerat autẽ, quod ad omnes hos naturæ affectus obsurduerit illorũ impietas. Eundem uocũ ordinẽ sequitur Theophylactus, ἀσυνθέτους interpretãs τοῖς συμπεφωνημένοις οὐκ ἐμμένοντας, id est, non persistentes in conuentis.]

16-27: Sine — Sine fœdere — Absq; fœdere.) Quæso quid hoc est, sine fœdere? Num damnat eos qui nõ pangunt fœdera, an eos potius, qui nullis fœderibus coercẽtur, quo minus quod libet faciãt? Vnde

ἄσπονδοι — fœdifragos dicere potius debuit. Quanquam aliâs Græci ἄσπονδον uocãt irreconciliabilẽ, ut ἄσπονδος πόλεμος. & σπονδὴ sodalitatẽ quoq; significat. ut intelligas, intractabiles, sibi uiuentes, erga neminẽ iure necessitudinis utentes. Hic συναθροισμός, id est, Congeries uocum, & ἀσύνδετον mire facit ad orationis impetũ ac uehementiã. Et παρονομασία non solũ ad iucunditatem facit, uerum etiã ad odium & inculcationem rei molestæ, ueluti si dicas, de manifesto mendacio, hoc neq; scriptũ, neq; pictum est usquam.

Sine

16: EX CAPITE SECUNDO here and also below

Sine misericordia.) ἀνελεήμονας, id est Immisericordes. Mirũ cur hic interpretẽ delectarit
periphrasis. Qui cum iustitiã dei.) Hoc loco Græcorũ codices longe à nostris dissident. Sic enim est apud illos, οἵτινες τὸ δικαίωμα τοῦ θεοῦ ἐπιγνόντες, ὅτι οἱ τὰ τοιαῦτα πράσσοντες,
ἄξιοι θανάτου εἰσίν, οὐ μόνον αὐτὰ ποιοῦσιν, ἀλλὰ καὶ συνευδοκοῦσι τοῖς πράσσουσιν, id est, Qui cum iustitiam dei cognorint, nimirũ hanc, quod qui talia agũt, digni morte sint, nõ solum eadem faciunt, sed etiã consentiũt facientibus: ut intelligas grauius esse approbare aliorũ malefacta
quàm teipsum malefacere tacitũ. Sed deprauationis occasio fuerũt hæ duæ uoces ποιοῦσιν
& συνευδοκοῦσιν, quæ uoces apud Græcos conueniũt cum datiuis participiorũ pluratiuis,
& cum tertijs personis uerborũ. Primũ enim ponit iustitiã dei, deinde uelut exponit quæ
sit ea iustitia. nempe quod qui talia agũt, digni sint morte. Cæterum unde hæc duo uerba,
Non intellexerũt, accesserint in nostris exẽplaribus, equidẽ nõ satis intelligo. Quanquam etiã
illis additis idem erit sensus, si legas per interrogationem negatiue, ut intelligas fieri nõ po
35 tuisse quin hoc quoque intellexerint. Ex Origene nihil certi potest colligi quod ad hanc sanè
19 rem pertineat, nisi quod suspicor in eo locũ hũc esse deprauatũ. At Græcorũ scholia tantũ
indicãt nonnullis hunc locũ aliter legi solere, ut facere grauius esset, cõsentire leuius. Verũ
19 nostri quoniã opinor ad explendum hunc sensum sentiebãt aliquid deesse, addiderũt hæc
19 duo uerba de suo. Non intellexerũt. Cæterũ magno consensu Græcorum qui nunc extant
codices indicãt diuersum esse Pauli sensum, nempe grauius esse cõprobare aliorũ malefacta, quàm si ipse labaris in peccatũ, propterea quod hoc sæpenumero uel casus est, uel infirmitatis, illud uel pestilẽtissimæ adulationis, uel deploratissimæ maliciæ. Sapientũ erat ple-
35 bem indoctã ab his uitijs cohibere. At isti nõ solũ eadem fecerũt, uerumetiã autoritate sua
27 confirmarũt populi uesaniam. Ad eum modũ interpretatur Chrysostomus & Theophyla
19.27 ctus sed dissentiẽte Cypriano, libri primi epistola quarta, cumque hoc Ambrosio. Cæterũ ob
δυσπειθεῖς quosdã præstiterit ipsius Chrysostomi uerba subscribere. δύο τιθεὶς ἐνταῦθα ἀντι-
θέσεις ἀνεῖλε αὐτὰς πεπηγμένως. τί γὰρ ἂν εἴποις φησὶν ὅτι οὐκ οἶδα τὰ πρακτέα; μάλιστα μὲν ᾔδεις. σὺ
αἴτιος, ἀφεὶς τὸν γνωρίζοντά σοι θεόν, νῦν δὲ διὰ πολλῶν δείκνυμί σε εἰδότα, καὶ ἑκόντα πλημμελοῦντα. ἀλλ'
ὑπὸ τοῦ πάθους ἕλκῃ; τί οὖν καὶ συμπράττεις καὶ ἐπαινεῖς; οὐ γὰρ μόνον αὐτὰ ποιοῦσιν, ἀλλὰ καὶ συνευδοκοῦσι
τοῖς πράττουσιν. τὴν γοῦν χαλεπωτέραν πρότερον θεὶς καὶ ἀσύγγνωστον, ἵνα ἕλῃ, καὶ γὰρ τοῦ πλημμελοῦντος
τὴν ἁμαρτίαν, ἐπαινῶν πολλῷ χαλεπώτερος. τοῦτ' οὖν πρῶτον εἰπών, διὰ τούτου σφοδρότερον πάλιν, ἐν
τοῖς ἑξῆς χειροῦται αὐτὸν οὕτως λέγων, διὸ ἀναπολόγητος εἶ ὦ ἄνθρωπε, id est, Duas hic propositas ob-
iectiones dissoluit in primis. Etenim quid inquit habes quod dicas? non noui quæ essent
agenda? Maximè sanè noueras. Tu in culpa, qui deum per quem hæc noueras reliqueris.
Nunc uero multis argumẽtis conuinco te, scientem ac uolentem peccare. Sed cupiditas te
pertrahit ad peccandũ. Quur igitur & eadẽ facis & laudas? Non enim solum eadẽ faciunt
sed & comprobãt faciẽtes. Grauiorẽ igitur culpã & nequaquam ignoscendã prius posuit,
ut capiat. Etenim qui delinquẽtis peccatum exaggerat, multo uehementior est. Hoc igitur
prius loquutus, per id uehementius etiã in his quæ sequũtur stringit illos, sic dicens, Quapropter inexcusabilis es ô homo. Theophylactus hunc in modũ. ἔδειξεν ὅτι ἀπὸ τοῦ μὴ θέλειν
γνῶναι θεὸν ἐπληρώθησαν πάσης κακίας, δείκνυσι νῦν ὅτι οὐδὲ συγγνώμης εἰσὶν ἄξιοι. οὐ γὰρ ἔχουσιν εἰπεῖν
ὅτι ἠγνοοῦμεν τὸ καλόν. οἴδασι γὰρ τὸ δικαίωμα τοῦ θεοῦ, ἑκόντες ἄρα ποιοῦσι, καὶ ὃ χεῖρον τούτου, ἐπευδοκοῦ-
σι τοῖς πράττουσι, τοῦτ' ἔστι συνηγοροῦσι τῶν κακῶν, ὅπερ ἀνίατα νοσεῖν ἐστίν. id est, Demõstrauit quod ex
eo quod nollẽt agnoscere deũ, repleti essent omni malicia, Demõstrat nunc, quod ne uenia
quidem digni sunt. Non enim possunt dicere, non nouimus quid esset honestũ. Nouerunt
enim iustitiam dei. Volentes igitur faciũt, &, quod hoc peius est, insuper & approbãt eos
35 qui faciunt, hoc est patrocinãtur maliciæ, qui morbus est immedicabilis. Facit ad hanc sententiam ipse sermonis tenor, propterea inexcusabilis es ô homo &c.

Diuersa apud Græcos lectio

16: nempe

16-19: exponens

Non intellexerunt, additum apud nos verum graeca

16-19: Vulgarius

Locus longe aliter à Græcis & lectus & expositus quàm à nostris

## EX CAPITE SECVNDO.

19 PRopter quod.) Origenes indicat rectũ ordinem totius huius disputationis
Paulinæ, quod sit alioqui perplexior propterea quod ter iteretur tradẽdi uer
bum, & aliquot tradẽdi causæ referãtur, sed quæ non satis apte uideantur ad
singula respondere. Proinde rectius existimat omnes tradẽdi causas, quæ separatim hic singulis traditionibus præferũtur, in unũ coaceruare, ac rursum
traditionis species coniungere: ut ordinemus hoc pacto, Quoniã quidem homines muta-

Ordo perturbatior



16: perplexior. Qui quoniam paucis a nobis annotari non potest, nec propie ad hoc pertinet institutum, obiter admonuimus, ut qui velit, ab ipso petat autore. Omnis qui

uerunt immortalis dei gloriã imagine effictã ad similitudinem mortalis hominis,& uolu-
crum & quadrupedũ ac serpentium, Et quoniã adulterauerũt ueritatem dei mendacio,&
coluerũt ac uenerati sunt creaturam potius quàm creatorem, nec placuit illis deum agnoscere. ut hactenus sit congeries causarũ, mox cõiungãtur malorũ species in quæ tradiderit
illos, Propter hæc omnia tradidit illos deus in desideria cordis sui,& in immundiciã, ut con
tumelijs afficiãt corpora sua:& tradidit eos deus in affectus probrosos, ut fœminæ eorum
inuerterent naturalẽ usum in eum qui est cõtra naturã, similiter & masculi. Sed & tradidit
illos deus in reprobam mentẽ, ut faciãt ea quæ non conueniũt, qui erant repleti omni iniquitate, libidine, fraude, auaricia, malicia, plenicꝫ erant liuore, homicidijs, cõtentione, dolo,
ac cæteris malis quæ cõmemorat. Quicꝫ cum cognouissent iustitiam dei hanc esse, ut qui
talia agũt, digni sint morte, non solũ qui faciũt illa, sed & qui cõsentiunt faciẽtibus. Et ideo
pro omnibus his malis inexcusabiles erũt, dum alios iudicãt ac damnãt super his quæ com
mittunt ipsi. Nam de se pronũciat, qui alterũ punit ob ea quæ ipse committit. Hunc lectio-

*Origenes secus distinguit quàm Græcorum libri.*

nis ordinem indicauit Origenes. Sed interim ex hoc loco conijcere licet illum secus legisse
quàm hodie legunt Græci, non finiens orationẽ ubi nos finem facimus capitis, sed connectens cum initio proximi capitis, propter quod inexcusabilis es ô homo. Atque hic sensus
probe constaret, si ex Græcis uerbis elici quiret. Posset autẽ, unico addito articulo οἱ ut legamus hoc pacto, οὐ μόνον οἱ αὐτὰ ποιοῦσιν, ἀλλὰ καὶ συνευδοκοῦσι τοῖς πράσσουσι. Necꝫ enim conuenit, opinor, tam crassum solœcismum tribuere Paulo, ut datiuum usurparit uice recti,
hoc est, ποιοῦσιν, & συνευδοκοῦσι pro ποιοῦντες & συνευδοκοῦντες.}(Et haud scio an interpres 27
mutarit Græcam lectionem, Certe locis aliquot utitur paraphrastæ libertate.)

Omnis qui iudicas.) πᾶς ὁ κρίνων, id est, Quisquis iudicas, uel quisquis es qui iudicas.

In quo enim alterum.) ἐν ᾧ γάρ. Sensus est, aliũ iudicãdo teipsum cõdemnas. hoc est, eo
ipso quod iudicas, te cõdemnas. id habet proprietas Græcanici sermonis.[Ita Petri 1. cap. 2. 35
ἐν ᾧ καταλαλοῦσι. Hæc enim proprie dicũtur in magistratus & cẽsores morũ, dum in alium
fers sententiã, in teipsum fers: quemadmodũ legimus Dauid in seipsum mortis sententiam
pronunciasse, Est quiddã alioqui duriusculũ, in numero repente mutato, in quo, & eadem
enim agis. Præterea quum subijcit, Eadem enim agis &c. propemodũ eandem repetit sen
tentiam, ni legas iuxta nostram annotationem.]

Eadem enim quæ iudicas.) τὰ γὰρ αὐτὰ πράσσεις ὁ κρίνων, id est, Eadẽ facis tu qui iudicas,
uel tu ille iudicans.{Quanquam hic error uetustos etiã codices occupauit, siue quod facilli- 19
mus sit lapsus in qui & quæ, siue quod nõnulli legerint pro ὁ κρίνων ἃ κρίνεις. Cæterum nec
19: *Vulgarii*
ex Origenis(nec ex Chrysostomi,)nec Theophylacti interpretatione, nec Ambrosij, liquet 27
quid legerint hac quidem in parte}(nisi quod in Græcis constanter habetur ὁ κρίνων.) 27

*παρονομασία non reddita*

Iudicas, condemnas.) κρίνεις, κατακρίνεις. Iucunditas Græcanicæ figuræ non potuit ab
interprete reddi, quod prosonomasia nõ respondeat in Latinis uocibus.

*Bonitas pro benignitate*

Diuitias bonitatis eius.) τοῦ πλούτου τῆς χρηστότητος. Diuitiarũ uocabulo delectatus est Pau
lus, uel hoc argumẽto, quod eo frequentius utitur,{quoties ingentẽ rei cuiuspiã uim & co 19
piam uult intelligi}Porro bonitatis nõ est ἀγαθοσύνης, quod eam significat bonitatem quæ
opponitur πονηρίᾳ, id est maliciæ, sed χρηστότητος, quæ benignitas Latine dicitur: eam ita fi-
niunt philosophi, Benignitas est uirtus sua sponte ad benefaciendum exposita. unde Græca uox ab utilitate dicta est. Quanquam eadem accipitur pro cõmoditate suauitatecꝫ mo
rum, qua nos faciles ad uitæ consuetudinem præstamus. Siquidem usum pro familiaritate
siue consuetudine dicunt & Latini. Et Græci uehementer comes ad congressum ac blan-
diores χρηστολόγους appellãt. Nec multum abest bonitas à benignitate. Etenim cum deos bonos uocant, beneficos intelligi uolunt. Verum nos id quod præterquam quod certum, etiã
dilucidius erat, & ad hunc locum accommodatius, sequi maluimus. Lenitatem autem &
mansuetudinem dei, quodcꝫ minime sit austerus, χρηστότητα uocat.

Ignoras.) ἀγνοῶν, id est, Ignorãs,⟨astipulãte uetustissimo codice Donatiani⟩Participiũ 22
est apud Græcos, & à superioribus pendet(Et ita refert Hieronymus in Ezechielem.) 27

Quod bonitas dei.) ὅτι τὸ χρηστόν. Adiectiuũ nomen posuit loco substantiui, estcꝫ eadem
dictio quam mox exposuimus.

Ad pœnitentiam te adducit.) ἄγει, id est Ducit, hoc est allicit & inuitat. Hieronymus

in

 353: 19-27: margin: Adducit pro invitat aut provocat

in Ezechielem uertit, prouocat. Alioqui idem est adducere, quod perducere.

Cor impœnitens.) Significãtius Græce ἀμετανόητον, quasi dicas, impœnitibile, quodque nulla dei beneficentia possit ad pœnitentiam adduci. Porro μετάνοιαν recte uerteris, & resipiscentiam, & μετανοεῖν resipiscere. Nam hinc uox est dicta, quod post admissum scelus homo sentiat se peccasse, à μετὰ post, & νοεῖν intelligere. *Impœnitens*

Thesaurizas tibi.) θησαυρίζεις σεαυτῷ, id est, Thesaurizas tibi ipsi. Nec enim hic ociosum est pronomen compositum, significans ipsum sibi causam esse tanti mali, cum bonitas dei illum aliò prouocet. Miror autem cur interpretem Græca uox tantopere delectet, cum dicere potuerit, colligis, recondis, reponis. Significat paulatim aceruari diuinam iram, ut tandem uniuersa depromatur more thesauri. *Thesauro recondito*

Reuelationis iusti iudicij.) Græci diuidunt hæc interposita coniunctione, ἀποκαλύψεως καὶ δικαιοκρισίας, id est, Reuelationis & iusti iudicij. Quanquam Græcis iusti iudicij unica dictio est, & ob id uenustior, ut distingueret nouato uerbo, diuinum iudicium à nostris iudicijs, in quibus non raro nocens elabitur, & innocẽs damnatur. Tribus notis signauit eundem diem. Iræ quod tum misericordiæ locus nõ erit. Reuelationis, quod omnia nuda erũt *Variãt Græci* 16: Graece
19 quæ nunc latent. Et iusti iudicij, quod recte pro cuiusque meritis pronunciandum est. Atque ita deprehendet legisse Theophylactum, quisquis huius interpretationem attẽtius legerit. 19: Vulgarium
27 (Certe contextus sic habet, & apud hunc & apud Chrysostomum.) Attamen in nonnullis Græcorum exemplaribus non additur tertia coniunctio. ut sit sensus, In eo die quo impij non bonitatem dei quam contempserũt, sed iram, hoc est, iustitiam & ultionem experturi sunt, quoque aperietur diuinum iudicium, quod interim latet apud mortales.

19 Secundum opera eius.) κατὰ τὰ ἔργα αὐτοῦ, id est, Iuxta facta. & Sua, non eius. Nisi mauis ipsius, quod pronomen ad reciproci naturam proxime accedit. 16-27: Et huius loci sententia mire subversa

Secundum patientiam.) καθ' ὑπομονὴν, id est, Perseuerantiam aut sustinentiam boni operis, hoc est, quod perseuerauerit in bono opere.

Quærentibus uitam.) Hic locus parum cõmode redditus est, cum Græca lectio, siquis attẽdat, pulchre habeat, ὃς ἀποδώσει ἑκάστῳ κατὰ τὰ ἔργα αὐτοῦ, τοῖς μὲν καθ' ὑπομονὴν ἔργου ἀγαθοῦ, δόξαν καὶ τιμὴν καὶ ἀφθαρσίαν ζητοῦσι, ζωὴν αἰώνιον, hoc est, Qui reddet unicuique iuxta opera sua: his quidem qui per perseuerantiam operis boni, gloriam, & honorem, & immortalitatem quærunt siue quæsierũt, uitam æternam. ut ζωὴν αἰώνιον referatur ad uerbũ, ἀποδώσει, id est, reddet, τοῖς articulus ad participium ζητοῦσι. ut sit sensus, his qui hic quærũt gloriam illam, & honorem, & immortalitatem, perseuerantes in bonis operibus, per quæ ista parantur, reddet uitam æternam, nimirum id quod quæsierũt. Ediuerso qui maluerunt esse con- *Manifesta de prauatio in nostris libris* 16: incorruptionem 16: iis 16: hoc est *Locus lõge aliter expositus*
22 tentiosi, nec obedierunt ueritati (ijs) uentura est ira &c. Ad hunc modum uidetur legisse & Origenes, cum ait, Quærentibus, inquit, gloriam & honorem & incorruptionem, pro bo-
35 ni operis patientia uita dabitur æterna: ac mox, Nunc quidem gloriam & honorem requiramus. Ad eundem modum legit & exponit Theophylactus Archiepiscopus Bulgarien- 16: Vulgarius 16-22: episcopus
27·19 sis (& Chrysostomus) ac cætera Græcorũ scholia: ut intelligamus hoc egregium præmium
27 dari, sed ijs modo qui ambierint, ambiri (autem) recte factis: & ingens est exemplariorum 19-22: caeterum
35 consensus. Distinctio quidem sermonis eadem est apud utrunque. Theophylactus tamen apertius hos accusatiuos, gloriam & honorem & incorruptionem refert ad participium
27 ζητοῦσι, quàm Chrysostomus. (Nescio quid sequutus Ruffinus libro περὶ ἀρχῶν tertio, locum hunc ita refert, Iis quidem qui secundum patientiam boni operis, gloria & incorruptio, qui quærunt uitam æternam. His autem qui ex contentione, & qui non credunt quidem ueritati, credunt autem iniquitati, ira & indignatio &c. Vt in utraque parte subaudiatur uerbum erit.) Tametsi cõstat Ruffinum esse parum bonæ fidei interpretem. Atque hæc uersio præbet occasionem alterius lectionis, quæ constabit translata in proximum locum hypostigme, ut priores accusatiui gloriã, honorẽ & incorruptionem pertineant ad uerbũ præcedens, reddet, uitam æternã, ad participiũ quærentibus, ut hic sit ordo, His qui sunt iuxta patientiam boni operis, quærẽtibus uitam æternam, dabit gloriam, honorem &c. Vt post boni operis, ponatur hypostigme, & subaudiatur uerbum sunt, quod interpres in altera parte expressit, τοῖς δὲ ἐξ ἐριθείας, his qui sunt ex contentione. Hanc lectionem sequutus uidetur Ambrosius, & hoc sane loco Ruffinus. Quæ mihi quidem nõ displicet, sed neutram

 dilucide

16-27: consensus. Caeterum ut hallucineretur interpres, participium ζητοῦσι quaerentibus in causa fuit, cuius vox per omnia convenit cum verbo tertiae personae pluralis quaerunt. Porro (p. 354) dilucide expressit interpres, eo quod participium nō uerterit in uerbum, quum articulum uerterit in pronomen, his qui quærunt, ut respōdeat diuersæ parti, his uero qui sunt ex contentione. Nam contentionem opposuit patiētiæ. Nec multum est discriminis inter sententias duas, quas facit aliter posita hypostigme. Nihil enim refert utrum bonis operibus ambiatur uita æterna, an gloria, honor & immortalitas, quū hæc omnia nobis sit deus.] Porro ne quem offendat quod nos pro incorruptione uertimus immortalitatē, uertit ad eundem

ἀφθαρσία immortalitas

modum Ambrosius in epistola priore ad Timotheum capite primo, ἀφθάρτῳ, immortali deo, & eodem pacto legit Ecclesia. Imò ea uis est Græcanicæ dictionis. ⟨Nam incorruptio 22

19: Vulgarius

an Latina uox sit nescio.⟩

Ex contentione contentiosi

Ex contentione.) τοῖς δ' ἐξ ἐριθείας, id est, Contentiosis {ut annotauit & Theophylactus,} 19 siue Qui sunt ex contentione. Nam Græci τοὺς ἐκ στοᾶς Stoicos uocant, & Paulus τοὺς ἐκ περιτομῆς circuncisos appellat.

[ἀπειθοῦσι non reddita

Non acquiescunt.) Græcis unica uox est, & participium ἀπειθοῦσι, id est, Nō parētibus siue obtemperantibus, neque redditur apud nos iucunditas Græci sermonis (quam habet 27 ἐναντίωσις ἀπειθοῦσι & πειθομένοις, id est, Non obtemperātibus & obtemperantibus.

Iudæi primum & Græci.) In his quoque est geminatio coniunctionis quam superius ostendimus, τε καὶ, Iudæiq; primum & Græci. {Opinor autē aduerbium primum, ad utranque gentem pertinere, Iudæorum & Græcorū, ut accipiamus, sicut Christi gratia primum prodita est Iudæis & Græcis, ita pœnam his potissimum infligendam, si donum oblatum aspernentur.} 19

16-22: Acceptio tr. personarū

Acceptio personarum.) προσωποληψία. Vnica uox est, quæ significat respectum personæ, cum huic magis fauemus quàm illi, non ob ipsius rei, sed personæ discrimen. Huic opponitur quod paulo superius dixit, δικαιοκρισίαν {id est, Rectum iudiciū} (Acceptio personæ 19.27 Latinis auribus nihil significat, tametsi frequens est in sacris literis: προσωπόληπτοι uero magis uidentur appellari, quos cepit personæ fauor, quàm qui accipiunt, quemadmodum & θεόληπτοι & νυμφόληπτοι dicūtur. Nec magis ad personā pertinet hæc uox quàm ad faciem. Certe sic alicubi, negat deum iudicare secundū faciem.)

Sine lege peccauerunt.) Græcus sermo festiuior est per aduerbium ἀνόμως, quasi dicas, illegaliter siue exlegaliter {quod utrobique dictum est} Nam exlegem legimus pro ἄνομος. 19 (Quanquam totus hic sermo, repetitione dictionum, & cōtrarijs inter se relatis, picturatus, 27 ac membrorum numeris modulatus est, ἀνόμως ἀνόμως, ἐν νόμῳ, διὰ νόμου, ἥμαρτον ἥμαρτον, ἀπολοῦνται, κριθήσονται.)

Sine lege

⟨Sine lege peribunt.) Græcis est καὶ ἀπολοῦνται, id est, Et peribunt, ut intelligas reddi similitudinem, & talem fore exitum, qualis fuerat uita.⟩ 22

Factor legis

* 16: entries reversed

* Sed factores legis.) ποιηταί, id est, Qui operantur & faciunt legis præcepta. Alioqui faciunt legem qui condunt {legem.} 19

* Eiusmodi legem.) Græcis est οὗτοι, id est, Hi, non eiusmodi. [Interpres legisse uidetur 35 τοιοῦτοι, nec ad sensum refert.]

Scriptum in cordibus.) Scriptum, nomen est Græcis, non participiū. γραπτὸν, quasi dicas, scripticium, ut opponatur illi quod ἄγραφον uocant iureconsulti {ius nō scriptum.} 19

Testimonium illis reddente &c.) συμμαρτυρούσης αὐτῶν τῆς συνειδήσεως, id est, Simul testificante ipsorum conscientia. Nam illis, apud Græcos non est: ut intelligas conscientiam illorum consentire cum iudicio dei.

Interpres palam dormitās

Cogitationū accusantium.) Mire dormitauit interpres, cum uerso altero genitiuo Græco in ablatiuū Latinum συμμαρτυρούσης, alterū relinqueret. Vertendū erat, Cogitationibus inuicem accusantibus, aut etiā defendentibus. Atque ita recenset Hieronymus, edisserens Ezechielis caput decimumsextū. {Ad eundē modū legit Ambrosius interpres. Itidem Au- 19 gustinus cum alias frequenter, tum libro de Ciuitate dei uigesimo, cap. 26. (Quanquam aliter citat exponens sermonem domini in monte habitum, si tamen codex mendo uacat) [Solent enim scribæ citationes ueterum ad hanc uulgatam æditionem emendare] Nec secus legit interpres Origenis in hanc epistolam, quisquis is fuit} Qui nolūt interpretem usquam errasse, & eum spiritu sancto suggerēte uertisse, uel unum hunc locum si possint expediāt. 27 35

{Atqui huius unius loci tam insignis supinitas & oscitantia tam euidens, satis argumento 19 potest

27 poteſt eſſe, quantum illi fidendum ſit in alijs.} De commoditate ſermonis loquor, nō de ſen
35 tentijs. Nec eſt neceſſe ut ſpiritui ſancto tribuamus omnia.} Quidam hos genitiuos cogita-tionum referre conantur ad uocē quæ præceſſit, conſcientia, conſciētia cogitationum. Verum id perquam durū eſt. Mea ſententia non poteſt melius excuſari interpres, quàm ſi dicamus tum temporis uulgus ad imitationem Græcorū ita ſolere loqui, cui nauabat hanc operam potius quàm eruditis.]

Si autem.) Verior & antiquior apud Græcos ſcriptura eſt, ἰδὲ, id eſt, Ecce, non εἰ δὲ, id eſt, ſi uero. Alioqui non ſatis cohæret ordo cum eo quod ſequitur, Qui ergo aliū doces. Quanquam Ambroſius legit εἰ δὲ, ſi modo libri non fallunt, tum Origenes & Theophyla-
19 ctus. Neque quod ad ſenſum attinet quicquam eſt incommodi, niſi quod {ut modo dixi,} duriuſcule cohærent quæ ſequuntur, Qui igitur doces alium &c. Quanquam hoc quoque neque nouum eſt, in Paulo, & alioqui tolerabile.

ἰδὲ
εἰ δὲ
16-19: Vulgarius

Probas utiliora.) τὰ διαφέροντα, id eſt, eximia ſiue egregia. Interpres legiſſe uidetur συμφέροντα, id eſt, utilia ſiue conducibilia. Demiror autem cur Theophylactus διαφέροντα uoluerit interpretari pro συμφέροντα, niſi forte loquuntur Græci more Latinorum, ut dicant intereſſe cuiuſpiam, quod ad rem illius pertineat. Cæterum probas hoc loco eſt δοκιμάζεις, hoc eſt, Comprobas, quod eſt iudicio ac uelut exploratum approbare.

διαφέρειν differre διαφέρειν excellere
16-19: Vulgarius

Inſtructus per legē.) Græce eſt κατηχούμενος, id eſt, Eruditus ſiue initiatus, & inſtitutus. Eſt autē uerbum Paulo peculiare, quod uidetur eſſe dictum à uoce qua olim myſteria tradebantur, quæ nefas erat libris cōmittere. Eodem uſus eſt huius diſcipulus Lucas in præ-
19 fatione Euangeliorum {ut illic indicatum eſt.}

Magiſtrum infantium.) διδάσκαλον νηπίων. νήπιος, ut iam aliquot admonuimus locis, cum ad ætatē refertur, ſignificat infantem, cum ad animū, ſignificat parum eruditū, parum
19·22 ingenio & uſu rerū callentem. {Hic} tempeſtiuius erat, ſtultorū {inſipientiū} aut puerorum.
27 Quis enim docet infantes? (Paruulorū erat tolerabilius, ut ſæpe uertit aliâs.) Nam hoc loco non eſt magiſter qui regat, ſed διδάσκαλος, hoc eſt, qui doceat. Porrò quod mox præceſſit παιδευτὴν anceps eſt nomen, commune tum ei qui inſtituit pueros, tum ei qui caſtigat &
19 corrigit errātes. {Apparet hic Paulum tacite alludere ad locum qui eſt apud Eſaiam cap. 33. Vbi eſt ſcriba? ubi legis uerba ponderans? Vbi doctor paruulorum? }

Infantes νήπιοι, quod ſolet uertere, paruulos

Habentem formam.) μόρφωσιν, id eſt, Formationem, quaſi dicas, inſtituēdi, formandique rationem quam alijs præſcribat, ut ſunt & hodie qui profiteantur ſe poſſe formare cōſcien-
19 tias ſingulorum. {Itidem Iudæi ſibi placebant, quod proſelytis ueluti ſtupidis, formam uitæ præſcriberent. In hanc ſententiam enarrat & Theophylactus, ſed illud adijciens, fuiſſe qui μόρφωσιν hoc loco interpretarentur nō formam, ſed mentitam & adumbratam imaginem iuſtitiæ, cum ita præciperent, Ne tetigeris, ne guſtaueris, ne contrectaueris. }

Forma μόρφωσις
19: Vulgarius

Inhonoras.) ἀτιμάζεις, id eſt, Dehoneſtas, ſiue ignominia afficis.

Blaſphematur.) Græcis uox eſt βλασφημεῖται, quod Latine uertas licet, Male audit, ſiue maledictis afficitur. Teſtimonium quod adducit Paulus, Origenes refert ad Eſaiam, apud quē legis cap. 52. Quoniā ablatus eſt populus meus gratis, dominatores eius inique agunt, dicit dominus, & iugiter tota die nomen meū blaſphematur. Porrò hæc duo uerba, In gentibus, addita ſunt ex æditione Septuaginta, qua Paulus hoc loco uidetur abuſus. Alioqui ueritas Hebraica habet, Et iugiter tota die nomen meū blaſphematur. Diuus Hieronymus
19 {locum hunc apud Eſaiam ediſſerens} indicat & ad Ezechiel referri poſſe, apud quem legis cap. 36. Et ingreſſi ſunt ad gentes, ad quas introierunt & polluerunt nomen ſanctū meum, cum diceretur de eis, Populus domini iſte eſt, & polluerunt nomen ſanctum meum. Cæterum quid ſibi uoluerit hoc loco Lyranus, uiderit ipſe. Cōſentit enim noſtra æditio cum Septuaginta & Hebraica ueritate. Nec hoc ſane loco ullū diſcrimen eſt, ſi qua fides habenda eſt uulgatis exemplaribus. Iam uero de Lyrano minus admiror. At Aquinas lōge diligentior, hoc loco neſcio qua de cauſa, duplicem inducit lectionem, cuius equidē uerba nō grauabor aſſcribere, quo facilius ſit lectori ſuper hac re, uel iudicare, uel inquirere. Cum enim citaſſet locū qui eſt apud Eſaiā, Dominatores eius inique agunt, & iugiter tota die nomen meum blaſphematur, ſubijcit ex Hieronymo nimirum alterū teſtimoniū his quidem uerbis: Et Ezechielis 36. ſecundū aliam literā, ubi noſtra ſic habet, Nō propter uos ego faciam

Expenſa Lyrani ac Thomæ opinio 16



{ 16-22: singulorum. Nam his verbis delectantur quidam non theologi sed mataeologi 16: inhonoras) 19-22: Itidem

16: Hebraica habet we-thamiyd kol ha-yyom shemiy minno'as Et jugiter

16: exemplaribus. Quandoquidem apud Hebraeos ita legimus wa-yyavo' 'el ha-ggoyim 'asher ba'u sham wa-yehallelu 'eth shem quodshiy be-'emor lahem 'am yehowah 'elleh. quae si quis ad verbum magis quam eleganter reddi postulat, ad hunc habent modum & ingressi sunt ad gentes ad quas ingressi illic, & polluerunt illud nomen sanctum meum, dum diceretur eis populus domini ille, Iam vero domus Israel, sed propter nomen sanctũ meũ, quod polluistis in gentibus. Hactenus Aquinas. Quæso quæ nã est alia lectio, siue ut ipsi uocãt, litera, quæ dissideat ab altera? Excute, disquire, nihil huiusmodi reperies. Proinde conijcio Thomam alio properantem, hæc non hausisse ex ipsis fontibus, sed ex aliorũ collectaneis. Sunt enim apud Ezechielem in eodẽ capite duo loca in cõsimilem sententiã. Prior est, quem nos modo citauimus, in quo nulla pugna est inter Hebræam ueritatẽ & æditionẽ Septuaginta. Alter qui nõ magno sequitur interuallo, repetẽs quod iam dictũ erat, quem citat Aquinas, Non propter uos ego faciam domus Israel, sed propter nomen sanctũ meũ quod polluistis in gentibus ad quas intrastis.

↓{ Ac ne hic quidẽ ulla discordia est inter translationẽ Hieronymi & Septuaginta.{Quod si 19
quis nobis diffidit, cõferat utranq; æditionem coniunctã in operibus Hieronymi proxime æditis Basileæ.} Iam uero quod Paulus admonuit Iudæos, id multo magis cauendũ est nobis Christianis, quorũ uita si nihil differat ab Ethnicorum uita, nisi titulo Christiani nominis, ac ceremonijs, cæteris in rebus par, aut etiã contaminatior, periculũ est, ne sanctissimũ illud Christi nomen polluatur, & cõtumelijs afficiatur inter inimicos fidei, Iudæos & Turcas, si conspiciant nos non minus abiecte seruire libidini, nihilo moderatius inhiare lucris, non minus cupidos uindictæ, nõ minus timidos mortis, & auidos uitæ, non minus furiose belligerantes, tumultuantes, digladiantes, quamlibet leuibus de causis.

*Impia uita Christianorũ facit, ut Turcæ de Christo male sentiant*

Per uos blasphematur.) Græce est δι' ὑμᾶς, id est, propter uos, ut intelligas non instrumentum, sed causam.

Non enim qui in manifesto Iudæus.) Hoc loco breuitatẽ quam Græcis adferũt articuli præpositiui, nos quo dilucidior esset sensus, cõplusculis uerbis explanauimus, sed ita, ut ne tantulũ quidẽ de sensibus immutaremus, in hunc modũ, Non is qui manifesto Iudæus sit, Iudæus est, nec ea quæ in manifesto sit carnis circũcisio, circũcisio est, sed qui in occulto Iu-
16: in spiritu
dæus {fuerit}{is Iudæus est} & circũcisio cordis circũcisio est, quæ spiritu cõstat nõ litera. 22.19

EX CAPITE TERTIO.

QVid ergo amplius.) περισσὸν Græce aliquando superuacaneum significat, aliquando eximium, hoc est, ἐξαίρετον. Hic eximiũ pro excellentia accipitur. Sequitur enim τὸ περισσὸν τοῦ Ἰουδαίου, id est, In quo excellit Iudæus.

Multum.) πολύ. Sic & apud Græcos habetur per hypsilon. Quanquam
legendũ uidetur πολλή, & per duplex λ, & η, ut sit epitheton{huius nominis 19
utilitas,} ὠφέλεια. πρῶτον, primũ, hic ordinem significat sermonis, potius quam præcipue.

*Credita commissa*

Illis eloquia.) Illis, apud Græcos non est, sed interpres addidit necessario, ἐπιστεύθησαν, id est, Crediti sunt eloquia, pro eo quod est, Concredita siue cõmissa sunt illis eloquia dei.
{Sic enim Græci loquuntur[ἐγχειρίζομαι ταύτην τὴν ἐπιμέλειαν, ἐπιτέτραμμαι τὴν δίαιταν, 19.35
id est, Cõmissa mihi est hæc prouincia, delegata est mihi hæc cognitio, quasi Græce dicas,]
↓[ Creditus est hanc rem, & commissus sum hoc negocium: [quemadmodum Latini dicunt, doctus sum grammaticã] Porrò quod nos legimus eloquia, Paulo est λόγια, philosophatur nonnihil in hoc uerbo Origenes. Cæterum λόγια dixit oracula, quod is populus seruabat oracula, alijs magis profutura quàm ipsi, & tenebat nõ intellecta. Sic enim Hesychius interpretatur, λόγια, θεόσφατα μαντεύματα, φῆμαι, χρησμοί, id est, Numinum responsa, uaticinia, rumores, oracula. [Et in hunc sensum frequẽter repetitur apud Aristophanem in equi- 35
tibus.] Apud Latinos eloquium, pro eloquẽtia usurpauit Iuuenalis: Eloquium & famam Demosthenis.}

*Euacuare pro abrogare*

19: Vulgarii

Euacuauit.) Græcis futuri tẽporis est καταργήσει, id est, Abolebit, obliterabit, irrita reddet, siue antiquabit, quo uerbo frequẽter utitur diuus Paulus. Interpres sępenumero uertit destruere. ἀργὸν ociosum, inde καταργεῖν, ociosum & superuacaneum reddere.

*Est pro esto deprauate legimus*

[16-27: pro appareat

Est autem.) γινέσθω Græcis est, sit, siue fiat autẽ deus uerax. Fortassis interpres uerterat
esto{quemadmodum uertit interpres Theophylacti, falso Athanasij inscripti hactenus}po 19
situm est autẽ[γινέσθω pro φανερούσθω, ἀποδεικνύσθω, id est, declaretur, ostẽdatur][Neq; enim 35.19
fieri potest, ut deus uerax nõ sit, sed nostra refert, ut talem esse intelligant homines][Quan- 35
quam potest esse δοξολογικῶς, quemadmodũ dicimus, Gloria tibi domine.]

Absit.) Frequenter obuiũ apud Paulum, Græce est μὴ γένοιτο, id est, Ne sit, aut Ne contingat, siue Deus auertat, aut prohibeat. Est autẽ abominantis sermo.

Vt

{16: Septuaginta. Quandoquidem hebraica ad hunc habent modum lo' lema 'ankhem 'aniy 'oseh beyth yisra'el kiy 'im le-shem quodshiy 'asher hillaltem ba-goyim 'asher ba'them sham. Ea si quis cupiat superstitiose verti, sonant ad hunc ferme modum. Non propter vos ego faciens domus Israel, sed nomini sancto meo quod polluistis vos in gentibus ad quas ingressi estis illic. Iam vero

[19-22: negocium. Lyranus sic accipere videtur, quasi eloquia credita sint a Judaeis & in hoc nos praecellant. Porro

Vt iustificeris in sermonibus.) Testimoniũ est ex psalmo quinquagesimo, Vt iustifice
19 ris. Et cum iudicaris, apud Græcos uerbũ est passiuum ἐν τῷ κριθῆναι {uel κρίνεσθαι, ut alij le ↑↓
gunt} Cæterum Hebræis בְּשָׁפְטֶךָ anceps est, utrũ de iudicato deo, an de iudicãte loquaẽ.
27 Hieronymus uidetur ita locũ hunc interpretari, ut intelligat deum iudicatũ {sed dum iudi Mendax nõ q
19 catur ab incredulis, & ipsius declarari fidẽ in promissis & illorum uanitatẽ in iudicãdo} Sic mẽtitur, sed q
est Omnis homo mendax, uel, quia præstare nõ potest, quod pollicetur quantũ in ipso est, mentiri poßit
uel quod mendax sit quisquis diffidit dei promissis, cum ille nihil non præstet.} & soleat
19 {Si autem iniquitas nostra iustitiam dei commẽdat.) συνίστησι, id est Constituit, hoc est, 19-27: Quod si
stabilit ac confirmat, fulcitq;. Quanquam & commendat recte uertit. Nam si Hesychio cre injustitia
dimus, συνιστάναι Græcis multa declarat, ἐπαινεῖν, φανεροῦν, βεβαιοῦν, παρατιθέναι, id est, Laudare, illustrare, cõfirmare, adiungere siue cõmendare. Origenes ipse paulo post edisserens eum Pauli locum, Commendat autem charitatem suam deus in nobis, indicat, commendat idem pollere, quod confirmat aut amabilem facit.

Nunquid iniquus deus qui iram infert.) Origenes hunc edisserens locum, siue mauis Distinctio
35 Hieronymus [aut Ruffinus] ostendit in nonnullis Græcorũ codicibus legi, Qui infert iram uaria ↑19-27: Simul
aduersus hominem: nimirum ut pro κατ᾽ ἄνθρωπον λέγω, id est, iuxta hominẽ dico, scriba et Latinorum
35 tur κατ᾽ ἀνθρώπου, id est aduersus hominem, omisso uerbo λέγω. [Alteram lectionẽ interpres
opinor Origenis adiecit inueniri in latinorum exemplaribus, nonnullis etiam Græcorum.]
27 Cum autẽ neutram reijciat lectionem, liberum erit cuiq; utram malit sequi {Certe Chryso
stomus ac Theophylactus legunt simul & interpretãtur κατ᾽ ἄνθρωπον λέγω, id est, Iuxta sen
35 sum humanũ loquor respondens pro deo, quũ illius iudicia sint inscrutabilia} [Hactenus imposuit mihi titulus & peroratio commentariorũ Origenis in epistolã ad Romanos ut crederem eos ab Hieronymo uersos, tametsi de phrasi dubitabã nonnihil, quæ tamen hic mihi uisa est purior quàm in cæteris uersionibus est Ruffini. Magis autẽ offendebant admixta multa, quæ partim à Græco scriptore Romani sermonis ignaro dici non poterant, partim ex diametro pugnãt cum Origenis dogmatibus. Hieronymus autẽ in uertẽdo religiosior est quàm Ruffinus, qui non solũ permittit sibi de suo sentẽtias aliquot intertexere, uerum etiam totos libros prætermittit, & pro his suos supponit. Vnde propemodum pedibus eo in sententiam eorum qui putant hanc uersionem esse Ruffini. Nam titulum probabile est à scriba immutatum quo librum redderet uendibiliorem, gratiosi nominis lenocinio. Eiusdem artificio in peroratione bis Ruffini nomen mutatum est in nomen Hieronymi. Cæterum relictum est quod prodat fucum. Ait enim sese à Gaudentio urgeri, ut Clementem quem uertere instituerat, absoluat. Constat autẽ Clementem à Ruffino uersus, & Gaudentio inscriptum. Ruffinus apud multos audiebat Origenista, eoq; monet in peroratione ut omisso nomine interpretis, scriba ponat nomen autoris.]

* Iudicabit deus hunc mundum.) τὸν κόσμον, id est Mundum, non hunc mundum, quasi sit alius mũdus, nisi quod articulus additus aliquoties facit, ut res certa designetur. * 16: precedes Ut justificeris in sermonibus.) above

Sicut blasphemamur.) Vsus est Græca uoce βλασφημούμεθα, id est, Male audimus, siue Male de nobis loquuntur homines.

Faciamus mala.) Non inepte omisit ὅτι, quod aliâs solet libenter addere, cum alioqui nihil sit opus.

Præcellimus eos.) προεχόμεθα. Eos apud Græcos non additur, sed tantum est præstamus, siue præcellimus. Siquidem Græci distinctionem subijciunt his uerbis, Quid igitur? Alioqui legi coniunctim poterat, In quo igitur præcellimus.

↑ Causati sumus.) προῃτιασάμεθα, id est, Ante causam reddidimus. ↑16-19: Prae

Et omnes sub peccato.) Et, coniunctio redundat.

Quia non est iustus.) ὅτι, Quia, redundat, quod erat omittendũ hoc sanè loco, quemadmodum paulo ante fecit.

Iustus quisquam.) οὐδὲ εἷς, id est, Ne unus quidem.

Requirens.) ὁ ἐκζητῶν, id est, Qui exquirat. Nam requirimus non quod uestigamus, sed quod abesse dolemus, requirimus in amico fidem.

Maledictione.) ἀρᾶς, id est, Deuotione, execratione, siue imprecatione. Cæterum illud obiter admonitum lectorem uolo, testimonium hoc quod Paulus de ueteri sumpsit instru

mento

↑16: Justificeris Hebraece est tiṣdaq justus appareas, + in sequenti dictione tizkeh vincens aut ut alii mundus appareas propter dagges punctum insertum, ut sit justum te constituas + victorem aut mundum. Et cum
C16: judicatum. Psalmus sic habet lema'an tiṣdaq be-dovrekha tizkeh ve-shophṭekha Sicut blasphemamur)

mento,uarijs ex locis esse contextum,atque,ut ita dicam,consarcinatum.Nam{prima pars 19
sumpta est de psalmo 13.sed ita ut sententiã magis quàm uerba reddiderit Apostolus.Pro/
16: primi ximi}duo uersus,Sepulchrũ patens est guttur eorum.Linguis suis dolose agebant, quinti
psalmi sunt.Illud autẽ quod sequitur Venenum aspidũ sub labijs eorum,centesimi xxxix.
psalmi est.Rursum quod annectitur, Quorũ os maledictione & amaritudine plenum est,
è nono psalmo desumptũ est.Porrò tres qui sequuntur uersiculi, Veloces pedes eorum ad
effundendũ sanguinẽ.Cõtritio & infelicitas in uijs eorũ . Et uiã pacis nõ cognouerũt{&c.} 19
ex Esaia decerpti sunt. Vltimus autẽ uersiculus,Non est timor dei ante oculos eorũ,in tri/
gesimiquinti psalmi principio est. Hos octo uersiculos intertexuit nescio quis psalmo 13.
quod idoneũ locũ non inueniret ad quem hoc Pauli referret testimoniũ,cum in Hebraicis
codicibus non habeantur{Id indicauit Hieronymus,modo citatũ Esaiæ locum edisserens, 19
&(iterum)copiosius,præloquens in commentariũ decimum sextum}Cæterũ quæ ex Esaia 27
mutuatus est,habentur apud eum prophetã capite 59. iuxta Hebraicam ueritatẽ ad hunc
modum, Cogitationes eorũ cogitationes inutiles, uastitas & cõtritio in uijs eorum. Viam
pacis nescierunt, & non est iudicium in gressibus eorum.

*Subditus obnoxius* Subditus.) ὑπόδικος. Quasi dicas obnoxius & reus. Nam δίκη Græcis, & crimen si/
gnificat{& causam}& uindictam,siue pœnam,uelut obligatus ad pœnam. 19

Cognitio peccati.) ἐπίγνωσις. Elegantius ac significantius erat agnitio.

Et egent.) Græce est ὑστεροῦνται, id est,Carent siue destituuntur,[ad uerbũ sonat poste/ 35
riorantur,quasi nõ assequentes quod optabant]Et gloria,Græcis est,non gratia{sicut legi/ 19
mus & in Latinis codicibus emendatioribus} δόξης τοῦ θεοῦ,(Glorificatur enim deus in hoc, 27
quod ex sua bonitate seruat humanum genus.)

Iustificati gratis.) δικαιούμενοι.Participiũ est passiuũ,sed præsentis tẽporis,unde nos uer
timus,Iustificãtur aũt,addita de meo coniunctiuncula,quo sensum redderẽ dilucidiorem.

[Nunc autẽ sine lege iustitiæ de m.e.) Augustinus contra Pelagium & Celest.de gra/ 35
tia Christi lib.1.cap.8.indicat distinctionem huius sententiæ: pronunciandũ enim,Iustitia
dei sine lege,nunc manifestata est. Aliquid esset quod dicit, si aduerbio præpositus fuisset
articulus, νυνὶ δὲ ἡ χωρὶς νόμου δικαιοσύνη.Id quoniam factum non est,intelligendum est iusti/
tiam dei promulgatam esse omnibus,absq; præsidio legis profuturam.Quanquam ad sen
sum minimum refert quomodo distinguas.Augustini uerba subscribam.Quomodo ergo
inquit,sine lege manifestata, si per legem testificata? Nõ ita sine lege manifestata,sed sine
lege iustitia:quæ iustitia dei est. Hæc Augustinus. Scrupulus autẽ qui mouit Augustinũ
nullius est momenti.Iustitia dei per fidem & gratiam manifestata est per aduentũ Christi,
sed hoc futurum prædixerat lex.]

*Redemptio* Per redemptionem.) διὰ τῆς ἀπολυτρώσεως. Quæ proprie est redemptio captiui,persolu/
16: rainson to pro capite illius precio,{quod Gallorũ uulgus appellat ranson}(τῆς ἐν χριστῷ ἰησοῦ, & hic ἐν 19.27
posita uidetur pro διὰ, quæ redemptio contingit per Christum Iesum, hoc enim repetit,ut
rursus excludat gloriam operum humanorum.)

Propiciatorem.) ἱλαστήριον, id est, Propiciationem seu magis propiciatorium{ut quod 19
Origeni placet,respiciat ad propiciatorium Iudæorum,Christi nostri typum}(quemadmo/ 27
dum & sanguinis meminit. Ad eundẽ modũ exponit Theophylactus & ante hunc Chry/
] 16-22: nisi sostomus):[postremo & Augustinus libro de spiritu & litera cap. 13]Forte interpres ma/ 35
sculino genere accipit τὸν ἱλαστήριον,[sicuti τὸν σωτήριον.] 35

*Ambrosius diuersa legens* {Propter remissionem.) Mirum quod exemplar secutus Ambrosius legat,Propter pro/ 19
positum præcedentium delictorum. Nam Græci πάρεσιν habent, non πρόθεσιν, nisi forte
mendosus est codex Ambrosianus. Quanquã quod interpretans subijcit,Sciens deus pro
positum benignitatis suæ,subindicat illum propositũ legisse non remissionem}[Eodem mo 35
do legit Augustinus loco quem modo indicauimus.]

In sustentatione.) ἐν τῇ ἀνοχῇ, id est,In patientia & tolerantia.

Vbi est ergo.) Est & tua,addidit interpres.Nam Græce est ποῦ οὖν ἡ καύχησις, id est, Vbi
igitur gloriatio? atq; ita sanè absolutius est.(Plurimum acrimoniæ addunt orationi percon 27
tationes eiusmodi,præsertim re iam argumentis euicta.)

Arbitramur enim.) λογιζόμεθα οὖν, Reputamus siue colligimus igitur.Nam Theophyla
ctus

ctus interpretatur συλλογιζόμεθα, uelut hoc iam argumentando collegerit.
Imò & gentium.) Pro imò, Græcis est ναὶ, quod est affirmantis aduerbium, quasi di/ ναὶ uertit imò ]
cas, nimirum & gentium.
Qui iustificat.) δικαιώσει, Iustificabit futuri temporis. Respexit enim ad eos qui adhuc
22 essent in Iudaismo seu paganismo.⟨In codice diui Donatiani scriptū erat iustificauit, b mu/ 16-22: gentilitate
tato in u, consonans, qua quidem in re subinde peccant scribæ.⟩
Legem ergo destruimus.) καταργοῦμεν, id est, Irritam facimus, siue abolemus, ut paulo
superius ostendimus. Porrò quod sequitur, Legem statuimus, ἱστῶμεν dictum est pro fulci/
27 mus seu stabilimus, & facere ut stet aliquid, alioqui uacillans.(Alioqui latinis aliud sonat
statuere, nimirum decernere.)

EX CAPITE QVARTO.

19 {QVid ergo dicemus inuenisse Abraham patrem nostrum secundū carnem.) Distinctio
Incertum est utrò referatur hæc particula, secundū carnem, ad Abraham pa/ uaria
trem, an ad inuenisse. Scio in plerisque Græcorum codicibus hunc esse ordi
nem, Quid ergo dicemus Abraham patrem nostrum inuenisse secundū car
nem? Verum secus legit Origenes, secus Ambrosius, secus habetur in uetu
27 stis Latinorum codicibus,(nimirum hac distinctione,)ut patrem nostrum, proxime adhæ/
22 reat⟨ad hanc particulam⟩Secundum carnem. Sentit enim Paulus, Abraham iuxta uocatio/
nem ad fidem, & gentium esse patrem, cæterum Iudæorū esse patrem duntaxat iuxta car/
27 nem(Sic etiam interpretatur Theophylactus, πατέρα δὲ, inquit, κατὰ σάρκα καλεῖ αὐτὸν, ἐκβάλλων αὐτοὺς τῆς κατὰ πνεῦμα συγγενείας, μᾶλλον δὲ καὶ ἀνάγκην αὐτοῖς περιτιθεὶς τοῦ μιμήσασθαι αὐτὸν
κατὰ πάντα, id est, Patrem autem iuxta carnem uocat illum excludens eos à cognatione spi/
rituali, seu potius compellens eos, ut illum imitentur in omnibus. Similia Chrysostomus
πατέρα δὲ αὐτὸν, κατὰ σάρκα ἐκάλεσεν ἐκβάλλων αὐτοὺς τῆς πρὸς αὐτὸν γνησίας συγγενείας, καὶ προο-
δοποιῶν τοῖς ἔθνεσι τὴν πρὸς αὐτὸν ἀγχιστείαν, id est, Patrem autem illum dixit, excludens eos
à uera Abrahæ cognatione, simulq; uiam aperiens gentibus ad affinitatem Abrahæ conse
quendam. Et tamen alium sensum indicat ordo Græci sermonis, unde hyperbaton accipia
mus oportet, Alioqui legendum erat, τί οὖν ἐροῦμεν ἀβραὰμ τὸν κατὰ σάρκα πατέρα εὑρηκέναι.)
Proinde non ueriti sumus pristino ordini reddere hunc sermonem. Quanquam haud me
fugit Ambrosium sic locum hunc interpretari, ut Secundum carnem, referatur ad inuenis/
se: ut intelligamus adeo Mosaicam legem non posse præstare salutem, ut nec Abraham
ipse quicquam consecuturus fuerit secundum carnem, hoc est per circuncisionem, nisi fi/
dei merito placuisset deo.}
Habet gloriam.) καύχημα. Gloriationem magis significat quàm gloriam, quemadmo/
dum & καύχησις, hoc est, Habet quod glorietur & iactet se.
19 {Credidit Abraham.) Argutatur nonnihil Origenes, subhæsitans an hic uicio librario/ 19: cavillatur
rum legatur Abraham pro Abram, hoc est trisyllabum nomen pro disyllabo, quod id tem Abarm
poris quo promittenti credidit deo, nondum esset Abraham, sed Abram. Vnde consenta/ Abraham
35 neum est illic apud Hebræos non haberi, Credidit Abraham deo, sed credidit Abram.[At/
que ita uerterunt Septuaginta ἀβράμ.]Equidem laudo hominis diligentiam, & pudet no/
stræ oscitantiæ. Tamen hoc sanè loco, si sermo referatur ad eum qui scripsit, siue Moses is
fuit, siue Esdras, siue alius quispiam, illi certe fuit Abraham. Cæterū ubi deus narratur il/
lum nominatim compellare, Abram dicitur non Abraham, donec illi nomen auctum esset
35 accessione syllabæ}[Sūt qui dicāt & in peruetustis codicibus Latinis hoc loco legi Abram,
non Abraham.]
Et reputatum est.) ἐλογίσθη, id est, Imputatum est, hoc sanè loco. Nam Græca uox an/
35 ceps est. Cæterum longe aliud est reputare quàm imputare.[Reputare est animo conside/
rare, imputare est acceptū ferre, aut in rationē addere, plerunq; citra reprehensionē. Depu
tare idem est, quod supputare aut existimare seu æstimare, quū Græca uox sit polysemos
ad reputare, imputare, æstimare. ἐλογίσθαι, ꝓprie sonat imputare, quo uerbo & alias usus Valla taxat
est Apostolus]Nec iniuria Valla taxat hoc loco puerilem affectationē copiæ in interprete, interpretem
dum idem uerbum Græcum, eodem in loco, nunc uertit reputatur, nunc accepto fert, nunc
imputatur, quasi nefas esset eandem uocem sæpius repeti.

Ei

Ei uero qui non operatur,credenti autē.) Vtrunq; Græcis participiū est, μὴ ἐργαζομένῳ,
πιστεύοντι δὲ, id est,Non operanti,tamen credēti.Et rursum Reputatur,pro imputatur.
Secundū propositum gratiæ dei.){Hæc clausula non est in Græcis codicibus. Etiamsi 19
Ambrosius ita legit & exponit nominatim hæc uerba. Vnde apparet illum diuerso usum
exemplari.}{In codice peruetusto,cuius copiam fecit Ioānes Coletus è Paulina bibliotheca, 19
non erant in contextu,sed diuersa ac recentiore manu in ima margine adiecta.}
Accepto fert.) λογίζεται, id est Imputat,siue acceptū fert. Est autē acceptum ferre pro ac
cepto habere quod nō acceperis,quæ apud iurecōsultos{ni fallor,}uocatur acceptilatio. 19
Non imputauit.) λογίσεται. Futuri temporis est,tametsi esse potest aoristus subiūctiui si
scribatur per η, λογίσηται, ut sit imputauerit{licet hæc quoq; pro futuris usurpentur.} 19
Tantum manet.) Manet,apud Græcos non inuenio. Sic habent Græci codices ὁ μακα-
ρισμὸς οὖν οὗτος ἐπὶ τὴν περιτομὴν, ἢ ἐπὶ τὴν ἀκροβυστίαν; Beatitudo igitur ista, siue beatificatio,
{aut beatio}utrum in circuncisionem an in præputium? ut subaudias,uenit,competit,aut 19
simile uerbum:atque ita Græcorum scholia legūt & interpretantur.(Theophylactus enar 27
rans,pro uerbo subaudito quod interpres reddidit,manet,supponit πίπτει, id est cadit)[si- 35
ue competit:quemadmodum dicimus,Non cadit in sapientē iracundia.]Atque adeo haud
scio, an interpres cupiens explicare Pauli mentem scripserit, Manat in circuncisionem,
quod postea mutatum sit in manet.[Alioqui præpositio ἐπὶ dure iungeretur accusandi 35
casui.Potest & è superioribus repeti uerbum,Dauid dixit beatitudinem &c. Hæc igitur
beatitudo num dicta est in circuncisionē tantū an etiā in præputium.]Annotandū & illud: 19
apud Origenem & Ambrosium addi tantum,quod in uulgatis Græcorum codicibus non
reperio, ne in uetustis quidem Latinorum exemplaribus. Certe in Paulino illo codice sic
reperio scriptum: Beatitudo ergo hæc in circuncisione,an etiā in præputio? Quanquam
non negarim uim eius aduerbij latere in coniunctione καὶ, an etiam in præputio,quod ut
fieret explanatius,adiecerunt tantum.[Ne illud quidem arbitror negligendum μακαρισμὸν 35
hic accipi non pro ipsa qualitate beati,sed pro præconio beatitudinis, quod Dauid tribuit
homini non ex operibus sed ex gratia dei per fidem non imputantis peccata.Græcis enim
μακαρίζεσθαι dicuntur qui prædicantur beati,etiam falso.Iusticiam autem hic appellat non
uniuersam uirtutem,sed innocentiam,quæ contingit gratis ita cōdonatione peccatorum.
Porrò beatitudo & iusticia natura inter se cohærent:unde consequitur,ut in quemcunq;
cadit iusticiæ elogium,in eundē cadat & beatitudinis elogium. Sed Abrahæ nondum circunciso tributum est iusticiæ elogium:in eundē igitur & per hunc in gentes incircuncisas
competit beatitudinis elogium , quod prædicat Dauid circuncisus.Ita nō tantū paria facit
præputium cum circuncisione, uerum etiam in hoc antecellit, quod ante natam circuncisionem id laudis promeruit.]
In circuncisione.) ἐν περιτομῇ ὄντι, id est,Cum esset in circuncisione,(quod perinde ualet 27
ac si dixisset ἐμπεριτόμῳ, id est circunciso, sicut ἐν ἀκροβυστίᾳ, pro eo quod erat ἀκροβύστῳ.
Præter interrogationis gratiam multum lucis addit δίλημμα,cuius altera parte reiecta,alte
ram euincit.Nullum enim argumentandi genus,uel apertius uel uiolentius.)
Signaculum.)(Duo uerba ponit Paulus σημεῖον & σφραγίδα, posterius est)σφραγίδα, 27
id est,Signum ac notam impressam. Nam fidei causa solemus obsignare,quod certū esse
uolumus. Atque ad hunc modum obsignamus, quod ad tempus sepositum ac recōditum
esse cupimus,suo loco depromendū.{Alioqui uideri poterat Paulus bis idem dixisse, cum 19
paulo ante dixisset signum,mox repetens signaculū. Alterum est Græcis σημεῖον, signum,
quo aliud significatur.Siquidem iam tum carnalis illa circuncisio,typum gerebat Christia
næ circuncisionis,quæ non aufert pelliculam à glande, sed amputat omnes noxias cupiditates à corde. Erat & signaculum quod ad tempus tegeret mysterium post aperiendum,
(uidelicet iustitiæ quæ confertur per fidem. Potest autem aliquid esse signum quod non sit 27
signaculum,ut statua signum est, at anuli symbolum affixum syngraphæ σφραγὶς est.Est
autem in his duabus dictionibus appositio. Eadem enim res dicitur σημεῖον, quatenus declarat iustitiam ex fide quæ erat in Abraham ante circuncisionem,& σφραγὶς, quatenus
exemplo Abrahæ,omnibus credentibus promittebatur iustitia ex fide sine circuncisione.)
Annotatum est hoc diligenter ab Origene.}

Non

Secundū propositum gratiæ dei

Additū aliqd

Manat deprauatū in manet

ἐμπερίτομος

margin: 19-22
Signaculum

σημεῖον
σφραγὶς

Non his tantũ qui ſunt ex circũciſione.) Græca multo ſecus habẽt τοῖς οὐκ ἐκ περιτομῆς μόνον, Tantũ non
ἀλλὰ καὶ τοῖς στοιχοῦσι, id eſt, Qui nõ tantũ ſunt ex circũciſione, ſed etiã incedunt per ueſtigia &c. ſuo loco
ut intelligas nõ eſſe ſatis Iudæũ fuiſſe natũ, ad hoc ut ſis filius Abrahæ, niſi eiuſdẽ ingrediaris
19 ueſtigijs, id quod eſt filiorũ. {Mecũ facit Ambroſius legens ad hunc modũ, Vt ſit pater circun
ciſionis eorũ, qui nõ ſolũ ex circunciſione ſunt, ſed & eorũ qui inſequũtur ueſtigia fidei. Nec
abhorret ab hac lectione Origenis interpretatio, ſignificans ita demũ Iudæos patrẽ habituros
27 Abraham, ſi ad fidẽ pertinerent quæ illi nondũ circunciſo iuſti cognomen conciliaſſet} {Certe
mecũ facit Chryſoſtomus, etiamſi Theophylactus aliquãto ſecus exponit. In codice quo ſum
uſus, ſcriba per negligentiã omiſerat οὐ. Eam uoculã aliquis aſſcripſerat nõ ſuo loco, οὐ τοῖς μόνον,
35 quum Chryſoſtomus legat τοῖς οὐ μόνον, [& diſtinctioni reſpondet enarratio] Non enim hoc ſen
35 tit [his uerbis] Abraham eſſe patrem & Iudæorũ & gentiũ, ſed nõ eſſe patrem Iudæorũ niſi ſe-
35 quantur illis ueſtigia} [Nam ante dixit, illũ eſſe patrem omniũ gentiũ, nõ ſimpliciter omnium,
ſed credentiũ: Eundẽ hic dicit patrẽ Iudæorũ, qui ne putarẽt eſſe ſatis prognatos eſſe ex ſtirpe
Abraham, oſtẽdit inutilẽ eſſe ſanguinis propinquitatẽ, niſi fidẽ illius imitãtes declarẽt ſe ger-
manos illus filios. Offendit nõnihil articulus mox præter uſum repetitus, ἀλλὰ καὶ τοῖς. Verum
fieri potuit, ut eam ſyllabã ſcriba quiſpiã adiecerit. Denuo, nactus græcũ Theophylacti codicem, inſpexi locũ attẽtius. Eandẽ ſane lectionẽ, quam indicaui haberi, per οὐ adiectũ ſupra uer
ſum, repetit in enarrãdo, admonẽs etiã quomodo ſit legendũ, quanquam in ſententia nõ diſſentit
à Chryſoſtomo. Qui uertit Theophylactum ſic reddidit Græca, ut neſciã an ſatis intellexerit:
proinde nõ grauabor hunc locum bona fide reddere: Exiſtentẽ obiectionẽ diſſoluit, Nam for
taſsis dicturus erat aliquis, ſi quũ præputiatus eſſet iuſtificatus eſt Abrahã, qua gratia circun
ciſus eſt? Ad hoc reſpõdet, quod circũciſionis ſignũ acceperit loco ſignaculi, quod obſignaret
prædicaretque ipſum ex fide fuiſſe iuſtificatũ, quam fidẽ exhibuerat prius quũ eſſet præputiatus. Itaque quoniã duo hæc conſiderantur in Abraham, præputiũ & circũciſio, per præputium
quidẽ declaratur pater præputiatorum. Sed quorũ? Eorũ qui ſimiliter atque ipſe crediderat, cre
derent, ut & illis fides imputarẽt ad iuſtitiã, id eſt, in hoc ut iuſti fierẽt: Per circunciſionẽ uero
rurſus declaratur pater circũciſionis, hoc eſt circunciſorũ. Eſt aũt pater nõ his ſolũ qui circun
ciſionẽ habẽt, ſed & his qui ingrediuntur illius fidei ueſtigijs, quam fidẽ habuit in præputio.
Ad hunc igitur modũ legendũ eſt, Et pater eſſet circũciſionis, nõ his qui circũciſione tantũ illũ
r eferunt, uerũ etiã ijs qui incedũt ueſtigijs fidei, hoc eſt qui credũt ſimiliter atque ille, mortuorũ
corporũ reſurrectionẽ &c. Interpres omiſit quædã uerba & addidit unũ. Suſpicor aũt locum
apud Theophylactũ non carere mendo. Quũ enim admonet quo pacto ſit legendũ, probabile
eſt illũ eam poſuiſſe lectionẽ quam ſequutus eſt Chryſoſtomus, quandoquidẽ & reliqua com
mẽtarij pars declarat illũ eandẽ ſequi ſententiã. Sed uidere mihi uideor exitũ huius difficultatis, ut nihil offendat articulus repetitus aut tranſpoſita negatio. Nimirũ ut μόνον nõ pertineat
ad negationẽ quemadmodũ interpretatur Chryſoſtomus, ſed ad ἐκ περιτομῆς, ut intelligamus
inter Iudæos duos ordines, alterũ qui nihil habẽt Abrahæ, niſi quod circũciſi ſunt, & horũ ne-
gatur eſſe pater, alterũ eorũ qui præter circunciſionẽ etiã fidẽ illius imitãtur, horũ demum pa
trem uult eſſe Abraham. Hunc ſenſum & hãc lectionẽ ſequutus eſt Theophylactus, nec diuer
ſus eſt à ſentẽtia Chryſoſtomi. Verũ hic obſtrepit coniũctio καὶ, nõ ſuo loco poſita, ἀλλὰ καὶ τοῖς:
Quod ſi legamus ἀλλὰ τοῖς καὶ, ne tantulum quidẽ reſidet ſcrupuli. Id autẽ probabile eſt incuria
ſcribarũ cõmiſſum. Vtraque lectio ſenſum habet catholicũ ac ferme eundẽ. In utraque tamen eſt
ſcrupulus, in priore de τοῖς repetito, in altero de καὶ trãſpoſito. Prior ſic habebit ſublato articulo
τοῖς οὐκ ἐκ περιτομῆς μόνον, ἀλλὰ καὶ στοιχοῦσι τοῖς ἴχνεσι πίστεως, τῆς ἐν τῇ ἀκροβυστίᾳ, id eſt, his qui non ſolũ
ſunt circũciſi, ſed qui ingrediũtur etiã per ueſtigia fidei, quæ fuit in præputio. Poſterior ſic ha
bet, οὐ τοῖς ἐκ περιτομῆς μόνον, ἀλλὰ τοῖς καὶ στοιχοῦσι τοῖς ἴχνεσι πίστεως, id eſt, Nõ his qui nihil aliud ſunt
quam circũciſi, ſed his qui etiã incedũt per ueſtigia fidei, ut cõiunctio etiã repetat circunciſionẽ. Po
ſterior mihi magis probatur. Interpres neutrã lectionẽ reddidit, niſi quod ſuſpicor locũ à libra
rijs deprauatũ.] Non enim per legẽ promiſsio Abrahæ.) τὸ κληρονόμον αὐτὸν εἶναι τοῦ κόσμου,
19 Melius hic addidiſſet {Contigit} quod hæres eſſet mundi, uel hæredem mundi futurum.
* Abolita eſt.) κατήργηται. Quàm uarie tranſtulit eandem uocem, tamen hoc loco recte, Ir- * 16-27: entries reversed
rita facta eſt, abrogata eſt, antiquata eſt.
* Non ei qui ex lege eſt ſolũ.) Apud Græcos Abrahæ uidetur datiui caſus, ut pertineat ad Abrahæ duo
pronomen ei, alioqui addidiſſet τοῦ ἀβραάμ. οὐ τῷ ἐκ τοῦ νόμου μόνον, ἀλλὰ καὶ τῷ ἐκ πίστεως ἀβραάμ, Adæ duo
H id eſt

id est,Non solũ ei Abrahæ,qui est ex lege peculiaris Iudęis,sed etiã ei qui est ex fide cõmunis
omnibus gẽtibus,ut duos Abrahã imagineris in uno.Tametsi sensus alter mihi nõ displicet,
sed hic posterior argutior.Etenim ut duos facit Adam,[terrenũ & cœlestẽ]ita[quasi]duos facit 35
Abraham,[iustificatũ in præputio per fidẽ,qui pater est gentiũ spiritualis, & iustificatum per 35
fidẽ in circũcisione,qui duplici nomine pater est Iudæorũ credentiũ.]Quanquam uideo plerosque
diuersam sequi sententiã.(Verũ quod legimus,Nõ ei qui ex lege solũ,magis cõueniebat quod, 27
quum præcesserit semen,Semen autẽ hic posteros dixit,ex Hebræi sermonis proprietate.)

Aquinatis annotatio Quia patrẽ multarũ gentiũ posui te.) Si fas nõ est omittere quicquam,cur alibi omisit supfluã
| 16-19 Diuus coniunctionẽ ὅτι,sin licet alicubi,hic certe fuerat omittẽda.Thomas Aquinas indicat quosdã
codices,pro posui habere cõstitui,uidelicet annotaturus & alia quæ maioris sunt momenti,si
id illi per linguarũ peritiã licuisset. Nam unicã dũtaxat linguã nouerat,nec eã sanè ad plenũ.
16-19: decimo septimo Quanquam apud Græcos ponere,frequẽter usurpaƭ pro facere.Porrò locus est Genesis 13. Quo
loco & illud obiter annotãdũ,prophetico more tempus præteritũ positũ esse pro futuro, con
Duplex sensus stitui pro constituã. Cui credidisti.) Græce est κατέναντι οὗ ἐπίστευσε θεοῦ, id est,Corã deo
cui credidit[sic Augustinus]siue Ad exemplũ dei,cui credidit.Nam hoc Paulus ad suã retulit 35
personã.Sentit enim,quemadmodũ deus nõ est deus huius aut huius nationis tantũ,sed com
munis omniũ,sic & Abraham fore patrẽ omniũ credentiũ.Nam ad hunc modũ interpretãtur
19: Vulgarius (Chrysostomus{Theophylactus &}Græcorũ scholia κατέναντι τοῦ θεοῦ. ne quis ut nostrũ somniũ 27.19
aspernetur.(Exemplar enim ex aduerso positũ reddimus.)Tametsi Ambrosius legit ἐπίστευσας, 27
16: gentilem id est,Cui credidisti, ut referatur ad ethnicum quem alloquitur{Sic enim ait, Vt unum deum 19
omniũ doceat,alloquitur gẽtiles.Nec est quod offendat numerus singularis, cum huiusmodi
ἑτερώσεις crebræ sint apud Paulum. Origenes item indicat hanc clausulã,Coram deo cui credidit,ex Pauli persona fuisse additam,sed Cui credidit legit,nõ cui credidisti.}

Nõ entia dicũtur cõtempta Tanquam ea quæ sunt.) ὡς ὄντα, id est,Tanquam sint, neque enim est τὰ ὄντα. Plus autem
dixit nõ esse quàm mortuũ esse.{Ac iuxta Græcam ueritatẽ adducit hunc locum Augustinus 19
explicans psalmũ 104. Nam ille uocauit famem, qui uocat ea quæ nõ sunt tanquam sint.Nec ibi
Apostolus dixit,Qui uocat ea quæ nõ sunt ut sint,sed tanquam sint.}[Nam prisci quoque scriptores, 35
non esse dicebant quæ nullius erant ponderis.M.Tul. Minutij cuiusdã testamentũ appellare
uidetur nullum,quod irritum esset & lege reiectum. & Græci νόμους οὐκ ὄντας uocant,irritas &
abrogatas.Diuus Hieronymus in primũ Hieremiæ caput,ita refert hunc locum,Qui uocauit
ea quæ nõ erant,quasi ea quæ essent:uerbis à nobis dissentiens,re consentiens.]

[ Contra spem in spem, quõ intelligendũ Contra spem.) παρ' ἐλπίδα, id est,Præter spem siue ultra spem,hoc est,cum non appareret
quod sperari posset,tamen summam habuit fidem{pollicenti deo.} 19
In spem.) ἐλπίδι ἐπίστευσεν, id est,Spei fisus est,siue spei credidit.Quanquam nonnulli co
dices habebant ἐπ' ἐλπίδι, in spe,{siue sub spe. Est autẽ iucunda(uocis eiusdem traductio,tum) 19.27
contrariorũ inter se relatio:quasi dicas, Sperabat in rebus desperatis, & cum spes non esset,ta
men sperabat, sibi diffidẽs,deo fidens. Atque ea demum est deo gratissima fides,quoties destituti nostris opibus toti pendemus à deo}(Sic enim expedite distinguit Chrysostomus παρ' ἐλ 27
πίδα τὴν ἀνθρωπίνην, ἐπ' ἐλπίδι τῇ τοῦ θεοῦ, id est,præter spem humanã,in spe dei.Spem autẽ dei
uocat,quam habebat Abraham in promissis dei.)

Vt fieret.) εἰς τὸ γενέσθαι, Melius erat,Fore se patrem.Nam id erat quod præter spem spe-
rauit.Et apertius erat,Iuxta id quod dictum fuerat,quàm dictum est.Cæterum ei,pronomen
interpres addidit explicandi gratia.

[ Addita in nostris, sicut stellæ cœli Sicut stellæ cœli,& harena maris.) Nihil horũ uerborũ habetur in Græcis codicibus(tantũ 27
est,Sic erit semen tuũ.Cætera nec apud Chrysostomũ, nec apud Theophylactum,nec apud
Ambrosium addũtur. Quanquam qui uertit Theophylactũ adiecit ex æditione uulgata.)Ve
rum apparet addita à quopiam,cupiente sensum reddere dilucidiorem. Retulit enim Paulus
uerba dei,stellas cœli ostendentis Abrahæ.Quemadmodũ legis Genesis cap.decimoquinto.
(Numera stellas si potes, sic erit semen tuum.Hic uero parum apte cohæret sermo, Sic erit se- 27
men tuũ sicut arena maris &c. Satis erat dicere, Erit semen tuum ut stellæ cœli.)

Non est infirmatus in fide.) μὴ ἀσθενήσας τῇ πίστει, id est, Non infirmatus fide,hoc est,haud
debilitatus parumque firmus ac robustus fide.Nam in,præpositio superest(apud nos.) 27

[ Composito pro simplici Corpus suum.) ἑαυτοῦ σῶμα, id est,Suum ipsius corpus.Quanquam Paulus suo more libenter
utitur hoc pronomine simplici pro cõposito,hic tamen nonnullam habet emphasim.

Ferè

*Ferè centum esset.) ἑκατονταέτης που. που coniunctio expletiua addita, fecit annos incer- * 16 : entries reversed
tos, Nam id temporis Abraham nonaginta nouem habebat annos, ut indicãt Græca scho-
19 lia{& ita scriptum est in Genesi.}
*Emortuam uuluam.) νέκρωσιν τῆς μήτρας, id est, Quasi dicas, mortificationẽ uuluæ. Cæ- 16-27: Mortuam Emortuum.
19 terum emortuum hic uocat effœtum{νενεκρωμένον, ne quis eum iam cadauer fuisse putet, Abrahã post
sed inualidum senio, non simpliciter, nam postea sustulit liberos ex Cethura, nullo insigni genuit ex Ce
miraculo, sed hactenus emortuum, ut citra opem diuinam nõ posset gignere ex anu. Nam thura
Cethuram integra etiamnum ætate mulierem duxisse legitur. Huiusmodi fermè Augustinus in quæstionibus super Genesim libro primo.}Vuluam autẽ uocat, non membrum mu
liebre pudendum, ut indoctũ uulgus accipit, sed matricem qua cõcipitur fœtus, quæ cum
destituitur ui attrahendi ac retinendi semen, sterilescit mulier.

In repromissione etiam dei.) εἰς δὲ τὴν ἐπαγγελίαν, id est, In promissione uero dei. Et sic
legit Ambrosius, ut hæc pars aduersetur superioribus, Non est infirmatus, non considera-
19 uit &c.{sed nihil diffisus est, nihil hæsitauit in promissis dei}siue potius ad promissa dei{Est
enim Græce εἰς ἐπαγγελίαν.}

Non hæsitauit.) οὐ διεκρίθη, id est, Non dijudicauit aut disquisiuit, quod est diffidentis.
Dispicit enim ac dijudicat qui non plene confidit.

Confortatus est.) ἐνεδυναμώθη, id est, Inualuit & potens factus est, ut respondeat illi su-
22 periori μὴ ἀσθενήσας τῇ πίστει, id est, Non debilitatus fide. Nec hic additur in, præpositio ne 16-27: coniunctio
in uetustis quidem Latinorum codicibus. Quanquam ea est in uerbo composito.

Plenissime sciẽs.) πληροφορηθείς, id est, Certus factus & certa accepta persuasione, quasi
dicas certificatus, ut copiosius explicuimus in præfatione Lucæ in euangelium.

Quæcunque promisit deus.) ὅτι ὃ ἐπήγγελται, δυνατός ἐστι καὶ ποιῆσαι. Quia quod pro- Quod
missum est, potest etiam facere. Et cõiunctio, quia, hoc loco posita est pro ὅτι quod εἰδικῶς εἰδικῶς
accepto non ἀπολογικῶς, id est, non ita ut causam declaret, sed exponat quid habuerit
persuasum.]

19 Quia reputatum est ei.) Hic{ubi tertio iam repetitur Genesis testimonium}Latini co- Plus est
19 dices addunt, ad iustitiam. Nam Græci{tantum}legunt ὅτι ἐλογίσθη αὐτῷ, id est, Imputatum in nostris]
19 est ei. Atque id satis erat. Notat enim quod superius dictum est ueluti iam cognitum.{Et
exemplar omnium quæ uiderim antiquissimum ex bibliotheca diui Pauli consentit cum
Græcis exemplaribus.}

Quibus reputabitur.) οἷς μέλλει λογίζεσθαι, id est, Quibus imputabitur. Miror Iacobum
Fabrum in examinationibus suis uertisse, debet imputari. Quasi debet significationem ha Faber
27 beat futuri temporis, ut apud Græcos μέλλει. Et(quasi)idem sit debet imputari, & imputabitur, quemadmodum uulgus ineruditum putat. Nisi forte uisum est illi docendi gratia
ad hunc loqui modum. 19-27: margin: Varia lectio.

Qui suscitauit Iesum Christum.) χριστὸν apud Græcos non additur.

EX CAPITE QVINTO.

19.35{ PAcem habeamus ad deum.)¶In plerisque Græcorum codicibus[scriptum ha ¶19-27: ἔχομεν
27 betur ἔχομεν, in alijs uariat scriptura, Velut]apud Theophylactũ contextus [ ↓
35 habet ἔχομεν,[habemus]enarratio ἔχωμεν[habeamus] Apud Chrysostomum * ↓
35 contextus habet, ἔχωμεν[habeamus, atque item commentarium, sed hoc in- 27: habebat
curia librariorum fuisse commissum subindicat illud quod sequitur τῷ ἔτι, 27: utrobique reperi
οὐκ ἔτι ἁμάρτωμεν, id est, non amplius peccamus, ubi reliquit o micron.]Iam haud scio an pri- ¶19-27: apud
35 mæ personæ τῶν αὐτοπαθητικῶν congruant cum indicatiuis, quemadmodũ secundæ[ἔχωμεν 19: et græcos
35 ἔχετε}[Quod ut donemus, sensus hic non patitur imperãdi modum. Siquidem Apostolus 19-27: secunda
loquitur hic de iustificatis per fidem, qui iam pacem habent cum deo: quos si uoluisset de- } see footnote *
terrere à peccando ne pacem acceptam amitterent, dixisset aptius τηρῶμεν quàm ἔχωμεν.
Non enim hic monet iustificatos, sed gratulatur illorum felicitati, quod non ex suis meritis, sed ex gratuita dei benignitate liberati sint à peccatis, eiq; reconciliati, quem prius habe
bant infensum. Huic sensui respondent ea quæ sequuntur, de fiducia accessus ad deum, dè
spe gloriæ filiorum dei, quæ perseuerat & in afflictionibus huius mundi, de charitate dei,
qui morte unigeniti sibi recõciliauit mundum. Constat Ambrosium legisse habemus non

 habea-

[ 19-27: codicibus est, id est, habemus. In aliis rursum ἔχωμεν habeamus posteriorem lectionem secutus fuisse videtur Origenes interpretans his verbis nos invitari ad pacem mutuam. Et haud scio.

* 27: apud Theophylactum ... ἔχομεν placed at } below.

habeamus, arguunt hæc uerba. Pacẽ, inquit, habere cum deo fides facit, non lex. Hæc enim
nos deo recõciliat sublatis peccatis, quæ nos deo fecerant inimicos: & quia dominus Iesus
huius gratiæ minister est, per ipsum pacificati sumus deo &c. Apud Origenẽ in contextu
legimus habemus: itidem repetit in commentarijs, Si diaboli arma proiecimus & signum
Christi & crucis eius uexilla suscepimus, pacem utiq; habemus ad deum: & huic lectioni
respondet enarratio. Apertissime enim, inquit, per hæc quæ intellexit, quid sit ex fide, &
non ex operibus iustificari, ad pacem dei, quæ exuperat omnem sensum, in qua & summa
perfectionis cõsistit, inuitat. Hactenus Origenes. Sic qui uitæ monasticæ tranquillitatem,
qui uirginitatis laudes prædicat, inuitat ad hoc uitæ genus eos qui nondum amplexi sunt.
Sequitur apud eundem Origenem, Cum essemus, inquit, inimici dei, reconciliati sumus
deo &c. Ostendit autem Origenes consequens esse, ut qui gratis deo recõciliatus est, non
amplius cogitet ea quæ sunt inimica deo. Nec mirum si post sub sua persona loquens uertit indicatiuum modum in imperatiuum, Habeamus pacem, nõ sit in nobis est & non. Ad
hanc igitur exhortationem non est opus uerbo imperandi, sed ipsa res hortatur, ne semel
liberati à peccatis deoq; reconciliati relabamur in ea, quæ dirimunt amicitiam inter deum
& homines. Hac ratione constant & ea quę scribit Chrysostomus, & ab hoc sua mutuatus
Theophylactus. Hoc autem admonendi genus magis congruit Paulinæ modestiæ ac ci-
uilitati. Nec ille tropus est infrequens, ut hoc fieri dicamus, quod debere fieri uolumus intelligi, ut illud, Qui ex deo natus est nõ peccat, & mater non potest odisse filium, princeps
margin :19-22: omnia metitur Reip. commodis. Hæc ita disserui, ut alteram tamen lectionem nõ omnino
Praeteritum pro praesenti damnem. Potest enim hic sermo pertinere ad baptizatos adhuc imbecilles spiritu, & subinde recidentes in peccatum, ut Apostolus quo mitigaret admonitionem, suam admiscue-
rit personam.]

↓{ [γέγηθα præsens significat Accessum.) προσαγωγὴν ἐσχήκαμεν, id est, Aditum habuimus{siue nacti sumus.}Tametsi 19
non me clam est Græcos in nonnullis uerbis præterito pro præsenti abuti, præsertim affectuum, ut γέγηθα, δέδια, & in hoc quod paulo post sequitur, ἑστήκαμεν stetimus, pro stamus.{Vbi illud annotandum, ἐν ᾗ, in qua stamus, incertum an articulus postpositiuus refe- 19
19: spem rat gratiam an fidem. Ambrosius uidetur ad fidem referre, cum ait, Ideo stantes quia prius
iacuimus, credentes autem erecti sumus &c.}

Additum apud nos In spe filiorum dei.) Græci legunt In spe gloriæ dei, ἐπ' ἐλπίδι τῆς δόξης τοῦ θεοῦ.{Nec addũt 19
filiorum. Palàm est Origenem legisse in spe gloriæ dei, ex ipsius enarratione. Nec ullum
uestigium deprehendi potest ex interpretatione Ambrosiana, quo sentiri queat illum addidisse filiorum. Sic enim scribit, Credentes autem erecti sumus, gloriantes in spe claritatis
quam promisit deus nobis: non abhorrens ab Origene qui interpretatur, Gloriantes in spe
uidendæ gloriæ dei}(Theophylactus interpretatur, in spe bonorum quæ nobis contingent 27
non ex merito nostro, sed ut glorificetur deus. Nec secus legit Chrysostomus.)

[οὐ μόνον δέ Græcis peculiare Non solum autem.) οὐ μόνον δέ. Sermo Latinus hanc loquendi formam non agnoscit:
mollius erat si addidisset pronomen, Neque id solũ{aut neque hæc solum. Siquidẽ Orige- 19
nes existimat hanc particulam nõ solum esse referendam ad id quod proxime dictum est,
Gloriamur in spe gloriæ dei, sed ad cætera quoq;, quæ docuerat nos esse cõsecutos per Iesum Christum: uidelicet iustificatos esse ex fide per illum, per eundem aditum esse datum
in gratiam istam, per eundem contigisse, quod licet gloriari & sperare gloriam dei. Mihi
uidetur ad horum postremum non inconcinne referri.}

[Cõfundit pro pudefacit Non confundit.) οὐ καταισχύνει, id est, Non pudefacit aut pudore afficit(Quis Latinus 27
intelligeret confundit pro pudefacit[Suffundi dicũtur qui rubescunt, confundi qui pertur- 35
bantur animo, id sane gignit nonnunquam in homine uehemens pudor, sed nõ ideo idem
sonant confundere & pudefacere, quemadmodũ aliud est bibere uinum, aliud inebriari.
Nam quod est in Actis, Et confundebat Iudæos, nõ est κατήσχυνε, sed κατέχυνε, hoc est,
perturbabat ac reddebat inopes cõsilij. Verisimile est autẽ tum uulgum ita fuisse loquutũ,
& uulgata lingua traditum est olim nouum testamentum.]Augustinus libro de doctrina
Christiana quarto capite septimo, indicat huius loci schemata, quorum unum appellatur
[ Gradatio Græce κλίμαξ, Latine gradatio, multum faciens ad iucunditatem orationis. Ea fit, quoties
membrum sequens uocem postremam excipit præcedẽtis, ut ita per gradus quosdã deue-
niatur

{16: habuimus, + paulo ante εἰρήνην ἔχομεν id est pacem habemus non ἔχωμεν, id est, habeamus, quanquam in hoc posteriore graeca variant exemplaria. Tametsi

niatur, ad ultimum: uelut hic, ex tribulatione patientia, ex patiẽtia probatio, ex probatione ſpes connectitur. Indicat & compoſitionis decus, quod orationem colis & commatis
modulatam abſoluit periodus. Primum membrum eſt, Quoniã tribulatio patientiam ope
ratur. Secundum, patientia autem probationem. Tertium, probatio uero ſpem. Deinde
additur periodus, & ipſa conſtans tribus membris: quorum primum eſt, Spes autem non
confundit: ſecundum, Quia charitas diffuſa eſt in cordibus noſtris: tertium, Per ſpiritũ ſan
ctum qui datus eſt nobis. Huiuſmodi fermè Auguſtinus. Quanquam mea ſententia nihil *Auguſtinus*
uetat, quo minus priorem compoſitionem quatuor membris abſoluamus, ut quartum ſit, *in Paulo no-*
Spes autem non confundit: hic enim eſt finis gradationis. Deinde accinitur periodus uel *tat ſchemata*
unico uel duobus membris conſtans, Quia charitas dei diffuſa eſt in cordibus noſtris, per *rhetorum*
ſpiritum ſanctum qui datus eſt nobis. Quin & ſuperiora cola poſſunt in bina commata di
uidi: ut comma ſit, quoniam tribulatio, & poſt minimum reſpirationis, ſuccedat, patientiam operatur, atque item de cæteris. Hæc diuus Auguſtinus fatetur nequaquam fuiſſe ab
Apoſtolo affectata, ſed eloquentiam ultro comitem fuiſſe ſapientiæ, nec ſapientiam talem
aſpernari comitem. )

Diffuſa eſt.) ἐκκέχυται, id eſt, Effuſa eſt, uel effuſa fuit, ut intelligas largiter effuſam.

Vt quid enim.) Græce ſecus eſt, ἔτι γὰρ χριστὸς ὄντων ἡμῶν ἀσθενῶν, id eſt, Nam Chriſtus
cum adhuc infirmi eſſemus. Apparet codicem quem ſecutus eſt interpres habuiſſe εἰς τί,
19 id eſt, ad quid: Vterque ſenſus eſt tolerabilis. Ad quid enim ſubaudi, ne ſpes confundat{Et
27 ut quid legit Ambroſius quoque}(Theophylactus legit & interpretatur ἔτι.) **[*16: follows Audeat mori)**

* Secundũ tempus.) κατὰ καιρόν. Si referatur ad infirmos, mitigat quod dictum eſt, quaſi **Duplex lectio below**
infirmitas illorum tempori ſit imputanda, quo nondum apparuerat gratia euangelij. Sin
19 referatur ad mortuus eſt{intelliges illum idoneo tempore & à patre præſcripto, mortem} **{16: defectus**
19 oppetiſſe. Atque ita Græca interpretantur ſcholia{Eamque ſententiã ſequitur Ambroſius, **{↓**
ita ſcribẽs, Si pro incredulis ac dei inimicis Chriſtus ad tempus morti ſe dedit. Ad tempus
enim mortuus eſt, quia tertia die reſurrexit. Ac mox, Apud homines igitur, id eſt, ſecundũ
tempus mori uiſus eſt. Conſentit & Origenes, & huic penè ſuccinens Theophylactus, in- **19: Vulgarius**
35 terpretans ſecundũ tempus, opportuno deſtinatoque tempore}(Quanquam Ambroſius refert ad temporis breuitatem magis quàm opportunitatẽ. Chryſoſtomus hanc particulam
κατὰ καιρόν non attingit enarrans. Origenes uidetur utranque lectionem attingere. Siquidem
in contextu ita diſtinguitur ſermo, Quum adhuc eſſemus infirmi ſecundũ tempus, & pro
impijs mortuus eſt. Rurſus enarrans quum ait, Qui ſecundũ illud tempus quo paſſus eſt,
pro impijs & iniuſtis mortem perpeti non refugit: uidetur idem ſentire quod expreſſit
Ambroſius. Aliquanto poſt quum addit, præcipue ſi intellexit, quia quum adhuc ſecundum tempus impij eſſemus & infirmi, ipſe prior pro nobis mortuus eſt, attingit alteram di
ſtinctionem. Vtraque lectio ſenſum habet pium. Is cuius ſcholia feruntur in epiſtolas Pauli
Hieronymi titulo, triplicem ſenſum complectitur, Infirmi ſecundũ tempus, quum adhuc
peccatorum & ſcelerum languoribus premeremur, Et ſecundũ tempus infirmi, quo iam
pene defecerat iuſtitia. Addit alterũ, Siue quia ultimo tempore paſſus eſt Chriſtus. Addit
tertium qui peculiaris eſt Ambroſio, Siue ad tridui tempus, ut prædicebatur eſt mortuus.
Attingit & Thomas uariam diſtinctionem.]

Pro iuſto moritur.) ἀποθανεῖται, id eſt, Morietur. Porrò iuſtum & bonum hoc loco *Locus anceps*
non perſonam aliquam ſignificat, ſed rem, hoc eſt ipſam iuſtitiam & bonitatem, ut ſit neutri generis nõ maſculini, quemadmodũ putat diuus Hieronymus in epiſtola ad Algaſiam,
19 quæſtione ſeptima{Origenes utroque modo ediſſerit pro iuſto uiro & iuſta cauſa. Ambro-
27 ſius priorem ſenſum ſequitur}(ad perſonam referens iuſti uocabulum.) **19: diversum**

Audeat mori.) Et audet, uel etiã auſit mori, καὶ τολμᾷ ἀποθανεῖν. Quanquam hic rectius *τολμᾷ ſuſtinet*
uertiſſet ſuſtinet, quo uerbo in conſimili ſenſu uſus eſt Suetonius.

Quoniam ſi.) Secus eſt apud Græcos, ὅτι ἔτι ἁμαρτωλῶν ὄντων ἡμῶν, id eſt, Quod cum
19 adhuc peccatores eſſemus{ut hæc particula pendeat à ſuperioribus. Fortaſsis erit qui pro
bono moriatur. Attamen dei erga nos charitas in hoc inſignis eſt, & humanã uincit quantumuis magnam, quod pro impijs & indignis, filium unicum mori uoluerit. deinde colo
interpoſito ſequatur, Multo magis ergo nunc iuſtificati &c. Ea diſtinctio ſi quis mihi diffi



**{16: scholia. Charitatem suam τὴν ἑαυτοῦ ἀγάπην id est, suam ipsius dilectionem nempe qua nos dilexit. Quoniam si)**

dit, extat in exemplari Paulino, cuius sæpe meminimus. Commendat autem suam charitatem deus in nobis, hic interposito commate sequitur, Quoniam cum adhuc peccatores essemus, Christus pro nobis mortuus est. hic periodi nota interiecta, quod sequitur à maiuscula incipit, Multo igitur magis &c. Quanquam posterior quispiam, uolēs opinor emendare quod erat scriptum, in spacio quod dirimit uersus asscripserat, si. Quoniam si cum adhuc peccatores &c. Eandem distinctionem habebat meus codex ueteris typographiæ, nec additur, si.

*Distinctio deprauata in nostris*

Sed & gloriamur.) ἀλλὰ καὶ καυχώμενοι, id est, Sed & gloriantes. Quanquam ad sententiam haud ita magni refert. Et in nonnullis Græcorū exemplaribus καυχώμεθα, reperi scriptum, uelut in eo quod nobis exhibuit monasteriū Prædicatorum apud Basileam.

*Propterea s.p.u.h.*

Propterea sicut per unum hominem.) Sic quidē est apud Græcos, διὰ τοῦτο ὥσπερ δι᾽ ἑνὸς ἀνθρώπου, sed non respōdet quod sequitur ad ὥσπερ, nisi ὡς legatur pro quia, aut ὥσπερ pro ὡς, aut nisi accipias ὥσπερ pro tanquam, nisi quis malit hoc quoque ἀναπόδοτον esse, qualia multa uidetur Paulus habere. Origenes duas refert opiniones. Iuxta priorem uult Paulum non ob inscitiam Græcanici sermonis hanc partem imperfectam reliquisse, sed data opera suppressisse, quod alioqui subiiciendum erat, quia commodius iudicaret utrunque subaudiri quàm palam explicari. Nam si adiecisset eam partem quæ respondet sicut &c. Sic per unum hominem uenit iustitia in mundū, & per iustitiam uita in omnes homines pertransiuit: periculum erat ne qui hoc audito securiores ac negligentiores redderentur, aut iam nunc inciperent expectare quod postea continget, aut ne putarent hic oscitantibus obtingere quod non sine cura studioque cōsequimur. Proinde in cæteris, alteram partem commutato tempore reddit per uerbum futuri temporis, Sicut in Adam omnes moriuntur, ita & in Christo omnes uiuificabuntur. Iuxta posteriorem, uult alteram partem, in posterioribus esse redditam, licet interuallo longiore, nempe illic, Sed non sicut delictum, ita & donum. Si enim unius delicto mortui sunt, multo magis gratia dei, & donum per gratiam unius hominis Iesu Christi in plures abundauit. Mihi uero uidetur & alia superesse ratio, qua huic sermonis incommodo medeamur, si quod apud Græcos frequēs est in coniunctione καὶ subaudiatur οὕτως. cuius exemplum habes in euangelio, ὡς ἐν οὐρανῷ καὶ ἐπὶ τῆς γῆς, id est, Sicut in cœlo, ita & in terra. οὕτως subauditum est. Hic igitur erit sensus, Quapropter sicut per unum hominem peccatum in mundum intrauit, ita & per unum hominem intrauit mors, ut intelligas utrunque nobis ab Adam esse profectum. Ille peccauit & ob peccatū incidit in mortem. nos item quoniā illum sequentes peccamus, in mortem incurrimus. Atque ita factum est, ut & mors & peccatum in omnes dimanarit.

*Sermo Pauli uidetur inabsolutus*

*Tertia ratio explicandæ quæstionis*

In quo omnes peccauerunt.) ἐφ᾽ ᾧ πάντες ἥμαρτον. In quo quidam referunt ad Adam, in quo uelut in massa latebat posteritas, & in eo peccarunt omnes. Augustinus putat referri posse ad peccatum, ut intelligamus uno Adæ peccato quodāmodo peccasse omnes: quæ lectio non cōsistit, quum peccatum apud Græcos sit generis fœmini ἁμαρτία. Alioqui minimum referebat ad sententiā. Alij interpretātur in quo, eo quod, siue quatenus. Qui priorem sensum urgent, hinc potissimum astruunt peccatum originis, cuius acerrimus defensor est diuus Augustinus, maxime posteaquam incaluit pugna cum Pelagio & Iuliano. Nec ab huius sententia abhorruit diuus Ambrosius, qui sequutus ut solet Origenem, in hoc quoque philosophatur, quod Apostolus non dixerit ἐφ᾽ ᾗ, id est, in qua, sed ἐφ᾽ ᾧ, id est, in quo, hoc est uiro non muliere: quod uir sit præcipuus autor posteritatis, tametsi mulier prior est lapsa. Quibus posterior sensus arridet, ἐφ᾽ ᾧ, nec ad Euam referunt nec ad Adam, sed ad rem ipsam absolute, hoc est in eo quod omnes peccauerunt. Nec hæc tamen lectio simpliciter excludit peccatum originis. potest enim accipi omnes peccasse in Adam, in quo & mortui sunt priusquam nascerentur. Nam hic tropus uitari non potest. Alioqui nec peccant, qui nihil agunt, nec moriuntur qui nondū sunt. Ad hæc quum peccato Adæ deberetur non solū mors corporis, uerum etiam mors gehennæ, nec hoc peccatū transijt in omnes, nec illa mors transit in infantes si decedant absque regenerationis lauacro, si modo nostrorum temporum Theologis credimus. Vnde constat sermonem non carere tropologia, quam si excludimus, plurima consequūtur absurda. Nam si uelimus amplecti uel definitionem Theologorum, uel sensum communem, peccatum est dictum aut factum &c.

tale

tale nihil est in infantibus recens natis. Quod si peccatum hic accipitur pro subtractione
gratiæ diuinæ quæ fuit in Adam antequam peccaret, aut pro naturali quadam pronitate
ad peccandum, quæ uidetur omnibus insita, quanquam arbitror hanc magis ab exemplis
proficisci, quàm à natura: hæc sunt pœna peccati uerius quàm peccatum. Itaque qui dicũt
totam posteritatem peccasse in Adam, uelut in massa, nihil aliud uidentur dicere, quàm
Adæ peccatũ omnibus posteris nocuisse, ac fuisse damno: qui si non uiolasset præceptum
dei, sui similes genuisset immortales, plenos noticia, timore, charitate & fide, dociles & ala
cres ad omne bonum, quos nunc gignit tot malis obnoxios, quæ tamen scholastici non pa
tiuntur dici peccatũ, qui ne cõcupiscentiã qdẽ patiuntur appellari peccatũ, aliis reclamantibus. Atqui hæc mala non adimit infantibus baptismus: Manet enim moriendi necessitas
corpus morbis obnoxium, & ad peccandum procliuitas, licet utrunque piis uertatur in bo
num. Cætera excusant per habitus gratiarum infusos. Hunc labyrinthum hic nõ ingrediar
altius, tantũ attigi quantum satis est ad demonstrandum hunc Apostoli sermonem non
carere tropis. Ad hæc, nescio an Græcus sermo recipiat hunc sensum, ut in Adam dicãtur
omnes peccasse, uelut in hoc latentes. Non enim dixit, ἐν ᾧ, sed ἐφ᾽ ᾧ. grauida dicitur ἐν γα
στρὶ ἔχειν, ἐπὶ γαστρὶ, nõ item. & ἐν τόπῳ dicitur, quod loco cõtinetur potius quàm ἐπὶ τόπῳ.
Quanquam dicitur ἐπ᾽ οἴκου καὶ ἐπὶ τῆς χώρας. Nam quoties ἐπὶ declarat super, aut in, paterno casui iũgitur, ut ἐπὶ κεφαλῆς, καὶ ἐπὶ τῆς γῆς, ἐπὶ πάντων, super omnia. Item quum tempus
indicat aut ditionem, ut ἐπὶ καίσαρος ὀκταβίου, & Actorum 26. μέλλων ἀπολογεῖσθαι ἐπὶ σοῦ.
Quum causam indicat siue imminentia, datiuo iungitur, ut ἐπὶ θανάτῳ, id est, spe mortis.
Item quum uiciniam declarat, ἐπὶ γήρως οὐδῷ: Rursus quum potestatẽ ἐπὶ τῷ βασιλεῖ, id est,
in manu regis. Item quũ accessionem, ut ἐπὶ τούτοις, id est, ad hæc siue post hæc: aut quum
conditionem, ἐπὶ τούτοις ἀφίημί σε, id est, hac lege te dimitto, & ἐπὶ ῥητοῖς, id est, certis præ-
scriptis. Denique quum supra, ἐπὶ στύλῃ, supra columnam: cui simillimum est illud, ἐπὶ γή-
ραος οὐδῷ. Accusandi casum habet quoties significat motum ad locum. Quoniam autem
uarius est usus Græcarum præpositionum, non ausim affirmare nusquam inueniri ἐπὶ iun
ctum dandi casui, ubi quid declaratur esse in alio, uelut arbor est in semine. Certe mihi non
contingit hactenus aliquid inuenire simile. Nam ad Hebræos 7. quum Paulus dicit Leui
fuisse in lumbis Abrahæ, non ait ἐπ᾽ ὀσφύϊ, sed ἐν ὀσφύϊ. Contra prima Corinth. 15. Sicut in
Adam omnes moriuntur, ita in Christo omnes uiuificabuntur, non est, ἐπὶ τῷ ἀδὰμ, ἐπὶ τῷ
χριστῷ, sed ἐν τῷ ἀδὰμ, ἐν τῷ χριστῷ. Iam ut demus fuisse scriptũ ἐν ᾧ, quid usitatius in sacris lite
ris, quàm in usurpari pro, per. ut sensus esse possit, Mors transiuit in omnes, per hoc quod om
nes peccauerunt, siue eò quod omnes peccauerunt. Ad hæc quod interpres uertit pertran
siit, græce est διῆλθεν, quod nos maluimus uertere peruasit, simul ut fugeremus amphibo
logiam, simul ut celeritatem ac uiolentiam mali in omnes dimanantis exprimeremus: præsertim quum animaduerterem beatũ Augustinum hac occasione lapsum, qui putarit pertransire idem esse quod præterire: unde colligit & uirginẽ matrem in morte domini nonni
hil dubitasse, sed ita ut gladius transierit illam non contigerit. Locus est libro quæstionum
ueteris & noui testamenti, quæstione 73. quemadmodum annotauimus in Lucæ caput 2.
Eiusdem autem naturæ sunt διελεύσεται, quod est apud Lucam, & διῆλθεν, quod est hoc
loco, quod optime reddi poterat per dimanauit siue diriuatũ est, nisi placuisset uim & impetum mali in omnes transilientis exprimere. Ad hæc dubitabam num pertransit, apud
emendate loquentes reperiretur, quum peruadendi uerbum sit & elegans, & huic sensui
accommodum. Præterea quum in Græca uoce, non sit nisi unica præpositio, magis conue
niebat transiit quàm pertransiit. Transire uero dicũtur quæ contagio ab aliis ad alios pro-
pagantur. Vnde illud Nasonis: Multaque corporibus transitione nocent.
Nihil igitur est hic in uerbis, quod nõ accommodari possit ad peccatum imitationis, Solæ
duæ syllabæ uidebantur obstare ἐφ᾽ ᾧ, quas ostendi uix eum reddere sensum, quẽ quidam
unicum esse uolunt: & si esset, ἐν ᾧ, non multum obstaret illorum opinioni, qui putant hic
Paulum loqui de peccatis singulorum ad imitationem Adæ cõmissis. Neque nos sumus
huius interpretationis autores, quum totum hunc locum sic exponat quisquis fuit, cuius
in omnes Pauli epistolas scholia feruntur nomine Hieronymi. His enim uerbis, Peccatum
intrauit, & per peccatum mors: subnectit hoc scholium: exemplo uel forma. Rursus post

hæc uerba,& ita in omnes homines pertransiuit, subijcit,dum ita peccant,& similiter moriuntur. Atq; ut intelligas illum de capitali crimine, deq; morte animæ loqui,subdit,Non enim in Abraham & Isaac & Iacob pertransijt,de quibus dicit dominus,Omnes illi uiuũt. Hic autem ideo dicit, omnes mortuos, quia in multitudine peccatorum non excipientur pauci iusti:sicut ibi, Non est qui faciat bonum, non est usque ad unum. Et,Omnis homo mendax. Nam quod Origenes philosophatur in uocabulo mundi,quasi peccatum nõ transierit nisi in mundum,hoc est,in homines mundano spiritu,mihi uidetur coactius,quod tamen commentum hic quoq; attingit,quum ait, Siue in eos omnes pertransijt,qui humano non cœlesti ritu uiuebant. Mox subijcit, Transiuit enim & in omnes homines qui naturalem legẽ præuaricati sunt. Iam illis Apostoli uerbis, In quo omnes peccauerũt,tale subijcit scholium:hoc est,in eo quod omnes peccauerũt exemplo Adæ peccant. Hactenus ille. Nihil igitur ambigui relinquitur,quin is quisquis fuit,totũ hunc locum interpretetur de peccato imitationis,& morte animæ. Fateor hoc opus non esse Hieronymi, quemadmodum mentitur inepta præfatio:docti tamẽ hominis esse res ipsa clamitat:& qui titulis omnibus habendam fidem contendunt,nostrasq; censuras reijciunt, his certe oportet esse Hieronymi. Ex Origene uero,qui per se lubricus esse solet in disputando,præsertim quum hunc habeamus libere uersum,adiectis,detractis ac mutatis permultis, non perinde facile est colligere quid senserit. Primũ enim nõnihil attigit de massa in qua peccauerũt omnes, Si ergo, inquit, Leui qui generatione quarta post Abraham nascit,in lumbis Abrahæ fuisse perhibetur,multo magis omnes homines qui in hoc mundo nascũtur & nati sunt,in lumbis erãt Adæ,quũ adhuc esset in paradiso:& omnes homines cũ ipso uel in ipso expulsi sunt de paradiso,cum ipse inde pulsus est:& per ipsum mors quæ ei ex præuaricatione uenerat,cõsequenter & in eos pertrãsijt,qui in lũbis eius habebãtur:& ideo recte dicit Apostolus, Sicut enim in Adam omnes moriuntur, ita & in Christo omnes uiuificabũtur. Neq; ergo ex serpente qui ante mulierẽ peccauerat, neq; ex muliere quæ ante uirũ in præuaricatione facta est,sed per Adam ex quo omnes mortales originem ducũt,dicitur introisse peccatũ, & per peccatũ mors. Sed hic nimirũ est unus homo,per quem peccatũ introiuit,& per peccatum mors &c. Hisce quidem uerbis uidetur respicere ad peccatum originis,quum propius inspicienti secus appareat. Tantum ostendit quare beatus Paulus nec diabolum,nec Euam faciat autorem peccati,quum re uera inuidia diaboli mors introiuerit in orbem terrarum, ac per diabolum transierit in Euam,per Euam in Adam:quodq; primus autor peccãdi fuerit serpens,mox Eua uirum pertraxit in peccatum. Sed quoniam patris nomine censetur posteritas,ideo dicit omnes peccasse in Adam,qui peccandi exemplum transmisit in posteros suos, & corruptus corruptos gignit. Iam Origenem non hic proprie loqui de peccato originali,satis arguunt quæ continenter subijciuntur,quum hortatur nos abiecta imagine terreni,imaginem portare cœlestis,id est, ut secundũ uerbum dei uiuentes renouemur & reformemur secundũ interiorem hominẽ ad imaginẽ dei qui creauit eum &c. Cum ait, uiuentes,indicat se de peccato imitationis loqui. Rursus in eadẽ serie disputationis aliquanto post, Conuersationem non in hoc mundo, sed in cœlis habẽtes. Ac mox, Cum imagine terreni ambulat, & secundũ imaginem terreni ambulat, & carnem cogitat, & quæ carnis sunt sapit &c. Horum nihil competit in infantes. Hic sequũtur quædam ut uidetur,uel de lapsu satanæ,uel de animabus,quæ iuxta Platonem peccauerunt priusquam immitterentur in corpora,quæ interpres prætermisit. Porrò quum nihil non attingat,tamen de peccato infantium nullam omnino facit mentionem,ad quos uolunt hunc locum proprie pertinere. Deinde quum addit hic Paulum loqui de morte animæ, citãs illud prophetæ, Anima quæ peccat ipsa morietur, palàm est illum de personali peccato disserere. Euidẽtius etiam hoc arguit,quod mouet quæstionem, Quare Christus mortem perpessus sit,quum nunq; peccarit. Respondet, Christum quoniam erat immunis à peccato, nulli debuisse mortem, sed pro nostris peccatis sponte posuisse animam suam. Nec hic meminit peccati originis, sed non fecit,inquit,peccatum. His quoq; euidentius est quod sequitur: Aggreditur enim ipsum articulum quem urgent ad peccatum infantium. Sed uideamus,inquit,quomodo in omnes homines pertransijt mors, In quo omnes,inquit,peccauerunt. Absoluta sentẽtia pronunciauit Apostolus in omnes homines mortẽ pertrãsisse peccati, in eo in quo omnes pecca-

peccauerunt. Hic suspicor esse mendum, & fuisse scriptum in eo quod uel quo omnes peccauerunt, ut accipiatur ἐφ᾽ ᾧ, ἀιτιολογικῶς. Vt autẽ intelligas illum de peccatis singulorum agere, Omnes, inquit, peccauerunt, & egent gloria dei: & ideo si etiam Abel illum iustum dixeris, non potest excusari, Omnes enim peccauerunt. Ab Abel progreditur ad Aenos, ab Aenos ad Enoch, ad Enoch ad Mathusalem, à Mathusalem ad Noe, à Noe ad Abrahã, declarans argumẽtis singulos peccasse suis peccatis. Veritus autem recensere cæteros, ne quem offendat, si peccatum tribueret ijs, quos mũdus habet in summa ueneratione, uenit ad Christum: ad quem dicit uenisse peccatũ, opinor quum tentaretur à satana, sed ab hoc uno fuisse repulsum: itaque uictam mortem, cuius aculeus est peccatum: unde scriptũ est, Vbi est mors aculeus tuus? &c. Ex his arbitror satis liquere, quod Origenes hunc locum interpretatus est de peccato imitationis, quemadmodum ille Scholiastes: quorum prior quum singulas etiã uoces excutiat, ueluti quum distinguit mundũ ab hominibus, & quod in mundum intrauit peccatum, nec exisse dicitur, in homines pertrãsiuit, uidelicet exitum præbente pœnitentia: ne uerbo quidem attingit peccatũ infantium, ad quos hic locus proprie pertinebat. Hæc non eò nobis dicuntur, ut in dubium uocem, an sit aliquod peccatum originis, sed ut declarem eos mentiri qui dicũt me unum meminisse huius interpretationis, mihiꝙ commentũ hoc cum Pelagio esse peculiare. Pelagij sententiam damno, neꝙ me fugit ueterum hac de re consensus: tantũ de huius loci sensu disputatio est, an proprie pertineat ad peccatum originale. Primum illud in confesso est, totius huius disputationis exordium aliunde profectum quàm à peccato originali, ac disputationis summam alium habere exitum. Siquidem primo capite gentibus exprobrarat, quod præter naturæ legem ac philosophiæ cognitionem degenerarint in omne scelerum genus: in secundo reprehendit Iudæos, quod legem qua gloriabãtur non obseruarent: in tertio colligit & gentes & Iudæos pariter obnoxios egere gratia dei: in quarto docet, nec gentes nec Iudæos seruari ex suis operibus, sed per fidem: & Abrahæ factam promissionẽ ad omnes pertinere, qui illum fide referunt: in quinto docet, remissionem peccatorum, ac iustitiæ hoc est innocentiæ donum, omnibus cõtingere per gratuitã dei charitatem, qui sanguine unigeniti sui omnium peccata abluit. Hactenus nihil est, quod non competat in peccata personalia, sic enim appellant scholastici. Chrysostomus autem admonet in quinto capite Paulũ aggredi quomodo qui iustificati sunt baptismo, debeant instituere uitam, hoc est in posterum abstinere à peccatis, ne pacẽ cum deo sartam rescindamus. Nihil hic adhuc de peccato originis. Mox quæ sequuntur, Vsque ad legem enim peccatum erat in mundo, peccatum autem non imputabatur &c. constat plerosꝙ doctores interpretari de peccato imitationis. Diuus enim Ambrosius ita scribit: Vque ad legem datam nõ imputatum est peccatum: putabãt enim se homines apud homines impune peccare, sed non apud deum: Nec enim lex naturalis penitus obtorpuerat, quia non ignorabant, quia quod pati nolebant, alijs facere non debebant &c. Hic sermo plane testatur, Ambrosium sentire hunc locum de personalibus commissis loqui. Iam siue legas in similitudine Adæ, siue non in similitudine, utranque lectionem referunt ad peccatum imitationis. Quin & illum locum, Si enim unius delicto multi mortui sunt &c. qui uidebatur iterũ ad peccatũ originis posse referri, sic interpretatur: hoc est, si unius delicto multi mortui sunt imitãtes præuaricationẽ eius, magis gratia deo &c. Ac paulo post, Neꝙ mortẽ inquit, in omnes regnasse, sed in eos qui delicto Adæ mortui sunt, quos in similitudinem præuaricationis Adæ dicit peccasse. Rursus super his uerbis, Nam iudiciũ quidem ex uno in condemnationẽ, ita comentatur: Manifeste diuersum est, quia uno peccato Adæ condemnati sunt, qui in similitudinem præuaricationis eius peccauerunt. Iterum hæc uerba, Sicut per unius delictum in omnes homines in condemnationem &c. sic exponit: hoc est, Sicut per unius delictum omnes homines condemnationem meruerunt similiter peccãtes, ita & iustitia unius omnes iustificabũtur credẽtes: Totamꝙ deinceps disputationẽ sic temperat, ut intelligas eum loqui de peccatis singulorũ proprijs. Sed in medio scribit: Manifestum itaque est, in Adam omnes peccasse quasi in massa: Ipse enim per peccatum corruptus, quos genuit omnes nati sunt sub peccato: ex eo igitur cuncti peccatores, quia ex ipso sumus omnes. Moxꝙ, Est & alia mors, inquit, quæ secunda dicitur in gehenna, quam nõ peccato Adæ patimur, sed eius occasione proprijs peccatis acquiritur

quiritur &c. Hic distinguit peccatum Adæ, à peccatis personalibus, & mortem corporis à morte gehennæ. Verum nõ hoc nunc agitur, an Ambrosius agnoscat peccatũ originale, quod constat illum compluribus facere locis, sed an necesse sit hunc locum de peccato originis accipere. Nam si hic sermo, ita in omnes homines mors pertransijt, in quo omnes peccauerunt, necessario intelligitur de peccato originis, necesse est, ut quod huic annectitur, usque ad legem enim peccatũ erat in mũdo, similiter intelligamus, quod hæc pars causam reddat dicti superioris. Sed hanc partẽ Ambrosius interpretatur de peccatis ab unoquoq; commissis. Quomodo igitur constabit disputationis tenor, si & quæ præcedunt, & quæ sequuntur accipiuntur de commissis singulorum, in medio subito admisceatur diuersi generis peccatũ, præsertim quum cõiunctio, enim, ita connectat inferiora cum superioribus, ut appareat eandem rem agi. Quemadmodum autem coniunctio γὰρ, cõglutinat id quod sequitur cum præcedentibus, ita διὰ τοῦτο, id est propterea, connectit hanc particulam cum ijs quæ præcesserãt: prçcesserat autẽ, quod Christus pro inimicis ac peccatoribus mortuus esset, cuius sanguine liberati ab ira dei, pro morte uitam, pro ignominia gloriã filiorũ essemus adepti. Nihil enim interest, nisi quod quũ dicimus propterea, causa præcessit, effectus sequit̃: quũ enim, cõtra. Si Titius Actio deberet mille nummũ mutui nomine, x drachmas depositi nomine, nũquid uideretur hic sermo sibi coherere, si diceret, Nunq̃ habui commodiorem creditorem quàm Actium, cui quum deberem ex mutuo mille nummũ, uideretq; me rei familiaris angustia laborare, ultro condonauit eam summam, meq; ex æris alieni debitore, reddidit astrictiorem beneuolentiæ debitorem. Semper enim nihil promeritum singulari beneuolentia complexus est, eoq; me liberauit obligatione: poterat enim mutui nomine me cõuenire, & ni soluissem in carcerem ducere, aut res meas loco pignoris occupare. Hic quum prima & ultima loquantur de mutuo, quis suspicaretur illa in medio, dum me liberat obligatione, pertinere ad depositum? Atqui duæ coniunctiones faciũt, quapropter & enim, ut hic sermo multo durius cohæreat, nisi totum accipiamus de peccato originis, aut totum de peccato personali, aut totum de utroq;. At sunt quæ de peccato originis non possunt intelligi, sunt quæ de utroque nõ possunt. Iam diuus Chrysostomus in hunc locum quem necessario uolunt accipiendum esse de peccato originis, nihil aliud commentatur quàm hoc, τί δέ ἐστιν, ἐφ᾽ ᾧ πάντες ἥμαρτον; ἐκείνου πεσόντος, καὶ οἱ μὴ φαγόντες ἀπὸ τοῦ ξύλου, γεγόνασιν ἐξ ἐκείνου θνητοί, id est, Quid autem est in quo omnes peccauerunt? Illo lapso, & hi qui non ederant de ligno facti sunt ex illo mortales. Hic sermo potest ad utrunque peccati genus pertinere. Porrò locum qui huic annectitur, bifariam exponit: ipsius uerba subscribam, bona fide latine reddita, Usque ad legem enim peccatum erat in mundo, peccatum autem non imputatur, quum non est lex. Illud quod dicit usque ad legem, quidam putant Apostolum de illo sentire tempore, quod fuit ante datam legẽ, ueluti quod fuit sub Abel, sub Noe, sub Abraham usque ad illud quo Moses natus est. Quod igitur tum erat peccatum? Quidam aiunt eum loqui de eo quod fuit in paradiso, Nondum enim, inquit, erat dissolutum, quin potius florebat illius fructus. Nam cõmunem mortem illud inuexit, quæ uincebat ac regnabat. Qua igitur de causa subijcit, Peccatum autem non imputatur ubi non est lex? Qui nostra disseruerunt aiunt Apostolum hunc sermonem posuisse sub persona Iudæorum obijcientium, Si nõ est peccatum absq; lege, quomodo mors eos absumpsit qui fuerunt ante legẽ? At mihi uidetur, quod nunc dicturus sum, esse probabilius, magisq; consentaneum esse apostolico sensui. Quid autem hoc est? Quum ait peccatum usque ad legem erat in mundo, hoc mihi uidetur dicere, quod lege data peccatũ superabat, uidelicet quod erat ex præuaricatione, & eousque superabat, quousque fuit & lex. Nõ enim potest consistere peccatum si non sit lex. Itaque si hoc, inquit, peccatum, ex legis præuaricatione mortem genuit, qui factum est ut omnes qui fuerũt ante legem, mortui sint? Etenim si ex peccato mors radicem traxit, quum autem nõ est lex non imputatur peccatum: quomodo mors superabat? Unde perspicuum est, quod nõ hoc peccatum uiolatæ legis, sed illud per inobedientiam Adæ cõmissum, erat quod omnia contaminabat. Quod huius rei signum? Illud quod etiam ante legem omnes moriebantur. Regnabat enim mors ab Adam usque ad Mosen, etiam in eos qui non peccauerant. &c. Hisce uerbis Chrysostomus non tribuit ullum peccatum infantibus, sed ait mortem corporis in eos dimanasse, perinde quasi cum

Adam

Adam progenitore de uetito ligno edissent, hoc est pro alieno peccato dedisse pœnas. Theophylactus autem uersus quum ita loquitur, Nam eo labente uel qui de ligno nihil edissent, suo crimine mortales sunt facti, perinde ac si ipsi peccato forent obnoxij, quia ille peccasset: nonne pronunciat infantes non esse obnoxios peccato? Quanquam si hunc locum accipimus de morte gehennæ quam cōmeruerat Adam, hac non puniūtur infantes: si de morte corporis, ab hac non liberat baptismus. Hæc perspiciens Origenes, confugit ad mortem animæ, quæ per peccatum separat deum ab illa. Quam mortem si accipimus, non potest hic locus accipi de peccato originis. Sed hunc locum quem Chrysostomus interpretari uidetur, de præuaricatione Adæ, Ambrosius interpretatur de peccato personali, quemadmodum ostendimus. Falsum est igitur quod iactat quidā, ueteres omnes tum Græcos tum Latinos magno consensu hunc locum interpretatos de peccato originis, quum secus interpretetur Origenes Græcus & Scholiastes latinus: ac proinde falsum est hanc interpretationem mihi peculiarem esse cum Pelagio, quum & Ambrosius & priora & sequentia interpretetur de peccatis singulorum, tantū in medio uideatur attingere peccatum Adæ. Sed falsius etiam est, hanc interpretationem pugnare cum Paulinæ dictionis & Græcæ lectionis proprietate, quum declararim, & sermonis proprietatem, & seriem tenoremq́ disputationis mollius quadrare ei sententiæ, quam ostendo posse consistere. Non iam excutiam quæ recitantur à cæteris ad pertrahendū hunc locum ad peccatum originis: loquuntur enim tropis ambiguis: certe nullus illorum tribuit infantibus peccatum, sed aliquam pœnæ partem aiunt trāsisse in posteros. Superest illa rixa, quod opituler Pelagianis, exarmans ecclesiā: nimirum extorto hoc telo omnium, ut aiunt, ualidissimo. Primum alia esse docui ualidiora: deinde qui facio pro Pelagianis, quorum sententiam aperte detestor? Sed indico utranque lectionē consistere. Hoc uel tacente me res ipsa clamitat, scripturam commodius accipi de peccato singulorū. Sufficiebat unus scripturæ locus aduersus Pelagium, & tuta erat ecclesia etiā hoc telo destituta. Sed tota ecclesia sic hunc locum interpretatur. An tota ecclesia sunt tres aut quatuor doctores? Tota ecclesia docet omnes Adæ posteros nasci pœnæ obnoxios ob peccatū Adæ, sed hunc locū nō posse accipi nisi de peccato originis, nusquā docet uniuersalis ecclesia. Atqui hoc solū erat quod annotaui. Sed in Africano inquiunt concilio, Miluetano opinor, pronūciatur anathema in eos qui Pauli locum hunc secus interpretarentur. Imò ibi pronunciatur anathema in eos qui docebant infantes non egere baptismo, quod nihil haberent contagij ex Adam: & post anathema subijcitur, quia non debet aliter intelligi. Non hic excutio quantum sit anathematum in illis concilijs prouincialibus, quæ utcunque uertit Hilarius, neque puto me usque adeo astringi eiusmodi synodis. Alioqui si quis urgeat esse seruanda quæcunq́ in illis decreta sunt, proferam ex illis dogmata quædā, quæ nunc ecclesia damnat pro hæreticis, proferā institutiones, quas nusquam nunc seruat ecclesia. Proferāt ex uniuersali synodo, quæ prohibuerit hūc locum secus enarrari. Damnarit sane Miluetana synodus Pelagianam interpretationem, nihil ad me pertinet: ille sic tollit hanc interpretationem, ut astruat quam improbauit ecclesia, ego demonstrans hunc locum ad reuincendos Pelagianos nō esse satis efficacem, relego disputantem ad alia loca hoc certiora. hoc nō est eripere telum ecclesiæ, sed indicare tela certiora pro parum certo: nec est aperire rimam hostibus, sed admonere ne hic urgeamus hostem, ubi possit elabi. Fatemur ecclesiam habere, autoritatem interpretandi scripturas, sed ecclesiæ doctores quamlibet celebres, in multis scripturæ locis hæsitant, multa uarie, nonnulla etiam perperam sunt interpretati. Neque quisquam contendit hunc locum nō posse secus intelligi, præter sanctum Augustinum, posteaquam incaluit conflictatio cum Pelagianis. Quod si non permittunt hic hactenus ab Augustino dissentire, ut liceat hunc Pauli locum bifariam interpretari, quin idem honoris habetur omnibus quæ uir ille docuit & asseuerauit in hac ipsa disputatiōe. In hac enim toties inculcat infantes frustra baptizari, nisi detur eis corpus & sanguis domini. Eam sententiam hausit ex Ioannis cap. 6. Amen amen dico uobis, nisi manducaueritis carnem filij hominis & biberitis eius sanguinem, non habebitis uitam in uobis. Ad eum locum à priscis interpretatū de doctrina Christi, posteriores adiecerunt alterum sensum de sumēda eucharistia. At nunc ecclesia quod Augustinus & cum Augustino tota, ut probabile est, occidētalis ecclesia iudicauit ad salutem necessarium, nec

facit

facit nec sinit fieri, & illius interpretationẽ reijcit, pro hæretica habitura si quis uelit illam pertinaciter tueri. In eadem inculcat, unum Christum fuisse immunem ab omni peccato, idq́ue docet multorum testimonijs: & hanc sententiam damnant Theologorum classes, præcipue Parisiensium, ingenue reijcientes talium uirorum & dogma, & scripturæ interpretationem. Ibidem citat Ambrosium, qui lotionem pedum in apostolis, interpretatur de peccato originis, quum hodie liceat secus interpretari. Nam Petrus iam circuncisus non erat obnoxius illi peccato: Illic citat Cyprianum, qui scripserat infantibus per baptismũ aliena remitti peccata, quum hodie doceat ecclesia, non nisi primum illud & unicum Adæ peccatum imputari nascẽtibus, ne id quidem in totum: illic adfertur ex 1. Cor. 15. ad probandum originis peccatum, Sicut in Adam omnes moriuntur, ita & in Christo omnes uiuificabuntur, quur eum locum ausus est de peccatis singulorum interpretari Chrysostomus? Sic enim commentatur, Quid igitur, dic mihi, omnes mortui sunt morte peccati in Adam? Quomodo igitur Noe iustus in generatione sua, quomodo Abraham, quomodo Iob, quomodo cæteri omnes &c. Hæc frustra cõmemorat si locus sentit de peccato originis, quandoquidem ab hoc nullus illorũ fuit immunis. Atqui hunc Pauli locum diuus Augustinus adeo putat de peccato originis intelligendum, ut, quoniam ad fundamenta fidei pertinet, quisquis conetur illum secus interpretari, totum quod in Christum credimus auferre moliatur. Adducitur & illud aduersus Pelagianos, Eramus natura filij iræ, quur diuus Hieronymus eum locum ausus est secus interpretari quàm de peccato originis, quur ausus est indicare φύσει accipi posse ut idem ualeat quod prorsus siue omnino? Quur hic nemo uociferatur telum ereptum ecclesiæ propugnatoribus? An hac lege cõstringent nos, ut nefas habeatur, si quis ullum scripturæ testimonium secus interpretetur quàm interpretati sunt prisci doctores ecclesiæ conflictantes cum hæreticis? At quid dicent, ubi ex illis conflictationibus protulerimus tot sententias, tot interpretationes illorum, quas recentiores Theologi non solum reijciunt, sed impias & hæreticas iudicant? Quod si labascit tota ecclesia, quod annotarim hunc locũ aliter posse interpretari, non damnata altera enarratione, quur hactenus nemo reclamauit in scholia Hieronymi titulo commendata, quæ totum hunc locum exponũt de peccatis uoluntate commissis? Constat totam hanc Pauli disputationem esse plenam obscuritatibus, quemadmodũ uere præfatur Origenes: constat multa non sine tropo dici: nos peccatum originis nõ hic tantũ asserimus, sed compluribus lucubrationum mearum locis, atque in ipsa etiam paraphrasi, sensum utrunque complectimur, ita loquentes, Etenim si tantũ ualuit ille peccandi princeps, ut tantus hominum numerus ob unius commissa, morti sit obnoxius &c. ac mox, Sic ut Adæ damnum dei benignitate nobis in lucrum cesserit. Rursum, Licet per unum Adam peccantium inuecta sit pernicies, & per Christum innocentem inuecta sit salus, tamen utrunque alteri par non est. Siquidem pernicies sic orta est, ut unius peccatum in omnes posteros propagaretur, atque ita tandem omnes redderet obnoxios, contra &c. Ac mox, Quod si tantum ualuit unius hominis culpa, ut omnes mortis tyrannidi redderet obstrictos &c. Quid? An hoc est excludere peccatum originis? Iam quod uertimus, pro ἐφ᾽ ᾧ quatenus, potest ad utrunlibet sensum uel ad utrunque potius accommodari, id est, mors transijt eo quod omnes peccauerunt, nimirum in Adam. Quid igitur est quod timent? An continuo reuixerint Pelagiani, si locum hunc unum secus interpretatus sum quàm in pugna interpretatus est Augustinus, quum sint alia multa quibus efficacius reuinci possint hæretici? Verum qui minus hic liceat, quod in alijs locis ab eodem citatis licuit orthodoxis? An dicent dissimulandũ fuisse, locum hunc bifariam exponi? Quasi me silente non id perspecturi sint hæretici, imò quasi nõ hoc perspexerint ante annos mille? Quod si fidei præsidiũ in silentio collocamus, quid sibi uolunt tot quæstionum uolumina, quibus recentiores Theologi mundũ impleuerunt, propositis argumentis omnia uocantes in dubium, præsertim Scotus, cuius argumenta ueritatem oppugnantia, quæ illi uocant ante oppositum, interdum neruosiora sunt ijs quibus illa diluit. Quur hic non metuunt ne præbeatur ansa hæreticis? Sed illa, inquiunt, disputantur inter scholasticos. At mea uix legũtur in cubiculis, nam Theologis illa scripsimus non grammaticis. Nobis sufficit unicum scripturæ testimonium, interdum & sine scripturis autoritas ecclesiæ. Aduersus autem hæreticos quid proderit censere locum hunc nõ aliter oportere

intelligi

intelligi,quum ipsa res clamitet posse secus intelligi. Postremo si quid hic offendiculi est,
utris potius imputandũ, ei ne qui hæc tribus uerbis annotarat,an illis qui tales annotatiun *end of addition 35*
culas atrocibus tragœdijs exagitantes in theatrum populare proferunt.]
19 {Vsque ad legem enim peccatum.) ἄχρι γὰρ νόμου. Origenes interpretatur, Vsque ad fi/ *Vsq; ad l.e.p.*
35 nem legis Mosaicæ,hoc est,usque ad Christum.}[Sic & Augustinus in sententijs annotatis *diuersum le/*
in epistolam ad Romanos,Intelligendũ est,inquit,quousq; ueniret gratia: cõtra eos enim *git Origenes*
dictum est,qui arbitrantur per legem auferri posse peccata. Ac mox, Non ergo putemus
usque ad legem ita dictum esse, quasi iam sub lege non esset peccatum, sed sic dictum est
usque ad legem,ut totũ legis tempus annumeret usque ad finem legis, quod est Christus.
Apud Chrysostomum γὰρ non additur,licet apud Theophylactum addatur.]

Non imputabatur.) οὐκ ἐλλογεῖται, id est,Imputatur,præsentis temporis,ut sermo sit ab/
solutior. Nam μὴ ὄντος νόμου ad utrunque tempus quadrat,quasi dicas in genere,non ente le
ge non imputatur peccatum,id est,ubicunque non est lex, ibi peccatum non imputatur.
19 {Atque ita sanè legit Origenes. Itaque scriptum comperi in uetustissimo nec minus emen/
dato codice Paulino.}Hic quidã interpretantur ἐλλογεῖται non pro imputatur: sed pro repu *16: agunt*
tatur,hoc est,iudicatur:ut intelligas nulla lege lata,peccantes nõ habere pro peccato quod
22 committunt,cum nulla lege facere prohibeantur.{Quidam non ineruditus libro ædito,pu *Taxatus qdã*
tat Græcam lectionem esse deprauatam,& pro ἐλλογεῖται, scribendum ἐλλογεῖτο. Quasi ue *qui in uerbis*
ro non sit impudens dissentire à tanto consensu Græcorum uoluminum,aut quasi si quis *Pauli depra/*
tempus præteritum imperfectum postulet, ἐλλογεῖτο dicendum sit,ac non potius ἐνελογεῖτο. *uauit ἐλλογεῖ*
Atque hic est qui sibi miram eruditionem uindicãs, me sine fine iactat nihil omnino scire. *το, q.d uerbũ*
In codice Donatiani scriptum erat, Quum lex non est. Vnde coniectare licet & illud impu *Græca lingua*
35 tabatur,deprauatum,pro imputatur.[ἐλογεῖτο tolerari poterat,si diceretur λογέω pro λογί- *non recipit, p*
ζομαι. ἐλογεῖτο scriptum erat in commentarijs Chrysostomi, in Theophylacti ἐλλογεῖτο, sed *ἐλλογεῖται*
utrunque deprauate,ni fallor.]Illud obiter annotandũ,Paulum hoc loco promiscue uti his
duobus uocabulis, ἁμαρτία & παράπτωμα, cum Hieronymus alicubi putet παράπτωμα le/ *ἁμαρτία*
uius esse quàm ἁμαρτίαν. *παράπτωμα*

In similitudinem.) ἐν ὁμοιώματι,id est,In similitudine,non in similitudinem præuaricatio *In similit.p.a.*
22 nis Adæ. Potest autẽ{hæc particula In similitudinem}referri uel ad illud superius,Regna/ *locus uarie*
27.19 uit mors (in similitudine) uel ad propius hoc, Qui nõ peccauerunt{in similitudine.}Orige/ *expositus* C↓
22 nes & Ambrosius{atque etiam Augustinus libri de peccatorum meritis & remissione,pri
35 mi,capite undecimo}[rursum epistola 89]indicant duplicem huius loci fuisse lectionem.
Vnam,regnauit mors etiam in eos qui peccauerunt in similitudine Adæ. Atque hanc ui/ *Varia lectio*
detur habere potiorem Origenes,ut quam priore loco ponat,quemadmodum & Ambro/
sius. Alteram,quam indicat haberi in nonnullis exemplaribus, Regnauit mors ab Adam
etiam in eos qui non peccauerunt. Prioris lectionis in qua non additur negatio hæc est sen
tentia,Mortem regnasse non solum in Adam,sed in omneis etiam,qui ad illius exemplum
peccauerant. Posterioris lectionis duplex est sensus. Prior est,{mortem regnasse non solum
in Adam & in eos qui ad illius exemplum peccauerunt, uerum in eos quoque qui aut non
peccauerant, aut certe non perinde grauiter peccauerant atque ille. Posterior sensus est, *16: Iuxta priorem*
mortem regnasse & in eos qui non peccassent,regnasse autem non ob ipsorum commissa, *hic erit sensus*
sed in similitudine præuaricationis Adæ,hoc est,perinde quasi & ipsi præuaricati fuissent
quemadmodũ Adam.}Iam cum alibi dixerit, Conclusit deus omnia sub peccato,& omnes *16-19: Etenim*
peccauerunt & egent gloria dei,quomodo nunc dicit quosdam nõ peccasse? Verum non ↑↓
peccauerant ad illius similitudinem,hoc est,nõ tam capitaliter, nec accepto mandato,quæ
proprie præuaricatio dicitur. Nam Adæ merito est imputatum peccatum, ut cui præscri/
ptum esset,quid sequi,quid fugere deberet. Sed ante Mosi legem non imputabatur pecca/ *16: sit*
tum,hoc est, non uidebatur imputandum, quod non esset lex quæ prohiberet peccatum.
Illud addendum,non esse ὁμοιώσει, sed ὁμοιώματι, quod magis assimilationem sonat quàm *ὁμοίωσις*
similitudinem,ut accipias eos qui peccant in hoc referre parentem peccatorem. Vsus est *ὁμοίωμα*
eodem uerbo aliquanto superius,In similitudine imaginis hominis. Cæterum haud me fu
git quosdam totum hunc locum ad peccatum originale referre. Quibus equidem non ad/
modum repugno,tamen & alteram interpretationem indicare uisum est, quam nec Am/

I brosius

C 16: peccaverunt Juxta posteriorem lectionem, sensus erit mortem

↑ 16: Adam. Verum altera lectio mihi magis probatur ut minus coacta. Etenim cum alibi

↓{ brosius omnino prætermisit{ Origenes penè solam sequitur (Is cuius scholia legimus titulo 19.27
[Originale peccatum] Hieronymi similiter, Sic enim loquitur, Quum enim exposuisset eos qui nō peccauerunt
in similitudinem Adæ, esse qui ante legem Mosi peccarunt, explicat quod dixit his uerbis, Hi sunt qui non ad similitudinē præuaricationis Adæ, peccauerunt, qui per naturalem
legem transgressi sunt, & non sicut Adam per mandatum. Ac mox subijcit, Sicut enim
Adam primus mandatum dei præuaricatus exemplum est legem dei præuaricari uolen-
tibus, sic & Christus uoluntatem patris complexus exemplū est imitari eum cupientibus.
Sed quid hæc persequor, quum is ut dictū est, totum caput interpretetur de peccatis quæ
committunt homines imitatione primi parentis. Quod si quis nobis proferat exemplum
uirginis, ueteres neminem à peccato liberarunt in totum præter unum Christum, Si infan
tes, de his hic non uidetur agere Paulus, nec ea quæstio tum mouebatur, quum nondum
esset receptum infantes baptizari) Quin & illud nobis uidendum, ne plus satis oderimus
Peccatū originale negabāt Pelagiani — Pelagianos, non quod nolim illorum explodi sententiam, qui negant ullum esse peccatum
↓} originale, sed quod nolim illud per occasionem affectate admisceri ubi non est opus} siue
16: eo — quod in ea {disputatione} libeat argutari, siue {ut} quemadmodum astrologi repertis epicyclis 19
16: per repertos epicyclos — }sese è multis difficultatibus expediunt, {ita nos affectate ad hoc quæstionum κρησφύγετον 19
passim recurramus. Nisi forte nobis permittimus, ut in disputādo cum aduersario qui uin
ciendus est magis quàm docendus, scripturæ uerba ad uictoriam nostram utcunque detor-
queamus. Quod aduersus Iouinianū pugnans Hieronymus facere uidetur nonnunquam,
16: Nec hoc dixerim, quod negem — & Augustinus {aliquoties} interim & Ambrosius] Hæc dixerim inquam, non quod faueam 27.35
negantibus esse peccatum originis, sed quod nolim {si fieri possit} ullam uim fieri scripturis 19
diuinis. Quin potius ex ipsa disputationis consequentia diligenter expendamus, quid senserit Paulus {dispiciētes quid hic agat, unde cœperit, quorsum tendat} & num consentaneū 19
sit illum statim mysteriū hoc gentibus aperire uoluisse, quod hodie quoque magis creditur
[Calumnia depulsa] quàm intelligitur, nimirum cōmuni sensu reclamante. (Frustra uero quidam calumniatur, 27
quod hac annotatione uidear labefactare peccatū originis, quum tot locis in scriptis ingenue profitear & asseram, Verum hic locus mihi uidetur mollius exponi de personalibus
commissis posterorum Adæ, sic tamen ut nullius sentētiæ præiudicem.)

Forma futuri.) τύπος τοῦ μέλλοντος, id est, Figura seu typus futuri, hoc est, uenturi Chri
Forma futuri quò referēdū — sti {ut futuri nomen non pertineat ad tempus quo hæc scribebat Paulus, sed ad Adam qui 19
præcessit Christum cuius typum gerebat. Quo elocutionis genere scripsit Colossensibus
de Sabbatis & Neomenijs agens: Quæ sunt umbra, inquit, futurorum. Iam enim illa Pau-
19-22: qualibet — lo futura non erant sed præsentia. Coactius enim mihi uidetur, quantumuis argutum dixe
ris, quod Origenes indicat hæc & ad uēturi seculi conditionem posse referri. Forma igitur
& typus erat Christi Adam} Quanquam ea figura in diuersum recidit (& analogia potius 27
[Similitudo nō per omnia cōgruens] est quàm similitudo) Nam ut ille princeps peccandi & moriendi, ita hic dux & autor inno
centiæ & immortalitatis. Proinde elegāter scripsit Origenes {& hunc secutus Ambrosius,} 19
iuxta genus constare similitudinē, iuxta speciem repugnantiā esse. Vt ab Adam quiddam
dimanauit in omnes, ita & à Christo, hic genus est. Cæterum ab illo mors & peccatum, ab
hoc innocentia & uita, hic species est. Porrò forma Græcis est typos, quod uelut exemplar
sonat, unde aliud exprimitur simile. Potest autem & illud τοῦ μέλλοντος absolute sumi neutro
genere, ut referatur nō ad posteriorem Adam sed ad ipsum peccatum quorumlibet Adam
parentem imitantium. Is enim fuit exemplum peccandi posteris. Ostendi quis sensus è uer
margin: 19-27: Multi pro omnes — bis Græcis excerpi possit, sequetur prudens & cordatus lector quod optimum iudicabit.
Illud adijciendum, quod interpres hoc loco nunc uertit plures, nunc multi, Græcis eadem
[πολλοὶ pro omnibus] est dictio πολλοὶ, quam Origenes positā putat pro omnibus, quo magis respondeat unius.
Etenim ubi sunt omnes, ibi sunt & multi.

Obscurus sermo Pauli, — Et non sicut per unum peccatum.) Apud Græcos obscurius est, καὶ οὐχ ὡς δι' ἑνὸς ἁμαρτήσαντος, τὸ δώρημα, id est, Et non sicut per unum qui peccauit donum. Sic enim ad uerbum
[ut & ille, qui pro multis effundetur] uertere licet, & necesse est nōnulla uerba subaudire, id quod admonent etiam Græcorum
scholia. Et non sicut per unum qui peccauit, subaudi ingressa est mors, ita per unum uenit
donum, hoc est, non eodem modo. Nam ex uno peccato moriuntur omnes, sed ex multis
peccatis per unum iustificantur omnes. Quodque uulgati codices habent per unum peccatum

{ 16: praetermisit + hoc vivendum est theologis, ne plus satis oderint Pelagium + peccatum illud Originale nimium libenter amplectantur, siue quod l. 14
} 16: ita hi per peccatum originale e multis sese diff. expediant. Nec hoc dixerim l. 20

catum, Ambrosius legit peccantem non peccatum, δι' ἑνὸς ἁμαρτήσαντος, id est, Per unum
19 qui peccauit {Atque ita legisse Theophylactum ex ipsius interpretatione licet colligere.} 19: Vulgarium
27 (Certe sic legit Chrysostomus, quanquam mox ἑνὸς refertur ad peccatum, τὸ μὲν κρίμα ἐξ ἑνὸς εἰς κατάκριμα, quia sequitur, τὸ δὲ χάρισμα ἐκ πολλῶν παραπτωμάτων. Quum unum peccatum dicit Adæ peccatum significat: quum multa, cætera peccata intelligit, quæ sibi quisque addit.) 16-22: Christi

19 Nam iudicium ex uno.) Ex uno, non refertur ad personam Adæ, sed ad peccatum {ut subaudias παραπτώματος} cui paulo post respondet, ex multis, ut sit sensus, Nam iudicium quidem ex uno peccato in condemnationem, donum autem ex multis peccatis in iustifi-
19 cationem. Quanquam consentiunt hic interpretes omnes {Augustinus de nuptijs & con-
35 cupiscentia ad Valerium libro secũdo, cap. uigesimoseptimo [Item epistola 89] palàm asseuerat, Ex uno peccato sentiendum non ex uno homine, ut respondeat ad id quod sequitur, gratia autem ex multis delictis: ut intelligamus unum peccatum suffecisse ad condemnationem uniuersi generis humani, gratiam autem unam ad uniuersa peccata delenda. Idem
35 affirmat aduersus Iulianum Pelagianum libro primo} [Rursum libro de peccatorũ meritis & remissione lib. I. cap. II. Sequitur enim, gratia autem ex multis delictis.] *Ex uno peccato*

Gratia ex multis delictis.) χάρισμα. Quod modo donũ uerterat, & recte, nunc gratiam uertit haud recte, nisi prorsus idem esse putamus gratiam & donum. 16: Gratiam autem) 19-27: Gratiam)

• * Abundantiam gratiæ & donationis & iustitiæ accipiẽtes.) Legendũ est doni iustitiæ, ut intelligas ipsam iustitiam esse donum, καὶ τῆς δωρεᾶς δικαιοσύνης, Sublata coniunctione: iamque non erit opus illa distinctione Thomæ, explicãtis quid intersit inter gratiam, dona-
19 tionem, & iustitiam {Quanquam Ambrosius addit, nostro more coniunctionẽ, legẽs, & iu-
27 stitiæ (sed arbitror mendum esse codicis, quandoquidem tale nihil indicat illius enarratio. Certe Chrysostomus ac Theophylactus nobiscum faciunt.) *19-27: entries reversed* *Thomæ distinctio reiecta*

27 * Igitur sicut per unius delictum (in omnes homines.)) Hic sermo mutilus est, & opus habet quæ subaudiãtur, uidelicet quid per utrunque sit inductũ. Itaque sicut per unius delictum irrepsit peccatum ad condemnationem, ita per unius iustitiam ingressa est salus ad iustifi-
27 cationem omnium. Ita propemodum Theophylactus} (in enarrando supplens, quæ desunt orationi) [Vide Augustinum epist. 89.] 19-27: Itaque *Sermo mutilus* 19: Vulgarius

27 + (Sicut enim per inobedientiam unius hominis peccatores constituti sunt.) Illud ad sensum nihil attinet, quod in nostris habetur tertia persona, Cõstituti sunt, quod habebatur in nonnullis Græcorũ codicibus, κατεστάθησαν, cum in plerisque Græcis habeatur κατεστάθημεν, quemadmodum & in æditione Aldina.) • 16: Abundantiam ...) and + 27: Sicut ...) follow Superabundauit gratiam) below

Lex autem subintrauit.) παρεισῆλθεν. Quasi dicas obiter irrepsit, ob præpositionẽ Græcam quæ fermè in malam partem additur. *παρεισῆλθεν*

Superabundauit gratia.) Hic χάρις est, non χάρισμα, id est, Gratia, non donum. Quan-
19 quam χάριν, id est, gratiam Græci aliquoties accipiunt pro beneficio {Cæterum quod Latinus interpres dixit superabundauit, Græce est ὑπερεπερίσσευσεν, quod non perinde ualet quasi dicas, sic abundare liquorem, ut effundatur quod superfluum est, sed quasi dicas uehementer ac supra modũ abundare. Auget enim ὑπὲρ apud Græcos nõ aliter atque quàm aut per, apud nos. Vnde nonnulli Græcorũ more loquentes, sed parum Latine, dicunt superbenedictus, pro eximie benedicto, superexcelsus pro uehementer excelso. *ὑπὲρ auget Græcis*

Vt sicut regnauit peccatum in morte.) Origenes putat sub mortis nomine diabolum posse intelligi, in hoc uelut & in superioribus locis, quod Græcis mollius est, quibus θάνατος mors, masculini generis est. Ambrosius putauit ad animi mortem referendũ sensum. Origenes & de corporali morte interpretatur, disputãs de Enoch à morte subducto. Porro quum ait, Regnauit peccatũ in morte, ἐν τῷ θανάτῳ, apparet Paulum abusum esse præpositione ἐν pro εἰς: debebat enim hæc particula cõgruere illi quæ sequitur, ut gratia regnaret per iustitiam in uitam æternã, ubi non dixit ἐν ζωῇ αἰωνίῳ, sed εἰς ζωὴν αἰώνιον.}

* In mortem.) ἐν τῷ θανάτῳ, id est, In morte, hoc est, per mortem, quemadmodum superius admonuimus * 19-27: entries reversed

19 * {Per Iesum Christum dominum nostrum.) Dominum nostrum, hoc loco non adijcitur apud Græcos, nec in uetustis Latinorum exemplaribus, etiamsi apud Ambrosiũ additur, *Additum in nostris*

sed ita ut ex interpretatione non posſit eſſe compertum ita legiſſe. Quanquam in nōnullis
Græcis exemplaribus dominum noſtrum additum repperi, eodem, opinor, caſu quo apud
nos, duabus uocibus aliunde huc tranſcriptis. }

EX CAPITE SEXTO.

16: dicat peccato
*16: quasi ··· vivo placed at end of next entry

QVi enim mortui ſumus peccato.) Enim, redundat οἵτινες ἀπεθάνομεν, id eſt,
Quicunque mortui ſumus, aut qui mortui ſumus peccato. & peccato dandi
caſus eſt non auferendi, *quaſi quis alloquens peccatum dicat, tibi mortuus
ſum ſed Chriſto uiuo.

Viuemus in illo.) ἐν αὐτῇ. In ipſo, aut in eodem fuerat ſignificantius.

Fratres additum

An ignoratis fratres.) Fratres, additum eſt ab interprete {aut ſcriba} ἢ ἀγνοεῖτε, id eſt, An 19
ignoratis {Atque ita ſanè legit Origenes & Ambroſius, neque ſecus habent uetuſtiſsimi 19
codices Latini manu deſcripti. }

Baptizati in Chriſtū

Baptizati ſumus in Chriſto Ieſu.) Græcis eſt in Chriſtum Ieſum, & in mortem, εἰς χριστὸν ἰησοῦν, & εἰς τὸν θάνατον. Quanquam ea præpoſitio ancipitis eſt naturæ apud Græcos.
(Hic tamen magis congruebat in Chriſtum, quod per baptiſmum inſerimur in corpus 27
Chriſti myſticum.)

Si enim complantati facti ſumus.) σύμφυτοι. Hoc eſt, inſititij & participes. Alluſit enim
ad inſitionem plantæ quæ reſpōdet cōmunioni corporis Chriſti. {Quemadmodū ſurculus 19
decerptus è ſua arbore, particeps fit humoris eius arboris cui inſeritur, ita qui per baptiſmum, Chriſti corpori inſerūtur, conſortes fiunt bonorum illius. Vide uero an præpoſitio
σὺν pertineat ad Iudæos & gentes ſimul in unum Chriſtum collectos. }

Duplex ſenſus

Simul & reſurrectionis.) Græcis eſt, ἀλλὰ καὶ τῆς ἀναστάσεως, id eſt, Igitur & reſurrectionis. Interpres legiſſe uidetur pro ἀλλὰ, ἅμα. Cæterū ἀλλὰ cōiunctio eſt ratiocinādi {quam uer 19
timus nimirū. & Reſurrectionis erimus, bifariā accipi poteſt: erimus reſurrectionis, id eſt,
Pertinebimus ad reſurrectionē, aut erimus cōplantati ſimilitudini reſurrectionis eius. Nos
priorem ſententiā ſecuti, uertimus addito uerbo, Et reſurrectionis erimus participes. }

16-22: Si autem mortui sumus. )

Quia ſimul etiā uiuemus cum illo.) Græcis eſt συζήσομεν αὐτῷ, conuiuemus illi. Quanquam interpres bene reddidit ſententiam.

}16: praeteritum

Reſurgēs à mortuis.) ἐγερθεὶς {id eſt} Excitatus ſiue qui reſurrexit à mortuis. Nam præ- 19
teriti temporis participium eſt. Quanquam aliâs huiuſmodi participijs abutitur.

Vltra non dominabitur.) οὐκ ἔτι κυριεύει, id eſt, Non amplius dominatur, præſenti tempore non futuro, (quemadmodum illud non moritur. Reddit enim cauſam, quare non mo- 27
ritur, Quia per illum ſublatum eſt mortis dominium, Nam hæc uerba nō ſolum pertinent
ad Chriſtum, uerum etiam ad myſticum corpus Chriſti, cui ſenſui magis congruebāt uer

margin 19-27: Excussa Vallae annotatio

ba præſentis temporis) [Atq; ita legit Theophylactus, nec diſſonat enarratio Chryſoſtomi. 35
Non moritur enim poſitum indicat pro eo quod erat, eſt immortalis: & mors iam illi non
dominatur poſitum eſt, pro eo quod erat, mors in illum non habet ius, qui moriendo peperit ſibi ſuiſq; immortalitatem.]

Q𝑑 enī mor. eſt, quomodo intelligendū

Quod enim mortuus eſt.) ὃ γὰρ ἀπέθανε. Laurentius caſtigat, quod enim mortuum eſt,
neutro genere. Nam apud Græcos ὃ articulus eſt poſtpoſitiuus non coniunctio (Ac ſanè 27
iuxta Laurentij ſententiam legit Hilarius libro de Trinitate 9. iuxta fidem uetuſtorum codicum, mortuum referēs ad corpus humanum, uiuit, ad naturam diuinam) ſed (mea ſenten 27
tia) melius ad Chriſtum (ſimpliciter) refertur ἀπέθανεν, ut ſit ſenſus: hoc ipſum quod mor- 27
tuus eſt Chriſtus, ſemel duntaxat mortuus eſt, idq; peccato, quod autem uiuit &c. Quaſi
dicas mortem eam quam mortuus eſt, mortuus eſt peccato, uitam quam uiuit, uiuit deo.
Eſt autem (iuxta Græcorum diſtinctionem) ſignandum comma poſt ὃ γὰρ ἀπέθανε, ut quod 27
ſequitur, Mortuus eſt ſemel, ad peccatum referatur, quæ uox hic datiui caſus eſt, quemadmodum deo, nō ablatiui. Conſimili modo dixit in epiſtola ad Galatas, ὃ δὲ νῦν ζῶ ἐν σαρκὶ, ἐν
πίστει ζῶ, id eſt, Quod autē nunc uiuo in carne, in fide uiuo. Cæterū quis {tandē} ſenſus eſt, 19

16: Sed hoc
margin 19-27: Stapulensis

ſi legas {id} quod mortuū eſt {&c.} Quin potius (illud) agit Paulus, ut quemadmodū Chriſtus 19. 27
ſemel mortuus peccato, ſemper immortalis manet, ita nos ſemel mortui peccato, per baptiſmum & in illo renati, deinde non recidamus in peccatū. Hac ratione interpres à gemino ſolœciſmo abſoluetur, quem illi noſter impegit Stapulenſis.

Exiſti-

Existimate uos mortuos.) ἑαυτοὺς, id est, Vos ipsos. quod sæpius obuium interpres ui/
19 detur neglexisse{Et existimate Græcis est λογίζεσθε, uerbũ cogitãtis, ut annotauit & Ori/
genes, quod ea res à cogitatione potissimum pendeat. Quoties enim cogitamus nos esse
27 mortuos cum Christo, premuntur & euanescunt carnis cupiditates}(Vnde magis quadra/
35 bat, reputate, hoc est considerate)[& præ oculis habete.]

In Christo Iesu.) Græci addunt, domino nostro.

Vt obediatis concupiscẽtijs eius.) εἰς τὸ ὑπακούειν αὐτῇ ἐν ταῖς ἐπιθυμίαις αὐτοῦ, id est, Ad
obediendũ ei, in cõcupiscentijs ipsius: ut pronomen ei referat peccatum, ipsius referat cor/
pus: ut intelligas obediri peccato per affectus corporis ad peccatũ sollicitantes.

Sed neq; exhibeatis.) μηδὲ παριστάνετε, id est, Nec exhibete siue accõmodate. sed redũdat.

35 Gratias autẽ deo.) χάρις δὲ τῷ θεῷ, id est, Gratia autem deo, ut subaudiatur sit[Hic qui/
dam stomachatur, clamitans ethnicorũ esse dicere dijs gratia, Christianorum deo gratias.
Verum ita loquebantur olim Christiani, sed imperiti literarum, subaudientes agimus siue
agamus. Atqui Paulus aliter loquutus est, à cuius sermone quid attinebat recedere uelut
affectato solœcismo? Est gratissima deo cantio deo gratias, non ob solœcismum, sed ob ca
nentis pietatem: nec minus grata esset, deo gratia, si simili affectu pronuncietur.]

Serui facti estis iustitiæ.) Iustitiæ, datiuus est casus, ἐδουλώθητε τῇ δικαιοσύνῃ, hoc est,
Cœpistis esse serui iustitiæ & addicti.

Humanum dico.) ἀνθρώπινον λέγω. Hac loquendi figura mitigare solet Paulus, si quid
durius dicere uidetur, aut inconsideratius. Secundũ hominem loquor.

Seruire immundiciæ.) Græce nomen est, & iucundius δοῦλα, id est Serua, uel seruien/
19 tia membra{ac uelut obnoxia.}

Liberi fuistis iustitiæ.) Peccati, hoc loco genitiuus est apud Græcos, iustitiæ datiuus,
27 hoc est liberi à iustitia. Et eratis, potius quàm fuistis(eo quod præcedit, quum essetis.)

Finem uero uitam æternam.) Faber Stapulensis legit In uitã æternam. Verũ in emen/ margin: 16-27: Faber
datis codicibus reperio uitam æternam absq; præpositione, consentientibus & Græcis &
19-22 Latinis exemplaribus{ut sit appositio}(Illud uisum est submonere lectorem, hoc loco, atque
27 etiam in eo quod præcessit(finis illorũ mors,)τέλος accipi posse pro tributo siue uectigali, 22: superioribus
quod colligitur è seruitute peccati. Nam mox sequitur, ὀψώνια. Tametsi secus interpreta/
27 tur Ambrosius(& Chrysostomus.)Videtur ὀψώνιον esse quod datur alendo militi, τέλος
27 extremum præmium quo iam sibi uiuat missione donatus)(Obstat huic sensui quod ad/
fert Chrysostomus, in mentione peccati nominari obsonia, hoc est stipendia: in mentione
uitæ æternæ, non nominari mercedem.) 19: Opsonium

Stipendia enim peccati mors.) τὰ γὰρ ὀψώνια, id est, Obsonia. Milites enim cibis allicie/ Obsonia
bantur ac donarijs, siue autoramẽtis, ut hominũ genus omnium longe uilissimum, quippe 19: opsonia
quod cibi uentrisq; causa uitam habet uenalem, sed in quod olim ab imperatoribus Ro/
22 manis omnia fermè dignitatũ insignia collata sunt.<Ambrosius legit merces & quæstus.>
35 [Seneca quod prius appellarat autoramentum uiciorum, mox appellat mercedem.]

Gratia autem dei.) τὸ δὲ χάρισμα, id est Donum, ut opponatur τοῖς ὀψωνίοις, quod est
uile uerbum, cum illud sit ingenuum.

## EX CAPITE SEPTIMO.

19 {LEx in homine dominatur quàm diu uiuit.) Nobis ambiguum est, accipien 19-27: dominatur homini
dum ne sit quàm diu uiuat homo, an quàm diu uiuat lex. Atque eadem am/
biguitas est in uerbis Græcis. Mihi uidetur uiuit, uerbum referendũ ad lex
potius quàm ad homo: idq; ut malim, faciunt ea quæ mox sequuntur. Porrò
licebat amphibologiam ad hunc modum effugere, Lex dominatur homini Amphi/
quo ad ea uixerit: aut quod fuerit elegãtius, tantisper dum ea uixerit. Hæc ubi scripseram, bologia
consulo Origenem, & comperio id ab eo diligenter annotatum fuisse, quod in conferenda
similitudine Paulus, legem uiri loco posuit, & hominem uxoris uice. Vt morte uiri libera/
27 tur uxor, ita antiquata lege, liberatur obnoxius prius legi.(Legem autẽ uiuere dicit, quàm
diu ualet, mortuam esse posteaquam desijt habere uigorem)Iam κυριεύει non tantũ Græ
cis est dominatur, sed etiã ius habet & autoritatẽ. Illud obiter annotãdum, exemplum ad/
duci de muliere non de uiro, quod apud Iudæos ius esset uiris diuertere ab uxoribus, cum Diuortij ius 19-27: tr.

illas sola mors à maritali iure liberaret. Nec est quod ex hoc loco magnopere ratiocinemur, Christianis modis omnibus interdictum esse diuortium. cum enim addit, Nam scientibus legem loquor, palàm indicat sese non legem condere Christianis de matrimonio, sed ex Mosaica lege similitudinem docendi gratia ducere. Neq; uero necesse est ut quod similitudinis gratia producitur, quadret per omnia: satis est si ad id quadret, cuius docendi probandiq; causa adhibetur. Aduétus Christi in Euangelicis libris comparatur nocturno suffossori domus, non quod undiq; congruat furis & Christi aduenientis similitudo, sed hactenus modo congruit, quod uterque non expectatus adest. }

Parabola non semp quadrat per omnia

Quæ sub uiro est.) ἡ γὰρ ὕπανδρος γυνή, id est, Obnoxia uiro, quasi dicas subuiralis, & γυνή significat & uxorem & mulierem.

Viuente uiro alligata est lege.) τῷ ζῶντι ἀνδρὶ δέδεται νόμῳ, id est, Viuēti uiro alligata est lege, hoc est per legem. Legem autem matrimonium siue ius matrimonij uocant etiam Græci, ut mox A lege uiri.

↓> [χρηματίσει

<Adultera uocabitur.) χρηματίσει X quod Græcis est χρηματίσει, non χρηματίσεται proprietas est Græci sermonis. Quemadmodū enim dicimus, Audit pater, audit princeps, qui pater & princeps appellatur, Ita Græcis χρηματίζει ῥήτωρ, qui profitetur rhetorem, aut qui habetur pro rhetore. Vsus est hoc uerbo Lucas in Actis cap. II.) 22·27

Si fuerit cum alio uiro.) ἐὰν γένηται ἀνδρὶ ἑτέρῳ, id est, Si cōtingat alteri uiro, aut Si cœperit esse alterius uiri, nisi malumus subaudire præpositionem σύν. {Augustinus indicans tropos ueteris instrumenti, & hunc ostendit ex Leuitici cap. 22. Et filia sacerdotis si fuerit uiro alienigenæ, pro eo quod erat, si nupserit uiro alienigenæ X Et tamen hūc locum calumniatus est quidam ædito libello, cum sic interpretetur Augustinus: nisi forte aliud est iungi uiro, aliud nubere uiro X Atqui hanc sermonis formam legimus in Hecyra Terentiana, Vt alij si huic non sit, siet. Vbi de matrimonio nō de coitu filiæ sentit pater.] 19 22 35

Tropus Hebraicus

Si autem mortuus fuerit uir eius.) Eius apud Græcos non additur. Item postea, Soluta est à lege uiri, uiri nō est apud Græcos, nec ad rem pertinet. [Nam articulus additus indicat eum loqui de lege de qua prius dixit, Mulierem uiro alligatam per legem] Quanquam τοῦ ἀνδρός in quibusdam inuenio codicibus. Nec est Græce Liberata est, sed libera est {ἐλευθέρα ἐστὶν ἀπὸ τοῦ νόμου} [Id quum ad sensum minime referat, nō uideo tamen quur uisum sit ab apostolico uerbo discedere. Quanquam suspicor à librarijs ex libera factam liberatam.] 35 19 35

Liberata est à lege uiri.) κατήργηται ἀπὸ τοῦ νόμου. Verbum κατήργηται significat ius abolitum & antiquatum, ut & aliquanto post, νυνὶ δὲ κατηργήθημεν.

16-27: Inepte
16-27: etiamsi

Vt sitis uos alterius.) Superflue addit uos in uertendo, etiamsi apud Græcos additur. Satis erat, ut sitis alterius: quanquā Græce est alteri, non alterius, id est, ut alius uos habeat, & non sitis uestri iuris [Græcus sermo nihil offendit, ob uerbū impersonale, sed in Latino uerbo subauditur prima & secunda persona, nisi uel emphaseos, uel discretionis causa exprimatur. In emendatioribus Latinis nō additur uos, ut hoc scribis sit imputandum potius quàm interpreti.] 35

Vt fructificetis deo.) ἵνα καρποφορήσωμεν, id est, Vt fructificemus. Sequitur autem ὅτε γὰρ ἦμεν, in eadem persona, id est, cum essemus. Allusit autem ad uxorem, cuius modo meminit, quæ parit suo uiro.

Paßiones
*16: entries reversed

Passiones peccatorum.) παθήματα, id est, Morbos {cupiditates} siue affectus, siue perturbationes. 19

* Quæ per legem erant.) τὰ διὰ τοῦ νόμου. Hoc loco, quæ, non refert peccata, sed passiones παθήματα, ut intelligas legem excitasse peccandi libidinem.

margin 19 only — Operari ἐνεργεῖν

* Operabantur in membris.) ἐνηργεῖτο. Quod magis significat uim habebāt, siue secreto agebant. Nam occulta uis dicitur ἐνέργεια, uelut in semine, & uis mentis in homine.

Duplex lectio
16: tr
16: Caeterum

In qua detinebamur.) ἐν ᾧ ad legem refertur, non ad mortem. Nec {enim in plerisq;} Græcis est mortis, sed mortui ἀποθανόντες. {Origenes testatur utranq; lectionē sibi notam fuisse. Verum hanc quam nos sequimur magis approbat. Ambrosius diuersam sequitur, utraq; satis congruit his quæ sequūtur. Dicta est aūt lex mortis, pro lex mortifera} Proinde illud, In qua detinebamur, referri potest uel ad legem, ut sit sensus, Nos iam mortui in Christo, liberati sumus à iure legis in qua detinebamur: uel ad mortui, ut subaudias pronomen, mortui 19 19

>22: χρηματίσει Porro quoniam χρηματίζεσθαι & χρηματισμός propie est dicentis jus, aut oraculo respondentis, aut cum autoritate dicentis, nos maluimus, judicabitur quam vocabitur. Si fuerit

35 tui ei legi in qua detinebamur[Diuus Chryſoſtomus tertiam habet lectionem, ἀπὸ τοῦ νόμου
ἀποθανόντος, id eſt, à lege emortua. Id ne quis tribuat ſcribis, interpretatur, ὥσπερεὶ ἔλεγεν, ὁ
δεσμὸς δι' οὗ κατειχόμεθα ἐνεκρώθη καὶ διεῤῥύη, id eſt, quaſi dixiſſet, Vinculum quo detineba/
mur, emortuum eſt ac diffluxit.]

Occaſione autem accepta.) ἀφορμὴν δὲ λαβοῦσα ἡ ἁμαρτία. Interpres nõ ineleganter mu/
tauit genus participij, & actiuum uertit in paſsiuum, ut conueniret tempus. Nam λαβοῦσα margin: 19-27: Faber
præteriti temporis eſt. Nec uideo quur hic Stapulenſis debuerit offendi.

Ego autem mortuus ſum.) ἀπέθανον, id eſt, Mortuus eram, ſiue mortuus fui, ut ſit præ/ margin: 19-27: Paulus
teriti temporis, & reſpõdeat illi reuixit. Trãsfert enim Paulus docendi gratia rem in ſuam alienam personam
perſonam, & retulit inter ſe pugnantia. Nam uita peccati, mors eſt hominis. Proinde ſi re/ in se transfert
uixit peccatum, ilico conſecuta eſt mors hominis.

Seduxit me.) ἐξηπάτησέ με, id eſt, Decepit me, & ab uia abduxit. Hoc enim proprie ſo margin: 19-27:
nat ἐξαπατᾶν. Distinctio varia

Sed peccatũ ut appareat &c.) Variat huius loci diſtinctio. Sic autem diſtinguunt Græ 16-27: Vitiosa
ci, Quod ergo bonum eſt, mihi factum eſt mors? abſit, ſed peccatum, ut ſubaudias mihi fa distinctione
ctum eſt mors. Græca ſic habẽt, τὸ οὖν ἀγαθὸν, ἐμοὶ γέγονε θάνατος; μὴ γένοιτο, ἀλλὰ ἡ ἁμαρτία. sensum huius loci

Operatum eſt mihi.) κατεργαζομένη, id eſt, Operans participium, infiniti uerbi uice po/ corrumpimus
ſitum, id eſt, ut uideatur peccatum per id quod bonum eſt mihi operari mortem, non ope/
35 rando, quemadmodum placet Laurentio.[Conſiſtet autem & Laurẽtiana annotatio, ſi ἵνα
φανῇ ἁμαρτία, uelut parẽtheſi interiectum accipiatur, in hunc modum, Quod ergo bonum
eſt mihi factum eſt mors? Abſit, ſed peccatum ut redderetur euidentius quantum ſit ma/
lum, mihi factum eſt mors, dum per ſalutiferam legem mihi peperit exitium, & admotum
remedium uertit in augmentũ morbi. Ingens enim malum ſit oportet, quod rem optimam
uertit in perniciem. Hanc lectionẽ ſequitur Origenes, Chryſoſtomus ac Theophylactus,
niſi quod Origenis interpres participium uertit in uerbum. Nam Chryſoſtomus ac Theo
phylactus legũt κατεργαζομένη, interpres legiſſe uidetur κατηργάζετο, nec magni refert ad
ſenſum. Porrò quod addit, ut fiat ſupra modum peccans peccatum, inculcatio & exagge/
ratio eſt eius quod præceſsit, ut appareat peccatũ. Nec eſt opus, ut ἵνα γένηται accipiamus
pro ut appareat, quum re uera peccatũ auctum ſit per legem, & oppoſitis præceptis ueluti
repagulis incruduerit concupiſcentia.]

Supra modum peccans peccatum.) καθ' ὑπερβολὴν ἁμαρτωλὸς ἡ ἁμαρτία. Quod ita ſo/ margin: 19-27: Peccans peccatum
nat quaſi dicas, ſceleſtum ſcelus, aut ſi quis dilucide potius quàm Latine uertat, peccami/ 16-27: ut 16: nos
noſum peccatum. Nam quod uertit peccans, Græcis non participium eſt, ſed nomen adie 16: vertimus
19 ctiuum.[Annotauit hoc diligenter ſiue Origenes, ſiue huius interpres, à Paulo ceu perſo/
nam quandam fingi peccati, quod Græcis eſt generis fœmini, ut liceat apud illos dici, pec
catrix peccantia. Quod ſi apud nos peccatum eſſet generis maſculini, ut uelut de homine
liceret dicere, peccatum uehemẽter peccator, minus eſſet elocutio dura. Neque uideo ta/
men cur Hieronymus dicat ſe malle uicium ſermonis admittere, quàm non ſatis integre
exprimere ſenſum Pauli. Siquidem Græcis non eſt ſolœciſmus ἁμαρτωλὸς ἁμαρτία, certe
iuxta dialecton Atticam. Porrò quis Latinus intellecturus ſit, quid ſit peccatum peccator,
pro peccato inſigni & euidenti: aut cur potius peccator peccatum, quàm peccatrix pecca/ margin: 19-27:
tum? Et tamen ita legit Auguſtinus, libro primo ad Simplicianum, quæſtione prima, niſi Peccatrix peccatum
quod in æditis exemplaribus mendoſe legitur, Super modum peccator aut peccatum, pro
35 eo quod erat, Supra modũ peccator peccatũ.][niſi quod idem eodẽ modo legit ſermone 4.
de uerbis Apoſtoli, quæ res probabilem coniecturam præbet, autorem uerſionis quem ibi
ſequutus eſt Auguſtinus legiſſe καθ' ὑπερβολὴν ἁμαρτωλὸς ἡ ἁμαρτία.] margin: 19-27: Faber

* Venundatus ſub peccato.) πεπραμένος ὑπὸ τὴν ἁμαρτίαν, id eſt, Venditus ſiue addi/ * 16: entries
ctus ſub peccatum, id eſt, In ſeruitutem & iugum peccati. Neque uideo quæ obſcuritas reversed
hic offenderit Fabrum.

* Non enim quod uolo bonum.) Bonum & malum apud Græcos non eſt, οὐ γὰρ ὃ θέλω
τοῦτο πράσσω, ἀλλὰ ὃ μισῶ, id eſt, Non enim quod uolo hoc ago, ſed quod odi. At paulo
inferius, hæ duæ uoces, bonum & malum addduntur. Non enim quod uolo facio, nem/
pe bonum.

* 19-27: entries reversed

Iam non ego.) οὐκ ἔτι ἐγώ. Quod elegãter & Latine uersum ab interprete, miror quamobrem cuiquam mutandum uideatur.

Sermo Pauli parũ integer

*{Inuenio igitur legem uolenti mihi facere bonum.) Origenes ut & aliâs in Paulo desiderat elocutionis integritatem, ita putat hunc sermonem parum cõstare, uel quod coniunctiones sint superfluæ, uel quod nõ adhibitæ ut oportet. Putat autem incommodum hoc, tali ordine posse tolli, si legamus hoc pacto, Igitur quia malũ adiacet, uolẽs facere bonum, inuenio legem dei, & condelector ei secundũ interiorem hominem, &c. Mea sententia potest & sic accipi, ut coniunctio ὅτι, non sit hic causalis, quemadmodum accipit Origenes, sed accipiatur εἰδικῶς, sitq; sensus, Dum conor parẽre legi bonæ, & uincẽte cupiditate pertrahor ad malum, sentio malum illud in me esse, non in lege. Atque hic quidẽ sensus probe habet. Verũ si hunc probamus, necesse est, ut Paulum fateamur hoc sermone balbutisse,

Paulus Græce balbutiẽs

nec absoluisse quod instituerat. Apparet enim tale quiddã dicturum fuisse, Comperio igitur legem, si quando coner benefacere, hoc efficere in me, ut intelligam peccandi maliciq; fontem in meipso esse, non in lege. Theophylactus restituit hunc in modum, Inuenio ergo legem fauentem, uolenti mihi quod bonum est facere, sed non facienti, eo quod adiacet mihi malum. Fatetur autem obscurum esse sermonem, quod uideatur deesse nõnihil. Idem indicat alios ad hunc ordinare modum, Inuenio igitur legem nemini alteri esse, nisi mihi facere bonum uolẽti. Nam qui recte cupit agere, ei demum lex est lex, ut quæ id faciendum præscribat, quod ille cupit facere}{Atque hæc est sententia Chrysostomi, ad quam congruit 27
quod sequitur. Condelector enim legi. Quemadmodum lex mihi fauet uolenti quod bonum, ita & ego quod honestum est cupiens, probo legem.)

19: Vulgarius

* Repugnantem legi.) ἀντιστρατευόμενον τῷ νόμῳ. Quasi dicas contra militantem & rebellantem{Gaudet enim Paulus metaphoris quæ militiam sapiunt}{Velut ante meminit de stipendijs.) 19.27

Captiuantem me in lege peccati.) αἰχμαλωτίζοντί με τῷ νόμῳ, id est, Qui reddit me captiuum legi peccati.

Corpus mortis quid

De corpore mortis huius.) ἐκ τοῦ σώματος τοῦ θανάτου τούτου. Græca magis ita sonant, ut huius ad nomen{corpus}referatur, quàm ad mortem{ex hoc corpore mortis}{Nam mortis corpus, uocat corpus obnoxium affectibus peccandi. Et addit, ex hoc corpore, quod 19.27
in se sumpserit personam hominis sentientis huiusmodi affectus. Quandoquidem hæc est uelut una clauis ad intelligentiam Pauli, si quis animaduertat mutationem personarum, de quibus & ad quas loquitur.{Certe palàm est Theophylactum idem sentire, quod 19
nos indicauimus, si quis obseruet, non quid uerterit interpres, sed quid interpretetur ipse: subijcit enim, id est, morti subiecto}{Neque secus interpretatur Origenes mortem interpre 22
tans peccatum, & ob id uocari corpus mortis in quo habitet peccatum. Et hijs ferè subscribunt recentiores. Nam quod quidam exponit corpus mortis, de turba malorum ingruentium, durius est.)

19: Vulgarium

Gratia dei per gratias ago

Gratia dei.) εὐχαριστῶ τῷ θεῷ, id est, Gratias ago deo. Atque ita legitur in emendatis Latinorum codicibus, ut sermo sit ostendentis per quem sit liberatus, nempe per eum cui gratias agit. Tametsi Laurẽtius indicat in quibusdã exemplaribus scriptũ fuisse χάρις τῷ θεῷ, id est, Gratia deo{quod uerbis diuersum, re idem est. Ex Origenis interpretatione non li- 19
quet quid legerit, sed tamen conijcere licet illum legisse quod nos ostendimus esse apud Græcos, uel ex hisce uerbis, Respondetur uero ad hoc quod dixerat, Quis me liberabit de corpore mortis huius? Iam non ex illius, sed ex apostolica autoritate, gratia dei per Iesum Christum dominum nostrum. Vnde apparet quod propterea hæc omnia describit Apostolus, & mala quæ intra nos gerebantur, exposuit, ut ad ultimum ostenderet & doceret, de quantis nos malis, & de quãtis nos mortibus, Christus eripuit. Hactenus Origenes, indicans quæ hactenus dicta sunt à Paulo sub eius persona dicta, qui nondum gratiæ diuinæ particeps, luctetur adhuc cum carnis affectibus, impar illis. Verum quod exclamationi respondetur non sub eadem dici persona, sed sub eius qui non per legem, sed per gratiã Christi liberatus sit ab illa miserrima seruitute{Ad aliam itaque personã refert exclamationem, 35
Infelix ego homo quis me &c, ad aliam sermonem agentis gratias deo: quemadmodum idem Origenes ea quæ superius multa cõmemorat Paulus de lege mortis ac membrorũ, de

margin: 19-27: Mutata persona in Paulo

de necessitate peccādi, uult sub alterius persona dici.] Ambrosius item interpretatur ex his
uerbis accipiendum, hominem gratia dei liberatum esse de corpore mortis huius, non libe-
randum. Astipulantur his quæ mox sequuntur. Lex enim spiritus uitæ, in Christo Iesu, li-
27 berauit me à lege peccati & mortis.) Atqui si legisset gratia dei, non congruebat hæc particula in Paulum, qui non liberandus erat, sed liberatus: nec consistunt ea quę scribit Ambro
sius. Igitur aut Gratia deo, legendum, aut Gratias ago. quibus uerbis iam liberatus gratias
agit deo, per cuius gratiam assequutus sit, quod nec naturæ, nec Mosi lex, nec conscientia,
35 nec opera præstare poterant. [Chrysostomus sine controuersia legit & interpretatur, εὐχα
ριστῶ. Sic enim loquitur: εἰ γὰρ καὶ τῷ πατρὶ εὐχαριστεῖ, ἀλλὰ καὶ τῆς εὐχαριστείας ταύτης καὶ ὁ υἱὸς
αἴτιος. id est, Quanquam enim & patri gratias agit, attamen huius gratiarum actionis au
tor est & filius. Et in enarratione reliqua, toties repetuntur εὐχαριστῶ, ut non possit librariorum incuria uideri factum. Theophylactus per omnia sequitur Chrysostomum. Quin
& diuus Hieronymus ad Algasiam quæstione octaua, legit Gratia deo: ipsaq; enarratio de
clarat illum ita legisse, quum ait, Conuersus in se apostolus, imò homo sub cuius persona
apostolus loquitur, agit gratias saluatori, quòd redemptus sit sanguine eius, & sordes in ba
ptismo deposuerit. Ac mox: Gratias ago deo per Iesum Christum dominum nostrum, qui
me de corpore mortis huius liberauit. Nec ad rem facit quòd quidam interpretes hunc locum adducentes meminerunt gratiæ dei, & admonent hic ostensum eum qui liberat à corpore mortis. quādo quisquis agit deo gratias liberatus, hoc ipso indicat per quā & alij possint liberari. Cæterum quod agit gratias ueluti liberatus, omnes ad Pauli personam accom
modant, de exclamatione uariant: uetustiores nolunt ad apostoli personam pertinere, Hieronymus arbitratur sub cuiusuis hominis persona dici.] Et tamē si corpus mortis accipimus
procliuitatem ad peccandum, quasi dicas moribundum, nihil uetat, quo minus hæc omnia
35 quadrent & in Paulum, iuxta Latinorum lectionem.) [Certe hoc agit Augustinus aduersus
duas epistolas Pelagianorum libro primo, capite octauo, & aliquot sequentibus: ut totus
hic locus competat Paulo, uel puero, uel sub lege peccati, uel sub gratia sentienti motus affectuum, licet non assentienti: sed adeo dure multa torquens, ut magis conueniat Paulum
humani generis personam in se recipere, in qua est ethnicus exlex, Iudæus carnalis sub lege, & spiritualis per gratiam liberatus.]

EX CAPITE OCTAVO

LEx enim spiritus uitæ.) Spiritus, hoc loco genitiuus est casus, ut intelligas le
gem, non carnis, quæ mortem adfert, sed spiritus qui uitam largitur. ὁ γὰρ νόμος τοῦ πνεύματος. Quanquam Græca sunt huiusmodi, ut hic sensus esse
27 possit, Lex spiritus qui est uita. (τοῦ πνεύματος τοῦ ζωῆς. quoniam uitæ, præ-
35 ponitur articulus [masculinus]. Lex autem spiritus perinde sonat, quasi dicas, 19-22: Quanquam non me
19 legem spiritualem, iuxta proprietatē sermonis Hebraici. {Etiamsi me non fugit Theophyla
ctum duos genitiuos ad eandē uocem referre, legem spiritus, legem uitæ. Redarguit enim 19: Vulgarium
eos qui legem uitæ, Mosi legem interpretantur.} His penè eadem disserit Chrysostomus.)

Lege peccati & mortis.) ἀπὸ τοῦ νόμου τῆς ἁμαρτίας καὶ τοῦ θανάτου. Et hic elegantius uertisset, A iure peccati. Cæterum sermo Græcus anceps est. Potest enim sic accipi, A lege peccati & mortis, ut lex ad utrumque ex æquo referatur: siue à lege peccati & à morte, quæ co
27 mes est peccati. (Porrò quod apud Chrysostomum, pro Liberauit me, legitur Liberauit te:
nihil refert ad sensum.)

19 {Nam quod impossibile erat legi.) τὸ γὰρ ἀδύνατον τοῦ νόμου. Græce est, legis, paterno casu: non Legi, dandi. Atq; ita sanè legit Ambrosius. Verum habet hic sermo nonnihil difficultatis. siquidem intelligi poterat, τὸ γὰρ ἀδύνατον τοῦ νόμου. impotentia enim legis, siue im
becillitas legis, per quam erat infirma & inefficax. Verum iam non congruunt ea quæ sequuntur, nisi fateri uelimus Paulum uel obliuione uel imperitia uel neglectu Græci sermo Sermo imperfectus Pauli
nis, non reddidisse reliquam partem. Nam mihi quidem locum hunc pro mea uirili perpen
denti, uidetur aliquid uerborum deesse ad explendam sententiā, ueluti si sic legamus: Nam
quod lex Mosaica non potuit iuxta partem carnalem, secundum quam erat imbecillis &
inefficax, hoc deus præstitit misso filio suo, qui spiritualem legis partem absoluit. Atque id
ut magis probem, facit coniunctio quæ sequitur, Et de peccato damnauit peccatum. Nisi
enim

enim subaudias uerbum præstitit, aut effecit, aut aliud his simile, coniunctio uidetur ociosa. Nisi placet ut ἀδύνατον nominatiuus, positus sit absolute loco genitiui: ut sensus sit,
quum enim esset impossibile: &c. Alioqui hæc pars, Nam quod impossibile erat legis: in
quo infirmabatur, referenda esset ad id quod sequitur, De peccato damnauit peccatum, id
quod lex facere non poterat.}

In quo infirmabatur.) ἐν ᾧ ἠσθένει. Potest & sic accipi, In eo quod infirmabatur: hoc est
quatenus infirmabatur (ut ἐν positum sit pro διά.) Porrò Infirmabatur dixit, pro eo quod 27
est Inualida parumq; efficax erat. (Et ne legem uideretur incusare, addidit Per carnem: hoc 27
est per carnalem legis intelligētiam, siue carnis infirmitatem, cui deerat euangelica gratia.)

Similitudo falsa species

{In similitudinem carnis peccati.) ἐν ὁμοιώματι, id est, In similitudine. quod ut superius 19
indicatum est, magis sonat assimilationem & imaginem. Nam quod Christus nocentis personam assumpsit, hypocrisis quædam erat, absit inuidia dicto. [Id quo fieret euidentius, uer- 35
timus, Sub specie carnis peccato obnoxiæ: quod ad exprimēdam falsam similitudinem, accommodatior uidetur uox species] Porrò iuxta proprietatē Hebræi sermonis, carnem peccati dixit, carnem peccato obnoxiam. Et ideo complexim esse legendum admonet Augustinus, sermone de uerbis apostoli trigesimoprimo: Vere carnem habebat Christus, peccati carnem uidebatur habere, quum non haberet.

De peccato damnauit peccatum.) Indicauit Origenis interpres, nam id de suo addidit,
Græcis non esse De peccato, sed Pro peccato: ut intelligamus peccatum fuisse damnatum

19-22: peccati

de peccato. Neq; enim accipi potest, peccatum ex peccato damnatum, quum sit περὶ ἁμαρτίας. & tamen ita uidentur interpretari. Mihi uidetur non absurde hic sensus accipi posse.

Sensus uarius
19-27: tr

Christus missus damnauit etiam peccatum de peccato: hoc est, conuicit & coarguit peccatores, ut qui antehac falsa iustitiæ imagine deceperant, nunc palàm esset eos impios fuisse:
quum Christum legis finem sub prætextu legis seruandæ occiderent. Alij, de peccato, exponunt accipi pro uictima quæ solet iuxta ritum Mosaicæ legis immolari pro delicto. Atque id sanè pulchre quadrat in Christum, tantum obstrepit præpositio περὶ. Mollius erat
si fuisset παρὰ. (Græcæ lectioni magis congruit quod adfert Theophylactus, Peccatum 27
suo quodam iure sæuisse in peccatores. Cæterum ubi impegit in innocentem dominum,
iam quodammodo deprehensum est in peccato) Verum hæc curiosus lector, exactius per-
pendet. Nos in hoc argumento potissimum ea persequimur, quæ faciunt ad lectionis syn-
ceritatem.}

Quæ spiritus sunt, sapiunt.) φρονοῦσι, non repetitur apud Græcos. Et magis est Sentiunt (siue Curant) quàm Sapiunt. Mirum autem cur hic interpres inutilem affectarit co- 27
piam, quæ officiat etiam intelligentiæ. (Etenim idem uerbum quod modo uertit Sapiunt, 27
nunc uertit Sentiunt. Dices, Quid refert: Plurimū, ei qui uelit in his tractādis philosophari.)

Quoniam sapientia carnis.) φρόνημα. Idem uerbum quod modo sæpius uerterat Prudentiam. Est autem uerbale nomen à uerbo quod modo uertit, Sapiunt & Sentiunt, quum

Prudētia, pro affectu

potius significet affectum animi: ut μέγα φρονεῖν, elato esse animo, & θνητὰ φρονεῖν, humana curare. Ita hoc loco φρόνημα, non tam significat sapientiam aut prudentiam quàm
affectum & curam, seu cogitationem [Indicant hoc ab eodem fonte manantia φροντὶς & 35
φροντίζειν. Sapere carnem, Latine dicitur, qui carnalibus ducitur affectibus: sapientiam pro
affectu nusquam repperi. Quod Origenes philosophatur suo more de intelligentia legis
carnali, nihil mirum, quum ex crassis affectibus nascatur intelligentia crassa, & contrà. Origenis commentum attingit & diuus Chrysostomus.] Nec est apud Græcos,

Inimica est deo.) sed, Inimicitia est aduersus deum. ἔχθρα εἰς θεόν. Et ad hunc modum
citauit diuus Hieronymus non semel aduersus Iouinianum. {Nec aliter Augustinus, quum 19
aliàs aliquoties, tum explicans aliquot huius epistolæ locos, ni fallor. Superest enim in uulgatis codicibus hæc scriptura: Quia carnis prudentia, inimica est in deum. probabile est, inimica, mutatum pro Inimicitia. [Ad hæc, sermo concinnior est, si abstractū abstracto respon- 35
deat. præcessit enim, Prudentia carnis, mors: prudentia autem spiritus, uita & pax. Quod
enim ante dixerat Mors est, exaggerat repetens Inimicitia est aduersus deum: quasi dice-

ἐχθρὰ, pro ἔχθρα

ret, aliquid morte peius. Ita Chrysostomus. At Græcis sanè si accentus transferatur in extremam syllabam, ἐχθρά, sonabit Inimicam. Verum id φρόνημα, præcedens neutri generis

35 neris nomen,non ſinit:quum magis dicendum foret, ἐχθρόν.}[Vnde miror quoſdam contendere recte legi,inimica:niſi forte putant mutandam ſcripturam,in omnibus exemplaribus conſentientem.Iam non mirum,ſi qui Latini inter enarrandum dicant,ſapientiam eſſe inimicam deo:quum utraque lectio eundem prope declaret ſenſum,niſi quod efficacius eſt inimicitia,magisque congruens Paulinæ phraſi.]

Si tamen ſpiritus dei.) εἴπερ eſt Græce,quod ualet fermè,ſanè,aut ſiquidē.Quanquam hoc loco non uidetur eſſe dubitantis,ſed ratiocinantis.quaſi dicas,quandoquidem ſpiritus 16-27: est
19.27 dei habitat in uobis. Etiamſi{Origenes &}Ambroſius ambigue legit & exponit.(Probabilius tamen eſt Paulum illis tribuere ſpiritum quos alloquitur, mox enim durius loquens auertit ab illis ſermonem,dicens,Si quis aūt ſpiritum Chriſti non habet:quod annotauit & 16-27: quanquam
35 Theophylactus)[& ante hunc Chryſoſtomus:qui admonet εἴπερ apud Paulum frequenter eſſe confirmantis non dubitantis, quaſi dicas ἐπείπερ. quod genus eſt primæ Theſſalonicenſis ſecundo: εἴπερ δίκαιον παρὰ θεῷ ἀνταποδοῦναι τοῖς θλίβουσιν ὑμᾶς θλῖψιν. Theophylactus annotauit hic, εἴπερ non ſonare dubitationem,ſed fiduciam. Interdū eſt & obteſtantis:Si bene quid de te merui,fuit aut tibi quicquam dulce meum.Hanc ambiguitatē quum interpres ſuſtulerit,cur hic tacent qui uociferantur à me contrahi ſenſus latitudinem: quaſi ſermonis ambiguitas ſit ſcripturæ fœcunditas,aut quaſi hanc fœcunditatem non magis etiam pariat imperitia.Nec enim laudanda eſt illa fœcunditas,quum Iureconſulti dicunt, Vel dic,uel dic,uel dic.]

19.35 {Corpus quidem mortuum eſt[propter peccatum]ſpiritus autem uiuit.) Pro uiuit,Græcis eſt,uita eſt.atque ita citat Auguſtinus in explanandis quæſtionibus huius epiſtolæ.Ac rurſum ediſſerens Pſalmum ſeptuageſimūquintum. Item libro de ciuitate dei tredecimo. *Vita eſt,pro Viuit*
27 Et contra Fauſtum libro uigeſimoquarto,capite ſecundo(Item Hilarius libro de trinitate octauo)Conſimiliter Athanaſius in libello de ſpiritu ſancto ad Serapionem.Atque item Ambroſius hunc explanans locum,ſuffragantibus & uetuſtis Latinorum exemplaribus manu ſcriptis.Fortaſſis efficacius eſt, Vita eſt,quàm Viuit.Siquidem uita eſt quod uitam præbet.Agit enim,ni fallor,de ſpiritu Chriſti,non noſtro.quod propemodum indicat quæ mox conſequuntur,Quod ſi ſpiritus eius qui ſuſcitauit Ieſum à mortuis,habitat in uobis. Eſt autem facilis lapſus in ζωὴ & ζῆ, uita,& uiuit:ac minimū intereſt,quantum ad ſen
22.35 tentiam attinet}iuxta proprietatem ſermonis Hebraici}[Nec mirum ſi qui autores hic meminerunt de ſpiritu noſtro.quandoquidem ſicut corpus Chriſti reſuſcitatum reſurrectionem promittit noſtris corporibus,ita Chriſti ſpiritus immortalis,noſtro ſpiritui confert uitam.Theophylactus uero non ſolum legit ζωὴ, uerum etiam interpretatur in hanc ſententiam,uita:Non ſolum,inquit,ipſe uiuit,ſed & alijs hoc poteſt donare.Idem admonet fuiſſe qui ſpiritum hic intelligerent ipſum Chriſtum.]

* Propter iuſtificationem.) διὰ τὴν δικαιοσύνην. id eſt,propter iuſtitiam:ut & aliâs ſæpe uertit.Nam δικαίωσις magis ſonat iuſtificationem. † *16: follows Abba pater) p. 384 †↓

19 {Propter inhabitantem ſpiritum eius in uobis.) Hilarius libro de trinitate ſecundo legit, Propter ſpiritum ſuum qui habitat in uobis.& Latinius.Quāquam id minutius eſt,quam ut de eo ſit contendendum.Variabant hic quædam exemplaria Græcorum,quum in pleriſque eſſet: διὰ τὸ ἐνοικοῦν αὐτοῦ πνεῦμα ἐν ὑμῖν. id eſt, propter ſpiritum ſuum qui habitat in uobis.In nonnullis: διὰ τοῦ ἐνοικοῦντος αὐτοῦ πνεύματος ἐν ὑμῖν. id eſt,per ſpiritū ſuum qui habitat in uobis.Ad ſenſum haud magni refert.Licet enim διὰ præpoſitio genitiuo addita ſignificet inſtrumentum,accuſatiuo adiuncta cauſam,tamen nihil uetat quo minus alicubi res eadem tum cauſa ſit tum inſtrumentum.} *Varia lectio*

** Iterum in timore.) εἰς φόβον. id eſt,ad timorem ſiue terrorem. **16: precedes Si tamen spiritus dei) above

Spiritū adoptiōis filiorū dei.)Pro tribus uocibus una eſt apud Græcos,υἱοθεσίας,quę uox
22 filiorū adoptionē ſignificat{Imò adoptionē eorū qui natura filij nō ſunt,in locum filiorū.>
27.35 (Nam adoptātur & nepotes,licet hæc ſit adoptio chariſſima)[Sermo Græcus nihil habet incōmodi,Latinus nō uideo quî poſſit cōſiſtere.Nā ſi adoptio ſumatur actiue,quaſi filij adoptent,abſurdus eſt ſermo:ſin paſſiue,nō dicūtur adoptari filij,quū per adoptionē ueniūt in alienā familiā,quemadmodū dicitur creari magiſtratus aut eligi epiſcopus,quū ſuffragijs fit magiſtratus aut epiſcopus.nec ita dicit adoptio filiorū,quēadmodū dicitur creatio ma-

giſtratuum

†16: Justificationem, atque hic plaerique latini codices habent vivit, cum legendum sit vita, subaudiendo est; ζωὴ non ζῇ Si tamen

gistratuum:sed alieni filij,alteri adoptantur in locum filiorum,& dicũtur per adoptionem
fieri filij adoptantis,& adoptator siue arrogator filios alienos aut nepotes facit suos. Pater
aut patruus dicitur dare in adoptionem. Si accipimus adoptionẽ filiorum,qui prius erant
filij satanæ:hoc non sentit scriptura. Si accipimus adoptari filios dei,non cõsistit sermo La-
tinus:dicẽdum potius erat,Spiritum adoptionis in filios dei. Quemadmodum autem licet
Paulo Scipionis filium adoptare in locum sui nepotis,ita licet illius nepotem adoptare sibi
in filij locum. Hoc incommodum ut uitarẽt quidam,uerterunt,Spiritum adoptionis:quod
adoptare in filij locum sit præcipuum adoptionis genus:unde per se positum intelligitur
de eo quod est eximium. Ipse uero sermonis apostolici tenor,declarat hic agi de adoptatis
in filiorum ius] Porrò genitiuus Dei,additus est,quum in Græcis codicibus non habeatur.
* omitted in 27 ( Non enim hic discernit filios dei à filijs hominum,sed distinguit filios gratiæ à seruis legis.) 27
*Abba pater, Abba,pater.) אב siue אבי Hebræis {imò Syris,quemadmodũ indicat Hieronymus,} 19
16: Porro [ quomodo intelligendũ sonat patrem,dictio è duabus primis literis composita {aleph & beth} Sed uocẽ Hebræam 19
reliquit,quo significaret peculiare quiddam esse in ipso uocabulo,quod & patres libenter
audiunt,& pueri primum sonare discunt. Nam hoc statim implorant patris opem,cuius-
modi est apud Latinos pappus,uox infantibus peculiaris. Cæterum quod addidit, ὁ πα-
τήρ, Græcis incertum est,utrum conduplicatio sit ad emphasim affectus faciens,an interpretatio peregrini Romanis uocabuli,maxime quum additum sit nominandi casu. {Quan- 19
quam mihi uero propius uidetur κατ' ἀναδίπλωσιν dictum,quum is loquendi colos Hebræis sit penè peculiaris, ἐμφάσεως gratia, nunc eandẽ uocem iterantibus,nunc eandem
alia idem pollente reddentibus. ut:Non omnis qui dicit mihi,Domine,domine. &:Deus
meus,deus meus. &:Ficus bonas,bonas. &:Domine dominus noster. Nam in hoc postremo exemplo,Hebræis diuersæ sunt dictiones. prior est uocabulum dei tetragrammaton,
constans hisce literis, [יהוה] Iod,he,uau,he:quod illi uocant, ἄῤῥητον. id est, ineffabile. 35
Posterior est, אדני Adonai:quod commune est,ac sæpenumero tribuitur & hominibus.}
Sunt autem (hic) {eadem uerba,quibus Christus utitur,orans patrem apud Marcum capite 27
Expensa Augustini sententia decimoquarto, (Abba pater)} Cęterum librariorum uitio factum arbitror,quod Augustinus 27 · 19
epistola centesima septuagesimaoctaua,scribit,abba Græcum esse uocabulum,pater Lati-
num:quum neque Paulus Latine scripserit Romanis,& extra controuersiam sit, abba Syria
cum aut Hebræum esse uocabulum. Sed Augustini uerba subscribã:Non accipiatur Paulus,qui dicit Romanis scribens,In quo clamamus Abba pater. In uno nomine duabus utitur linguis,dicit enim abba Græco uocabulo patrem,& Latine nominat identidem pa-
Propter 16: Justificationem) p. 383 placed here trem} {Equidem arbitror hæc uerba assuta scriptis Augustini. Melius Thomas qui dicit ab- 27
ba uocem esse Hebraicam, pater Græcam siue Latinam:similiter Græci compellant pa-
trem & Latini.) ǀ
* 16: entries reversed * Testimonium reddit.) συμμαρτυρεῖ. Redditur,uel quod refertur uel quod debetur [Ita 35
redditur lotium,& redditur ratio] At Græcis est,Attestatur:siue,ut magis ad uerbum reddam,Contestatur. ut intelligas geminum esse testimoniũ duorum spirituum,nostri,& dei.
Porrò testimonium spiritus nostri,cõfirmatur testimonio spiritus diuini: {quemadmodum 35
symmachi dicuntur,qui in pugna ferunt suppetias. Atque usitate dicimus, Teste cõscientia.
Humani spiritus testimonium imbecille est,præsertim in imperfectis,nisi accedat spiritus
diuini testimonium. Neque quicquam uetat,ut dicamus mutuam charitatem inter deum
& hominem,quum charitas sit dei donum:ita mutuum esse testimoniũ inter spiritum dei
& nostrum,non quod noster spiritus cõfirmet deum,sed quod sibi testis est. Chrysostomus
subindicat σύν Græcam præpositionem referri ad uocale testimonium,eo quod præcessit,In quo clamamus,abba pater:uocis autem testimonium,cõfirmatur arcano testimonio
spiritus diuini,qui suo dono confirmat eam uocem. Non dissentit Theophylactus.]
* Si tamen compati m.) εἴπερ. id est,siquidem. quod hic quoque posset accipi ratiocinati-
συμπαθεῖν ue,non dubitatiue. Item hoc loco cõpati,est non quod uulgo accipiunt indocti,moueri ma
lis alterius,sed socium esse & imitatorem atque æmulum afflictionum Christi.
** 16: entries reversed ** Vt & glorificemur.) Vnà glorificemur, συνδοξασθῶμεν. {ut intelligas communem no 19
bis cum Christo gloriam.}
** Existimo enim.) λογίζομαι, id est,perpendo,siue reputo. Nec enim id opinatur Paulus
ceu

35 ceu dubitans,sed certus ita esse,perpendit in animo suo[Non enim loquit̃ de fide,ad quam
exprimendam nimis diluta uox est existimo,quę frequenter coniuncta est dubitationi,sed
de consideratione eorum quæ credidit,per quam ueluti rationem subducit,cõferens huius
uitæ molestias propter euangeliũ tolerãdas,cum æternæ uitæ præmio,quod pijs omnibus
promisit Christus.Collatio uero facit,ut hæc quæ hic patimur,leuia uideãtur,dum animo
reputamus æternã illam felicitatem.Equidem λογίζεσθαι pro Existimare,nondũ legi,quod
Græci dicunt οἴεσθαι,ἡγεῖσθαι,δοκεῖν,νομίζειν. Tolerabilius esset æstimare,quod uerbum rationi congruit.existimamus illud charum,quod putamus esse magni pretij:sed ęstimamus
pro charo,quod animi inductione pro charo habemus.Quod si λογίζεσθαι nihil aliud sonat Græcis q̃ nobis Existimare,perperã loquutus est Paulus ad Philippenses quarto: ταῦτα λογίζεσθε. aut certe peccauit interpres, qui uertit,Hæc cogitate: quum uertere debuerit,Hæc existimate.Et secundæ Corinthiorum capite decimo. τοῦτο λογιζέσθω πάλιν. uertit
Hoc cogitet iterum.Paulus usus est hoc uerbo,pro Aestimare, μή τις εἰς ἐμὲ λογίσηται. hoc
est,Ne quis me pluris æstimet,quàm re uera sum.In epistolæ ad Romanos secundo Paulus
usurpauit,pro Cogitas, λογίζῃ δὲ τοῦτο ὦ ἄνθρωπε. Eiusdem epistolæ capite sexto, οὕτως καὶ
ὑμεῖς λογίζεσθε ἑαυτούς. non docet quid debeant credere,qui hoc iam pridem didicerant,sed
quid meminisse & in animo uoluere,ubi magis conueniebat æstimate,quàm existimate.
Rursum primæ Corinthiorum quarto, οὕτως ἡμᾶς λογιζέσθω ἄνθρωπος. æstimet, quadrabat magis quàm Existimet.Mirum enim si nondum Corinthij suspicabantur Paulum dis-
pensatorem mysteriorum dei.Rursus secundæ Corinthiorum capite decimo.Ea confiden
tia qua existimor audere in quosdam,interpres λογίζομαι uertit Existimor:quum Chryso
stomus exponat Cogito.Hoc enim sermone minatur quibusdam,qui Paulũ ut hominem
quemlibet contemnebant.Nondum ait se decreuisse,sed tantum de illis puniendis cogitare,nisi resipuerint.Theophylactus λογίζομαι interpretatur ὑπολαμβάνω,στοχάζομαι, id est
suspicor & destino.Qui suspicatur se facturum,nondum concepit certum animi propositum:& qui destinat,adhuc habet telum in manu,cogitans in quos & quomodo sit mitten-
dum.Cæterum qui docuit existimare esse certæ opinionis,rem plane falsam docuit.Nihilo
minus enim est existimatio dubia,quàm opinio,imò existimatio sæpe fallax est:ut est illud
Qui se existimat aliquid esse.&,Existimabant se spiritum uidere.]

Quæ reuelabitur in nobis.) Dubium est apud Græcos,an uerbum ἀποκαλυφθῆναι, debeat referri ad præpositionem πρὸς, an ad participiũ μέλλουσαν. Nam si referatur ad præpositionem,erit sensus,Ad hoc ut futura gloria reueletur in nobis,ac tum uidetur deesse ar
ticulus τὸ, solitus præponi uerbis infinitis.Interpres sic ordinasse uidetur: πρὸς τὴν δόξαν
τὴν μέλλουσαν ἀποκαλυφθῆναι. id est,ad gloriam quæ reuelabitur.Nec est,In nobis:sed,In nos:
35 [seu potius,Erga nos.iuxta illud, Videmus nunc per speculum & in ænigmate,tunc autem
35 facie ad faciem]quanquam præpositio εἰς, uti sæpius admonui,Græcis anceps est[& sen
sum pium habet hæc quoq; lectio.]

Nam expectatio creaturæ.) ἡ γὰρ ἀποκαραδοκία. quod non significat simpliciter expe-
19 ctationem,sed uehementem & anxiam expectationem:ut testantur & Græca scholia{quæ
Græcanicæ uocis emphasim indicant,quum ex corde quippiam expectatur.unde nos uer
35 timus,Sollicita expectati}[Græca uox è tribus composita est,ex ἀπὸ præpositione,& κάρα ἀποκαρα-
caput,& δοκεῖν uideri:quod qui uehementer desiderant aliquid uidere, porrecto capite δοκία
subinde prospiciunt:unde Ambrosius exponit,Frequentem expectationem:Hilarius,lon-
ginquam:quod prolato capite longius prospicimus.Vsus est Paulus eadem uoce in epistola ad Philippenses capite primo.Aristophanes in Equitibus,omissa præpositione dixit,
καραδοκεῖν.ἐκαραδόκησαν εἰς ἐμὲ ἡ βουλὴ πάλιν. id est,Ad me uertebant oculos,erecti ad promissionem,ut sensum reddam magis quàm uerba exprimam.] 19-27: Nam
19 {Vanitati enim creatura subiecta est.) Vanitas non hic sonat mendacitatem,sed potius vanitati
frustrationem, ματαιότητι. quod creatura interim non assequatur,quod utcunq; conten- Vanitas
dit efficere.Verbi causa,dum aliud ex alio propagans,indiuiduis uicissim cadentibus ac ματαιότης
renascẽtibus speciem tuetur ne intercidat,meditatur immortalitatẽ quandam,sed frustra.}

Qui subiecit eam.) Eam,additum est explicandi causa. διὰ τὸν ὑποτάξαντα. Et in spe.
19 ἐπ' ἐλπίδι. magis est, sub conditione spei.{Cæterum quod sequitur,Quia & ipsa creatura

 libera-

liberabitur,& cætera,connecti poterat superioribus:Subiecit sub spe:nimirum hac, quod & ipsa liberanda sit à seruitute.sed creatura repetita,duriusculam reddit orationem.

Liberabitur à seruitute corruptionis.) ἐλευθερωθήσεται ἀπὸ τῆς δουλείας τῆς φθορᾶς. id est,libera reddetur,siue In libertatem uindicabitur.Et φθορὰ corruptio,Græcis quoque uox est anceps:nam & de uitiato dicitur,& de pereunte:hic,interitum sonat.Atque ita legit Augustinus explanans epistolam ad Galatas.Sensus autem est,Creaturam quæ nunc obnoxia est exitio,asserendam in libertatem,hoc est,in gloriam filiorum dei.}

Omnis creatura ingemiscit & parturit.) Aptius Græce συστενάζει καὶ συνωδίνει, id est Congemiscit & comparturit siue condolet,ut ita loquamur.Certe congemiscit citat Hieronymus in Commentariorum Esaiæ libro octauo{& Augustinus octogintatrium quæ- 19
stionum sexagesimaseptima,legit Congemiscit & dolet.Pro dolet, parturit legit Ambrosius}ut præpositio συν, uel ad nos referatur[indicans etiam elementa muta quodammo- 35
do nobiscum gemere]uel ad uniuersam inter se creaturam[ut accipiamus uniuersum mun- 35
dum in melius commutandum.Paulus enim ut tropologicos magnitudinem malorum exprimat,fingit uniuersum hunc mundum uelut unam personam:cui quum non insit sensus, tamen ita sensum tribuit,quemadmodum in Psalmis montes dicuntur exultare, flumina plaudere.]{Origenes item nominatim annotat dictum esse Congemit,pro eo quod est,cum 19
alio gemit:haud tamen dissimulans uariare libros:in nonnullis enim fuisse, στενάζει.

Non solū, peculiare Paulo

Non solum autem illa.) Illa, non additur apud Græcos, οὐ μόνον δέ. Sed tamen ex ijs quæ mox sequuntur apparet subaudiendum.Quid hic faciant,qui nec apicem mutari uolunt in literis sacris:frequenter indicat hanc eloquutionis formam in Paulo Origenes.

Receptaculū, pro primitijs

Primitias spiritus habentes.) τὴν ἀπαρχὴν. Mirum quid sequutus Ambrosius legerit, Sed & nos qui receptaculum spiritus habemus.quanquam ex enarratione non satis perspicuū est quid legerit(nisi forte quod ille scripserat Inceptaculū,scriba uertit In receptaculū.) 27

16: Inter

Intra nos gemimus.) ἐν ἑαυτοῖς στενάζομεν. id est,in nobis ipsis ingemiscimus(siue intra 27
nos ipsos,hoc est,taciti.)

Adoptionem filiorum dei.) υἱοθεσίαν, id est,adoptionem.Sed interpres explicandæ rei gratia adiecit quædam uerbula:idque perpetuo{facit in hac dictione}Augustinus libro aduer 19.22
sus Faustum tertio,capite tertio,non addit Filiorum,tantum citat adoptionem.Quis enim adoptat suos filios?[Alieni qui adoptantur,non adoptantur filij,sed in locum filiorum,ut an 35
te dictum est.]

Redemptionem corporis.) ἀπολύτρωσιν. quæ proprie dicitur,quum dato pretio rediimuntur captiui,uelut à piratis aut in bello capti.Corporis,dictum est pro A corpore:ut liberemur à corpore(illo)quod ante mortis corpus uocauit.Videtur autem hoc ita adiectum 27
quasi uoluerit interpretari υἱοθεσίαν adoptionem,quæ adoptio nihil aliud est quàm ut ab hoc corpore liberemur,(& immortale corpus recipiamus.) 27

Quid sperat?) τί καὶ ἐλπίζει; Quid etiam,aut quid insuper sperat?Non ociosa erat coniunctio,significans frustra iam sperari quod uideas.

Adiuuat συναντιλαμβάνεται

Similiter autem & spiritus adiuuat infirmitatem.) Græcis est numero pluratiuo, Infirmitates,siue imbecillitates nostras. συναντιλαμβάνεται ταῖς ἀσθενείαις ἡμῶν. Est autem συναντιλαμβάνεσθαι, in re quapiam suscepta, auxilio adesse laboranti.& idcirco addidit ὡσαύτως, id est,consimiliter.Sicut nos per patientiam expectantes nitimur,ita etiam spiritus admouet auxilium suum deficientibus,ceu manum porrigens laborantibus.

[ Articuli uis

Nam quid oremus.) τὸ γὰρ τί προσευξόμεθα. interpres non expressit uim articuli τὸ, qui refertur ad totum hoc quod mox sequitur.unde nos uertimus,Siquidē hoc ipsum quid oraturi simus ut oportet,non nouimus{hoc est,tantū abest,ut ipsi nobis possimus esse præ- 19
sidio,ut nesciamus quibus præsidijs sit opus.}

[ ἐντυγχάνει ὑπερεντυγχάνει

16: dicat

Spiritus postulat.) ὑπερεντυγχάνει. quod aliquando uertit postulat, aliquando interpellat,aut intercedit.Est autem quoties quis conuenit aliquem super negocio alterius:uelut si quis adeat principem,commendaturus causam amici.(Illud annotandū quod non sim 27
pliciter dixit ἐντυγχάνει, sed ὑπερεντυγχάνει. Nam hæc præpositio solet excellentiam significare Græcis.Sensus enim hic est,ni fallor,etiamsi spiritus hominis aliquando petit nocitura,tamen spiritus sanctus afflans animos aliquorum corrigit quod male petebatur,ue-

luti

luti præfectus omnibus interpellationibus.)

Quid desideret spiritus.) τὸ φρόνημα, id est, sensum, siue quid sentiat spiritus: hoc est, Desiderium
19 affectum spiritus, quod Terentius uertit sensum, Illius sensum pulchre calleo. {Eadem est φρόνημα
35 uox Græca, quam toties iam uertit, prudentia.} [Nescio quid sibi uelit quidam, qui putat sen
sum & affectum esse uoces carnales, nec conuenire spiritui diuino. An putamus illũ quum
hæc scriberet esse sobrium? An non de deo dictum est, Quis cognouit sensum domini? &
misericordia non est affectus quæ deo præcipue tribuitur? Et si spiritus dei recte dicitur de-
siderare, concupiscere, gemere & interpellare, an illi absurde tribuitur affectus? Sed in deo
non sunt affectus quemadmodum in nobis: uerum nec sapere, nec uiuere, nec misereri, nec
diligere est in illo, quemadmodum in nobis, & tamen huiusmodi uerbis humanis scriptura
passim abutitur de illo loquens.]

Cooperantur in bonum.) συνεργεῖ referri potest apud Græcos uel ad spiritum uel ad
omnia: ut iuxta priorem sensum intelligas, spiritum sanctum omnia uertere in bonum suo Duplex
auxilio: iuxta posteriorem accipias, omnia etiam mala adiumento esse sanctis ad felicita- sensus
19.27 tem. & hic sensus magis mihi arridet: {atque hunc sequitur (Chrysostomus ac) Theophyla- 19: Vulgarius
ctus} Nec est quod moueat quenquam, uerbum singularis numeri συνεργεῖ, quum πάν-
τα nominatiuus sit neutri generis.

19 {Secundum propositum.) κατὰ πρόθεσιν. id est, iuxta animi destinationẽ. ut Propositum πρόθεσις]
referatur non ad Sancti, aut ad Hominem recti propositi, sed ad Prædestinationem dei. Ita 19-27: Iuxta
Origenes ac Thomas, etiamsi Ambrosius utrumq; sensum uidetur attingere. quãquam &
Origenes aliquanto inferius explicans qui dicantur uocati & non electi, qui uocati & electi, nonnihil à seipso dissidet, interpretans secundum propositum uocatos dici, qui prius margin:
quàm uocarentur, propenso iam tum erãt animo ad cultum diuinum, quorumq; promptæ 19-27: Duplex
iam uoluntati tantum deerat uocatio, uidelicet ut Propositum, non ad deum destinantem, sensus
27 sed ad hominem in animo statuentem pertineat (nisi forte interpres hæc adiecit de suo. Am Iuxta propo-
brosium sequitur Augustinus in libello De correptione & gratia, capite septimo: Electi, in- situm]
quit, sunt, quia secundum propositum uocati sunt, propositum autem non suum sed dei.
Nam Paulus proximo huius Epistolæ capite, simili sensu dixit propositum dei. rursus ad
Ephesios capite primo) Neq; uero apud Græcos adiungitur Sancti, tantũ est Vocati. Atq;
ita legisse Origenem ex ipsius liquet interpretatione, quum ait, Videndum est ne forte ex
hoc quod dicit, ijs qui secundum propositum uocati sunt & quos præsciuit & quos præde
stinauit, & cætera. Neq; secus legit Ambrosius, sic enim edisserit, Hi autem secundum pro
positum uocantur, quos credentes præsciuit deus futuros sibi idoneos, ut antequam crede-
27 rent, scirentur (Legit idem Augustinus libro de correptione & gratia) Sequitur hanc tum le
27 ctionem tum sententiam (Chrysostomus &) Theophylactus, quanquam refragatur Tho- 19: Vulgarius
35 mas & uetusti Latinorum codices [plerique] Apparet autem Sancti, additum ex alijs locis,
in quibus hæ duæ uoces, Vocati sancti, sæpenumero copulantur.}

19 Vocati sunt sancti.) κλητοῖς οὖσι. qui sunt uocati {Primum} Sancti {ut dictum est} redun
19 dat: deinde {Vocati} hic non participium est, sed nomen: quemadmodum in initio indicaui- 16: est autem
mus, ut rursus excludat opera legis, quibus male fidebant Iudæi, & ostendat ueram sanctimoniam contingere ex uocante deo. ↑ ↑16-19: non tamen citra nostrum conatum.

19 Quos præsciuit.) οὓς προέγνωκεν. {siue ut quibusdam legitur προέγνω.} Iam superius ad
monuimus apud Græcos hoc uerbum aliquoties accipi pro statuit, siue decreuit, quod co- Quos præ-
gnitio coniuncta sit deliberationi: & uidentur hæc non tam genere aut ratione inter se dissi sciuit]
19 dere, quàm gradibus quibusdam & interuallis inter se distincta connecti, quo magis {rem
Paulus} exponat oculis, ut προγνῶναι sit deliberantis ac statuentis, quod tamen aliquo mo margin: 19-27:
do possit immutari, ut hominum more loquamur. Deinde προορίζειν siue ὁρίζειν, quod Noua
decretum fuerit iam palam pronunciantis. quod fieri non solet, nisi quum ita decretum est interpretatio
aliquid, ut mutari non possit. Porro ubi pronunciaris quod decreuisti, superest ut exhibeas
ac præstes quod es pollicitus. Incipit autem exhibere, qui uocat & inuitat. Deinde ne uideatur frustra uocasse, uocatos iustificat etiam, sine quo non sumus capaces promissi. Denique iustificatis datur præmium. Igitur προέγνωκεν deus ab æterno, quos decreuit ac Prædestinare
statuit ad immortalitatem uocandos esse: προώρισεν, de quibus iam per prophetas suos, Vocare

ac multo magis per filium pronunciauit promulgato decreto suo. Vocauit autem per præ-
Iustificare dicationem Iesu, iustificauit per mortem illius, glorificauit per resurrectionẽ ac præmium
Glorificare immortalitatis. {Siue uocauit per doctrinam euangelicam, iustificauit per baptismum, glori 27
ficauit per dona spiritus.} Ad hunc modum Paulus gradibus quibusdam, ab eo quod est om
nium primum, peruenit ad id quod est omnium summum, quo res esset firmior & absolutior. Quod si quis durius existimet, me tollere præscientiam hoc loco, sciat ad eum modum
16-19: Vulgarium interpretatum esse Theophylactum Græcum interpretem, & quo quidam credent liben-
[πρόγνωσις tius, recentem, qui hoc putat interesse inter πρόγνωσιν & προορισμὸν siue ὁρισμὸν, quod
ὁρισμός illud sit minus firmum, hoc firmius. quin etiam ubi Petrus scribit προεγνωσμένου μὲν πρὸ τῆς
προορισμός] καταβολῆς τοῦ κόσμου. quo loco Præscitos, erat uertendum iuxta horum sententiam, nec Ly
ranus ueretur exponere præordinatos. Et Thomas indicat fuisse, qui hoc loco præsciẽtiam
aliud quiddam fuerint interpretati, nempe præparationem ad gratiam, quam pro tempore
deus ostendit in sanctis, ne uidelicet nihil interesset inter præscire & prædestinare, quorum
commentum idem merito reijcit. Quanquam nec Origenes hoc loco probat, ut πρόγνωσιν, id est, præscientiam, iuxta communem sensum accipiamus, iuxta quem deus & peri-
turos præsciuit, ut iam falsum sit, quoscunque præscierit, eosdem & prædestinasse. Verum si
Non quisquis cuti diuina scriptura iuxta consuetudinem sermonis sui, cognosci dicit eos, quos deus affe-
præscitus, idẽ ctu complectitur, Non noui uos {&, Nouit dominus uiam iustorum} ita hic præcogniti di- 19
& prædesti- cuntur. Neque uero me clam est quosdam ex hoc loco quæsisse campum {exercendi ingenij,
natus in quo de præscientia, deque prædestinatione dei philosopharentur, uidelicet Origenem, di-
Prædestinatio uum Augustinum, Thomam Aquinatem, & post hos omnes theologorum scholas, quo-
campus inge- rum ego industriam non improbo. Verum hic sensus quem ostendimus, mihi uidetur sim-
niorum plicior magisque germanus. Quod si cui diuersa placent, per me suo quisque iudicio fruatur. Nos admonemus, non præimus {& ita nostra conferimus in medium, ut nullius omni- 19
no sententiæ præiudicemus.}

Illos & magnificauit.) Græce est, ἐδόξασε, id est, glorificauit, nimirum per dona spiritus & adoptionem cœlestem. & rectius erat Eosdem, quàm Illos {Ambrosius legit, Magni- 19
ficauit. Origenes edisserens hunc locum legit, glorificauit: licet adscripserint contextum
ex nostra æditione uulgata.}

Qui [etiam] proprio filio suo.) Suo, redundat apud nos: nam satis erat ἰδίῳ, id est, suo 35
uel proprio {Certe Suo, non additur in uetustis exemplaribus: nec apud Augustinum, qui 19
hunc locum adducit libro De doctrina Christiana, quarto, capite uigesimo} [Quin & Am- 35
brosius aliquot locis hoc testimonium adducit iuxta Græcorum lectionem. Hilarius libro
de triade sexto, hoc etiam annotandum putauit, quod dixit Proprio filio, potius quàm suo.]

Omnia nobis donauit.) χαρίσεται, id est, donabit, futuri temporis. atque ita exponit Am
19: Vulgarius brosius [ac Chrysostomus] {& huic consentiens Theophylactus, etiamsi reclamant antiqui 35.19
codices & ueterum citationes. Proinde suspicor uariatum in Græcis exemplaribus, in quo
rum nonnullis scriptum fuerit ἐχαρίσατο, pro χαρίσεται. Vterque sensus bene habet. Su
spicor offensum quempiam, quod nondum omnia nobis uideantur donata à deo, mutasse
uerbi tempus. Sed nihil uetat donationẽ iam peractam esse, quæ decreto constat, licet nondum sit plena donati possessio.}

33

Quis accusabit aduersus electos dei.) τίς ἐγκαλέσει κατὰ ἐκλεκτῶν τοῦ θεοῦ; id est, quis accu
sabit, aut quis crimen intendet aduersus electos dei? Faber ita legit, ut κατὰ accipiatur pro
Fabri sententia ὑπὲρ. id est, Quis accusationem instituet pro electis dei, in defensionem electorum aduer-
perpensa sus inimicos. Verum hoc quidem loco sensus Pauli manifestus est, si interrogationem in-
Sensus & pro telligamus efficere negationem: ut sit sensus, Neminem ausurum criminari eos, quos deus
nũciatione ua non solum uocauit, sed etiam elegit. Proinde quæ sequuntur, usque ad illum locum, Quis
16: publice riatur, adeo nos separabit à charitate: sub eadem interrogatione sunt legenda, ut intelligas ἀδυνάτως.
ut sermo per- Quanquam audimus hæc etiam in templis publicitus pronunciatiue legi, non interrogati
↓C peram pronũ ue {Sic enim habent plerique codices uulgati. Quis est qui condemnet? Huic percontatio- 27
ciatus, sensum ni uelut respondentia subijciuntur: Christus Iesus qui mortuus est, imò & resurrexit, qui
faciat hæreti- est ad dexteram dei, qui etiam interpellat pro nobis.} Annotauit hunc locum Augustinus li
cum interdũ. bro de doctrina Christiana tertio {capite tertio. Quanquam ille quidem aliquanto secus di- 19
stinguit

C 16-22: interrogative. Idque perperam, imo contumeliose in Christum, nisi tantum crimen excusaret imperitia, non admodum honesta patrocinatrix. Annotavit

stinguit hunc sermonem, quam nos uulgo facimus. Quum enim indicasset differentiolam
inter percontationem & interrogationem, quod ad percontationem multa respõderi possent, ad interrogationem uero[ non aut etiam, subijcit, pronunciabitur ergo ita, ut post per- ↑19-22: aut
contationem qua dicimus, Quis accusabit aduersus electos dei? illud quod sequitur sono
interrogantis enuncietur, Deus qui iustificat? ut tacite respõdeatur, non. Et iterum percon
temur, Quis est qui condemnet? Rursusq́ interrogemus, Christus Iesus qui mortuus est? Augustini
Magis autem qui resurrexit, qui est in dextera dei? qui & interpellat pro nobis? ut ubique distinctio
tacite respondeatur, non. Ad eundem modum distinxisse Ambrosium, colligere licet ex his
uerbis, quibus hunc enarrat locum: Deum qui nos iustificat, accusare nos negat. Simul &
Christum damnare nos non posse, quia eo affectu dilexit nos ut moreretur pro nobis, & re-
surgens sempercausas nostras agit apud patrem. Origenes uidetur more nostro duas particulas hasce coniungere: Deus qui iustificat, quis est qui condemnet? pugnant enim iustificare & condemnare. Deinde, Christus Iesus qui mortuus est, & cætera, non uidetur lege Origenis
re uelut à percontante dicta, sed ab enunciante, non ut respondeatur superiori interrogatio distinctio
ni quæ iam absoluta est, subaudito Nullus: sed ut sit noua coaceruatio argumẽtorum: sitq́
hic sensus, Deus est is qui iustificat, quis erit ille qui condemnet? Christus est is qui mortuus est pro nobis, imò qui & resurrexit, & sedens ad dexteram dei patris interpellat pro
nobis, quis accusabit electos, aut quis condemnabit? ut ex tot argumentis simul congestis Origenis di-
pariter consequatur, neminem fore qui nos uel criminetur uel cõdemnet. Ac mihi quidem stinctionem
hæc lectio germanior esse uidetur, uel ob hoc quod alioqui nihil magnum colligi uideba- præfert
tur, si conficiatur, patrem non accusaturum electos, quum iustificet, aut Christum non con cæteris
35 demnaturum, quum interpellet pro nobis[ Illud efficacius, quum habeamus iudicem deum
nos iustificantem, filium dei pro nobis mortuum & adhuc pro nobis interpellantem, nihil
esse quod ullius metuamus criminationem. Nec Chrysostomus, nec Theophylactus hic
meminerunt percontationis, sed hæc, Christus Iesus qui mortuus est, & cætera, pronunciatiue legunt, non dissentientes ab Origene. Poterat hæc pars connecti cum sequenti, Quis
ergo nos separabit, & cætera. Consequens enim est, ut eum qui sic nos amauit, ut pro nobis mortuus sit, pro nobis resurrexerit, iamq́ patri dexter assidens non desinat agere causam nostram, constanter redamemus, etiam si qua dura fuerint illius causa ferẽda: sed hanc
27 distinctionem non uideo quenquam interpretem esse sequutum.(Multum autem lucis accessisset orationi, si interpres addidisset unam syllabam, Deus est qui iustificat: &, Christus
est qui mortuus est) Nam apud Græcos articuli reddunt orationem satis perspicuam: θεὸς
ὁ δικαιῶν, τίς ὁ κατακρίνων. deus est ille qui iustificat, quis est ille qui condemnet. χριστὸς ὁ
ἀποθανών, Christus est ille qui mortuus est, & cætera. ut hic repetatur quod præcessit, τίς
ὁ κατακρίνων. quis est ille qui condemnet?]
27 Quis ergo nos separabit?) Ergo, additum est à Latinis, & melius omittitur. Nam (si se-
pares hunc sermonem à superioribus) uidetur Paulus ueluti subito raptus affectu in hanc
19·27 ceu exclamationem prorupisse{ob tanta fiduciæ argumenta quæ præcesserunt}(Ita uidetur
35 Theophylacto[iuxta Chrysostomi sententiam] qui separat. Sin coniunctim legas, melius
cohærent, sublata coniunctione, Quum deus & Christus sit talis erga nos, quis nos separa
bit à charitate?) Charitas autem hic actiue uidetur accipi, ἀγάπη, nempe qua nos dilexit
19 deus, & ad redamandum prouocauit{Minoris est momenti quod Ambrosius legit, A cha-
27 ritate Christi: Origenes, A charitate dei}(Totum autem hunc locum Augustinus libro de
doctrina Christiana quarto, capite uigesimo, profert uelut exemplar orationis, quæ uehe- δείνωσις
mentiam, hoc est δείνωσιν, cum ornatu coniunxerit. Iucunditas enim orationis partim est Rhetoricæ uir
in gradationibus Præsciuit, prædestinauit, uocauit, iustificauit, magnificauit: partim in si- tutes per Au
militer desinentibus & cadentibus, προώρισεν, ἐκάλεσεν, & cætera: rursus ὑπὲρ ἡμῶν, καθ' gustinũ indi
ἡμῶν. partim in eiusdem uocis iteratione, quam traductionem uocant, ut in proximo ex- catæ in Paulo
emplo, ἡμῶν, ἡμῶν. tum in contrarijs, iustificat, & condemnat: mors, uita: instantia, futu- scriptis
ra: altitudo, profunditas. Nam comparia & asyndeta faciunt etiam ad δείνωσιν, quemadmodum & interrogatio. Totus autem hic sermo percontationibus & interrogationibus
scatet. Quod si quis distinguat acrimoniam seu contentionem orationis, à granditate, qui
tertius est apud rhetores dictionis character, ad acrimoniam facit interrogatio, uehemen-

tior etiam asseueratione. Nam uehemẽtius est, quomodo etiam non cum illo nobis omnia donabit: q̃ si dixisset, Haud dubie & omnia nobis cum illo donabit. Hac enim fiducia manifestæ ueritatis sic urgetur auditor, quasi non habeat quod respondeat. Itẽ acrius est an tribulatio, an angustia, an persequutio, an fames, q̃ si negasset. Ad idem faciunt incisa, ab eadem dictione incipientia, sicut modo retuli, uelut & in illo, Neq; mors, neq; uita, neq; angeli, & cætera. Grandem aũt orationem illa proprie reddunt, quod uelut afflatus numine nihil humile loquitur. Proponit enim magnifice, Scimus quod diligẽtibus deum omnia, & cætera. Deinde totus sermo cõstat magnificis tum rebus, tum personis: mors, uita, fortitudo, altitudo: deus, Christus, ad dexterã dei, angeli, principatus, uirtutes. Quin & illud magnificũ, In his omnibus ὑπερνικῶμεν. &, Certus sum enim. Quid unquã Cicero dixit grandiloquẽtius?)

Sicut oues occisionis.) Testimoniũ sumptum est ex Psalmo quadragesimotertio. Porrò quod interpres uertit, occisionis, Hebraice est טִבְחָה, quod magis apud illos sonat mactationem: ea est quum lanius cõtrectat & explorat pecudem, num idonea sit ut iuguletur. Siquidem simile quiddam est apud Latinos mactatio. unde Horatius: Mactata ueniet lenior hostia. Proinde Oues occisionis, dixit, pro eo quod est oues occisioni destinatæ. Cæterum hoc loco fuerat interpreti prætermittenda coniũctio ὅτι. quid enim hic sermo significat Latinis, Scriptũ est quia propter te mortificamur [nisi ob id scripturã esse proditam, Quia nos pro- 35
pter deum mortificamur tota die] Apud Græcos uaria est huius coniũctionis uis, apud nos non item: [quoties aũt habet uim confirmandi, præstabat omittere, si uelimus loqui Latine. 35
Fateor ecclesiasticos frequenter Quoniam, & quia, sic usurpare, ut uel confirment, uel accipiantur αἰτικῶς, præsertim utentes scripturarum testimonijs, sed non ideo Latine dicitur.]

*Oues occisionis*

Superamus propter eum.) ὑπερνικῶμεν διὰ τοῦ. id est, superuincimus. ut plus aliquid intelligas, quàm Vincimus: (sed res tantas etiam facile uincimus, omnibus illis malis superio- 27
res. Ita Theophylactus. Deinde) Per eum qui, & cætera. non, Propter eum. διὰ τοῦ. {Augu 19
stinus libro de ciuitate dei uigesimosecũdo, capite uigesimotertio, refert hunc ad modum: In his omnibus superuincimus per eum qui dilexit nos. Ad eundem modum citat libro de doctrina Christiana quarto, capite uigesimo. Itidem legit & Origenes sic edisserẽs: Et ideo, inquit, in his omnibus superamus, non nostra uirtute, sed per eum qui dilexit nos [Diuus au- 35
tem Basilius ad Amphilochium De spiritu sancto, capite octauo, ita refert, Per eum: ut si legas Propter eum, corruat illius argumentatio] Ambrosius tamen legit, Propter: intelligens nos in tantis afflictionibus infracto animo perdurare amore Christi, qui nobis tantum impenderit, quodammodo rependentes illi moriendi uices. Ipsius Ambrosij uerba sunt hæc, si quis forte requiret: Et quid mirum, si serui moriantur pro bono domino, quãdo dominus mortuus est pro seruis & malis? Vincunt ergo beneficia & exhortantur animum ad perseuerandum propter eum qui dilexit nos} (Nobiscum faciunt Chrysostomus & Theophyla- 27
ctus, & legentes & interpretãtes, non mirum esse si tãtis malis superiores euadimus, quum deum habeamus propugnatorem) [Atq; hanc arbitror germanã lectionem. Nam quoniam 35
magnifica quædam dixerat Apostolus, suo more gloriam omnem transfert in Christum.]

Certus sum enim.) πέπεισμαι γάρ. id est, Persuasus sum, siue confido, ut uertit diuus Hieronymus ad Algasiam quæstione nona {Atq; ita legit Ambrosius} 19

*Additum aliquid*

Neq; futura, neq; fortitudo.) Fortitudo apud Græcos non legitur, nec habet ad quod respondeat, quum Instantia, id est præsentia, respondeat futuris, altitudo profunditati. Quanquam in eo quem modo citaui loco, diuus Hieronymus addit fortitudo (sed omissis uirtuti- 27
bus, quas Græcus δυνάμεις legit: quas Hieronymus, ut uidetur, dixit Potestates) {Apud Am- 19
brosium nonnihil ab hac diuersa reperitur lectio, nouem duntaxat partes recensentẽ: Neq; mors, neq; uita, neq; angelus, neq; uirtus, neq; altitudo, neq; profundũ, neq; præsentia, neq; futura, neq; alia creatura. Atq; ita legisse Ambrosiũ palã arguit & ipsius interpretatio. Ex quo liquet, quod loco Fortitudinis, apud nos non suo loco positæ, ille posuerit proximã angelis uirtutem, quam refert ad miraculum. Cæterum principatuum nõ meminit, etiamsi Origenes inter enarrãdum nonnihil attingit de principatibus, nec alioqui anxius hoc loco in recensendis huius synathroesmi partibus. Augustinus in explicãdis huius epistolæ quæstionibus aliquot, recenset Mortem, uitam, angelũ, principatũ, præsentia, futura, uirtutem, altitudinẽ, profundũ, & aliam creaturam. Verum ferè fit, ut in huiusmodi singulorũ catalogo nominũ uarient alicubi codices, labentibus memoria scribis.}

EX CAPITE NONO

35 [Testimonium mihi perhibente conscientia mea.) Quum sit συμμαρτυρούσης, aut conscientiæ testimonium intelligitur aliis testimoniis accedere: aut iuxta uulgatam loquendi formam, conscientiæ persona affingitur, ueluti quum alloquimur animum nostrum, siue quum dicimur cum animo nostro rixari, quum animus sit qui sibi loquitur: aut ociosa est præpositio σὺν. Certe nemo ueterum, quod sciam, annotauit huius uim hoc quidem loco.]

Optabam enim ego ipse.) Anathemata Græcis dicuntur res diis dicatæ, & in hoc sepositæ. Vide lector, num accipi possit ηὐχόμην ἄν, δυνητικῶς pro optare, siue optarim, etiamsi non additur ἄν, ut accipias Optarem si fieri posset. Porrò illud A Christo, refertur ad anathema: quasi dicas, quiddam sepositum & alienum à Christo. Siquidem ἀναθήματα dicuntur dona in templis dicata numinibus: unde & ueteres, sacrum, in malum sensum usurpabant. ut Hora- *Anathema* | 16-27: latini
19 tius: Sacer intestabilis esto. {Et Vergilius: Auri sacra fames. Hieronymus ad Algasiam quæstione nona, putat hic anathema accipi posse pro occisione corporali, non pro exitio mentis:
27 uerum reclamat quod sequitur, A Christo.} {Proinde ridet Chrysostomus quorundam nugale commentum, qui uoluerint ἀνάθεμα positum pro κειμήλιον, hoc est pro re chara seposita, quam uulgo uocamus cleinodium. Notat & illud quod dixerit, αὐτὸς ἐγώ, quum alterum pronomen uideatur superesse: uerum emphasim habet, Ipse qui tantum laborarim, ne seiungar à Christo. mihi uidetur & singularitatis habere significationem, unus pro tam multis optarim perire, si liceat.}

22 Quorum adoptio) ὧν ἡ υἱοθεσία. id est, quorum adoptio: sicut admonuimus & antea. {Interpres uoluit explanare uim Græcæ uocis, quod adoptentur & fratres aut nepotes. Augustinus non | 22: patres
35 addit Filiorum, libro aduersus Faustum tertio, capite tertio.} [qua de re supra dictum est copiosius.]

22 Et testamentum.) καὶ διαθῆκαι, id est, testamenta. {Atque ita refert Augustinus libro aduersus Faustum duodecimo, in libris manu descriptis, ac mox differens in hunc locum repe-
19 tit testamenta.} Ad filios enim tabulæ testamenti pertinent. {Ita legit Hieronymus ad Algasiam quæstione nona, interpretans alterum in litera, alterum in spiritu. Atque ita scriptum est in uetustissimis exemplaribus Latinis.} quanquam Hieronymus putat hoc uerbum apud Hebræos, unde ductum est à nostris, magis sonare Pacta, quàm Testamenta. | *19-27: Ita legit ... Latinis forms 2nd part of excised entry Rursus + testamentum) see footnote ]↓

Legislatio.) ἡ νομοθεσία. Græcis unicum est uerbum, quod ad omnes leges condendas
19 pertinet, non solum ad unam. {Augustinus in libello quem scripsit aduersus aduersarium legis, legit Legis constitutio. Sentit enim Paulus gloriam à deo conditæ legis, penes illos fuisse.} | ]↓

Et obsequium.) ἡ λατρεία. id est, Cultus, siue religio: quod alibi uertit, seruitutem. Sentit autem officia sacerdotalia, & ritus ac ceremonias sacrorum, interprete Origene. Quis au- *Obsequium pro cultu*
35 tem per Obsequium, quicquam tale Latinus intelligeret? [Obsequium enim dicitur morem gerentis alienæ uoluntati, quod frequenter sonat in malam partem. Certe nemo Latine loquentium, pro numinis cultu usurpauit: sed interpres uulgari sermone loquutus est.]

Et promissio.) ἐπαγγελίαι. id est, Promissiones, aut promissa: ut legit Ambrosius. | [↓

35 Qui est super omnia deus.) [Locus hic trifariam potest distingui: primum ut hæc particula Qui est super omnia, ὁ ὢν ἐπὶ πάντων, adhæreat superioribus, & separetur à sequentibus sic: Ex quibus Christus iuxta carnem, qui Christus est super omnia, siue qui erat super omnia. Ne quis enim suspicaretur Christi dignitatem imminutam per assumptam hominis naturam, respiciens ad diuinitatem, adiecit Qui est super omnia. Hęc distinctio tribuit diuinitatem Christo, quod nihil sit super omnia præter unum deum. Nam ἐπὶ positum est pro ἐπάνω. deinde interiecto colo sequatur, Deus benedictus in secula: ut hęc sit gratiarum actio ex contemplatione tantæ charitatis erga genus humanum, ut deus filium deum nostra causa uoluerit corpus humanum assumere. Verum in hac lectione in ὁ ὢν articulus propemodum superest, in θεὸς εὐλογητὸς deest. Altera lectio sic habet, ut totus sermo sibi cohæreat: Ex quibus Christus secundum carnem, qui Christus quum sit deus super omnia, benedictus est, siue sit in secula. hæc lectio euidentissime pronunciat Christum deum, mollior tamen futura, si pro ὁ ὢν, scriptum fuisset ὃς ὤν. Tertia nihil habet incommodi, quod ad sermonis rationem attinet: Ex quibus Christus iuxta carnem. hic colon finit sententiam: mox ex consideratione tantæ dei bonitatis subiicit gratiarum actio, ὁ ἐπὶ πάντων θεὸς, εὐλογητὸς εἰς τοὺς αἰῶνας. id est, deus qui est sup. omnia, sit benedictus in secula: ut accipiamus & legem datam & testamentum & prophetias & Christum denique humano corpore missum, hæc

 omnia

] 19-27: fuisse. Rursus + testamentum) Graece est testamenta numero multitudinis. Ita legit ... Latinis (from preceding entry) Et obsequium)

[ 16-27: deus) 16-22: Nisi haec particula adiecta est, sicuti quasdam adiectas offendimus, 16-27: hoc certe loco Paulus palam Christum pronunciavit deum. Et consentiunt, quae quidem viderim graecorum exemplaria. Theophylactus admonet p.392 l.18. 16-19: Vulgarius

omnia deum ineffabili consilio procurasse, ad redimendum genus humanum. Atque hic si
deum accipias pro tota triade sacra, quod frequenter fit in sacris literis, uelutī quum iubemur solum deum adorare, & illi soli seruire, non excluditur Christus: Sin pro persona patris, quod apud Paulum est frequens, præsertim si eodem in loco fit mentio Christi aut spiritus, quanquam ex alijs scripturæ locis sole clarius est, Christū non minus uere dici deum,
quàm patrem aut spiritum sanctum: tamen hic locus non est efficax ad reuincendos Arianos, quando nihil uetat quo minus ad patris personam referatur. Itaque qui contendunt ex
hoc loco euidenter euinci, Christum aperte dici deum, aut uidentur alijs scripturæ testimonijs parum fidere, aut nihil ingenij tribuere Arianis, aut parum attente contemplati sermonem Apostoli. Similis locus est huius epistolæ capite undecimo, ubi patrem dicit benedi-
ctum in secula: deus & pater domini nostri Iesu Christi, qui est benedictus in secula. Nam
illic apud Græcos, benedictus non potest nisi ad patrem referri. Ambrosius subindicat fuisse, qui conarentur hæc ad patrem detorquere, maxime quum hic præcesserit filij mentio. Id
quoties fit, Apostolus solet dei uocabulo signare gignentis personam. Ambrosius autem
qui contendit non posse locum hunc intelligi nisi de filio, uidetur cessurus, si proferāt aliam
personam in quam hic sermo competat: atqui id esse facillimum ipsa loquitur res. Qui post
Arium prostratum fuerunt, magna contentione hoc agunt, ne posit aliter quàm de filio ac-

16-27: voluerunt
16: esse 19-27: Tr
16-27: iam tum
↓ ⌈° ↓ *

cipi, quorum est Theophylactus, qui nominatim] admonet hoc loco refelli Arianorum impietatem, qui solum patrem uolebant uere proprieq; [dici] deum [Illud mirum quod] similia 19.35
disserit [in commentarijs] Origenes, indicans id temporis fuisse, qui non audebāt Christum 35
appellare deum, ne plures deos facere uiderētur [Verum uerisimile est hunc locum ab Hie- 35
ronymo, aut si quis alius fuit interpres, fuisse correctum in commentarijs, qui initio operis
non dissimulat sese quædam adiecisse de suo, tantaq; libertate est usus, ut interdum confe-

16-27: verterat, omneis
Origenis ↓** ↓⌈°
16-27: eam blasphemiam
nullas Rhomanorum
aures laturas sciret

rat Græcorum exemplaria cum Latinis] Et [diuus] Hieronymus obijcit Ruffino, quod in li- 35
bris quos ex Origene uerterat, omnes illius errores reliquerit, præter quàm de personis diuinis, quod tam insignem blasphemiam sciret Romanis auribus [prorsus intolerabilem fo- 35
re. Docebat enim Origenes filium esse creaturam, spiritum sanctum creaturæ ministrum.
Qui consistit igitur Origenem aduersus Arianorum dogma pugnare, quod illi ex ipsius libris hauserant, ac multis post annis cum suo dogmate damnati sunt: Dixerit aliquis Orige-

↓ ***
{19-27: scribens
16-27: inveniri in
Origenicis libris
16-27: rebus hisce
16-27: haeretica
scripsit
⌈ See Appendix B

nem hic correxisse, quod in libris περὶ ἀρχῶν impie disseruerat. Atqui] Hieronymus [aduer- 19
sus Ruffinum] negat in illius scriptis inueniri, ubi catholice loquutus sit de dogmatibus, de
quibus in libris περὶ ἀρχῶν scripsit hæretice. [Chrysostomus licet non excludat filij diuinita- 35
tem, tamen huius testimonij telo non utitur aduersus Arianos, quod tamen ille solet per occasionem facere libenter. Quoniam autem subobscure uidetur hunc interpretari locum,
commentum quod ad hunc attinet locum bona fide adscribam: Nam & adoptio, inquit,
fuit gratiæ dei, & gloria & promissiones & lex, quæ omnia cōsiderans animo, ac reputans
quantum deus cum filio suo studium adhibuerit ad seruandos Iudæos, uehementer exclamauit, dicens, Qui est benedictus in secula, amen. pro omnibus his gratiam referens ad uni-

c.f. Appendix B

genitum dei. Quid enim, inquit, si cæteri maledicunt: Nos tamen qui nouimus illius arcana, & ineffabilem sapiētiam, multamq; prouidentiam, certo scimus illum esse dignum qui
glorificetur, non qui conuitijs incessatur, & cætera. Primum hunc locum coniunctim interpretatur de patre & filio, quum in contextu nulla sit mentio patris, nisi nomine dei intelligatur: deinde quum ait gratiarum actionem pro omnibus quæ commemorauit reddi uni-
genito dei, significat hæc uerba Benedictus in secula, referenda ad filium, cui Iudæi maledi-
cebant, quod alijs promisisset, alijs exhiberet promissum. Atqui hæc particula non potest
ad Christum pertinere, nisi ad eundem & illa referantur, qui est super omnia deus. Friuolum enim arbitror, quod aliquis forte posset quartam lectionem comminisci, ut hæc particula, Qui est super omnia deus, per parenthesim sit interiecta contextui, ueluti subito
raptu mentis, tanquam ab admirante diuini consilij profunditatem, cui sic placuit genus humanum redimere: quemadmodum Thomas apostolus inabsolutam orationem
pronunciauit, Dominus meus & deus meus: reliquus sermo cohæreat, Ex quibus Christus secundum carnem, benedictus in secula. Ex scriptura quæ nonnunquam uitiatur
à scribis, non potest duci certum iudicium. Eam apud Chrysostomum ita distinctam
repperi

⌈° 16-27: viderentur. Sed suspicor hunc locum, quod intolerabilis esset Rhomanis auribus, mutatum ab {Origenis} 19
interprete, aut ab alio quopiam quisquis is fuit, qui declarat sese etiam initio operis nonnihil adiecisse de suo.
Et Hieronymus

⌈° 16-27: sciret. Itidem in his commentariis reperies {quaedam, licet obscurius obiter} inspersa de diabolo 19
redimendo, {cap 3} de animabus quae peccarint antequam nascerentur, aliaque id genus multa. {At} Hic 19
etiam adversus Arrianorum dogma disserit, qui suum errorem ex Origenis hauserant libris. Et divus Hieronymus
19-27: At

Margin notes 19-27: * Christus olim raro dictus deus, ob scandali periculum.
** Mirum Origenem disputare adversus suam ipsius opinionem.
*** Inspersa quaedam in Origenis commentariis, quae videntur ab Hieronymo correcta.

repperi, αἱ ἐπαγγελίαι, ὧν οἱ πατέρες, καὶ ἐξ ὧν χριστὸς τὸ κατὰ σάρκα. hic interposito colo se/
quitur, ὁ ὢν ἐπὶ πάντων θεός, hinc addita hypostigme, sequitur, εὐλογητὸς εἰς τοὺς αἰῶνας. quæ
distinctio reddit, ut dictum est, hanc sententiam: Ille qui est super omnia, nempe deus, sit be
nedictus in secula. Eadem erat apud Theophylactum, nisi quod post θεός non addebatur
19 hypostigme. Sanctus [Cyprianus aduersus Iudæos libro secũdo capite quinto, adducit hũc margin: 19-27:
locum, omissa dei mentione] Itidem Hilarius enarrans Psalmum centesimum uigesimum Cyprianus non
secundum. quod incuria librariorum esse omissum uideri potest. Etiam Chrysostomus nul addit deus
lam dat significationem se hoc loco legisse Deus: quę uox poterat adiecta uideri à studioso
quopiam, uelut exponente, quis esset ille super omnia, nimirum deus. Nec est quod hic uo/
ciferemur Christum spoliari diuinitate, quum idem dicat periphrasis, quod nomen dei, ue/
luti si quis pro deo dicat, cœlestium ac terrestrium conditor. Quiescant igitur isti, qui glo/
riæ studio titillati, ad omnem occasionem tumultuantur, quasi ruitura sit ecclesia: Siue hic
omittatur Dei uocabulum, nihil refert ad sententiam, quum periphrasis aptius præstet sen/
sum, quàm solum dei nomen. Vt enim hæc omnia quæ commemorauit de adoptione, glo/
ria, testamentis, legislatione, cultibus ac promissis, deq; patribus ex quibus Christus iuxta
carnem ortus est, declaret non fortuito facta, sed admirabili dei prouidentia, qui tot modis
procurauit salutem humani generis, non simpliciter dixit Deus, sed is qui rebus omnibus
præest, omnia suo diuino consilio dispensans moderansq;, cui dicit deberi laudem in omne
æuum, ob tam insignem erga nos charitatem, cui maledicebãt Iudæi, dum filium illius uni
cum bla phemijs impeterent. Ergo nihil decedit gloriæ dei, etiam si non addatur hoc uoca
bulum: Siue hic locus refertur ad totam triadem, nõ excluditur filius, quemadmodum nec
spiritus sanctus: siue proprie refertur ad patrem, qui promisit ac misit filium suum ad redi/
mendum hominum genus, ex alijs scripturarum locis abunde demonstrata est Christi di/
uina natura: nec arbitror hodie quenquam esse Christianæ professionis, cuius aures laturæ
sint hac de re dubitantem. Cæterum si ecclesia doceat hunc locum non aliter interpretan/
dum quàm de diuinitate filij, parendum est ecclesiæ, uerum hoc nihil ad reuincendos hære
ticos, aut eos qui non audiunt nisi scripturam: sin dicat hunc locum non posse aliter expo/
ni iuxta Græci sermonis proprietatem, hoc asseuerat quod ipsa mox refellit res. Iam & il/
lud in conspicuo est, ὁ ὢν ἐπὶ πάντων, bifariam accipi posse: super omnia, aut super omnes.
utramque lectionem attingit interpres Origenis. absolutius est Super omnia, sed Super
omnes, magis proprie competit Christo, ut præferatur & patriarchis & prophetis & Mo/
si, ueluti filius unicus seruis aut etiam amicis. Superest una lectionis uarietas, potest enim
ἐπὶ πάντων referri ad Benedictus, ut accipiamus Christum super omnes aut super omnia
laudandum in æternum. Mihi nec articulus uidetur ociosus in τὸ κατὰ σάρκα, quum alio/
qui uideatur superuacaneus: habet enim expressiorem uim excipiendi. Alioqui poterat
Christus simpliciter uideri natus ex Iudæis, nec aliud fuisse quàm homo: nunc articulus ue
lut excludit hanc cogitationem, τὸ κατὰ σάρκα, hoc est, duntaxat, quod ad corpus attinet
humanum: nam iuxta meliorem naturam, ex Deo natus est Deus, quemadmodum ex pa/
tribus homo.]

Non autem quod exciderit uerbum dei.) οὐχ οἷον δὲ, ὅτι ἐκπέπτωκεν ὁ λόγος τοῦ θεοῦ. Quod
ita uertas licebit, Non autem uelut exciderit uerbum dei: id est, quod sic opto, ceu desperãs Excidit quod
illos, non est tale ut putem promissa diuina irrita fuisse, quum deus promiserit salutem Is/ irritum est
27 raeli. [& tropus habet eclipsim, Non autem hæc dico quod, & cætera. Sic & Latini, non factum
quod, sed addita coniunctio facit orationem aliquanto duriorem.]

Non enim omnes.) Ex circuncisione, non est apud Græcos, sed ad hunc modum, οὐ γὰρ
πάντες οἱ ἐξ ἰσραὴλ, οὗτοι ἰσραήλ. Non enim omnes qui sunt ex Israel, hi Israel, ut subaudias
19 Sunt. nam secundo loco gentem ipsam uocat Israel. [Non omnes orti ex stirpe Israelis, sunt
22 Israelitæ.] Nec id rarum est in sacris libris, Iudam non pro homine poni, sed pro gente: & Ia/
27 cob pro Hebræis ipsis usurpari.] Cæterum uideo ueteres fere consentire in interpretatione Israel, uir ui/
huius nominis, quorum de numero est & Origenes & Hieronymus, ut Israel interpreten/ dens deum, ha/
tur, uirum uidentem deum, quum hæc uocis interpretatio non quadret loco Genesis trige/ ctenus perpe/
simosecundo, ubi nomen commutatur Iacob, Nequaquã Iacob appellabitur nomen tuum, rã intellectũ
sed Israel, quoniam si contra deum fortis fuisti, quanto magis contra homines præualebis?

Hic enim indicat ideo commutatum nomen, quod aduersus angelum in lucta prȩualuisset.
Hæc est enim illa uis, qua deus gaudet nos irrumpere in regnum cœlorum, fide ac precibus improbis ab eo extorquere benedictionem, quam non promerebamur, quaque martyres dum tentantur uarijs afflictionibus usque ad uitæ contemptum perseuerant in profes-
sione nominis Iesu. Solus Tertullianus mihi uidetur rectam interpretationem attingere, libro aduersus Marcionē quarto. Et alius, inquit, inscribitur in nomine Israelis. Quid enim
sapientius & incōtradicibilius confessione simplici & exerta, in martyris nomine cum deo
inualescentis, quod est interpretatio Israelis) [In hac sententia fuit Iosephus: quam cur reij- 35
ciat Hieronymus non uideo, quum ipse interpretetur, Si cum deo princeps fuisti. At principem esse in lucta cum deo, est præualere. Siquidem cum deo hic idem ualet, quod aduersus deum: quemadmodum pugnare dicimur cum eo, aduersus quem pugnamus. Solus
Theodotion uertit, Fortis fuisti cum deo. Diuus Hieronymus in quæstionibus Hebraicis,
fatetur se opprimi autoritate celebrium autorum, qui Israel interpretati sunt, uirum aut
mentem uidentem deum. Eam porro interpretationem, quanquam alicubi sequitur, hic
fortiter reijcit.]

*Qui, pro quia* Neque qui semen sunt.) οὐδ᾽ ὅτι. id est, neque quod, siue quia. Atque ita legit Ambrosius. {Consentit cum hoc uetustissimum exemplar Paulinæ bibliothecæ} unde hoc à libra- 19
rijs est deprauatum. (Alioqui) interpres pro ὅτι, legisse uidetur ὅστις. {Neque ideo statim 27.19
sunt filij Abrahæ, quod ex illo ducant genus.}

Promissionis enim uerbū.) ὁ λόγος. sermo, siue oratio. neque enim unum ponit uerbū.

Secundum hoc tempus.) κατὰ τὸν καιρὸν τοῦτον. id est, in tempore hoc.

Non solum autem illa.) οὐ μόνον. Illa, pronomen addidit interpres, ut mitigaret Græcam
figuram: idque haud perperam, quod tamen aliàs non est ausus.

*Duplex lectio* Ex uno concubitu.) ἐξ ἑνὸς κοίτην ἔχουσα. id est, ex uno concubitum habens. Potest bi-
*Ex uno con- cubitu* fariam legi, Ex uno Isaac: atque ita genitiuus Grȩcus uertendus erat in ablatiuum Latinum,
πατρὸς ἡμῶν, id est, patre nostro. aut, Ex uno, subaudi Filio: deinde, Concubitum habens,
*Locus palàm deprauatus* id est Connubium patris nostri Isaac. ut intelligas ex una prole constitisse promissionem,
uidelicet Iacob (nam Esau reiectus est) Postremo, nisi intelligas ἦν, id est, erat habens, ora- 27
tio uidetur imperfecta, nisi repetas superiora. Imputabatur in numero filiorum Abrahæ
quantum ad filios attinet, quum eos pariter ex eodem patre sustulisset: sed qui reprobatus
est, non habitus est pro filio, nec huic profuit ex eodem patre progenitum fuisse. Porro Cu
bile habens, uerecunde dixit pro eo quod est Concepit. Laurentius Valla optimo iure refellit eos, qui hoc loco putant Rebeccam ex eodem concubitu concepisse geminos, quasi
*16-19: simul eodemque* illud ad hanc rem pertineat, quoto coitu concepti sint Iacob & Esau. Imò Paulus ut adimat
parentum fiduciam, proponit duos fratres ex eodem patre, eadem matre, simulque eodem
die progenitos, quorum alter tamen reiectus sit. Quid, quod ne potest quidem uno concubitu cohærere, quum κοίτη apud Græcos fœminini generis sit, ἑνός masculini. Nec κοίτης legitur, sed κοίτην, id est Cubile. [Quidam impudentissime meam criminatus est im- 35
pudentiam, quod hunc locum recensuerim inter manifeste deprauata. Audi gloriosum ho
minis sermonem: Profecto si sic sunt cætera, quæ in illo catalogo locorum deprauatorū recenset Desiderius, neque sint alia loca magis in Latina æditione deprauata, uereor ne minus
pudenter dictum sit, ut ne dicam impudēter, hunc locum ex infinitis manifeste deprauatis
unum esse. Hæc ille. Atqui susceperat interpretem defendendum, uiamque monstrarat, ut si
quid incideret quod excusari non posset, id librarijs imputaretur. Hoc quum hic faciam, ta
men atrociter destomachatur: idque facit eo impudentius, quod hunc locū quem dixi depra
uatum, ipse non possit expedire. Quis, inquit, unquam dixit Habere cubile, pro concipere?
Imò quis unquam dixit Habere, pro Grauidā esse? Atqui sic accipiatur hic necesse est, si le
gamus ex uno cōcubitu. Quid aūt prodigij fuisset, si quū uerecūdiæ causa dicamus esse co
gnitā à uiro, quæ rem habuit cū uiro: & Paulus ad Hebræos 13. thorū immaculatū appellat
castū usum cōiugij: hic dixisset habere cubile, pro cōcipere, seu grauidā esse. Nō sic loquunt
Latini, fateor: sed probabile est sic fuisse loquutos Hebræos, quorū idiomata frequenter ex
primit apostolus. Bene habet, inqt, ex uno cōcubitu, si pro κοίτην legamus κοίτου. Nōne bel
le explicuit nodū: ego notaui uocē à librarijs deprauatā, cōcubitu pro cōcubitū: ille mauult

Apostoli

Apostoli sermonem deprauatum haberi, quum nullus Græcus codex hoc habeat, neque
quisquam Græcus ad eundem modum interpretetur. Nam Chrysostomus & Theophylactus, de parentibus iisdem meminerunt, deque eodem partu geminorum: de eodem concubi
tu, nequaquam. Quis autem hoc nouit, an gemini eodē coitu seminentur? Quod ait Theo
phylactū uideri sentire de eodem coitu, fucum esse testantur ipsa uerba quæ refert ex Theo
phylacto, qui sequutus suo more Chrysostomū indicat hoc interesse, inter exemplum Isaac
& Ismahelis, & inter exemplum Esau & Iacob, quod illi patrem tantum habuerint commu
nem, hi utrumque parentem, præterea gemini unicoque partu æditi. In Origenis libere uersi
contextu, habetur quidem ex uno concubitu: sed in enarratione, nulla syllaba est quæ declaret illum ita legisse. Tantundem ex Irenæi uerbis. Nec Ambrosius quicquam attingit de
eodem coitu. Supersunt duo Latini qui legisse uidentur, Ex uno concubitu: sed, ut conie-
ctandum est, decepti mendo codicum. Ad scholiasten, qui falso dicitur Hieronymus, nihil
respondeo. Augustinus non raro fallitur deprauata scriptura, præsertim quum non consulit Græca exemplaria. Vbi nunc est igitur ille chorus Græcorum & Latinorum, qui legūt,
ex uno concubitu? Ambrosianus contextus habet, Ex uno concubitu habens Isaac patrem
nostrum. sed mēdose, ni fallor. Nec enim Rebecca genuit Isaac, sed ex eo suscepit geminos
Iacob & Esau. Nec multo commodior est nostra lectio] Proinde quidam offensi uerbis nihil significantibus, adiectis uerbis aliquot ita legebant. Sed & Rebecca ex uno concubitu,
27 habens geminos filios, quemadmodum indicat ac reprobat Lyranus (Et tamen ita uertit in
terpres Theophylacti, quum apud autorem Græcum nihil sit huiusmodi) At mihi uidetur 27: Sit alia dictio
hoc ipsum quod superest incommodi posse tolli, si nominatiuum participii pro genitiuo 16-27: Ac
absolute posito accipias, ἔχουσα pro ἐχούσης, id quod Græci nonnunquam faciunt. At Ordo
tum hic erit ordo: Non solum autem Sara, quin etiam cum Rebecca grauida esset ex uno,
19 eoque patre nostro. Deinde ueluti per parenthesim interiiciantur {illa} Nondum enim natis
pueris, quum neque boni quippiam fecissent neque mali, ut secundum electionem propositum dei maneret, non ex operibus, sed ex uocante, succedat. ad quod respondet, Dictum
19 est illi: ac deinde, Maior seruiet minori {Sanctus Augustinus in explicandis aliquot huius
epistolæ quæstionibus, refert hunc in modum: Nondum enim nascentium nec agentium
35 aliquid boni aut mali} [Sic tum opinor uulgo loquebantur.]

Maior seruiet minori.) Maior & minor, hic non ad ætatem proprie referuntur, sed ad Maior
uires & præcellentiam, μείζων, ἐλάσσων. Quanquam Hebræis altera uox est, רַב quæ Minor
dignitate præeminentem indicat. unde & Rabbi dictum, צָעִיר altera quæ nonnunquam
adolescentulum significat.

Miserebor cui misertus sum.) Apud Græcos secus est, ἐλεήσω ὃν ἂν ἐλεῶ, καὶ οἰκτειρήσω Deprauatio
ὃν ἂν οἰκτείρω. id est, Miserebor cuiuscunque misereor, & commiserabor quemcunque commi in nostris
22 seror. id est, quemcunque decretum fuerit commiserari (Certe in priore sermonis huius parte nobiscum faciebat codex Donatiani, in quo sic habebatur scriptum, Miserebor, cui mise
35 reor) Hic quoque interpres minus feliciter copiam, ut solet, affectat, [οἰκτειρήσω uertens in
Misericordiam præstabo, οἰκτείρω in Misereor. Imò potius destituit illum necessaria co-
19 pia] Siquidem {Hebræis diuersa sunt uerba, quemadmodum & Græcis, quasi dicas, Misere {↓
bor & condonabo, siue gratiam faciam} Porrò noue dictum est quod sequitur, Scriptura di
cit Pharaoni: pro eo quod erat, Scriptura refert dictum Pharaoni.

27 (Igitur non est uolentis neque currentis.) Hanc particulam Chrysostomus antithesin uocat, quasi obiiciatur ab aduersario, qualis est & illa, Ergo cui uult, miseretur. Sed ubi solutio? O homo tu quis es, & cætera.)

Quid adhuc queritur.) τί ἔτι μέμφεται. id est, Quid adhuc conqueritur, aut incusat? Queri
19 subaudi Deus. Etiamsi Laurentius ac Stapulensis dissentiūt: quorum hic {Queritur} imper- Conqueri
sonaliter accipi uult, ille passiue: quanquam Laurentius nostram adiungit sententiam, ad
quam interpretantur omnes Græci interpretes. Primum μέμφεται, non inuenio ad istum
19 modum positum {ut persona non addatur} deinde mea sententia probe quadrat iis quæ se-
27-19 quuntur: O homo tu quis es {qui respondes deo} (Ruffinus libro περὶ ἀρχῶν tertio, senten-
19 tiam reddit mutatis uerbis. Quid ergo adhuc culpamur?) Illud tantum admonendus {est}
19 crassus lector, Queritur, hoc loco, à queror, deponenti uerbo, non à quæro, actiuo {dictum 19-22: ductum
esse

{ 16: Siquidem & hebraea si quis requirat, ad hunc habent modum we-ḥannothiy 'eth 'asher 'aḥon we-riḥamtiy 'eth 'asher 'araḥem Nam & sic verbum verbo reddere licet. Et miserebor cui miserebor, & miserabor quem miserabor. Caeterum apud Hebraeos inter ḥanan & riḥem id ferme interest, quod prius verbum ḥanan significet clementem esse in aliquem, ac gratiam facere, posterius vero riḥem prope est male affecto compati & ignoscere. Porro

esse}[Hic derideat qui uolet grammaticulam annotatiunculam,modo sciat sanctum Tho- 35
mam in hunc impegisse lapillum,nisi quod adijcit alterum sensum,sed priorem non reijcit.]
O homo tu quis es qui,& cætera.) μενοῦνγε ὦ ἄνθρωπε. Atqui ô homo quis es. Cæterum interpres inferius uertit,Et quidem μενοῦν, hic dissimulauit(Est autem ἀντίθεσις ta 27
cita in uocibus,homo,& deus:præterea emphasis, haudquaquam ociosa)[nihil enim ho- 35
mo,collatus deo.]
entries * 16: reversed * Qui respondeas deo.) ὁ ἀνταποκρινόμενος. id est,Contra respondens{ut sane adduci- 19
tur ab Origene Homilia in Exodum quarta}uel,Qui respondes aduersus deum.quia dixe
16: quod 16: quid rat,quid igitur habet quod queratur, si quæ uult,facit?{Ac mea quidem sententia rectius 19
16: Non erat Qui respondes,quàm Qui respondeas.Iam enim fecerat Respondentẽ}Nec enim in-
[°↓ dignatur quod respondeat,sed quod impie respondeat[nec deterret illum ne respõdeat,sed 35
obiurgat quod sic ausus sit respõdere.Origenes uersus habet quidem Qui respondeas,sed
interpretatio declarat illum legisse Qui respondes:indicans ideo huic imponi siletiũ,quod
proterue deo obmurmurasset:quemadmodum dominus in Euangelio procaciter percon-
tantes qua autoritate faceret quæ faciebat,aut eam potestatem unde accepisset,ne respon-
so quidem ullo dignatus est,sed obiecta quæstione quam dissoluere non audebant,occlu-
sit illis os. At reuerenter sciscitantibus idem ubiq; placide respondet.In sententia non multum est discriminis, sed Græca uix recipiunt illud Respondeas, Velut ante πᾶς ὁ κρίνων.
non est uersum,Omnis qui iudices:quemadmodum huius Epistolæ capite decimoquarto,
σὺ τίς εἶ ὁ κρίνων ἀλλότριον οἰκέτην, interpres uertit,Tu quis es qui iudicas alienum seruum.
Nec Chrysostomi,nec Theophylacti,nec Ambrosij,nec Augustini interpretatio declarat
potius esse legendum Qui respondeas,quàm Qui respondes.Paranti respondere petulan-
tius,apte diceretur,Tu quis es qui respondeas.at obiurganti eum qui iam respondit proterue,magis congruit,Tu quis es qui respondes.A malis seruis sumpta est metaphora,qui
quum dominorum iussis obmurmurant,responsatores dicuntur.Itaq; sic hoc loco dictum
est,Quid facis homo responsans deo? Tractat hunc locum}Augustinus in octoginta trium 19
quæstionum sexagesimaoctaua,refellens hæreticorum calumnias,colligentium ob id Pau
lum ad conuitia subito deflexisse,quod nodum quæstionis propositæ explicare nõ posset.}
* Ei qui se finxit.) Qui finxit,est Græce.& satis erat, τῷ πλάσαντι. Se,pronomen superuacaneum est.
entries {Ex eadem massa.) ἐκ τοῦ αὐτοῦ φυράματος. quod Augustinus adducit ex eadem con- 19
** 16: reversed spersione.Sentit enim argillam humore maceratam temperatamq;.}
and follow Contraria **Aliud in honorem.) τιμὴν καὶ ἀτιμίαν. Laurentius rectius uerti posse putat,Decus ac
Quos et vocavit.) dedecus:maxime quod in uasa non cadat contumelia.Atqui quum à contemnendo dica-
p397 at ! tur contumelia,quid obstat quo minus in rem inanimam competat contumelia, quum ea
& expetatur & contemnatur? Quod si minus quadraret,tamen metaphora gratiam etiam
adiungeret{ueluti si quis Bassum aureis uasis excipientem onus uentris,apud Martialem, 19
dicat aurum afficere contumelia}Illud uerum est,in decus ac dedecus,schematis iucundita
tem reddi,quæ perit in honore & contumelia.
Ordo uarius **Quod si deus uolens.) Ad hanc orationis partem nihil sequitur quod respondeat,qua-
propter ad superiora referamus oportet,uel ad illud,Quis es tu homo qui respondes deo?
uel ad illud,An non habet potestatem?{Origenes existimat orationem alioqui incomposi- 19
tiorem componi posse ad hunc modum, Volens deus ostendere iram & notam facere potentiam suam,sustinet in multa patientia uasa iræ,apta in perditionem,ut notas faceret diuitias gloriæ suæ in uasa misericordiæ.Quod si supplere placet aliquid,quandoquidem de
esse constat,subaudiri potest,non habent quod incusent aut disceptent cum deo}(Quidam 27
19-27: Tulit Latini codices habebant,Quid si deus.uerum Græcis est εἰ δέ.)
Tulit,attulit { Sustinuit in multa patientia.) ἤνεγκεν, Græcis uerbum anceps, quod Augustinus in 19
aut pertulit quæstionibus in Exodũ ita legit,Attulit in multa patientia uasa iræ(Rursus aduersus Fau- 22
stum libro uigesimoprimo capite secundo)Neque enim Græce est ἔφερεν, quod significat ferre,sed ἤνεγκεν, quod magis sonat in medium adducere aut offerre.Et ne quid hoc
loco causemur scripturam casu uitiatam,citat idem ad eundem modum,quum aliâs,tum li
bro secundo,contra duas epistolas Pelagianorum,ad Bonifacium.Quod si uera lectio est,
sensus

[° 19-27: respondeat, Quanquam interpretatio Origenis haud multum abest a Vulgata lectione, eamque clarius etiam sequitur Augustinus

sensus erit: Ea uasa parata in interitum, diu expectata, tandem adducta in suam pœnam:
quanquam Origenes plane interpretatus est, Sustinuit ac tolerauit: atque hunc non illiben/
19 ter sequi solitus Ambrosius.) (Consentiunt cum his Chrysostomus, & huic accinens Theo/
phylactus.)

Apta in interitum.) κατηρτισμένα. id est, Aptata, siue parata.
19 {Vasa misericordiæ.) σκεύη ἐλέους. Recte illud annotauit Augustinus, σκεῦος Græcis
dici, non proprie uas excipiendo liquori paratum, sed quodcunque pertinens ad usum dome Vasa, σκεύη,
sticum. Proinde apud Liuium in conceptis legatorum orationibus, puerorum & uasorum quid proprie]
nomine, tota supellex significatur. Cæterum liquoris capax uas, ἀγγεῖον appellant Græci.}
19 Præparauit in gloriam.) Græci {in nonnullis codicibus} addunt αὐτοῦ, id est, suam. {Mi
hi magis probatur altera lectio, ne bis idem dicere uideatur. Quod enim antea uocauit τι/
μὴν, hic uocat Gloriam.}

Quos & uocauit.) οὓς καὶ ἐκάλεσεν ἡμᾶς. id est, Quos & uocauit nos. quanquam illud
ἡμᾶς, in quibusdam Græcis codicibus non adscribitur: additum est autem explicandi cau/
sa, Quos & uocauit, nempe nos. Ac rursum, ne Nos, uideretur ad solos Iudæos pertinere,
subijcit, Non solum ex Iudæis, uerum etiam ex gentibus. ] ]see p. 396 **

Et non misericordiam consequutam, misericordiam consequutam.) Id in Græcis codi/
22 cibus non habetur adscriptum, <nec additur ab Augustino, qui testimonium hoc refert li/
bro aduersus Faustum uigesimosecundo, capite octuagesimonono. Porrò Ambrosius nec
legit hanc partem, nec interpretatur. Origenes in commentarijs locum hunc apud Paulum
recenset his uerbis: Qui ante non eramus plebs eius, nunc plebem suam uocauit, & non di
lectam, dilectam: & cætera. unde apparet hunc unicam tantum particulam legisse, ἠγαπη
27 μένην. Quin & (Chrysostomi pariter ac) Theophylacti interpretatio, palam declarat illos
non aliter legisse quàm legit Origenes & Ambrosius.> Cæterum apud Osee capite secũdo, 16: primo
quo ex loco testimonium hoc assumpsit Paulus, nec habetur Misericordiam consequuta,
nec Dilecta: sed duntaxat, Et erit in loco ubi dicetur eis, non populus uos, dicetur eis, filij
22 dei uiuentis <nisi quod ibi præcessit, Et miserebor eius, quæ fuit absque misericordia.> Siqui 22: mihi
dem Apostolus magis sententiam reddidit, quàm uerba prophetæ. Quanquam diuus Hie Additum ali
ronymus edisserens huius prophetæ caput primum, unde locus hic pendet, indicat gemi/ quid, fatente
nam fuisse lectionem: in alijs scriptum fuisse, quemadmodum nos habemus, οὐκ ἠγαπη/ & Hierony/
μένην, ἠγαπημένην. in alijs, οὐκ ἠλεημένην. Ac posteriorem ceu ueriorem magis approbat, mo. [Et non mi
tum quod ita legatur in emendatioribus exemplaribus, tum quod aptius respondeat ad Is/ sericordiam
22 rael non consequutum misericordiam, <quum è diuerso sequatur, Et domui Iuda miserebor. consequutum]
Rectius autem congruit & cum eo quod in fine capitis secundi legimus. Et miserebor eius 16-19
quæ fuit absque misericordia. Quum autem hic locus è superiore pendeat, ubi dicitur, Voca hunc locum indicat
nomen eius absque misericordia, probabile est & hic fuisse scripturam uariam.> Proinde le/ huius loci
ctor aliquis offendens diuersam lectionem, arbitratus est in utraque scriptura particulam
22 orationis esse omissam, & addidit quod putabat deesse. <Augustinus existimat ex eodem
prophetæ loco sumptum, quod scribit Petrus apostolus in epistolæ ]priorís capite secundo, ]22-27: Petri
Qui aliquando non populus, nunc autem populus dei, quorum aliquando non misertus
est, nunc autem miseretur. Videtur Petrus in hoc dissidere à Paulo, quod Misertus, legit
pro Dilectus: sed in ordine æque dissidet cum propheta, apud quem prior est filia, cui no/
men absque misericordia, cui succedit filius, cui nomen non populus meus. Idem est ordo in
commutatione priorum nominum in fine capitis secundi, Et miserebor eius quæ fuit absque
misericordia, & dicam non populo meo, populus meus es tu. Porrò quod sequitur apud
Paulum, Et erit in loco ubi dictum est eis, non plebs mea uos, ibi uocabuntur filij dei uiuẽtis
primo capite sumptum est. Quod autem apud prophetam dictum est de populo Israeliti/
co, Paulus per similitudinem detorsit ad gentes. In codice peruetusto Donatiani, alteram
particulam omissam reperi. Sic enim habebat: Vocabo non plebem meam, plebẽ meam,
& non misericordiam consequutam, misericordiam consequutam.>

Ibi uocabuntur.) ἐκεῖ additum est ab Apostolo, quum in propheta non sit, uidelicet
o magis dilucide diceret. ] ]↓

Dei uiui.) Viuentis est Græce, ζῶντος.

L Pro

] 16: diceret. Siquidem hebraea sic habent we-hayah bi-mqom 'asher ye'amer lahem lo' 'ammiy 'atem ye'amer lahem beney 'el hay. Dei vivi.)

Pro Israel.) Super Israel, siue de Israel. ὑπὲρ. quanquam præpositio hæc anceps est.

Si fuerit numerus.) Testimonium est apud Esaiam capite decimo, in quo quum consentiant Septuaginta cum Hebraica ueritate, Paulus tamen nonnihil dissidet, licet in uerbis magis quàm in sententia. Siquidem Septuaginta uerterunt, τὸ ὑπόλειμμα ὑποστρέψει. id est, Residuum conuertetur. At Hieronymus uertit in hunc modum, Si enim fuerit populus tuus Israel quasi harena maris, reliquiæ conuertentur ex eo. ⸆

↓⸆ Verbũ cõsummans, quomodo accipiẽdũ

Verbum enim consummans.) Verbum, accusatiui casus est, consummans & abbreuians, masculini generis, ut subaudias Est, nempe deus, {λόγον γὰρ συντελῶν. id est} Sermonem enim consummans{Id palam aperiunt (Chrysostomus ac) Theophylactus hunc enarrantes locum. Nec obstrepit huic annotationi, quod Origenes & Ambrosius de uerbo abbreuiato interpretantur, quum hic utrumque positum sit, Qui consummat & abbreuiat pater est, qui consummatur & abbreuiatur uel Christus est uel huius doctrina} Quanquam hæc quoque nonnihil dissentiunt ab Hebraica ueritate{iuxta quam ita legimus autore Hieronymo} Consummationem enim & abbreuiationem dominus deus exercituum faciet, in medio omnis terræ⸆ Locus est huic affinis sententiæ apud eundem prophetam capite octauo. Consummationem enim & abbreuiationem audiui à domino deo exercituum super uniuersam terram. Porrò quod adiecit, Prædixit Esaias, non est uaticinantis de futuro, sed quod hoc testimonium præcesserit illud quod prius adduxit, unde commodius erat, Sicut superius dixit Esaias. Porro צבאות sabaoth, Hebræam uocem reliquit Apostolus, quam Septuaginta bifariam solent uertere, aliquando ⸆παντοκράτωρ, id est⸆ Omnipotens: aliâs ⸆τῶν δυνάμεων, id est⸆ Virtutum. Solus Aquila uertit, ⸆τῶν στρατευμάτων, id est⸆ Exercituum. [Indicauit hoc Hieronymus enarrans Esaiæ caput primum.] Paulus, ut dixi, uocem Hebraicam non putauit esse mutandam, opinor, ob id quod in ea lateat nonnihil mysterij, quod aliena lingua reddi non potuerit.

19 19-27 19 35

19-27: aperit
19: Vulgarius
↓⸆
↓✱
⸆16-27: dominus
⸆16: ὁ κύριος

Reliquisset nobis.) ἐγκατέλιπεν. id est, Reliquisset in nobis. Testimonium sumptum est ex Esaiæ capite primo.

Pronunciatio

Quid ergo dicemus?) Quod sequitur, pronunciatiue legendum est, non interrogatiue, Quid ergo dicemus? Nempe hoc dicemus, gentes ex fide iustitiam consequutas: & cætera. Annotauit hunc quoque locum Augustinus libro de doctrina Christiana tertio{Et ad hũc modum edisserit Theophylactus.} 19

19: Vulgarius

Peruenit, pro assequutus est

Non peruenit.) οὐκ ἔφθασε. quod uerbum uarie uertitur. Est autem proprium festinantis ad occupandum aliquid: ut intelligas & Israelitas eò contendisse per opera legis, uerum gentes exclusis illis occupasse.

Quasi ex operibus.) ὡς ἐξ ἔργων. id est, Tanquam ex operibus. & addunt Græci νόμου, id est, legis, ut intelligas de (operibus fide charitateque uacuis) [apud Latinos non additur.] Annotauit Chrysostomus & hunc sequutus Theophylactus, uoculam ὡς, quasi significet Iudæorum opera, non fuisse uere opera legis. Mihi uidetur & ad imputationem referri posse, Nam Iudæi salutem acceptam ferebant suis operibus exclusa gratia dei.) 27-35

16-22: ceremoniis

Petram σκανδάλου.) Græcam uocem hanc libenter usurpant interpretes, quum possent dicere, offensæ siue offendiculi aut obstaculi{licet haud nesciam interim manere dialecton Hebraicam, lapis offendiculi, pro lapide offensorio, aut lapis in quem offendunt.} Nec uideo quid offendat quosdam in προσκόπτω, quod haud dubie significat impingo, uel offendo. Cæterum testimonium hoc contextum est è duobus Esaiæ locis. Initium enim, nempe, Pono in Sion lapidem: & finis, nempe, Et omnis qui credit in eo non confundetur: sumpta sunt ex Esaiæ capite uigesimooctauo. Cæterum quod in medio intertexuit, Et lapidem offensionis & petram scandali, sumptum (est) ex eiusdem capite octauo. Quanquam hoc quoque loco Paulus magis studuit sensum reddere quàm uerba. Quum enim Hebraica ueritas habeat, Qui crediderit non festinet: iuxta Septuaginta æditionem dixit, Non confundetur. ⸆⸆ 19 27

margin Faber videtur designari

Paulus Septuaginta sequutus

↓⸆⸆

Non confundetur.) οὐ καταισχυνθήσεται. id est, Non pudefiet.

EX CA

⸆16: eo. Hebraica sic habent. Kiy 'im yihyeh 'ammekha yisra'el ke-ḥol ha-yyam she'ar yashur bo.

⸆16: terrae. Hebraeca sic habent. Kiy khalah we-neḥeraṣa(h) 'adonay 'elohiym ṣeva'oth 'oseh be-qerev [kol] ha-'areṣ. Locus Verbum

✱16: Porro ... Esaias & Porro ... potuerit: these two sentences form second part of Reliquisset nobis) below, but in reverse order.

⸆⸆16: confundetur. Nam hebraea sic habent. hinenıy yissad be-ṣiyyon 'aven 'even boḥan pinnath yiqrath musad mussad ha-mma'amiyn lo' yaḥiysh. Non

EX CAPITE DECIMO

VOluntas quidem cordis.) ἡ μὲν εὐδοκία. quod significat aliquid animo gra/
19 tum & acceptum.{Aurelius Augustinus explicans carptim aliquot huius epi
27 stolæ quæstiones,legit pro εὐδοκία, bona uoluntas (quemadmodũ hic inter/
pres uerterat in Luca.) Græcæ uoci ad Hebræam effictæ, nihil habet sermo εὐδοκία
Romanus quod proprie respondeat.Nam nemo laturus sit,opinor,si quis di
35 cat,Delicium cordis mei}[Sonat autem propensam beneuolentiam,ac fauorem gratuitum
quem quis gerit erga alterum,qualis est dei erga nos]. Item quæ sequuntur non per omnia
quadrant:sic enim Græci, καὶ ἡ δέησις ἡ πρὸς τὸν θεὸν, ὑπὲρ τοῦ ἰσραὴλ ἐστιν, εἰς σωτηρίαν. id est,
Et deprecatio quæ fit ad deum,pro Israel est ad salutem. Sentit enim se præstare Iudæis
quod potest,propensam animi uoluntatem & precationes apud deum. 16: orationes

Quod æmulationem quidem.) ὅτι ζῆλον θεοῦ. id est,Aemulationem dei:sine Quidem. Aemulatio.
35 [Qui nihil sciat nisi Latine,quem sensum percepturus est ex his uerbis, Aemulationem dei Studium
habent? Aemulatio in bonam partem,sonat imitationem:in malam,inuidẽtiam. Neutrum
hic quadrat.Itaque nos Studium,uertimus,qua uoce Latini significant uehementem ani/
mi fauorem]Et Scientia,magis cognitionem sonat, κατ᾽ ἐπίγνωσιν. Aderat studium,sed
sine iudicio:ut sedulitas,quem stulte diligit,urget.

Et suam quærentes statuere.) Hic Græci repetunt,iustitiam. Est enim sermo ex tradu/ 16-22:
27 ctione uocis eiusdem festiuior(Subest & ἐναντίωσις, in Suam,& Dei:item in Statuere,& conduplicatione
Non sunt subiecti.Hæc enim inter se pugnant sensu magis quàm uerbis.)Est autem ἰδίαν,
id est Propriam,significantius quàm Suam.

19 {Finis enim legis Christus.) τέλος hoc loco consummationem ac perfectionem sonat, Finis,pro
35 non interitum:quod indicauit & Augustinus explanans Psalmum quintum.[Rursus ad/ Perfectio
uersus Priscillianistas & Origenistas,capite septimo]Nam Græci quod absolutum & om/
nibus quæ solent requiri,perfectum est, τέλειον appellant. Summa igitur legis est Chri/
stus.Et in Psalmis,quorum titulus habet In finem,existimant aliquid reconditius & secre/
tius esse uestigandum. Quod hic dixit τέλος, aliàs uocat πλήρωμα.}

35 Moses enim scripsit.)[Scribit,est Græcis]Hic locus deprauatus est apud nos,apud Græ Nostra
cos recte sic habetur, μωσῆς γὰρ γράφει, τὴν δικαιοσύνην τὴν ἐκ τοῦ νόμου, ὅτι ὁ ποιήσας αὐτὰ ὁ deprauata
ἄνθρωπος, ζήσεται ἐν αὐτοῖς. id est,Moses enim scribit iustitiam quæ est ex lege,quod qui fe
cerit hæc homo,uiuet in eis. Laurentius argutatur hoc loco,sed obscurius:id sentiens,non
totam orationem ad Mosen esse referendam,nempe hanc,Quoniam iustitiam quæ ex le/
ge est,homo uiuet in ea,quasi totum hoc scripserit Moses,uerum posterius hoc duntaxat,
Qui fecerit hæc homo,uiuet in eis. Retulit enim uerba quæ sunt Leuitici capite decimo/
octauo:Custodite leges meas atq; iudicia,quæ faciens homo,uiuet in eis.Itidem legis Eze
chielis uigesimo:Iudicia mea proiecerunt,quæ faciens homo uiuet in eis. Siquidem Pau/
27 lus(docendi gratia)geminam facit iustitiam:alteram Mosi,quæ requirit opera legis:alte/
35 ram euangelij,quæ fidem requirit in Christum[De altera dicit Moses,aut si mauis,ipsa iu/
stitia loquitur,Qui fecerit hæc,uiuet in ipsis.Altera quæ est ex fide,sic loquitur,Ne dixeris
in corde tuo.Ad hunc modum interpretatur Chrysostomus:Moses,inquit,ostendit nobis
iustitiam quæ est ex lege,qualis sit & quanti momenti.Qualis igitur est,& unde commen
datur? Ab eo quod implet præcepta,Qui fecerit ea,inquit,uiuet in illis. ac paulo post, Sed
dic nobis ô Paule,& alteram illam iustitiam quæ est ex gratia,& cætera.Lectio Theophy/
lacti consentit cum lectione Chrysostomi,nec dissentit enarratio.Ambrosius legit & inter
pretatur iuxta Græcos codices.Moses enim scripsit iustitiam quæ ex lege est,quia qui fe/
cerit homo ea,uiuet in eis. Interpres Origenis legit & interpretatur,quod nostra uulgata
habet æditio.Sed huius libertas facit,ut hinc non possimus certo iudicare quid legerit. Le/
ctor offensus absurda sermonis specie,transtulit coniunctionem ὅτι, & sublato pronomi
ne Ea, in fine pro Eis,posuit Ea. Moses enim scripsit,quoniam iustitiam quæ ex lege est
qui fecerit homo,uiuet in ea. Principio durum uidebatur, Scribit iustitiam:pro eo quod
erat,Describit iustitiam,siue Scribit de iustitia.deinde durius etiam uidebatur,Qui fecerit
ea uiuet in eis:non animaduertenti referri uerba scripturæ sub persona Mosi,siue iustitiæ,
ut ὅτι accipiatur εἰδικῶς. Moses descripsit iustitiam quæ est ex lege.Mox quasi roganti

 qualis

qualis esset illa, respondit illi uerbis Leuitici, Qui fecerit ea, uiuet in eis. quod bifariam accipi potest: habebit eam uitam, quam ad tempus præstãt opera legis: aut, non habebit uitam,
quia nemo sine dono fidei præstat opera legis. In nostra uero lectione ipse sermo perturbatior arguit locum à scriba corruptum. Moses enim scripsit, Quoniam iustitiam quæ ex lege est qui fecerit, uiuet in ea. Ne quid memorem de ὅτι, uerso in Quoniam.]

[Omnis qui credit in illum non confundetur.) οὐ καταισχυνθήσεται. Frequenter ita uer- 35
tit, & uulgo tum, ut apparet, ita loquebantur, quum Confundi, proprie sit commisceri aut
perturbari. Suffundi dicuntur, qui pudescunt. Quanquam interdum uehemens pudor sic
perturbat, ut homo reddatur deliranti similis. Cæterum quod legitur in Actis, Et confunde
bat Iudæos: aliud est uerbum, κατέχυνε. hoc est, reddebat perturbatos ac perplexos animo, ut nescirent quò se uerterent. Origenis interpres hic καταισχυνθήσεται uertit Erube-
scet, adducens exemplum Adæ, qui post peccatum erubuit & abscondit se. Verum erube-
scunt & hi, quos sua spes destituit: pudor enim iusti, probri metus est. Sic Iudæi Christo ue
lut omni spe frustrato insultarunt, Si filius dei est, descendat nunc de cruce.]

Sensus apud — Deducere.) καταγαγεῖν. uelut ex alto deorsum ducere: [cui respondet, ἀναγαγεῖν.] quod 35
↓[° nos obscurus — interpres uertit Reuocare, [quum significantius sit ab imis in altum reducere] Nam mihi ui- 35
dentur hoc loco præsertim Latini interpretes uehemẽter laborare, quum sensus perspicuus
sit. Dixerat enim ab euangelio, tantum requiri fidem. Porro fides non flagitat experimentum: animo cernit, & suis quibusdam oculis uidet, qui credit: at qui diffidit, etiam sensuum
exigit testimonium, dicens apud se id quod legitur Deuteronomij capite trigesimo, Quis
ascendit in cœlum? idq; [de lege dictum] Paulus interpretatur accommodans Christo. Nam 35
id, inquit, est Christum è cœlo detrahere, ut aut non credatur illic esse, aut cogatur huc reuersus, denuo se nostris exhibere sensibus. Aut quis descendit in abyssum? hoc est, quis credat quæ de inferis dicuntur, nisi uiderit? Hoc est, inquit, Christum à mortuis reducere, uel
quasi non descenderit ad inferos, uel quasi flagitent, ut iterum uidentibus illis descendat ad
inferos, quum haud ita procul petenda sint argumenta rerum, si fides adsit in corde. Iam il-
16-19: quo — lud, Sed quid dicit: ambiguũ uideri potest, utrò referatur Dicit, ad Mosen, an ad iustitiam
fidei, quæ Christus est, quam mox loquentem fecit, ut putat Origenes, [atque etiam Chryso 35
stomus] quanquã & aliàs Paulus posuit Dicit, ad hunc eundem modum, ut subaudias Scri
ptura. Proinde interpres haud inepte adiecit de suo, sermonis explicandi gratia.

Prope est uerbum.) ἐγγύς σου τὸ ῥῆμα. Prope te est uerbum, hoc est, non opus est tam
procul è cœlo aut abysso petere, quum sit intra te. [Cæterum testimoniũ, ut modo dixi, sum 19
Collata Pauli — ptum est ex Deuteronomij capite trigesimo. Quod indicauit primum Origenes, deinde
citatio cũ no- — Augustinus: nisi quod hic addit, Valde: Prope est uerbum hoc ualde in ore tuo, quemad-
stra æditione — modum legitur & in nostra uulgata æditione. Quanquam alia quoq; nonnihil discrepant
in uerbis Paulinis ab Hebræis, imò à nostra æditione, quæ habet ad hunc modum, Mandatum hoc quod ego præcipio tibi hodie, non supra te est, neq; procul positum, nec in cœlo
situm, ut possis dicere, Quis nostrum ualet ad cœlum conscendere, ut deferat illud ad nos,
ut audiamus atq; opere compleamus: neq; trans mare positum, ut causeris & dicas, Quis
è nobis poterit transfretare mare, & illud ad nos usque deferre, ut possimus audire & facere id quod præceptum est? sed intra te est sermo ualde in ore tuo & in corde tuo, ut facias
illum. Primum quod illic positum est, Quis è nobis poterit transfretare mare? Paulus uertit, Quis descendet in abyssum? Cæterum quod legit Augustinus <in> quæstionibus in Deu 22
teronomion, Prope est uerbum hoc ualde in ore tuo & in corde tuo & in manibus tuis face
re illud. extremam particulam, Et in manibus tuis, quam existimat à Paulo prætermissam,
nostra certe uulgata æditio non habet. an apud Hebræos sit, uiderint earum literarum peri-
tiores. <Fieri potest, ut hunc locum è Paulo correxerit aliquis. Certe apud Septuaginta ha- 22
betur: καὶ ἐν χερσί σου ποιεῖν αὐτό.>

Iudæi & Græci.) ἰουδαῖός τε καὶ ἕλλην. Rursus congeminata coniunctio uehemen-
tiorem facit orationem, quam nos uertimus in Vel, coniunctionem, eandem exprimentem
sententiæ uim.

Diues in omneis.) Græce participium est, πλουτῶν, id est, Diuitijs abundans, siue
affluens.

Quem

[° 16-27: Revocare, ceu studens interpretari, quod obscurius erat dictum. Nam

Quem non audierunt.) Poterat uerti, De quo non audierunt. Sic enim eſt Græce: ὃυ οὐκ ἤκουσαν.

Quam ſpecioſi pedes.) Paulus hoc teſtimonium retulit iuxta ueritatem Hebraicam, Quàm pulchri pedes 16
19 iuxta quam ita legis Eſaiæ capite quinquageſimo ſecundo {interprete Hieronymo} Quàm
pulchri ſuper montes pedes annunciantis & prædicantis pacem, & annunciantis bonum,
prædicantis ſalutem. Nam Septuaginta uerterunt, ὡς ὥρα. quæ dictio ſi cum aſpiratione
27 ſcribatur, aut tempus ſignificat, (ut duodecim ſunt horæ diei: aut anni partem, uarijsque mun
dum temperat horis, unde & ἔξωροι dicuntur, quorum flos ætatis præterijt) aut pulchritu-
19 dinem {unde ὡραῖον pulchrum dicunt} ſin abſque aſpiratione, ὤρα, curam ac ſolicitudi-
35 nem [declarat.] Vnde iuxta Septuaginta ſic legimus: Sicut hora ſuper mõtes, ſic pedes euan
gelizantis. At diuus Hieronymus magis probat, Quàm pulchri. quanquam hæc lectio non
multum abeſt à Græca lectione Septuaginta, modo ὥραν accipias pro pulchritudine. Sic
enim legitur: Sicut amœnitas ſuper montes, ita pedes: & cætera.

Obediunt euangelio.) Obedierunt, eſt Græce, ὑπήκουσαν, uerbum præteriti tempo-
35 ris [niſi forte hoc uerbum de numero eorum eſt, quæ ſignificant actum manentem, cuiuſ-
modi γέγονα λέλεχα. in quibus præteritum uſurpatur loco præſentis. Qui librum deſcri-
pſit, iam non ſcribit: ſed qui dicũtur ſperaſſe in domino, iuxta Græci ſermonis idioma, non
deſierunt ſperare. Et alioqui præſens tempus frequenter conuenit omni tempori.] * 16: entries reversed

* Domine quis credidit auditui noſtro?) Id teſtimonium ſumpſit ex Eſaiæ capite quin- Paulus ſequens Septuaginta
quageſimo tertio, Septuaginta ſequutus æditionem: qui dictionem hanc Domine, addide-
runt explicandæ perſonæ gratia, quum in Hebræo non habeatur, ſed tantum, Quis credi-
19 dit auditui noſtro? {Quod idem obſeruatum eſt & ab Origene.} Illud admonendus lector,
hoc loco Auditum, poni pro ipſo ſermone qui auditur. proinde dilucidius erat, Quis credi Auditus, pro Sermone
35 dit uerbis noſtris? aut, quis credidit auditis noſtris? [Auditus enim nomẽ, Latinis nihil aliud 16-22: nobis
ſonat quàm uim ac ſenſum audiendi. Quod ſi nihil aliud nobis ſonat ἀκοὴ, quàm Audi-
tus, cur hic idem interpres aliter uertit Matthæi tertio, καὶ ἀκοὰς πολέμων. id eſt, Opiniones bellorum: potius quàm Auditus bellorum? Et Actorum ultimo: ἀκοῇ ἀκούσετε, cur
auſus eſt uertere, Aure audietis? Hunc locum recenſueram inter manifeſtos ſolœciſmos,
addens hæc: Quis unquàm Latine loquens, auditum dixit ſermonem loquentis? Hinc de-
ſtomachatur rixator quidam iactans ſe declaraturum, quod à me dictum eſt, eſſe meram
falſitatem, nec ullum hic eſſe ſermonis uitium. Hieronymus, inquit, Auguſtinus & Ambroſius nouerunt Latine, & tamen ita loquuntur. Primum non numeramus hos autores in
eorum numero, quorum autoritate poſsit excuſari ſolœciſmus. Nam partim demiſerunt
elegantiam ſermonis ad aures imperitæ multitudinis, cui tum & ſcribebant & loquebantur, partim ipſe ſermo Romanus id temporis degenerarat ab illa germana puritate. Deinde quid mirum, ſi utentes ſcripturæ teſtimonijs, eiuſdem uerbis utuntur? At quis illorum
ſuo nomine loquens ſcripſit, Olim pœnitebit te non auſcultaſſe auditui meo: pro eo quod
erat, Non auſcultaſſe uerbis meis? Nec tamen ego negaui Latinum eſſe quiſquis ita loque
retur, ſed negaui quenquam Latine loquentem, ad eum loqui modum. Id ſi erat mera falſi-
tas, uel unus locus erat producendus ex probatis autoribus. Nonne pulchre defenſus eſt
interpres à ſolœciſmo, & magnifice declaratum me meram dixiſſe falſitatem? Et qui tam
indoctas nænias euulgant libris, miro ſupercilio obiurgant, miro faſtu inſultant ac tantum
non triũphant, rectius facturi, ſi diſcerent interim Græcæ Latinæque grãmatices rudimenta.]
35 * Per uerbum Chriſti.) θεοῦ. Dei: non Chriſti. [Certum eſt Chryſoſtomum legere θεοῦ,
ſic enarrantem hunc locum, ut pertineat etiam ad ſermonem prophetarum. Conſentit huic
Theophylactus, licet interpres aliud uerterit quàm legit: uterque indicat uerbum Dei, dictum ad differentiam humani ſermonis, qui contemni poterat. Ambroſius quid legerit, parum liquet ex commẽtario. Origenis interpres legiſſe uidetur Chriſti, pro Dei. Ad ſenſum
non ita magni refert, niſi quod Dei uox magis exaggerat ſermonis apoſtolici dignitatem,
& latius patet ſenſus. Nam propheta uidetur ſuo nomine querelam hanc ponere, quam
Paulus ceu uaticinium accommodat ad euangelij præcones.]

Primus Moſes.) πρῶτος μωσῆς. Quo Græci ſæpius abutũtur pro comparatiuo, Prior Primus, pro Prior
Moſes. Refertur enim ad Eſaiam, quem mox citat, licet aliud commentum attulerit Tho-

 mas

} 16: secundo. Mah Na'wu 'al he-hariym ragley mevasser mashmiy'a shalom mevasser tov mashmiy'a yeshu'ah hoc est Quam

mas Aquinas{quasi primus dictus sit,quia præcipuus:uel primus,quia primus inter cæte- 19
ros hoc dixerit:quanquam posterior illius sententia non multum abhorret à nostra.}
Ad æmulationem uos adducam.) παραζηλώσω. id est,Ad æmulandum prouocabo,&
quasi stimulabo inuidia ac dolore.[Ita Ambrosius.] 35
In non gentem.) ἐπ' οὐκ ἔθνει. id est, In non gente. nam Græce datiuus est.Item mox:
In gente insipiente.[Gentem enim non gentem dixit, contemptissimam nec ullo dignam 35
honore:quod exponens addit,In gentem insipientem. Sic alibi uocat quæ non sunt,quæ
nullo erant in precio.]
Esaias autem audet.) Coniunctio δὲ connectit hanc partem cum Mose qui præcessit,
ut ostendimus.Nec est simpliciter τολμᾷ, sed ἀποτολμᾷ, quasi sumpta ab illo fiducia,qui
prior illud dixerit.
*Paulus senten tiam reddens non uerba* {Inuentus sum à non quærentibus.) Locus est apud Esaiam capite sexagesimoquinto, 19
sensus fere idem apud Hebræos & Septuaginta. Hebraica ueritas sic habet,Quæsierunt
me,qui ante me non interrogabant.Inuenerunt qui non quæsierunt me.Iuxta Septuaginta
sic legimus,Apparui non quærentibus me,inuentus sum ab his qui me non interrogabant.
Paulus nec Hebræam ueritatem,nec Septuaginta æditionem anxie uidetur sequutus,sen-
tentiam contentus reddere.}
Ad Israel autem.) πρὸς δὲ τὸν ἰσραήλ. Potest accipi & aduersus Israel:non enim alloqui
tur Israel{sed contra Iudæos facit quod dictum est. Siquidem præpositio πρὸς anceps est 19
}19: divus Græcis. Annotauit hoc &}Thomas Aquinas. Testimoniũ quod adducit Paulus est apud
Esaiam capite sexagesimoquinto.Origenes indicat in exemplaribus Hebræorum non adij
*Paulus sequu tus Septua ginta* ci particulam,& contradicentem mihi,uerum eam additam fuisse à Septuaginta seniori-
bus.Idque uerum esse declarat interpretatio Hieronymi ex Hebraica ueritate,quæ sic habet,
Extendi manus meas tota die ad populum incredulum. Aeditio Septuaginta sic habet,Ex-
pandi manus meas tota die ad populum incredulum & contradicentem.}
Et contradicentem mihi.) ἀντιλέγοντα. Mihi,à nobis additum est.Satis erat contradicentem,hoc est,rebellem & immorigerum,quemadmodum legunt Græci.(Et comperi non 22
additum in codice Donatiani.)

EX CAPITE VNDECIMO

(DIco ergo,nunquid deus.) Græcis tantum est, μὴ, num:seipsum interrogat 27
ac sibi respondet,quo schematis genere scatet omnis Pauli sermo.Plurimum
autem lucis & acrimoniæ adducit,præsertim in argumentando. Quidam ap
pellant ratiocinationem.)
16-27: Quem ante cognoverat) 16: ΠΡΟΕΓΝΩΚΕΝ *Quam præsciuit.) προέγνω. Illud admonendum hoc loco,uerbum{γνῶ- 19
}16: hoc *Scire & scita* [pro probare leges] ναι,} apud Græcos non semper significare scire,siue cognoscere,sed aliquoties decernere,
siue iudicare:unde & γνῶμαι dictæ sunt.Et apud Latinos legimus,Populus sciuit,& scita
16 indicare populi. Quanquam plus aliquid indicare uidetur προορίζειν, quàm προγνῶναι. quod po
sterius pertineat ad animi decretum,quod integrum est cuique mutare,prius illud ad cer-
16-19: Lyra tam sententiæ pronunciationem,quam rescindere non sit integrum. Vnde nec Lyranus
16: vertit ueretur exponere hoc loco præsciuit,prædestinauit{atque ita sanè interpretatur Augusti- 19
nus libro De bono perseuerantiæ secundo,capite decimooctauo}Nos maluimus uertere,
Quos ante cognouit,iuxta proprietatem scripturæ diuinæ,qua deus cognoscere dicitur,
quibus fauet,quosque amplectitur,ut & superius admonuimus ex Origenis sententia. Nec
16-22: ut 16-27: reiecerit enim consentaneum est quod deus populum reiecit,quem ante sic adamauit,& ueluti peculiarem complexus est.(Chrysostomus putat additum, ὃν προέγνω, propter electos ex Iu 27
dæis,Inter quos commemorat seipsum,& ne solus uideatur,subijcit & de septem milibus
uirorum)[Non enim simpliciter dixit Populum suum,sed Populum suum quem ante co-
gnouit.Cæterum præpositio πρὸ, referri potest ad æternam illam prædestinationem,quæ
fuit antequàm Iudæorum populus nasceretur,aut ad gentes posterius uocatas ad Euangelij gratiam,iuxta illud Euangelicum,Erunt nouissimi primi,& primi nouissimi.]
* 16: entries reversed *Quemadmodum interpellat.) Ambrosius legit,Postulat.(Græce est,) ὡς ἐντυγχάνει. 22
Suffoderunt.) κατέσκαψαν. quod significat aliquãdo Subruerunt,siue subuerterunt.
Diuinum responsum.) χρηματισμός. id est, Oraculum. Quod explicuit interpres

πρεxπεριφράσει.

Curuauerunt genua.) Genu, est Græcis. Et Baal, datiuus est sine præpositione Ante, quam addunt Latini: & τῇ Βάαλ, ut intelligas imaginem, non ipsum hominem. Nam 16: reddunt Baal idolum
19 præfectum & idolum Hebræis sonat בַּעַל: unde Beelphegor{idolum}cadaueris: Beelzebub, muscarum idolum.

Saluæ factæ sunt.) γέγονεν. id est, Factæ sunt. Saluæ, redundat: sicut & Dei, superest.
19{tantum est, οὕτως οὖν καὶ ἐν τῷ νῦν καιρῷ, λεῖμμα κατ' ἐκλογὴν χάριτος γέγονεν. id est, Sic Additum in
& hoc in tempore, reliquiæ iuxta electionem gratiæ sunt. Non enim illud agit hoc loco nostris
Paulus, cuius sit gratia, sed gratiam opponit operibus legalibus, & electionem opponit ge 19-27: hoc
neris affinitati. Et tamen haud scio quî factum sit, ut in expositione Origenica legatur, Sal
27 uæ factæ sint: etiamsi Dei, non additur}{Quanquam admonui iam interpretem in illis commentarijs sibi multum iuris sumpsisse. Certe nec apud Chrysostomum, nec apud Theo
35 phylactum adduntur}[Nec mirum si qui inter enarrandum meminerunt de his qui seruati sunt, quum hic reliquias iuxta electionem gratiæ Paulus appellet illos, qui ex Iudæorum populo prædestinati fuerant ad salutem. Vnde probabile est, ea quæ nos dicimus superesse, à studioso quopiam adiecta, quo sermonem redderet explanatiorem. Denique dum excutio commentarium Origenis, deprehendo illum legisse, quemadmodum legit Chrysostomus. Sic enim loquitur, Pauli sermonem referens, Sed quod dicit secundum gratiam factas esse reliquias, hic mihi uidetur superflua esse electionis adiectio. Hic resedit germana lectio, utcunque cætera mutarit lector. Nam in primo contextu addidit etiam Dei, quum in exponendo non addatur. Multa deprauauit in uetustis autoribus illorum sedulitas, qui iuxta uulgatam æditionem emendarunt citata scripturæ testimonia.]

Si autem gratia.) εἰ δὲ χάριτι. Gratia, ablatiuus est, non nominatiuus.

35 Alioqui gratia.) ἐπεί. id est, Quoniam, siue quandoquidem.[Tametsi recte ac diluci 16: Alioquin
de uertit interpres, subauditur enim apud Græcos, εἰ δὲ μή. ut mox indicabimus.]

19 Alioqui gratia iam non est gratia.{) Græci codices aliquanto plus habent hoc loco 16: Post ea verba.)
quàm nostri. Repetunt enim, In operibus quæ non sint opera. quod nostri de gratia tan {16: ibdesunt in nostris codicibus haec
tum pronunciant ad hunc modum, εἰ δὲ χάριτι, οὐκ ἔτι ἐξ ἔργων, ἐπεὶ ἡ χάρις οὐκ ἔτι γίνεται Græci plus habent quàm
19 χάρις}. εἰ δὲ ἐξ ἔργων, οὐκ ἔτι ἐστὶ χάρις, ἐπεὶ τὸ ἔργον οὐκ ἔτι ἐστὶν ἔργον. id est{Quod si per gra nos
tiam, non iam ex operibus, quandoquidem gratia iam non est gratia}sin uero ex operibus, 16: si
19.27 iam non est gratia, quandoquidem opus iam non est opus.{Atque ita sane legit(atque etiam
interpretatur)Theophylactus. Verum quoniam hanc additionem non reperio apud Ori 19: Vulgarius
27 genem, nonnihil addubito num ea sit germana lectio,(præsertim quum Chrysostomus hunc enarrans locum tantum legat, εἰ δὲ χάριτι, οὐκ ἔτι ἐξ ἔργων, ἐπεὶ ἡ χάρις οὐκ ἔτι γίνεται χάρις. Nec addit his quicquam) Præterea partes sermonis uidentur inuersæ, hoc ordine potius digerendæ: Quod si per gratiam, iam non ex operibus, quandoquidem opus iam non est opus: sin ex operibus, iam non ex gratia, quandoquidem gratia iam non est gratia. Nisi in ἐπεί, subest tacita exceptio, ut & aliàs hac uoce usus est Paulus. Ita sensus erat: Si gratia, non igitur ex operibus: quod ni esset, gratia non esset gratia: hoc est, falso diceretur gratia. Atque ut Latinæ lectioni magis faueam, facit quod Paulus non hic agit, 19: nostrae
22 an opus sit opus, sed gratiam astruit, quam Iudæi conabantur expellere.<Et tamen Aldina æditio, quin & Hispaniensis consentit cum eo quod nos repperimus in Græcorum exemplaribus.>

Sicut scriptum est.) Incertum an hæc particula referatur ad superiora, an ad ea quæ sequuntur. Origenes fatetur sibi nusquam lectum in libris diuinis: Dedit eis spiritum compunctionis. Sic autem excusat, ut Paulum accipiamus Esaiæ sententiam suis uerbis explicantem, & nonnihil de suo addentem. Id probabilius facit quod in fine adiecit, usque in hodiernum diem. Nam summa sententiæ est apud Esaiam capite sexto: Auditu audite, & nolite intelligere: & uidete uisu, & nolite cognoscere. excæca cor populi huius, & aures eius aggraua, & oculos eius claude, ne forte uideat oculis suis, & auribus audiat, & corde intelligat, & conuertatur & sanetur. Citatur hic locus & in Actis apostolorum capite uigesimo octauo: sed iuxta translationem Septuaginta, qui sic interpretati sunt, ut dominus prædicat illorum cæcitatem, non ut imperet: Aure audietis, & non intelligetis, Distinctio incerta

 & uiden

& uidentes uidebitis,& non perspicietis:incrassatum est enim cor populi huius,& auribus grauiter audierunt,& oculos suos compresserunt,ne forte uideant oculis suis,& auribus audiant,& corde intelligant,& conuertant se,& sanem illos. Quo quidem in loco,Hieronymus edisserens Esaiam,sic excusat Lucam,qui referat Paulũ cum Hebræis disserentem, non iuxta Hebraicum,quod rectum esse cognouerat,sed iuxta Septuaginta producere testimonia,quod magis Græcas literas sciuerit quàm Hebræas,unde & sermonẽ huius esse comptiorem ac secularem redolere eloquentiam.}

Paulus apud Lucam & Hebræis loquens sequitur Septuaginta

* 16: entries reversed.

* Spiritum compunctionis.) κατανύξεως. quod significat quum aliquis mordetur & pungitur dolore. unde superius dixit, παραζηλώσω.

{ Fiat mensa eorum in laqueum.) Locus quem adducit,extat Psalmo sexagesimo octa- 19
uo. Ne hic quidem Paulus curauit prophetæ testimonium ad uerbum adducere. Primum
enim omisit,Coram ipsis:deinde addidit, Et in captionem. quod nec apud Hebræos habetur,nec apud Septuaginta. quod ante nos indicauit Origenes.}

16: Non est accipiendum hoc loco pro ↓{

Captio,pro Venatu

* In captionem.) Captio,non est hic decipula{proprie}unde captiosos dicimus:sed pro ue- 19
natu positum est,quo capimus feras{quasi dicas,capiantur sua mensa qua laxare animum 19
debebant:non enim timemus hostem inter epulas. Est autem Græce, θήραν.}

[πταίειν πεσεῖν

Nunquid sic offenderunt{ut caderent}) μὴ ἔπταισαν ἵνα πέσωσι. id est,Num lapsi sunt 19
{ut conciderent,siue}ut caderent,nimirum in terram{Nam πταίειν, proprie est impingere 19
ad quippiam:ac labi,leuius est quàm cadere:quemadmodum & impingere potest,qui non plane concidat. Interpres de suo addidit,Sic: Nunquid sic offenderunt ut caderent. Et probarem additum,si hoc loco Sic aduerbium positum est ut respondeat adeo:ueluti quum dicimus,Sic me odit,ut nec salutet:adeo metuit,ut loqui non possit. Atqui Græca uox, ἵνα,
finem magis significat,diuersæ naturæ ab ea quæ est ὡς aut ὥστε, {cuius uaria uis est, 35
quemadmodum apud nos, ut. At Theodorus Gaza,refert ἵνα inter coniunctiones causales, nec indicat aliter accipi, quum tamen diligenter indicet usum illius. Nec enim huc pertinet,quod ἵνα nonnunquam est aduerbium loci}Non potest igitur hic accipi sensus,
Num adeo impegerunt,siue offenderunt,ut ceciderint:{Igitur ἵνα referendum uidetur ad 27
deum,Num ideo deus passus est Iudæos labi,ut in totum conciderent? Non,sed ut ad tempus locum faciant gentibus, & ijdem rursus gentium pietate prouocati,resipiscant & seruentur}{Et huic sensui pulchre congruit quod sequitur: Absit,sed illorum delicto salus est 35
gentibus. totusq́ sermo sequens non loquitur de magnitudine lapsus,sed de euentu. Nec aliter exponit Chrysostomus,qui Iudæorum maliciam euangelio repugnantium annotat Paulum exaggerasse testimonijs prophetarum,consolationem suo nomine proposuisse. Ergo dubitandum non est quin grauissime impegerint,sed euentu consolatur illos: Quæ est igitur,inquit,consolatio? Quum plenitudo,inquit,gentium intrauerit,tunc omnis Israel saluus erit. Hactenus ille. Itaque Iudæorum lapsum deus uertit in bonum gentium, quarum æmulatione sint ad salutem aliquando prouocandi Iudæi. Nec aliud adfert Theophylactus,nec Origenes,nisi quod Sic,additum est à scribis erudítulis,nec aliud Ambrosius:de euentu loquuntur omnes,non de magnitudine lapsus,nisi quod Origenis interpres admiscet quædam de leuioribus peccatis,quum hic Paulus tota epistola exaggeret incredulitatis crimen. Vnde πέσωσιν interpretantur, Insanabiliter peccauerint, aut sine spe reparationis conciderint,quemadmodum concidit Lucifer. Quoniam autem prophetarum uerba uidebantur immedicabile malum indicare, Paulus mitigat eam acerbitatem, ostendens peccatum quidem esse grauissimum,sed tamen non ideo totius populi spem esse sublatam, λέγω οὖν. Origenes in ordine sermonis non obscure declarat germanam lectionem. Ipsum,inquiens,Israelis lapsum dicit talem fuisse,non ut illi caderent, sed ut delicto suo salutem gentibus darent. Similiter Augustinus in sententijs quas annotauit in hanc epistolam,fatetur peccati magnitudinem,sed indicat pessimæ rei bonum euentum. Eius uerba sic habent:Ergo nunquid deliquerunt ut caderent? Absit, sed illorum delicto salus est gentibus. non ideo dicit,quia non ceciderunt,sed quia casus ipsorum non fuit inanis,quoniam ad salutem gentium profecit. Non ergo ita deliquerunt,ut caderent:id est, ut tantummodo caderent,quasi ad pœnam suam solum,sed ut hoc ipsum quod ceciderunt prodesset gentibus ad salutem. Hæc ille:in quibus perspicuum est, quod non addidit,Sic.

quod

{16: feras, θήραν. Coram ipsis) Id non invenio in graecis codicibus, tametsi in psalmis additum est follows In captionem) and precedes Spiritum compunctionis)

quod tamen erat tolerabile, si non de atrocitate lapsus,sed de modo & euentu accipiatur.
Iam sæpius admonuimus ex ueterum autoritate huiusmodi coniunctiones finales inter/
dum ad euentum pertinere,potius quàm ad finem siue destinationem.] Verbum Offende/
runt,eleganter quidem usurpatum est ab interprete.cæterum offendere dicitur,& qui læ/
dit.Augustinus explicans quæstiones aliquot huius epistolæ,pro Offenderunt,legit Deli/
querunt. Ac prorsus recte dixeris, πταῖσμα, lapsum,siue delictum:at non item delin/
quere,pro impingere.}
19 Illorum delicto.) τῷ αὐτῶν παραπτώματι.* {id est,} Per illorum {lapsum,potius quàm} deli/
19.35 ctum.} {Respexit enim ad id quod modo dixit, Iudæos impegisse. ↑παράπτωμα} [enim pro/
prie est,quum quis per negligentiam labitur.à πίπτω, quod est cado.]
Vt illos æmulentur.) εἰς τὸ παραζηλῶσαι αὐτούς. Quod rectius uerti poterat,Ad prouo/
candum eos:ut ad deum referatur actus uerbi,qui isto modo uoluerit extimulare Iudæos
inuidentia quadam ac zelotypia,quum uiderent quod ipsis erat promissum,in gentes esse
translatum. Vnde nos quo sermonis ambiguitatem excluderemus, uertimus, Vt eos ad
æmulandum prouocaret. εἰς τὸ παραζηλῶσαι αὐτούς. Neque quicquam erat opus quadri/
ga interpretationum,quam in hunc locum inuexit Thomas Aquinas, ne sic quidem ger/
19 manam attingens sententiam:quod haudquaquam illi,sed interpreti imputandũ est.{Quis
22 enim Græce ignarus ex his uerbis percipiat quid senserit Paulus} {Sic & paulo post Paulus
usus est hoc uerbo: εἴπως παραζηλώσω μου τὴν σάρκα. Et proximo capite: ἐγὼ παραζηλώ/
σω ὑμᾶς ἐπ᾽ οὐκ ἔθνει. Quo tamen uerbo aliàs usi sunt interpretes in malam partem,quem/
admodum Psalmo septuagesimoseptimo: καὶ ἐν τοῖς γλυπτοῖς αὐτῶν παρεζήλωσαν αὐτόν. Por
ro quidam accommodat uerbum παραζηλῶσαι ad Iudæos,ut αὐτούς referatur ad gentes.
Neq; quisquam interpres hoc sensit,neque ratio Græci sermonis patitur,sed hunc sensum
35 maluit extorquere,quàm non carpere nostram annotationem.} [Etiamsi non desunt qui uer/
ba interpretum huc detorquent,sed falso:faciunt illi quidem mentionem de Iudæis æmula
turis fidem gentium. At quid mirum,quum παραζηλόω significet ad inuidiam & æmu/
landi studium iritare?Ostendi loca aliquot in quibus παραζηλόω significat prouocare uel
ad iram uel ad æmulandi studium.proferant illi nobis unum,ubi positum sit pro æmulari.]
Quamdiu quidem ego sum gentium apostolus.) ἐφ᾽ ὅσον μὲν εἰμι. Origenes uidetur
19 ἐφ᾽ ὅσον, accipere pro Quamdiu:ut subaudias, χρόνον. {dubitatq; utrum accipiendum sit,
Quamdiu sum in hac uita:& ad affectus emphasim pertineat,quemadmodum uulgo di/
cimus,Non deseram uos quoad uiuam. An Paulum post obitum etiam inuisibilibus apo/
stolum futurum.} Verum quoniam id duriusculum est,malim ἐφ᾽ ὅσον accipere pro Qua/
19 tenus,siue inquantum.{Atque ita uidetur Theophylactus sensisse,quantum conijcere licet
27 ex illius interpretatione.} {Græcus dicit eadem quæ Chrysostomus,[qui] plane interpretatur
Paulum ex delegato munere cogi,ut aliquot Iudæos prouocet atque ita seruet.Sic enim
prouocatos seruabit,si quàm plurimos è gentibus pertrahat ad euangelium.} Neque enim
de temporis modo loquitur,quasi mox abdicaturus apostolicum munus,sed quandoqui/
dem uocatus erat apostolus gentibus,adnititur ut gnauiter obiens sibi commissam prouin
35 ciam exornet & illustret eam.[Nec Ambrosius quicquam meminit de tempore,tantum de
officio loquitur.Similiter quod est Matthæi uigesimoquinto,Quamdiu uni ex istis mini/
mis fecistis. ἐφ᾽ ὅσον, mea sententia rectius uertisset Quatenus,aut In quantum.]
19 Honorificabo. δοξάζω. id est,Glorifico.{ita citante locum hunc Augustino locis com/
22 plusculis} {nominatim libro aduersus Faustum nono,capite secundo.} Faber Stapulensis ma
19 uult,Existimo. Quanquam {haud scio an δοξάζω, reperiatur apud Græcos pro Existimo.
Et} probe quadrat sensus,ut accipias Paulum celebrius reddere suum ministerium in euan
gelio gentium,ut æmulatione saltem prouocaret Iudæos ad Christum.Interpres Origenis
uertit δοξάζω, illustro & exorno,multis uerbis in hanc differens sententiam.
19 Amissio eorum.) ἀποβολή. id est,Abiectio,siue reiectio.{nam hanc opponit assumptio/
22 ni.} {Reiectio,pro Amissio,citat Augustinus libro aduersus Faustum nono,capite secundo,
iuxta fidem uoluminis antiqui manu descripti.}
Quæ assumptio.) τίς ἡ πρόσληψις. id est,Adiunctio,qua quempiam nobis comitem
19 asciscimus,id est,adiungimus.Nam assumptionem{ut dixi} opposuit reiectioni.

Quod

Greek placed
* 16 : at end of
sentence
↑↓
Obscure uerti
tit interpres
16 : illis
Quadruplex
interpretatio
Thomæ
16-19 : diuus
Quamdiu
ἐφ᾽ ὅσον
19 : Vulgarius
27 : Caeterum
16-27 : Glorificabo
margin 19-27 :
Faber

↑19-27 : impegisse et ab eodem verbo ductum est παράπτωμα

19: Vulgatius
Quod si delibatio.) Delibatio, ἀπαρχὴ. id est, Primitiæ. Theophylactus interpretatur ἀπαρχὴν, τὴν ζύμην. id est, Fermentum: ut massa respondeat arbori, fermentum radici, Mihi magis probatur, ut ipsum frumentum intelligamus, unde conspersio sumitur. Cæterum ex uitioso tritico non possis facere bonam conspersionem. Primitias autem dixit, quod laudatissima soleant dicari numini, unde & ἀκροθίνια uocantur, quasi præcipua. Porrò conspersionem non ad farinam humore temperatam referri puto, sed magis ad molas, siue collyridas: ea erat farina oleo conspersa, quæ olim iuxta ritum Mosaicæ legis immolabantur, unde & sanctum uocat. {Chrysostomus ἀπαρχὰς & ῥίζαν, interpretatur 35
Abraham reliquosque patriarchas, conspersionem & ramos illorum posteros} {Et oleaster, 19
Græcis est ἀγριέλαιος. quod sonat agrestem siue syluestrem oleam: cui respondet καλλιέλαιος, quæ est olea frugifera.}

16–22: ad pinsendum
19–22 margin: Acrothinia

Insertus es.) ἐνεκεντρίσθης. id est, Insitus es: quoties fisso arboris ramo inseritur surculus. Est enim hoc unum insitionis genus (Quanquam hic magis significare uidetur inocu- 27
lationem, quum perterebrato qua se protulit gemma cortice, inseritur stolo.)

*Insitio*
Insertus es in illis.) ἐν αὐτοῖς. Apertius erat, Inter illos: hoc est, Insitio tibi dedit quod illis natura {Ridiculum est autem quod quidam interpretatur, In illis, pro eo quod erat In lo- 35
cum illorum. Quum enim per oleam intelligat populum Iudæorum, nihil offendit numerus aut genus mutatum. Iuxta sermonis Hebræi proprietatem, præpositio frequenter additur ociose, uelut, Confitetur in me, Confitebor in illo, & Percussit in gladio.]

Socius radicis.) συγκοινωνὸς. id est, Particeps, aut potius Simul particeps, siue consors: hoc est, unà cum cæteris ramis quibus insitus es.

Bene.) Separandum est, ut sit respondentis ad superiora, καλῶς, & approbantis, quod sub persona ethnici dixerat: eaque pronuncianter sunt legenda {Atque ita sane distinguit Au- 19
gustinus in Epistolis, hunc adducens locum.}

16: gentilis

Noli altum sapere.) μὴ ὑψηλοφρόνει. id est {Ne} superbias, ne tibi placeas, ne efferaris 19
animo {Siquidem hic sapere uocat, affici animo} (φρονεῖν. quod alias dicitur, μέγα πνεῖν. 19, 27
Nec enim hic agitur de sapientia siue stultitia, sed de arrogantia & modestia.)

16: superbe ὑψηλοφρονεῖν
19–22: μέγα πνεῖν superbi

Ne forte nec tibi.) μήπως. Aut omittenda erat expletiua coniunctio, aut uertẽda erat, Ne quà, aut Ne quo modo. Nam forte nihil facit ad hanc sententiam.

⟨Vide ergo bon.) In plerisque Græcis codicibus habebatur, ἴδε. id est, Vide. Quan- 22
quam hoc ad sensum nihil attinet.⟩

*Bonitas*
*Seueritas*
Bonitatem & seueritatem.) τὴν χρηστότητα, καὶ τὴν ἀποτομίαν. Bonitas est hæc, quam ante uertimus benignitatem, diui Hieronymi sequuti sententiam, quæ est quædam animi propensio ad bene merendum de quopiam, quam non inepte uertisset Indulgentiam, cui opponit ἀποτομίαν, quæ ad uerbum sonat resectionem: ea est, quoties res ad uiuum exigitur, {quem & rigorem dicas licebit.} 19

Alioqui.) Rursum ἐπεὶ, id est, Quandoquidem {Quod tamen recte uertit interpres.} 35

*Olea, oleaster*
In bonam oliuam.) καλλιέλαιον. quæ contraria est, ἀγριελαίῳ. id est, oleastro: ut modo dictum est.

Fratres, mysterium hoc.) μυστήριον. Hoc loco Mysterium, nihil aliud sonat quàm rem arcanam & paucis cognitam, neque communicandam nisi initiatis.

Vobisipsis sapientes.) παρ' ἑαυτοῖς. id est, Apud uosipsos prudentes. & φρόνιμοι, magis ad affectum refertur quàm ad prudentiam {Ne sitis insolentes, animique elatioris} {alioqui 19, 27
sibi sapit, qui suis prospicit commodis.)

27: elatioris est animi
16–27: Iniquitatem

Impietatem.) ἀσεβείας. id est, Impietates. Et eripiat. ὁ ῥυόμενος. id est, qui liberat: quasi dicas, ille liberator. Et auertet, non Auertat. ἀποστρέψει. {futuri temporis uerbum. Testimo- 19
nium adductũ est ex Esaiæ capite quinquagesimonono, apud quem ita legimus iuxta ueritatem Hebraicam: Et timebũt qui ab occidente nomen domini, & qui ab ortu solis gloriam eius, quum uenerit quasi fluuius uiolentus, quem spiritus domini cogit, & uenerit Sion redemptor, & qui redeũt ab iniquitate in Iacob, dicit dominus: hoc fœdus meum cum eis, dicit dominus. Iuxta Septuaginta ad hunc modum: ⟨καὶ φοβηθήσονται οἱ ἀπὸ δυσμῶν τὸ ὄνομα κυ- 22
ρίου, καὶ οἱ ἀπ' ἀνατολῶν τὸ ὄνομα τὸ ἔνδοξον. ἥξει γὰρ ὡς ποταμὸς βίαιος ἡ ὀργὴ παρὰ κυρίου. ἥξει μετὰ θυμοῦ, καὶ ἥξει ἕνεκα σιὼν ὁ ῥυόμενος, καὶ ἀποστρέψει ἀσεβείας ἀπὸ ἰακὼβ, καὶ αὕτη αὐτοῖς ἡ παρ' ἐμοῦ διαθήκη, εἶπε

[ 16: natura. Et oleaster graecis est ἀγριέλαιος, quod sonat agrestem sive sylvestrem oleam, cui respondet καλλιέλαιος quae est olea frugifera. Socius

κυ, ἥξει κύριος. id est,⟩Et timebunt qui ab Occidente nomen domini,& qui ab ortu solis
nomen inclytum. Veniet enim quasi fluuius uiolentus ira domini,ueniet cum furore,&
ueniet de Sion qui liberet,& auertet impietates à Iacob,& hoc erit eis à me testamentum,
dicit dominus. Ex quibus liquet Paulum hunc locum adduxisse iuxta æditionem Septua- Paulus sequutus Septuaginta
ginta,nisi quod de suo addidit, Quum abstulero peccata eorum: quod nec apud Hebræos
habetur,nec apud Septuaginta,sed addidit uelut explicans prophetæ sensum. Nam διαθήκη, testamentum,Hebræis est fœdus:& quod Septuaginta uerterunt,ex Sion,Hebræis
22 est Propinquus Sion. Origenes indicat Hebræis esse, propter Sion.⟨Atque ita sane scriptum
est in æditione Septuaginta⟩suspicor id librarij culpa deprauatum,quum scriptum fuerit,
Prope Sion. Hieronymus Græce etiã interpretatur ἀγχιστεύς. id est,propinquus:nisi quis
22 probat,Propter,dictum esse pro Prope.⟨Præterea quod apud Hieronymum refertur,Ira do- 19-22: probet
mini:illis est, ὀργὴ παρὰ κυρίου.⟩

Et hoc illis à me testamentum.) Est quidem Græce, διαθήκη. Cæterum indicauit hoc & Augustinus libro De loquutionibus,Geneseos primo,frequenter in arcanis literis pro Pacto,poni Testamentum. Quanquam Græcis, διαθήκη, non dicta est à testando,sed ab ordinando disponendoque.}

Secundum electionem autem charissimi.) ἀγαπητοί. id est, Dilecti:quam uocem ta- Ratio casus à Paulo neglecta
19 men ita sæpe uertit.{Porrò duo nominatiui casus,inimici & charissimi,iuxta ordinẽ gram-
maticum non habent unde pendeant,nisi subaudias Sunt:sed uerisimilius est casus ratio-
27 nem a Paulo fuisse neglectam}{Alioqui dicendum erat,Charissimorum & inimicorum.)

Sine pœnitentia.) ἀμεταμέλητα. id est, Quorum non possit pœnitere eum qui dedit,
35.19 aut qui promisit,quasi dicas,impœnitibilia.[Augustinus alicubi legit Impœnitenda]{Ambrosius huc detorquet,ut dicat in baptismo gratis remitti peccatum,nec requiri luctum aut planctum,aut aliud opus bonum,sed tantum ex corde professionem. Quæ quidem interpretatio mihi uidetur coactior,nec attingitur ab Origene. Thomas eam sententiam extrẽmo tandem attigit loco,ueluti non admodum probans.}

Propter incredulitatem illorum.) τῇ τούτων ἀπειθείᾳ. id est, Per horum incredulitatem, Propter,pro Per
19.35 {non Propter}[Nam propter,causam significat:per,instrumentum aut modum,quod ad sensum attinet,haud magni refert.]

19 In uestram misericordiam.) τῷ ὑμετέρῳ ἐλέει.{per uestri misericordiam. Est enim similis datiuus ei qui præcessit, τῇ τούτων ἀπειθείᾳ. Sensus enim est,Sicut illorum defectio
uobis fecit aditum ad fidem,ita uestra fides quam miserante deo estis consequuti,prouo-
35 cabit illos ut resipiscant,seque dignos præbeant qui à deo recipiantur}[Ambrosius legit,In uestra miseratione:quasi Græce legisset, ἐν τῷ ὑμῶν ἐλέει. quæ lectio si probaretur,nihil esset difficultatis. Sensus enim esset, Gentibus per dei misericordiam ad uitam uocatis, Iudæos perstitisse in incredulitate. Et fortassis interpres legit quemadmodum Ambrosius. Scio quosdam interpretari,In uestram misericordiam:id est,Christum. Thomas Aquinas trifariam exponit,In uestram misericordiam:id est,in gratiam Christi. uel non crediderunt,ut per hoc uenirent in uestram misericordiam. uel non crediderũt,quod in uestram misericordiam occasionaliter cessit. Verum inconsultis Græcis huiusmodi commenta proferre,quid aliud est quàm diuinare? Chrysostomus hãc particulam,In uestra misericordia,dissimulat. Theophylactus nouum adfert commentum,quasi sic ordinet: οὕτως καὶ οὗτοι ἠπείθησαν, τῷ ὑμετέρῳ ἐλέει ἵνα καὶ αὐτοὶ ἐλεηθῶσι. id est, Sic & illi non crediderunt,ut uestra misericordia & ipsi misericordiam consequantur. Sic enim habet commentum, Sed uestra misericordia & horum erit,æmulabuntur enim uos. Nec abhorret ab hoc Chrysostomi commentum docens utrumque populum uicissim fuisse incredulum,ac uicissim ad gratiam uocatum. Gentibus enim persistentibus in incredulitate, Iudæi uocati sunt ad legem:mox gentibus ad euangelium uocatis,Iudæi recesserunt perseuerantes in incredulitate,sed denuo gentium exemplo reuocãdi ad fidem. Ita uicibus quibusdam alteri per alteros seruati sunt. Interpretes uidentur illinc abhorruisse, ne dicerent Iudæos occasione gentium perstitisse in incredulitate: quum contrà, potius Iudæorum incredulitas præbuerit occasionem, ut Euangelium transierit ad gentes. Cæterum si meminerimus, ἵνα hic non sonare finem aut intentionem,sed consequentiam siue euentum,& in cæteris occasionem intelligi

uerius

uerius quàm causam, non uideo cur hic sensus nos terreat, quem sermo Græcus simplicissime acceptus exprimit, qui contrarijs inter se relatis constat: gẽtium autem fidem uocat misericordiam, ne sibi placerent Iudæis prælati. Nam euangelij gratia Iudæis quodammodo deberi uidebatur, uel quia ipsis peculiariter promissa, uel propter obseruationem legis & unius dei cultum. Sic itaque loquitur, ὥσπερ γὰρ ὑμεῖς ποτὲ ἠπειθήσατε τῷ θεῷ, νῦν δὲ ἠλεήθητε τῇ τούτων ἀπειθείᾳ, οὕτως καὶ οὗτοι ἠπείθησαν, τῷ ὑμετέρῳ ἐλέει, ἵνα καὶ αὐτοὶ ἐλεηθῶσι. id est, Quemadmodum enim uos olim increduli fuistis deo, nunc uero credidistis, propter horum incredulitatem: ita & hi non credunt propter uestram credulitatem, ut & ipsi reuocentur ad credulitatem. Ordo quem uidetur sequi Theophylactus coactior est, nec minus durum, quod in priore parte datiuus Græcus sonat occasionem: ἠλεήθητε τῇ τούτων ἀπειθείᾳ. in altera sonat acquisitionem: ἠπείθησαν τῷ ὑμῶν ἐλέει. quemadmodum dicimus, Tibi ditatus est: hoc est, tuo bono ditatus est, quod opes suas tibi communicat. Nam hoc spectasse uidentur qui legunt, In uestram misericordiam: quod Vestræ misericordiæ, uideretur obscurius dictum. Ea subita mutatio in schemate contentionis, duriuscula est. Huic accedit & aliud incommodum, quod iuxta istorum interpretationem bis idem dicitur, quod non admittunt hæ uoces, quemadmodum & ita: quod enim dixerat, ὑμεῖς δὲ ἠλεήθητε τῇ τούτων ἀπειθείᾳ. hoc in diuersa parte repetit, οὕτως καὶ οὗτοι ἠπείθησαν τῷ ὑμῶν ἐλέει. quasi dicat aliquis, quemadmodum principes, populi paupertate ditescunt: ita populi paupertas diuitias addit principibus. Porrò quum hic fiat sermo de malis Iudæis qui clamauerunt Crucifige, qui persequuti sunt apostolos, qui gloriabantur in operibus legis, tumebantque patriarcharum cognatione, eoque cæteras gentes pro canibus execrabantur, nihil absurdi sit, si dicamus gentium credulitatem offendiculo fuisse Iudæis, ut alienarentur ab euangelio. Petrus apostolorum princeps coactus est sese fratribus excusare, quod Cornelium cum sua familia baptizasset: in conuiuio præsente Paulo, subduxit se à mensa, ne Iudæis esset scãdalo uescens cibis communibus. Et in Actibus, Iudæi murmurant aduersus gentes, quod illorum fœminæ reciperentur in ministerium apostolicum. Paulus quàm ægre obtinuit, ut gentes liberarentur ab onere legis. Hæc si acciderunt inter eos qui fidem euangelicã fuerant amplexi, an non probabile est plurimos Iudæos uel abstinuisse uel resilisse ab euangelio? Ad hunc sensum facit quod paulo ante dixit, Secundum euangelium inimici propter uos. Id dum Origenes interpretatur, Dicit, inquit, propter uos, quorum saluti inuidentes apostolos gentibus loqui, & persequentes eos qui annunciant Christum, Nonne dicit inuidiam fuisse occasionem ut non crederent euangelio? Confirmat hunc locum euangelica parabola, qua filius maior noluit ingredi domum, quum accepisset prodigum tanta lætitia domus excipi. Hunc itaque sensum ego sequutus sum, quod mihi uideretur simplicior: tametsi nullus cæterorum est, qui aberret à pietate.]

*16: follows Diuitiarum s.) below

* Conclusit enim deus omnia.) τοὺς πάντας. id est, Omnes: non Omnia.[Sensus idem est, 35
nisi quod Omnia, uehementius est] Porrò quod sequitur, Incredulitate, potest accipi & In-
obedientia.(Est enim ἀπειθεία. Et in incredulitatem, est Græcis, ut dicimus, Concludam 27
me in angulum.)

O altitudo.) ὦ βάθος. id est, O profunditatem. Miror cur interpreti placuerit uox ambigua.

Diuitiarum sapientiæ.) Hæc duo nomina Græci diuidunt interiecta coniunctione,
πλούτου καὶ σοφίας, consentientibus quotquot uiderim exemplaribus (etiam apud Chryso 27
16: tres
stomum) ut intelligas (Paulum) tria demirari in deo: diuitias, qui tam beneficus fuit erga gen 22
tes: sapientiam, qui tantam eis sapientiam impartierit: cognitionem, qui prudẽter dispiciat
16-19: Vulgarius
quid cui expediat. Ad hunc modum exponit Theophylactus.[Etiamsi Chrysostomus ali- 35
quanto diuersius uidetur legere, coniungens hæc duo, βάθος πλούτου. ut reliqui genitiui
non pendeant à βάθος, sed à duarum uocum complexu, quasi dicas, O profundas diuitias sapientiæ & scientiæ dei. Id illum sentire hinc colligitur, quod annotauit Paulum ad exaggerandam sapientiam dei, duabus uocibus ad epitasim facientibus fuisse usum, βάθος & πλοῦτος. Nam profundum per se habet auxesin, & diuitiæ copiam sonat. Gemina fit amplificatio si dicas, profundas diuitias sapientiæ.] Mihi magis probatur, ut ad totam huius consilij dispensationem pertineat, qua factum est ut gentes antè dæmonijs seruientes, nunc

subito

subito ad euangelij gratiam uocentur: & Iudæi, quibus ea peculiariter promissa uidebatur, ab eadem exciderint.

Incomprehensibilia.) ἀνεξερεύνητα. id est, Inscrutabilia. atque ita subinde citat Hieronymus.

27 Inuestigabiles.) ἀνεξιχνίαστοι. id est, Ininuestigabiles (quemadmodum legit diuus Hilarius libro de trinitate octauo, iuxta fidem uetustissimorum exemplariorum) id est, non ue- Inuestigabiles
27.35 stigabiles, siue imperuestigabiles. (Notauit enim huius uocis emphasim Chrysostomus [&
35 post hunc Theophylactus.] Non dixit ἀσυνόητα aut ἀκατάληπτα, sed Inscrutabilia &
35 Imperuestigabilia. Tanta est profunditas, ut nec scrutari fas sit) [Iam an apud Græcos eadem sit differentia inter ἐρευνᾶν & ἐξερευνᾶν, quod Latinis est inter uestigare & inuestigare & peruestigare, considerandum est] Cæterum diuus Hieronymus existimat Paulum retulisse locum qui est apud Esaiam capite undecimo: Et non est inuestigatio uię eius.
35 Sensum domini.) νοῦν. id est, Mentem [seu cogitationem.]
19 {Quoniam ex ipso & per ipsum.) In his tribus præpositionibus philosophantur theologi ueteres. Thomas interpretatur, ex ipso uelut ex prima omnium causa. Per ipsum, tanquam operantem & administrantem. In ipso, tanquam in fine. licet haud me præterit hæc uarie ab illo disseri. Non abhorret aūt multum à sententia Origenis, qui sic explicat: Quod dicit, Ex ipso, hoc ipsum quod sumus indicat. Per ipsum autē, quod per eius prouidentiam dispensamur in uita. In ipso uero, quod perfectio omnium & finis in ipso erit, tunc quum erit deus omnia in omnibus. Cæterum quod Thomas indicat præpositionē De, idem pollere ferè quod Ex, nisi quod addit consortium substantiæ: Augustinum, ut coniectare licet, sequutus, qui libro quem de natura boni scripsit aduersus Manichæos, ferme in eam sententiam disserit, capite uigesimosexto: an apud Latinos uerum sit, alij uiderint: certe apud Græcos eadem est præpositio. Et quum dicimus De illo loquitur, nulla est communis es- Ex ipso, per ipsum, in ipso
35 sentiæ significatio} [Ambrosius legisse uidetur In ipsum, quum dicit omnia spectare finem.]

Honor & gloria.) Græcis Gloria, tantum scribitur. ἡ δόξα. Honor, non additur.
19 {In secula seculorum.)} Seculorum, additum est à nobis {nam Græcis tantum est,} εἰς τοὺς } 16: Et
19.27 αἰῶνας. {nec additur apud Origenem} (nec apud Theophylactū, nec apud Chrysostomum.)

## EX CAPITE DVODECIMO

19 OBsecro uos.) παρακαλῶ. Idem Hortor, {poterat accipi} siue Adhortor {nam Græca uox anceps est, nisi quod id quod mox sequitur Per misericordiam, magis uidetur obtestantis & obsecrantis quàm adhortantis.}
35 [Vt exhibeatis corpora uestra.) παραστῆσαι τὰ σώματα ὑμῶν. Exhibetur quod ante promissum re præstatur, aut quod prius occultum profertur, uelut exhibentur syngraphæ: frequenter in malam partem, ut dicitur exhibere negocium, qui facessit negociū: præbetur, quod ad usum subministratur: ita præbemus aureis dicenti, præbemus sumptum ad nuptias. Chrysostomus & Theophylactus indicant eos proprie παραστῆναι, qui imperatori præbent equos bellicos. Vnde nos uertimus, præbere. Si respicias quod in baptismo abiurauimus desideria carnis, nosq; Christo dedicauimus, quadrat exhibendi uerbum, quo monemur hoc pręstare, quod sumus professi. Rursum si consideremus allusum esse ad ueterem morem holocautomatum, quo sacerdos hostiam imponebat altari, deus autem igni cœlitus demisso eam absumebat, non male congruit exhibēdi uerbum. Quod enim semel deo dicatum est, non oportet in alios usus accommodare: quemadmodum qui præbuit equos imperatori ad bellum, postea nihil habet cum illis commercij: nec ad priuatos usus reuocat, quos semel tradidit. Annotauit & illud Chrysostomus, quod nō dixit, ποιήσατε, id est, facite corpora uestra hostiam: sed παραστήσατε, hoc est, tradite, ut iam desinant esse uestri iuris, sed incipiant esse diuini: nefasq; sit quæ semel præbuistis imperatori deo ad bellandum aduersus diabolum, ea denuo diaboli obsequijs accommodare: simulq; monemur, ut curemus sic tractare corpora nostra, ut idonea sint instrumenta diuinæ uoluntati, dignaq; quæ illius oculis exhibeantur.]
27 Per misericordiam.) διὰ τῶν οἰκτιρμῶν. id est, Per miserationes (Consentientibus in le- Miserationes
19 ctione Chrysostomo ac Theophylacto) {Annotauit numeri rationem & Origenes, putans in eo esse emphasim immensæ dei misericordiæ.}

*Locus hactenus uulgo parum apte recitatus*

*Rationabile obsequium*

*16-19: Theologorum*

Rationabile obsequium.) τὴν λογικὴν λατρείαν ὑμῶν. id est, Rationalem cultum, ut appositiue cohæreat cum superioribus{idque indicat Græcus articulus τὴν, [qui est cultus ue- 19.35
ster rationalis & spiritualis]perinde quasi dicat, Si mactaueritis & immolaueritis deo corpora uestra: hoc est, corporeos affectus, non iugulantes brutas ac mortuas pecudes, quod
antehac factitatum est à Iudæis, ita demum exhibebitis illi uictimam acceptam}Et rationalem uocat, non ut intelligas cultum moderatum, hoc est, moderatam corporis maceratio-
nem, quemadmodum hodie passim citare solet concionatorum uulgus, ut ipsis quidem uidetur erudite, cæterum ijs qui Græce norunt admodum ridicule(sed uictimam uiuam ac 27
rationis compotem)[Existimant enim rationabile dici, quod est rationi consentaneum & ra- 35
tione temperatum. At non aliter hic Paulus appellat cultum rationalem, quàm prima Petri, lac spirituale dicitur, λογικὸν γάλα, id est, rationale lac & spirituale.]Verum quid faciant, ubi sententiæ uis à Græco pendet idiomate, & interpres eius linguæ prorsus ignarus
est:{Obsequium hic posuit pro sacrificio[siue cultu]idque suo more. Cæterum ut ostenderet 35
Christianorum cultum dissimilem esse Iudaicis ceremonijs, quibus immolabant brutas pecudes, adiecit rationale, nimirum ipsum hominem sentiens, qui uictima est rationalis, & ob
id deo acceptior[quum Iudæorum pecudes apud Esaiam abominetur dominus]Et in hunc 35
sensum palàm citat diuus Hieronymus, quum alijs aliquot locis, tum uero in epistola ad
Pammachium, cuius initium, Sanato uulneri{Neque secus interpretatur Origenes, sic in- 19
quiens, Qui cultus quoniam dudum in pecudum mutorum corporibus consistebat, nunc
in corpore rationalis hominis offeratur, & corpora magis uestra quàm pecudes fiant sacrificium deo: & cætera}[Nec aliter exponit Chrysostomus, indicans λογικὴν dici, quod res 35
sit animi ac spiritualis: pro templo, est pectus hominis: pro pecude, corpus hominis, hoc est
affectus carnis: pro igni, est charitas dei. Et hactenus Christianæ pietatis est imitari Christum, qui semet immolauit pro nobis. Origenes ut solet, attingit & aliud commentum, rationalem cultum de quo reddi possit ratio, quasi de Iudæorum uictimis non potuerit reddi
ratio. Simile quiddam attingit & Theophylactus, omnia nostra debere ratione geri, quod
ut uere dictum esse fateor, ita recedere uidetur à simplicitate sermonis apostolici.]

*16-19: cultum*

Sed reformamini.) μεταμορφοῦσθε. id est, Transformamini{siue transformemini: Po- 19
test enim utrouis accipi modo, uel ut sit indicandi modo, uel ut sit imperādi modo dictum.}

In nouitate sensus.) τῇ ἀνακαινώσει τοῦ νοός. id est, Renouatione mentis: hoc est, Per in-
nouationem mentis, nimirum alludens ad reprobam illam mentem in quam traditi fuerant
ante, simulacris pro deo deferentes honorem.

{Quæ sit uoluntas dei bona & beneplacens & perfecta.) Mirum quod exemplar secu- 19
tus Augustinus legit ad hunc modum libro de ciuitate dei decimo: atque item in epistola
octogesimasexta, Ad probandum quæ sit uoluntas dei, quod bonum & beneplacitum &
perfectum. quasi hæc tria epitheta non pertineant ad uoluntatem dei, sed ad complexum
illum uerborum præcedentium, Exhibeamus corpora nostra, & cætera: & non conforme-
mur huic seculo, sed reformemur, & cætera: ut pareamus nō nostris cupiditatibus, id quod
faciunt ethnici, sed uoluntati diuinæ. Id si fecerimus, inquam, sacrificium fuerit bonum, pla-

*Articuli uis*

citum & legitimum deo. Atque ut in hunc sensum accipi possit, facit articulus additus, τὸ
ἀγαθὸν, καὶ εὐάρεστον, καὶ τέλειον. Nam τέλεια proprie dicuntur in quibus nihil possis desi-
derare eorum quæ ad sacri rationem ac ritum religionis pertinent. & paulo ante à sacrorum metaphora cœperat. Interpres Origenis indicat hic Latinos nonnihil discrepare à
Græcis, sed quid sibi uelit, non satis intelligo, quum Græcus sermo ad utrunque sensum sit
anceps. Certe Ambrosius consentit cum Augustino}[Et quod legit, interpretatur hisce uer- 35
bis, claudens commentarium: Hoc erit conformem fieri spiritualium, renouatum in spiritu
ac fide, hoc scire quid placet deo, nec aliud bonum & perfectum esse. Ambiguitatem sermonis facit additus articulus, eo omisso si dixisset, τί τὸ θέλημα τοῦ θεοῦ ἀγαθὸν καὶ εὐάρεστον, & cætera, nihil erat ambiguitatis. Nunc quoniam dictum est, τὸ ἀγαθὸν, articulus
bifariam potest accipi, uel ut discernat uoluntatem à uoluntate, uel ut referat quod præcessit, Scire quæ sit uoluntas dei. Vtrumque sensum attingunt interpretes. Iuxta priorem sensum non solum uoluntas dei distinguitur à uoluntate nostra, uerum etiam eadem uoluntas dei discernitur. Nam uetus ille Iudæorum cultus & obseruationes, erat quidem uolun-

tas

) 16-22: ridicule, 27: compotem quanquam his quoque ueniam dandam arbitror, quandoquidem ad eundem modum interpretati sunt, ut caeteros sileam diuus Thomas qui non temere labi solet, ac Lyra. Verum

27: Thomas Aquinas

19-27: Lyranus

} 27: est Denique sic interpretatur, is cuius in hanc epistolam extant scholia titulo Hieronymi. Obsequium

tas dei, sed non illa bona neque bene placens neque perfecta. Indulsit enim illis dei uoluntas propter imbecillitatem eorum, quemadmodum concessit populo flagitanti regem. Sed nouum testamentum erat hæc perfecta dei uoluntas. Ita Chrysostomus & Origenes. Ambrosius ita differit hunc locum, ut articulus τὸ referat non solum illud proximum, ut possitis scire quæ sit uoluntas dei, sed totum sermonem quem ueluti sibi cohærentem complectitur, Vt exhibeatis corpora uestra hostiam uiuam, sanctam, deo placentem, rationale obsequium uestrum: & nolite conformari huic seculo, sed reformamini in nouitate sensus uestri, ut probetis quæ sit uoluntas dei, quod facere est bonum, deo gratum & perfectum. Vt intelligamus idem esse, offerre hostiam uiuentem, sanctam, deo placentem, & non conformari huic seculo, ignoranti quæ sit uoluntas dei, sed adhuc hærenti ritibus idololatrarum aut ceremonijs Mosaicis, & affectuum arbitrio uitam agenti, sed reformari in nouitate sensus, ut abdicata uoluntate carnis, scire possimus quæ sit uoluntas dei. Totum hoc, cultus est bonus, beneplacens & perfectus apud deum. Iam μεταμορφοῦσθε, sicut paulo ante dixi, potest esse uel imperantis uel indicantis. Imperantis, ut respondeat ei quod præcessit, μὴ συσχηματίζεσθε. Indicantis, ut intelligas per ea quæ dicta sunt de cultu rationali, nos transformari: ut transformati, scire possimus quæ sit uoluntas dei. Nisi enim mactauerimus cupiditates carnis nostræ, non possumus esse idonei: ut in actionibus nostris intelligamus quæ sit uoluntas dei, sed quod nostro sensui uehementer arridet, id interpretamur esse uoluntatem dei. Simile quiddam docet ad Ephesios quinto, δοκιμάζοντες τί ἐστιν εὐάρεστον τῷ κυρίῳ. id est, Probantes quid sit beneplacitum domino. Item huius epistolæ capite secundo, καὶ γινώσκεις τὸ θέλημα, καὶ δοκιμάζεις τὰ διαφέροντα. & nosse uoluntatem, & probare quæ sint potiora.]

Dico enim per gratiam.) λέγω. Dico dixit, pro Iubeo, siue moneo. quemadmodum & Latini, Iubet saluere, & Dicit salutem {consimilem in modum Græci,} οἰμώζειν λέγω. {atque ob id additur, Per gratiam quæ data est mihi: ne uel arroganter uideretur eis præcipere, uel citra autoritatem admonere. Præcipit ut Apostolus, ut intelligens quid sit deo placitum, sed hoc ipsum beneficentiæ diuinæ fert acceptum. Nisi malis dicta sic interpretari, ut Paulus explicet & explanet quæ superius dixerat de immolando corpore, de fugiendis huius seculi cupiditatibus: nam additis exemplis rem facit euidentiorem. Arrogantia in primis est mactanda deo.

[16-27: vobis] Dico, pro Iubeo {↓

19 (margin edition mark beside "& Latini")

Omnibus qui sunt inter uos.) παντὶ τῷ ὄντι ἐν ὑμῖν. Origenis interpres annotandum putauit quod apud Græcos non habeatur, Omnibus qui sunt inter uos, sed Omni qui inter uos est. Id quum ad sententiam nihil interesse constet, miror cur admonendum duxerit. Nos maluimus uertere, Cuilibet, siue Cuicunque. Videbatur enim aliquis fastus tribuendus ijs, qui fortuna aut dotibus præcellerent. Eum personarum delectum prorsus tollens Paulus, denunciat quisquis sit ille, modo uersetur apud Christianos, ne se cuiquam anteponat, sed suam quisque dotem à deo acceptam, conferat ad commoditatem proximi.}

Interpres ausus est mutare numerum

35 Sapere ad sobrietatem.) εἰς τὸ σωφρονεῖν. Diuus Hieronymus [libro primo] contra Io-
19.35 uinianum {dimicans} studio tuendæ uirginitatis legendum putat, Ad pudicitiam: {damnatque quod nunc legit ecclesia, Sapere ad sobrietatem.} Sed σωφρονεῖν, est temperatum, modestum, ac sobrium esse: nonnunquam & ad pudicitiam pertinet, at non hoc quidem lo-
19 co. {At interpres Origenis in epistolam ad Romanos, mauult Temperantiam, quàm Sobrietatem, quod ea uirtus quam Græci σωφροσύνην appellant, Latinis doctis uocetur temperantia, quæ sit moderatio cupiditatum & actionum. Atque ita uidelicet adducit hunc lo-
27 cum Augustinus epistola quadragesimaseptima.} {Hilarius libro de trinitate decimo, Græcam uocem ὑπερφρονεῖν, reddidit Supersapere. Quanquam uerum est quod alibi scribit Paulus: Scientia inflat, ni comes sit charitas. sed hic non proprie de scientia fit sermo.} Est autem iucunda uocum allusio in sermone Græco, quam Latinus interpres reddere non po-
19 tuit: ὑπερφρονεῖν, φρονεῖν, εἰς τὸ σωφρονεῖν. Nec hoc loco φρονεῖν, {id est, sapere} pertinet ad eruditionem, sed ad cogitationem & opinionem, ueluti quum quis effertur animo, & ma-
19 gnifice de se sentit, quemadmodum & superius admonuimus. {Id ita esse satis declarat Origenes, statim indicans hunc sermonem pertinere ad eos qui ex oleastro insiti oleæ, ferocirent & superbirent aduersus ramos ex olea defractos: & quod hic dixit, perinde ualere

σωφρονεῖν

19-27: idem

Adnominatio



{16: λέγω. In vestram misericordiam.) τῷ ὑμετέρῳ ἐλέει. id est vestra misericordia sive per vestram misericordiam, id est per hoc quod vos misericordiam estis consecuti, unde nos vertimus per vestri misericordiam, ut passivam intellegeres misericordiam. Sapere

atque id quod alibi, Noli superbe sapere. Porrò quod adducit ex philosophorum fontibus, de uirtutis habitu, è duobus extremis redacto, subindicat se magis iuxta alienam quàm suam sententiam interpretatum. [Chrysostomus item admonet hic indicari matrem bono- 35
rum omnium modestiam, hoc est, ταπεινοφροσύνην. Huic concordat Theophylactus. Ambrosius nobiscum legit, Ad sobrietatem: nec ullam pudicitiæ mentionem facit illius enarratio. Verum in pugna tantum sibi permisit beatus Hieronymus, ut quod alibi probat, hic reijciat. Sic enim adducit hunc locum: Non plus sapere quàm oportet sapere, sed sapere ad pudicitiam, non ad sobrietatem: quemadmodum male in Latinis legitur codicibus: Sapere, inquit, ad pudicitiam.]

*Paulus negligens sermonis integritatem. Deest aliquid*

{Et unicuique sicut deus diuisit.) Sic quidem habent & Græca: Verum unicuique non 19
habet quò referatur. Vnde necesse est fateri & hic Paulum spectasse sensum, magis quàm sermonis integritatem, nisi malumus sic ordinare, Quisque sapiat ut cuique deus distribuit mensuram fidei. Origenes subindicat aliquid subaudiendum, quum ait, Vt custodiat unicuique sicut diuisit deus mensuram fidei.}

Singuli autem alter alterius membra.) ὁ δὲ καθεὶς ἀλλήλων μέλη. id est, Singuli autem alius alius membra: siue, ut nos uertimus, Singuli autem alij aliorum membra, significat communionem membrorum inter ipsa mutuam.

16: Habenti

*Omissa coniunctio non recte*

16-19: varias

Habentes donationes.) Interpres, siue quod magis arbitror, scriba, prætermisit coniunctionem, quæ partem hanc cum superiore commodissime connectebat, ἔχοντες δὲ χαρίσματα. Quum enim dixisset, Singuli sumus alius alius membra, ne confusionem imaginaremur, adiecit (sumus quidem membra eiusdem corporis) sed habentes donationes alioqui 27
inabsolutus fuerat sermo. Quare offensus aliquis {& putans hanc partem non pendere à su- 19
perioribus} coniunctionem expunxit. {Certe Autem, additur apud Ambrosium & in exem 19
plari Paulino, licet apertius & aptius erat Sed, quàm Autem} (quemadmodum & paulo 27
ante, Sicut enim in uno corpore multa membra habemus, omnia autem membra e. a. h. sed non omnia membra.)

Donationes.) χαρίσματα. Vt affectat copiam quum nihil sit opus <præsertim quum 22
donationes, hoc loco uox sit parum Latina.>

Differentes.) διάφορα. id est, Diuersas, seu potius Dona diuersa.

*ἀναλογία proportio siue modus*

Secundum rationem fidei.) κατὰ τὴν ἀναλογίαν. id est, Iuxta proportionem, ut intelligas hoc esse maiora dona, quo fides tua fuerit integrior. {Interpres Origenis indicat ἀναλογίαν 19
non satis commode uersam esse rationem, quum potius sit mensura competens, quàm ratio} (Certe quod hic dixit Paulus ἀναλογίαν, paulo ante dixit μέτρον. hic dilucidius erat, 27
Pro portione, siue Iuxta portionem fidei. Est enim analogia, congruentia rei ad aliquid relatæ: uelut quum dicimus, Cicada magnas habet alas, pro portione corporis: nam paruæ sunt alæ, si ad alas conferantur papilionum.)

In ministrando & in exhortando.) Nomina sunt, ἐν τῇ διακονίᾳ, ἐν τῇ παρακλήσει. id est, In ministratione & exhortatione. Quanquam ea res nihil uariat sensum Apostoli. {Origenes putat singulas partes referri posse ad id quod præcessit, Siue habentes pro- 19
phetiam iuxta mensuram fidei, ne quis plus sapiat quàm oportet, sed in ea sobrius, & item ed cæteris.}

Odientes malum.) ἀποστυγοῦντες. id est, Odio habentes. Quanquam hic eleganter erat Abhorrentes {a malo} ut respondeat ei quod sequitur, Adhærentes. {Cæterum bono & ma- 19
lo, hic ad personam referri non potest: quum sit, τῷ ἀγαθῷ, ad rem referatur oportet. Bonum dixit honestatem, malum turpitudinem.}

*φιλαδελφία*

Charitatem fraternitatis inuicem diligentes.) Alius sensus est apud Græcos, τῇ φιλαδελφίᾳ εἰς ἀλλήλους φιλόστοργοι. id est, Fraterna charitate ad mutuo uos amandum propensi. Plutarchus libellum scripsit, περὶ τῆς φιλαδελφίας. id est, De charitate fratrum inter se, quo uerbo Apostoli frequenter utuntur pro studio & amore Christianorum inter ipsos mutuo {unde & uox Græca composita est. Ambrosius legit, Fraternitatis amore inuicem be- 19
nigni. Nam φιλόστοργος Græcis dicitur, qui est propenso affectu erga cognatos aut affines: ediuerso qui non tanguntur pietatis affectu, ἄστοργοι uocantur. Vult enim Paulus hoc uno nomine, Christianum esse charum Christiano, quod Christianus est} [Chrysosto- 35
mus

*[ φιλόστοργοι*

unus plus esse putat στέργειν, quàm φιλεῖν. Cognatos enim nostra sponte amamus,
etiamsi nos nullo officio prouocarunt, ac parum commodos ferimus tamen ac fouemus,
27 ob hoc ipsum quod cognati sunt.](Mihi plane subolet librariorum uitio, Charitate, uersum
in Charitatem. Charitate fraternitatis, id est, fraterne diligentes inuicem. & ablatiuus Cha/
ritate, respondet ei quod sequitur, honore inuicem præuenientes. Ex altero enim alterum
nascitur, ex amore beneficentia.)

Honore inuicem præuenientes.) Sensus omnino Græcis anceps est, τῇ τιμῇ ἀλλήλους *Sensus ambiguus*
27 προηγούμενοι. (Nam προηγεῖται τῇ τιμῇ, qui præcellit honore. Et tamen Græci, προηγεῖσθαι
hic interpretantur προλαμβάνειν, id est, Præuenire, siue occupare) Si scriptura mendo ua/
35 cat, noue addidit participio casum accusandi, cui magis congruebat paternus [ob præposi/
19 tionem προ.{Cæterum honorem uocat subsidium.}Hoc enim conuenit fraternæ charita/
ti, certatim se mutuo in præstandis officijs præcurrere. Tametsi nec ille sensus absurdus
est, ut intelligamus honorem delatum. Vbi enim est fraterna charitas, ibi nemo sibi præri/
pit honorem, sed alteri potius cedit, ex modestia quemque iudicans magis idoneum quàm
sit ipse: nec refragatur huic sensui, προηγεῖσθαι. Nam ἡγεῖσθαι, interdum sonat existima/
re: quod imitati Latini dicunt ducere, ut Dignum ducere. Vnde προηγεῖται, qui meliorem
de alio quàm de se habet opinionem. ἡγεῖσθαι, nonnunquam est ducem esse: unde &
ἡγεμών, princeps, siue præses. hoc sequutus interpres uertit, Præuenientes: neque secus
Theophylactus, qui προηγεῖσθαι, exponit προφθάνειν, προλαμβάνειν, id est, anticipare.]

Sollicitudine non pigri.) σπουδῇ μὴ ὀκνηροί. σπουδὴν uocat, sedulitatem & studium
exhibendi officij: & ὀκνηρός dicitur, qui grauatim aliquid facit. unde iubet ut non solum
amemus & honorem deferamus alius alij, uerum etiam alacres ac prompti succurramus
inuicem.

19 {Domino seruientes.) Origenes aut certe huius interpres, indicat in nonnullis exempla *Græcorum diuersa lectio*
ribus scriptum fuisse, Tempori seruientes: & accipi posse, diligenter utendum temporis oc
casione, quandoquidem breue est. Mihi uidetur recte intelligi, boni consulendum, si quid
pro tempore inciderit incommodi: nam id, opinor, est seruire tempori. cum hoc cohæret
quod sequitur, Spe gaudentes. Si quis exigit tributum, pende: si quis uectigal, solue: si quis
exigit honorem, redde: si quis affligit, patere: nec ea res tristem reddat, sed spes erigat in ma
27 lis animum(Item quod præcedit, Spiritu feruentes: feruor enim spiritus contemnit obstacu
la, & rapit omnem occasionem benefaciendi proximo)Testatur & Ambrosius sibi narra/
tum fuisse, in Græcorum codicibus haberi, τῷ καιρῷ δουλεύοντες. tempori seruientes. At/ *καιρῷ δουλεύειν*
que obiter admiror quum Græce sciret, cur non ipse potius consuluerit Græcorum exem/
22 plaria⟨Quin & Glossa quam uocant ordinariam, admonet duplicis lectionis ex Bedæ, opi
nor, autoritate. Diuus Hieronymus in epistola quadam ad Marcellam, præfert hanc lectio/
nem qua uulgo utimur, nec tamen ullam reddit causam cur præferat⟩Sit cuique liberum
quod uolet sequi. Mihi magis arridet, Tempori seruientes. Sed ea sententia, quoniam eth/
nici philosophi nomine uulgo circumferebatur, & uafriciem quandam præcipere uideba/
tur, offensus aliquis mutauit, in Domino seruientes: non satis animaduertens, Domino ser/
uientes, cum toto sermonis huius contextu non perinde congruere. Quanquam autem in
uocibus Latinis, Tempori & Domino, nulla est affinitas: tamen in Græcis est nonnulla,
27 καιρῷ & κυρίῳ,}(maxime quum scribæ soleant in pingendo, decurtare syllabas. Chrysosto
mus & Theophylactus legunt & interpretantur Domino seruientes, atque ita connectunt,
amantes, honorantes, & adamantes inuicem, domino cultum gratissimum exhibebitis:
35 [quod quicquid officij proximo impenditur, ad ipsum dominum peruenit.]Chrysostomus
notat emphasim, seu potius epitasim, in singulis uerbis quibus hic usus est Paulus. Non
enim dixit tantum μεταδίδοτε, id est Impartiamini, sed μετὰ ἁπλότητος, hoc est Largi/
ter & alacriter. neque dixit προΐστασθε, id est Prouidete, sed addit μετὰ σπουδῆς. id est Stu
diose. nec dixit ἐλεεῖτε, id est Misereamini, sed ἀγαπᾶτε. id est Diligite, idque sine simula
tione. neque dixit ἀπέχεσθε τῶν κακῶν, id est Abstinete à malis, sed μισεῖτε. id est Odio
habete. neque dictum est ἔχεσθε τῶν ἀγαθῶν, id est Adhærete bonis, sed κολλᾶσθε. id est
Adglutinemini. neque tantum ait φιλεῖτε, sed addidit φιλόστοργοι. id est Amico affectu.
neque dixit simpliciter σπουδάζετε, id est Curate, sed addidit μὴ ὀκνηροί. id est Non pi/

gre. neque dixit πνεῦμα ἔχοντες, id est Spiritum habentes, sed πνεύματι ζέοντες, id est
Spiritu feruentes.)

Orationi instantes.) τῇ προσευχῇ προσκαρτεροῦντες. quod assiduam sonat instantiam.

Necessitati/bus, pro Me/morijs

{Necessitatibus sanctorum communicantes.) Ambrosius legit, Memorijs sanctorum 19
communicantes. & Origenis interpres fatetur sic haberi in Latinis exemplaribus. Neque
admodum dissimile ueri est, ex μνείαις, factum esse χρείαις, à scriba quopiam eruditulo,
præsertim quum in Memorijs, uideretur subabsurdus sensus. Videtur autē hoc agere Pau
lus, ut non solum præsentes præsentibus impartirent charitate mutua, sed absentium quoque
memores essent: iuxta id quod Paulus à Petro monitus facit in epistola ad Galatas, ut pau/
perum memor colligeret donatitiam pecuniam.}{Chrysostomus ac Theophylactus legunt 27
pariter atque exponunt χρείαις, id est, necessitatibus. Necessitates enim dixit, non Delicias:
& Communicantes dixit, non Subuenientes: quod commercium sit inter dantem & acci/
pientem, & plus lucri facit qui dat beneficium, quàm qui accipit. Nec tamen est ἀνάγκαις,
sed χρείαις, quod magis sonat Vsum, siue opus habere. Hoc ideo submonui, quod quidam
non nisi in extrema necessitate putant nos debere subuenire proximo.)

Benedicere, pro Precari

{Benedicite persequentibus uos.) Græce quidem est εὐλογεῖτε, benedicite, hoc est, be/ 19
ne loquamini. quod Origenis interpres exponit Bene precemini, opinor, quod sequatur,
μὴ καταρᾶσθε. id est, ne deuoueatis. Solent enim uulgo qui non possunt ulcisci iniuriam,
deuouere diris eos, à quibus læsi sunt. εὐλογεῖν, aliquoties est laudare, quo pacto hic sane
non potest accipi. Neque enim iubet ut laudetur insectator, sed ut ei bene precemur, aut
uerbis benignis admoneatur erroris.}[Chrysostomus interpretari uidetur de conuicijs, μὴ 35
λοιδορεῖσθε, inquiens. Nos uertimus, Bene loquamini de persequentibus uos: ut indi/
caremus & hunc sensum. Male audiebant discipuli apud incredulos, male audit & qui ui/
tuperatur, & cui male precantur homines: ita bene loquitur de alio qui non uituperat, &
bene precatur orans pro suis inimicis, bene loquitur qui docet sine conuitijs, sed ex chari/
tatis affectu.]

Nolite maledicere.) μὴ καταρᾶσθε. id est, Ne male precemini, ne quem deuoueatis.{Si 19
Paulus sic inculcat, ne cui male precemur: ubi sunt qui sanctum putant, iugulare hostem,
aut ne hostem quidem?}

Gaudere.) χαίρειν. Græcis est mos, infinitiuum pro imperatiuo ponere, Gaudere, pro
gaudete, & flere, pro flete{opinor, quod subaudiant, oportet}{Reperitur similis tropus apud 19-27
Latinos historicos potissimum, uenari, pro uenabatur, in quo subauditur Solet, aut cœpit.
Verum hunc tropum nemo Latinus est imitatus. Chrysostomus annotauit ordinem uer/
borū, existimans plus esse Gaudere cum gaudentibus, quàm Flere cum flentibus: eo quod
calamitas uel inuitis excutit miserationem, felicitas autem mouet inuidiam. Hic perinde lo
quitur Chrysostomus, quasi quod præcipuum est, soleat priori loco poni.)

[Idipsum inui. 16-22: qua

Idipsum inuicem.) τὸ αὐτὸ εἰς ἀλλήλους φρονοῦντες. id est, Idem alij in alios, siue de alijs
sentientes. Refertur & hoc ad affectum animi modesti, quo nemo putat alium se minorem,
sed omnibus sese accommodat, de omnibus ex æquo bene sentiens. Vult enim Paulus in
Christianis affectum esse communem, ut omnes non opibus, non genere, non eruditione,
non honoribus, sed Christo metiantur qui est omnibus ex æquo communis. Nunc genero
sus fastidit obscurum, diues pauperem uix hominis habet loco, eruditus contemnit idio/
tam, sacerdos execratur laicum, monachus laicos uix pro Christianis ducit, Italus cæteros
omnes ut barbaros ac penè pecudes aspernatur & horret, Germanus odit Gallum, Anglus
Scotum: atque ex his & id genus alijs stultissimis affectibus, bella, lites, atque hi rerum tu/
multus, quos iam annis aliquot uidemus, exoriuntur. At Paulus sic uoluit unumquemque
Christianum affectum esse erga cæteros, quomodo singula membra corporis affecta sunt
erga cætera membra, quemadmodum alibi dilucidius explicat, idque uocat τὸ αὐτὸ φρονεῖν.

19: Vulgarius

{Atque in hanc sententiam edisserit (Chrysostomus ac) Theophylactus, si quem magis auto 19-27
ritas quàm ratio commouet.}

*16: follows Nolite fieri prudentes) p.415

* Alta sapientes.) Idem participium est quod modo φρονοῦντες, id est, Sentientes, seu
cogitantes: ut ad affectum animi referatur. Et connectenda est hæc particula cum sermone
superiori, quam interpres male separauit. Adiecit enim hoc Paulus, uelut explicans quid
dixisset

dixisset,Idem inuicem sentientes.Nam ubi quisque magnifice de se sentit ac suis,alios de/
spiciat oportet.
Sed humilibus consentientes.) τοῖς ταπεινοῖς συναπαγόμενοι. Humiles hic uocat non
modestos,sed humilis sortis homines,ueluti pauperes,ignobiles,indoctos,plebeios.Et non
est Consentientes,sed potius Obsequundantes & accommodantes uos,ut suæ quisq; obli/
tus magnitudinis,descendat ad affectus inferiorum. Id quod mira diligentia,multis locis
35 inculcat Paulus,haud ignarus ex hoc fonte maximas uitæ pestes scatere.[Paulinus in epi/
stola ad Augustinum legit,Humilibus congruere.]
Nolite esse prudentes.) φρόνιμοι. φρόνιμον uocat,non qui sapiat,sed qui parum mode/ 16-27: fieri Prudentes,
ste de seipso sentiat,ut mox admonuimus.& ad eum modum interpretantur Græcorum pro Elati
commentaria. Alioqui quid affinitatis est prudentiæ cum uindicta? At arrogantia uindex
est,dum quisque se meliorem putat,quàm ut alteri cedere debeat.
Prouidentes bona.) Hæc uerba,Non solum coram deo sed etiam:non sunt apud Græ/ Additum
19 cos,sed tantum ἐνώπιον πάντων ἀνθρώπων. id est,Coram omnibus hominibus.{Proinde aliquid
27 nec adduntur apud Origenem,nec apud(Chrysostomum aut)Theophylactum.apparet ad/ 22: Origines
dita ab explicante Pauli sententiam.Non enim hic opponit Paulus homines deo,sed perfe 19: Vulgarium
ctos & imperfectos,bonos & malos componit,quibus tamen omnibus uult nos probari si
liceat.Atque hoc quod sequitur, εἰ δυνατόν, mea sententia rectius ad superiora referre/
27 tur,quum sequens particula habeat suum τὸ ἐξ ὑμῶν, quod idem pollet}(tametsi diuersam
distinctionem sequuntur alij. Qui addidit, Non solum coram deo:uoluit explere senten/
35 tiam,ne Paulus uideretur esse contentus hominum laude)[Quod ego quidem non repre/
hendo,tametsi satius erat scripturam in sua integritate relinquere,nisi si qua urgeat neces/
sitas,quam hic nullam uideo.non enim dicit Coram hominibus,sed Coram omnibus ho/
minibus:hoc est,Iudæis,gentibus,robustis,& infirmis.Huic sensui non admodum concin/
ne assuitur,Non solum coram deo.]
Defendentes.) ἐκδικοῦντες. id est,Vindicantes.Est enim participium eiusdem uerbi, Defendentes,
35 cuius est nomen ἔκδικος, quam uertit Vindictam.[Et tamen defendere,frequenter apud pro Vlciscen/
ecclesiasticos usurpatur pro ulcisci.Alioqui defensio Christianis permissa est,si defendere tes
est depellere iniuriam,cum exceptione inculpatæ tutelæ.]
Charissimi.) ἀγαπητοί. id est,Dilecti. Hoc adiecit uelut eblandiri cupiens:quod alio/
35 qui durum erat[lacessitum iniuria,remittere uindictam.]
Mihi uindictam.) ἐμοὶ ἐκδίκησις. id est,Mihi uindicta,siue ultio:nominandi casu.Atq; Med uindicta
ita citat Hieronymus aduersus Ruffinum in epistola cuius initium, Lectis literis pruden/
tiæ tuæ.Proinde dilucidius explicatur Deuteronomij trigesimosecundo,unde locus hic de/
sumptus est,Mea est ultio:hoc est,meum est ulcisci,qui sum iudex. Necadditũ est in Græ/
27 cis codicibus,Et ego retribuam:sed,Ego retribuam:citra coniunctionem,(quemadmodum
extabat scriptum in uetustissimo codice Constantiensi.)
Ciba illum.) ψώμιζε. Quod quidem haud caret emphasi.Nec enim ψωμίζειν, est sim ψωμίζειν
pliciter pascere,sed indulgenter pascere,ueluti minutim insipato pane,aut frustulatim con/
ciso cibo:id quod apud nonnullos fit,erga eos quibus fauetur in conuiuijs,quum alijs inte/
19 rim liceat esurire. {Si sitit,potum da illi.) Hoc in nonnullis Græcorum exem/
plaribus non erat additum.Ex Origene non satis liquet quid legerit.apud Ambrosium ad/
27 ditur,atque item in uetustis exemplaribus}(præterea apud Theophylactum & Chrysosto/
mum.Quanquam cibi nomine continetur & potus.)
Congeres super caput.) σωρεύσεις. id est,Accumulabis,siue coaceruabis.Et,Carbones Carbones
19 ignis,Hebraica figura dixit,pro carbonibus ardentibus{quod ita interpretatur Theophyla ignis
ctus:Vis magnifice ulcisci inimicum tuum? accumula in illum beneficia. Sic enim futu/ 19: Vulgarius
rum est,ut atrocius à deo puniatur.Mihi uidetur accommodatius doctrinæ Christianæ,si 19-27: me
intelligamus benefactis obruendum inimicum,quo tandem resipiscat,& meritis lenitateq;
nostra uictus,ex hoste fiat amicus.}
Noli uinci à malo.) Bonum & malum hic non refertur ad hominem improbum,aut Vinci à malo
probum,sed significat ipsum beneficium aut iniuriam. Vincitur igitur à malo,qui prouo/ quid
catus iniuria non temperat animo,sed adducitur ad retaliandam iniuriam. Vincit malum

bono, qui malefacta benefactis repensans, efficit ut inimicus resipiscens fiat amicus. Hoc præceptum quoniam durum erat humanis affectibus, adiecit autoritatẽ domini. {Dicit do- 27
minus.} Atq; idem Christus præcepit in euãgelio: & tamen haud scio quo pacto fit, ut hanc
*Superstitio præpostera* doctrinam non negligãt solum, uerum etiam palàm irrideant, qui sibi uidentur admodum esse Christiani: & quorum piæ uidelicet aures, ne superstitiosum quidẽ Christophori, Barbaræ, aut Erasmi cultum uerbo notari ferunt, ad hæc Christi sanctissima præcepta non uerentur cachinnos tollere: & quod ante Christum ethnicos docuit Socrates, hoc ab ipso traditum Christo, ab apostolis toties inculcatum irrident Christiani, quum hoc insigni præcipue Christus suos à mundo discreuerit. Verum hæc comploratio non huius est loci. {Et ex 27
*Augustinus indicat numeros in Paulo* hoc capite diuus Augustinus profert exemplum moderatæ simul ac modulatæ dictionis. Certe uix alius est apud Paulum locus compositior, atque ut ita dicam, picturatior. Vt autem insigniora tantum indicemus, quantum dignitatis habet illa distributio: sic enim uocant rhetores, qua unumquodq; redditur ei cui congruit: Habentes donationes secundum gratiam quæ data est nobis differentes, siue prophetiam secundum rationem fidei, siue ministerium in ministrando, siue qui docet in doctrina: qui exhortatur in exhortando, qui tribuit in simplicitate, qui præest in sollicitudine, qui miseretur in hilaritate. cæteraq; quæ simili modulatione ac iucunditate decurrunt usque ad bimembrem periodum, Non alta sapientes, sed humilibus consentientes. Interim non parum est gratiæ in ijsdem uocibus per traductionem, aut similibus per adnominationem repetitis, item ex contrarijs inter se redditis: quod genus sunt illa, Gaudere cum gaudentibus: item, Malum pro malo. ἐναντίωσις in illis est, Flere cum flentibus, gaudere cum gaudentibus: item in illis, Benedicite & nolite maledicere: item, Noli uinci à malo, sed uince in bono malum: item, in alta sapientes & humilibus consentientes. Cæterum comparibus membris & incisis, similiter cadentibus ac desinentibus sic totus sermo modulatus est, ut nulla cantio possit esse iucundior. Verum his persequendis non est animus immorari, ne simul & lectorem defatigem, & ipse uidear ab argumento suscepto digredi.}

## EX CAPITE DECIMOTERTIO

*Origenis sententia expẽsa* 19-27: Expensa Origenis sententia

{Omnis anima dixit, pro omni homine. Nam quod Origenes hic philosophatur, animam dici hominem, iuxta partem spiritu inferiorem, sicut caro dicitur, iuxta partem deteriorem, & ob id animam intelligi hominem, qui non sit omnino purus à rebus mundi, atque ideo merito debere parẽre ijs, qui mundi res administrant, mihi uidetur argutius quàm uerius. Haud scio an librariorum errore factum sit, quod in Ambrosio secus quàm nos habemus legitur, Omnibus potestatibus sublimioribus subditi estote.} 19

Sublimioribus.) ὑπερεχούσαις. id est, Præcellentibus: positiuum est, non comparatiuum. {Intelligit enim homines autoritate publica præditos, qualis est regum, præsidum & 35
magistratuum. Comparatiuum quod Latinus interpres posuit, facit ut aliquis & hunc sensum possit accipere, Parendum regibus ac præsidibus, non inferioribus magistratibus. Quod hic uertit Sublimioribus, primæ Petri secundo, uertit Præcellenti. ἐπὶ βασιλεῖ ὡς ὑπερέχοντι. Siue regi, tanquam præcellenti.}

*Distinctio uaria* Quæ autem sunt à deo.) Secus distinguunt Græci, αἱ δὲ οὖσαι ἐξουσίαι, ὑπὸ θεοῦ τεταγμέναι εἰσίν. id est, Quæ uero sunt potestates, à deo sunt ordinatæ. ut comma ponas post
Potestates. repetit enim quod supra dixerat, Non est potestas nisi à deo. {Atque ita legit & 19
interpretatur Ambrosius: Quæ autem sunt, à deo ordinatæ sunt. {Rursus in Lucæ caput ter- 27
tium: Quæ autem sunt, à deo, inquit, ordinatæ sunt. non datæ, sed ordinatæ.} Atq; ita distinguunt uetustissima exemplaria, {nominatim quod exhibuit collegium ecclesiæ Constan- 27
tiensis. Rursus in meo codice uetustæ typographiæ. Et in Constantiensi habebatur Ordinatæ, non Ordinata: ut appareat hoc à librarijs uitiatum.} Neq; secus distinguit Augustinus, hoc adducens testimonium epistola ad Macedonium quinquagesimaquarta: nisi quod Potestates, non repetit: ita legens, Non est enim potestas, nisi à deo: quæ autem sunt, à deo or-
19: Vulgarius dinata sunt. ut à uerbo Sunt, succedat hypostigme. Theophylactus non repetit Potestates:
Quæ autem sunt à deo, ordinatæ sunt. sed ita ut subaudiri uelit. {Apud Chrysostomũ repe- 27
titur. Quãquam totam hanc clausulam apud Origenem non reperio, ne in interpretatione quidem

quidem ulla huius rei fit mentio. Videri poterat adiecta ab interprete quopiam, qui uolens confirmare, quod omnis potestas sit à deo, asseueratione graduum sententiam eandem repetiuerit: itaque qui resistunt, dei ordinationi resistunt, faciens ad ea quæ mox sequentur:} 27.19.35 etiamsi (Chrysostomus ac {Theophylactus} {ut modo dixi} more nostro distinguit. Quoniam Paulus intelligebat nonnullos Christianos prætextu religionis detrectare principum iussa, atque ita futurum, ut ordine perturbato, sursum ac deorsum omnia miscerentur, præcipit, ut quibuslibet potestate publica præditis obtemperent, excepta fidei & pietatis causa. Ipsi quidem ethnici sunt, ac mali, sed ordo tamen bonus, & ob hunc mali quoque principes nonnunquam ferendi sunt {pijs hominibus} {Notauit Chrysostomus ὑποτασσέσθω, non enim dixit πειθέσθω, quod est simpliciter parere, sed Subditi estote {Nam πείθεσθαι dicuntur, qui persuasi parent, hoc est, dicto audientes sunt: quod unico uerbo Græci dicunt, πειθαρχεῖν, sed ὑποτάσσονται & serui. Exigit igitur Apostolus à Christianis, ut tyrannis quoque obsequundent & ferant: ueluti quum tyrannus dicit, I in carcerem, eant: pone ceruicem, ponant] Et significantius est animæ, quàm hominis uocabulum, ne quis omnino putaret se exemptum ab obedientia principum, siue apostolus esset, siue propheta. Annotauit & illud quod non dixit, omnes principes ordinatos à deo, sed potestatem: quemadmodum matrimonium est à deo, sed non omnes coniuges iungit deus.)

16-19: Vulgarius

Damnationem acquirunt.) λήψονται. id est, Accipient: ut futuri sit temporis. Cæterum κρίμα, id est Iudicium, haud male uertit in Damnationem.

Non sunt timori boni operis.) οὐκ εἰσὶ φόβος τῶν ἀγαθῶν ἔργων. id est, Non sunt terror, 19 siue timor bonorum operum. hoc est, Non sunt formidandi bene agentibus {Non enim deterrent benefacta, sed maleficia.}

Dei enim minister est.) διάκονος. id est, ministrator. Nam de potestate loquitur. Quanquam ut magistratus nonnunquam homo dicitur magistratu fungens, ita & potestas ho-27 mo potestate præditus (Et Græci addunt pronomen σοι. Dei minister est, sed in tuum bonum: quo minus est causæ cur metuas aut oderis.)

Ideoque necessitati subditi estote.) Græcis alius est sensus: διὸ ἀνάγκη ὑποτάσσεσθαι. Quare necesse est subijci. Interpres legisse uidetur, ὑποτάσσεσθε, per epsylon, non per αι diphthongum. Quanquam si ὑποτάσσεσθε sit ὁριστικόν, idem erit sensus qui per infi-19 nitum {quum infinitum uerbum indicatiui uice usurpetur. Etiamsi necessitatis uerbum apud Ambrosium omnino non legitur. Origenes suo more detorquet eam necessitatem ad eos duntaxat, qui nondum pure spirituales sunt. Quanquam mea sententia cæteris quoque ferendi sunt principes, ne magna grauique rei publicæ ruina, prouocentur, & hanc, ni fallor, appellat necessitatem. Cæterum iram Hebræorum more, uocat ultionem ac supplicium, quo castigantur admissa. Conscientia potest accipi bifariam, uel illius qui non obtemperat ei, cui deus uult obtemperari, uel illius qui tuo exemplo putat sibi contemnendum esse magistratum, quem uidet abs te negligi, & recte negligentem, non recte imitatur. Augustinus interpretatur necessitatem autoritatē principum in tollendis rebus subdi-27 torum} {Non dissimulabitur & illud, apud Theophylactum & Chrysostomum hæc uerba, διὸ ἀνάγκη ὑποτάσσεσθαι, sic esse interiecta, ut contextum superiorem cum posteriore connectant. Dei minister est: oportet igitur obedire, quemadmodum initio dicere cœperam. Quoniam autem ob longius hyperbaton, hæc uerba, Non solum propter iram, & cætera, durius cohærebant cum eo quod præcesserat, Omnis anima subdita sit: aliquis repetijt quod præcesserat, quo mollior esset orationis ordo. Id esse uerum perspiciet, qui inspexerit codicem peruetustum ac diligentissime scriptum, quem nobis exhibuit collegium Dominicalium Basileæ, & codicem Chrysostomi, qui mihi hæc scribenti subseruiebat. Non reprehendo tamen, sed laudo quod factum est.)

Obedire malo principi ferre est

19-27: suorum

In hoc ipsum seruientes.) προσκαρτεροῦντες. Quod paulo superius transtulit Instantes, nunc uertit Seruientes: nos uertimus Incumbentes, hoc est, operam dantes & adniten-19 tes {Pro me facit Augustinus hunc adducens locum libro de doctrina Christiana quarto, capite uigesimo, legens, In hoc ipso perseuerantes.}

Nemini quicquam debeatis.) ὀφείλετε. Incertum an sit Debetis, indicandi modo, an Debete. Sensus autem Græci sermonis anceps est, potest enim sic accipi, Soluite unicuique

cuique quod debetis,quo ſoluto,deſijſtis debere. At ſola charitas non deſinat deberi,ſed
Charitas ſemper debetur ſemper perſoluatur,& nihilominus ſemper debeatur,ut non ſit finis benemerendi. Ad
eum modum enarrant Origenes{Chryſoſtomus} ac Theophylactus. Poteſt & ita intelligi, 27
16-19: Vulgarius ut ſuperiora referantur ad magiſtratus ethnicos,uti tum erant omnes,quod ſequitur, Nemini quicquam,& cætera: ad Chriſtianos, Soluite illis quod debetis. Cæterum Chriſtianus Chriſtiano nihil debet,niſi mutuam charitatem.{Atque hunc ſenſum amplexus eſt 19
Pax, Dilectio Amb roſius,ſic ediſſerens: Pacem uult nos habere,ſi fieri poteſt,cum omnibus:dilectio-
Diſtributio ſchema nem uero,cum fratribus. Annotauit diſtributionis gratiam Auguſtinus,quo dictum eſt loco,qua ſingula ſingulis apte redduntur, modulato ſermonis curſu,cui tributum,tributum:
cui uectigal,uectigal:cui timorem,timorem:cui honorem,honorem. Atque hæc membra-
Periodus tim,inquit,fuſa,clauduntur etiam ipſo circuitu,quem duo membra connectunt: Nemini
quicquam debeatis,niſi ut inuicem diligatis}{Quanquam eſt in hoc multum iucunditatis, 27
ex comparibus,aſyndetis,& eiuſdem uocis traductionibus,denique & in repetitionibus
uocis initio iteratæ,cui,cui,cui.)

Qui enim diligit proximum.) ὁ γὰρ ἀγαπῶν τὸν ἕτερον. id eſt, Qui enim diligit alterum. Interpres legiſſe uidetur, τὸν πλησίον.{Etiamſi id ad ſenſum minimum habet 19
momenti.}

Nam non adulterabis.) Vt modo,ita nec hic reddidit uim articuli Græci, εἰ μὴ τὸ ἀγα-
πᾶν. quod nos expreſsimus,Niſi hoc,ut inuicem diligatis. Et, τὸ γὰρ οὐ μοιχεύσεις. Nam
16-27: adorabis illa,non adulterabis.& cætera.

Inſtauratur, pro Recapitulatur In hoc uerbo inſtauratur.) ἀνακεφαλαιοῦται. id eſt, Recapitulatur. hoc eſt,ſummatim
in hoc uerbo continetur. Auguſtinus in epiſtola quadam uertit,recapitulatur. Sumptum
eſt ab epilogis rhetorum,in quibus tota cauſa ſummatim repetitur,quam ἀνακεφαλαίωσιν
uocant illi. Nam inſtauratur,quod inſtar priorum reſtituitur.ita dicimus collapſum ædifi- 19
27: nos consummationem vertimus cium inſtaurari.}[Nam Ambroſius legit,Conſummatur.Nos uertimus,Summatim com- 35
prehenditur.dubij num recapitulari reperiatur apud Latinos:optarim certe inueniri. Chryſoſtomus annotauit huius uerbi proprietatem, non dixit πληροῦται, id eſt, Impletur:ſed
ἀνακεφαλαιοῦται. quo compendium ac breuitatem exprimeret.]

Lectio duplex Dilectio proximi.) τῷ πλησίον. id eſt, Proximo, dandi caſu,ut referatur ad uerbum
Operatur. Confirmat enim ratione quod dixerat,epilogum,hoc eſt,totius legis eſſe compendium in charitate. Lex diuerſis mandatis deterret à lædendo proximo, Non peierabis,
Non furaberis,Non adulterabis, Non dices falſum teſtimonium, Non occides. & quid
non? At qui charitate Chriſtiana præditus eſt,is nullum omnino lædit mortalem, prodeſt
omnibus quibus poteſt,& bonis & malis.{Etiamſi altera lectio, τὸ πλησίον, probe habet.} 19
[Τῷ πλησίον legit Chryſoſtomus, atque item Theophylactus, utcunque tractauit illum 35
interpres.]

Tempus, καιρός Et hoc ſcientes tempus.) Hoc,pronomen apud Græcos,non refertur ad Tempus,quum
tempus illis ſit maſculini generis. Verum ita loquitur,Et hoc,ſiue idque quum ſciamus,nem-
pe tempus. καὶ τοῦτο εἰδότες τὸν καιρόν. Vt & hoc,uim habeat exaggerandi,ueluti quum
16: Fornicaris dicimus,Scortaris,& hoc in quadrageſima:ut intelligamus quæ præcepit,nunc præcipue
præſtanda eſſe in lege euangelica,quæ plus aliquid exigit ſupra Moſi,naturæque legem.
Tempus autem hoc loco ſignificat opportunitatem & occaſionem{καιρόν,} pro quo uſur- 19
pant ὥρα.[Hora,pars eſt diei.unde illud, Et mutatur in horas. Hora,eſt pars anni, 35
uelut hyems,uer,æſtas,autumnus:quarum quæque ſuas habet actiones:ut apud eundem
poetam, Varijsque mundum temperat horis. Vnde ὡραῖον, tempeſtiuum,ſiue pulchrum.& ἔξωρον, quod iam defloruit. Ita tempus uniuerſum ſuis quibuſdam horis diſtin-
guitur:erat hora ante legem,ſub lege,ſub euangelio:gentes uerſabantur in tenebris,Iudæi
in umbris,diſsimulatus eſt ſomnus. At ſimul atque effulſit clariſsima lux euangelij,turpe
eſt quenquam adhuc dormire.

De ſomno ſurgere.) ἐξ ὕπνου ἐγερθῆναι. ἐγείρεται, qui iacebat aut ſedebat. ἐγείρεται,
ſtructura quæ ſurgit in altum. ἐγείρεται, qui expergiſcitur. Geneſeos XLI. ἠγέρθη δὲ φα-
ραώ. experrectus eſt autem Pharao. De templo corporis ſui dixit apud Ioannem dominus
ἐγερῶ, excitabo.& apud Eſaiam uigeſimoſexto, Expergiſcimini & laudate; Septuaginta

uerterunt

uerterunt, ἐγερθήσονται, mutatis tempore & persona. Ad Ephesios quinto, Exurge qui dormis. ἔγειραι ὁ καθεύδων. Et exurge à mortuis, ἀνάστα, quod est uerbum anceps, quemadmodum ἐγείρεσθαι. Cæterum ad significandam somni solutionem, propria sunt ἐκνήφειν, & ἐξυπνίζεσθαι. Apostolus autem uitam in uitijs actam somnum appellat, primæ ad Thessalonicenses quinto, similem huic loco sententiam proferens, Omnes enim uos filij lucis estis & filij diei, non sumus noctis neque tenebrarum. Itaque non dormiamus sicut cæteri, sed uigilemus & sobrij simus. Qui enim dormiunt, nocte dormiunt. Huc respiciens uerti Expergisci, pro Surgere: & si qua emphasis est in Surgere, eadē manet in Expergisci. Sic enim dici uidetur experrectus, quasi ex somno perrectus. Quod si quis hunc locum existimat pertinere ad resurrectionem mortuorum, qui dormire dicuntur Apostolo, pulchre congruit expergisci uerbum. Friuolum est enim quod quidam causantur, de surgendo ad bona opera, & quod experrecti redormiscunt. Sic & qui surrexerunt, redeunt ad stratum, & quidam surgunt dormientes. Ideo excitamur à somno, ut surgamus.]

Nunc enim propior est.) ἐγγύτερον ἡμῶν. id est, Propius nos est, siue propius abest à Propior nobis
27 nobis: ut Propius, sit aduerbium, habeatque casum præpositionis unde fluxit. [Nam Græci dicunt, ἐγγύς σου. id est, Prope te. Proinde ἐγγύτερον comparatiuo conuenit duplex casus paternus, alter thematis, alter comparationis. Hoc igitur ἡμῶν, non est comparationis, sed thematis. Velut apud nos si dicas, Sum abundantior pecunijs te. pecunijs ablatiuus est thematis, te comparationis. Nunc interpres genitiuum ἡμῶν retulit ad σωτηρίαν, quum pertineat ad ἐγγύτερον. Sentit enim salutem nunc per euangelij fidem uiciniorem esse, quàm tum erat, quum sibi fiderent in philosophia & operibus legis. Alioqui si sensisset nostra salus, dixisset, ἡ σωτηρία ἡμῶν, aut ἡ ἡμῶν σωτηρία. Nunc est ἡμῶν ἡ σωτηρία. Loquitur absolute de salute omnibus aduentante.)

Quàm quum credidimus.) ἢ ὅτε ἐπιστεύσαμεν. Certe dilucidius erat non modo Lati- 16: nedum
nius, Quàm tum quū credebamus. Siquidem in lege Mosi opinio magis fuit salutis quàm salus, & umbra potius quàm res. Vnde noctem uocat procul adhuc agente sole, quæ paulatim rarescit accessu luminis.

Nox præcessit.) προέκοψεν. id est, Processit, siue progressa est, & tendit ad interitum, Præcesit, pro Processit
hoc est, nox maxima ex parte peracta est, & instat dies, paulatim illucescente euangelio.
19 {Cyprianus in sermone de zelo & liuore, legit, Nox transiuit. Origenis interpres homilia trigesimaquinta, legit, Nox promouit: ut dubitandum non sit, quin errore librariorum ex
35 Processit, factum sit Præcessit.} [Chrysostomus aperte interpretatur de nocte aduentante, Dies, inquit, appropinquat. Proinde, inquit, si nox desinit, hæc autem accedit, quæ huius sunt deinceps agamus, non quæ illius, quandoquidem hoc & in rebus mundanis agitur. Quum enim uiderimus, noctem ad auroram properantem, hirundinemque canentem audierimus, suum quisque proximum excitamus, etiamsi adhuc nox sit. Porrò ubi iam abijt nox, festinamus nos inuicem adloquentes dicere, Dies est, omniaque quæ diei sunt agimus, uestientes nos, & abijcientes somnia, discusso sopore, ut nos dies inueniat apparatos. Apertius etiam Theophylactus, fingens exempli causa noctem esse duodecim horarum, peractis decem dicimus, ἡ νὺξ προέκοψεν. hoc est, πρὸς τέλος ἐστί. Nec absurde loquuntur, qui tunc dicunt noctem præterisse, sed hoc non sonat προέκοψεν, quæ uox constanter est in Græcorum codicibus. Postremo præcedendi uerbum non congruit ei quod sequitur, Dies appropinquat, siue instat. Nam peracta nocte iam non imminet dies, sed dies est, iamque serum est homines excitare somno. Nec me clam est, quod omnes interpretantur hunc locum de resurrectione, quam interpretationem si probamus, non omnino præterijt nox: nec adest dies, sed adhuc in spei diluculo sumus, resurrectionis diem uelut instantem expectantes. Vnde nihil est dubitandum, quin Præcessit, à librarijs deprauatum sit ex Processit, qui non animaduerterint, procedere non semper esse Prodire in publicum, sed interdum progressum aut prouectum esse. Id ex Lucæ primo discere poterant, qui scribit Zachariam & Elisabet processisse in diebus suis, sentiens illos esse prouectæ iam ætatis, quum uita nondum præterisset, sed esset uicina termino.]

19 {Appropinquauit.) ἤγγικεν. Est quidem præteriti temporis, sed quod Latinius redda-
35 tur Latine per uerbum præsentis temporis, incolumi sensu.} [Appropinquat, siue In propinquo

quo est]In plerisque codicibus uideo deprauatum Appropinquabit. Sentit enim diem ad/
uentus Christi iam instare, noctem superioris ignorantiæ iam ad finem tendere.}
16-22: honeste Honeste ambulemus.) εὐσχημόνως. id est, composite, siue modeste.{Cyprianus eo quem 22
mox citauimus loco, uertit Decenter}Nam orta luce ob pudorem homines se gerunt uere/
cundius{componuntq; mores ad hominum iudicia}{Nox enim uacat pudore.} 27·19
Non in comessationibus.) Græce abest præpositio In. μὴ κώμοις. id est, Non comessa
Comos, unde comessari tionibus{etiamsi non omnino displicet addita}Comos autem Græcis deus est temulentiæ, 19
& eodem nomine uocatur conuiuium procacius ac iuuenile.[Quin & cantiones ac salta/ 35
tiones lasciuæ, Græcis κῶμοι dicuntur: unde & comœdia dicta est. Et κωμάζειν dicuntur,
qui coronati ac bene poti in alienum conuiuium irruebant, non sine tibicine: quemadmo/
dum apud Platonem Alcibiades irrumpit in conuiuium Agathonis. Morem hunc fuisse
apud Græcos locis aliquot declarat Athenæus.]
16: non In desiderijs.) εἰς ἐπιθυμίας. id est, Ad concupiscentias: hoc est, ad necessitatem, non ad
16: sed uoluptatem. Curam autem uertit πρόνοιαν, id est, Prouidentiam{sic enim legit Origenes 19
homilia in Exodum nona. Item Augustinus adducens hunc locum libro de doctrina Chri/
Augustinus cõpositionem stiana quarto, capite uigesimo: quum fateatur reliquam orationem, modulatam ac nume/
rosam esse: tamen offenditur nescio quid extrema clausula, Et carnis curam ne feceritis
indicat in in desiderijs. mallet enim hanc compositionem, Et carnis prouidentiam in desiderijs ne
margin 19-27; Paulo feceritis}{Eant nunc ac meam μικρολογίαν damnent in sacris literis, quum tam minutula 22
Compositio curæ sint tanto episcopo}{Et tamen quid hoc sit quod offenderit Augustinum nequeo di/ 27
uinare. Porrò In concupiscentijs, non ob id tantum in fine ponitur, ut consentiat cum or/
dine Græci sermonis, uerumetiam quod illic magis ferit aures. Nam carnis curam haberi
non uetat, ideo uelut ἐπιφωνεῖ, in concupiscentijs. Apud Græcos prior pars, καὶ τῆς σαρ/
κὸς πρόνοιαν, iuxta rationem accentuum quam in compositione magis spectamus, est tro/
chaicus dimeter catalecticus, posterior est trochaicus trimeter brachycatalecticus. Hunc sa
nè locum adducit Augustinus, ut exemplum mediocris characteris, quem arbitratur ex/
hortationi competere. Quanquam insunt & alia multa decora, uelut ἐναντίωσις & ὁμοιο/
τέλευτον in illis, Nox præcessit, dies appropinquauit. Item ἐναντίωσις in abijciendo & in/
duendo, in luce ac tenebris. Ad hæc metaphora in unica uoce Arma lucis. Rursus collatio,
Sicut in die: sed iucundior est Græcorũ uerborum sonus, ἀποθώμεθα, ἐνδυσώμεθα, σκότους,
φωτός. in uerbis plenum est ὁμοιοτέλευτον, in nominibus ex parte ὁμοιόπτωτον, quum
apud nos omnino non sit. Subest & catachreseos gratia in εὐσχημόνως, & περιπατήσωμεν.
Neutrum enim proprie dictum est. Ne quid interim dicam de concinnitate membrorum,
articulorum & comparium, quæ tamen euidentior est in his quæ sequuntur. Quanquam
totus hic sermo uideri potest allegoria, Nox præcessit, dies appropinquauit, abijciamus
opera tenebrarum, sicut in die honeste ambulemus. Nullum enim hic uerbũ est proprium.
Modulatior ac numerosior cursus est in illis, Non in comessationibus & ebrietatibus, non
in cubilibus & impudicitijs, non in contentione & æmulatione. Vnumquodq; membrum
constat iugo uitiorum inter se cognatorum, ut interpretatio schema uideri possit: nec caret
gratia uox eadem in initijs membrorum repetita. Adde his parem ferè numerum colorum
& commatum, deinde ὁμοιόπτωτον. Tametsi hæc non semper respondent in Græcis. nam
in κώμοις & μέθαις, numerus par est. ὁμοιόπτωτον, non perinde plenum est ut in Lati/
nis. Rursus in contentione & æmulatione, apud nos ὁμοιόπτωτον est: apud Græcos ne/
quaquam, ἔριδι καὶ ζήλῳ. In summa, schemata quæ sita sunt in dictionibus, non perpe/
tuo conueniunt nobis cum Græca lectione. Verum quæ sita sunt in rebus, communia sunt
omnium linguarum.)

## EX CAPITE DECIMOQVARTO

INfirmum autem.) τὸν δὲ ἀσθενοῦντα. id est, Eum qui infirmus est. Nec est,
19 In fide: sed, Fide{ut referatur ad participium ἀσθενοῦντα, non ad sequens
22 uerbum Suscipite}{uos qui firmiores estis, suscipite eum qui nondum firmus
35 est fide}[Infirmos autem uocat Iudæos, qui nondum poterant contemnere ci/
borum delectum, & tamen ad firmos uertit sermonem, quo facilius medea/
tur imbecillibus. Ita Chrysostomus.]

Assumite

19 Assumite.) προσλαμβάνεσθε. id est, Vobis adiungite & recipite in uestrum contuber/ 16-27: Et
nium. Qui nondum perfecte credit, non est reijciendus, ne linum fumigans extinguatur, Aßumere,
sed tolerandus & alendus, donec proficiat ad meliora. Illud obiter annotandum, quod Pau/ adiungere
lus abstinentiam ciborum, infirmitati fidei tribuit, non de his loquens qui quo corpus ha/
beant obtemperantius, à lautioribus edulijs abstinent, sed de his qui Iudaico more, certos
fugiunt cibos. Et tamen hos uult tolerari, sed hac spe, ut proficiant in fide, & eiusmodi cere/
monias negligant. At hodie uidemus inter Christianos prope plus esse superstitionis in ci/ Infirmitas fe/
27 borum delectu, quàm unquam fuerit apud Iudæos. Nec ista iam tolerantur, sed in his (qui/ rēda nō alēda
dam) absolutam constituunt pietatem: pro illis omni telorum genere depugnamus: ex his
19 iudicamus, auersamur, execramur proximum ceu parum Christianum: ex his, nobis stul/
22 tissime placemus, alioqui teterrimis animi morbis infecti, superbia, ira, liuore, amore nostri.

Non in disceptationibus cog.) μὴ εἰς διακρίσεις διαλογισμῶν. id est, Non ad dijudicatio/
nes disceptationum: hoc est, non in anxijs disceptationibus, per quas futurum est ut ille alie
35 netur, qui potius fouendus sit lenitate, donec proficiat ad perfectiora. Hoc plerique referunt
ad gentes: mihi uidetur ad utrosque pertinere, ut intelligamus disceptationes mutuas quæ
nascuntur ex discriminibus ciborum. Siquidem ut alibi declarat, utrique iudicabant alte/
ros: qui uescebantur, abstinentiam aliorum uocabāt superstitionem: qui non uescebantur,
uescentes iudicabant, quasi utentes prohibitis. Ex huiusmodi friuolis non uult inter Chri/
stianos esse disceptationem, sed utrosque alteris uult concedere tuendæ concordiæ gratia.
Mirum est autem cur interpres maluerit Cogitationum, quàm Disceptationum: nisi forte
non legit, διαλογισμῶν, sed λογισμῶν. διαλογισμὸς apud Græcos interdum declarat ina/
nem concertationem uerborum de rebus nihili. Cogitatio, unius esse potest. Disceptatio,
complurium est. Alteri enim alteros iudicabant: nec refert utrum tacita cogitatione id fece
rint, an sermone. Illud adijciam, Dijudicationes cogitationum, non ita dictum, ut intelligas
cogitationes dijudicatas: sed appositiue, ut intelligas dijudicationes esse cogitationes, quasi
dixisset, tacitas dijudicationes.]

Manducare omnia.) φαγεῖν καὶ ἐσθίειν, quæ significant Edere seu uesci, hic perpetuo
uertit Manducare: quum mandere, uel manducare, sit proprie cibum dentibus comminue/
re. Porrò πάντα, significātius uertisset Quæuis, id est, sine delectu quemuis cibum. Nam
hoc quoque significat πᾶν. Quis autem possit unus edere omnia? Illud indicandum pau
cis. Credit manducare, nouam esse sermonis figuram & Græcis & Latinis. Nam Græcis Credit
sonat, Putat se manducare omnia: quum sit sensus, Putat sibi licere uesci quibuslibet cibis manducare
citra delectum. Vnde rectius uertisset infinitum per gerundium, Credit sibi uescendum
esse quibuslibet.

Qui autem infirmus est.) ὁ δὲ ἀσθενῶν λάχανα ἐσθίει. id est, Qui autem infirmus est, ole Manducet
19 ribus uescitur. ut sit indicatiui modi, non imperatiui. Totidem sanè uerbis adducit Hiero/ olus
nymus in Ecclesiastæ caput secundum: Non enim iubet ut uescatur oleribus, quem mallet
firmiorem redditum uesci quibuslibet: sed ostendit quid faciat infirmus, suæ obtemperans
superstitioni. Nam quod dixit Infirmus, non ad ualetudinem corporis referendum est, sed 16: autem
ad animi superstitionem: unde Latini quoque infirmitatem uocant. Horatius in Satyris:
35 At sum mi paulò infirmior. id est, Superstitiosior. Chrysostomus legit, ἐσθίει. 16-27: unus
id est, Vescitur. itaque interpretatur, dicens hac occasione factum, ut deinde in totum à carni
bus abstinerent, quo νηστεία, id est, ieiunium uideretur, non Mosaicæ legis obseruatio.
Nec ulla est uox in illius commentarijs, quæ significet hoc à Paulo præcipi. Theophyla/
ctus per omnia consentit cum Chrysostomo, ijsdem pene uerbis eandem sententiam refe/
rens. Nec aliud indicat Origenes: nec aliud legisse uidetur Ambrosius, nisi quod corruptū
apparet commentum. Is uero, inquit, qui infirmus est, olera manducet: igitur quia hoc pu/
tat, ut ille olera edat, ideo suadendum non est, ut carnes edat. legendum arbitror, Igitur quia
hoc putat ille, ut olera edat, ideo suadendum non est ut carnem edat. Et uerum est, edat ac/
cipi posse, ut sit permittentis, non præcipientis: sed obstat Græcorum codicum consentiens
tum lectio tum interpretatio: unde probabile est sicubi legitur Manducet, aut deprauatam
esse lectionem, aut si quis interpretatur, non consuluisse Græca: Quale commentum adijci
19 tur in scholijs Latinis, sed prius indicarat legendum indicandi modo. In nonnullis Græco/

N rum

16: infirmior. Nec illud dissimulandum quod recte notat Valla, interpretem non reddisse partes distributionis. Hic putat sibi vescendum (p. 422)

rum exemplaribus habeatur, ὃς δὲ ἀσθενῶν. Solet autem Paulus in huiuſmodi abuti arti/
culo poſtpoſitiuo loco præpoſitiui. Vertendum igitur erat, Alius credit}ueſcendum eſſe
16: ille contra {omnibus,aut}quibuslibet:alius rurſus qui}infirmus eſt, oleribus ueſcitur.{Alioqui Alius, 19
116: autem quod præcedit in priore diuiſionis parte,non habet quod ipſi reſpondeat.}
Non ſpernat.) ἐξουθενείτω. quaſi dicas,Nihili faciat,& pro nihilo ducat:ut Græca uox
indicat{ex nihilo}compoſita. 19
{Domino ſuo ſtat aut cadit.) Stabit autem, στηθήσεται δέ. Quod adducens Cyprianus 19
in epiſtola libri quarti ſecũda,non inſcite uertit proximum uerbum στῆσαι, ſtabilire:quod
tamen idem eſt cum ſuperiore,Potens eſt enim deus ſtabilire illum.}
*Sermo Pauli peregrinus* Nam alius iudicat.) ὃς μὲν κρίνει ἡμέραν, παρ' ἡμέραν. ὃς δὲ κρίνει πᾶσαν ἡμέραν. ἕκαστος. id
eſt, Hic quidem iudicat diem iuxta diem,ille uero iudicat omnem diem.unuſquiſque, &
cætera{Quod ſi liceat,ut par eſt,neglecta uerborum ſuperſtitione ſententiam bona fide 19
reddere,uerti poterat in hunc modum : Hic quidem exiſtimat aliquid intereſſe inter diem
& diem,ille uero perinde ſentit de quouis die. Auguſtinus in Quæſtionibus huius epiſto/
*Expenſa Auguſtini interpretatio* læ legit, Alius quidem iudicat alternos dies,alius autem iudicat omnem diem. At pudet
me commenti quod idem eodem adſcribit loco,haud quaquam adſcripturus,ſi aut Græca
conſuluiſſet,aut interpretatio melior contigiſſet.Ipſius uerba ſubſcribam,ne quis mihi dif/
fidat:Sequeſtrata iam,inquit,meliore conſideratione,non de duobus hominibus mihi ui/
detur dictum,ſed de homine & deo. Qui enim alternos dies iudicat,homo eſt. Poteſt enim
hodie aliud,cras aliud iudicare:id eſt,ut quemcunque hodie malum,conuictum,confeſ/
ſumq́ damnauerit,cras bonum inueniat deprauatum. Qui autem iudicat omnem diem,
deus eſt:quia nouit qualis quiſq́ ſit. Vnuſquiſque in ſuo intellectu abundat,inquit:id eſt,
quantum humano intellectui,uel unicuique homini conceſſum eſt,tantum audeat iudica/
re. Qui ſapit,inquit,diem,domino ſapit:id eſt,quia hoc ipſum ad præſentem diem bene iu
dicat,domino ſapit.Hoc eſt autem bene iudicare ad diem,ut noueris non eſſe de correctio/
ne eius deſperandum in futurum,de cuius culpa manifeſta in præſentia iudicaueris. Ha/
ctenus Auguſtinus. Quæſo te lector,nonne uidetur in alio mundo uerſari,quum hæc ad/
ſcribit? Quod nolim ita rapiat aliquis,uelut in Auguſtini dictum contumeliam, cuius &
eruditionem ſuſpicimus & ſanctimoniam ueneramur,ſed ut tanti uiri lapſus,nobis perſua
deat non eſſe negligendam Græcorum uoluminum collationem}Diuus Hieronymus ſe/
cundo aduerſus Iouinianum libro,uertit ad hunc modum : Alius iudicat diem plus quàm
diem. ut παρὰ accipiatur pro Supra,ſiue ultra: quem in modum aliquoties inuenitur
apud Græcos. Quanquam Græcis παρὰ, nonnunquam relationem habet,uelut illorum
prouerbio dictum eſt, τὴν πορφύραν, παρὰ πορφύραν. id eſt, Purpuram iuxta purpuram.
Etenim qui confert,is putat alterum altero melius eſſe. Iudæis,alius dies prophanus erat,
alius ſanctus. At Chriſtianis quilibet dies æque ſanctus eſt.non quod obſeruandi non ſint
feſti dies,quos deinde ſancti patres inſtituerunt,quo commodius plebs Chriſtiana conue/
*Multitudo feſtorum noxia* niret ad concionem eccleſiaſticam & cultum diuinum,ſed eos perpaucos,nempe diem do/
minicum,paſcha,pentecoſten,& aliquot huiuſcemodi,quos recenſet Hieronymus. Verum
haud ſcio an expediat quibuslibet ex cauſis feſta feſtis accumulare,præſertim quum uidea
mus eò rediſſe Chriſtianorum mores,ut quàm olim conducebat ad pietatem hæc inſtitue/
re,tam nunc conducibile uideatur eadem antiquare.
In ſuo ſenſu.) ἰδίῳ νοῒ πληροφορείσθω. id eſt, Propria mente,ſiue animo certus ſit, ſiue
certam habeat perſuaſionem,hoc eſt,acquieſcat in ſua opinione{Ambroſius interpretatur, 19
Vnuſquiſque ſuo conſilio remittatur. Quid Auguſtinus interpretetur,modo oſtendimus.
Alioqui abundare in ſuo ſenſu,eſt hominis præfracti & obſtinatæ mentis.}
*Varia lectio* Et qui non manducat,domino non manducat.) Græci addunt, καὶ ὁ μὴ φρονῶν τὴν ἡ/
μέραν, κυρίῳ οὐ φρονεῖ. id eſt, Et qui non ſapit⟨diem⟩domino non ſapit. Deinde ſequitur, 22
Et qui edit,domino edit:gratias enim,& cætera.{Alioqui non reddetur quod priori parti 19
repugnet. Qui ſapit diem,domino ſapit.(Certe apud Theophylactum additur hæc parti/ 27
cula)Verum quoniam noſtrorum codicum magnus conſenſus eſt,nec apud Ambroſium
reperitur,nec apud Origenem,fieri poteſt,ut quod in Paulo defuit,de ſuo ſuppleuerit ali/
quis. Atque haud ſcio an Gratias agit,referri poſsit ad illum qui diſtinguit diem. Nam qui
ueſcitur

uescitur,& qui non uescitur,uterque tamen edit,& pro esu licet diuerso,pariter gratias
agunt. Annotandum & illud,quod Paulus hasce partes firmi & infirmi,uario ordine pro- *Vescens & non uescens uterque edit*
ponit:quum primum ait,Alius credit edere omnia,is uero qui infirmus est,oleribus uesci-
tur. quod firmi est,præposuit:quod infirmi,posterius fecit. Ac mox eodem ordine repetit:
Itaque qui edit,non edentem non spernat. Qui non edit,edentem non iudicet. Ac paulo 19-22: tr.
post inuertit ordinem. Nam alius quidem iudicat diem inter diem,alius uero iudicat om- *Ordo partiũ expensus*
nem diem. hic quod infirmi est, priore loco posuit. Cæterum in his quæ sequuntur rursus
inuertit ordinem:quum enim ait,Qui sapit diem,domino sapit:quod infirmi est,præpo-
suit. Nam sapere,hoc loco curare est,& sentire,discrimen inter diem & diem,quod est Iu- *Sapere diem quid sit*
daicæ superstitionis. Et non sapere,est non curare discrimen diei. Ac mox: Qui edit,domi-
no edit:& qui non edit,domino non edit. quod firmioris erat,præposuit:quod infirmio-
ris,posterius fecit. Nisi quis malit, Sapere diem, in diuersum sensum interpretari. Certe
Thomas Aquinas sic exponit,ut sapere diem dicatur,qui discernit inter diem & diem, *Aquinatis expensa sentẽtia*
etiamsi hoc detorqueat ad dies festos nostros,& dies ieiuniorum,quod ille laudi tribuit.
Quæ si uera est interpretatio,non erit infirmitatis iudicare inter diem & diem,sed perfe-
ctæ pietatis:& iudicare omnem diem,non erit firmæ fidei,sed impietatis. Ambrosius & *Ambrosij sententia*
ipse,nescio quò detorquet hunc locum,hoc commenti uice subijciens. Verum est,quia qui
semper abstinet se,deo placere se putat. semper abstinere perfectius est,quàm interim abstinere,interim non abstinere. Quod si semper abstinet,qui iudicat omnem diem,quum
ante non manducantem fecerit infirmiorem,quomodo hic uersa uice firmior est,qui prius
habitus est infirmior? Sed quod Paulus dixit de delectu ciborum iuxta morem Iudaicum,
item de delectu dierum iuxta ritus eorundem,hoc Ambrosius & Thomas deflexerunt ad
posteriora tempora,quibus per episcopos & festi dies sunt indicti,sed pauciores quàm nos
27 habemus,& certa ieiunia:quorum nihil adhuc opinor ætate Pauli fuisse(de indictis lo-
quor)Origenes interpretatur Sapere diem,qui non discernit diem à die,copulans mandu- 19-27: margin: Opinio Erasmi
cantem omnia,& sapientem omnem diem. Ex quo mihi uenit in mentem,hanc particu-
lam ad utrunque referri posse,distinguentem & non distinguentem. Etenim quum sapiat
diem,qui de quouis die idem sentit:& sapiat diem,qui de alio atque alio aliter atque aliter
sentit:generali sermone duas partes complexus est. Qui sapit diem,siue sic sapiat,siue secus,domino suo sapit,non tibi,ad quem nihil attinet. Atque hanc apparet fuisse causam,
27 quare huic parti nulla sit reddita contraria, quum edenti sit oppositus, non edens{sane
Chrysostomus,nec enarrans attingit hanc particulam. Quo quidem loco nos maluimus
27 uertere, Vescitur &(non) uescitur. quod non simpliciter agat de edendo,aut non edendo, 19-22: margin
35 sed de genere cibi:hoc est,de[suilla,aut]idolothyto. Porrò quoties de cibi genere loqui- Vesci
mur,elegantius est uesci,quàm edere. Porrò pro Sapit, maluimus Curat:quod uerbum
φρονεῖν, apud Græcos sit πολύσημον, & nunc pro sentire ponatur,nunc pro sapere,nunc
pro cogitare, aliquoties pro affectum esse, nonnunquam uix habet sermo Latinus, quo * 16: follows Aut tu quare spernis?)
reddat quod sentit. p424
* Mortuus est & resurrexit.) Hic addunt Græci codices, καὶ ἀνέζησεν. id est,Et reui- *Resurrexit,p Reuixit* 19 only: margin: Varia Lectio
xit. Etiamsi Theophylactus ἔζησεν legit,id est, Vixit: non, ἀνέζησεν. quod si sequimur,
accipiendum est tempus præteritum pro præsenti,quod in huiusmodi uerbis solet fieri,in 16-19: Vulgarius
19 hoc mortuus est,in hoc resurrexit,& in hoc nunc uiuit ut,& cætera.{Ambrosius ita legit 16: futuro
& interpretatur:In hoc enim Christus & uixit & mortuus est & resurrexit. In Paulino codice,qui mihi multorum instar erat,quum hæc primum æderem,ad hunc modum scriptum erat:In hoc enim Christus & mortuus est & reuixit ut,& cætera. in hoc certe consentiente cum Græcis exemplaribus,quod conduplicat coniunctionem. Atque ita legisse
Origenem,declarat ipsius interpretatio,cuius hoc est initium, Mortuum dicit esse Christum,dispensatione sine dubio passionis,uixisse autem per sacramentum resurrectionis.
Atque hæc lectio respondet ei quod sequitur, Vt & mortuorum & uiuorum dominetur. 19-27: cum eo
Nam hoc ordine legitur & apud Græcos & apud Origenem edisserentem his uerbis:
Sed mouerit aliquem fortassis quod dixit Apostolus,idcirco mortuum esse & uixisse,ut
mortuorum & uiuorum dominetur. quasi hoc dederit intelligendum,quod nisi mortuus
fuisset,& nisi post mortem rursus uixisset,non tenuisset dominationem uiuorum. Idem

eſt ordo apud Ambroſium,idem in uetuſtiſsimo exemplari,quod modo citaui:ut mortui
præcedant,uiui ſequantur. prius enim eſt mori, poſterius uiuere,præſertim in Chriſto,
quantum ad humanam naturam aſſumptam,quæ mortalis erat. Et tamen in ſuperioribus
præceſſerant, uiui: Siue uiuimus, domino uiuimus: ſiue morimur, domino morimur.}
↓) (Apud Chryſoſtomum tantum eſt, ἀπέθανεν,ἔζησεν.)[Quanquam æditio Veronenſis ha- 27·35
bet tria: ἀπέθανεν, ἀνέστη, ἔζησεν. Medium illud, ἀνέστη, uidetur adiectum:quod ſub finem huius commenti ſic loquitur: νεκρὸς ὢν ἔζησεν. Cum Veronenſi conſentit æditio
*16: entries reversed see p. 423 Aldina. Verum his nimium immoror,quum ad ſenſum aut nihil aut minimum referat.]
* Aut tu quare ſpernis?) ἢ καὶ σὺ, τί ἐξουθενεῖς; id eſt, Aut etiam tu,cur aſpernaris.ut
illud prius Tu, referatur ad non edentem:poſterius,ad edentem.ut non ſit ocioſa coniun-
19-27: margin: Diverſae personae ctio καὶ. Nam non edens,ob ſuperſtitionem iudicat edentem. Rurſus edens,ob ſcientiam contemnit non edentis infirmitatem {Ambroſius additis uerbis aliquot ita legit:Tu 19
autem quid iudicas fratrem tuum in non edendo? Aut tu quare ſpernis fratrem tuum in
edendo? Quanquam arbitror in edendo & non edendo, de ſuo addidiſſe, explicandæ
rei gratia.}

Omnes enim ſtabimus.) πάντες γὰρ παραστησόμεθα. id eſt, Omnes ſiſtemur,ſiue ſi-
ſtendi ſumus ad tribunal Chriſti. Nam rei ſiue iudicandi,ſiſti iudicio dicuntur,dum coguntur adeſſe.

Mihi flectetur.) ἐμοὶ κάμψει. id eſt, Mihi flectet:ut ſubaudias Se{Certe in uetuſtiſ- 19
ſimo codice uno atque altero, Flectet,ſcriptum comperi,non Flectetur. Teſtimonium extat apud Eſaiam capite quadrageſimoquinto,quod Paulus ſic adduxit,ut nec ad uerbum
reſpondeat Hebraicæ ueritati,nec æditioni Septuaginta. Siquidem iuxta hos ita legimus:
Per memetipſum iuro,niſi egrediatur de ore meo iuſtitia,ſermones mei non auertentur,
quia mihi incuruabit omne genu,& iurabit & confitebitur omnis lingua,dicens. Iuxta
Hebræos ita uertit Hieronymus:In memetipſo iuraui,egrediatur de ore meo iuſtitiæ uerbum,& non reuertetur,quia mihi curuabitur omne genu,& iurabit & confitebitur omnis
lingua deo.

Locus obſcurus Sed hoc iudicate magis.) Ambroſius legit, Et in hoc uel in eo iudicate magis.haud
ſcio quod exemplar ſequutus. Nam & Græci codices,& noſtri uetuſti refragantur. Hieronymus aut quiſquis fuit Origenis interpres,in enarratione indicat hic Iudicate,dictum
Iudicate,id eſt Statuite non pro Condemnate,ſicut antea,ſed pro Statuite. Iudicium enim, pro Condemnatione
ponere,peculiare eſt Hebræis. Græcis uox anceps eſt, κρίνειν. quæ nunc Iudicare ſonat,
nunc Statuere, ſiue Decernere. Quod ſi cui non placet aliter accipi iudicandi uerbum,
quàm in cæteris acceptum fuerit,poterit & hic eſſe ſenſus:Non conuenit ut quiſquam ueſtrum alterum iudicet,qui ſeu recte agit,ſeu ſecus,domino ſuo iudicandus ſeruatur:quod
ſi quid de quoquam fas ſit iudicare,is potius iudicandus,qui ob cibum corporalem nolue-
rit uitare fratris offenſam,quàm qui uel ſuſpicatur illum non ſyncera conſcientia ueſci,uel
exemplo eius prouocatur ad id faciendum,quod arbitratur non recte fieri.}

Scio & confido.) οἶδα καὶ πέπεισμαι. id eſt, Scio & certus ſum, ſiue Perſuaſum
habeo.

- δι' αὐτοῦ, per ſe {Nihil commune per ipſum.) Interpres legiſſe uidetur, δι' αὐτοῦ, alpha tenui. Atque 19
ita legit Ambroſius, interpretans beneficio Chriſti nihil eſſe commune. Sed rectius eſt
quod habetur, δι' αὑτοῦ, alpha aſpirato, ſiue δι' ἑαυτοῦ. id eſt, Per ſeipſum, ſiue Per ſe:
quia ſequitur, Sed ei qui immundum exiſtimat,immundum eſt. Atque ita legit Origenes,
19: Vulgarius & huic conſentiens(Chryſoſtomus ac)Theophylactus}[qui interpretantur, δι' αὑτοῦ, id eſt 27·35
τῇ φύσει. id eſt, Natura.]

Contriſtatur.) λυπεῖται. id eſt, Dolet, ſiue moleſtia afficitur.

Non ergo blaſphemetur bonum noſtrum.) Veſtrum,eſt Græcis ſecundæ perſonæ,
ὑμῶν τὸ ἀγαθόν. id eſt, Veſtrum{bonum}. Id quod recte facitis curandum eſt,ne cui præ- 19
16: obloquendi beat obtrectandi materiam{Aut, Veſtrum bonum:recta opinio ueſtra,qua ſentitis fas eſſe 19
19: Vulgarius quibuslibet ueſci. Ad eum modum declarat Theophylactus[Chryſoſtomus item legit ὑ- 35
μῶν, Veſtrum:interpretans concordiam Chriſtianorum].(Hic ſermo ſimilis uidetur illi, 27
ἡμῶν ἡ σωτηρία. [quum uſitatius dicatur, τὸ ὑμῶν ἀγαθόν.]Verum hic bonum appellat, 35
non

) 27: ἀπέθανεν, ἔζησεν videri poterat praetermissum librariorum incuria nisi quod nec in enarrando verbum hoc attingit. Aut tu non quod simpliciter bonum sit, sed quod illi bonum, qui bono animo facit: & idcirco distinxit articulo. Quanquam qui contendat omnino similem esse sermonis formam, quum hoc non est cur debeam digladiari.)

Iustitia, pax & gaudium in spiritu sancto.) Et hic praepositio ἐν, Hebraeorum more usurpata uidetur pro διά, hoc est, Per. id quod satis indicat Origenes edisserens hunc locum. Spiritum sanctum opponit disceptationi de cibis. illa iram parit, tristitiam & iniustitiam. hic pro ira, pacem: pro tristitia, gaudium: pro offensa & iniuria, iustitiam.}

19 Qui enim in hoc seruit {Christo.) Graeci legunt, In his: quod idem pollet. quasi dixisset, Per haec} ὁ γὰρ ἐν τούτοις δουλεύων. Foeminina nomina retulit per pronomen neutri generis, ut simul intelligas & alia eiusdem generis, cuiusmodi sunt Iustitia, pax & gaudium. 16: his Duplex lectio

19.35 {Ita quidem legit atque enarrat Theophylactus [nec aliter legit Chrysostomus, nisi quod in commentario non aperit quid legerit.] Sed tamen refragante Ambrosio, refragante Ori- 19: Vulgarius

35 gene, qui in hoc refert ad spiritum sanctum [cuius paulo ante facta est mentio] quasi dicas,

35 [eos] in carne seruire Christo, qui de cibis contendant: in spiritu seruire, qui contemptis ijs, ea modo sectentur, quae pacis sint & concordiae: refragantibus & uetustis Latinorum exemplaribus.}

Et quae aedificationis sunt, inuicem custodiamus.) καὶ τὰ τῆς οἰκοδομῆς τῆς εἰς ἀλλήλους. id est, Quae ad mutuam pertinent aedificationem. & subauditur διώκωμεν. id est, Sectemur. Porro Paulus suo more, aedificare uocat Prodesse. Etiamsi τῆς εἰς ἀλλήλους, nihil uetat quo minus & ad pacem referatur, ut intelligas pacem mutuam & mutuum auxilium. Caeterum uerbum Custodiamus, quod nescio quis adiecit, in Graecis codicibus non inue- Aedificare prodesse Paulo

35.19 nitur [nec apud Chrysostomum, nec apud Theophylactum] Nec opus est, quum praecesse-

27 rit Sectemur (Nec additum erat in peruetusto codice Constantiensi, nisi quod quidam inter uersus adscripserat manu barbarica.)

22 <In quo frater tuus offenditur.) Graece est, προσκόπτει. id est, Impingit. Et in codice

27 Donatiani scriptum erat Offendit, non Offenditur (Consentiebat uetustissimum exem-

35 plar Constantiense) [Ad sensum haud magni refert, nisi quod Latinis offenditur, qui prouocatur ad iram: ueluti rex offenditur, sed non impingit: at qui conspecta puella concupiscit, offendit, non offenditur. Chrysostomus & Theophylactus Graece loquentes, recte exponunt προσκόπτει, per σκανδαλίζεται.]

Tu fidem quam habes.) Quam relatiuum, apud Graecos abest. σὺ πίστιν ἔχεις, κατὰ Nostra lectio

19 σαυτὸν ἔχε. id est, Tu fidem habes, in teipso habe, siue apud te solum.{Atque ita scriptum comperi in exemplari Paulino, si quis parum tribuit Graecis, etiamsi cum Graecis consen- deprauata {↓

35.27 tit Ambrosius, [Chrysostomus] (ac Theophylactus.) Et est omnino sermo uiuidior, omisso

35 Quam.} *Coram deo [addidit, comprimens inanem gloriam, quae solet esse comes scientiae. Fidem autem hic indicat Chrysostomus non accipi pro fide dogmatum, sed pro fiducia conscientiae, quae opponitur infirmitati ac trepidationi. Quidam ita distinguunt: Fidem habes apud temetipsum: habe coram deo. Id durius est.] * 19-27: Coram deo omitted

Qui autem discernit.) ὁ δὲ διακρινόμενος. id est, Qui uero haesitat. Quanquam participium est medium, ut possit accipi qui diiudicatur.

Ei autem qui potens est.) Hanc partem usque ad, Debemus autem: quidam codices

27 omnino non habent, quidam in fine adijciunt epistolae (Chrysostomus interpretatur in fine. Theophylactus hoc loco, quum is qui hunc uertit Latine, nec hic, nec in fine transtulerit: quod arbitror accidisse casu. Hic praetermisit, ut consentiret cum nostris codicibus: ad finem ubi uentum est, oblitus non adiecit) Nos quoniam id non uidebatur ad hunc locum Coronis epistolae Paulinae

27 pertinere, semouimus in finem huius epistolae. (Marcion hic finiebat epistolam ad Romanos, affirmans reliquam appendicem esse notham.)

EX CAPITE DECIMOQVINTO

NOs firmiores.) ἡμεῖς οἱ δυνατοὶ τὰ ἀσθενήματα τῶν ἀδυνάτων βαστάζειν. id est, Nos qui potentes sumus, impotentium infirmitates portare. Laurentius

27 mauult, Validi inualidorum (Sic enim redditur schema ἐναντιώσεως & παρονομασίας, quod est in Graecis uocibus. Quod idem licuisset, si uertisset,



{16: solum. Hoc loco Diuus Ambrosius adiungit, Coram deo

Firmi infirmorum, aut Validi inualidorum. Nam hic pro Infirmorum, Ambrosius legit Inualidorum.)

Vnusquisque uestrum.) {Variant hic Græci Latiniq;. Quidam habent, ἕκαστος γὰρ ἡμῶν. id est, Vnusquisque enim nostrum. Quidam coniunctionem γὰρ, non addunt. 19
Tolerabilius quod quidam loco γὰρ, habent δὲ. Ex nostris quidam habent Vestrum,
16: est Graece ↓ { pro}Nostrum: quum Græcis sit ἡμῶν, primæ personæ. {Nec additur apud illos, Suo: tan- 19
tum est, τῷ πλησίον ἀρεσκέτω. proximo placeat. Ambrosius sine pronomine legit: Et
↑19-22: suo unusquisque proximo placeat. [Placeat autem, hic positum est pro Obsequundet, ac mo- 35
rem gerat. Neque enim Paulus placuit omnibus, & tamen dicit, Sicut ego per omnia omnibus placeo. sed in omnibus se Paulus accommodabat omnibus, ut omnes lucrifaceret. quemadmodum mox:]

Sibi placere, noue positum

Christus non placuit sibi.) Quid erat in Christo, cur ipse sibi displiceret: Sed hoc loco Placet sibi, qui suo seruit commodo, & quod agit, ad suum trahit compendium: quod genus homines Græcis φίλαυτοι dicuntur, non tantum ob arrogantiam, uerum etiam ob priuati commodi studium. A quo uitio Christus longissime abfuit, qui totum sese nobis impendit. Subnotauit & Origenes hic damnari uitium φιλαυτίας.

19-27: Nam quemadmodum

Sermo Pauli diminutus

Sed sicut scriptum est, Improperia, & cætera.) Et hic sermo parum est absolutus, sed contraria pars subaudienda est: Christus non sibi placuit, sed sibi displicuit. hoc est, non inseruiuit suis commodis, sed suo incommodo, nostris consuluit commodis, quemadmodum scriptum est, & cætera.}

↑16: est ↳ [προεγράφη

* Quæcunque enim scripta sunt.) {Græcis non est simpliciter scripta, sed} utrobique] προ- 19
εγράφη, id est, Præscripta, siue antescripta.{Atque ad eum sanè modum adducit Augusti- 19
nus hunc locum, epistola centesima trigesimaseptima: Quæcunq; enim ante scripta sunt,
ut nos doceremur, scripta sunt.{Item aduersus Faustum libro decimotertio, capite ultimo.} 22
Sentit enim hæc prius scripta quàm fierent [aut patefierent] & promissio præcedit, res se- 35
quitur, scripturæ promittunt quod post exhibebitur. In lectione consentiunt & Chrysostomus & Theophylactus. Eodem uerbo usus est in epistola ad Galatas capite tertio, Ante quorum oculos Christus præscriptus est. Non igitur fuerit absurdum, si præscripta accipiamus, quæ proposita sunt imitanda. unde & præscriptum dicimus} Exemplar ad imitan- 35
dum propositum. Nec dubito quin idem legerint Origenes & Ambrosius, quorum prior bifariam interpretatur præpositionem πρό. primum de figuris ueteris testamenti, quæ tametsi iam cessarunt, uelut umbræ exorta luce, tamen propter nos olim scriptis prodita sunt, quibus patefacta mysteria ministrant salutarem doctrinam, etiam ex illis quæ uidebantur superuacanea: quod genus sunt illa, Non obligabis os boui trituranti. & quod Abraham duos habuit filios, priorem ex ancilla, posteriorem ex libera. quod populus in deserto comedit manna: quod bibit aquam de petra. Huius generis sunt & illa quæ Paulus commemorat primæ Corinth. decimo. Quin & ipsa mundi conditi historia, multa nos docet, si allegoriam intelligamus. Hæc omnia prius scripta sunt, quàm patesceret mysterium. Deinde exponit de scripturis propheticis: prædictum erat Iudæis, Aure audietis, & non audietis, uidentes uidebitis & non intelligetis. De nobis prædictum erat, Quibus non est nunciatum de eo, uidebunt. Hæc omnia quum euangelium exhibuerit, fiduciam concipimus, & ea quæ promissa sunt nobis de seculo uenturo, sine dubio euentura. De promissis item meminit Ambrosius. Atque hunc locum de propheticis scripturis interpretatur Augustinus, quale est quod modo citauit Paulus: Probra exprobrantium tibi, ceciderunt super me. quæ uerba secundum Chrysostomum, sunt patris ad filium. Quum enim Iudæi clamarent, Si filius dei est, descendat nunc de cruce: per filium etiam patrem afficiebant contumelia. Quemadmodum autem Christus per cruciatus & ignominiam peruenit ad æternam gloriam, ita nos debemus æquo animo tolerare malorum iniurias & conuitia, ut simul cum Christo glorificemur. Itaque præpositio πρό, non est ociosa, declarans ea quæ scripta sunt in ueteri testamento, per euangelium uel exhiberi uel aperiri, ne gentes crederent illa ad se non pertinere. Scripta sunt autem, non solum ut illa crederemus, uerum etiam ut imitaremur: itaq; nihil uetat, præscripta accipi, quæ sunt oculis proposita: quemadmodum

*16: precedes Unusquisque vestrum.) above
16: id est antescripta sunt
19-27: id fortasse subindicat 19: Vulgarius
↓ [

{ 16: personae. Ut unanimes.) from p.427 inserted here, followed by Unusquisque vestrum proximo suo placeat.) Suo redundat & nostrum est, non vestrum ἕκαστος δὲ ἡμῶν τῷ πλησίον ἀρεσκέτω i. Unusquisque autem nostrum proximo placeat. Idipsum) p.427

[ 16-27: dicimus. Ex Originis interpretatione conjici non quitum est quid legerit. Ambrosius legit scripta sunt, ad sensum haud ita magni refert. Per patientiam.)

admodum Galat. tertio, Paulus dicit Chriſtum illis ante oculos præſcriptum. Reſtant duo
cauilla nugaciſsima: Multa ſcelera ſcripta ſunt in ueteri teſtamento, quæ non ſunt propo/
ſita ad imitandum, ueluti paricidium Cain: multa item miracula, ueluti de tranſmiſſo mari
rubro. Iam diximus & in his eſſe quæ iuxta ſenſum myſticum nobis ſunt imitanda, & com
memorata ſcelera nos admonent ut bonos imitemur. Et in his igitur eſt exemplum imi/
tationis. Alterum eſt, Multa ſcripta ſunt, poſtea quàm ſunt facta. Verum hic agebatur de
ſcripturis propheticis è quibus proximum attulerat teſtimonium. Quod ſi quis omnino
uelit eſſe ſententiam generalem, quoniam in omnibus latet myſticus ſenſus, recte dicuntur
prius ſcripta ſub inuolucro, quæ poſt per euangelium ſunt reſerata. Ac plane uerum eſt,
Nihil eſſe in diuinis libris, quod non pertineat ad doctrinam noſtram. Cæterum hic Paulus
proprie loqui uidetur de propheticis, quæ præceſſerunt ac deſignarunt euangelium &
Chriſtum. Dixerit aliquis hæc eſſe minuta, nec referre ſi interpres omiſit ſyllabam. Atqui
ſi quid ſimile committatur à nobis, tum in ſingulis apicibus latet ingens myſterium, & ſa/
crilegium admiſſum eſt.]
19 {Per patientiam & cõſolationem.) Ambroſius pro Conſolatione, legit Exhortationem. 19-27: Spem 19-22: Exhortatione
Eſt enim παράκλησις, uocabulum ad utrumque commune. Quanquam ad ſenſum hu/
ius loci non ita magni refert utrum legatur.}
35 Idipſum.) τὸ αὐτό. id eſt, Idem [quod compoſite dicitur ταὐτό. Siquidem τό, ni/
hil aliud eſt quàm articulus præpoſitiuus: nec Latine redditur gemino pronomine]. Et,
35 ἐν ἀλλήλοις. id eſt, Inter uos mutuo, uel Inuicem. de quo ſuperius admonuimus [Lau/
rentius hic interpreti impingit geminum ſolœciſmum, quem quidam ſic excuſat: Ad
eum modum loquuti ſunt Ambroſius & Auguſtinus, homines pulchre Latini: nec hic
excuti Tullianas orationes, ſed agi de ſimplicis ſcripturæ ueritate. Primum, ut ſint illi
Latiniſsimi, quid refert ſi ſic loquantur, utentes ſcripturæ uerbis, quod facturus erat &
Cicero? Iam hic allegare ſcripturæ ſimplicitatem, quid aliud eſt quàm agnoſcere ſo/
lœciſmum?]
19 * Vt unanimes.) ἵνα ὁμοθυμαδὸν. id eſt, Vt unanimiter. {Interpres legiſſe uidetur, ὁμό/ *16: precedes excised entry
θυμοι. Neque magnopere refert ad ſenſum.} Unusquisque) p426 footnote
Suſcipite inuicem.) προσλαμβάνεσθε ἀλλήλους. id eſt, Aſſumite inuicem. hoc Suſcipite, q.d. {
19 eſt, Alius alium {ſibi adiungat & opituletur}. ut reſpondeat illi, Infirmum in fide, ſu/ aliàs aſſumite
ſcipite.
19 In honorem.) εἰς δόξαν. id eſt, In gloriam. Interpres laſciuit affectatione copiæ. {Sen/
tit enim Paulus ferendum fratrem, ut hoc redundet in gloriam dei, qui laudatur per bene/
27·35 facta profitentium illum. Ita prorſus explicat (Chryſoſtomus ac) Theophylactus} [Cæte/ 19: Vulgarius
rum hæc particula, In honorem dei: adnecti poteſt particulæ proxime præcedenti: Sicut
Chriſtus ſuſcepit uos, adoptans in locum filiorum dei, qui ueſtra concordia glorificatur
apud incredulos. aut cum ſuperiore: Suſcipite inuicem ad honorem dei. aut ad utramque:
Sicut ceſsit in dei gloriam, quod Chriſtus uos clementer ſuſcepit, ita cedet in eiuſdem glo/
riam, ſi uos alius alium ſuſceperitis. Porrò quemadmodum uerum eſt, interdum non re/
ferre utrum Honorem dicas an Gloriam: ita frequentius accidit, ut alterum modo con/
gruat. Habendus eſt honor parenti, Latine dicitur: Habenda eſt gloria, non item. Hono/
rem præfamur auribus, non gloriam. Et in honore ſunt, non in gloria, qui præcellunt di/
gnitate & autoritate. Et populus mandat candidatis honores, non glorias. Et liberi pa/
rentibus deferunt honorem, non gloriam. At profertur nobis Hieronymus enarrans
Malachiæ caput primum, cuius uerba ſubſcribam: Quod autem gloriam diximus uel
honorem, & apud Græcos δόξα, & apud Hebræos כבוד, unum uerbum eſt: ſed nos
pro Latinæ linguæ proprietate, Honorem poſuimus. Quid eſt, Pro linguæ Latinæ pro/
prietate? Si idem ſonat Honor, & Gloria, quænam eſt illa proprietas, quæ perſuaſit
ut δόξαν, maluerit Honorem uertere, quàm Gloriam? Ea res arguit apud Hebræos uo/
cem eſſe pariter accommodam ad δόξαν, & τιμὴν, apud Latinos aliquid intereſſe in/
ter Honorem & Gloriam: quemadmodum apud Græcos nonnihil intereſt inter δόξαν,
& τιμὴν. Exodi uigeſimo, quod eſt, Honora patrem & matrem: non eſt δόξασον, ſed

 τίμα. &

τίμα. & Leuitici decimonono, Honora personam senis: τιμήσεις est. & Psalmo octauo, coniunguntur hæc duo, δόξα καὶ τιμῇ. id est, Gloria & honore. & Hieronymus has
uoces distinctim interpretatur: gloria, quum eius descensu inferi claruerunt: honore, quum
uicit mortem: corona, quum circundatus sanctorum choro triumphans rediit ex inferno.
Nec prorsus idem ualent honorare & honorificare, nec clarificare & honorare. Apud Græcos, δόξα, sonat magnificam existimationem: unde & δοκοῦντες dicuntur, qui ualent
autoritate. τιμή, sonat officij debiti persolutionem, à τίω. unde dictum est, Honos alit
artes, non solum ob gloriam, sed ob præmium. & honorare parentes, non est illorum laudes celebrare, sed omne pietatis officium exhibere, præcipue subsidium egestatis. Quod
genus est & illud primæ Timoth. quinto: Qui bene præsunt presbyteri, duplici honore digni sunt. ubi inepte poneretur δόξης, pro τιμῆς. Denique quanquam hoc loco non omnino male quadrat honoris uocabulum, tamen gloria, mihi uidetur significare quiddam
magnificentius. Respondet hoc dictum illi euangelico Matthæi quinto: Vt uideant opera
uestra bona, & glorificent patrem uestrum. atque illic interpres uertit Glorificent, non Ho-
norent, quum sit δοξάσωσι.]

*Locus obscurus*

Ad confirmandas promissiones patrum.) Interpres dum alterum uerbum infinitum
uertit in gerundium, alterum relinquit, obscurauit sententiam, quæ quidem est huiusmodi: Paulus ueluti nonnihil digressus, redit ad id quod instituerat. Dico, inquit, hoc est, quæ
diximus hactenus, huc tendunt, ut intelligas Christum autorem esse noui testamenti, quod
primum administrauit Iudæis, ut patrem ostenderet esse ueracem, qui illis promiserat per
prophetas. Cæterum id uoluit esse commune gentibus, non ex promisso, quanquam & de
16: esset
illis erat prædictum, sed ex misericordia, & hoc gratius esse donum, quod non expectantibus obtigisset. Opposuit igitur misericordiam promissis, nam in illis ius quoddam esse uidetur, hic fauor merus est. Habet enim quod expostulet, cui pollicitus sis, nisi præstiteris, &
tamen plus adfert uoluptatis ac laudis, quod præter omnem spem obuenerit boni. Proin-
*Explanatio*
de clare uerti poterat hunc in modum. Cæterum illud est quod dico, Iesum Christum in
hoc suo functum officio erga Iudæos, pro ueritate dei, ut ea confirmaret, quæ fuerant promissa patribus: cæterũ ut gentes pro misericordia glorificarent deum, quibus nihil erat promissum, & tamen idem contigit quod illis [Chrysostomus nihil offenditur sermone. Sunt 35
qui putent utrumque uerbum infinitum pertinere ad λέγω. & tolerabile est, si in priore
parte Dico accipitur, ut sit interpretantis: in altera, ut sit iubentis. Potest autem δοξάσαι,
infinitum accipi pro imperatiuo. Cæterum non refert quod Theophylactus & Origenes
in commentario separant hanc partem, Gentes autem: quum δέ coniunctio conglutinet.]

*Artificium Pauli*

Mirum est autem quanto artificio Paulus sermonem suum moderetur, quo gentes agnoscant dei in se clementiam, uocat misericordiam: rursus ne Iudæi non ferrent illos ad communem gratiam admissos, subijcit Iudæorum testimonia, quibus declarat & illis esse promissum, licet non tam euidenter.

{Propterea confitebor tibi in gentibus domine.) Extat hoc uaticinium Psalmo deci- 19
mo octauo.

Lætamini gentes cum plebe eius.) Eius, αὐτοῦ, ad deum refertur, ueluti communem futurum utrique populo. Nam populum dei dixit Iudæos. Totidem uerbis hæc ha-
19: diuus
bentur in cantico Deuteronomij. Mirum autem cur Thomas citarit ex Esaiæ capite trigesimo quinto, siue lapsu memoriæ, siue quod illic simile tractatur argumentum. Rursus mirum est nostram æditionem cum Paulo dissentire, quæ sic habet: Laudate gentes
populum eius. Hebræi habent, Cantate gentes populum eius} [Sed Apostolus hoc lo- 35
co sequutus est æditionem Septuaginta, qui uerterunt, εὐφράνθητε ἔθνη μετὰ τοῦ λαοῦ
αὐτοῦ.]

Et magnificate eum.) καὶ ἐπαινέσατε. Et adlaudate, quasi laudibus respondete: quale
est ἐπαινίζειν. {Ambrosius item legit, Magnificate. Quanquam magnificare, dictum est 19
pro extollere & laudibus efferre. Origenes admonet in Psalmo, pro magnificate, scriptum
fuisse collaudate. Vnde liquet in illius codice fuisse μεγαλύνατε, pro ἐπαινέσατε.} [nisi for- 35
tè Latinus interpres adiecit hoc de suo. Videtur autem Ruffinus hoc opus transtulisse, qui

nihil non

nihil non contaminat.]

19 {Erit illa radix Iesse.) Hoc testimonium extat apud Esaiam capite undecimo: quod 19: Et erit in die
tamen Paulus adduxit iuxta translationem Septuaginta, sicuti pleraque solet. Iuxta Se/
ptuaginta sic legimus: Et erit in die illa radix Iesse, & qui consurget ut princeps sit gen/ 19-27: In verbis diss.
tium, in ipso gentes sperabunt, & erit requies eius honor. Iuxta ueritatem Hebraicam hoc Dissonatia in
modo: In die illa erit radix Iesse, qui stet in signum populorum, ipsum gentes deprecabun/ uerbis, in sen 19-27:
tur, & erit sepulchrum eius gloriosum.] Hieronymus admonet pro Requies eius, apud He/ su concordia Stat
bræos haberi מְנֻחָתוֹ in qua dictione consenserunt omnes interpretes: quod tamen Hie/
ronymus uertit, Sepulchrum eius: uolens explicare sensum alioquin obscuriorem. Nam
menucha, requiem sonat, sed proprie eam quam precari solemus defunctis. Ita licet uerbis
dissonent Septuaginta & Hieronymus, tamen in sententia consentiunt. Cæterum quod
uertit, Stat in signum: Hebræis est, עֹמֵד לְנֵס. Porro נֵס uexillum sonat, siue trophæ/ 19-27: dissonant
um, item miraculum re testatum. sensus fere idem est, quod sub uexillo principis agat po/
pulus. Porro Deprecabuntur, Hebræis est יִדְרשׁוּ quod est, Requirent. petit autem qui
requirit, & sperant qui concurrunt ad aliquem. Illud adiiciam, particulam Et erit requies
eius honor, licet sit apud Esaiam & apud Origenem in contextu, tamen non apparet addi/
tam à Paulo, quum nec apud Græcos reperiatur, nec ab Origene explicetur, nec apud no/
stros usquam adscribatur.}

22 Et qui exurget!) <ὁ ἀνιστάμενος. Exurgens. quod tametsi præsentis temporis est, tamen ! 16-19: regere gentes,)
interpres non absurde uertit in futurum, quod adhæreat uerbo futuri temporis, ἔσται. id
est, Erit. Alioqui poterat & ita uerti, >καὶ ὁ ἀνιστάμενος ἄρχειν. id est, Et qui exurgat ad
imperandum.

Certus sum autem.) πέπεισμαι. id est, Persuasum habeo.

Pleni estis dilectione.) ἀγαθωσύνης. id est, Bonitate. Interpres legisse uidetur ἀγα/ Nostram ædi
35 πωσύνης. [ἀγαθωσύνης legit & interpretatur Chrysostomus, & huic succinens Theophy/ tionem hic
lactus. Indicant enim hoc uerbo declarari uirtutem uniuersam. Origenes autem quum in præfert
commento legat Bonitatem, tamen in contextu deprauauit aliquis Dilectionis: quod idem
suo more fecit interpres Theophylacti] Est autem hic bonitas, quæ opponitur maliciæ, non
quæ respondet χρηστότητι, ut sit benignitas.

Ita ut possitis alterutrum.) δυνάμενοι καὶ ἄλλους νουθετεῖν. id est, Potentes & alios
19.35 admonere. {Atque ita quidem interpretatur Theophylactus.} [Ex enarratione Chrysosto/ 19: Vulgarius
mi non liquet quid legerit, nisi quod semel habetur ἄλλους, bis ἀλλήλους.] Apparet inter/
19 pretem legisse ἀλλήλους, pro ἄλλους. {& sanè ἀλλήλους magis probo. Sensus est enim,
Tantum ualetis scientia & charitate, ut citra admonitionem meam, possitis ipsi uos inui/
cem admonere, si sit opus. Adque eum modum Ambrosium legisse, declarat ipsius interpre/
tatio: Non dixit, inquit, ut inuicem se doceant, sed admoneant. Nec enim ociosum est αὐ/
τοί. quod apud Græcos sæpenumero sonat Sponte, aut ultro: uelut apud Homerum:

τί με σπεύδοντα καὶ αὐτὸν ὀτρύνεις; id est,

Cur me festinantem & ultro, incitas?

Nec est ociosa coniunctio apud Paulum, ut nec apud Homerum: refertur enim ad Pau/
lum admonentem: ut intelligas, Etiam si ego non admonerem uos, ipsi uos inuicem admo/
nere possitis.

Audacius autem.) Audacius dixit, pro Familiarius, siue Liberius: & referendum
est ad partem superiorem: Non est opus uobis mea admonitione, quum ipsi possitis in/
uicem id facere: tamen fretus bonitate uestra, non ueritus sum ad uos scribere, commo/
nefaciendi gratia magis quàm docendi. Quod quo dilucidius esset lectori, nos uertimus,
27 Sed tamen audacius.} Hoc schemate frequenter utitur Paulus, quo lenimus quod poterat
offendere.)

Ex parte.) ἀπὸ μέρους. Hoc adiecit, mitigans quod dixerat Audacius: perinde ualet
quasi dicas Aliquantulum: admiscuit enim nonnulla liberius dicta, de stulta sapientia, de
idolis, de libidine præpostera. Proinde dicit se quædam liberius loquutum, non quod illos 16: fornicatione
contemneret, sed quod illis fideret, ueluti peculiaris illorum Apostolus. Plus enim aude/
mus apud illos, quos familiarius amamus.

Sanctificans

Sanctificans euangelium dei.) ἱερουργοῦντα. Quasi rem sacram operans, ut respondeat ad λειτουργόν, qui proprie sacrorum [aut rei publicae] minister est: [& ἱερουργεῖν, fun- 35.19
Sanctificare, pro ἱερουργεῖν gi administratione sacrorum. Augustinus in libello quo quaestiones aliquot explicat in epi
stolam ad Romanos, pro Sanctificans, legit Consecrans, propius exprimens Graecam uo-
cem. Voluit enim Paulus praedicationem euangelii rem uideri cum primis sacram, ac ueluti uictimam deo gratissimam, quod gentes redderet Christo dignas. Atque huius sacri
↑19-27: Hieronymus se ueluti sacrificum facit. Id autem solet requiri in hostiis, ut pura sit ac sancta, & ad rem di-
[τέλειον uinam legitima: quod alibi Paulus, τέλειον uocat. Annotauit hac de re nonnihil Origenis interpres [Chrysostomus autem diligenter Graecae uocis emphasim explicat] Vox Grae- 35
ca composita est ab ἱερόν, sacrum, & ἔργον, opus: inde ἱερουργεῖν, operari sacris] inde sequitur προσφορά, id est, oblatio.

Accepta & sanctificata.) Et, copula redundat {nec addebatur in codice Constantien- 27
si}. Nam Sanctificata, refertur ad id quod proxime sequitur, In spiritu sancto {hoc est, per 19
spiritum sanctum} ut ostendat nihil deesse suo sacrificio {quod ipse spiritus sanctus con- 19
secrarit.}

Habeo igitur gloriam.) καύχησιν. id est, Gloriationem: hoc est, habeo de quo glorier.

Ad deum.) τὰ πρὸς τὸν θεόν. id est, In his quae ad deum pertinent. Interpres omisit
articulum τά. [Non immutat quidem sensum, additus aut omissus articulus: habet tamen 35
uim discernendi, uel excipiendi, quod genus est illud huius epistolae capite primo, τὸ κατ᾽
ἐμέ. Id indicat tacite Chrysostomi, Theophylacti & Origenis interpretatio, dum admonent non esse gloriandum in quibuslibet, non in operibus, non in sapientia, sed tantum in
his quae sunt gratiae diuinae.]

Non enim audeo.) τολμήσω. id est, Audebo, uel ausim. Nam hoc ceu procemiolo, pariter & arrogantiae crimen excludit, & sibi fidem apud lectorem conciliat.

[Locus uarie expositus. Ambrosii interpretatio {Eorum quae per me non effecit.) Ambrosius sic interpretatur, quasi Paulus non 19
possit quicquam commemorare eorum quae ad laudem praedicationis pertinent, quae per
ipsum praestita non sint auxilio dei. Ipsius uerba subscribam: Gloriam habere se dicit apud
deum per Christum Iesum. Credens enim & seruiens Christo Iesu in conscientia pura, meritum sibi fecit apud deum patrem, intantum ut nihil deesse dicat quod non per illum operatus sit Christus, ad exhortationem gentium. Ac mox: Seruiens enim Christo, gloriam ha
bet ad deum, intantum ut indigere non habeat aliquid diuinae uirtutis, quod sibi praesti-
tum non sit à deo: sed omnia se, quia idoneus inuentus est dispensator, consequutum quae
ad conuersionem gentium per signorum uirtutem proficerent. Origenes diuersam sequi-
Origenis interpretatio tur sententiam, nimirum hanc: Nolim alienorum factorum laudem mihi arrogare, tantum
ea dicam quae per meipsum effecit Christus. Et huius uerba subscribam: Quae loquor, inquit, non sunt alieni operis uerba, nec alienorum gestorum laudator efficiar: sed quae scio
Christum per me effecisse, haec uobis scribo, quae per obedientiam gentium uerbo in me
& opere expleuit. Origenis interpretatio mihi magis probatur, non modo quia modestior
est, magisque cohaerens cum his quae sequuntur, Sed sic praedicaui euangelium (Nam hanc
partem opponit superiori, quod pugnent inter se, narrare ab aliis facta, & ita praedicare, ut
nusquam praedices ubi praedicarint alii.) uerumetiam quod non uideam, quomodo sensus qui placet Ambrosio ex Graeco sermone possit elici. Is ad hunc habet modum: οὐ γὰρ
τολμήσω λαλεῖν τι ὧν οὐ κατειργάσατο Χριστὸς δι᾽ ἐμοῦ. Illud certum, eorum non posse re-
Tertia expositio. ferri ad caeteros apostolos, sed ad ipsa facta. Poterit & hic sensus esse tertius: Non ausim
quicquam loqui de factis meis, sed tantum de iis quae Christus per me gessit. Verum Ori-
Emphasis unius pronominis genicae interpretationi palmam tribuo. Emphasis enim totius sermonis est in pronomine
Me, per quod excluduntur aliena facta. Vtramque sententiam interpretatione miscet ac
19: Vulgarius complectitur Chrysostomus ac Theophylactus: Non iacto quod ipse non fecerim, imò
quod feci, non ego feci, sed Christus per me}. Et Effecit, praeteriti temporis est, non praesentis, commemorat enim quae iam gesserat. +

* 19-27: entries reversed - follows Per circuitum) p431 *{Prodigiorum in uirtute spiritus sancti.) Graece est, Spiritus dei. ἐν δυνάμει πνεύματος 19
τοῦ θεοῦ. Atque ita sanè legit Origenes [ac Chrysostomus] & huic consentiens Theophy- 35
lactus. Quanquam secus habet Ambrosius, ac uetusta [Latinorum] exemplaria] [Nec mi- 35
rum

+ 16: Et effecit - gesserat This sentence forms second part of Per circuitum) p.431.

rum si Origenes enarrans meminit Spiritus sancti, quum dei spiritus, sit spiritus sanctus. Sed uox Dei, magis exprimit autoritatem miraculorum. Nec in Ambrosiano commentario quicquam est quod declaret illum legisse secus, quàm Spiritus dei. Hoc loco Chrysostomus recte notare uidetur quosdam episcopos, qui mitris, pedis, ac stolis sibi uindicant autoritatem: quum Paulus longe præstantioribus argumentis se probet apostolum, magnitudine miraculorum & prouentu doctrinæ euangelicæ: quorum tamen nihil arrogat sibi, sed uniuersam gloriã deo transscribit, uir & modestissime magniloquus, & magnifice modestus, in Christo superbus, in se humilis.]

* Per circuitum.) καὶ κύκλῳ. id est, Et in circuitu, siue undique.† †↓

Sic autem prædicaui.) Græca nonnihil dissonant à Latinis, οὕτως δὲ φιλοτιμούμενον 16-27:
εὐαγγελίζεσθαι. Sic autem adnitens prædicare euangelium. Est autem φιλοτιμεῖσθαι, uelut praedicaverim
ambitiose conari quippiam. Ita Paulus sancta quadam ambitione abstinuit ab his locis in * 19-27: pg 430
35 quibus reliqui apostoli prædicauerant, ut ipse esset pater & autor suæ gentis[Emphasim uerbi φιλοτιμεῖσθαι, uerbo tantum indicauit Chrysostomus, dicens Apostolum id gloriæ causa fecisse, quod studio abstinuerit ab ijs qui iam audierant euangelium. Ambrosius exposuit per nitendi uerbum] Cæterum coniunctio δὲ, etiamsi commode reddi non poterat, tamen Græcis haud quaquam est ociosa: significat enim adijci quiddam magni momenti quod rem uehementer augeat, id quod nos per adeo, siue porrò solemus efferre: ueluti si dicas, Alui cunctos, atque adeo solus, siue alui cunctos, porrò solus alui.

35 [Repleuerim euangelium Christi.) Pronomen ἐμὲ hic non uertit interpres, atqui alias addidit ὑμᾶς, satis dure. Deinde euangelium hic appellat euangelij prædicationem, qua in tot regionibus perfunctus erat. Quanquam aptius erat Impleuerim, aut Compleuerim, quàm Repleuerim. Non dissimili figura dictum opinor in euangelio, Prius quàm consummabitis omnes ciuitates. pro eo quod erat, Prius quàm peragraueritis omnes ciuitates. Annotauit Chrysostomus, quod non dixit se prædicasse, sed implesse: hoc est, nihil omisisse quod ad fidum ac strennuum euangelistam pertineret.]

19 Et qui non audierunt de eo intelligent.) De eo, redundat. Quanquam intelligitur{è su- Additum
periore parte repetitum.}

Propter quod impediebar plurimum.) διὸ καὶ ἐνεκοπτόμην τὰ πολλὰ τοῦ ἐλθεῖν. id est, Quapropter etiam impediebar sæpenumero. Nam id quoq; significat, τὰ πολλὰ aduer-
19.35 bij uice positum: & ita exponunt Græcanica scholia{nominatim & euidenter[Chrysosto-
mus ac}Theophylactus}sæpius enim conabatur, & semper obsistebant negocia, quibus de- 19: Vulgarius
tinebatur. Porrò illud Impeditus sum, est ἐνεκοπτόμην, quod significat rem cœptam in- 19: certa
19.35 terrumpi{ut aptius futurum fuerit, Inhibitus sum, siue præpeditus sum}[quemadmodum in Actis, Destinans proficisci in Bithyniam, prohibitus est à spiritu sancto.]

35 **Locum[non]habens.) μηκέτι τόπον ἔχων. id est, Quum non amplius habeam locum. ** 16-27: entries
Cæterum locum intelligit uacuum, quem ob id quærebat, quo plus esset fructus, sicut an- reversed
te dixerat.

19 **Ex multis iam præcedentibus annis.) ἀπὸ πολλῶν ἐτῶν. id est, A multis annis{siue mul- 16-20: A
tis iam annis. Nec uideo cur interpres putarit addendum aliquid, quum sermo de sequuturis annis non possit intelligi.}

Quum in Hispaniam proficisci cœpero.) ὡς ἐὰν πορεύωμαι εἰς τὴν σπανίαν, ἐλεύσομαι 16: proce
πρὸς ὑμᾶς. Vt si proficiscar in Hispaniam, ueniam ad uos. Quanquam quidam Græci co- Spania, pro Hispania
35 dices habebant, ἕως, non ὡς. [Si disiunctim legatur, sonat Vt si: si coniunctim, uerti po-
22 terat Simulatque, ut indicet id breui futurum] Cæterum Græci<scriptores, Paulum sequu-
ti>fraudant Hispaniam prima regionis syllaba: quam illi solent huiusmodi dictionibus ad-
19 dere, dicentes Espero, pro spero, Expecto, pro Specto{idem facientes in hac dictione quod Latini facimus in Iscariote.}

\+ Spero enim quod præteriens uideam uos.) ἐλπίζω γὰρ διαπορευόμενος, θεάσασθαι ὑμᾶς, + 16: entries reversed
καὶ ὑφ᾽ ὑμῶν προπεμφθῆναι ἐκεῖ. Quando uideo Fabrum offendi sermone, sic Latine uerti 16-22: latinale
poterat: Nam spero futurum, ut isthac iter faciens uideam uos, & à uobis producar, siue deducar illuc. Præterire, p Pertransire

35 + Quod præteriens.) διαπορευόμενος. id est, Pertransiens, siue isthac iter faciens[Cæterum

† 16: See footnote p.430 Et effecit ··· gesserat placed here.

rum illa uerba ἐλεύσομαι πρὸς ὑμᾶς, uidentur adiectitia, uel hoc argumento quod Chryſoſtomus non attingit, licet addantur apud Theophylactum. Ambroſius legit, Quum
in Hiſpaniam proficiſci cœpero, uidebo uos, & à uobis præmitti illuc. Si locus uacat mendo, Ambroſius ſic ordinat: Cupiditatem habens uenire ad uos, multis iam annis, quum in
Hiſpaniam proficiſci cœpero, & à uobis deduci illuc. ut utraque pars, uenire, & deduci, perti
neat ad nomen, deſiderium. Sed coniecto ſcripturam eſſe mutilam. Si tollatur Græca coniunctio γὰρ, quæ non eſt apud Latinos, nihil habet incommodi ſermo, ut ὡς ἂν coniunctim referatur ad ſuperiora, hunc in modum, Quum non habeam locum uacuum in hiſce
regionibus, & alioqui cupidus ſim multis iam annis ueniendi ad uos, ſimulatque proficiſcar
in Hiſpaniam, ſpero fore ut in tranſitu uos uideam, & à uobis eò proficiſcens deducar. Interpres futuri temporis uerba uertere ſolet per incipiendi uerbum. At hic Græci legunt,
ὡς ἂν πορεύωμαι. Cæterum προπεμφθῆναι, inepte uertit quiſquis fuit, Præmitti. Sic enim
legit Ambroſius, Quum ſit officij gratia deducere proficiſcentem. Interpres Origenis ſecus ordinat, enarrans, Quum in Hiſpaniam proficiſcar, ſpero quod uiſurus ſum uos. Coniunctionem tamen non addit. Iam hæc uerba, ἐλπίζω γὰρ διαπορευόμενος θεάσασθαι ὑμᾶς,
quum ſint apud Chryſoſtomum, apud Theophylactum non adduntur, nec in contextu,
nec in enarratione, quemadmodum nec apud Ambroſium. Video ueteres in his quæ non
uidebantur admodum pertinere ad dogmata apoſtolica ſibi nimium permiſiſſe in mutanda ſcriptura. Inde illa tanta uarietas in Actis apoſtolorum & Apocalypſi. Et Epiſtola ad
Philemonem, uix à Græcis recepta eſt inter apoſtolicas, quod rem humanam tractare uideatur. Sed utinam eius generis epiſtolas haberemus trecentas.]

Fruitus fuero.) ἐμπλησθῶ. id eſt, Expletus fuero. quod quidem multo ſignificantius eſt
ad explicandum ingens Pauli deſiderium. Atque ut magis intendat epitaſin, addit Ex parte, ſignificans inexplebilem cupiditatem.

16-27: autem — Nunc igitur proficiſcar.) πορεύομαι. id eſt, Proficiſcor: præſentis eſt temporis, uelut &
participium quod ſequitur, διακονῶν, id eſt, miniſtrans: iam enim hoc agebat. [Hoc ſiqui- 35
dem facere dicimur, quod adornamus facere. Apoſtolus enim hoc dicto excuſat dilatio-
nem profectionis in Hiſpaniam. Poterat enim dicere, Si nihil eſt iſthic quod te remoretur,
cur differs nos inuiſere? Nunc, inquit, proficiſcor Hieroſolymam. Si dixiſſet Proficiſcar, au
xiſſet ſuſpicionem moræ longioris. Itaque uerbum præſentis temporis magis congruit apo-
ſtolico ſenſui.] Demiror autem cur interpres participium mutarit in uerbum infinitum, niſi
forte legit διακονεῖν.

εὐδοκεῖν — Probauerunt enim Macedones.) εὐδόκησαν. id eſt, Approbarunt. &, Ita uiſum eſt illis.
At idem uerbum mox uertit, Placuit illis. adeo interpres nefas iudicauit idem uerbum iterare, quod tamen ipſe Paulus non eſt ueritus facere. Porrò εὐδοκεῖν, non ſolum ſonat Pro
bare, uerum ex animo probare: quoties res non ſolum utcunque placet, ſed bene & ex animo placet. ut intelligamus huiuſmodi munera, ſi ultro offerantur, accipienda eis quibus
fuerit opus, non exigenda: quandoquidem ipſe Paulus maluit manibus laborare, quàm
alieno cibo uiuere.

Collationem.) κοινωνίαν. id eſt, Communionem, ſiue communicationem. ſic enim uocat eleemoſynam miſſam [ciuili nimirum uocabulo: quaſi non ſit beneficium iuuare pecu- 19
nia, ſed cenſum quem habemus cum alijs communem, quum opus eſt illis impartiri.] * Cæte-
* ↓ Interpres dormitans — rum quod uertit, In pauperes ſanctorum: nimium fidus fuit interpres, ut qui ſchema quoque
& idioma Græci ſermonis expreſſerit. Alioqui dicendum erat, Pauperibus ſanctis: ne quis
ſuſpicetur ſanctos habuiſſe pauperes, qui ſancti non eſſent. [Quum enim omnes Chriſtia- 35
ni tum dicerentur ſancti, ad diſtinguendum pauperes ethnicos à fidelibus non erat opus ge
nitiuo.] Illud annotandum, quod Paulus uidetur iungere duo inter ſe pugnantia, εὐδόκησαν
& ὀφειλέται. Etenim qui ſponte & bona animi uoluntate offert, non uidetur debere. unde diuinam erga homines beneficentiam, εὐδοκίαν appellat. Atqui quum hoc uideatur
adieciſſe ciuiliter magis quàm ex animo, tamen addit hanc unam cauſam, quod illi ſpiri-
tualia impartiſſent, uelut alioqui nihil deberetur. At hodie nulli magis tyrannice exigunt
Exactores decimarum — decimas, quàm qui nihil impartiunt ſpirituale. Sic enim Paulus appellat doctrinam euangelicam.

Si ſpiri-

* 16: Caeterum quod ... doctrinam evangelicam. This passage forms second part of preceding entry, Probaverunt enim Macedones.)

35 [Si spiritualium illorum participes facti sunt gentiles.) Græca sic habent: εἰ γὰρ τοῖς
πνευματικοῖς αὐτῶν ἐκοινώνησαν τὰ ἔθνη. Paulus hoc uerbo κοινωνεῖν utitur ambigue, ut interdum pertineat ad dantem, interdum ad accipientem. Ad Galatas sexto: κοινωνείτω δὲ ὁ
κατηχούμενος τὸν λόγον, τῷ κατηχοῦντι, dixit pro Impertiat. hic ἐκοινώνησαν accipere uidetur pro Participes fuerunt, ut pertineat ad accipiendum: nisi legas αὑτῶν alpha aspirato, &
τὰ ἔθνη accusandi casu. Nec ad sententiam refert utro modo legas. Vt enim accipiamus
ita dictum, quod lex & euangelium & Christus primum ortum sit à Iudæis, ut posteris debemus pro beneficio à maioribus accepto, ita posteri nobis communicasse dicuntur, quod
ab ipsorum progenitoribus uenit. Ac mox diuersum in modum usurpat Chrysostomus
κοινωνῆσαι & μεταδοῦναι, interpretans quod Paulus dixit λειτουργῆσαι. Annotauit & illud Chrysostomus, quod spiritualibus addidit αὐτῶν, quod ea propria sint cuiusque bona.
Carnalibus non addidit, quod hæ facultates nō sint tantum possessoris, sed egentiū quoque.]

Quum consummauero.) ἐπιτελέσας. id est, Vbi perfecero.

Et assignauero.) σφραγισάμενος. id est, Obsignauero, uel obsignatum reddidero. sic
enim reddi solet pecunia. Sentit enim Paulus se diligenter ac certa fide uelle reddere hoc
munus. Quod omnis pecuniæ tractatio suspecta soleat esse, præsertim Iudæis auarissimis:
19 {subindicat tale quiddam & Theophylactus. 19: Vulgarius
35 Fructum hunc.) Fructum [Chrysostomus &] Theophylactus refert non ad accepturos, 19: Vulgarius
sed ad eos qui contulerant: quasi in beneficijs Christianorum lucrum penes dantem sit, non
27 penes accipiētem. Quod si Paulus integre ac tuto reddidisset eam pecuniam, futurum (erat)
ut Macedonibus cæterisque qui contulerant, ceu thesaurus quidam in tuto reconditus uide- *Ordo annotatus*
retur. Hoc admonui ut lector intelligat Eis pronomen non referre Sanctos, sed Græcos.}

In plenitudine benedictionis, & cætera.) ἐν πληρώματι εὐλογίας τοῦ εὐαγγελίου τοῦ χριστοῦ. id
est, In plenitudine benedictionis euangelij. Benedictionem Paulus aliquoties uocat elee-
27 mosynam. Atque hic uidetur uerecunde significare, ut Romani quoque conferant (Quanquam Chrysostomus mauult hic generaliter accipi, pro omni uirtutum & officiorum genere, propterea quod additur euangelij. Atqui quod euangelij nomine datur εὐλογία est
euangelij. Simili tropo εὐλογίαν dixerunt eleemosynam, quæ uerbis amicis dabatur, quo
35 conuiuium pauperibus dari solitum ἀγάπην.) [Quidam legunt, Euangelij Christi. quod
apud Chrysostomum legitur in contextu, sed in enarrando declarat tantum legisse Euangelij. Additur & apud Theophylactum, sed in contextu duntaxat. Noster interpres cum
Ambrosio tantum habet, In benedictione Christi. ita etiam enarrat Ambrosius. Similiter
legit Origenes.]

Obsecro ergo uos.) παρακαλῶ δέ. id est, Hortor autem uos. Tametsi hoc sane loco
non admodum male quadrabat Obsecro, propter ea quæ sequuntur, Per dominū nostrum
Iesum Christum.

Per charitatem sancti spiritus.) Sancti superest. διὰ τῆς ἀγάπης τοῦ πνεύματος. id est,
Per dilectionem spiritus.

19 Vt adiuuetis me.) συναγωνίσασθαι. quod est opitulari, sed certanti & laboranti {Quod *συναγω-*
ante nos annotauit & Origenes, sed tamen eò detorquens, quod inter orandum certamen *νίσασθαι*
sit cum impijs dæmonibus, preces piorum interpellare solitis} Quanquam Ambrosius legit, Vt solicitudinem impartiamini. Interpres rectius expressit quàm Ambrosius, mea quidem sententia. Et In orationibus, dixit pro Per precationes. quam sermonis formam oportet iam nobis esse familiarem.

Obsequij mei oblatio. καὶ ἵνα ἡ διακονία μου. id est, Ministerium meum. Ambrosius ue- *Aliud legit*
lut exponens legit, Vt munerum meorum oblatio. Quanquam mihi uidetur aliud quid- *interpres*
dam legisse, forte προσφοράν, quo uerbo usus est ante: quandoquidem & paulo superius
19 usus est uerbo apto sacrificijs, λειτουργῆσαι. quod interpres uertit Ministrare {Nos addidimus pronomen: Vt ministerium hoc meum. propter articulum Græcum, ἵνα ἡ διακονία μου.}

Accepta fiat in Hierusalem.) Græci nonnihil diuerse legunt. Nonnulli sic habent: καὶ
ἵνα ἡ διακονία μου, ἡ εἰς ἱερουσαλὴμ εὐπρόσδεκτος γένηται τοῖς ἁγίοις. id est, Vt ministeriū meum
quod est in, uel erga Hierusalem, acceptum sit sanctis. Quidam codex sic habebat, ἡ διακο-

{16: Vulgarius prorsum omittit Hierusalem

19-22: Nec 27: Ac



19: Vulgarius νία μου ἡ ἰς ἱερουσαλὴμ. id est, Ministerium meum quæ est Hierusalem{At Theophylactus(nec 19.27
19-27: videtur hanc legens, nec)interpretans addit hanc particulam}(quemadmodum nec Chrysostomus)Porrò 27
particulam addere modeste uocat ministerium, quum sit alienæ liberalitatis minister duntaxat. ↑

↓↑

EX CAPITE DECIMOSEXTO

Væ est in ministerio.) ὅσαν διάκονον. id est, quæ est ministra. Per hanc Phœben putant redditam epistolam Romanis.

19-22: margin Cenchreae

Quæ est Cenchris.) Cenchreis Græce est κεγχρεαῖς, au{ut in nonnullis 19
habetur scriptum,} κεγχρεαῖς, (dictione trisyllaba)quod nos uertimus Cenchre- 27
ensis. Cæterum quum plura sint huius nominis loca, nempe in Troade oppidum, atque aliud item in Italia, tamen magis cõsentaneum est, Paulum sentire de Cenchreis

16-27: Haec
[16: sive quis alius is fuit

statione nauali Corinthiorum, quãdoquidem constat hanc epistolam è Corintho missam. Hoc etiam Origenes indicauit[Sic enim loquitur præfatus in expositionem huius episto- 35
læ: Cenchris enim dicitur locus Corintho uicinus, imò portus ipsius Corinthi.]

Digne sanctis.) ἀξίως τῶν ἁγίων. uerti poterat, Vt decet sanctos, ut dignum est sanctis.
[Aduerbio addidit casum nominis.] 35

{Priscam & Aquilam.) Origenes putat Priscam eandem esse quam Lucas in Actis ca- 19
pite decimooctauo, Priscillã appellat, cuius maritus erat Aquila Ponticus genere, Iudæus religione & origine stirpis, Paulo ὁμότεχνος, nimirum artifex tabernaculorum, & ut Origenes interpretatur, sutor. Mouet Origenẽ qui fieri potuit ut Aquila Romæ fuerit, quum Claudius imperator eos omnes abegerit, ut refertur capite modo citato. Sed fieri potuit, ut cessante sæuitia edicti, Corintho relicta, Romam redierit Aquila: quandoquidem illic multos Iudæos ipse Paulus post offendit: quod palam est ex historia capitis quod est eiusdem uoluminis ultimum.}

Claudius Iudæos abegit Roma

Suas ceruices.) τὸν ἑαυτῶν τράχηλον. id est, Suam ipsorum ceruicem.

Et domesticam ecclesiam.) καὶ τὴν κατ' οἶκον αὐτῶν ἐκκλησίαν. Familiam Christianam, & si qui accesserant, ecclesiam uocat: unde nos maluimus congregationem appellare[pro- 35
pter crassos qui putant ecclesiam esse templum. Nec uideri debet indignum, si quis conuentum Christianorum dicat congregationem, quum interpres secundæ Thessalonicen. secundo, totam aggregationem fidelium in Christum, appellet congregationem.]

Salutate Ephenetum.) Epænetus dicitur, non Ephenetus, ἐπαίνετος. quod Latine sonat Laudatus, siue laudabilis.

Qui est primitiuus{ecclesiæ Asiæ.)} ἀπαρχή. id est, Primitiæ, siue quod hunc primum 19
Achiuorum conuerterit ad Christum, siue quod hic esset præcipuus.[Nam Ambrosius hoc 35
referre uidetur ad dignitatem hominis, ita loquens: Huius Epæneti etiam præsentem dignitatem non tacuit, ut ostendat & dignitosos credere, & inuitet primos Romanorum ad fidem. Hæc ille. Solent autem optima quæque in primitias separari]{Ac mox:} 19

Asiæ, pro Achaiæ

Ecclesiæ Asiæ.) τῆς ἀχαΐας. id est, Achaiæ est Græce{non Asiæ: licet refragante uetu- 19
19: Vulgarius stissimo codice Paulino(Chrysostomus ac)Theophylactus legit Achaiæ}[Origenes legit 27.35
Asiæ. Itaque citat Hieronymus locis aliquot. Qui Asiam mutarunt in Achaiam, hoc uidentur offensi, quod non esset uerisimile Epænetum esse primum uel dignitate uel conuersione totius Asiæ minoris, quæ in multas regiones dissecta est. Cæterum constat quoties Asia dicitur absolute, partem Asiæ minoris significari, in qua est Ephesus]Nec additur Ecclesiæ
{19: vel {apud Græcos, uel in uetustis Latinorum exemplaribus, ne apud Ambrosium quidem}Ad- 19
*16: precedes 19-27: follows suas cervices) above dit autem, In Christo: uidelicet interpretans cur uocarit primitias.

* Quæ multum laborauit in uobis.) εἰς ὑμᾶς. id est, Erga uos.{Idem enim satis colligitur 19
19: Vulgarii ex interpretatione Origenis, apertius etiam ex Ambrosiana, apertissime ex Theophylacti. Quanquam non sum nescius in nonnullis Græcorum codicibus haberi scriptum, εἰς ἡμᾶς. Siquidem in his facillimus est scribarum lapsus}[Apud Chrysostomum scriba posuerat 35
utrumque: ex enarratione non liquebat quid legisset, nisi quod magis conuenit ἡμᾶς, primæ personæ.] ↑↑

↓↑↑

Andronicum & Iuliam.) ἰουνίαν. id est, Iuniam. Nam Iuliam posterius suo loco refert.
(Consentiebat cum Græcis uetustissimus codex è Constantia præbitus.) 27

Qui sunt nobiles.) ἐπίσημοι. id est, Insignes{Ne quis eum de genere loqui putet.} 19

Ampliatum

↑16: duntaxat. In abundantia benedictionis.) ἐν πληρώματι εὐλογίας id est Benedictionem aliquoties pro eleemosyna posuit. Unde & hic videtur verecundè significare Rhomanis, ut idem faciant, quod fecerat Graecia, de juvandis Sanctis in Hierusalem. Ex Cap. XVI

↑↑19-27: Salutant vos omnes ecclesiae Christi.) from p.435 placed here.

27 Ampliatum.) ἀμπλίαν. id est, Ampliam.(nisi forte Romanam uocem deprauauit ad pronunciationem Hebraicam) Nec est, Dilectissimum: sed Dilectum, ἀγαπητόν.

19 {Salutate Apellem.) Origenes addubitat num hic sit Apollo Alexandrinus, uir in scripturis eruditus, cuius mentio fit in Actis apostolorum capite decimooctauo.}

Ex Aristoboli domo.) τοὺς ἐκ τῶν ἀριστοβούλου. id est, Eos qui pertinent ad Aristobulum, ut
19 penultima sonetur accentu acuto, est enim Græcis diphthongus{nomen ab optimo consi-
27.35 lio dictum}(Domo, non addebatur in exemplari quod præbuit Constantia)[Sic Horatius: Venimus ad Vestæ. ut subaudiatur Templum. Græci, ἐν ᾅδου. subaudientes τόπῳ. Nec absurde dixerimus, Veniam ad paschæ, ut subaudiamus, festum.] 16-27: Asineretum

* Asyncretum, Plegontam.) Legendum est: Asyncritum, Phlegontem. ἀσύγκριτον, φλέ-
19 γοντα. {Asyncritus sonat incomparabilem, Phlegon incendens.} [* 16: follows Olympiadem) below

Herman, Patrobam, Hermen.) Diuersa nomina sunt. prius est, ἑρμᾶν, Herman: alterum, ἑρμῆν, quod Latine sonat Mercurium: atque ita nos uertimus, ne quis in illis forte 16-27: Hermen p. Herman
27 ἐφίσταται.(Origenes in libris περὶ ἀρχῶν, arbitratur hunc Hermen esse autorem libri apocryphi, cui titulus Pastor: unde frequenter adducit testimonia, & putat scriptum afflatu diuino, quanquam non negat à multis contemni. Mira fuit in his ueterum uel credulitas uel ciuilitas, qui tantum tribuerint libris quos titulo Clementis habemus, quum in his tam manifestus appareat fucus hominis qui talia scripsit.)

Olympiadem.) Græce ὀλυμπᾶν, Olympam. Apparet enim uiros esse, non mulieres, è duobus articulis Græcis αὐτοῦ & τοὺς αὐτῷ. At ex Olympiade non potes uirũ facere.] *19-27: entry placed on p. 434 at 11

19 * {Salutãt uos omnes ecclesiæ Christi.) Disputat Origenes qui potuerit Paulus omnium ecclesiarum nomine salutem adscribere, quum uerisimile non sit, omnes adfuisse Corinthi quum hæc scriberetur epistola. Sed quoniam cognouit omnium erga Romanos studium, omnium nomine salutat illos.} 19-27: Sed et omnes ecclesiae gentium.)

19 Per dulces sermones & benedictiones.) διὰ τῆς χρηστολογίας καὶ εὐλογίας. {Ne quis imaginetur benedictiones uulgo dictas episcoporum, Græcis sunt duæ dictiones, χρηστολογία. quam blandiloquentiam, seu blandiloquium recte dixeris. Vnde Cæsares quosdam oratione quàm re benigniores, uulgo chrestologos dictos accepimus. Et εὐλογία, ad uerbum quidem sonat benedicentiam: cæterum hic pro laudatione siue adulatione positum est. In-
27 culcauit enim idem(dictum)odio uitij, nempe assentationis. {i. per blandiloquium ac benedicentiam Benedictio χρηστολογία]

19 {Corda innocentium.) Græce est ἀκάκων. quod magis significat simplices, minimeque subdolos, quàm innocentes. Siquidem innocens Latinis dicitur, qui uacat omni crimine uitæ. ἄκακος, qui expers est fraudis ac suspicionis. Siquidem innocentiæ uerbum unum est ex eorum numero quæ Cicero dicit Græcis deesse.} Innocens ἄκακος

Vestra enim obedientia.) Appositius erat hoc loco, Nam uestra obedientia. Occurrit enim tacitæ quæstioni, cur dixerit corda simplicium: Nam uestra qui prudentes estis, &c.

Timotheus adiutor meus.) ὁ συνεργός μου. quod socium & consortem operis significat
19 Græcis, quasi collegam dicas aut cooperarium.{Ambrosius non ineleganter uertit, Consors laborum meorum.}

Ego Terentius.) Tertius, legendum est: non Terentius. τέρτιος. Quanquam in non nullis habetur Terentius. Ambrosius legit Tertius: addit enim, Nomine non numero. At-
27.22 que ita legit(Chrysostomus, ac)Theophylactus Græcus interpres<Sic enim hic dictus est Tertius, ut apud Romanos dicebantur Sexti, Quinti, ac Decimi.> 19: Vulgarius

19 {Et uniuersæ ecclesiæ.) Latinus sermo habet amphibologiã, quod incertum sit an Gaius hospes Pauli Romanos salutet unà cum tota congregatione, an intelligendus sit hospes non Pauli solum, sed totius etiam ecclesiæ. Apud Græcos tantum posterior sensus accipi potest. atque ideo nos uertimus, Hospes meus & totius ecclesiæ.}

* Arcarius ciuitatis.) ὁ οἰκονόμος. id est, Dispensator. unde nos, Quæstorem ærarij, uerti- * 16: precedes 19-27 follow Ego Terentius) above
19.27 mus{Theophylactus putat præfectum fuisse. Et prorsus hactenus erat præfectus}(Arbitror significari præfectum ærario.) [19: Vulgarius

19 {Gratia domini nostri, & cætera.) Quoniam eadem fere uerba paulo superius posita
27 sunt, apud Ambrosium & Origenem hic non repetuntur}(nec in uetustissimo codice quem exhibuit bibliotheca Constantiensis)[Apud Chrysostomum priore loco non additur nec (27: nec apud Chrysostomum

O 2 in con

in contextu, nec in enarratione, sed in fine duntaxat post doxologiam, & admonet conuenire ut sermo noster à gratia dei sumat exordium, & in gratiæ commemorationem desinat.
Chrysostomo consentit Theophylactus.]

↓↑ [Coronis epi-stolæ Paulinæ] Ei autem qui potens.) Hæc est pars quæ in plerisque Græcorum codicibus non additur. In nonnullis alio additur loco, nempe in fine capitis decimiquarti, sicut indicauimus {eo 19
loco} In quibusdam adijcitur in fine (epistolæ) Id quod & nos fecimus, præsertim assentienti 27
bus Latinis exemplaribus {etiam uetustis, & Ambrosio, cumque his Origene, qui docet non 19
solum hanc partem resectam fuisse à Marcione, qui quasdam Paulo inscriptas epistolas reiecit totas, quasdam truncauit mutilauitque: uerum etiam totum hoc quod sequitur ab eo loco quo dixit Paulus: Omne autem quod non est ex fide, peccatum est. hoc est à calce capitis decimiquarti, quod cætera adhortationibus tantum & salutationibus occupata, parum
uiderentur respondere Paulinæ grauitati. Sed huius sententiam iam olim ab omnibus ex-
plosam, quid attinet refellere? Mirum est autem qui acciderit, ut hæc pars suo loco fuerit
mota. Etenim si ob id loco mota est, quod cum his quæ præcederent ac sequerentur parum
concinne cohæreret, ne hic quidem cohæret. Nam quod sermonis ordo nec apud Græcos,
nec apud nos consequitur, minus admiror in Paulo, apud quem frequenter eiusmodi occur
runt incommoda. Etenim ut negligamus hyperbaton, quod adijcitur in fine, Honor & gloria: quo minus ad initium orationis referatur, Ei autem qui, & cætera: obstat dictio Cui.
quemadmodum annotauit & Thomas (sequutus Augustinum) qui utcunque explicat al- 22
teram constructionis incommoditatem, ut Per Iesum Christum, non referatur ad Sapien-
ti: ne deus pater per filium sapiens esse uideretur: sed ad id quod sequitur, Sit honor & gloria. quod is patrem sua morte illustrarit apud homines. Verum quid faciemus ly Cui: sic
enim [Aquinas] ille loquitur: quod ita constanter obsedit omnes Græcorum ac Latinorum 35
codices, ut nisi summa impudentia non possit expungi? Quod si locum tuetur, nec superiora cohærent, nec inferiora; nec ipse sanè reperio quid hic comminiscar, nisi libeat ingenue fateri, Paulum suo more hanc orationem imperfectam extulisse, ut subaudiamus, gratias agamus, aut simile quippiam. Ambrosius connectit superiora cum extremis, Sit honor & gloria, dissimulato incommodo constructionis, quo tamen offensus est Thomas.
⟨Sed multo ante hunc Augustinus libro aduersus Maximinum Arrianorum episcopum 22
tertio, capite decimotertio, putat autē sic ordinari posse: Ei gloria, cui per Iesum Christum
gloria. Licet fateatur omissa uoce, cui, sermonem esse magis usitatum⟩ Porrò quod nos legimus per scripturas prophetarum, Græcis est διά τε γραφῶν προφητικῶν. id est, Perque scri
pturas propheticas: quum neque præcedat aliquid ad quod referatur coniunctio τε, neque
sequatur καὶ, quæ consueuit huic subnecti, ni uis alterius coniunctionis subaudiatur in
Nunc: atque hunc accipiamus sensum, quod mysterium patefactum nunc per euāgelium,
& olim per scripta prophetica.}

[Epistola ad Romanos unde missa] Missa fuit è Corintho.) Hoc è Græcis uoluminibus adiecimus, nisi quod ἐγράφη uertimus in missa est: Missa est per Phœben: cæterum scripta manu Tertij, dictante Paulo.
Atque illud interim subit admirari, cuiusmodi legatis tunc usi fuerint illi uere (maximi) pon 27
tifices, quum Paulus ad Romanos adhuc florenteis, de tam arduis rebus scripserit per mulierculam. Deinde ridere libet nouam Nicolai Lyrani diligentiam, qui quum Origenes &
diuus Hieronymus, cumque his omnes antiqui confirment hanc epistolam è Corintho fuisse missam, ipse tamen ambigit: nimirum quod Haimo scripsit ex Athenis missam. Verum
hunc plus quàm Gordianum nodum, uide quanta dexteritate mirus explicat artifex: Partem, inquit, scripsit Athenis: deinde quod supererat, addidit Corinthi: atque ita Romam
misit. O hominem suauem, mallet, opinor, [Paulum] quamlibet magnum itineris facere 19
dispendium, ne quid patiatur autoritas Haimonis, perinde quasi ille uno aut altero in loco
labatur.

↑ ANNOTATIONVM IN EPISTOLAM
AD ROMANOS {FINIS} 19

Margin notes:
Dubitatū est de posterioribus capitulis huius epistolæ, num essent Pauli
↑19: diuus Thomæ sententia
↑19-22: suum
16: Terentii
16: florentem
16-27: Aymo
↑16-19: gravis scilicet autor
19: maiestas
16-27: Aymonis
16: non deliveravit
19: Sic deliveravit
↑ 16: FINIS

19: Vulgarius
↑19-22: additur nam Theophylactus interpres neutrobi meminit huius partis nec in medio, nec in fine. In nonnullis

# IN EPISTOLAM PAVLI

## AD CORINTHIOS PRIOREM ANNOTATIONES DES. ERASMI ROTERODAMI.

### EX CAPITE PRIMO

VOCATVS & uocatis sanctis.) κλητὸς & κλητοῖς nomina sunt, non participia, ut superius admonuimus, Vocati sancti, non Nati
19 {non perinde quod iam sancti sint, sed quod uocati sint ad sanctimoniam.
27 Quemadmodum indicauit & Ambrosius} {Quanquam olim omnes Christiani dicebantur sancti, ad discrimen prophanorum, nec erat titulus uirtutis sed professionis.}

Ipsorum.) Latinius erat, suo. Est autem Græcis duplex coniunctio, αὐτῶν τε καὶ ἡμῶν. id est, Suoque & nostro. Porro sensus nonnihil est anceps. Theophylactus existimat Suoque & nostro, referri posse ad dominum, quia præcessit Domino nostro, deinde repetens addat, Non solum nostro, sed & illorum quicunque inuocant. Ad eundem modum ordinat Chrysostomus in commentarijs
(16–19: Vulgarius; Prima lectio Chrysostomi & Theophylacti.; Secūda lectio)
19 {Græcis nondum uersis} quos in hanc scripsit epistolam, si modo non fallit titulus. Eius codicis copia nobis facta est ex bibliotheca Prædicatorum apud Basileam. Verum hæc interpretatio mihi uidetur affectata. (19: Vulgarii)
35 {In hac æditione quam nunc quintam damus, consuluimus alios Chrysostomi codices, & comperimus eum ita temperare enarrationem, ut αὐτῶν τε καὶ ἡμῶν, possit uel ad dominum uel ad locum referri, quia sicut unus est dominus, ita una est ecclesia.} Quidam simpliciter interpretantur, siue in suis locis in quibus agunt, siue in his in quibus nos agimus. Tertius autem sensus mihi uidetur argutior, & ad Paulinos affectus accommodatior. Quem hac lege referam, ut liberum sit lectori nihilo secius quod malit sequi. In quouis loco, siue ipsorum, siue meo, aut & ipsorum & meo. ut intelligas Paulum omnem locum suum ducere, in quo sint qui inuocant nomen domini, quod inter Christianos charitas communia faciat omnia. (Tertia Erasmi; 16: inuocent)
19 {Nec abhorret ab hac sententia Theophylactus, indicans Paulum obiurgaturum Corinthios ob coortum inter illos dissidium, hac usum parasceue: quasi diceret, Si omnium qui quouis loco credunt Christo, una eademque est ecclesia, cur uos eiusdem rei publicæ ciues inter uos dissidetis? Ambrosius uidetur Ipsorum, referre ad loca gentium: Nostro, ad Iudæorum. sic enim adscribit, Cum Iudæis ueris iungit & gentes. Nisi mauis inuertere, ut prius ad Iudæos pertineat, Nostro, ad gẽtes: quod in Iudæa tantum soleat inuocari nomen domini, & Paulus ut gentium apostolus nostro dixerit. Coactius est quod addit Thomas, (19: Vulgarius; Ambrosij sententia; Thomæ opinio)
35 {& hunc sequutus Lyranus} Ipsorum, referri ad episcopos eius loci, quibus licet essent subiecti, non tamen per hoc eximebantur à ditione apostoli. Certe nomen ditionis inauditum fuit inter apostolos.}

19 * {A deo patre nostro & domino Iesu.) Anceps est sensus apud Græcos, propterea quod (Amphibologia)
19 hic genitiuus referri potest & ad præpositionem ἀπό. {ut sit sensus, A patre pariter atque à filio pacem proficisci. Et ad nomen Patre, ut accipiamus patrem esse communem Christo & nobis. Priorem tamen sensum sequuntur omnes.} (* 16: entries reversed; { 16: + participium Sicut in superiori commonstrauimus epistola.)

19 * In omnibus.) ἐν παντί. id est, In omni: hoc est, in quauis re {Quanquam id quidem ad
35 sensus integritatem nihil refert} {& recte numerum mutauit interpres.}

Sicut testimonium.) καθώς. id est, Quemadmodum. quod ad superiora referendũ est. (Obscurior sermo)
19 id est, Per quæ, siue quibus rebus, nẽpe sermone & cognitione {Etenim quo magis illi abundabant dotibus sacris, hoc testatior reddebatur euangelij ueritas. In eum sensum prorsus interpretatur Theophylactus. Nec ab hac sententia multum abest Ambrosius. Thomas pro una uarias inducit sententias.} (19: Vulgarius)

Vt nihil uobis desit.) ὥστε ὑμᾶς μὴ ὑστερεῖσθαι ἐν μηδενὶ χαρίσματι. id est, Vt non destituamini in ullo dono. Et
19 {Vt, hoc loco non notat finem, sed consequentiam, uelut adeo ut. Item}

16: ut in superioribus

hoc loco gratia est, non χάρις, sicut paulo superius, sed χάρισμα, quod sæpenumero Donum uertit.

*Sine crimine, ἀνέγκλητοι*

Sine crimine.) ἀνεγκλήτους. quasi dicas, incriminabiles, inculpatos: ab ἐγκαλεῖν, quod est, in ius uocare: & ἔγκλημα, crimen{est Græcis, indidem dicta uox. Est autem perfectius 19
atque etiam difficilius ἀνέγκλητον esse, quàm innocentem. Siquidem ipsa etiam innocentia
non uacat aliquoties crimine.}

*πιστός uarie usurpatur*

Fidelis deus.) πιστός. Paulus hanc dictionem uarie usurpat. Nonnunquam πιστοί di-
16-27: increduli | 16-27: Alias
cuntur qui credunt, ut ἄπιστοι increduli: alias [πιστοί, qui sunt bonæ fidei, præstantes quod
receperint, ut hoc in loco{teste & Theophylacto, qui fidelem deum, ueridicum interpreta- 19
19: Vulgario
tur, ac mentiri nescium}Interim ad rem refertur, ut πιστὸς ὁ λόγος, pro sermone certo &
indubitato.<Porro fidelis uocabulum etiam superiori competere testatur Horatius: 22
Vnde mihi tam fortem, tamque fidelem.
Loquitur enim de eo, quem certe uolebat superiorem uideri.>

In societatem.) εἰς κοινωνίαν. In communionem, siue consortium{licet recte uerterit 19
interpres.}

16: quadret

Obsecro uos.) παρακαλῶ. Hortor{esse poterat}Quanquam & obsecro satis quadrat, 19
{siue obtestor: præsertim quia sequitur, Per nomen domini nostri Iesu. Sic enim interpreta- 19
19: Vulgarius
tur & Theophylactus, Paulum obtestari Corinthios per nomen illud quod omnibus Christo initiatis sacrosanctum esse debet.}

*Idem dicere, consentire dictis*

Vt idipsum dicatis.) τὸ αὐτό. id est, Idem loquamini. hoc est, Consentiatis. Quod ad Romanos scribẽs dixit: τὸ αὐτὸ φρονεῖν.{id est, Idem sentire, siue ut ille uertit, Sapere: quod 19
hæc inter se cognata sint, dissentire animo & dissidere uerbis. Ad hunc modum exponit &
19: Vulgarius
Theophylactus. At huius præcepti non meminerunt quidam, quorum alius mordicus te-
net Scotisticam sectam, alius Thomisticam, alius Occanisticam, alius Albertisticam}<Aliud 27
loquuntur Nominales, aliud Reales, aliud Iurisperiti, aliud Theologi, rursus aliud Trans-
alpini, aliud Cisalpini.>

Schismata.) Græcam uocem reliquit: dicere poterat Sectiones, aut dissensiones, aut dissidia.

*Perfecti, integri corporis*

Sitis autem perfecti.) κατηρτισμένοι. siue ut quidam habebant ἀπηρτισμένοι. quod significat perfectum, ut corpus est, in quo nullum sit membrum mutilum aut mancum aut inæquale, ab ἄρτιος & ἀρτίζω. Vnde nos explicandi causa uertimus, Sitis integrum corpus. Etenim quum dicitur perfectum, uulgus intelligit absolutã uirtutem: de qua nondum agit Paulus apud seditiosos. Si uertissem integri, uisus essem dicere incorruptos ac probos. Monet enim Paulus, ut non solum concordes sint lingua idem loquentes, uerumetiam ut sicut integri corporis membra eodem aguntur spiritu, ita & illis mens sit eadem. Porro quod dissidet, diuulsum est{ac dissipatum}non integrum{ac solidum.} 19

*Sensus, pro mente*

In eodem sensu.) αὐτῷ νοΐ. id est, Eadem mente{In, præpositio posita est pro Per: ideoque 19
ea omissa, sensum eundem reddidimus.}

*Scientia, pro Sententia deprauatum*

In eadem scientia.) αὐτῇ γνώμῃ. id est, Eadem sententia. quod aut mutatum est à librariis, aut interpres legit γνώσει,<sicut habetur in æditione Aldina>pro γνώμῃ.{Sed hoc mi- 22·19
hi uerisimilius est, quum & Græcorum codices consentiant, & in uetustissimis Latinorum
exemplaribus habeatur Sententia pro Scientia, nominatim in exemplari Paulino probatis-
simæ fidei, quodque multorum instar esse possit(rursum in eo quod nobis prębuit collegium 27
canonicorum Constantiensium)Ad hæc Ambrosius deprehenditur Sententia legisse, non Scientia, si quis attentius obseruet ea quæ commenti uice subijcit: Perfectos uult eos esse in eodem sensu, quem illis tradiderat, ut non discreparent. Ad illorum enim exemplum quos supra laudat, hos prouocat, ut hoc sentiant ac defendant. Hactenus Ambrosius. Sensum refert ad id quod illis fuerat à Paulo traditum, sententiam ad defensionem, Nam sententia uocatur ferè quæ profertur ac recitatur. sensus apud nos est(Certe palàm pro Scien- 27
tia, sententiam legit Hilarius in Psalmum centesimum trigesimum secundum)[Rursus Au- 35
19: Vulgarium
gustinus libro primo contra Donatistas De baptismo, capite decimo, sententia legit, non
*Thomas*
scientia]Itidem legisse[Chrysostomum ac]Theophylactum deprehendet qui perpenderit 35
19-27: illius
attentius illorum interpretationem. Thomas detorquet sensum ad eam uim animi, qua iudicamus

dicamus de agendis:ſcientiam qua iudicamus de cognoſcendis. Id commentum mihi ſane non admodum arridet, quum mente potius iudicemus cognoſcenda. Neque enim ſenſus
27 hic accipi poteſt pro ſenſu corporalis organi, qualis eſt uiſus aut auditus.{Erroris anſa hinc præbita eſt, quod paulo ſuperius habebatur γνώσει. ἐν παντὶ λόγῳ καὶ πάσῃ γνώσει. Verum illic loquebatur Apoſtolus de abundantia ſcientiæ & eruditionis, hic agit de conſenſu. At fieri poteſt, ut non ſit eadem ſcientia, quum mens ſit eadem.}

Ab his qui ſunt Chloes.) Theophylactus Græcus interpres, Chloen familiæ Corin- 16-19: Vulgarius
19 thienſis nomen eſſe putat: ut intelligas eius gentis aliquos fuiſſe qui Paulo ſignificarint {de Corinthiorum diſsidio} Quemadmodum ad Romanos ſcribens dixerat, ἐκ τῶν ἀριστοβούλου. 16-19: Diuus Thomæ lapſus
gentiles illius ac familiares intelligens. Thomas ambigit utrum Chloen uicum facere ma-
22 lit, quæ pertinuerit ad ditionem Corinthiorum: an matronam. ⟨Ambigit & Ambroſius, homines ſint, locus, an fœmina.⟩ Etiamſi apud Græcos locorum nominibus addi ſolet præpo-
19 ſitio. {Neque enim apud illos receptum eſt, τοῖς ὄσι ῥώμης. quemadmodum apud nos, iis qui Romæ ſunt, ſed addita præpoſitione efferunt: ἐν τῇ ῥώμῃ.} Certe apud Horatium in Odis, Chloe fœminæ uocabulum eſt:

Me nunc Creſſa Chloe regit,
19 {Dulces docta modos, & citharæ ſciens.}

Miro uero conſilio Paulus fidei cauſa familiæ nomen expreſsit, at rurſus hominum nomina ſuppreſsit, ne quid illis conflaret inuidiæ. Conſilium Pauli

19 Deo meo.) Meo, apud Græcos non eſt {nec apud Ambroſium, nec in antiquis exem-
27 plaribus, nominatim in Paulino}{& Conſtantienſi} Et abſolutius eſt, ut ſit deus omnium.
19 {Nam quod paulo ſuperius dixit, Gratias ago deo meo: annotatum eſt à Theophylacto, 19: Vulgario
quod deum omnium communem, affectu quodam ſummo, ſuum deum appellarit, & hic annotaturo, ſi ſuum dixiſſet deum.}

19 In nomine meo baptizati eſtis.) ἐβάπτισα. id eſt, Baptizaui, primæ perſonæ {licet conſtanter refragantibus Latinis exemplaribus: & ad ſenſum nihil intereſt. Ex Theophylacti 19: Vulgarii
commentariis non admodum liquet quid legerit, niſi quod coniectura magis eò uergit, legiſſe ἐβάπτισα, quàm ἐβαπτίσθητε. Subiicit enim Paulum complures baptizaſſe, ſed
27 in Chriſti nomine, non ſuo.}{Hac æditione quinta, quoniam ad manum erat Græcus codex, 27: quarta
35 comperi ſcriptum ἐβάπτισα, [tum apud Chryſoſtomum, tum apud Theophylactum. Lectionem confirmat Chryſoſtomi commentarium: Quid, inquit, gloriamini, quod baptiza-
22·35 rim: quum ego gratias agam deo, quod id non fecerim.]⟨Certe Auguſtinus [quum alias, tum] libro aduerſus Creſconium, tertio, capite undecimo, legit iuxta Græcos.⟩ Verum ne quid erres lector, in hac uoce ſæpe repetita: in primo loco, Aut in Pauli nomine baptizati eſtis, conſentiunt Latini codices cum Græcis: in altero loco, Ne quis dicat quod in nomine meo baptizaui, Græci conſentiunt, Latini diſſentiunt, eo quod quidam legunt Baptizati ſitis, alii Baptizaui.}

Si quem alium ueſtrum.) εἴ τινα ἄλλον. id eſt, Nunquem alium. Nam Veſtrum, redun-
19·35 dat {nec additur apud Ambroſium, nec apud [Chryſoſtomum ac] Theophylactum.} 19: Vulgarium

Non in ſapientia uerbi.) ἐν σοφίᾳ λόγου. id eſt, In eruditione ſermonis. Siquidem σο- Sapientia, pro Eruditione
19 φὸν appellant non ſolum quod ſapit, uerumetiam quicquid elegans eſt & eruditum. {Græcis autem placebat Eruditio, ſicuti Iudæis miracula ac prodigia. Et In præpoſitio, loco Per, poſita eſt. & Hebraica figura dictum eſt, In ſapientia ſermonis: pro eo quod erat, Erudito ſermone, ſiue per eruditum ſermonem.} Porrò quum λόγος ſermonem ſignificet potius quàm uerbum, cur hoc in loco libuit abuti uerbo? Et mox ad eundem modum, uerbum Articuli uis
27·19 enim crucis {neque enim hic ſignificatur dei filius}{Vbi & illud obiter annotandum, hic geminum addi articulum, ὁ λόγος γὰρ ὁ τοῦ σταυροῦ. quo ſit euidentior diſcretio huius ſermonis de cruce ſimplicis & incompoſiti, ſuoque congruentis argumento, à ſermone philoſophorum & rhetorum fucato compoſitoque.}

Vt non euacuetur.) ἵνα μὴ κενωθῇ. id eſt, Vt non fiat inanis. Nam inane dicitur quod non eſt ſolidum, ſed ſpecie blanditur. Illud obiter annotabis optime lector, quàm ſolicite curarit diuus Paulus ut euangelium Chriſti puriſsimum eſſet ab omnibus humanis adminiculis, ne quid inde ſibi uendicare poſſet hic mundus, adeo ut nec eloquentiam uoluerit ad- Doctrina Chriſti pura

iungere, aut eruditionem humanam. At his temporibus quum oneremus Christum opi-
Sermo apostolicus [incompositus bus, negocijs prophanis, honoribus, imperijs, exercitibus, uoluptatibus, & quibus tandem
non? solam eloquentiam execramur. Et hac una in parte uel anteimus apostolos. nam illi
simpliciter dixerunt, sed cordate, sine lenocinijs, at rursum sine spurcitia sine portentis: in-
affectate loquuti sunt, sed prudenter: & ut paucis dicam, quemadmodum alio modo potentes erant ac diuites, alio modo nobiles & inclyti, ita diuerso modo tum eruditi, tum
eloquentes.

Id est nobis.) Id est, addidit nescio quis, nam Græce est, τοῖς δὲ σωζομένοις ἡμῖν. id est,
16: salvamus Nobis autem qui salutem consequimur. {Apud Ambrosium ita legitur, His autem qui sal- 19
ui fiunt, dei uirtus est. omisso ut apparet, ἡμῖν.}

16–27: tr Dei uirtus est.) δύναμις. Vt opponatur infirmitati & impotentiæ: {quod [Corin- 19.35
thij diuitijs essent insolentes, quemadmodum] Romani tumebant imperij gloria & laude bellica.}

[Paulus sequtur Septuaginta {Perdam sapientiam sapientium.) Testimonium est apud Esaiam capite uigesimono- 19
no, quod suo more adduxit, non iuxta ueritatem Hebraicam, sed iuxta Septuaginta: licet
in sensu nulla sit discrepantia. Sic enim habet Hebraica ueritas: Peribit enim sapientia à sapientibus eius, & intellectus prudentium illius abscondetur. Septuaginta sic, Et perdam sapientiam sapientium, & intellectum prudentium abscondam.}

Et prudentiam.) τὴν σύνεσιν τῶν συνετῶν. id est, Intelligentiam intelligentium {si quis 19
*16: follows Id est nobis.) above ad uerbum reddat.}

* Vbi scriba?) γραμματεύς. Id Theophylactus ad Iudæos referri putat, apud quos sa-
16–19: Vulgarius pientiæ professio penes scribas erat, alioqui γραμματεύς ad uerbum Literatorem sonat:
unde & literatus dicitur. {Neque enim Scriba simpliciter is dicitur Hebræis, qui scribit, sed 19
qui consultus de rebus perplexis, ex oraculis scripturarum sacrarum respondet, quemadmodum annotauimus in Euangelijs. Sumptum apparet ex Esaiæ capite trigesimotertio,
ubi iuxta Hebraicā ueritatem ita legit Hieronymus: Vbi scriba? ubi legis uerba pōderans?
ubi doctor paruulorum? Iuxta Septuaginta ad hunc modum legimus: ⟨ποῦ εἰσιν οἱ γραμμα- 22
τικοί; ποῦ εἰσιν οἱ συμβουλεύοντες; ποῦ ἐστιν ὁ ἀριθμῶν τοὺς συστρεφομένους μικρὸν καὶ μεγάλην λαόν;
19–27: conciliatores id est, Vbi sunt grammatici? ubi consultores? ubi est qui numerat eos qui nutriunt {paruum 22
& magnum populum?⟩

Disputator Vbi inquisitor?) συζητητής. id est, Disputator {ad uerbum sonat Conquisitor. ⟨nam⟩ *συ- 19.22
*19: placed at end of entry at } ζητεῖν, ⟨est⟩ disputare. {Atque ita legit Ambrosius. Itaque scriptum comperi in exemplari Pau- 22·19
lino ⟨& Constantiensi.⟩ De hoc uerbo nonnihil admonuimus in Euangelijs: Vbi est scriba? 27
ubi est legis uerba ponderans? ubi doctor paruulorum? }

**16–27: follows Quod stultum est dei.) below ** Nonne stultam fecit.) οὐχὶ ἐμώρανεν. id est, Nonne stultificauit, siue infatuauit: ut ita lo-
quamur. Fatuum enim & sapidum pugnant inter se.

Gentibus autem stultitiam.) ἕλλησι δέ. id est, Græcis autem {quo nomine solet omneis 19
complecti, qui Iudæi non essent.}

Ipsis, pro Iisdem Ipsis autem uocatis.) αὐτοῖς δὲ τοῖς κλητοῖς. Dilucidius erat, Sed ijsdem uocatis: ut intelligas utriusque gentis Christianos, quibus ex æquo Christus probatur. {Quum unus utrun- 19
que sit, quod utraque gens requirebat. Quid quæris Iudæe? Signa. hic est dei uirtus. Quid
tu Græce? Sapientiam. hic est sapientia patris æterni} Nam id sensisse Paulum testantur &
Græci interpretes.

Stultitia dei Quod stultum est dei.) ὅτι τὸ μωρὸν τοῦ θεοῦ καὶ τὸ ἀσθενές. id est, Stultitia dei & infirmi-
↓† tas dei: ut adiectiuum in genere neutro positum intelligatur uice substantiui nominis. †An-
notauit hunc locum Augustinus in opere de doctrina Christiana, libro secundo {capite de- 19
16–22: tametsi cimo tertio} ostendens in hac interpretatione, licet absit solœcismus, non abesse tamen am-
Amphibologia phibologiam, quod incertum sit an Hominibus, sit dandi casus, an auferendi: quasi dicas,
stultum est tibi, sed stultius huic. Id incommodi uitari posse putat, si uertas, Fortius est
quàm homines, & sapientius est quàm homines. ⟨Atque ita sane refert libro aduersus Fau- 22
stum duodecimo, capite uigesimotertio⟩ Cæterum si {interpres} uertisset ad uerbum: Sa- 19
pientius & fortius est hominum, duplex fuisset incommodum: {non solum enim admi- 19
sisset solœcismum, uerum etiam amphibologiam: quod peruerse poterat accipi, quod
stultum

† 16–19: nominis. Unde nos maluimus vertere. Quoniam stulticia dei sapientior est hominibus, et imbecillitas dei robustior est hominibus. Annotavit

stultum est hominum,sapientius esse quàm dei, & infirmum hominum, fortius quàm
dei. Porrò stultitiam & imbecillitatem dei,uocat prædicationem crucis,siue quod ea res
stulta & imbecillis uideretur impijs,siue quod ad ineffabilem illam dei sapientiam ac po/
19 tentiam,hæc quodammodo stulta esset & imbecillis{Vt enim omnes iustitiæ hominum
coram deo sunt ueluti pannus mulieris menstruo fluxu pollutæ,ita uniuersa mortalium sa
pientia,si componatur ad incogitabilem illam ac cœlestem sapientiam, stultitia quædam
dici posit. Nec est quod abominemur hunc sermonem,stultitia dei:quam non horruit Au
gustinus epistola centesima secunda,scribens ad hunc modum:Hæc stultitia dei, & stulti/
tia prædicationis multos contrahit ad salutem. Si deus demisit se ad nostram imbecillita/
tem,ut fortes redderet,quid nouum si se demisit ad nostram stultitiam,ut ex stultis redde/
ret sapientes?} ¶ ¶16-27: Nonne
Videte enim.) βλέπετε γάρ. Tametsi Græca uox anceps,tamen sensui magis con/ stultum fecit.)
19 gruit Videtis,quàm modus imperatiuus{Videte}Nec enim admonet ut uideant quod scie p. 440 placed
19 bant,sed quod perspicuum erat,trahit in argumentum{Ambrosius Græcam uocem ancipi here
tem ancipiti Latina explicat,legens,Intuemini enim fratres. Theophylactus interpretatur 19: Vulgarius
35 per imperandi modum}[Atque item Chrysostomus,quum tamen huius enarrationi magis
congruat indicandi modus. Apostolus enim citat ipsos Corinthios testes eorum quæ di/
xit. Ipsi uidetis inter uos esse electos,qui iuxta mundum stulti sunt & contempti. Sensus ta *16: follows Qui
men eodem recidit.] factus est nobis.)
* Vt confundat.) καταισχύνῃ. id est, Pudefaciat,aut suffundat,potius quàm confundat. Confundat, below
nam confundi dicitur,qui perturbatur. pro Pude/
19 {Vt confundat sapientes.) Mirum est cur Paulus non seruauerit utrobique generis simi/ faciat
litudinem. Nam ad stulta opponit sapientes, non σοφά, id est,sapientia siue docta:& ta/
men in cæteris reddit neutrum genus,fortia,& non fortes.}
Et ea quæ non erant.) καὶ τὰ μὴ ὄντα. Quum antedixisset, ἐξουθενημένα. hoc est, Pro Non sunt quæ
nihilo habita,siue ad nihilum redacta,Hebraica figura rem auxit,quemadmodum & in su/ contẽptissima
19 periori epistola,uocat ea quæ non sunt tanquam sint{non esse intelligens quæ sint contem sunt
ptissima,siue perditissima. Vnde nihili hominem dicimus,nullius precij hominem.}
Vt ea quæ sunt destrueret.) καταργήσῃ. quod aliquoties uertit, Euacuaret. Est autem 16: Et
antiquare & uelut obliterare:ut frequenter iam admonuimus.
Omnis caro.) πᾶσα σάρξ. Mollius erat, Vlla caro. Quod & ipsum Hebraica figura di/
27 ctum(est)Siquidem hic carnem pro homine posuit,ut superius animam:Omnis anima po/
19 testatibus sublimioribus{& cætera.}
19 ** In conspectu eius.) Græcis est Dei,pro Eius{Atque ita sanè scriptum comperimus apud **16: follows
35 [Chrysostomum ac]Theophylactum}Quanquam exemplaria Græca uariant. Sunt enim Videte enim.) above
19 quæ habeant αὐτοῦ, pro θεοῦ.{licet hoc ad sententiam perpusillum referat.} 19: Vulgarium
Ex ipso autem.) ἐξ αὐτοῦ γάρ. potest accipi, Ex eodem enim:hoc est,nec ex diuitibus, Ipso,pro 16-27: id est
35 nec ex sapientibus,sed sine discrimine ex eodem[Id mollius esset,si adderetur articulus τοῦ Eodem
αὐτοῦ.]Etiamsi Ambrosius refert ad patrem,atque item Theophylactus:ut sit sensus, Non 16-19: Vulgarius
est quod alius alium oderit aut fastidiat,omnes ex eodem patre nati estis,nempe filij dei:
idque per Christum. Quo loco palam indicat Theophylactus,præpositionem ἐν poni loco 16-19: Vulgarius
διά. quod nos & alias indicauimus.
Qui factus est nobis.) Hoc perinde sonat Græce,quasi dicas, Cœpit nobis esse sapien/
tia,uel fuit nobis sapientia. ὃς ἐγενήθη ἡμῖν σοφία. Velut illud, Ante me factus est. id est,
Cœpit esse prior me.
Qui factus est nobis sapientia.) Post Sapientia,Græci habent ἀπὸ θεοῦ. id est,à deo. Deest in {16:
19 quod in nostris{aliquot exemplaribus}non legitur{quum habeatur apud Ambrosium,& in nostris codicibus
exemplari Paulino. Ambrosius etiam interpretatur,atque item Theophylactus indicat
non sine causa adiectum,à deo. Ne quis addubitet in nostris ubi deest,incuria scribarum
omissum esse.
Vt quemadmodum scriptum est.) Non dubium est quin Hieremiæ capite nono:Hæc
dicit dominus, Non glorietur sapiens in sapientia sua, & non glorietur fortis in fortitu/
dine sua,& non glorietur diues in diuitijs suis:sed in hoc glorietur, qui gloriatur, scire
& nosse

& nosse me, quia ego sum dominus qui facio misericordiam & iudicium & iustitiam in terra: hæc enim placent mihi, dicit dominus. }

EX CAPITE SECVNDO

↓ { IN sublimitate.) καθ᾽ ὑπεροχήν. id est, Iuxta eminentiam. nam hoc uerbo usus est Ambrosius {Nec est In, apud Græcos, sed κατὰ, Iuxta, aut simile 19
quippiam. Ambrosius legit, Cum eminentia. Paulinus codex habebat, Per sublimitatem sermonis. }

Varia lectio

19: Vulgarii

Testimonium Christi.) Dei, est apud Græcos, non Christi {idque perspi- 29
cuum est ex interpretatione Theophylacti: Dei, inquit, testimonium uobis pronunciaturus, id est, Christi mortem. Ambrosius legit, Prædicans uobis mysterium dei. nec ita legit solum, uerum etiam interpretatur. Vnde diuerso uidetur usus exemplari Græco. Siquidem apud illos inter μαρτύριον & μυστήριον nonnulla uocum affinitas est. }

19-27: margin: Aliquid scire

Non enim iudicaui me scire.) οὐ γὰρ ἔκρινα τοῦ εἰδέναι τι. id est, Non enim iudicaui ut scirem aliquid. Fortassis Iudicaui, refertur ad consilium ueniendi. Siquidem Græci interpretes dissimulant huius articuli uim τοῦ, qui præponitur uerbo infinito. Aut, quod magis arridet, Iudicaui, posuit pro Aestimaui: uelut in epistola superiori, Alius iudicat diem ad diem. Sensus igitur erit, Non æstimaui me alicuius pretij, ob id quod scirem aliquid inter uos: & cætera. Nam ubi causa significatur, solet in his subaudiri ἕνεκα, ut {sit 19
sensus: } ἕνεκα τοῦ εἰδέναι. ⟨Certe Hilarius libro de trinitate decimo, citans hunc locum non 27
addit pronomen Me. ⟩

Non in persuasibilibus.) πειθοῖς. id est, Suasorijs, & ad persuadendum appositis. & σοφία, sæpe doctrinam significat {ut iam admonuimus. } 19

In, pro Per

In ostensione spiritus.) ἐν ἀποδείξει. quod propemodum sonat Ostentationem. Nam rhetores ἀποδείξεις uocant orationes, quas ostentandi ingenij gratia recitant auditoribus: quod genus extant aliquot Luciani & Apuleij. Mathematici quoque uocant ἀπόδειξιν, ubi rem picturis ostendunt: & dialectici syllogismum è principijs rem certam colligentem, ἀπόδειξιν appellant. {Paulus ἀπόδειξιν appellat, quum ipsa re præstatur ac declaratur spi- 19
ritus apostolicus. }

Stultitia Christi

* 19-27: entries reversed

Sapientiam autem.) Ex hoc loco apparet quid Paulus senserit, quum tribueret deo stultitiam, nimirum ad collationem huius sapientiæ quam loquebatur inter perfectos {ne 19
quis alteram illam sententiam arbitretur omnino reijciendam, quam proximo capite recensuimus. }

16-27: Aut

Principes huius seculi

19: Vulgario

* Neque principum huius seculi.) ἀρχόντων. Quod quidam interpretati sunt dæmones, reclamante Chrysostomo simul & Theophylacto, qui principes exponunt, philosophos, oratores, & alioqui doctos, qui olim in republica regnabant {Nam quod Origenes 19
homilia in Matthæum quarta, principes huius seculi uult esse dæmones, quibus pater ob salutem humani generis tradiderit filium, per quos deinde traditus sit in manus impiorum hominum, mihi sane uidetur paulo coactius, licet ea sententia placuerit Ambrosio. Porro quod apud ethnicos erant oratores & philosophi, hoc apud Iudæos scribæ & pharisæi.
<Qui destruuntur, καταργουμένων, uidetur referri posse ad utrumque, huius seculi, & 22
principum, quæ abolentur: ut intelligamus utrumque abolendum, & seculum hoc, & huius seculi principes. >

Ordo lectiõis uariat sensum

* In mysterio quæ abscondita.) Græcis Absconditam, non pendet ab ijs uerbis quæ proxime præcedunt, In mysterio, quasi dixerit, reconditam in mysterio. Sed loquimur, inquit, non propalam aut passim, ne simus offendiculo, sed secreto: nec inter quoslibet, ne rosas obijciamus porcis, sed inter perfectos: neque quamlibet sapientiam, quam alij philosophi publice profitentur, sed arcanam illam & reconditam [atque ut ita loquar, retrusam] Id ita 35
esse arguit articulus Græcus additus participio, τὴν ἀποκεκρυμμένην. Atque ita legisse uidetur, quisquis fuit qui libros Origenis transtulit aduersus Celsum. Sic enim adducit hoc testimonium: Sapientiam autem loquimur in perfectis, sapientiam uero non huius seculi, nec principum huius mundi qui destruuntur, sed loquimur dei sapientiam in mysterio quod absconditum est, quod prædestinauit: & cætera. Neque secus legit Augustinus in collectaneis Bedæ: nisi quod Græcis est, Quæ abscondita est: non, Quod absconditum.

Ad eundem

{ 16: Ambrosius, λόγον vero melius reddidisset sermonis quam verbi. Testimonium

Ad eundem modum adducit Hieronymus præloquens in tertium commentarium, in epistolam ad Galatas: Sed loquimur dei sapientiam in mysterio, quæ abscondita est. Atque
27 ita scriptum comperi in uetustissimo codice Paulino (Consentiebat uterque codex e Constantia nobis suppeditatus) Neque secus adducit hunc locum Ambrosius libro De fide, tertio, capite tertio. Conuenit enim ut quæ sunt arcana, non palam effutiantur, sed secreto ijs qui digni sunt, communicentur. }

Nunquam dominum gloriæ.) οὐκ ἂν, est Græcis, hoc est, Nequaquam. Id quod incuria Nunquã, pro Nequaquam
19 librariorum uideri poterat immutatum {ni tantus esset nostrorum codicum consensus. }

Sicut scriptum est.) ἀλλὰ καθὼς γέγραπται. id est, Sed sicut scriptum est, ut coniunctio connectat sermonem cum superioribus: Non loquimur sapientiam huius mundi, sed ea loquimur quæ nec oculus uidit, nec auris, & cætera. Porro quod mox præcessit: Quam prædestinauit deus. ἣν προώρισεν. rectius est Præfiniuit, siue præordinauit: uidelicet suo tempore reuelandam, ne rem putarent nuper inuentam.

Quod oculus non uidit.) Recte quidem admonet Laurentius, uerbum singulare Descendit, uertendum fuisse in plurale, propter nomen neutri generis. Atque ita citat diuus Hieronymus, quum alijs aliquot locis, tum aduersus Ruffinũ, ascenderunt, non ascendit, ἀνέβη. Ascendit, pro Ascenderunt
27 & Quæ, non quod (Eandem scripturam comperi in altero exemplari Constantiensi miræ uetustatis) Verum magis mouet articulus postpositiuus ἃ in initio sermonis: nam is reddit orationem inabsolutã, tam apud Latinos quàm apud Græcos, nisi subaudias Sunt.
35 [Eiusmodi sunt, quæ præparasti] Quanquam huiusmodi quædam & alias apud Paulum li-
19 cet reperire {nisi interpres pro ἃ legit ὅτι, aut nisi quis coniunctionem, quod, de suo adie-
35 cit} [aut nisi placet quod proximo indicauimus loco] Faber legisse uidetur δὴ pro δέ. Verum uideo δέ referri ad id quod præcessit: Nemo principum seculi huius nouit, sed nobis reuelauit. Porrò testimonium hoc Paulus sumpsit ex sexagesimo quarto capite Esaiæ, sententiæ magis exprimens ueritatem, quàm uerba annumerans. Nam illic iuxta ueritatem Hebraicam ita legitur: A seculo non audierunt, nec auribus perceperunt. Oculus non uidit deus absque te, quæ præparasti expectantibus te. Apostolus legisse uidetur, למחכה לו, quod est Diligentibus se, per ב beth, à uerbo חבב quod est Vehementer dilexit. Septuaginta uero per כ caph, à uerbo חכה quod est, Expectauit. Præterea apud Hebræos est pronomen tertiæ personæ לו sicut apud Apostolum αὐτόν. Paulus ex Hebraica ueritate citat

19 His qui diligunt illum.) τοῖς ἀγαπῶσιν αὐτόν. id est, Diligentibus se {Apud Septuaginta non uerba solum diuersa sunt, sed sensus ipse plurimum ab hoc discrepat. Sic enim legitur,
22 (ἀπὸ τοῦ αἰῶνος οὐκ ἠκούσαμεν, οὐδὲ οἱ ὀφθαλμοὶ ἡμῶν εἶδον θεὸν πλὴν σοῦ, καὶ τὰ ἔργα σου ἃ ποιήσεις τοῖς ὑπομένουσιν ἔλεον.) id est, A seculo non audiuimus, neque auribus percepimus, neque oculi nostri uiderunt deum absque te, & opera tua quæ facies expectantibus misericordiam. Atque ad eum modum adducit Hilarius libro de trinitate quinto. Vnde fuerunt qui locum hunc ex apocryphis Iudæorum peterent, sed uehementer refragante Hieronymo. Sanè hic unus est inter paucos, quos Paulus adduxerit ex Hebraica ueritate, licet sensum magis expresserit, quàm uerba annumerarit. } Paulus Hebraicam ueritatem sequens

19 * Etiam profunda dei.) καὶ τὰ βάθη. id est, Etiam profunditates {Quanquam id quidem ad sensum perparui refert.

Quis enim scit hominum, quæ sunt hominis.) τὰ τοῦ ἀνθρώπου. Quod Augustinus libro De ciuitate dei, primo, non ineleganter explicuit. Quid agatur in homine, uertere poterat, Et statum hominis, aut res hominis. }

Sed in doctrina spiritus.) Græce sic habet, οὐκ ἐν διδακτοῖς ἀνθρωπίνης σοφίας λόγοις, ἀλλ' ἐν διδακτοῖς πνεύματος ἁγίου. id est, Non in doctis humanæ sapientiæ uerbis, sed in doctis spiritus sancti, ut subaudias, uerbis. Doctis autem hoc loco nomen adiectiuum, non participium: & genitiuus Sapientiæ, ad Doctis refertur magis quàm ad Verbis. Quasi dicas, Non in uerbis callentibus humanam sapientiam, sed in uerbis peritis spiritus: hoc est, quæ Doctis spiritus pro doctis à spiritu
19 habent doctrinam spiritus {quæ numinis afflatu contigerit. In paucis Græcorum exem-
19 plaribus scriptum erat, διδακτικοῖς. quod {uerbum alias Paulus usurpauit actiue} uelut in epistolæ ad Timotheum secundæ, capite secundo. πρὸς πάντας διδακτικόν. id est, Erga omnes paratum ac propensum ad docendum. Ad eundem modum hic legas licebit,

non

Handwritten margin notes: 16: uidetur; 16: aures; 16: descenderunt; descend; 16-19: Qui; P↓; * 16: follows Spiritualiter examinatur.) p 444; {↓; 16: quanquam alias hoc uerbum

↑16: legitur u-me'olam lo' sham'u lo' he'ezinu 'ayin lo' ra'athah 'elohiym zulathkah ya'aseh limhakeh lo: A seculo

{16: actiue διδακτικὸν θεοῦ pro eo quod est idoneum, qui doceat deum. Ad

*() : 'a omitted

non in uerbis quæ doceant humanam sapientiam, sed quæ doceant spiritum dei.{At mihi 19
magis probatur, ut hic intelligamus sermonem apostolorum non constare doctrina humana, sed afflatu diuino. Nam huiusmodi θεοδίδακτοι dicuntur, id est Diuinitus docti. Id
quanquam est aliquanto durius citra compositionem, tamen ita Ioannes extulit in euangelij sui capite sexto: καὶ ἔσονται πάντες διδακτοὶ τοῦ θεοῦ. Quo loco certum est diuinitus
afflatos intelligi} Ambrosius sensum magis exprimit, quàm reddit uerba, legens ad hunc
16-19: Vulgarius modum: Non in doctrina uerborum humanæ sapientiæ, sed in doctrina spiritus. Theophy
↓{ lactus [Chrysostomum sequutus] sentit ea quæ didicerit Paulus à spiritu. {Id Augustinus 35.19
exprimens [legit] in epistola centesima quinquagesima: Non in doctis humanæ sapientiæ 35
uerbis, sed docti spiritu. Quid hic dicent theologi ⟨quidam⟩ [ut sibi uidentur] qui tradendo sa 22.35
cras literas, nihil crepant, nisi philosophiam Aristotelicam?}

*Sermo rei aptus & personis*

Spiritalia comparantes.) συγκρίνοντες. id est, Conferentes, componentes: ne quis accipiat Comparare, pro Parare. Nec enim ad homines refertur spiritualibus, sed ad res: quibus accommodandam putauit Paulus eloquentiam item spiritualem, ne uideretur absurdum, cœlestem illam philosophiam, humanis uerborum ornamentis commendari. Nam
16-19: Vulgarius quod admonet Theophylactus de sacramentis euangelij, cum ueteris instrumēti sacramen
tis conferendis, ut uerum esse fateor, ita parum existimo quadrare ad huius loci sentētiam.
[Appositiora sunt quæ scribit Chrysostomus, ad confirmandum euangelium non esse opus 35
humana philosophia, sed sufficere sibi scripturam: uelut ad probandum, quod Christus natus sit de uirgine, aut mortuus reuixerit, non adhibendæ sunt philosophorum rationes, sed
uel oracula typicꝗ ueteris instrumenti, uel miracula. Qui in paradiso creauit arbores absꝗ
semine, qui Adam creauit ex argilla, Euam è costa uiri, terram è nihilo, ei facile fuit è uirginis substantia creare corpus humanum, aut mortuum reddere uitæ. Quicquid enim in scripturis est, spirituale est, quia ab eodem spiritu proditum.]

*Tres hominis partes iuxta Paulum*

16: Tres 16-19: partes Animalis autem homo.) ψυχικός. Velut animum, hoc est, affectus sequens humanos.
Etenim quum Paulus hominem diuidat in treis partis, carnem, animam, & spiritum: hic a-
16-19: spiritu nimæ uocabulo, pro carne uidetur abusus.
16-22: est Stultitia enim est illi.) Est, pluratiue erat uertendum, Sunt: ut intelligas ea quæ sunt spi
ritus, illi esse stultitiam. Fefellit interpretem uerbum singularis numeri, sed quod uice pluratiui positum est.

*16: followed by Etiam profunda dei.) p443*

*Duplex sensus*

✱ Spiritualiter examinatur.) ἀνακρίνεται. id est, Dijudicatur. quod uerbum mox sæpius
uertit, Iudicatur. Rursum hic Examinantur, erat dicendum {multitudinis numero} ut subau 19
dias quæ præcedunt, nempe, Ea quæ sunt spiritus. nisi ὅ,τι sit articulus, non coniunctio
Quòd, ut hic sit sensus, Non potest intelligere ea spiritualiter dijudicari, quum sit {ipse} car- 19
nalis. ⟨Et tamen Ambrosius accipit singulari numero.⟩ 22

*Excussum uaticinium*

Sicut scriptum est, Quis enim cognouit.) Sicut scriptum est, in Græcis codicibus non
inuenio ⟨nec in uetustissimo codice Donatiani⟩ ⟨Consentiebat uterque codex è Constantia 22.27
¶19-22: sensum missus⟩ Cæterum testimonium quod sine nomenclatura retulit, est apud Esaiam capite qua
dragesimo. Quanquam Paulus ¶ expressit potius quàm appendit uerba. Siquidem Septuaginta uerterunt ad hunc modum, indicante Hieronymo: τίς ἔγνω νοῦν κυρίου, καὶ τίς αὐτοῦ
σύμβουλος ἐγένετο; id est, Quis nouit mentem domini? & quis consiliarius eius fuit? Iuxta
ueritatem Hebraicam ita transtulit Hieronymus, Quis adiuuit spiritum domini? aut quis
consiliarius eius fuit, & ostendit illi? cum quo init consilium, & instruxit eum? Porrò quod
16-19: Vulgarius Paulus ait συμβιβάσει, Theophylactus [Chrysostomum sequutus] interpretatur διορθώσει. 35
16: corripet id est, Corriget, siue corripiet. quod equidem non admodum probo. Cæterum quod Hiero
nymus uertit Adiuuit, Paulus Cognouit, Hebraice est תִּכֵּן. Quod Hieronymus uertit
↓¶ Spiritum, Paulus Mentem, apud Hebræos est רוּח. ¶
Aut quis instruxit eum?) ὃς συμβιβάσει αὐτόν. id est, Qui instruet, aut docebit eum?
⟨Donatiani codex habebat, Qui instruat eum? non multum dissidens à Græcis⟩ {Suffragaba 22.27
tur exemplar utrumꝗ Constantiense⟩ Quanquam Græcis ambiguum est, Quis} pronomen 19
16: Quanquam utrum ad mentem referatur, an ad dominum. Tametsi ipse malim in eam legi sententiam,
in quam legunt omnes: Quis cognouit mentem domini? qui instructurus sit illum? Quod
ut fieret euidentius, explicuerunt per coniunctionem disiunctiuam. Videri poterat referre
eam

{ 16: spiritu. Mihi magis probatur ut intelligamus non in sermonibus qui doceant humanam sapientiam, sed qui doceant, quo pacto queamus assequi spiritum Christi. Spiritalia
¶ 16: Sic habent hebraea miy thiken 'eth ruah yhovah v-'iysh 'asatho yodiy'ennu : 'eth miy noʿas va-yviyne(h)u. Aut quis

eam sententiam,quæ est capite Sapientiæ nono:Quis enim hominum poterit scire consilium dei:aut quis poterit cogitare quid uelit deus? Ac paulo post,Sensum autem tuũ,quis sciet? nisi apud Hebræos liber Sapientiæ extra canonem esset. Vnde satius est,ut quemadmodum ostendimus,ad Esaiam referamus testimonium.

Nos autem sensum.) νοῦν, id est,Mentem.& tenemus magis quadrabat quàm habemus,ut accipiamus domini mentem perfectis esse cognitam.

## EX CAPITE TERTIO

QVasi spiritualibus.) ὡς, Vbique est:quod iste nunc quasi uertit,nunc tan/ Distinctio
19 quam,per tanquam,recte uertisset ubique{Quanquam hic quoq; sermo iuxta rationem grammatices habet nonnihil imperfectum,plenus erat futurus, si dixisset,Non potui uobis loqui tanquam spiritualibus,sed loquendum fuit tanquam carnalibus.}

Tanquam paruulis in Christo.) ὡς νηπίοις. νήπιος, significat infantem adhuc pusillum & stultum,parumq; prudentem,potissimum ætate.Poterat igitur dicere,Infantibus in Christo.Porro datiuus hic paruulis,ad superiora pertinet,hoc est,ad loqui,non ad id quod
19 sequitur,Lac potum dedi:id quod ex Græco liquet sermone{Atque ista distinctio seruatur
27 in uetustissimis Latinorum exemplaribus}(Non potui uobis loqui quasi spiritualibus,sed quasi carnalibus,tanquam paruulis in Christo.Quæ distinctio si placet, subaudiendum est Loquendum erat.)

* Non escam.) Aut ferenda est ἀκυρολογία, aut aliquid subaudiendum est, γάλα ὑμᾶς ἐπότισα καὶ οὐ βρῶμα. quod ad uerbum ita sonat:Lacte uos potaui & non cibo.Quis au- Absurditas sermonis *↓
19 tem potat hominem cibo? Vnde Theophylactus{enarrans}addidit προσθεὶς ἐτύγχανε. id est,obtulit:ut hoc ad cibum pertineat.Nos quo sermonis absurditatem effugeremus,ita uertimus 16-19: Vulgarius
27 Lactis potu uos alui,non cibo(In uetustiore codice Constantiensi tantum erat, Lac uobis dedi non cibum.)

Sed ne nunc quidem potestis.) ἀλλ' οὔτε ἔτι νῦν δύνασθε. id est,Imò nec adhuc nunc potestis.Quanquam id nihil ad sententiam.

Zelus & contentio.) Græci ita ponunt: ζῆλος καὶ ἔρις καὶ διχοστασίαι. id est,Aemulatio & lis & seditio.

19 Nonne homines estis?) Et hic pro homines{Græcis}est, σαρκικοί. id est,carnales.Tam Varia lectio
19.27 etsi in castigatioribus exemplaribus{nostris}scriptũ reperio carnales{uelut in Paulino(consentiente utroque Constantiensi)Atque ita subinde adducitur ab Augustino,quum alias frequenter,tum libro de Continentia capite quarto,quemadmodum legimus apud Græcos,consentiente Græc. Ambrosio}Nam mox sequitur,Et secundum hominem ambula-
19 tis{quæ pars parum apte cohærebit cum superiore, Homines estis,quum idem bis diceretur. At paulo post, homines uocat,idem tamen intelligi uolens, Ego quidem sum Pauli, ego uero Apollo,nonne homines estis?}

19 Quid igitur est Apollo?) Quis,est Græce:non Quid. τίς.{sed refragantibus nostris omnibus:& haud scio an Græci legant deprauate,præsertim quum sequatur,Itaque neq; qui plantat est aliquid.Quid enim posuit,pro cuius momenti:ut alibi dicit, Ea quæ non 16-27: Paulus Apollos
35 sunt,pro ijs quæ nullius sunt precij}(Ita legisse Chrysostomum subindicat illius interpretatio)Et Apollos est nominandi casus,non Apollo, ἀπολλώς, cuius genitiuum facit Apollo.

Eius cui credidistis.) ἀλλ' ἢ διάκονοι δι' ὧν ἐπιστεύσατε. id est,Nisi ministri per quos credi
19 distis,hoc est,non autores fidei uestræ,sed ministri duntaxat{Atque hanc scripturam com-
35.27 perimus apud(Chrysostomum ac)Theophylactum,(Ad sensum haud magni refert) 19: Vulgarium

Et unicuiq; sicut dominus dedit.) Hic sermo parum est absolutus,nisi legas,prout unicuique dominus dedit.Consimilem huic ostendimus in epistola ad Romanos capite duodecimo:Et unicuique sicut diuisit deus mensuram fidei.} Sermo imperfectus

19 * Vnum sunt.) τὸ ἕν εἰσιν. hoc est,{Idem sunt &}nullius discriminis. Quantum ad hoc quod uterque alienum agit negocium,neuter suum,ut ab ijs uelut autoribus debeant sibi cognomentum asciscere,& factionibus inter se dissidere.At si diuus Paulus ita stomachatur aduersus Corinthios,quod ab his mutuarentur cognomina,à quibus baptismum acceperant,& Christi mysterijs primum erant initiati,quid diceret de nostræ tempestatis factio *↓

P nibus

* 16: Unum sunt.) below + Ut sapiens architectus.) from p. 446 follow Non escam.)

nibus, qua mille cognomentis, mille cultibus, ceremonijs, regulis inter sese dissident, qui uo cantur religiosi? {Quibus ex rebus quantum Christianæ concordiæ nascatur inter hos, non libet hic commemorare.} 19

Dei enim adiutores sumus.) συνεργοί. Cooperarij legit Augustinus. Ambrosius legit operis participes, uelut explicans Græcam uocem.

Dei agricultura.) θεοῦ γεώργιον. id est, Dei agricolatio. Estis, uerbum tantum apud Græcos apponitur in proxima orationis parte, Dei ædificatio estis {Atque ita legit Ambrosius.} 19

* see p445 footnote 16: ↓** impios 19-27: margin: Lignum, foenum stipula

* Vt sapiens architectus.) ἀρχιτέκτων. Qui princeps & autor est fabricæ. Nam in iaciendo fundamento summum est negocium. Hic σοφόν, plane posuit pro docto & scito.

*Locus uarie expositus*

** Fœnum, stipulam.) καλάμην. id est, Culmum. Illud obiter admonendum, quod dixit, aurum, argentum, & lapides pertinere ad pios: lignum, fœnum, stipulam, ad improba facta: ut palam est ex primo libro Hieronymi aduersus Iouinianum. Tribus enim duraturis in igni, tria opposuit peritura, si ignis inciderit. {Neque secus adducit Origenes, homilia in Exodum sexta: Triplex namque est, inquit, etiam bene agendi uia. Nihilominus enim uel opere, uel cogitatione, uel uerbo boni aliquid agitur. Hoc enim significat & Apostolus quum dicit, Qui autem ædificat super fundamentum hoc, aurum, argentum, lapides preciosos, triplicem bonorum indicans uiam, subiungit nihilominus triplicem etiam malorum quum dicit, ligna, fœnum, stipulam.} Hæc ideo dixi, quod sint qui hæc non ad mala & bona opera, sed bonorum operum gradus referant. Nec admodum ad rem pertinet, huc purgatorij mentionem admiscere. Quandoquidem diem posuit pro perspicua operis inspectione. Nam noctu & quæ bella sunt displicent, & quæ fœda placent, diei certiora sunt iudicia. Deinde ignem posuit pro exacta exploratione. (Quin & illud annotauit Ambrosius, non esse dictum, saluus erit per ignem, sed quasi per ignem ut similitudinem intelligas esse non rem. Atqui apud inferos aiunt esse uerum ignem materialem. Denique nec Gregorio displicet hic sensus, ut per ignem intelligamus afflictionem temporalem. [diuum Augustinum ut apparet sequuto, qui lignum, fœnum, ac stipulam, interpretatur manente syncera fide, amorem rerum temporalium, ignem molestiam deferentium ea quæ perperam dilexerunt, nec de gehenna, nec de purgatorio faciens mentionem. Neque uero nouum est in scripturis, ignem accipi pro afflictione huius uitæ, uelut in Psalmis, Transiuimus per ignem & aquam, & eduxisti nos in refrigerium. Quod si quis urgeat per ignem intelligendum pœnas gehennæ aut purgatorij, quomodo qui superstruxerunt aurum & lapides preciosos dicuntur per ignem examinari æque atque illi qui superstruxerunt lignum, fœnum, ac stipulam? Coactius est, quod quidam lignum, fœnum, stipulam, interpretantur peccata uenialia: ut stipula significet culpas omnium leuissimas, quibus opponunt plumbum. At plumbum minus est graue quàm aurum, & æque purgatur igni atque aurum. Iam quum Græcis sit καλάμη, id est, culmus, quid persuasit istis culmum esse leuiorem fœno? Aut quî factum est, ut quum in bonorum ordine, quod optimum est, primum obtineat locum: quod uilissimum est, postremum: in malorum ordine, quod minime malum est, extremum habeat locum? Ignis igitur uocabulo iudicium exactum significatur, quod ubi prodiderit errorem, sequitur afflictio pœnitentiæ. Hic sensus conuenit cum dicto Petri, epistolæ primæ capite primo, Vt probatio uestræ fidei preciosior sit auro, quod per ignem probatur. Item euangelicæ sententiæ, de ijs qui ad tempus credunt, & in tempore tentationis recedunt.

[16: Hoc]

27

35

{Neque uero sum nescius, locum hunc ab Augustino & ueteribus, Thoma præcipue, torqueri ad uarios sensus, quos omneis excutere non est huius instituti. Mihi ut simplicissimus maxime placet, si accipiamus de doctrina apostolorum Paulo succedentium. Ille bonum posuerat fundamentum, uideant, inquit, cæteri quid superstruant. Si digna Christo, durabit opus, etiam in luce cõspectum. Sin Iudaismum adiunxerint, fallent quidem ad tempus, cæterum patefiet illorum impostura, simul atque uero iudicio perpendi cœperit. Atque hos sequutus tantum operæ luserit, cogeturque destructo quod ædificatum est, aliud superstruere. Id quod euenit in Romanis & Galatis, quos Paulus iterum parturijt Christo. Atque hanc sententiam sequitur diuus Ambrosius. [Ne quis meum somnium esse suspicetur: Opus, inquit, quod ardere dicitur, mala doctrina est. Idem in uerbis quæ sequuntur, pœnam 19

*Vera germanaque interpretatio*

22

19-22: Itaque

** 16: follows Detrimentum patietur.) p. 447

nam ignis interpretatur excußionem ac refutationem falsæ doctrinæ. Et aliquanto post: Sed quum dicit, inquit, sic quasi per ignem, ostendit saluum quidem illum futurum, sed pœnas ignis passurum, ut per ignem purgatus fiat saluus, & non sicut perfidi æterno igni in perpetuum torqueatur, ut aliqua in parte operæprecium sit credidisse in Christum. Semper enim erubescat necesse est, qui se uidet falsum defendisse pro uero. Et simili modo semper fiduciam habebit dei, qui abiecto falso, sequutus est uerum. Ex his palam est Ambrosium non sentire de igne purgatorio apud inferos, sed de correctione huius uitæ, ac de pu/
27 dore qui consequitur agnitu errorem (Ab Ambrosiano commento non omnino dissentit is cuius extant in omnes epistolas Paulinas scholia, Hieronymi titulo. Theophylactus de gradibus bonorum ac malorum operũ interpretatur, subindicans alijs uideri, ligno significari leuioris culpæ commißa, grauiora per fœnum, grauißima per stipulam, alijs contra. In bonorum ordine primum locum dedit auro, proximum argento, tertium lapidibus preciosis, de marmoribus enim ac similibus sentit opinor, non de gemmis, quibus nemo struit ædificium. Consentaneum est eundem ordinem seruatum in his quæ non ferunt ignem. Vt doctrina leuius recedens à uero sit lignum, quæ longius abest, fœnum, quæ longißime, stipula. Ioannes Chrysostomus ex hoc apostoli loco arripit occasionem probandi gehennã esse sempiternam, quod id temporis apparet multos fuisse, qui crederent gehennæ supplicia aliquem habitura finem, quem errorem hauserunt ex Origenistis, atq; hac fiducia peccabant licentius. Quibus ut terrorem incutiat, hunc Apostoli sermonem detorquet huc, ut per fundamentum intelligamus fidem, per superstructiones operationes bonas aut malas. Verum hoc agit argumentis parum solidis, ut hoc commentum uix probabile sit esse Chrysostomi. Vult autem Apostolum his uerbis sternere uiam ad insectandas Corinthiorum libidines, atque ex ijsdem uerbis colligit suppliciorum æternitatem, quibus recẽtiores colligunt sensum contrarium. Saluus erit ipse, sed sic quasi per ignem. Quomodo pronunciantur futuri salui, qui traduntur æternæ morti quæ est gehenna? Hic uir ingeniosus excusat, scripturam interdum uerbis malum declarantibus abuti in bonam partem, quemadmodum legimus captiuitatem optabilem, & mortificationem bonam. Itidem hic intelligi uult, saluus per ignem, cruciabitur in igni, sed non absumetur ab igni. Hoc commentum quis non statim uidet esse durum? Quis autem sic loquitur, Saluus erit, sed sic quasi per ignem. pro eo quod erat, Aeterno igni cruciabitur, sed ipse non absumetur. Quid igitur agit illa exceptio, sed sic, quæ sonat eum fore saluum aliquo modo, sed non absque cruciatu. Quid porro sibi uult, quasi, quæ uox similitudinem declarat, non ueritatem. Mihi uerisimile fit, aut hæc esse adiecta ab alio, aut Chrysostomum ad territandum duræ ceruicis populum hac
27 interpretatione fuisse abusum. Nec tamen interim usquam fit ulla purgatorij mentio) (Cæterum ut & hoc obiter annotem, Apostolus uidetur alludere ad locum qui est apud Esaiam capite primo: Et erit fortitudo uestra ut fauilla stupæ, & opus uestrum quasi scintilla & accendetur, uterque significat inanem fiduciam perituram, sublato opere cui fidebat.) — margin: 19-27: Dies, non dies domini

19 Dies enim domini.) Domini, additum est à scriptore, siue ab interprete uolente sermonem facere explanatiorẽ, quum apud Græcos non sit, atq; adeo in Paulino exemplari non — *Additum*; 16-27: autem
27 erat adscriptum, sed posterior quispiã diuersa manu adiecerat in margine (Theophylactus
35 nec legit, nec interpretatur, etiamsi interpres [Latinus] hoc addidit de suo.) Nox ignorantiæ multa celat, dies retegit, uidelicet cum erumpens & emicãs ueritas factis ac rebus ipsis sese declarat) Sed tamen articulus facit propemodum, ut de certo die debeat accipi, ἡ γὰρ ἡμέρα, quasi dicas, Nam ille dies.

In igni reuelabitur.) Reuelatur est præsentis temporis, ἀποκαλύπτεται, ut sensus sit ab/ — *Reuelatur*
19 solutus, omne opus igni perspicuum fieri (Nam duo uerba futuri temporis inter se respondent, declarabit & probabit, cæterum reuelatur, annectitur superiori uerbo Nam dies ille declarabit, opus huius aut illius per ignem aperiri ac patefieri quale sit. Siquidem interpres, quia, posuit pro quod: etiamsi apud Græcos non liquet, ὅτι coniunctio sit, an arti/
22.35 culus postpositiuus pro ὅ τι.]

* Vniuscuiusque opus.) Hic Ambrosius legit, Qui facit hoc opus, manifestus erit: si modo codex mendo uacat. — * 16-27: precedes Dies enim domini) above

Detrimentum patietur.) ζημιωθήσεται. id est, Damno afficietur. Veniam consequen/

P 2 tur

16: Foenum stipulam) p. 446 placed here



tur utcunque{si resipiscant}cæterum nihil auferent præmij{qui luserunt operam.} † 19

16-27: Violat

Violauerit, disperdet.) φθείρει, φθερεῖ, id est, Destruit, destruet. iucunda uocum allusio.
Et idem uerbum uariauit interpres, sed recte, quod apud Latinos non responderet allusio.
Est enim Græcis φθείρω corrumpo, ut corrumpitur uirgo, aut res sacra: est & perdo{Ma- 27
lim enim perire allusionem, quàm quod uertit Hilarius in commentario Psalmi sexagesi-
mi quarti: Si quis templum dei corruperit, corrumpet & hunc deus}[Et hanc fuisse priorem 35
lectionem testatur Augustinus contra epistolam Manichæi capite trigesimonono: sed lectorem offensum uerbo Corrumpet, mutasse in Disperdet, quum fateatur Græcis esse
Corrumpet.]

Quod estis uos.) οἵτινές ἐστε ὑμεῖς. id est, Qui estis uos:{sicuti paulo superius, Quod est 19
Christus Iesus, siue qui est Christus Iesus: uti comperio in uetustissimis exemplaribus}Ta-
metsi hoc nihil ad sensum. Testimonium adductum est ex Iob capite quinto.

{Stultus fiat ut sit sapiens.) Cum Græcis sit γενέσθω & γένηται, fortassis utrunque uer- 19
tendum erat eodem uerbo, Stultus fiat, ut fiat sapiens: siue stultus fit, ut sit sapiens.}

Comprehẽdo

Comprehendam.) ὁ δρασσόμενος. id est, Qui comprehendit{Est enim δράττεσθαι, fu- 19
gientem è cursu reprehendere, manuque iniecta capere}⟨Ambrosius legit, reprehendam, uer- 22
bo sane eleganti, sed ambiguo. Reprehendit enim & qui carpit.⟩

C 16: non dominum
19-22: non ad dominum

In astutia eorum.) Eorum, referendum est ad sapientes{unde Latinius erat Ipsorum}ut 27.19
accipiamus stulte sapientes, sua ipsorum astutia fuisse captos ac reuictos, dum ipsa re com-
periunt, sapientiam suam nihil profuisse ad ueram felicitatem.}

Omnia enim uestra sunt.) Non repetitur secundo loco Enim, & officit sententiæ. Iteratur enim{hæc particula}confirmandi gratia, quasi diceret, Omnia, inquam, uestra sunt.{Hoc 19
loco consentit Ambrosius cum Græcis.}

EX CAPITE QVARTO

Episcopi, dispẽsatores doctrinæ mysticæ

†19-27: hic

Dispensatores ministeriorum.) μυστηρίων. id est, Mysteriorum, siue arcano-
rum{consentientibus omnibus, etiam Thoma, præter paucos codices depra- 19
uatos, sed tamen euulgatissimos}. Et melius erat Aestimet, quàm Existimet:
{non enim ad hunc modum quisquam loquitur Latine, Existimas me ut re- 19
gem, sed existimas me regem. Nec agitur de existimatione, sed æstimatione.
Non enim uult Paulus apostolos pluris fieri, quàm fieri debeant ij, qui rem administrant
alienam.}Et dispensatores hic œconomi uocantur, qui administrant quidem, sed rem alienam & rationem reddituri.

Duplex lectio

Hic iam quæritur.) ὃ δὲ λοιπὸν ζητεῖται. id est, Quod autem superest quæritur, siue deinceps, siue posthac quæritur. Interpres legisse uidetur ὧδε, non ὃ δὲ, id est Hic, non
Quod autem{sed magno consensu refragantibus Græcis omnibus. Proinde lectoris est 19
deligere, utram lectionem sequi malit. Nos quod in Græcis codicibus reperimus, uertimus, ne Latina discreparent à Græcis}Quæritur, autem hoc loco significat Spectatur, siue
requiritur: nam fides in œconomo potissimum spectari solet⟨autoritas penes dominum 22
est⟩[Porrò In dispensatoribus, rectius erat quàm Inter dispensatores. Neque enim hoc inter 35
œconomos disputatur, sed ab illis requiritur.]

Paulus impolitus in lingua Græca

Aut ab humano die.) Hunc locum alicubi citat Hieronymus, ut ostendat Paulum non
admodum elegantem fuisse in lingua Græca, sed quædam Cilicum more dixisse: nam Ci-
lix erat{Tarsi natus}⟨Hic quum nihil esset contumeliose dictum in Paulum, tamen magnis 19.22
tragœdijs exagitauit quidam hunc locum, ex hoc declarans me nihil prorsus intelligere
omnium quæ lego uel apud Hieronymum, uel apud alios ecclesiæ doctores. Ob huiusmodi calumnias Hieronymi uerba subscribam ex epistolæ ad Algasiam, quæstione decima:
Illud, inquit, quod crebro diximus, etsi imperitus sermone, non tamen scientia: nequaquam
Paulum de humilitate, sed de conscientiæ ueritate dixisse, etiam nunc approbamus. Pro-
fundos enim & reconditos sensus, lingua non explicat. Et quum ipse sentiat quid loquatur,
in alienas aures puro non potest transferre sermone: quem quum in uernacula lingua habeat disertissimum, quippe Hebræus ex Hebræis, & eruditus ad pedes Gamalielis uiri in
lege doctissimi, seipsum interpretari cupiens inuoluitur. Nonne palam hic fatetur Hieronymus Paulum minus calluisse Græcam linguam quàm Hebraicam, quod alteram didi-

cisset

ciſſet a maioribus & à doctiſsimo præceptore, alteram è commercio Cilicum. Nonne com
probat hic quod aliâs oſtendit Paulum imperite loqui, ob inſcitiam ſermonis Græci? Por/
rò qui puro ſermone non poteſt eloqui quod ſentit, nonne utcunq; eloquitur ſermone pa/
rum eleganti, parumq; puro? Ac mox Hieronymus oſtendit illum ex idiomate Cilicum
multa dixiſſe: quod genus ſunt, ἀπὸ ἀνθρωπίνης ἡμέρας, pro humano iudicio, & ἀνθρώπι/
νον λέγω, quum quid dicit humilius parumq; perfectum, & ὃν κατεναρκησα ὑμᾶς, quum
quis alteri grauis imminet, & καταβραβεύειν ubi quis in certamine præripuit alteri præ/
mium iniuſte. Hæc Hieronymus ita uult eſſe dicta Paulo, ut Vergilio dictũ eſt ſceleratum
frigus. Neque uero me fugit hæc uarie uafreq; ſcribi ab Hieronymo, nec excutio quantum
apud me ualeant hæc quæ ſcribit. Tantum indico me non temere indicaſſe locum. Si Pau/
lus non poteſt explicare pure quod ſentit, aut ipſius imperitia fuit in cauſa, aut ipſe ſermo
parum expolitus, aut res ipſa. Sed rem explicat in Hebræa lingua in qua fuit diſertiſsimus, *Calumnia*
ſupereſt ut aut Cilicum lingua minus fuerit elegans, aut eam minus calluerit Paulus. Et *depulſa*
utrumq; fuiſſe uerum ſubindicat Hieronymus, quum & fateatur Paulum imperitum fuiſ/
ſe ſermonis Græci, non quod more uulgari non potuerit loqui, ſed quod animo declaran/
do defuerit ſermo purus & elegans, & oſtendat quædam eſſe peculiaria eius gentis in qua
natus eſt, quibus abuſus ſit ad explicandum utcunq; quod ſenſerat. Neq; uero contra me
facit, ſi Tarſus prodidit aliquot eruditos uiros, Aratum & Oppianum, quaſi uero non & *Aratus*
Scythia nobis dederit Anacharſidem. Non refert ubi natus ſis, ſed unde didiceris. Neq; qui *Oppianus*
ſcribunt, utuntur omnibus quæ uulgaris habet ſermo. Nam & ætate Ciceronis uulgo quæ
dam ferebantur, à quibus ipſe abſtinet. At Pauli ſermonem fuiſſe uulgarem, nemo puto ne
gauerit. Diſertius autem dicturus erat, opinor, ſi Athenis cum Demoſthene, Platone & Iſo
crate uerſatus fuiſſet, & purius quæ ſenſerat, eloqui potuiſſet. Vtinam deus det mentem
19 meliorem ijs qui huiuſmodi ſycophantijs & ſuum perdunt ocium & alienum.} Cæterum{ut
paulo ſuperius diem dixit, pro iudicio, quo modo alibi ſæpe diem domini uocat, ita hic}hu/
manum diem dixit, pro iudicio humano, reis enim dies dicitur.

19.35 {Nihil[enim]mihi conſcius ſum.) An Latine dicatur, nihil ſum conſcius, quemadmodũ
dicitur, non ſum id neſcius, non ſatis apud me liquet, Græce uerbum eſt, nihil mihi conſcio.
Sic & Horatius:
Nil conſcire ſibi, nulla palleſcere culpa.
οὐδὲν γὰρ ἐμαυτῷ σύνοιδα.}

Itaque nolite.) ὥστε μὴ πρὸ καιροῦ τι κρίνετε. id eſt, Ne ante tempus aliquid iudicetis.
19 {Auguſtinus legit, Nolite ante tempus quicquam iudicare: quum alijs aliquot locis, tum ex
27 planans Pſalmum octogeſimumoctauum}(item ad Probam uiduam de orando deo.)

Transfiguraui in me & Apollo.) μετεσχημάτισα. id eſt, Transfiguraui. hoc eſt, alio/ *Perſona alie-*
rum perſonam in nos duos tranſtuli, & ſub perſona noſtra de malis diſpenſatoribus loquu/ *na in Paulo*
ti ſumus, ne quos offenderemus. Item Apollo hoc loco accuſandi caſu debet accipi, In me
19 & in Apollo. Atque hic nonnulli Latini codices habent{mendoſe}Vt in uobis diſcatis, ſe/
cundæ perſonæ, pro nobis, primæ.

Ne ſupra quàm ſcriptum eſt.) Græce paulo diuerſius eſt, μὴ ὑπὲρ ὃ γέγραπται φρονεῖν, *Obſcurior*
ἵνα μὴ εἷς ὑπὲρ τοῦ ἑνὸς μὴ φυσιοῦσθε κατὰ τοῦ ἑτέρου. id eſt, Non ſupra id quod ſcriptum eſt, ſen/ *locus*
19 tire: id eſt, de uobis{ipſis}ſentire{quemadmodum crebro iam indicauimus}, Ne unus pro
uno infletur aduerſus alterum. Eſt autem ſermo perturbatior, uerum dilucidior erit, ſi unus
pro uno pertineat ad ſingulos diſcipulos ac præceptores, ut hic infletur nomine Apollo, ille
nomine Pauli, hic nomine Cephæ: & quod ſequitur, Aduerſus alterum, pertineat ad Chri/
19 ſtianos inter ſe diſcordantes, ob ſtudia præceptorum, qui mos eſſe ſolet contentioſis.{Quan 16: carnalibus
doquidem unus pro uno, poſitum eſt pro, alius pro alio, ſiue ut melius dicam, alius de alio,
ſiue ſuper alio. Illud nouum quod ἵνα μὴ indicandi modo adiungitur, niſi forte pro φυσι/
οῦσθε deprauatum eſt φυσιοῦσθε, aut niſi uariat hic quoque ſynæreſeos ratio, ſicut in alijs
nonnullis. Et in nonnullis Græcorum exemplaribus congeminatur μὴ, in nonnullis ſe/
mel duntaxat ponitur.}

27 Quis enim te diſcernit?) διακρίνει. id eſt, Dijudicat.(Diuus Auguſtinus in epiſtola ad
35 Valentinum, ac rurſus in libro ad eundem De gratia & correptione{item libro ad Bonifa/
 cium

cium contra duas Pelagi. epistolas cap. VII]. interpretatur, discernit, pro separat à massa Adæ: qui sensus pius quidem est ac uerus, quanquam hic Paulus non agebat de peccato primorum parentum, sed aduersus illos disputabat, qui se cæteris præferebant, quod essent à præcipuis apostolis baptizati, quum baptismus sit æqualis omnium. Ita sanctus Ambrosius. Et Theophylactus, discernit, interpretatur Iudicat, ψηφίζει. addens hominum iudicia falli [Chrysostomus hanc particulam dissimulat] Cæterum διακρίνειν, in sacris literis 35
aliquoties usurpatur pro dubitare, siue hæsitare, nonnunquam pro anteponere: quemadmodum διαφέρειν, interdum sonat differre, interdum excellere} [uelut huius epistolæ ca- 35
pite undecimo, non diiudicans corpus domini, μὴ διακρίνων. quod enim alijs præferimus, separamus à turba. Hoc ideo admoneo, quod hic Paulus loqui uideatur de primoribus, quos non patitur se cuiquam præferre, eo quod si quid habent supra cæteros, ex sese non habent. Si ς quod est in τίς, transferretur in finem uerbi, διακρίνει, sensus esset commodior, τί σε διακρίνεις. id est, cur teipsum tanquam præstantiorem à uulgo segregas? ]

Sine nobis regnatis.) Regnastis, est Græce ἐβασιλεύσατε. & utinam regnetis, ἐβασιλεύσατε. id est, regnassetis. Quanquam in huiuscemodi Græci nonnunquam præteritis pro præsentibus abutuntur. Verti poterat, Regnum consequuti {siue adepti} estis, & con- 19
sequuti sitis.

*Interpres laudatus* Tanquam morti destinatos.) ὡς ἐπιθανατίους. id est, Obnoxios morti. Quanquam Interpres belle uertit. Sentit enim de ijs qui iuxta morem Romanum inclusi caueis, spectante populo bestijs obijciebantur.

Spectaculum sumus.) θέατρον. id est, Theatrum: quod tamen & apud Græcos à spectando dictum est. {Atque apud ueteres nocentum supplicium spectaculi uice exhibeba- 19
tur populo, uelut homo commissus cum leone aut urso} {Vocem Græcam usurpauit Hie- 27
ronymus enarrans caput epistolæ ad Galatas quartum, simul admiscens similitudinem de fabularum actoribus, quibus hoc unicum est studium, ut populo placeat fabula. Mutabat, inquit, Paulus uocem suam, & in histrionum similitudinem, factus est siquidem theatrum mundo & angelis & hominibus, habitum in diuersas figuras uertebat, & uoces: non quod id esset, quod se esse simulabat, sed quod id tantum uideretur esse, quod cæteris proderat. Nemo dubitat quin hæc pie Hieronymus, sed quas calumnias excitarent quidam, si hæc dixisset Erasmus. Paulus histrioni comparatur, & simulare dicitur: sed quid sit histrio, non intelligitur, & ex simulando, calumniam struit simulator.)

Nobiles, ignobiles.) ἔνδοξοι, ἄτιμοι. id est, Gloriosi & infames, siue clari & obscuri {aut 19
in precio habiti & contempti} Nec enim hic nobilis est eadem uox, quæ superius fuit εὐγενής & ἀγενής. Nam illa ad genus referuntur, hæc ad famam & opinionem. Nec est in uerbis Græcis illa παρονομασία, nobilis & ignobilis.

Instabiles sumus.) ἀστατοῦμεν. Non habemus certam sedem. Vnde nos uertimus, Incertis uagamur sedibus. Est autem una tragicarum imprecationum, τὸ εἶναι ἀνέστιον.

Maledicimur, & benedicimus.) Participia passiua præsentis temporis, interpres reddidit per uerba, adiecta coniunctione. λοιδορούμενοι, διωκόμενοι, βλασφημούμενοι. id est, Dum maledicimur, siue conuitijs afficimur, dum persequutionem patimur, dum blasphemamur.

[Purgamenta huius mundi.) Huius, pronomen non additur apud Græcos.] 35

*Peripsema qd sit Græcis* Omnium peripsema.) πάντων περίψημα. Interpres Græcam uocem reliquit, quam Laurentius putat uerti potuisse, puluis uestigiorum. Græca scholia dicunt περίψημα esse reticulum, quo sudantes se abstergunt, alij soleæ suppactum corium, alij puluerem quem calcamus, alij quod abijcitur in mare, quo nauis sit incolumis. Videtur omnino peripsema apud Græcos quiddam esse tale, quale apud nos est nauci, quisquiliæ & sterquilinium.
16-19: Vulgarius Addit Suidas ita uocari solere hominem iugibus obnoxium malis. Theophylactus putat idem esse, περικάθαρμα & περίψημα, nempe ἀποσπόγγισμα, id est, id quod abstergitur. περιψᾶν enim esse abstergere. [Nec Chrysostomus ullum facit discrimen.] {Hesychius 35.19
adijcit: Græcis & precium quo redimitur captiuus aut uita cuiuspiam, περιψήματα dici: denique quod omnium pedibus conculcatur, dicuntur & ἀντίλυτρα & ἀντίψυχα, id est, redemptiones

19 demptiones,quum uita, uita redimitur,ueluti legimus de Admeto & Alcestide.{Ambro-
sius explanans Psalmum, Beati immaculati, sermone octauo,refert his uerbis: Tanquam
lustramenta huius mundi facti sumus. Omnium lustramenta usque adhuc,quod Latinis
quæ purgantur,lustrari dicantur. Ac mox idem Ambrosius,lustramenta,purgamenta in-
terpretatur} Lustramenta autem non simpliciter dicuntur purgamenta,sed ea per quæ fit
aliorum expiatio. Enarrator Pluti Aristophanici refert,olim homines qui in pestilentia,
fame,aut alio quopiam malo quod denunciabat iram numinis, ad expiandam ciuitatem
immolabantur dijs, καθάρματα solere uocari: quem morem ait & apud Romanos ob-
tinuisse,sentiens,opinor, Decios,& Quintum Curtium. Seruius exponens Maronis carmen ex Aeneidos tertio:

Quid non mortalia pectora cogis Auri sacra fames?

admonet,auri famem,sacram dictam ex more Gallorum. Quum enim Massilienses pe-
ste laborarent,unus se ex pauperioribus offerebat alendum anno integro publicis & pu-
rioribus cibis, postea uerbenis uestibusque sacris ornatus circunducebatur per urbem cum
execrationibus,ut in eum inciderent omnia mala ciuitatis,& sic proijciebatur. Huius autorem historiæ citat Petronium. Quin & Suidas indicat ueterem fuisse morem,ut si quid
mali premeret,quotannis unum aliquem in mare proijcerent,ueluti Neptuno sacrifican-
tes, addebant hæc uerba: περίψημα ἡμῶν γενοῦ. Esto nostrum peripsema,id est,salus,si-
ue redemptio. Verum an tale quippiam Paulus senserit,nescio. Certe nullus ueterum interpretum attigit hunc sensum. Nec inficior Paulum interdum exempla collationesque ducere à rebus ethnicorum,uelut à pugilibus,à stadijs,à militia,sed publicis,& quæ sine graui crimine peragi possunt. A latronibus,ueneficis,& impijs ritibus,nunquam traxit exem
plum ad bonos mores. Iam an hoc exemplum immolandi hominem fuerit perpetuum
apud eos quibus scripsit Paulus,nescio,mihi non fit uerisimile. Ad hæc,si Paulus diceret
se uictimam in hoc datam,ut repurget mundum omnibus malis,uideretur sibi arrogare
quod Christi proprium est: etiam si pio sensu dici posset,martyrum mortes fuisse quodammodo supplementum eorum quæ pro nobis passus est Christus,quod in illis Christus patitur: & Paulus optat anathema fieri pro fratribus: & in secunda Epistola,non recusat su-
perimpendi pro Corinthijs. Est & alius scrupulus,quod Paulus non uocat se catharma,nu-
mero singulari,sed περικαθάρματα, ut per similitudinem ad res proiectas pertineat potius
quàm ad hominem. Quod autem se uocat περικαθάρματα mundi, & omnium περίψημα, eò pertinet,ne quid offendat eos ad quos scribit, quibus erat charissimus: sed quæ
passus est apud illos,maluit ciuitati publicoque nomini imputare. Id annotauit Chrysostomus. Scholiastæ sum functus officio,iudicium penes lectorem esto. Mihi Paulus his uerbis extremum sui contemptum apud homines pietati nondum initiatos significare uidetur. Siquidem Plinius libro trigesimosecundo,capite ultimo,purgamenta uocat quæ mare
reijcit in littus. Quum enim de piscibus dixisset,Præter hæc,inquit,purgamenta aliqua re-
latu indigna,& algis potius annumeranda quàm animalibus. Nec ideo uoces hæ perdunt
natiuam significationem,si aliquando ad homines transferuntur,ueluti cothurnus non desinit significare cothurnum,si quis lubricæ fidei cothurnus dicitur. Quanquam & Paulus
se non sine tropo purgamenta dixit & peripsema,quemadmodum hominem sordidum,
Terentius dixit sterquilinium.]

Non ut confundam.) οὐκ ἐντρέπων. id est, Non confundens. Quanquam melius erat
19 suffundens,aut rubore suffundens:{siquidem ἐντρέπεσθαι dicitur Græce, cui suum pro-
brum ingeritur,ut ipse semet agnoscat: hinc enim dicta uox est.}

Charissimos.) ἀγαπητά. Quod ita perpetuo ferè transfert, quum sit Dilectos: nisi
quod suspicor id data opera factum,quod ea uox Græcis plus quiddam significat,quàm
nobis Dilectus.

Si decem milia.) μυρίους. Quod aliquoties decem milia significat,aliâs ingentem nu- Decem milia
27 merum: pro quo Latini abutuntur (mille aut) sexcentis. μυρίους igitur dixit pro quamlibet
multis. Et pædagogi serui erant,quibus patres liberorum moderandorum curam manda-
19 bant{unde Græca uox dicta est} Multum autem interest inter pædagogum & patrem. Pæ-
dagogus sæuit pro imperio: pater,etiam uitam si necesse sit,impendit. 16: servit

Rogo ergo.) παρακαλῶ. Quod plerunque uertit Obsecro{atque ita legit Ambrosius, 19
nonnunquam adhortor.}

19-27: sitis

Imitatores mei estote.) γίνεσθε. Quod uerti poterat &, fiatis. Quum enim dixisset genui uos, adiecit. Igitur imitemini me, quo perspicuum sit uos esse uere filios meos, id fiet si me parentem expresseritis. Nam ut eleganter inquit Flaccus,

Laudantur, simili prole puerperæ,

At multo magis laudantur simili prole patres.

27: aliquid

Additum Sicut & ego Christi.) Hæc particula nec apud Græcos additur, nec apud Ambrosium, in exemplari Paulino, diuersa manu subnotatum erat in margine uelut adiectum ab alio quopiam: licet ita legat Thomas Aquinas, & interpretetur⟨In codice Donatiani, non addi- 22
tur⟩ nec in duobus quos exhibuit Constantia⟩ Adscriptum uidetur ex capite undecimo hu 27
ius epistolæ, Imitatores mei estote: & illic additur, Sicut ego Christi. Quanquam illic aptius congruit, præcesserat enim, Sine offensione estote Iudæis & gentibus & ecclesiæ dei, sicut & ego per omnia omnibus placeo, non quærens quod mihi utile est, sed quod multis, ut salui fiant: atque huic respondet quod mox sequitur, Imitatores mei estote sicut & ego Christi. Sentit idem quod scripsit ad Romanos capite decimoquinto, Debemus autem nos firmiores imbecillitates infirmorum sustinere, & non nobis placere: unusquisque uestrum proximo suo placeat in bonum ad ædificationem. Etenim Christus non sibi placuit, sed sicut scriptum est, Improperia improperantium tibi, ceciderunt super me. Cæterum haud scio, an quemadmodum dicimur renasci in Christo, siue per Christum, ita legatur Christus genuisse nos deo. Sic enim interpretatur Aquinas.}

Filius meus charissimus.) ἀγαπητός. Dilectus{de quo modo meminimus.} 19

Tanquam non uenturus sim.) ὡς μὴ ἐρχομένου. id est, Tanquam me non ueniente ad uos, seu tanquam non ueniam. Quanquam hoc uerbum inuenitur{aliquoties}in significa- 19
tione futuri ⟨Et Hebraico tropo dixit, In uirga: pro eo quod Latinius diceret, Cum uirga, 22
aut per uirgam.⟩

## EX CAPITE QVINTO

Fornicatio pro scortatione siue stupro, an Latinum uerbum

INter uos fornicatio.) Fornicari, pro illicita uti libidine, & fornicationem pro 19
stupro, nondum apud idoneos autores reperi: licet fornicem pro lustro sciam inueniri⟨Nos aliquando stuprum, aliquando scortationem uertimus. Siquidem 22
à scorto dicta Græcis πορνεία.⟩

16: gentiles
16-19: Vulgarius

Qualis nec inter gentes.) Deest in Latinis codicibus, ὀνομάζεται. id est, Nominatur. Nec erat ociosa huius uerbi emphasis, quod hoc libidinis genus non solum non committeretur inter ethnicos, uerum ne nominaretur quidem: quod annotauit & Theophylactus{etiamsi parum pudens uidetur hyperbole}nisi mauis Nominatur, sim- 19
pliciter positum pro Auditur{Quanquam & sic hyperbolæ locus est, quum inter ethni- 19
cos audiantur turpiora: nisi [Paulus] negat audiri, quod rarum est. Certum est nec apud 35
Ambrosium, nec apud Thomam, nec apud Augustinum, nec in peruetustis exemplaribus addi: unde puto nostram lectionem esse synceram, etiamsi Græca sensu nihil discrepant.}

Paulus imperitus Græce

Absens corpore, præsens autem.) Hoc est quod quodam in loco annotauit Hieronymus, Paulum ob imperitiam Græcanici sermonis aliquoties non reddere has inter se coniunctiones μὲν & δὲ, per quas Græci plerunque connectunt⟨orationis partes⟩{Mollius 27 19
erat, Corpore quidem absens, spiritu uero præsens: & tamen in Græcis autoribus probatæ elegantiæ, licet reperire similem orationis formam.}

Additum in Græcis

Eum qui sic operatus est.) τὸν οὕτως τοῦτο κατεργασάμενον. id est, Eum qui sic hoc fecit, siue magis perpetrauit. Id quod mox ad eundem repetit modum{In nonnullis uero Græco 19
rum exemplaribus prior pars non addit οὕτως, sed posterior. Ambrosius in posteriore legit, Iam iudicaui ut præsens, eum qui sic operatus est, quum in priore legat, qui hoc opus fecit: unde coniectare licet, apud Græcos ex utraque utrique nonnihil additum fuisse τοῦτο, ex priore, & οὕτως ex posteriore.}

Congregatis uobis & meo spiritu.) συναχθέντων ὑμῶν καὶ τοῦ ἐμοῦ πνεύματος. id est, Conuocatis, siue congregatis uobis & meo spiritu. Faber Stapulensis amicus noster hunc

16-19: In virga veniam.) Venio magis est ἔλθω, alioqui addisset ὡς aut ἵνα hunc locum mutauit, uolens συναχθέντων deduci à συνάγθομαι, cuius in hac quidem parte non subscribo iudicio, etiamsi alias eruditissimo pariter ac diligentissimo uiro lubens assentior, & reclamant quum alia, tum Græca scholia. Ad hæc interpretes, quos ego uiderim, omnes: qui testantur Paulum hoc ideo dixisse, ut ostenderet hanc tam seueram sententiam non profectam ab ipso proprie, sed à communi ecclesiæ consensu: nam & synagoga hinc dicitur παρὰ τὸ συνάγω, quod est congrego, siue conuoco. Porrò addidit, Et spiritu meo: quod ipse corpore tum non esset præsens, sed spiritu duntaxat adesset in ea sententia pronuncianda.

Fabri excussa sententia

19 {Cum uirtute domini nostri Iesu Christi.) σὺν τῇ δυνάμει τοῦ κυρίου. Incertum utrò referatur ad participium ne congregatis, an ad Tradi hominem satanæ. Ambrosius uidetur ad participium referre: ut intelligamus concilium illud ex tribus constare, ex Pauli decreto, ex consensu multitudinis, ex autoritate Christi. Alioqui σὺν præpositio Græcis nonnunquam non comitem, sed fautorem & adiutorem sonat, ut σὺν ταῖς μούσαις, Musis adiuuantibus. σὺν θεῷ, id est, Deo fauente. De uirtute quæ hic potestatem aut uim significat, non probitatem, crebro iam admonuimus.}

In diem domini nostri Iesu Christi.) ἐν τῇ ἡμέρᾳ τοῦ κυρίου ἰησοῦ. id est, In die domini Ie-
19 su, nec additur Christi. Rursus diem appellat iudicium{ut indicatum est antea.}

Modicum fermentum totam massam corrumpit.) Hieronymus in epistolam ad Galatas libro tertio taxat interpretem, quod perperam uerterit, citans hunc locum, & emendat ad hunc modum, Modicum fermentum, totam conspersionem fermentat. Ego uero ma-
19 luissem dicere, & paululum fermenti, quàm modicum fermentum{quod quælibet fermenti pars fermentum sit, ut quæuis aquæ pars, aqua. Iam si nouum testamentum habemus ab Hieronymo restitutum, ut quidam autumant, quomodo taxat hic quod nos legimus?}

Hieronymus taxat interpretem

19: haberemus

35 [Non est bona gloriatio uestra.) Augustinus contra epistolam Parmeniani libro tertio, capite secundo, indicat in quibusdam codicibus maxime Latinis scriptum fuisse, bona est gloria uestra, quod εἰρωνικῶς accipi uult.]

Totam massam corrumpit.) Quod hic massam uertit, mox conspersionem transtulit, Græce φύραμα. ea est farina aqua conspersa siue temperata, à uerbo φυρᾶν, quod si-
19 gnificat miscere, ueluti cum argilla humore maceratur{farina liquore aquæ olei'ue, aut
22 aliud simile}⟨In hunc sensum conspersio inuenitur apud probatos autores. Quanquam & massulas salis legimus apud Columellam⟩Interpres mutauit, quum nihil esset cur foret affectanda uarietas.

[φύραμα conspersio]

Pascha nostrum.) Deest pro nobis, ὑπὲρ ἡμῶν. id est, Pro nobis immolatus est, & cæ-
19 tera{sed reclamantibus omnibus libris nostris quibus hac in parte, ut dicam ingenue, magis accedo.}

Superest in Græcis

19 Itaque epulemur.) ἑορτάζωμεν. id est, Festum agamus diem{ita sanè uertit interpres Origenis homilia in Leuiticum quinta}Solent autem ij dies solennibus epulis celebrari.

Et nequitiæ.) καὶ πονηρίας. Quod significat & malitiam & uersutiam. Duo proposuit κακίας καὶ πονηρίας. quibus respondent, quæ postea sequuntur εἰλικρινείας καὶ ἀληθείας, nam malicia opponitur synceritati, uersutia ueritati, hoc est, simplicitati: sic & Ambrosius. Vt synceritas mundam uitam faciat, ueritas omnem fraudem excludat.

* Sed in azymis.) Azymi uocem, quam ubique relinquit, infermentatum uertere poterat,
19 {aut expers fermenti: subaudiendum autem, opinor, panibus, ἐν ἀζύμοις. Deinde explicans quid dixerit infermentatum, adijcit synceritatis ac ueritatis, perinde quasi dixisset, hoc est, infermentatis celebrare pascha nostrum, syncero uero'que esse animo erga omnes.}

* 16: entries reversed

35 * Commisceamini fornicarijs.) πόρνοις. id est, Scortis: est enim uox quæ communis sit cuiuis corpori meritorio. Prostabant enim Corinthi non solum puellæ, sed & catamyti: etiamsi sunt, qui uelint πόρνον, & scortatorem dici, non solum scortum. Putant autem di-
19 ctum à πέρνω, quod est uendo, id quod magis competit in scorta{& πορνοβοσκοὺς Græci dicunt lenones, quos Itali uulgo uocant ruffianos}Cæterum quod dixit commisceri,
19 Græce est συναναμίγνυσθαι. quod accipi potest denuo commisceri: ut significet eos id facere solitos antequam initiati essent Christo. Et commisceri, nō solum est habere rem cum illis, uerumetiam habere consuetudinē & commerciū, idque inculcat quū adijcit οὐ πάντως τοῖς πόρνοις

Fornicarij, nescio an Latina uox

16-27: cum

16: id est

16: significans

νοις τοῦ κόσμου τούτου. quod intelligeret difficillimum esse uersari inter tot illecebras eius re/
gionis,nec pellici in peccatum.{Quanquam non me fugit alium sensum adduci à plerisque 19
ueterum,nimirum hunc,Paulum non uetare quo minus habeant consuetudinem cum eth/
nicis inquinatis,alioqui totam Græciam esse relinquendam,sed ut uitarent si quis Christia
nam religionem professus,esset huiusmodi.} Nam quod dixit mundi huius,nõ est accipien
dum quasi sit alius mundus. Mundum hunc,Græciam intelligit,ac præcipue Corinthum
huiusmodi uoluptatibus corruptissimam. Ad eum modum interpretatur Chrysostomus,
si modo illius sunt{Græci}commentarij qui illi inscribuntur{& huic consentiens Theophy/ 19
lactus:is sermonem ordinat in hunc modum,Scripsi uobis paulo ante in hac ipsa epistola,
ne commisceamini scortatoribus aut scortis,quum dicerem expurgandum uetus fermen/
tum.Quod tamen nolim ita accipi,quasi iubeam uitari consuetudinem omnium scortato/
rum huius mundi.Sed si quis dictus frater sit eiusmodi,hic adeo uitandus est,ut nec cibum
cum eo capi uelim} Lyrensis docte exponit fornicarios huius mundi,qui communiter,in/
quit,uocantur ribaldi.O grauem diuinæ scripturæ interpretem{Si tamen hoc ab illo scri/ 22
ptum est,ac non potius ab alio quopiam maleferiato adiectum.}

16: Caeterum
Mundus, de Græcia dictũ
19: Huius mundi id est, Graeciae
19: Vulgarius
19: tr
16: Lyra
Lyranus
>16: Synceritatis) εἰλικρινείας.

Non utique.) καὶ οὐ πάντως. Et non omnino,siue in totum:ut intelligas ab omnibus
abstinendum:siue quod placet Ambrosio,ut sit exponentis,non abstinendum à fornicarijs
huius mundi,sed à fratribus,hoc est à Christianis fornicarijs{inter quos erat is quem iubet 19
tradi satanæ,hoc est,eijci è contubernio cæterorum Christianorum,quo magis pudore cor
rigeretur.Nam erant fortassis,qui crederent uitandos duntaxat ethnicos scelerosos,Chri/
stianos autem non uitandos.Paulus contrà,iubet uitari fratres,cum ethnicis non prohibet
cibum capere.Ad hunc sensum faciunt quæ sequuntur: Quid enim mihi de ijs qui foris
sunt iudicare? Quanquam ut ingenue fatear,totus hic sermo mihi uidetur perturbatior,ac
Delium aliquem natatorem desiderans. Præsertim quum mentionem faciat idololatriæ,
quam uerisimile non est tum inter Christianos fuisse. Illud opinor non opus esse ut admo/
neam,commisceri hic non pertinere ad coitum,sed ad uitæ consuetudinem.}

Delius natator
19-22: admonere

Alioqui debet.) ἐπεὶ. id est,Quoniam siue quandoquidem:quod hic subinde transfert
alioqui{& aliquoties apte,nimirum quoties subest tacita exceptio,quemadmodum & hic 19
accipi licet[Nam si id fieri non possit]abstinendum omnino à scortis omnibus Græcani/ 35
cis:id si non potestis, fugiendum potius è tota Græcia. Aut,non in totum ueto consuetu/
dinem cum improbis,alioqui si id conemini, fugiendum sit ex hoc mundo, quum tales
nusquam non sint.}

Debueratis ex.) ὀφείλετε. id est,Debetis.legitur apud Græcos per o paruum[magno 35
sanè Græcorum codicum consensu] Quandoquidem debetis exisse[siue exire]ex hoc mun 35
do,quando non conuenit commisceri scortatoribus{Duriusculum est quod interpretatur 19
Ambrosius,satius esse mori & decedere ex hoc mundo,quàm habere rem cum sceleratis:}
etiamsi Græci interpretantur de relinquenda Græcia{ut sæpe iam dictum est}Si non licet 19
alia ratione effugere commercium scortorum & scortatorum,satius est infectam ac pesti/
lentem relinquere regionem. Verum id non audet ab illis exigere,quod tamen malit. Illud
certe exigit,ne commisceantur{hoc est,ne familiarem cum illis agant consuetudinem,ceu 19
uitijs illorum fauentes}& ideo sequitur,Nunc autem scripsi uobis,hoc est mitius.{Apparet 19
interpretem & Ambrosium legisse ὠφείλετε per ω mega. Cæterum ut & de meo,supe/
riorum studijs nonnihil adijciam,mihi uidetur ὀφείλετε, hoc loco esse signum optantis,
positumque pro εἴθε, id est,utinam,siue ô si.[Additur interdum altera dictiuncula, εἴθ' ὤφε 35
λον & ὡς ὤφελον. Quum per o micron scribitur ὄφελον optantis est, sine discretione
personæ aut numeri.]Alioqui si non sitis temperaturi à commercio talium,utinam potius
exissetis ex hoc mundo,& quouis exulatum abissetis.Thomas Aquinas pro uno sensu
multos producit,ut est fœcunda ignorantia:quorum primus est, Alioqui debueratis ex
hoc mundo exisse,hoc est,si uelitis omnium malorum uitare consuetudinem,profugien/
dum erat ex hoc mundo,quum mundus undique malis sit refertus.Alter hic est, Nihil erat
opus super hac re commoneri,quandoquidem à baptismo iam ultro à mundo semoti estis.
Tertius sic habet iuxta Ambrosium.Præstabat mori quàm cum scelerosis habere consue/
tudinem.Hugo Carrensis addit quartum,Debebatis ex hoc mundo exisse,id est,cõfugisse
ad re/

16: fornicariis
Aquinatis sententiæ
19-27: margin: Secunda
Carrensis interpretatio

16: mundo, hoc est esse alieni a mundo, quando

ad religionem, sic enim appellat uitam monasticam. Sed omnium maxime placet Chrysostomi interpretatio, ut intelligamus Paulum explicare quid sensisset, quum literis suis iuberet illos fugere commercium & consuetudinem scortatorum, rapacium, & eorum qui simulacris immolarent. Id quum perperam intellectum durius uideretur Corinthijs, ait sese non hoc iussisse ut ab ethnicis scelerosis abstinerent: quod licet optandum esset, tamen fieri non posset, quum ubique sceleratorum hominum plena essent omnia, sed quoad liceret ab istiusmodi Christianis abstinerent: ideoque uelut obiter interijcit, Alioqui debueratis ex hoc mundo exisse, hoc est, utinam id esset quod opto, ut in totum huiusmodi consortia possitis uitare. Nunc quoniam frustra opto, quod fieri non potest, illud scribo quod ante scripsi, ut Christianos tam fœdis uitijs infames arceatis à uestro contubernio, partim ne ipsi uideamini factis illorum assentiri, partim ut illi pudore correpti resipiscant.

Si is qui frater nominatur.) Hic Latini addunt de suo, Inter uos: quæ duo uerba non
22·27 sunt in Græcis codicibus, nec apud diuum Ambrosium, nec in codice Donatiani, nec utroque Constantiensi. Iam quanquam ad sensum non magni refert, Græce est: Si quis frater nominatus, aut quum frater nominetur, ut subaudias uerbum substantiuum Est, aut fuerit. Nisi malumus uideri participium, uerbi uice positum, ὀνομαζόμενος pro ὀνομάζεται. Sic enim habebat uetustissimus codex Paulinus: Si quis frater nominatur inter uos fornicator, aut auarus, aut idolis seruiens, & cætera, ut nominatur, adiungatur ijs quæ sequuntur, scortator, idololatra, auarus. Nam Græci referũt ad superiora: ut intelligamus eum qui sit eiusmodi probris obnoxius, titulo duntaxat esse Christianum, quum Christianismus uerus sit innocentia uitæ. Quin & illud expende lector, utrò referenda sit hæc orationis pars, Si is qui frater nominatur, & cætera, ad superiora, an ab illis absoluta, pertineat ad ea quæ sequũtur. Si ad superiora referas, superest in ordine quod sequitur, Cum eiusmodi nec cibum sumere. Sin ad inferiora, quomodo corrigit quod scripserat, ne se commiscerent, si nihil addatur quod sententiam generalem explanet? An hic quoque fatebimur Paulum siue imperitia, siue neglectu Græci sermonis perturbatius explicare quod sentit, &, si is qui frater nominatur, referendum ad id quod præcessit, Scripsi uobis non commisceri, si quis frater nominetur scortator, aut, & cætera. ac deinde neglecto sermonis ordine per epitasin additum, cum huiusmodi ne cibum quidem capere, perinde quasi dixerit, Hoc senseram si quis Christianus huiusmodi flagitijs sit infamis, adeo non oportere cum eo commercium habere, ut ne mensam quidem communem esse uelim: quod uestra refert illum corrigi, & periculum sit ne cæteros exemplo suo corrumpat, quum in ethnico non sit eadem ratio.

*Sermo Pauli perturbatus*

19: referat

Quid enim mihi?) τί γάρ μοι καὶ τοὺς ἔξω κρίνειν. id est, Quid enim mea, etiam eos qui fo-
19 ris sunt iudicare? hoc est, quid ad me attinet, ut quum satis molestum sit iudicare de his quę ad nostrum gregem pertinent, de ijs etiam feram sententiam qui sunt à contubernio nostro alieni? Iudicare dixit, pro condemnato habere. Habet autem qui uitat hominis consuetudinem. Quod si uitemus ethnicos, quomodo conuertentur ad Christum? ferendi sunt in hoc
22 ut sanentur. Et si salem non admisceas, quomodo salietur quod est insulsum?

*Dissimulanda ethnicorum uitia*

Auferte malum.) καὶ ἐξαρεῖτε τὸν πονηρόν. id est, Tollite scelerosum illum, ut ad homi-
19 nem referatur non ad rem, propter additum articulum. Quod annotatum est & Augustino in quæstionibus super Deuteronomium, admonenti hoc sermonis colore solitam uti scripturam sacram, quoties iubet de nocente capitis supplicium sumere. Non quod Paulus idem senserit, sed quod excommunicatio apud Christianos instar capitalis supplicij sit. Etiamsi uidetur hic locus nonnihil torsisse diuum Augustinum, qui uisus est adeo abhoruisse ab occidendis improbis, ut crebris epistolis obsecret & obtestetur præfectos Cæsaris ne capitis supplicio afficerent Donatistas, qui non solum pertinacissime segregabant sese à consortio Christianorum, uerum etiam crudelissimis supplicijs in orthodoxos sæuiebãt. Proinde confugit ad hanc interpretationem, ut intelligamus iubere Paulum, ut quisque malum hominem exuat: iuxta illud quod dictum est Ephesijs, Exuite ueterem hominem cum
35 actibus suis. Idem contra epistolam Parmeniani libro tertio, capite primo, malum interpretatur malitiam, quasi scriptum esset, τὸ πονηρόν. Sed utrumque coacte, præterque ueterum lectionem simul & enarrationem.

*Excommunicatio*

EX CA

} 19-27: suis Sed haec sane coactiora videntur, ut ingenue quod sentio dicam. Audet

EX CAPITE SEXTO

16-27: Et

{16: ut + superius indicavimus

*Audet, pro sustinet*

AVdet aliquis.) τολμᾷ. Nonnunquam significat sustinet, aut potest, quum
significamus rem nō periculosam, in qua proprie dicimur audere, sed duram
affectibus nostris & intolerandam atque indignam {Ita Suetonius [ad Græco 19.35
rum imitationem] in Cæsare Octauio: Postquam uero pontificatum maximum, quem nunquam uiuo Lepido auferre sustinuerat, mortuo demum suscepit. Idem in eodem aliquanto inferius: Nam quamuis minime appeteret hæreditates, ut
qui nunquam ex ignoti testamento capere quicquā sustinuerit, amicorum tamen suprema
iudicia morosissime pensitauit. Ac rursus in Cæsare dictatore: Cornelio Phagitæ, cuius
quondam nocturnas insidias æger ac latens, ne perduceretur ad Syllam uix præmio dato
euaserat, nunquam nocere sustinuit. Item alijs compluribus locis comperire licet hoc uerbi
positum pro uoluit, aut potuit, siue animum induxit. Nobis ut in hoc argumento unū atq;
alterum indicasse locum satis est, ob diffidentem ac morosum lectorem [Nam in eodem sen 35
su reperias hoc uerbum, & apud Senecam & Quintilianum & Lucanum.] Paulus igitur
iudicans hoc uehementer pudendum, miratur esse quenquam Christianum, qui possit animum inducere, ut apud ethnicos iudices pro re pecuniaria contendat.}

*Iudicare, pro condemnare*

Apud iniquos.) ὑπὸ τῶν ἀδίκων. Magis sonat, Sub iniustis, & sub sanctis: ut dicimus
sub tali principe, & sub iudice, ut Horatius: Et adhuc sub iudice lis est.
At in iudice potissimum requiritur iustitia {idcirco accommodam addidit ἐπίτασιν sub 19
iniquis. Nisi quod Hebræorum more quæuis improbitas ἀδικία dicitur.}

De hoc mundo iudicabunt.) τὸν κόσμον κρινοῦσιν. id est, Mundum ipsum iudicabunt.
⟨pronomen Hoc, non additur nec in codice Donatiani nec in Constantiensi.⟩ Iudicari mun- 21.27
dum dixit, quod è uita sanctorum apparet mundanos errare ac desipere, idq; uelut explicans subiecit, Si in uobis iudicatur mundus. Nam iudicatur, est præsentis temporis, κρίνεται, non κρινεῖται, consentientibus tum exemplaribus tum interpretibus {Græcis} ut pa- 19
làm intelligas eum loqui de uita Christianorum, quæ utinam hodie talis esset, ut per eam
mundus iudicaretur. Nunc ab ethnicis plerique titulo magis ac ceremonijs, quàm affectibus ac uita differimus {Quin & Ambrosium legisse, iudicatur, subindicat eius interpreta- 19
tio: Tunc, inquiens, iudicatur hic mundus in uobis, si opus perfidorum hominum non inue
niatur in uobis. ⟨Theophylactus [ut Chrysostomus] & legit & interpretatur, iudicatur, & ta- 27.35
men interpres constanter uertit iudicabitur⟩ Augustinus tamen legit iudicabitur, referens
ad extremum iudicium, quo sancti sedebunt in duodecim thronis, iudicaturi duodecim tri
bus Israel. Nihil autem uetat quo minus hic locus ad utrumq; tempus pertineat. Siquidem
& nunc iudicatur, hoc est, cōdemnatur mundus impius ex innocenti uita piorum: & olim
condemnabitur, quum piorum & impiorum opera omnia proferentur in apertum. Illud
obiter indicandum, In uobis, hic dictum Hebræo more, pro Per uos.}

*Anceps interpretatio*

Indigni estis qui de minimis iudicetis.) ἀνάξιοί ἐστε κριτηρίων ἐλαχίστων. id est, Indigni
estis minimis iudicijs: nam κριτήριον locus est ubi causæ cognoscuntur. Siquidem alicubi
audiebantur causæ capitales, alicubi leuiores ac ciuiles, de mutuo, de commodato, de em-
pto: hæc quæ ad uitæ usum pertinent, uocat minima. Græci sic accipiūt {hūc locum} Quum 19
sitis iudicaturi de mundo, indignum est uos iudicari in gentilium iudicijs, quæ hic minima
uocat {præ iudicio illo magnifico, quo sancti mundum & angelos iudicabunt} Quanquam 19
sermo Græcus anceps est, potest enim accipi, Indigni estis qui de minimis litigetis aut iudi
cetis, iudicaturi & angelos ⟨Ita Theophylactus [& Chrysostomus] ut non sit percontatio ne- 27.35
gandi uim obtinens, sed asseueratio.⟩

16: nedum

19: attinet

Quanto magis secularia?) Græce est, μήτιγε βιωτικά. id est, Non solum uictualia, aut
quæ ad uictum aut facultates ⟨siue ad uitæ usum⟩ pertinent. Nam βίος Græcis tria signifi- 22
cat, uitam, uictum, & facultates ac substantiam qua uiuimus {sentit enim lites pecuniarias. 19
[Quoniam autem uulgus hominum his rebus deditum est quæ ad uictum pertinent, uictus 35
autem uocabulum complectitur & uestes & domum & cætera uitæ necessaria, ueteres
βιωτικούς appellarunt mundi rebus deditos. Sic apud Suidam in dictione βίος, ex Philo-
ne, βιωτικῶν ἀνθρώπων. & Chrysostomus libro tertio De sacerdotio, capite decimoquinto, ἀνθρώπους βιωτικούς appellat gloriæ studiosos. Rursus libro quarto, capite primo, militiam

tiam, negociationem, & agricolationem uocat βιωτικά.} Et μήτιγε, Græcis ualere idem quod πόσῳ μᾶλλον, annotauit Hesychius.}

Secularia igitur.) Et hic est βιωτικά, quasi quæ ad uictum & rem domesticam per- *Secularia*
19 tinent. Mira est autem in hoc interprete copiæ affectatio.{Quid autem simile, secularibus *βιωτικά*
& βιωτικοῖς?}

Contemptibiles.) ἐξουθενημένους. id est, Contemptos, & nihili habitos.

Illos constituite ad iudicandum.) καθίζετε, anceps est, quippe quod uerti poterat Con- *Varia in-*
stituite, uel Constituitis. Mihi non displicet modus imperandi: ut Apostolus iubeat uel ex- *terpretatio*
22 tremis Christianorum id muneris delegari potius, quàm ut ad ethnicos iudices eant.{Au- 16-27: delegandum
gustinus libro aduersus Faustum quinto, capite nono, legit Collocate, pro καθίζετε.} etiam 16-19: gentiles
19 si dissentit Ambrosius aliter explicans hunc locum{quasi uidelicet Paulus obiurget Corin-
19 thios, quod quoslibet huiusmodi negocijs iudicandis præficerent}Græcorū scholia{ac no-
35 minatim[Chrysostomus &]Theophylactus}mecū faciunt, & magis quadrat ad sensum Pau 19: Vulgarius
li. Nec enim illud hic agit qui constituantur iudices in ecclesia, sed ne Christiani litigent 16: quadrant
apud impios, & quemuis potius uel contemptissimum, modo Christianum, arbitrum suæ 16-19: infideles
19.27 causæ faciant, quàm adeant tribunalia impiorum.{Non quod ita sentiat faciendum(ut infi- 16: gentilium
mis committātur iudicia)sed ut declaret quàm alterum sit indecorum, dicit hoc citius com-
mittendum. Et ideo mox sequitur, Ad uerecundiam uestram dico, non quod existimem
nullos esse inter uos qui sapiant, sed ut istam falsam licet excusationem uobis adimam.}Di-
uus Augustinus in libro de opere monachorum, ait sese ex hoc Pauli loco cogi ad suscipi- *Excussa Au-*
22 enda iudicia causarum, quum esset episcopus. Quod recte an secus{senserit}non est huius *gustini sen-*
19.27 loci excutere.{Nec hoc loco(Paulus)ecclesiæ nomine proprie designat sacerdotes, sed cœ- *tentia*
tum Christianorum hominum, in quo fieri non poterat, quin aliqui forent idonei, qui de le
uibus negocijs arbitrarentur. In hoc pro me facit Augustinus, quod Paulus senserit tolerabilius esse, causas tam humiles uel infimis ac contemptissimis Christianis delegari, quàm
agi apud iudices prophanos & impios. Postremo de deligendis arbitris potissimum loqui
uidetur Paulus. Si quid parum conuenit, per arbitros transigatur, & eos arbitros qui inter
uos habentur contemptiores. Quod si hodie placeret Christianis, frigeret rapacissima plerunque aduocatorum, procuratorum, ac iureconsultorum turba.}

Constituite.) καθίζετε. id est, Collocate. nam καθίζειν, est proprie collocare in sede, & iudicis est sedere. Mire autem addidit τούτους, ad odium rei.

Ad uerecundiam uestram.) πρὸς ἐντροπὴν. id est, Ad suffusionem siue pudorem, ap- 16-27: confusionem
tius quàm Ad uerecundiam: & paulo superius uertit Ad confusionem. Hoc adiecit, significans se non esse loquutum ex animo quod uellet contemptissimos ad iudicandum deligi,
sed quod hoc quoque iudicaret tolerabilius, quàm id quod illi faciebant, litigantes Christiani apud ethnicos. 16: gentiles

Sic non est.) οὕτως, in nonnullis exemplaribus Græcis coniungitur cum proxime præ
cedenti uerbo Dico, non cum sequentibus: ut sit sensus, Sic loquor, non quod id uelim fieri,
sed ut intelligatis quàm sit indignum quod facitis. Nos tamen diuersam lectionem sequi
19 maluimus{ut οὕτως positum sit pro adeo, per indignationem. Mirum autem unde interpres Theophylacti legat Si, pro sic, si tamen locus mendo uacat.} 19: Vulgarij

Sapiens quisquam,) οὐδὲ εἷς. id est, Ne unus quidem, quod est uehementius, quum sitis tam multi.

19 {Qui possit iudicare inter fratrem suum?) ἀνὰ μέσον τοῦ ἀδελφοῦ. Quasi dicas, In medio
fratris. Et quomodo iudicet aliquis inter unum? Proinde clarius erat ac Latinius, Inter fratrem & fratrem: hoc est, inter Christianum & Christianum. illud obiter subindicatur non 19-22: subindicans
opus esse magna iuris subtilitate inter Christianos, inter quos ipse fraternus affectus facile
uel remittit noxam, uel componit negocium.}

* Frater cum fratre iudicio contendit.) κρίνεται. id est, Iudicatur. Quod tamen non ine- * ↓
19 leganter uertas Litigat, siue{ut hic}Iudicio contendit.
19 * Et hoc apud iniustos.) ἐπὶ τῶν ἀδίκων. id est, Sub iniustis: ut modo indicauimus{aut ut margin: 19-22:
in plerisque legimus, ἐπὶ τῶν ἀπίστων. id est, Sub incredulis. atque ita legit & interpretatur Et hoc
35 [Chrysostomus &]Ambrosius}[Neque enim Apostolus ideo deterret à iudicijs ethnicorum,

Q quòd

* Frater ... contendit.), followed by Et hoc apud iniustos.), precedes Sic non est.) above.

quod ſint iniuſti,ſed quod indecorum ſit ad illorum tribunalia ob leuiſsimas cauſas ultro currere.]

Iam quidem omnino delictum eſt.) Non eſt Græce παράπτωμα, ſed ἥττημα, quod ſignificat aliquem eſſe uictum & ſuperatum. Victus uidetur ab iracundia aut auaricia, qui ob pecuniolam litem mouet fratri. Ad hunc modum exponunt Græca ſcholia.(Por/ 22
rò Inter uos, melius reddidit interpres, quàm refert Auguſtinus libro aduerſus Manichæum quinto,capite nono:Quod iudicia habetis uobiſcum. quum Græce ſit, μεθ' ἑαυτῶν.)(Latine dicimus, Litigat cum illo:at non item Litigant ſecum,pro eo quod eſt, Liti/ 27
gant inter ſeſe.)

Fraudem patimini.) ἀποστερεῖσθε. id eſt,Damno afficimini,aut fraudamini.Nam fraus, aliquando non pro dolo,ſed pro damno ponitur.

Et hoc — Et hoc fratribus.) Poterat interpres incolumi grammatica uertere ſic, Iniuria afficitis & fraudatis,atque id fratres.Nec eſt quod mutes & hoc, καὶ ταῦτα, in Et hæc:quaſi hac

Fabri Stapulenſis opinio — uia ſubuentum ſit Latinitati,quemadmodum uult Stapulenſis:quandoquidem Latinus ſermo qui recipit loquendi formam,numerum pluratiuum non recipit,niſi ſit nomen eiuſdem numeri:ut,Multa abegerunt pecora,eaq; inſignia.{Etiamſi Græcam eloquutionis for 19
mam uidetur expreſsiſſe ſemel Suetonius in Tiberio Cæſare capite uigeſimo ſecundo: Quos codicillos dubium fuit,Auguſtus'ne moriens reliquiſſet,quo materiam tumultus poſt ſe ſubduceret,an nomine Auguſti Liuia,& ea conſcio Tiberio an ignaro dictaſſet:& cætera.Niſi mauis & ea referre ad Liuiam,pro eaq;,quemadmodum dicimus,isq;.}

↓ * ② Non poſsidebunt.) οὐ κληρονομήσουσιν. id eſt,Non ſortientur ſortem,ſiue hæreditatem regni dei:hoc eſt,non continget illis regnum dei.

① Neque fornicarij.) οὔτε πόρνοι. id eſt,Scorta,ſiue ſcortatores.Opinor interpretem conſuluiſſe uerecũdis auribus,quod ſcortum apud Latinos uocabulum ſit obſcœnius,dictum à pellibus. Ac mox, ἀρσενοκοῖται, rem per ſe fœdiſsimam quàm potuit minime fœde ſignificauit.Siquidem concumbunt & qui in eodem dormiunt lecto,etiamſi nihil peccent.

Fabri excuſſa annotatio — Illud admiror cur Faber Stapulenſis hoc loco maluerit cinædi uocabulum,non ſolum obſcœnum, uerum etiam aliud exprimens,quàm Paulus ſenſerit. Siquidem cinædi,ni fallor,

{16-22: pædiconibus

dicuntur,qui turpiter obſequuntur{olim ita uocati,qui fœdo parumq; uirili corporis mo 19
tu geſticularentur,ſaltitarentq;,ſiue quod ad cantum mouerent effœminate corpus,ſiue quod iritarent mouerentq; pudendas corporis parteis, παρὰ τὸ κινεῖν τὰ αἰδοῖα, ſiue quod uacarent pudore,quaſi κινοὶ αἰδοῦς. Certe uitari non poteſt,quin ſi cinædus non eſt proprium catamytorum uocabulum,ſaltem commune ſit ad utcunque effœminatum.}

19-27: certe

⑤ Et hæc[aliquando]quidem.) καὶ ταῦτά τινες ἦτε. id eſt,Et hæc quidam eratis.ut intelli/ 35

16: ut — Vallæ excuſſa annotatio — gas quoſdam ex illis tales fuiſſe,non omnes,quemadmodum annotauit Valla.Neq; enim conſentaneum eſt omnes fuiſſe fures,aut adulteros,aut maſculorum concubitores,etiamſi idololatriæ uitium omnibus fuit commune.Nam furtum & adulteriũ apud Græcos etiam legibus puniebatur. Niſi malumus ταῦτα, poſitum pro τοιοῦτοι. & τινὲς, additum iuxta proprietatem Græci ſermonis,ut & alias ſæpenumero apponitur,ut ſit ſenſus, Huius generis homines fuiſtis.{Quanquam magno conſenſu Latini codices quos ego ſane uide/ 19
rim,ſcriptum habent Quidem,ut ſit coniunctio.Atq; ita legit Auguſtinus.Quin & Theo

19: Vulgarius

phylactus ſic interpretatur,quaſi pro τινὲς legiſſet μὲν,(quaſi ad omnes hic ſermo perti/ 27
neat,quum in contextu ſit τινὲς, non μέν.)[niſi malumus hoc interpreti imputare.Chry/ 35
ſoſtomus legit, τινὲς. ſed hanc particulam in enarrando diſsimulat.]Ambroſius tamen legiſſe uidetur Quidam,quum commentarij uice adſcribit,ne omnibus hoc adſcribere uideretur.At certe omneis ab his criminibus immunes faceret,ſi taceret.Prohibuiſſe enim uidebatur non reuelaſſe crimina illorum: idcirco ſic ait, Et hæc quidem fuiſtis. Hactenus ille. Quomodo autem ex Pauli uerbis apparet eum non omnibus hæc tribuere,niſi legamus Quidam? Proinde ueriſimile eſt,librariorum errore,quidam mutatum in quidem.}(Diuus 27
Irenæus libro quinto,ſemel atque iterum adducens hunc locum legit Quidam:quæ dictio fuerat in prioribus libris per librarios deprauata,quum uiderent eandem ſæpius repeti, reliquerunt.)

③ Omnia mihi licent,ſed ego ſub nullius.) Græcorum uerborum iucundam alluſionem interpres

* 16: order of entries as numbered ① to ⑤; ④ p 459.

interpres ſeruare non potuit. ἔξεστιν & ἐξουσιασθήσομαι. id eſt, Licet & in poteſtatem redigar. Eam nos utcunque retulimus ad hunc modum: Omnium mihi poteſtas eſt, at ego non
redigar ſub ullius poteſtatem.
(4) Eſca uentri.) Eſcæ, dicendum in plurali numero: ſicut paulo poſt, Venter eſcis. Tum & Eſcæ, pro eſca
hunc & has dicendum erat. Ita fermè citat Hieronymus in epiſtola ad Amandum, & Græ- Eſca uentri, p
22 ca ſic habent, ut ille citat. ⟨Codex Donatiani habebat, Et hunc & has deſtruet.⟩ Nec hoc ita eſca ad uentrē
magni refert, niſi quod multitudinis numerus hoc loco magis congruit, quum de generi- ptinet & uen
27 bus ciborum agat, non ſimpliciter de cibo. (Exemplar Conſtantienſe ſcriptum habebat, Et ter ad eſcam
19 hunc & hæc: quaſi legiſſet, βρώματα.) {Videtur autem uerbum aliquod ſubaudiendum,
In eſca uentri, & uenter eſcis. Ac paulo poſt: Corpus autem non fornicationi, ſed domino,
& dominus corpori: nimirum deſtinata eſt, aut dicata eſt. Conſimili forma ſermonis in epi
ſtola ad Romanos capite ſeptimo, ſignificauit mulierem uiro dicatam ac propriam. Adultera, inquiens, uocabitur, ſi fuerit alteri uiro. Sic enim habet Græcus ſermo, quo ſcripſit
Paulus. Et haud ſcio an iuxta proprietatem ſermonis Hebræi, dicatur alicui eſſe, quod ad
illum pertinet, & illius bono deſtinatum eſt.}
* Qui adhæret mer.) ὁ κολλώμενος. Quaſi dicas, Qui adglutinatur. Idq; concinne qua- * 16: entries
drat cum eo quod ſequitur, Vnum corpus efficitur. reversed
* Vnū corpus efficitur.) Eſt ἐστὶ apud Græcos eſt, pro efficitur. quod eſt uehementius.
Erunt enim duo in carne una.) εἰς σάρκα μίαν. id eſt, In carnem unam. Atq; ita legit di- Duo caro una
uus Hieronymus in libello ad Gerontiam de monogamia: id quod palàm eſt ex eo quod 16-19: Et erunt
19 {apud eum} ſequitur, Non in duas, nec in tres. Porrò iuxta proprietatem Hebraici ſermonis,
nihil aliud eſt Erunt duo in carnem unam, quàm è duobus fiet uelut unus homo. Citatur 16-22: Citat
27 ad eundem modum in libris aduerſus Iouinianum (nec ſemel apud Tertullianum.)
27.19 An neſcitis quoniam membra (ueſtra) {templum ſunt.)} Græce non eſt μέλη, ſed σώμα- Varia lectio
27.35 τα, id eſt, Corpora. Atque ita (legit ſimul & interpretatur [Chryſoſtomus ac] Theophyla-
19 ctus, itaq;) citat Hieronymus aduerſus Iouinianum libro ſecundo {nec aliter legit Ambroſius. Noſtri codices magno conſenſu priore loco habent, Neſcitis quoniam corpora ueſtra
membra ſunt Chriſti: poſteriore, An neſcitis quoniam membra ueſtra templum eſt ſpiritus
ſancti} Porrò quod templum dicit, non templa, aut numerus poſitus eſt pro numero, aut
quoniam de pariter collecto eccleſiæ corpore loquitur, magis conueniebat templum quàm
templa, ut indicat & ille.
Empti enim eſtis precio magno.) Magno, à noſtris additum eſt, ἠγοράσθητε γὰρ τιμῆς. Additum ¶ 19-27:
id eſt, Empti enim eſtis precio. Nam hoc tantum hic agit, eos non eſſe ſui iuris, quum ſint aliquid apud nos
19 empti & empti precio, nimirum iam illius facti à quo empti ſunt {Atque eum in modum
35 adducit hunc locum Chryſoſtomus, homilia in Matthæum quinquageſima quinta [Nec C° ↓
27 aliter legit in commentarijs] (Quum hanc lectionem Theophylactus proponat & enarrans
iterum atque iterum repetat, tamen) interpres ubique uulgatam noſtram inculcat æditio-
35.22 nem [ne dicam ſcribarum deprauationem] (Neque tamen conſequens eſt, ut ſi interpres di-
27 xiſſet precium fuiſſe magnum, idcirco magnum ſcripſerit Apoſtolus) (Nunc precium repe
tit nec addit magnum.) Ambroſius adducens ſententiam hanc ex capite proxime ſequen- 19-27: hunc locum
ti, libro de Cain & Abel ſecundo, capite tertio, non addit, magno. Rurſus in epiſtolarum libro ſecundo, capite ſecundo. ac mox proximo capite Paulus eandem ſententiam totidem
uerbis inculcat licet ordine uerſo, τιμῆς ἠγοράσθητε. precio empti eſtis. Neq; ſecus adducit Origenes Homilia in Exodum ſexta} Cæterum de magnitudine precij, adiectum appa-
19 ret ex epiſtola diui Petri {priore, capite primo} Non corruptibilibus auro uel argento, {& cæ-
35 tera} [Qui mutauit ſcripturam uidetur offenſus abſurditate ſermonis, quaſi quicquam ema
tur abſque precio, eoq; precio, ſupereſſe niſi addas magno. Atqui precio additum, facit
ad emphaſim iuris dominici, in cuius ius toti tranſiuimus redempti à iure diaboli, idq; præ
ſenti pretio. Cæterum quum in proximo reperiſſet eandem ſermonis formam, non auſus
eſt mutare ſcripturam.]
Glorificate, & portate deum.) Græcis nō additur Portate, ſed additur quod Latini non
19 habent, καὶ ἐν τῷ πνεύματι ὑμῶν. id eſt, Et in ſpiritu ueſtro. {Theophylactus exponēs hunc 19: Vulgarius
locum, de portando nullum facit uerbum, de ſpiritu ſeorſim ac nominatim interpretatur.



C° 19-22: quinta. Idem colligitur ex interpretationem Vulgarii, licet interpres 22: Theophylacti

[Idem facit Chrysostomus. Quanquam in æditione Veronensi aliquis addidit, ἄρατε, sed 35
sermone non cohærente. Sic enim legitur, δοξάσατε δή, ἄρατε τὸν θεόν.] Itē illud: ἅ τινά ἐστι
τοῦ θεοῦ. id est, Quæ sunt dei: ut referatur simul ad corpus & spiritum{quorum utrunq; deo 19
dicatum sit} Cæterum utraque uox, (σῶμα & πνεῦμα) Græcis neutri generis est(Nam 27
& hanc particulam separatim exponit Theophylactus)[atque ad eundem modum & legit 35
& interpretatur Chrysostomus] Quanquam magno consensu discrepant Latinorum & codices & interpretes.

EX CAPITE SEPTIMO

*[Pauli] sermo imperfectus*

DE quibus autem scripsistis mihi.) Sermo quidem est inabsolutus, uerum hic loquendi color haud est insolens etiam apud Latinos. Nam sensus est, Vt de his quæ scripsistis mihi, respondeam.

*μὲν coniunctio omissa.*

(*16: entries reversed)

* Bonum est{mulierem}) Hic est unus locus, opinor, in quo conueniebat 19
addere coniunctionem μὲν, quæ respondeat δέ. Verum id Paulo frequentissimum{quum hoc argumento colligat Hieronymus Paulum parum bene calluisse Græ 19
cum sermonem.}

*Mulier, pro Vxore*

({16: est; 16: Bonum est mulierem))

* Mulierem non tangere.) Rectius hic erat Vxorem. Quandoquidem Græca uox γυναικὸς ambigua est. Deinde tangere, ἅπτεσθαι, iuxta proprietatem Græcanici sermonis sæpenumero significat non manu contingere, sed habere cum aliquo negocium siue commercium. Proinde μὴ ἅπτεσθαι γυναικός, nihil aliud sonat, quàm si dicas, Bonum est abstinere ab uxore: hoc est, non ducere uxorem. Etiamsi diuus Hieronymus aduersus Iouinianum, studio torquet hoc uerbum ad simplicem contactum, uelut in ipso contactu quoque periculum sit, non solum in coitu. Id quod fortasse concedendum est in diuinis literis, quoties aut hortamur, aut consolamur, aut deterremus, aut ludimus. In disputatione seria nolim id fieri, etiamsi hoc uel inprimis sibi permittit Hieronymus, idq; factum defendit exemplo Pauli, apud quem ait pugnare testimonia, quæ suis locis non pugnant. Verum{ab hijs 19
interim}periculum est, quibus mos ex quocunque libro quatuor aut quinque uerba decerpere, ac uelut ex oraculo proferre, haud perpendentibus quid præcesserit, quid consequatur, cum quo agatur, quid agatur, quorsum & quo animo dictum sit. Quid quod ea quæ sequuntur palàm indicant hunc esse sensum, Propter fornicationem autem, & cætera, optimum erat non ducere uxorem: cæterum qui metuit ne labatur in stuprum, ducat potius, & suam habeat citius quàm alienam{Iam illud, quamuis non est proprium huius instituti, ta 19
men obiter admonuisse profuerit, bonum hic accipi pro commodo, non autem ut opponatur uitio, quemadmodum passim dicitur, bono fuisse quod profuit, & malus bello dictus est Horatio, qui bello sit inutilis. Neque enim hoc quærebatur à Corinthijs opinor, an fas esset uxorem ducere, sed an expediret eo rerum statu matrimonij uinculis illigari. Hieronymus autem pugnans aduersus eos, qui matrimonio plus satis tribuebant, ita ratiocinatur: Si bonum est non tangere uxorem, malum igitur est tangere, quum bono malum sit contrarium. Hanc ratiocinationem ita refellit Augustinus, qui legerat Aristotelis categorias, ut dicat quædam esse indifferentia, quæ nec bona sint nec mala, ueluti nasum emungere aut saliuam iacere. Quum enim is in matrimonio tria constituerit bona, non passus est ullam mali mentionem, eoq; bonum ait hic accipi pro melius, ne quis turpe putet uxorem ducere, quasi bonum pugnet cum turpi. Quod si in uerbis Hieronymi, malum & bonū, utrobique consimiliter sumantur, recte procedit illius argumentatio, iuxta propositam à Corinthijs quæstionem. Si commodum est non ducere uxorem ob sarcinas curarum, ob uincula affinitatum, incommodum est igitur ducere. Perinde ut si quis rogatus, num bonum esset sibi longum iter ingressuro, latrocinijs obnoxium, tollere pecuniam, responderet, bonum est pecuniam non tollere, recte consequeretur, malum esse tollere. Nam quod hic opponitur bono, Paulus paulo post uocat tribulationem, siue afflictionem carnis. Nec dicit simpliciter, bonum est sic manere ut ego sum, sed bonum est ob urgentem necessitatem. Proinde non quod pro tempore proq; re præsenti bonum est, id protinus simpliciter bonum est, Aetate Pauli, quum inter innumeros ethnicos perpauci essent Christiani, fortasse commodius erat abstinere à matrimonio, nunc mutatis rebus haud scio an magis expediat, sanctum connubium & immaculatum thorum sancte pureq; colere, etiam sacerdotibus, si qui non

*Hieronymus detorquēs nō nihil uerba scripturarum*

(16: verum; 16-22: fornicetur)

*Bonū pro cōmodo, nō pro honesto*

(16: Satius)

*Augustinus in epistolis aduersus Hieronymum [de medio inter bonum & malū*

*Sacerdotum incontinentia*

(19: sacerdotes)

27 non continent,quando horum tam ingens ubique numerus est(rursus tanta raritas caste
uiuentium)Quod igitur hæc nonnihil torquet Hieronymus,uictoriæ datum est,præsertim
quum ille plurimum interesse putet,docendus sit aliquis,an uinciendus,initiandus,an illa-
queandus.Cæterum quæ hic argutatur Augustinus,ut uera sint,certe ad Pauli sensum mi
hi non uidentur proprie facere.}

19 Propter fornicationem.) διὰ δὲ τὰς πορνείας. id est, Propter fornicationes autem{siue
scortationes}Quanquam hoc nihil ad sensum,nisi forte numero multitudinis innuit diuer
sas libidinis species.

Suam uxorem habeat.) ἐχέτω. quod uerbum apud Græcos planè imperatiui est mo-
di.Verum non est quod id nos cōmoueat,nec est cur interpretemur Habeat,habere liceat:
quum id dicatur ijs qui se non possunt à consuetudine mulierum cohibere,non omnibus.
19 {Atque his sanè qui sibi permissuri essent scortationem,aut fœdius aliquod libidinis genus,
imperat ut potius ducant uxorem}Quod si hoc loco perpetuo ἄνδρα uertisset maritum,
& γυναῖκα uxorem,plusculum lucis accessisset sermoni.Nam uoces apud Græcos ambi- 19: Cauillatur
19.27 guæ sunt{Argutatur hoc loco Valla de pronomine(suum & suam)quæ non arbitratus sum Vallam
operæprecium adscribere.} excute

Vxori uir debitum reddat.) Græce sic est, τὴν ὀφειλομένην εὔνοιαν ἀποδιδότω. id est, 16-27: Uxor uiro
Debitam beneuolentiam reddat:ut rem parum uerecundam uerecunde notaret. Quan- Debitum
19 quam secus{legunt}Ambrosius & Hieronymus.Omnino coitum significat,& ideo texit reddere
uerbis,quod oportebat intelligi.In uno duntaxat codice pro εὔνοιαν, id est,beneuolētiam,
scriptum reperi τιμήν, id est,honorem:exponentibus ad eum modum & commentarijs
qui Chrysostomo inscribuntur,sed titulo mihi suspecto. Proinde quoniam uariat Græcorum scriptura,in coniecturā adducor à Paulo scriptum fuisse τὴν ὀφειλήν, id est,debitum:
quod deinde siue casu,siue quo uerecundior esset oratio,quispiam mutarit in ὀφειλομένην C ↓
19.27 εὔνοιαν. {Quanquam ad eum modum legit & interpretatur Theophylactus(nullam coitus 19-22: legisse
35 faciens mentionem)}[Prius quàm adornarem hanc quintam æditionem,nactus sum codices videtur Vulgarius
Græcos fidei melioris.In his contextus habet, τὴν ὀφειλομένην τιμήν. id est,debitum hono 22: Theophylactus
rem:atque item cōmenti limen,sed in medio ὀφειλήν, quum ait, διὰ δὲ τοῦτο καὶ ὀφειλὴν τὸ πρᾶγμα
ἐκάλεσεν. id est,Eoque negocium hoc appellauit debitum.Cæterum de honore nullam facit
mentionem.Et Chrysostomus huc deflectit enarrationē,quasi Paulus his uerbis commen-
darit fidem & castitatem coniugalem,ne uel hic uel illa cuiquam sui corporis copiam faciat,nisi uni cui debetur ex fide matrimonij.Et quum in cæteris utriusque testamenti literæ
multum autoritatis tribuant uiro,in hoc pares ostendit,quod maritus æque atque uxor,non
possit alij cuiquam facere corporis sui copiam:quod quidem attinet ad usum connubia-
lem.Hæc quidem uere dicuntur,sed uel ea quæ sequuntur declarant Apostolum de coitu
coniugali sentire:Nolite fraudare inuicem,nisi ex consensu. Nam ut interpreteris,Nolite
fraudare,nolite alij corporis uestri copiam facere:qui quadrat quod sequitur, Nisi ex consensu. An ex consensu licebit adulteriū committere? Hoc igitur in loco,castigatior est Latina æditio.]

19 Nolite fraudare.) μὴ ἀποστερεῖτε. id est,Ne fraudetis. Fraudamus autem{proprie}quum
19 subtrahimus rem debitam{sicut frustramur re sperata.}
35 [Ni fortè ex consensu.) Non est Græce,forte:sed εἰ μή τι ἄν. Verum interpres exprimere uoluit coniunctionem expletiuam ἄν, idque non inepte:sed τι quoque diminuit, nisi
si quid fiat,ex consensu.Sensit Apostolus Corinthijs in libidinem pronioribus,non esse tu
tum sæpius aut diutius secubare,eoque multis modis astringit hanc cōcessionem,nisi si quid
& ex consensu & orandi causa & ad breue tempus.]

Vt uacetis orationi.) Græcus addit, τῇ νηστείᾳ καὶ τῇ προσευχῇ. id est,Ieiunio & ora-
19.35 tioni. quæ duo coniungit & diuus Hieronymus{licet[Chrysostomus & hunc sequutus]
27 Theophylactus enarrans hunc locum, ieiunij nullam faciant mentionem}(quanquam in 19: Vulgarius
textu additur νηστείᾳ, non taciturus si legisset. Idem annotauit emphasim huius uerbi
σχολάζητε. Non enim dixit, oretis, sed uacetis precationi, quod ea res desideret animum ab omnibus mundanis curis uacantem. Atqui uacandi uerbum non perinde congruit ieiunio.)



C 19-22: Vulgarius, si quis observet interpretantis verba. Nolite 22: Theophylactus

In idipsum Reuertimini in idipsum.) ἐπὶ τὸ αὐτὸ συνέρχησθε. id est, Ad idem{siue in unum}congre 19
diamini, siue conueniatis, ut intelligas eos ante fuisse separatos thalamis.{Græcis enim in 19
idem uenire dicuntur, qui conueniunt in eundem locum, siue qui consentiunt, hoc est, in
eandem eunt sententiam, uelut in huius Epistolæ capite undecimo, Conuenientibus uobis in unum. συνερχομένων ὑμῶν εἰς τὸ αὐτό. Quod hic uertit In idipsum, illic transtulit In
Augustinus unum. Mirum autem quod sequutus exemplar Augustinus epistola centesima nonagesi-
[ noue legens ma nona, legit, Et iterum ad idipsum estote. Extat eadem lectio homilia quinquagesima,
de mixtis argumentis⟨ac rursus libro contra Faustum quinto, capite nono⟩Quin & apud 22
Origenem sic adducitur homilia in Numeros uigesimatertia}[Fortasse legerunt γίνεσθε.] 35

Propter incontinentiam.) διὰ τὴν ἀκρασίαν. id est, Propter intemperantiam. tametsi mi
nimum interest.

[ γνώμη Secundum indulgentiam.) Quidam Græci codices habent, κατὰ συγγνώμην. id est,
συγγνώμη Secundum ignoscentiam seu ueniam. Quidam habent, κατὰ γνώμην. id est. Iuxta consilium, siue sententiam. quasi dicat, dico meam sententiam, & quod mihi uidetur optimum
factu, non autem præcipio. Quanquam συγγνώμη, appositius ad ἐπίταξιν est: uenia, ad
Coitus quan- imperium. Imperium exigit, uenia concedit nonnihil præter ius{Indulget enim hoc Paulus 19
do peccatum illorum fragilitati. Augustinus non dubitat ex hoc loco asseuerare, coitum cum uxore re-
stinguendæ libidinis causa initum, non uacare culpa, licet uenialis sit, excusante uidelicet
matrimonio.

Paulus con- Volo autem omnes uos esse sicut meipsum.) Græci γάρ habent, non δέ. Exponit
iugatus enim quid dixerit secundum indulgentiam. alioqui Vellem, inquit, omnes qui habent uxo
res in totum abstinere ab illis. Vel ex hoc loco coniicere licet, Paulo fuisse coniugem, posteaquàm de coniugatis agens sui facit mentionem.}

Dico autem non nuptis.) ἀγάμοις. Innuptis, erat apertius, uel potius Cœlibus{aut 19
Incõiugatis}Nam articulus indicat hoc uiris dici, τοῖς ἀγάμοις. id est, iis qui cœlibes sunt.
19: Vulgarius Quanquam nihil uetat quo minus ad utrunque sexum referatur. Et Theophylactus articulum addidit fœmineum, ταῖς ἀγάμοις, ut alterum ad uirgines pertineat, alterũ ad uiduas.
Quæ cœlibes sunt, dici possunt ἄγαμοι. at non possunt, semel expertæ nuptias.[Apparet 35
autem id à studioso quopiam factum esse, quo Paulo uindicaret laudem uirginitatis. Nam
τοῖς habet Chrysostomus: neutrius autem interpretatio facit ullam uirginum aut uirginitatis mentionem. Ipse uero sermonis tenor suadet, ut intelligamus Apostolum hic de uiris
uiduis ac mulieribus uiduis agere, aut certe de uiris qui quocunque modo cœlibes erant, siue morte coniugis, siue quod nunquam tentassent matrimonium. Nam mulierem probam
si cœlebs sit, oportet aut uiduam esse aut uirginem. Primum Apostolus hortatur coniugatos, ut qui in totum abstinere non possunt, precandi gratia interdum à congressu tempe-
rent, sed ex consensu. A coniugatis transit ad cœlibes coniugium expertos. Quos hortatur
ne repetant matrimonium. Hinc redit ad coniugatos, multa præcipiens de diuortio & matrimonio impari. Post hæc uenit ad uirgines fœminas. Tandem mixtim differit, de uiduis,
de coniugatis & uirginibus. Reliquum est, ut qui habent uxores, & cætera, ad coniugatos
pertinet. Qui sine uxore est, & cætera, ad cœlibes pertinet. Et mulier innupta & uirgo, ad
uiduas & uirgines pertinet. Quam ante uocauit χήραν, hic appellat ἄγαμον. quemadmodum prius uiros uiduos dixit ἀγάμους. Atque ita miscet disputationem huius capitis.
Porrò sui mentionem facit duobus locis. Hortatus enim coniugatos ad spontaneam conti
nentiam, quam tamen non audet exigere, subiicit. Volo autem omnes uos esse sicut meipsum. Mox de uiduis uiris ac uiduis fœminis loquutus, addit, Bonum est illis si sic permanserint sicut ego. Nec absurdum est, utrobique fieri mẽtionem apostoli. Hortatur enim
omnes ad exemplum suum, qui siue habebat uxorem, eam uerterat in sororem, & habebat
tanquam non habens, siue iam erat defuncta, utroque modo liber erat à solicitudine coniu-
gii. Nam quod hic dicit Volo uos omnes esse sicut meipsum, post uelut explanans dicit
Volo uos sine sollicitudine esse. Itaque quod coniugatis & uiduis dicit Volo uos esse sicut ego sum, non est necesse ut accipiamus Apostolum optare, ut qui duxerant uxores,
fierent cœlibes: sed ut quod ipse fortasse fecerat, uxores uerterent in sorores: atque hac ratione sibi pararent ocium ad seruiendum domino. Nec consequitur ideo Paulum fuisse
uiduum

uiduum, quod cupit eos esse sicut erat ipse. Nam etiamsi Paulus non fuisset uiduus, tamen erat in ea libertate quam habent uidui. Ad hanc tuendam illos adhortans, admonet ut in libertate sua perseuerent. Exemplum igitur ad quod inuitat Paulus non est situm in conditione seu uitæ statu, sed in tranquillitate quam præstat continentia. Cæterum ubi sine controuersia de uirginibus loquitur, nullam facit sui mentionem. Nam quod præfatus se de uirginibus præceptum domini non habere, subiungit, Bonum est homini sic esse, Sic, non refertur ad Paulum, sed ad statum præsentem. Et si referretur ad Paulum, non statim sequeretur eum fuisse uirginem, nihilo magis quàm sequitur illum coniugatum ac uiduum, quod hos inuitat ad imitationem sui. Quod enim erat in Paulo, & maritis & uiduis & uirginibus poterat esse commune. Ex hoc itaq; loco quanquam non potest euinci Paulum fuisse maritum aut uiduum aut uirginem, tamen probabilius alterum è duobus illis prioribus colligitur, quàm tertium. Res autem indigna est contentione.] Nubere

Melius est nubere quàm uri.) κρεῖττον γάρ ἐστι γαμῆσαι ἢ πυροῦσθαι. Nubere, Græcis ambiguum est uerbum, γαμῆσαι, quod significat & nubere uiro, & ducere uxorem. Nam hæc sententia ad utrosque pertinet, uiros ac mulieres. Ideo quod ante dixit, Innuptis & uiduis: pro Innuptis, in quibusdam Græcis codicibus est τοῖς ἀγάμοις, addito articulo masculino. Ita tamen ut sub uno genere sexum utrunque intelligas. Quanquam, ut modo dictum est, nonnulli codices habent ταῖς. ita tamen ut mox redeat ad masculinum genus, καλὸν αὐτοῖς ἐστιν. id est, Bonum est eis. Et κρεῖττον, non proprie Melius est, sed potius ac magis eligendum. Porrò πυροῦσθαι, id est Vri, demiror cur quidam contra omnium ueterum opinionem exponant de igni gehennæ, quum hic palàm de libidinis loquatur incendio, molestiaq; corporis non se continentis. Vri 16:

His autem quæ matrimonio iunctæ sunt.) γεγαμηκόσι Græcis quidem est masculini generis, sed ita ut fœmininum quoq; complectatur: id quod sequentia declarant. Proinde
19 nos uertimus, Coniugatis autem: ut ad uirum simul ac mulierem pertineat. {Atque adeo in peruetustis exemplaribus, nominatim in eo quod exhibuit bibliotheca collegij diui Pauli apud Londinũ, scriptum reperi genere masculino: His autem qui matrimonio iuncti sunt. Tum Augustinus explanans sermonem Christi in monte habitum, citat genere masculino: His qui sunt in coniugio, præcipio, non ego sed dominus.} ¶ ¶↓

27 (Nam cæteris dico.) Augustinus indicat hoc pertinere ad impari matrimonio iunctos. Matrimonium impar

Per mulierem fidelem, per uirum fidelem.) ἐν τῇ γυναικί, καὶ ἐν τῷ ἀνδρί. id est,
19 In muliere, in uiro. Quanquam γυνὴ Græcis & mulierem significat & uxorem. {Atque hoc sanè loco rectè mutauit interpres præpositionem, quod tamen aliàs aut ueretur aut negligit facere}. Adiectiuum fidelis, utrobique additum est à nobis, quum apud 27: Caeteris autem
19 Græcos non addatur, sed subaudiatur. {Augustinus libro primo quo exponit sermonem in monte habitum, legit ad hunc modum: Sanctificatus est enim uir infidelis in uxore fideli, & sanctificata est mulier infidelis in fratre fideli. Et ne quis existimet hoc casu factum, aut locum deprauatum, ipse aliquanto post eodem libro adducit huius loci testimonium, docens in sacris literis, fratris uocabulo significari Christianum, uerum hic non addit fideli} Et sanctificatum, hic uocat purificatum. Sequitur enim, Alioqui filij uestri immundi erunt.

19 Vocauit uos.) ἡμᾶς. id est, Nos: primæ personæ, non secundæ {suffragante & uetu-
22 stissimo codice Paulinæ bibliothecæ} <atque item Donatianicæ.>

19 * Nisi unicuiq; {sicut diuisit dominus}) Quidam Græci codices habent εἰ μή, id est, nisi: Duplex lectio
quidam ἢ μή, id est, an non: ut referatur ad superiora. At Grecorum quidem scholia distinctionem apponi uolunt post εἰ μή. an seruaturus sis, an non. quod alioqui uideatur imperfecta sermonis constructio: & huius distinctionis Seuerianum quendam citant autorem. *entry reversed with In omnibus..) p. 464

19 {Theophylactus & ipse commonstrat duplicem huius loci ordinem. Prior hic est, Quî scis, an seruatura sis uxor uirum, nec ne. Ac mox uelut ex abrupto interijciatur, Vnicuiq; sicut diuisit dominus. Deinde succedat quod priori particulæ respondeat: Quî scis uir, an seruaturus sis uxorem nec ne. ut illud, Vnicuiq; sicut diuisit dominus: quum sit constructionis lege ab utroq; separatum, ad utrunq; respondeat. Variæ sunt dotes dei, fortasse continget, ut seruetur ille aut illa: quare siue continget, siue non continget, non est dirimendum coniu- 19: Vulgarius



¶16: Manere innupta aut viro suo reconciliari.) Apud Graecos imperativa sunt. Maneat & reconcilietur, μενέτω, καταλλαγήτω, quae mirum cur interpres putarit immutanda.

gium. Alter ordo coniungit duas partes: Qui scis an tu seruatura sis uirum, an tu seruaturus uxorem, deinde succedat ceu nouum caput: Nisi unicuique ut diuisit dominus sic maneat: quasi dicas, nihil aliud tentetur aut nouetur, ob alterum infidelem, tantum ut cuique
sua sors obtigit, ita maneat. Atque hanc lectionem ille præfert superiori.} Quod si de distinctione laboratur, nihil uetat quo minus referatur ad Permaneat, uerbum. Qui scire possis
*Tertia* an seruaturus an seruatura sis, nisi unusquisque sic permanserit, ut uocatus est. Verum mihi
magis placet, ut seorsim legatur εἰ μή, ac perinde ualeat, quasi dicas, utcunque est, aut in
summa. Hac loquendi forma solemus uti, quoties omissis quæ incerta sunt, ad id redimus
quod certum est. Hanc Græcanici sermonis figuram expressisse uidetur Terētius in Adel-
phis, Gaudebam. Ecce autem de integro, nisi quicquid est uolo scire, atque hominem conue-
16: Item usurpant nire. Idem alijs aliquot locis ad eundem usurpauit modum. Sic Paulus, quoniam id quod
erat dubium proposuerat, de seruando uiro aut uxore infideli: Vtcunque hoc est, inquit, maneat unusquisque ut illi tribuit deus, & ut uocatus est, quicunque sequatur exitus de seruando
†16-19: divus coniuge. Meminit & Thomas nonnihil de duplici huius loci lectione, ex quo apparet illum
adiutum commentarijs è Græco uersis, quæ nunc non extent.

*cf. p463 *Doceo, ordino* ✱ In omnibus ecclesijs doceo. διατάσσομαι. id est, Ordino, siue instituo.

Non adducat præputium.) μὴ ἐπισπάσθω. id est, Ne asciscat: ut subaudias, præputium.
*Adducere præputium* ⟨Subindicat Theophylactus præputium resectum pharmaco solere reduci. Rei huius artifi- 22
cium aliquod indicat Cornelius Celsus libro septimo, capite uigesimoquinto: Quomodo
tegenda sit glans uel natura uel amputatione nuda. Verum an hoc Paulus senserit, nescio.
⟨Certe Origenes libro περὶ ἀρχῶν quarto, putat nullo modo reuocari posse semel amputa- 27
tum præputium. Vtcunque habet,⟩ nos maluimus accersere, quàm adducere, uel ob uerecundiam.⟩

Vnusquisque in quo uocatus est frater.) ἀδελφοί. id est, Fratres: multitudinis numero,
idque dūtaxat in hac posteriore parte.{Præterea in hoc, repetitum est ex superfluo iuxta pro- 19
prietatem sermonis Hebraici, quemadmodum & paulo superius, Vnusquisque in qua uoca
tione uocatus est, in ea permaneat.}

Consilium autem do.) γνώμην δὲ δίδωμι. id est, Sentētiam autem do, siue dico id quod
mihi uidetur optimum: hoc est, profero meam super hac re sententiam.[Qui consilium dat 35
suum aperit iudicium.] Et ne contemnatur, addit hoc se misericordia diuina consequutum,
ut super ea re dicat{bona fide}quod optimum putet uelut apostolus. 19

*Instans & præsens* {Propter instantem necessitatem.) ἐνεστῶσαν. Græci ἐνεστῶτα uocant præsens tem- 19
pus, & hos imitatus Fabius instans appellat. Ambrosius legit, Propter præsentem necessitatem, nimirum intelligens præsentem illorum temporum statum. Oportet enim huiusmodi consilia pro temporum ratione moderari. Id'que confirmat ea quæ superius à nobis
dicta sunt.}

⟨Noli quærere solutionem.) λύσιν. Alijs magis placet diuortium quàm solutio, ue- 22
luti Latinius, sed tamen interim perit aliqua gratia contrariorum. Alligatus, solutus,
& solutio.⟩

*Tribulationē habere carne* Tribulationem carnis.) Græce est τῇ σαρκί, id est, Carni, siue in carne. Nec est cur
Valla reijciat hac gratia expositionem Ambrosianam, ac cæterorum omnium qui tribula-
tionem carnis, interpretantur incommoda huius mundi, ueluti lites cum affinibus, curam
liberorum, sollicitudinem rei domesticæ, & id genus alia sexcenta, quæ matrimonium comitantur. Paulus enim suo more carnem uocat, quod pinguius est & crassius, & ab illa diuini spiritus puritate simplicitateque recedens.{Sic autem dictum est, habere tribulationem 19
carne, quemadmodum dicimus, affligimur animo, aut cruciatur corpore.}

Tempus.) ὁ καιρὸς συνεσταλμένος. id est, Tempus contractum, quod Hieronymus aduersus Iouinianum uertit, Tempus in collecto est. Et quod sequitur, τὸ λοιπόν, potest ad
superiora referri, ut legas, Tempus quod superest contractum est. Atque ita Græci uiden-
19: Vulgarius tur legere{nominatim Theophylactus.}Et eundem ad modum Ambrosius, ut ex illius in- 19
terpretatione colligitur.{Quod si placet sequi, coniunctio Vt, quæ sequitur, non accipietur 19
τελικῶς, sed ut consequentiam declaret, uelut in hac oratione: Omnis hæc uita breuis est,
ut si quid etiam uoluptatis habeat matrimonium, negligendum sit, ob hoc ipsum quod
breui

breui dilapsurum.}
Tanquam non utantur.) ὡς μὴ καταχρώμενοι. id est, Tanquam non abutentes. Quan- Abuti, pro uti ]
19.35.27 quam hoc Abutentes, nihil aliud est{mea sententia}quàm[uehementer]utentes.(Vtimur in C↓
35 bonum, abutimur in malum[& secundum Iureconsultos, abusus est uini, frumenti, & simi- [27: Utimur veste,
lium, quæ usu abutuntur: usus equi, aut uestis, ac similium]& utimur homine, qui cum est abutimur
nobis familiaritas. Hic abuti dictum uidetur pro ualde uti, quemadmodum Latini dicunt, frumento,
35 fatigari & defatigari[amare & deamare, perditus & deperditus. Neque enim abuti semper
sonat in malam partem, quemadmodum nec καταχρῆσθαι apud Græcos. Interdum enim
quod alieniore loco ac tempore adhibemus, abuti dicimur: unde & rhetores catachresim
habent inter schemata, hoc est ornamenta dictionis. κατὰ præpositio apud Græcos & in
laudem sonat, παραχρῆσθαι magis sonat in uitium. Hoc itaque dicit Apostolus, Tempus margin: 19-22:
hic esse breue, nec uacare uxorium esse.] Stapulensis
Præterit enim figura.) παράγει. Faber Stapulensis emendat Decipit: quod ipsa uox ui παράγω, uer
deatur ita sonare παράγειν, quasi seducere, siue à uia abducere. Verum huius uerbi com- bum neutrum
19 posita sæpenumero & neutralia usurpantur, ut ὑπάγω,{pro abeo: quod non semel positum in euangelicis literis. ὕπαγε ὀπίσω μου. Et apud Ioannem capite nono, καὶ παράγων
ὁ ἰησοῦς. & præteriens Iesus. Et apud eundem capite decimoquarto, ἄγωμεν ἐντεῦθεν. ea-
22 mus hinc(Item Matthæi quarto, περιῆγεν ὅλην τὴν γαλιλαίαν. id est, circuibat. Apud eundem capite uigesimo, ὅτι ἰησοῦς παράγει. id est, quod Iesus præteriret. Rursus capite uigesimoprimo, προάγουσι, præcedunt. Item capite uigesimotertio, περιάγετε, circumitis.>
Atque ita sanè magis quadrat ad Pauli sententiam, & ita exponunt Græca scholia, παρά- 16: Et
γει, παρέρχεται. Quod autem dixit σχῆμα, hoc est, figura, perinde est quasi dicas Habitus,
19 siue status.{Annotauit emphasim nominis & Theophylactus, quod mundus hic nihil ha- 19: Vulgarius
35 beat solidi, sed speciem modo quandam bonorum ac malorum præ se ferat[Chrysostomus
hoc loco uidetur esse mutilus.] ❙ ❙ 16: Et divisus
19 Qui sine uxore est.) ὁ ἄγαμος. id est, Qui cœlebs est, siue inconiugatus{Mirum cur est.) below placed
interpreti placuerit periphrasis, quum suppetat Latinis uerbum proprium, quo certe usus here
est Cyprianus in secundo tractatu de habitu uirginum: Cœlebs cogitat ea quæ sunt dei,
quomodo placeat deo: qui autem matrimonium contraxit, & cætera.} ❙ ❙ Virgo cogitat.)
19.27 Quomodo placeat deo.){Græcis}Domino est, non Deo: τῷ κυρίῳ. (Maritum non ha- p.466 placed here
bet cui placeat, sed habet dominum, cuius animo debet obsequi.)Deinde sequitur, Vt sit
sancta & corpore & spiritu: gemina coniunctione. 16: diversae
Et diuisus est.) Longe alius sensus est apud Græcos. Siquidē uerbum μεμέρισται, non Et diuisus est,
ad ea quæ præcedunt, sed ad sequentia refertur. μεμέρισται καὶ ἡ γυνὴ καὶ ἡ παρθένος. id est, bifariam legi-
Diuisa est, siue diuisa sunt & uxor & uirgo: hoc est, diuerso uitæ studio sunt. Deinde expli- tur & expo-
19 cat discrimen uitæ{In eam sentētiam interpretatur Theophylactus}Citatur hic locus emen- nitur
27 date aduersus Heluidiū, etiamsi nonnihil mendi aspersserant hic quoque(librarij.)Quanquam 19: Vulgarius
ex ipsa sermonis continentia palàm est Hieronymū sic accipere ut nos interpretamur, nem Hieronymus
22 pe quum ait, Vide quātæ felicitatis sit quæ & nomen sexus amiserit(Item in epistola ad Eu à seipso dis-
stochium de uirginitate seruanda)At rursus idem in priore aduersus Iouinianum libro, rei- sentiens
cit hanc lectionem, quam fatetur quidem esse in Latinis codicibus, & à se pro loci qualitate 16: ait esse
sic fuisse edissertam, uerum non esse ueritatis apostolicæ, à quo sic fuerit scriptum, Sollici- quidem
tus est quæ sunt mundi, quomodo placeat uxori, & diuisus est. Deinde hac absoluta senten
tia, transiens ad uirgines & continentes subiecit, mulier innupta & uirgo cogitat quæ sunt
domini: uultque per interpretationem additum esse uirginem, ne putemus innuptas meretri
ces hoc sermone comprehendi posse, aut certe elegantiæ causa bis idem esse dictum: unde
conijcere licet exemplaria Græcorum, illa quoque tempestate uariasse. Siquidem in codicibus Græcorum hodie legimus ad hunc modum: ὁ δὲ γαμήσας μεριμνᾷ τὰ τοῦ κόσμου, πῶς
ἀρέσει τῇ γυναικί. μεμέρισται ἡ γυνὴ καὶ ἡ παρθένος. hoc est, Qui uero duxit uxorem, sollicitus
est de his quæ sunt mundi, quomodo placeat uxori. deinde interposito puncto sequitur,
Diuisa est mulier & uirgo. Proinde quod Hieronymus scribit esse in Latinis codicibus,
19 hodie in Græcis habetur: & quod ait esse apostolicæ ueritatis, hoc legitur in uulgatis{Lati-
norum}exemplaribus. Verum utrocunque modo legas, eadē fermè constat sententia. Diuus
Ambrosius

19 C 16-27: utentes {licet Vulgarius existimet interesse nōnihil} + utentes nihil aliud quam tractantes 16-22: Praeterit 27: Utimur
22-27: Theophylactus

Ambrosius ita legit: Qui autem cum uxore est, sollicitus est quæ sunt huius mundi, quo
modo placeat uxori, & diuisus est: diuisa est mulier & uirgo. idq; exponens subijcit, Diuisa
non utiq; natura, sed actu{quia legimus in Numeris, mulieres uirgines appellatas. Quibus 19
*Ambrosius à seipso dißentiens* ex uerbis palàm est, Ambrosio Paulum sentire, diuersum esse studium mulieris & uirginis.}
At idem in libello de uiduis aliter citat hunc locum: Iuxta quod scriptum est, inquiens, &
mulier innupta & uirgo cogitat quæ domini sunt, ut sit sancta corpore & spiritu. Quæ qui
dem palàm arguunt Ambrosij quoq; codices hoc loco uariasse.[Similiter citat Augustinus 35
libello de bono uiduitatis, capite secundo: addens illic, innuptam mulierem dici uiduam.]
Illud addam, hoc certe loco rectius γυνή, uertisset Vxorem, quàm Mulierem: tametsi uox
ea utrunque significat. Ad eundem modum citat Hieronymus, tum alijs aliquot locis, tum
*16: placed at ] on p. 465 — in epistola ad Eustochium de uirginitate.

* Virgo cogitat.) μεριμνᾷ. id est, Curat, siue sollicita est: quemadmodũ superius uerterat.

*Hæc olim in Latinis exemplaribus non habebantur* Quod honestum est, & quod facul. præb.) Græce sic habet, ἀλλὰ πρὸς τὸ εὔσχημον καὶ
εὐπρόσεδρον τῷ κυρίῳ ἀπερισπάστως. Quæ quidem ad uerbum transferre difficillimum fue-
rit. Est autem huiusmodi fermè sententia: Sed ad id quod honestum est ac decorum, & ut
indiuulsi semper asideatis & adhæreatis domino. Diuus Hieronymus aduersus Iouinianum, testatus Græcam proprietatem reddi non posse, explicuit sententiam huius loci ad
hunc modum. Hoc autem ad utilitatem uestram dico, non ut laqueum uobis injiciam, sed
ut ad id quod honestum est, & intente facit seruire domino, absq; ulla distractione, uos ad-
horter. Addit hanc sententiam in Latinis codicibus omnino non inueniri propter interpretationis difficultatem{Certe apud Ambrosium abest huius sermonis clausula. sic enim le- 19
git, Hoc autem ad uestram ipsorum utilitatem dico, ut non laqueum uobis injiciam, sed ad
id quod honestum est. Hic finit sermonem, neque in interpretatione significat amplius legisse se. Hieronymus} εὔσχημον uertit honestum, & τὸ πρόσεδρον τῷ κυρίῳ reddidit, Quod
↓ C — intente facit seruire domino, & pro ἀπερισπάστως posuit, absque ulla distractione(Vsus est 27
hac uoce Plutarchus in libello de curiositate, ἀπερίσπαστον appellans asiduum studium sapientiæ, nullis negocijs alio mentem auocantibus. In uetustis codicibus etiam excusis adhuc habetur, Domino obsecrãdi: quomodo non puto quenquam Latine fuisse loquutum.
Donatiani codex habebat obseruandi. In utroque[item]Constantiensi erat, obseruandi: ex 35
19-22: aliquis verterit — his diuinare licet primam scripturam fuisse{Domino obseruiendi: quod alius uertit in ob- 19
secrandi}relicto datiuo: alius in obseruandi, mutato etiam casu}(Certe apud Græcos nulla 19
obsecrandi mentio.}

*Virgo, pro Virginitate* Turpem se uideri existimat.) εἰ δέ τις ἀσχημονεῖν. id est, Si quis turpe aut indecorum
existimat in uirgine.{Augustinus in quæstionibus super Numeros pentateuchi, indicat 19
quosdam uirginem hoc loco interpretari uirginitatem. At horum sententiã non approbat,
quod nihil alias comperiatur adsimile in diuinis libris. Sentit enim Paulus de parentibus
elocantibus nuptum filias, citra quorum autoritatem non erat ratus matrimonij cõtractus.
Quod utinam & his temporibus seruaretur, præsertim in ea ætate, cui nondum satis constat uel consilium uel iudicium, maxime quum usqueadeo placeat, semel initum quocũq;
pacto connubium, non alia re quàm morte dirimi. Cæterum ut hæc ad parentem potius
quàm ad uirginitatem referantur, suadent quæ sequuntur: Igitur & qui matrimonio iun-
19: Vulgarius — git uirginem suam: & cætera, Atque ita sanè edisserit hunc locum Theophylactus.}

*Superadulta ὑπέρακμος* Si fuerit superadulta.) ὑπέρακμος. Nam id uertit superadultam, cuius flos iam præ-
terierit. Quod Ambrosius ita reddidit, Si sit ultra pubertatem: id quod uulgo rideri solet,
quum anum uocant uirginem{Solent & infamiæ esse obnoxiæ uirgines admodum adul- 19
tæ}(quasi fastiditæ à procis.) 27

Non peccat si nubat.) γαμείτωσαν. id est, Nubant. Quanquam uerbum γαμεῖν commune est uiro ducenti uxorem, & puellæ nubenti uiro. Vnde subito Paulus mutato nume
ro uerbi, sponsum & sponsam respexit, aut certe ad eum qui locat filiam & sponsum.(Theo 27
phylactus legit, γαμησκέτωσαν. nec additur Si, sed est, οὐχ ἁμαρτάνει, γαμείτωσαν. ut non
peccat, pertineat ad patrem: γαμείτωσαν, ad eos inter quos coit matrimonium.)

Nam qui statuit.) ὃς δὲ ἕστηκεν. id est, Qui uero stat firmus{nisi quod uerbum ἵστημι & 19
statuo, sonat Græcis, & sto}(Certe uocem eandem in Euangelio Ioannis uertit Sta}(Hic sa- 22.2
ne magis

C 19-22: distractione. Mirum autem quid secutus Carrensis, hic pro obsecrandi, legat observandi, atque ideo exponat, nisi forte interpres scripserat, Domino ne magis congruebat, Stat firmus: nam mox sequitur decernendi uerbum. Cæterum quod hic dicit de firmiter stando, respondet ei quod præcessit, Qui turpem se existimat, & cætera. Qui non metuit pudicitiæ filiæ, nec mouetur probro uulgari, quod uirginem nubilem detinet domi, faciat quod iudicarit esse optimum. ) ↑ ↑16: Secundum meum consilium) p481 placed here

Potestatem autem sui habens. ) ἔχει, Habet, non Habens. Quanquam hic uariant exemplaria.

19 Et hoc iudicauit. ) Melius Decreuit {siue statuit} hoc quidem loco, κέκρικεν, quod aliàs ita uertit.

Liberata est à lege, cui autem uult, nubat. ) Græca paulo secus habent, ἐλευθέρα ἐστὶν ᾧ
22 ἐθέλει γαμηθῆναι. id est, Libera est ut nubat cui uelit, siue ad nubendum cui uelit. ⟨Donatia
27 ni codex sic habebat: Libera est, cui uult nubat. Suspicor ab interprete scriptum, ⟨Vt⟩ cui
27 uult nubat: & Vt, deprauatum in Autem.⟩ ⟨Certe Autem, non est in uetustis exemplaribus,
19 nominatim ijs quæ suggessit Constantia.⟩ Quanquam ut semel in huius operis initio sum testatus, perpetuo testatum haberi par est, in toto opere me nusquam esse uelle contentiosi dogmatis autorem, tantum iuuandi studio monere studiosos, semper incocusso & illabefacto iudicio sacrosanctæ ecclesiæ, & eorũ quibus uberius donũ eruditionis ac sapientiæ contigit à Christo, tamen idem hoc loco nominatim testor ob quosdam in hisce rebus captiosiores, quàm pure Christianum hominem deceat. Porrò ut non arbitror contumeliosum à quoquam autore quamlibet magno aut uetusto dissentire, ita non grauatim à meipso dissentiam, si quis adferat quod sit rectius, etiamsi sit idiota qui doceat. Scio receptissimum esse inter Christianos, ubi semel coijt matrimonium, nullo pacto posse dirimi, nisi morte al-
22 terius. Atque in hac sententia fuisse uideo Chrysostomum ⟨ac ueteres Latinos⟩ sine dubio certe fuit Augustinus, eamq; ueterum episcoporum constitutionibus & Decretalium legum autoritate esse confirmatam ↑ denique & theologicarum scholarum consensu comprobatam. Cæterum si semper hoc bonis uiris cordi fuit, opinionem in melius commutare, & leges ceu pharmaca conuenit ad morborum habitum ac rationem accommodare, consideremus an hic expediat idem fieri, & si expedit, an liceat ut matrimonia quædam dirimantur, non temere, sed grauibus de causis, neque per quoslibet, sed per ecclesiæ præfectos, aut iudices legitimos, & ita dirimantur, ut liberum sit utrique cui uelit iungi, aut alte-
22 ri certe qui diuortio non dederit causam. ⟨Scio quædam esse eius generis, ut nefas sit ceu dubia uocare in disputationem. Quod genus sunt, an Christus sit deus & idem homo, an natus absque uiri opera, an animæ supersint à morte corporis, an hæc corpora sint olim reuictura. Hæc enim tam euidenter traduntur nobis autoritate diuinæ scripturæ ac totius ecclesiæ consensu, ut impium sit ac periculosum de his in diuersam partem disserere, nisi forte nobis cum ethnicis res inciderit. Et tamen non arbitror odiose reijciendum, qui de huiusmodi quoque rebus animi sui scrupulum, ut est humanæ mentis infirmitas, doctis aperuerit, nihil aliud agens, quàm ut quod credit utcunque, credat certius. Sed uidendum est, an huius generis sit de quo nunc agimus. Quædam ita recepta sunt autoritate ecclesiæ, ut pro re nata possint mutari. Et ut fas non est, diuinam scripturam, quam certissimam habemus uitæ regulam, abrogare, ita pij ac prudentis dispensatoris est, eam ad publicos mores accommodare. Sed hac de re plusculum dicemus aliàs: nunc ad institutum properemus.⟩ Primum igitur hoc est apostolicæ pietatis, omnium saluti quantum licet consulere: & infirmis etiam ecclesiæ membris sua cura succurrere. Videmus autem tot hominum milia, infelici coniugio sibi cohærere cum exitio utriusque, qui fortasse disiuncti seruari possent. Quod si fieri possit citra iniuriam diuini præcepti, optandum opinor omnibus pijs: sin minus, uotum tamen ipsum pium arbitror, præsertim quum charitas optet nonnunquam & quæ fieri nõ possunt. Optat Moses deleri de libro uitæ, optat Paulus anathema fieri à Christo pro fratribus. Non defuerunt autẽ qui ita senserint à recte dirempto matrimonio licuisse cum alia copulari, ne quis protinus hanc propositionem uelut inauditam, & modis omnibus absurdam existimet explodendam, & indignam quæ uocetur in disputationem. Siquidem Origenes homilia in Matthæum septima, testatur sibi notos fuisse quosdam episcopos, qui permiserint uxoribus quæ cum uiris diuortiũ fecerant, alijs nubere uiris, ac fatetur
22 hoc ab eis factum aduersus præceptum domini & Pauli, sed tamen factum non ⟨omnino⟩ damnat

Diuortium an licitum

19-22: quod

19-27: tr non est con. div. sent.

Sentire diuersum nõ est contumelia

19: propemodum Origenem +

↑19: Hieronymus +

Leges ut pharmaca pro morbis mutantur ↑↓

19: enim quoad

Charitatis uotum

Mitigat propositionem

margin: 19-27: Dirempta olim matrimonia ab episcopis

↑ 19-22: confirmatam quas ex hoc potissimum loco natas apparet denique

damnat,quod existimet illos probabili causa adductos id permisisse,ne quid deterius com/
mitteretur,nimirum obsequutos duriciei cordis,quo consilio Paulus permiserit & uiduis
incontinentibus secundas nuptias. Quod exemplum ita confert Origenes,ut durius uide/
ri uelit uiduæ quæ libidinis,non prolis gratia maritum alterum desideret,permittere nouas
nuptias,quàm uiro permittere,ut reiecta uxore adultera,ducat se digniorem. Deinde non
uidetur addubitare,quin uiro liceat idem,cui permittit euangelium ob adulterium repudia
*Origenes* re,nec Paulus huic præcipit ut uxori reconcilietur. Sed annotauit Origenes ab episcopis
hoc etiam uxoribus permissum,quod Paulus nominatim uidetur prohibere. | Neque enim 22
illic Origenes Iudaicum uirum appellat,qui ob adulterium aut similem causam repudiat
uxorem,sed qui morosus sit ac præfractus Iudæorum more ob quamlibet leuem causam
repudium parans. Sic enim argumentatur uir ille Iudaicus,& diuortium meditans: Moses
permisit ob rem turpem repudiare,& exemplum rei turpis ponit adulterium,licebit igitur
ob alias res turpes uxorem abijcere. Hanc argumentationem reijcit Origenes,negans Mo
sen sensisse de adulterio,quum dicit,Rem turpem: quandoquidem in adulterio non daba/
tur repudij libellus,sed uxor tradebatur lapidatibus. Verum,rem turpem appellauit quam/
[° 22-27: culpam / 22-27: qua] libet uel morum [culpam] uel corporis [uitium] quo maritus offenderetur. Hæc Origenem 35
sensisse declarat quod mox sequitur: Posthac autem,inquit, dominus non permittit pro/
pter aliam aliquam culpam uxorem dimittere, nisi propter solam causam fornicationis.
Sub hæc Origenes mouet aliam quæstionem,an quemadmodum ob adulterium licet uxo
rem repudiare,ita propter parricidium,ueneficium,aut furtum liceat. Et hæret hic perple/
xus,uidens impium,facere aduersus præceptum dei,& tamen iniquum & inhumanum co
gi maritum,ut in uxore ferat ea peccata,quæ sint adulterio grauiora. Tandem huius diffi/
cultatis exitum quærens,dicit: Disputo ergo quia non præceptiue mandauit,ut nemo di/
mittat uxorem, excepta causa fornicationis. sed quasi exponens rem, dixit: Qui dimi/
serit uxorem, excepta causa fornicationis, facit eam mœchari. Sensit,opinor,Origenes
uxorem protrudi ad adulterium,quum merito reiectæ non sit ius denuo nubendi,sed ta/
men hoc mulieri imputandum,non uiro repudianti. Iam aliquanto superius adduxerat si/
militudinem de Christo qui repudiarit synagogam uiricidam,& ecclesiam duxerit nouam
sponsam. Origenis uerba sunt hęc: Dicendum quoniam non dimisit Christus primam uxo
rem suam,id est,primam synagogam,secũdum speciem spiritualem,seruans quod dictum
est, Quod deus coniunxit,homo non separet: nisi quando adultera est uxor illa corrupta ab
adultero inimico,cuius consilio & insidiata est uiro,& cætera. Ac mox: Et reliquit propter
ecclesiam Christus uir,patrem cum quo erat,quum in forma dei esset: reliquit etiam ma/
trem: & cætera. Hactenus Origenes. Audis lector diuortium,audis à diuortio nouam spon
sam. Ex quibus satis liquet Origenem in hac fuisse sententia,licere post repudiatam adulte
ram ducere domum aliam uxorem. Cæterum quod ait,episcopos illos fecisse contra doctri
nam euangelicam,qui post repudium permiserant matrimonium,sentit Origenes de his
qui ob alias causas repudiarant uxores,Iudæorum exemplo. Similiter accipiendũ est quod
scribit: Qua enim ratione adultera est mulier,quanquam legitime uideatur nubere uiro ui/
uente,eadem ratione & uir,quamuis legitime uideatur accipere dimissam ab aliquo uiro,
non accepit legitime secundum sententiam Christi,sed magis mœchatur,quasi alienam ac
cipiens. Agit hic Origenes de ijs qui diuortium fecerant ob alias causas,quas Christus non
excepit,aut ob causas leues. Nec tamen humanis legibus puniebatur qui hoc fecisset,imò
matrimonium habebatur legitimum. Sed an iuxta Christi sententiam legitimum sit,dispu
tat Origenes,præsertim in atrocibus commissis,uelut in ueneficij aut homicidij conatu.
Sic enim ait: Si iustam excusationem habet apud deum, tractabis. Et tamen fatetur,quod
qui sic dimittit,præbet adulterij causam: sed fortassis hoc apud deum imputandum uxori,
[*Tertullianus* non marito. | Nec ab his dissentire uidetur Tertullianus libro aduersus Marcionem quarto, 27
sic interpretãs hæc uerba Christi: Si quis dimiserit uxorem,& aliam duxerit, quasi qui hoc
animo repudiat ut nouam ducat,non recte dimittat. dimittit enim, non ex iusta causa: sed
causatur quiduis,quo quam fastidit,uideatur iuste dimittere. Manet,inquit,matrimonium
quod non rite diremptum est. manente matrimonio,nubere adulterium est. Ita si conditio/
naliter prohibuit non dimittere uxorem,non in totum prohibuit. Et quod non in totum
prohibuit

prohibuit,in totum permisit.Idem paulo post:Habet itaque & Christum assertorem iusti- tia diuortij. Dices Tertullianum non audiendum,quum seipsum submouerit ab ecclesia. Verum in hac parte non fuit à quoquam orthodoxo notatus:notandus utique,si hæc opi-
19 nio dissensisset ab ea quæ tunc erat orthodoxorum. Eiusdem opinionis fuit Pollentius qui- Pollentius
dam,uir,ut apparet,grauis & eruditus,contra quem libris duobus agit Augustinus, sed agit non ut cum hæresiarcha,sed ut cum antagonista:itaque refellit illius sententiam,ut hæ- reseos crimen non intentet. Quin & diuus Ambrosius sine controuersia uir non orthodo- xus modo,uerum etiam probatæ sanctimoniæ, tribuit uiro ius ducendi alteram uxorem, ubi priorem ob culpam admissam repudiarit. Neque dubium est,quin is episcopus exercue- rit in suis,quod recte iureque fieri scripsit. Scripsit autem enarrans caput epistolæ ad Corin- thios prioris septimum,hunc in modum:Et uirum uxorem non dimittere, subauditur au- tem Excepta fornicationis causa.Et ideo non subiecit sicut de muliere:Quod si discesserit, manere sic:quia uiro licet ducere uxorem,si dimiserit uxorem peccantem:quia non ita le- ge constringitur sicut mulier.Caput enim mulieris uir est. Idem paulo superius: Quod si se,inquit,continere non potest,quia pugnare non uult contra carnem,uiro reconcilietur. Non enim permittitur mulieri, ut nubat, si uirum suum causa fornicationis dimiserit,aut apostasiæ,aut si illicite impellente lasciuia,usum quærit uxoris : quia inferior non omnino hac lege utitur,qua potior. Si tamen apostatet uir,aut usum quærit uxoris inuertere,nec alij potest nubere mulier,nec reuerti ad illum. Hic quum ait,quia inferior non omnino hac lege utitur qua potior,uidetur tacite tribuere marito ius ducendi alterã. At aliquanto post, & uxori tribuit ius alteri nubendi uiuo marito priore. Enarrans enim Pauli uerba,Non est enim frater aut soror seruituti subiectus in huiusmodi,ait:hoc est,non debetur reuerentia coniugij,ei qui horret autorem coniugij.Non enim ratum est matrimonium quod sine dei deuotione est,ac per hoc non est peccatum ei quæ dimittitur propter deum, si alij se iunxe- rit. Contumelia enim creatoris soluit ius matrimonij circa eum qui relinquitur,ne accuse- tur alij copulatus.Infidelis autem discedens,& in deum & in matrimonium peccare digno scitur,quia noluit sub dei deuotione habere coniugium.Itaque non est ei fides seruanda con iugij,qui ideo recessit,ne audiret autorem esse Christianorum deum coniugij. Nam si Es- dra dimitti fecit uxores aut uiros infideles,ut propitius fieret deus,nec iratus,si alias ex ge- nere suo acciperet,non enim ita præceptum his est ut remissis istis alias minime ducerent, quanto magis si infidelis discesserit,liberum habebit arbitrium,si uoluerit nubere legis suæ
27 uiro.Illud enim non debet imputari matrimonium quod extra legem dei est. Hactenus ille. Neque enim arbitror hic causari quenquam posse,Ambrosium agere de muliere,quæ per imprudentiam nupserit marito pagano,quem credebat esse Christianum, quum Paulus permittat coniunctionem,si consentiat infidelis. Quod si hic error intercesserit in contra- hendo,nullo iure poterit cum illo manere cum quo non potuit contrahere matrimonium. Sanè frigidum est quod Petrus Lombardus adducẽs eum locum ex Ambrosio,quem nos primum recensuimus,libro Sententiarum quarto,sic diluere conatur,ut dicat hæc uerba à falsarijs indita libris Ambrosianis, quum & stilus ad unguem congruat,neque quicquam alioqui sit illic adscriptum uice commentarij.Nihil negocij fuerit quemuis nodum ista ra- tione dissoluere,si quis recipiat. Sunt in libris Cypriani,sunt in Hieronymi,sunt in Augu- stini,sunt in Thomæ,quæ reijcit ecclesia. Cur non in his omnibus eodem utimur cresphy-
22 geto,moxque occinimus,à falsarijs subdita sunt. Nam si recentiorum opiniones excutiamus, quibus hactenus plurimum autoritatis & fora & scholæ tribuunt,comperiemus & inter hos fuisse,qui putarint matrimonium posse dirimi,aut certe qui putarint hoc argumẽtum esse disputabile. Primum Ioannes Andreæ decernit matrimonium antequam intercesserit copula, posse dirimi, non solum ob professionem uitæ monasticæ, uerum etiam sola Ro- mani pontificis autoritate. Quod si mihi dant huiusmodi matrimonium,uerbis legitimis ac mutuo consensu contractum inter personas idoneas esse uerum matrimonium,simul dabunt eius uim pendere ex lege diuina. Aut igitur lex diuina non hoc sensit quod nos in- terpretamur,aut Pontifex potestatem habet laxandi iuris diuini. Rursus idem Ioannes do- cet matrimonium consummatum interuentu coitus non posse dirimi. Sed huius discrimi- nis ego nullam adhuc satis grauem audio causam. Nam rationes quas adducunt Hostien-

Ambrosius uiro facit ius ducendi alteram

Ambrosius etiam uxori permittit alicubi nubere à diuortio

Magister sententiarum

Ioannes Andreæ

22: Sed

ſis, Auguſtinus, & Leo papa, præter quàm quod hominum commenta ſunt, non efficiunt tamen, quo minus aduerſus Chriſti Pauliq; doctrinam dirimatur matrimonium, & à diuortio ſit ius iterandi coniugij. Aut igitur negandum eſt eſſe matrimonium, quod non confirmauit congreſſus coniugalis, aut fatendum eſt recte dirimi matrimonium. Alioqui quis deus hoc reuelauit doctoribus iſtis, quod profeſsio uitæ monaſticæ, & mutatus cultus, iuxta hominum inſtitutionem dirimit matrimonium, etiam altero coniugum reclamante. Ratum, inquient, non conſummatum: quaſi ante congreſſum, non legitimum ac perfectum quod ad coniugij rationem attinet. Quod oraculum aperuit, quod lapſus in hæreſim, dirimat matrimonium, etiam conſummatum, & ita dirimat, ut ius ſit ei qui perſtiterit in fide, alteri iungi? Vt omittam interim quod Zacharias papa, quemadmodum refertur libro Sententiarum quarto, diſtinctione trigeſimaquarta, dirimit matrimonium, ob rem habitam cum ſorore uxoris tuæ. Eius uerba ſic habent: Concubuiſti cum ſorore uxoris. Si feciſti, neutram habeas, & uxor tua, ſi non fuerit conſcia ſceleris, & continere non uult, nubat in domino cui uult. Tu uero & adultera, ſine ſpe coniugij maneatis, & dum uiuitis pœnitentiam agite. Hactenus Zacharias. Iam uero mihi nequaquam uериſimile uidetur commentum, quod addit Petrus Lombardus: Quod ait, inquit, cui uult nubat: intelligendum eſt poſt mortem uiri. An rem tanti momenti taciturus erat Pontifex, ſi ſenſiſſet quod hic interpretatur? Quid ſi maritus ſuperſtes ſit uxori; nonne iam par erit hac in parte pœna nocentis & innocentis. Verum hoc utcunq; habet. Nam cauſabitur aliquis, non fuiſſe matrimonium quod contra pontificis conſtitutionem contractum eſt, Atqui id ſi uerum eſt, cur non liberatur mulier? Verum hanc, ut dixi, quæſtionem in præſentia miſſam faciamus: de monaſticæ uitæ profeſsione, nulli dubium eſt, quin dirimat matrimonium non conſummatum, lapſus in hæreſim etiam cõſummatum. Quod ſi ideo licet dirimere matrimonium non conſummatum, quod plenior ſit ratio ſacramenti in conſummato, eadem ratione licebit & conſummatum dirimere, quod plenior etiam eſt ratio in fœcundo coniugio, quàm in ſterili: in primo, quàm in ſecundo aut tertio. Mihi probabile uidetur hoc humanis legibus cautum, ut non conſummatum aliquo modo liceret dirimere, quod intactæ facile ſponſus alius reperiatur, contactæ non item. At nos, neſcio quo ſtudio, in hoc negocio leges humanas miſcuimus cum iure diuino, remq; prorſus inextricabilem reddidimus. Et tamen Ioannes Andreæ non uſque adeo abhorret ab hac opinione, ſi dicat aliquis matrimonium conſummatum graui de cauſa poſſe dirimi, quum hoc argumentum diſputet in regula Actus legitimi, De regulis iuris libro ſexto, citante Panormitano in cap. ex publico, de conuerſione coniugatorum. Nam propoſito caſu, an Pontifex poſsit indulgere, ut filius unicus regis monachus, ducat uxorem, eamq; habeat, donec gignat prolem maſculam, rationibus in utramque partem adductis, pro neutra parte pronunciat, rem aliorum arbitrio relinquens. Tandem ita claudit diſputationem Panormitanus: Ego ſatis putarem, quod nullo caſu papa poſſet diſſoluere matrimonium conſummatum inter fideles, ita quod eligerem partem negatiuam. Nec hic aſſeuerat, ſed argumentum ut diſputabile proponit, cuius alteram partem ipſe putat eſſe probabiliorem. Idem in cap. quanto, de diuortijs, inter multa ſcribit hæc: Et eſt iſte textus ad hoc optimus, & per rationem ſuam poſſet argui, quod etiam eccleſia non poſſet illud diſſoluere. Rurſus hic non affirmat eccleſiam non poſſe dirimere matrimonium conſummatum, imò potius innuit poſſe: licet ex hoc capite dicat poſſe ſumi argumentum pro diuerſa parte. Neq; ſtatim expugnatum eſt, quod oppugnari poteſt argumento. Quin & Hoſtienſis uidetur alicubi pro diuerſa parte facere. Siquidem in cap. ex parte, de conuerſione coniugatorum, quærit, an eccleſia poſsit hodie ſtatuere, ut altero fidelium prolapſo in hæreſim, poſsit alter coniugum tranſire ad altera uota. ac definit poſſe, hoc argumento: Sicut ſtatuit, inquit, inter infideles, inter quos eſt uerum matrimonium, in C. de infidel. & conſang. & affini. eodem modo uidetur quod poſsit ſtatuere inter fideles. Nam ratificatio matrimonij, quæ eſt inter fideles, naſcitur ex ſacramento baptiſmi, ut in dicto cap. quanto. & hoc ex eccleſiæ diſpoſitione. Poteſt ergo aliter eccleſia ſtatuere. An non hic aperte pronunciat Hoſtienſis, eccleſiam poſſe ſtatuere, ut aliquod matrimonium ratum & conſummatum diſſoluatur, altero labente in hæreſim: ita ut alter innoxius poſsit ad ſecunda uota tranſire, hoc eſt, nouum inire matrimonium. Negat tamen hoc

*Matrimoniũ monachiſmo ſoluitur*

*Petrus Lõbardus diſcuſſus*

*Lapſus in hæreſim dirimit matrimoniũ cõſummatum*

*Ioannes Andreæ de diuortio*

*Panormitanus de diuortio*

hoc posse fieri,nisi statuat ecclesia.Iam Antoninus narrat sibi conspectum fuisse diploma,
quo Romanus pontifex dirimebat matrimonium ratum & consummatum. Porrò quan/ *Antoninus*
tum his autoribus tribuendum sit,alij uiderint.A me sunt in hoc producti,ut apud hos qui *de diuortio*
illis plurimum tribuunt,non uidear absurde fecisse,qui optarim aliqua ratione fieri,ut au/
19 toritas ecclesiæ succurrat infeliciter,ac cum detrimento salutis cohærentibus. Iam nemo po
terit inficiari,leges Christi multo æquissimas esse,longeque præcellere,siue cum lege natu/ *Argumentum*
rali,siue cum humanis legibus conferantur.Christus uirginitatem non exigit,ne uideatur *ab æquitate*
cum natura pugnare,licet beatos pronunciet,qui hoc possint capere,sed addit,propter re/
gnum dei.Regnum autem dei uocat euangelij prædicationem,ut hoc ipsum ad ea tempo/
ra magis pertineat.Est tempus nubendi,est tempus abstinendi à nuptijs.An igitur æquum *19: propie*
uidetur,ut maritus cum uxore flagitijs operta,quibus neque causam dedit,nec mederi pos/
sit,cogatur uiuere,cum qua uiuere non sit uiuere:aut si diuertat,compellatur omnem æta/
tem orbus,destitutus,ac uelut euiratus degere? Sit æquum ei qui diuortio causam dedit,
adimi ius iterandi coniugij,cur is plectitur qui nihil est commeritus,nisi quod parum felici
ter duxit uxorem? Aut quis unquam audiuit fortunam puniri,si absit culpa,præsertim le/
ge diuina? Quid est hoc aliud,quàm afflicto afflictionem addere,cui subuentum opor/
tuit? Nam quod spurijs aut nothis ad quosdam honores & commoda interclusus est adi/ *Pontifex ex*
tus,primum humanis legibus interclusus est,non euangelicis,Deinde sic uisum est ulcisci *monacho fa/*
parentum intemperantiam. Postremo non sic interclusus est,quin sua uirtute possint for/ *cit non mo/*
tunam sarcire.Quanquam nec omnino simile est,non admitti ad dignitates,& per omnem *nachum* *
uitam cruciari,& nulla sua culpa tantis obijci periculis.Si facit adulteram,qui sine legitima
causa repudiat uxorem,non facit adulteram,qui uetat inire matrimonium, cum eo sit habi
22 tu corporis,ut castitas non sit exigenda. Nam quod obijciunt exemplum monacharum ac *Votum solen/*
monachorum,quibus ideo non fit iniuria,quod sua sponte susceperūt inabrogabilem pro/ *ne ac priuatū*
fessionem,fortasse respondere poteram,nil agit exemplum litem quod lite resoluit. Et ta/
men,si credimus quibusdam Iureconsultis,pontifex Romanus potest ex monacho non mo
nachum facere.Siquidem quod adferunt de uoto solenni & non solenni,ut constanter asse
uerari uideo,ita non uideo solidis rationibus esse nixum.Si pondus habebit hæc ratio,uo/
lentes susceperunt,ut quod actum est sit perpetuum,omnes contractus qui inter uolentes
coierint,debent esse perpetui,qui nunc nouis causis emergentibus,ex æquitate iuris sæpe/
numero rescinduntur. Sed dicet aliquis,in matrimonio lex est præscripta ne dirimatur se/
mel contractum:& huius legis non ignari ultro præbent colla capistro.Atqui hoc est quod *19: palam pugnat*
hic agimus,an huius legis rigor possit aliquo pacto laxari,quum sæpe tales existant causæ
19 ut crudele uideatur non subuenire periclitanti. Quod si res pugnare uidetur cum æquitate *Interpretatio*
naturali,uidendum est,an secus interpretanda sint,quæ super hac re leguntur in euangeli/ *locorum [de*
cis & apostolicis literis.Liceat enim hic quod in alijs sacræ scripturæ locis facere non uere/ *diuortio]*
mur.Excutiamus,quando,quibus,qua occasione dictum sit,& fortassis ueram germanamque
sententiam deprehendemus.Neque uero statim hic reclamet aliquis:O cœlum,ô terra,Iste *19: Hic*
conuellit decreta ecclesiæ. Primum non conuello,ut ante testatus sum,sed disputandi gra
22 tia confero.Tum dispiciendum est,quo animo hoc receperit ecclesia. Quædam enim sic in/ *22: Primum*
stituit,ut ad tempus modo uelit ualere.Deinde si nusquam sua placita mutauit,uel eccle/
22 sia,si sic libet appellare,uel Romanus pontifex,non postulo,ut hic quicquam demutet.Sin
comperitur idem aliâs fecisse in rebus per se quidem grauioribus,sed fortasse non perinde
facientibus ad salutem mortalium,cur idem hic uereamur facere,quum hac uia tot homi/
num saluti liceat consulere? Christus non grauatur ob unam ouiculam lustratis omnibus
obambulare,quam humeris reducat,& nos grauabimur experiri si quâ tam multis pereun
tibus succurri possit,præsertim quum Christus salutis sit autor,& humanæ leges non aliter
ualere debeant,nisi quatenus ad salutem conducunt hominum.Denique quum plerique theo *19: desunt*
logi tantum autoritatis tribuant Romano pontifici,ut possit abrogare quod ab apostolis, *Pontifex an*
atque adeo ab ipso Petro sit institutum,nec desint qui uocent in quæstionem,num ius ha/ *possit statue/*
beat & aduersus euangelicam doctrinam statuendi quippiam,nec prorsus abnuunt,quin *re aliquid ad/*
aliqua ratione possit,si non abrogando quod statuit Christus,certe uel interpretando,uel *uersus aposto*
astringendo,uel relaxando,quod non ueritus est Paulus quoties ait, Ego non dominus,se/ *lorū decreta*

 cundum

* margin: 19-22: Non solum iniquum + crudele verum etiam periculosum videtur immeritum arcere a matrimonio.

cundum indulgentiam agens non ex imperio. cur hic astringunt illius potestatem? Porro 22

*Ioan. Andreae*

quod ad matrimonium attinet, Ioannes Andreae grauis apud Iureconsultos autor, asseuerat Romanum pontificem posse constituere, ut per secundum matrimoniū irritetur prius, non consummatum, sicut irritatur per ingressum religionis. Et in huius sententiam pedibus discedit Panormitanus, quod liquet ex horum commentarijs in capitulum Quod uotum, titulo De uoto & uoti redemptione, libro sexto. Item in capitulo Ex publico, de conuersione coniugatorum.

*Apostolorum decreta mutata sunt*

In Actis apostolorum, solenni celebriq; consilio decretum ac promulgatum est, ut qui ex paganismo cooptarentur in Christianos, abstinerent ab idolothytis, à suffocato animante, à sanguine & à stupro. Conciliabulum dici non potest tam frequens coetus, acephalum dici non potest ubi Petrus aderat ipse. Et tamen quod ibi decretum est, adeo est antiquatum, ut nunc iudaizare crederetur, qui abhorreret à gallina suffocata, aut fartis sanguine distentis. Nec ledimus interim apostolicam maiestatem, tantum excusamus hoc ad tempus fuisse constitutum ob placandos Iudaeorum animos.

*Pauli constitutio.*

Paulus uetat episcopum fieri qui neophytus sit, aut percussor, aut uinolentus. At hodie Romanus pontifex uel heri baptizatum, uel piratam publicum admittet ad honorem episcopalem, si uideatur, nihil deterritus Paulina constitutione.

*Transsubstantiatio*

In synaxi transsubstantiationē, sero definiuit ecclesia, diu satis erat credere, siue sub pane consecrato, siue quocunq; modo adesse uerum corpus Christi. Vbi rem propius contemplata est, ubi exactius expendit, certius praescripsit. Non erant haeretici qui olim credidissent spiritum sanctum à patre duntaxat procedere, & haud scio, an maxima pars Christianorum primitus ita crediderit. Expensa re, definijt ecclesia, quod hodie sequimur.

*Cōceptio beatae uirginis.*

Idem uidetur accidisse in conceptione beatae uirginis, si tamen hoc ecclesia sic definijt, ut haereticus sit habendus qui dubitet: nam mihi nondū satis liquet (etiamsi sunt qui praedicent hoc esse definitum in cōcilio Basiliensi. 27

*Conciliū Basiliense quātum ualeat*

Hic rursus oritur dubitatio gemina, an ualeant omnia in eo concilio acta, tum quibus uerbis & quo animo hoc sit definitum. Quod si ut articulus fidei, quid fiet Dominicanis, quorum plerique persistunt in diuersa sententia? Sunt huius generis alia multa. Nemo priscorum audebat clare pronunciare, spiritum sanctum esse patri filioq; homusion, ne tum quidem quum quaestio de filio tanta contentione per uniuersum orbem agitaretur. Quin in epinicio quod post Arianos profligatos canere coepit ecclesia, quod tribuitur filio, lumen de lumine, deum uerum de deo uero, non idem dilucide tribuitur spiritui sancto.

*Spiritus sanctus homusios*

Nunc audemus profiteri, spiritum sanctum homusion patri & filio, & deum uerum, de patre deo uero, & de filio deo uero) Nullus, opinor, ecclesiam Christi, quae constat hominum consortio, sic omni prorsus errore liberat, ut nihil ignoret.

*Error circa periculum bonorū morum aut fidei*

119: in

Satis est hactenus uacare errore, ut religionis ac fidei summa constet. Nam fieri potest, ut de die paschae statuendo labatur numero ecclesia, quum is error ad pietatis aut fidei negocium proprie non pertineat. (Loquor autem de ecclesia cuius autoritatem sequimur, uidelicet Romana) 27

*An summus pontifex errare possit errore iudiciario.*

Porrò si uerum est, quod quidam asseuerant, Romanum pontificem errore iudiciali non posse unquam errare, quid opus generalibus concilijs, quid opus in concilium accersere Iureconsultos, ac theologos eruditos, si pronuncians labi non potest? Cur datus est appellationi locus, uel ad synodum, uel ad eundem rectius edoctum, postea quàm semel de causa pronunciauit pontifex? Quorsum attinet tot academias in tractandis fidei quaestionibus distorqueri, quum ex uno pontifice, quod uerum est, audire liceat?

↓*

*Pontificū decreta q̄ uariēt*

Imò qui fit, ut pontificis huius decreta, cum illius pugnent decretis? Vt enim taceam de Formoso, nónne papa Ioannes uigesimussecundus, & Nicolaus, Decretis totis inter se pugnant, idq; in his quae uidentur ad fidei negocium pertinere.

22: margin: Joannes

*Innocētius III*

19-27: margin: Nicolaus

*Celestinus*

Quorum alter pronunciauit iudicialiter, ut illorum more loquar, Christum & apostolos nihil habuisse, nec in commune, nec priuatim: alter contra pronunciat, habuisse. Id ex ipsorum Extrauagantibus licebit cognoscere, sed propius ad id quod hic agimus facit, quod Innocentius tertius, ac Celestinus de matrimonio dirimendo prorsus pugnantia definierunt. Quorum hic ius facit alteri coniugum iterare matrimonium, si alter fuerit in haeresim prolapsus, Innocentius negat. quemadmodum legimus libro Decretalium quarto, titulo De diuortijs, capite Quanto. Nec illic dissimulat Innocentius quendam praedecessorem suum secus statuisse, Celestinum indicans, ut aperit glossema, declarans Celestini super hac re constitutionem, olim extitisse in Decretalibus, libro tertio, titulo De conuersione infidelium, in fine. Id eo magis

ueri

* Margin: 19-22: Contrarietas in pontificium decretas

uerisimile est, quod is titulus paucissimis constet capitibus, ut intelligas esse decurtatum.
Præterea Pelagius, ut extat in Decretis, distinctione trigesimaprima, cap. ante triennium, *Pelagius*
constituerat, ut hypodiaconi Siciliæ ab uxoribus abstinerent, quas ante constitutionem legitime duxerant. Id decretum uelut iniquum, & cum euangelico pugnans præcepto, retra
ctat & abrogat Gregorius, eius nominis primus, qui Pelagio successit, statuens, ut in poste- *Gregorius*
rum nemini ad eum ordinem pateret aditus, nisi uouisset castitatem. Cæterum durum &
iniquum esse, ut ad castitatem cogatur, qui non uouerit castitatem, nec ulla culpa comme-
ruerit, ut eò debuerit compelli. At quod hic iniquum uidetur Gregorio, non uisum est iniquum Innocentio tertio, loco quem modo adduximus, qui ita respōdet ijs qui obijciebant,
præter æquum uideri, coniugem relictum suo iure priuari sine culpa, præsertim quum con
tumeliosior sit in Christum qui baptizatus recidit in hæresim, aut paganismum, quàm qui
natus ethnicus recusat ad Christi professionem conuerti. Ad hæc seculis aliquot hanc sententiam complexa est ecclesia Mutinensis, ut qui contraxisset cum Barbara uerbis legitimis, & ex animo, sed non intercedente coitu, postea contraheret cum Cornelia, & coitum
adiungeret, cogeretur priore relicta, posteriori conuiuere. Id palàm rescindit Innocentius *Innocentius*
Romanus pontifex, ex diametro, quod aiunt, diuersam pronuncians sententiam, uidelicet
priorem esse legitimam uxorem, quod cum posteriore sit actum, adulterium esse, non matrimonium, ut proditum est libro Decretalium epistolarum quarto, titulo quarto, cap. tuas
dudum. & eiusdem tituli, capite Licet. Alexander tertius indicat suo rescripto fuisse statu- *Alexāder III*
tum ac definitum aliquando à prædecessoribus suis, id est Romanis pontificibus, quod in
Mutinensi ecclesia damnat Innocentius. Quanto id periculosius, quàm causa diuortij? &
tamen hic decreta pontificum mutauit Romanus pontifex. Vt non commemorem interim, quod in causa fidei schola Parisiensis aliquando publicitus improbarit Romani pon-
22 tificis sententiam, eumq; ad palinodiam compulerit, si qua fides historijs. Nisi forte fabulam uanam esse putamus, quod refert Ioannes Gerson in sermone quodam paschali de Ioanne pontifice, eius nominis uigesimosecundo, qui decernebat ante diem iudicij non esse
puniendas animas impiorum: quem errorem publicitus explosit schola Parisiorum, pontificem adigens ad palinodiam. Nec dici potest, hunc errorem priuatum fuisse pontificis: pu
blicum fuisse oportet, scripto aut etiam decreto uulgatum, quum ea res adeo commouerit
19 Galliæ regnum. Sed quid ego de Pelagijs, aut Alexandris loquor, aut Innocentijs, quum
non puduerit Petrum apostolorum principem, melioribus auscultare, postea quàm admo- *Petrus muta-*
nitore Paulo, suum agnouit errorem? si tamen amplectimur hac in parte diui Aurelij Au- *uit sentētiam*
gustini sententiam. Iam ut demus coniugium legis esse diuinæ, certe pleraq; quæ circa ma
trimoniorum causas tractantur, ad ius positiuum pertinent, ueluti de gradibus, de impedi-
mentis, de rescisionibus. Neque hæc decreta à synodis celebribus profecta sunt ad nos, sed
à priuatis pontificum responsis, quibus huius aut illius cōsultationibus pro tempore, quod
æquum uideretur respondebant, nonnunquam & à seipsis dissentientes. Atq; hæc constitutio de qua nunc agimus, primum, opinor, ab uno aut altero episcopo profecta est, deinde
paulatim latius serpens inualuit. Homines erant illi, & nemo nescit quantum ualeat semel
recepta cōsuetudo. Nec mirum est, ueteres illos tam iniquos fuisse diuortio, quod & apud 19:
ethnicos semper fuit odiosum, qui coniugium etiam ægre admiserint, ægrius digamiam. produximus
Hæc eo prodimus, ne quis statim uelut absurdam reijciat disputationem de mutandis di- *Loca quæ ui-*
uortij legibus. Sed iam si placet, excutiamus diuinorum uoluminum locos, unde uidemur *dentur prohi-*
ad hanc legem recipiendam fuisse compulsi. Dominus noster Christus apud Matthæum *bere diuortiū.*
capite quinto, tradens cœlestem illam suam philosophiam, & absolutum præscribens ex- *Matthæi V*
emplar, cuiusmodi suos esse uoluerit, loquitur ad hunc modum: Dictum est autem, Qui-
cunq; dimiserit uxorem suam, det ei libellum repudij. Ego autem dico uobis, quod omnis
qui dimiserit uxorem suam, excepta fornicationis causa, facit eam mœchari, & qui dimissam duxerit, adulterium committit. Verum quum eodem in loco complura doceat, quæ 19-27: adulterat
pure germaneq; Christianis digna sunt, cur in cæteris omnibus recipimus interpretationē,
in uno diuortio tam rigidi sumus, ut magis etiā astringamus uerba Christi? Etenim quum
ille reliquerit marito unam causam repudiandæ coniugis, nos eam multis modis astringi-
mus. Primum ita licebit diuertere, ut postea uiuat castratus & orbus. Deinde si post suspicionem

cionem adulterij rem habuerit cum uxore, excidit à iure repudiandi. Ad hæc si ipse quoq;
fuerit adulter, cogetur cum adultera cohærere. Postremo particulam exceptionis huc de-
torquemus, non ut ius faciat marito repudiandi, sed ut si repudiet, non facturus sit adulte-
*Diuortium nouum à nobis inuentum* ram, quandoquidem iam adulteram abijcit. (Nam id Augustini commentum est.) Diuor- 22
tium interim appello, uerum, & quale solum illa nouit ætas, qua licebat à repudio prioris
alteram ducere. Nam quod nos interpretamur diuortium, quum dirimitur domestica consuetudo, manente coniugij uinculo, quis unquam ueterum uel theologorum uel Iureconsultorum appellauit diuortium? Sed de hoc mox. Hac igitur una in parte tam mordicus tenemus summum, quod aiunt, ius, in cæteris quamuis recipientes interpretationem. Vetat
*Ius iurandum* inibi, Ne iuremus omnino: uetatq; multo seuerius quàm diuortium, & pluribus uerbis inculcat, & tamen ob treis drachmas iuramus passim, sic excusantes, Non est iurandum te-
*Ne irascaris* mere. Cur non item, Non est diuertendum ab uxore temere? Vetat ille irasci. mox subijci-
mus, Temere. Vetat ille compellare quenquam contumeliosius: nos etiam colaphos im-
pingimus, denique occidimus, & excusamus Non lædendi, sed castigandi animo. Vetat
ille, ne munus offeramus, ni prius reditum sit in gratiam cum fratre: excusamus, Si petat
ille sibi ignosci, & si satisfaciat. Vetat ire ad iudices pro credito, sed rem transigi iubet cum
aduersario. Nos ob sex obolos conijcimus proximum in uincula, & iure agere dicimus.
Imò definimus peccare eum, & negligentiæ reum agimus, qui ius suum hac uia non perse
quatur. Vetat iniuriam iniuria retaliare, etiam iure. Nam antiquitus talionis pœna sine iudicio, ni fallor, non permittebatur. Nos ob paucos nummos subductos, hominem ad sus-
pendium adigentes, excusamus, Ius persequor, non uindictam. Vetat ille resisti malo: nos
*Præcepti & consilij* excusamus consilij esse, nō præcepti, licere nihilo secius uim ui repellere. Et ne singula per-
sequar, iubemur diligere inimicos, bene mereri de male merentibus, bene precari male pre-
cantibus. Excusamus, optabo inimicis mentem meliorem, signa familiaritatis non teneor
exhibere. Postremo communis excusatio opponitur omnibus, perfectis hæc præcipiuntur.
Neq; quisquam interim [ex tam multis qui se perfectionis titulo uenditant] agnoscit perfe- 35
ctæ pietatis professionem (quum exigitur officium) ut ista penè frustra dicta sint à Chri- 27
*Circulus Christo proximus ac pure Christianus* sto. Christus hæc loquutus est, non turbis, sed discipulis, idq; in monte, depingens purissimam illam sui corporis partem, quam appellat regnum cœlorum, cui nullis sit opus legi-
bus. Quorsum enim opus præcepto, Ne occidas: ubi nemo uel læsus irascitur, aut maledicit: ubi placat ultro etiam is qui iniuria affectus est: ubi quisque mauult de suo iure concedere, quàm apud iudicem experiri? Quid opus lege quæ uetat adulterium, ubi nemo concupiscit quod alienum est? Quorsum opus iureiurādo, ubi nec fallere studet quisquam, ne
que diffidit quisquam? Quid opus, ut lex moderetur ultionis æquilibrium, ubi diliguntur
& hostes, ubi malefactum beneficio pensatur, conuitium benedictis? Ita nihil opus libello
repudij, ubi nemo malus est: aut si quid est humani uitij, uel toleratur inuicem uel sanatur.
Pone talem populum qualem Christus optat, nec repudio fuerit opus, nec iureiurando.
Quod si ob infirmos quos in tanto numero plurimos habet ecclesia, nemo uetatur legibus
suum ius persequi, nemo uetatur uim à capite propellere: nemo uetatur iurare, modo ob
rem, & ne peieret: nemo cogitur bene mereri de male merentibus: cur unum hoc de diuortio, promiscue exigimus ab omnibus? Si ob duriciam cordis permissum est Iudæis ob
*Causæ diuortij* quamlibet causam uxorem abijcere, ne quid grauius admitterent, & uidemus inter Christianos, præter assiduas coniugatorum rixas, grauiora discrimina, nimirum cædes, uene-
ficia, incantamenta: cur quum idem sit morbus, non idem admouetur remedium? Non
probat Paulus digamiam, & tamen ob incontinentiam permittit, quod non audet exigere, satius esse iudicans nubere, quàm uri. Et nos de rigore diuortij nihil omnino laxamus?
Iudæi, quod Moses scripserat de libello repudij, sic interpretabantur, quasi maritis ius esset
quamlibet leui de causa reijcere coniugem, puta si quid in corpore fœditatis offenderet.
Sic enim interrogant Christum capite decimonono: An licet quacunque de causa dimit-
*Cur adulterium potissimū excipitur* tere uxorem? Id Christus astringit ad unam adulterij causam: non quod non sint alia flagitia adulterio sceleratiora, sed quod adulterium tota ratione pugnet cum coniugio. Ma-
trimonium, è duobus unum facit: eam copulam dissecat adulterium. Ergo suis Christus
unam duntaxat causam indulget diuortij, Iudæis non adimit quod indulsit Moses ob ingenij

genij duriciem,negans ab initio fuisse sic. Si ut conditus erat homo,perseuerasset,nul-
lum erat futurum inter ullos diuortium. Christus reuocans suos ad pristinam innocentiam,non uult diuortium, quia non uult duros corde,& tamen Paulus indulget humanæ
fragilitati,relaxans sæpenumero domini præceptum.Cur non idem facere posſit Romanus pontifex? Porrò quod obijcitur ex eodem loco: Quod deus coniunxit,homo ne separet,non magno negocio solui potest. Hoc deus coniunxit,quod rite coniungitur:hoc Quod deus
deus dirimit,quod recte dirimitur. Apud ethnicos non erat ratum matrimonium,nisi pa- coniūxit[quo
rentum aut tutorum autoritate comprobatum,ne apud Iudæos quidem,& tamen apud modo poßit
utrosque aliquo modo dirimi poterat matrimonium. Apud Christianos facillime coit con- intelligi]
iugium,& semel initum nullo pacto potest diuelli. Furtim inter pueros & puellas,per lenones ac lenas,inter stultos ac temulentos copulatur matrimonium,& tam turpiter initum indissolubile est,& quod magis est nouum,sic initum fit sacramentum. Nam quæ
nos de consensu,& uerbis de præsenti,de rato & non rato disserimus,humanæ sunt interpretationes,non oracula dei. Fateor absque mutuo consensu non coire matrimonium,sed
consensum requiro sobrium. Consensum,non per insidias ac temulentiam exortum. Consensum ex amicorum consilio sic adhibitum,ut par est in re,quæ rescindi nunquam posſit,
& quæ mereatur inter ecclesiæ sacramenta numerari. Cæterum ubi cognitis causis, episcopus,aut alij legitimi iudices dirimunt huiusmodi matrimonium, non hoc separat homo,quod deus coniunxit,sed quod male conglutinauit pueritia,quod uinum,quod teme-
ritas,quod inscitia,quod male per lenas ac lenones,suos diaconos coniunxerat diabolus,
hoc per suos ministros recte dirimit deus. Atqui diuortium,inquiunt,approbat ecclesia:
sed hactenus,ut uterque maneat inconiugatus. Obsecro te an de hoc diuortio sensit Christus? A Iudæis interrogatur,Iudæis respondet. At illi nullum aliud nouerant diuortium,
nisi quod adimeret ius repetendi dimissam,& daret ius ducendi alteram. Siquidem licuisse Iudæis etiam mulieribus,à repudio alteri nubere,uel illud est argumento,quod sacerdos prohibetur repudiatam ducere:quæ lex superuacanea fuisset,si non erat fas repu-
22 diatæ cuiquam nubere. ⟨Imò in hoc dabatur libellus repudij,ne ius esset repudiatam repetere,ac firmum esset alterum matrimonium. Siquidem hæc Chrysostomi ratio mihi uidetur probabilior,quàm ea quam adfert Augustinus libro aduersus Faustum decimonono,capite uigesimoquinto.⟩ Quod si Christus de uero diuortio loquutus est,unde nobis
hoc nouum diuortij genus,quod nomine uerius,quàm re diuortium est? Sed fingamus
de hoc diuortio sensisse Christum,quum is unicam duntaxat repudij causam indulserit,
cur Augustinus addit idololatriam & hæresim, nec alio titulo,quàm quod hæc sit quæ- Idololatria
dam fornicatio? Atqui ad eam rationem uidetur omne facinus capitale,quod animam fornicatio
alienat à deo,fornicatio quædam dici posse. Cur nostræ leges tot casus adiecerunt,penè quædā dicitur]
innumeros in quibus recipitur diuortium? Hieronymus etiam ob adulterij suspicionem,
pronunciat libere reijci uxorem: Vbicunque,inquit,est fornicatio,& fornicationis suspicio,libere uxor dimittitur. Si quid licet immutare in præceptis Christi,cur non consulitur
saluti male cohærentium? Si nihil licet, cur ausi sunt ex unica causa tam multas reddere? Pontificiæ leges concedunt iterare coniugium alteri coniugum ad Christum conuer-
so,si altera nolit ab impietate blasphemiaque resipiscere, Christus fornicationem excepit,
hunc casum non excepit. Et tamen hic audemus concedere,quod illic non audemus. A frigido dimisso licet nubere, à paricida dimisso non licet. Error conditionis irritat contra- 19-22: sodomita
ctum & consummatum matrimonium, ueluti si qua nubat seruo,quem credebat inge-
nuum, Error qualitatis non dirimit. Quasi non sit tolerabilius seruo iunctum esse,quàm ue-
nefico aut mago & homicidæ aut etiam paricidæ. Quod leuius est,non exigitur:quod gra-
22 uius est,exigitur. ⟨Respondebit aliquis, hic non dirimi matrimonium, sed declarari tantum non fuisse uerum matrimoninm quod esse uidebatur. Audio, sed illud quæro, qua
nam autoritate pronunciarint hanc causam ualere ad dirimendum matrimonium creditum,aliam parem,aut multo etiam grauiorem non ualere? Aut cur non eadem ratione
succurritur male copulatis,ut pronuncietur non fuisse uerum matrimonium, quod inter
pueros ac puellas qui sunt in parentum potestate,citra parentum autoritatem,per uino-
lentiam & lenarum insidias contractum erat?⟩ Sed iam si placet,causas excutiamus,qui-

 bus

19-22: adulteram

bus adducti ueteres non concedunt iteratum coniugium,ne ob adulterij quidem crimen.

*Diuortiū uerum quare nō admittatur*

19-27: tr: quare non a v. div. 19: tr.

Hieronymus hanc adducit causam,ne si duxerit alteram,uideatur non offensus prioris uitijs,sed auiditate formosioris mutasse cōiugem. Quin ipsius uerba subscribam: Et quia poterat,inquit,accidere,ut aliquis calumniam faceret innocenti,& ob secundam copulam nuptiarum,ueteri crimen impingeret,sic priorem iubetur dimittere uxorem,ut secundam prima uiuente non habeat. Quod enim dicit tale est,si non propter libidinem,sed propter iniuriam dimittis uxorem,quare expertus infelices priores nuptias,nouarum te immittis periculo? Nec non quia poterat euenire,ut iuxta eandem legem uxor quoque marito daret repudium,eadem cautela præcipitur,ne secundum accipiat uirum. Et quia meretrix,& quæ semel fuerit adultera,opprobrium non timebat,secundo præcipitur uiro,quod si talem duxerit,sub adulterij sit crimine. Hactenus Hieronymus.

*Excussæ causæ quas adduxit Hieronymus de interdicto diuortio*

At interim seposita paulisper autoritate scriptoris,rem ipsam mecum expendat lector,num hæ satis graues sint causæ, cur innoxius maritus debeat uel alligari sceleratæ mulieri,uel orbitatis molestiam,& libidinis incendium ferre per omnem uitam,ne uel parum prudens habeatur quibusdam,quod rem quæ non successerit,denuo sit aggressus: quasi turpe sit,qui semel tempestatem expertus sit,iterare nauigationem,aut qui in deligendo amico errauerit,quenquam alium in amicitiā admittere: uel intemperās aut auarus,qui formam aut dotem mutare uoluerit,non uxorem. Sed obsecro te,ubi res erit acta per episcopos,per probatos & graues iudices,ubi diuortiū horum autoritate comprobatum erit,qui deinde suspicabuntur,probi,an improbi? Nimirum improbi. Sed æquum ne censemus,ut ob aliquot improbos male suspicaces,tanta calamitate prematur maritus innoxius,aut mulier innocens?

*Augustini causæ de diuortio*

Consimiles fermè causas adducit Augustinus in libris ad Pollentium: Ne in contumeliam,inquit,prioris mariti uideatur alterum prætulisse,neue non tam uideatur mariti uitijs offensa diuertisse,quàm recentis auiditate,iocum etiam admiscens,ac negans ob malorum querelas oportere peruerti euangelium. Atqui primum euangelium non uetat iterare matrimonium,ubi iure dimiseris uxorem. De Pauli uerbis mox loquemur. Deinde quum nec Christus,nec Paulus continētiam exigat ab ijs qui continere non possunt,cur mali dicant,qui continere nequeunt,nec se continentiæ uoto astrinxerunt? Corporis hoc uitium est,non animi. Cur autem pœnas dare cogitur,qui nihil admisit? imò qui afflictus est.

19-27: tr.

*Matrimoniū sacramentum*

Iam uero quod de sacramento afferunt,cuiusmodi sit,uideamus,per quod uolunt omne matrimonium semel contractum,esse indissolubile. Neque enim hic Augustinus,qui tria bona ponit in matrimonio,quum tertium sacramentum uocat,sentit unum è septem sacramētis,quod ipsum subnotare uidetur Petrus Lombardus distinctione trigesimaprima,imò haud scio,an hoc sacramentū septimū ueteribus fuerit cognitum.

*Dionysius nō meminit de sacramento matrimonij*

Primum quod Dionysius enumerās nominatim singula,& singulorū uires,ritus ac ceremonias explicans,de coniugio nullam facit mentionem. Nam quod causantur quidā,comprehendi sub sacramento ordinis,id tale est,ut efficiat,ne nihil respōdisse uidearis,quum omnino nolueris obmutescere. Quasi uero ijsdem ceremonijs consecretur sacerdos,& sponsus iūgatur sponsæ: saltem duobus uerbis nomē addidisset,præsertim quū de eo tam multa scripserit Paulus. Deinde quū tot uoluminibus tractatū sit de matrimonio uel à Græcis uel à Latinis,nullus est locus unde liqueat illos coniugiū inter septē sacramenta cōmemorare,præsertim quum Augustinus coniugij fautor,bona matrimonij diligenter recenseat & inculcet. Quin Iouinianus,sic impense fauens matrimonio,ut hac de causa iudicatus sit hæreticus,quū utriusque testamenti libros omneis excusserit,nihil non detorquēs ad laudem matrimonij,non hoc tantum & plausibile ac palmarium argumentū,uel in primis produxisset,passim ita clamitans,Matrimonium est unum è septem ecclesiæ sacramentis,uirginitas non est. Nec opinor Hieronymū tam libere stomachaturū fuisse in digamos,si constitisset & illic esse unum è septem sacramentis.

*Durandus* 22

Verum cur hæc recenseo,quum Durandus fateatur matrimonium à recentioribus theologis denique numerari cœptum inter ea quæ proprie dicuntur ecclesiæ sacramenta? Porrò quod Paulum sequuti ueteres,matrimonium aliquoties uocant sacramentū,id sentiunt,opinor,in copula uiri & uxoris,quoniā est

*Sacramētum aliquādo pro typo ponitur*

arctissima amicitia,repræsentari typum quēdam & imaginem Christi,sponsam ecclesiam sibi copulantis. Et est quidem omnino res sancta,sacraque matrimonium rite seruatum,& tamen typus esse potest rei sacræ,quod per se sanctum non sit,uelut Bethsabee erepta Vriæ,

& Dauid

22 & Dauid iuncta,& Oseæ prophetæ stuprum⟨Sampsonisq; ac Dalilæ fabula⟩quod palam 19: fornicatio
testatur Hieronymus. Ac rursus nihil est necesse,ut typus per omnia respondeat. Alioqui
sacramẽtum non erit,ubi quis sterilem habet uxorem,aut ubi uxor fert maritum ebriosum
aut infamem aut aleatorem. Vt demus interim matrimoniũ hic accipi pro uero sacramento,sacramentum non erit,ubi uetulus ducit uetulam,ebrius ebriam,& tamen ecclesia agno
scit sacramentum.↑Alia sexcenta referri poterant,in quibus imago non respondeat,matri- ↑↓
monij humani & mystici. Neque protinus iniuria fit sacramento baptismi,si quidam illo-
tam habent uitam. Neque continuo non est sacramentum coniugium,si quibus uitijs con-
taminentur coniugati:alioqui nostro diuortio quod tam facile indulgemus,fiet iniuria sa-
27 cramento Christi. Aliquo modo dissoluimus⟨coniugium⟩quum Christus modis omnibus
adhæreat suæ sponsæ. Denique ne morte quidem oportebat dirimi matrimonium:si postu
lemus ut typus respondeat undique. Imò si typum urgeamus,interprete Origene,synago- Repudiauit
gam repudiauit Christus,ut interfectricem mariti,cuius illa uox est, Tolle tolle,crucifige Christus sy
eum,& hac repudiata sibi iunxit ecclesiam. Ad hanc imaginem licebit abijcere,quæ necem nagogam
22 machinata sit uiro,& alteram se dignam ducere⟨Quod ad mysterij congruẽtiam pertinet,
satis est quod hoc animo semper unus uni iungitur,ut nulla fiat diuulsio,quod inter ple-
22 rosque perpetuum est coniugium⟩Certe mirum est,quum⟨tot⟩Græci ueteres⟨simul ac La-
tini⟩causas exquirant,cur sit indissolubile matrimonium, nihil huiusmodi uenisse illis in
27 mentem⟨quod nobis uidetur insolubile.⟩Nemo contrahit matrimonium,nisi hoc animo,ut
sit perpetuum,neque uero quisquam hic uelit ominari diuortium. Quod si incidat necessa
rio,ut sunt res humanæ,non fit iniuria sacramẽto,si paucorum necessitati succurratur. Vt
enim paucorum priuilegium non irritat legem generalem,ita paucorum infelicitas non ui
tiat commune sacramentum. Postremo consequetur,aut in uetere testamento matrimoniũ [Diuortij ueti-
non fuisse sacramentum,aut dirimi nullo pacto debuisse,præsertim cum homicidij pericu- ti]causæ quas
lis nostro diuortio potuerit occurri.↓Chrysostomus duplicem adducit causam,cur apud Iu- adducit Chry ↑↓
dæos uiro permittatur uxorẽ abijcere,sed dato libello:Permittitur,inquit,repudiare,ne in- sostomus
uisam occidat. Ita'ne prodesse debet apud Iudæos flagitioso sua malicia,& apud nos non
proderit marito sua innocentia? Iubetur,inquit,dare libellum,ne liceat recipere quam repu
diauit,alioqui futuram infinitam ac fœdam adulteriorum confusionem. Atqui hæc causa
nos non deterret,quo minus faciamus marito ius recipiendi quam repudiarit. Atq; is eandem putat esse causam,cur liceat adulterã abijcere,ne passim misceantur adulteria mutua.
Quæ causa si uera est,cur apud nos nemo cogitur adulteram repudiare,imò uetatur,nisi
malit castrari? Innocentius tertius cap. quanto,quod superius à nobis adductum est,hanc [Diuortij ueti-
reddit causam,cur uxor mariti in hæresim prolapsi,non possit cum alio nouare cõiugium. ti]causa Inno-
Quod,inquit,in odium coniugum,uel quando sibi inuicem displicerẽt,si eas possent in tali centij tertij
casu dimittere,simularent hæresim,ut ab ipsa nubentibus coniugibus resilirent. Glossema
citat in eandem sententiam cap. dixit dominus, causa trigesimasecunda,quæstione prima,
quod ipsi ex Hieronymo paulo ante citauimus. Atqui si hanc causam recipimus,non licebit nubere,quæ per errorem nupserit Petro,credens esse Ioãnem,aut seruo credens esse ingenuum,ne quæ diuortium affectet,subornet eiusmodi causas:etiamsi capitulum quod ci- 19-27: huiusmodi
tat Glossema,mihi non uidetur admodum facere ad Innocentij sentẽtiam. Sentit enim maritum fingentem sese hæreticum,quo deterreat uxorem, mox illa iuncta alteri,fingẽtem se
resipuisse. Itidem poterat se seruum fingere,qui studeret abigere uxorem. Quin eadẽ præ-
texi poterant aduersus diuortium nostrum:simulabit uitium aliquod cui uxor domi mole-
sta est,quo illam ædibus exigat,satis magnum simulationis præmium esse ducens,si quam
odit,domi non uideat. Ac de causis quidẽ hactenus. Iam si uidetur,Pauli locos excutiamus, Diuortij ueti
22 unde⟨potissimum⟩uidentur hausisse nostri Pontifices hanc in dirimendis coniugijs difficul- ti loca apud
tatem. Paulus epistolæ ad Romanos capite septimo: An ignoratis,inquit,fratres, sciẽtibus Paulum
enim legẽ loquor,quia lex in homine dominatur,quanto tempore uiuit:nam quæ sub uiro 19-27: Loca Pauli
est mulier,uiuente uiro alligata est legi,si autẽ mortuus fuerit uir eius,soluta est à lege uiri. quae divortium
Igitur uiuente uiro uocabitur adultera,si fuerit cum alio uiro. Si autem mortuus fuerit uir prohibent
eius,liberata est à lege uiri,ut non sit adultera,si fuerit cum alio uiro. Non agit hic Paulus
de diuortio, sed similitudinem adducit Iudæis ex ipsorum lege, qua doceat ac persuadeat

↑19-22: Sacramentum. Ne in hoc quidem conveniet, quod in nostro connubio uxor alligata sit viro, & vir vicissim sit in potestate uxoris, cum Christus nullo pacto sit nobis obligatus. Alia
↓19: occurri nam de rato aut non rato, nostra sunt vocabula. Chrysostomus

deat antiquata iam Mosi lege per euangelium,non amplius illos teneri legis ceremonijs, quum Christo nouo sponso nupserint. Nec est necesse similitudinem aut parabolam quadrare per omnia,alioqui parabolas de nocturno suffossore domus,de pecunia fœneratori debita,de dispensatore iniquo,de uite & palmitibus,de pueris in foro canentibus,& id genus innumeris ad hanc legem ridicule exigemus. Satis est si hactenus congruant,quatenus declarant id cuius gratia adhibetur. Est autem Paulo peculiare,nihil non torquere ad euangelij negocium,pia Christianaque uafricie,dum in omnia se uertit,ut omnes Christo lucrifaciat. Cuius dissimillimi sunt hodie,qui in omnia se uertunt,ut à Christo auocent,& ipsi rem ac honorem lucrifaciant. Alioqui si quis urgere uelit hunc Pauli sermonem iuxta id quod uerba sonant,ne adulteram quidem fas erit dimittere,nihil enim excipit. Rursus non apte citare uidebitur legem Mosaicam Iudæis Paulus,in hanc sententiam,quum lex permittat maritis qualibet ex causa repudiare,modo det libellum repudij. Liquet igitur Paulum hic non exclusisse diuortium,quod ipsa lex palam indulget,cuius adducit testimoniũ, sed suum agit negocium,dissimulans id quod ad præsentem causam non faciebat. Rursum epistolæ ad Corinthios prioris,capite septimo,in consimilem fermè modum scribit: Igitur qui matrimonio iungit uirginem suam,bene facit: & qui non iungit,melius facit. Mulier alligata est legi,quanto tempore uir eius uiuit. Quod si dormierit uir eius,liberata est à lege,cui uult nubat,tantum in domino. Beatior autem erit,si sic permanserit secundũ meum consilium. Ne hic quidem Paulus tractat materiã diuortij,sed adhortatur pro illorum temporum statu,ut quæ liberæ sint à coniugio,præsertim uiduæ(nam ad harum causam uidetur redire)abstineant à coniugio,quo liberiores sint à negocijs mundi,tum adhuc impij & idololatræ,quæ non poterant non commisceri affinitatibus. Et tamen hoc non exigit,tantum edicit,ut quæ non nupserint,si uelint nubere iungantur Christiano. Alioqui Christianam iam ethnico iunctam non auellit à marito,nisi maritus ipse discedat,non enim peccare si libera nubat. Porrò nihil esse opus marito,quæ iam maritũ habet. Opinor hanc esse præcipuam clauim ad intelligendam mysticam scripturam,dispicere quid agat is qui loquitur, præsertim in Paulo, qui lubricus est in disputando,nunc huc se proripiens,nunc illuc:ut quemadmodum inquit Origenes,uix intelligat lector,unde egressus,quò educatur. Restat locus omnium difficillimus,qui præcessit in eodem capite,ubi de coniugatis agens,sic loquitur: Dico autem non nuptis & uiduis,bonum est illis si sic permanserint,sicut & ego. Quod si se non continent,nubant. Melius est enim nubere,quàm uri. His autem qui matrimonio iuncti sunt,præcipio,non ego sed dominus,uxorem à uiro non discedere. Quod si discesserit,manere innuptam,aut uiro suo reconciliari,& uir uxorem non dimittat. Hæc dicta uidentur de paribus matrimonijs,hoc est,uiri Christiani,& mulieris item Christianæ. Sequitur enim de impari coniugio: Nam cæteris dico ego,non dominus. Primum quod Paulus nusquam addit exceptionem euangelicam,Ambrosius admonuit ubique esse supplendam,ne uideatur Apostolus pugnare cum præceptis sui domini. Præterea Paulus non uidetur hic agere de grauibus flagitijs,quæ crimen adulterij uel æquent,uel superent etiã, sed de leuioribus offensis,ob quas apud Græcos potissimum crebra fiebant diuortia,iuxta illud Iuuenalis: Sic fiunt octo mariti, Quinque per autumnos. Id colligitur ex eo quod sequitur,Aut uiro suo reconciliari. Redeunt enim in gratiam,quos offensa aliqua humana diremit. Et reconciliatur quæ offendit,non quæ offensa est. Quod si iure discessit, cur iubet eam reconciliari,quæ magis erat placanda? Quod si mutuæ fuerunt offensæ,sed mediocres,uetat ne protinus adiungat sese alteri uiro,& reditum ad priorem sibi intercludat,sed maneat innupta,si forte detur utrique reditus in gratiam. Ad hæc,Apostolus hic de muliere duntaxat loquitur,quod huic sexui apud Iudæos non esset ullum ius repudiandi. Virum tantum hortatur, ne ob offensas huiusmodi uxorem abijciat. Non addit autem, quod si abiecerit,maneat cœlebs,aut uxori suæ reconcilietur. Id enim annotauit Ambrosius,etiamsi Augustinus uult ubique par esse ius tam uxori quàm uiro: quod ut fortiter ac constanter asseuerat,ita non est quo certum doceat. Verum haud scio,an Paulus tribuerit hac in parte nonnihil suæ legi,quæ cum uiro permittat,ob quamlibet causam mutare uxorem,atque zelotypiæ quoque uirili sæuum remedium indulserit,uxori nihil huiusmodi concedit. Ad hæc,Apostolus in omnibus epistolis suis,haud multum autoritatis tribuit uxoribus

*Parabola,non est necesse ut congruat per omnia*

*[Diuortium uetans] locus difficilimus*

*Solutiones*

*Augustinus par ius facit uxori & uiro [in matrimonio*

tribus,quas subijcit potestati mariti,quas non patitur esse retecto capite,quas non sinit ne
loqui quidem in ecclesia. Vetuisse igitur uidetur Paulus,ne ob uulgares offensas uxor uirum relinqueret. Quod si factum esset,abstineret à secundo coniugio,ne non liceret ad pri-
stinum redire,reconciliatis animis. Neque enim probat,ut diuulsa à uiro maneat innupta,
uiro nolente,sed hoc mauult,quàm iterato matrimonio nouo uetus aboleri. Quod si Paulo proposita fuisset huiusmodi causa,stultus cum stulta, puer cum puella contraxit,inter-
cesserūt lenæ,uinum,temeritas,arte in nassam inducti sunt,& huiusmodi matrimoniorum
plenus est mundus,infinita mortalium milia,male tenentur illaqueata,Nutu coit matrimo
nium,si modo coitus successerit,imò si non successerit,nihil inter coniunctos conuenit,tan
ta est morum & ingeniorum dissimilitudo,rixæ iuges,odium immedicabile,timetur uene
num,timetur cædes,nihil non malorum expectatur,neuter cœlebs potest uiuere:si cohærent,bis perit uterque:si mutetur coniugium,spes est utrunq; fore incolumem:fortassis pro
causæ circunstantijs aliud responderet Apostolus,& nonnihil relaxaret de rigore consilij
superioris, suaq; scripta ciuilius,opinor,nobis interpretaretur,quàm nos interpretamur.
Aut si ad Paulum confugisset nobilis illa Fabiola, Hieronymi monumentis æternæ homi- Fabiola
num memoriæ consecrata,quæ tecta cilicio,nudis pedibus publicitus egit pœnitentiam,
quod priore marito relicto,puella nupsisset alteri ( Subindicat autem Hieronymus uirum (Subindicat ...
abusum fuisse uxore,secus quàm decet maritum,quum referat illam ea pati coactam à ma dominis) ub.
rito,quæ nulla ancilla pateretur à domino. Siquidem dabatur & mancipijs confugium ad Erasmus' brackets
22 statuam principis,si infami iniuria tentata fuissent à dominis ) atq; hisce uerbis eum com-
pellasset: Non exiges Paule, ut huiusmodi maritum feram, cui non possum obsequi,nisi Oratio Fabio
fiam abominabilis. Imò non patieris ferre talem,etiamsi cupiam,& eum corporis habitum læ ad Paulum
in me sentio,ut tutum non sit carere connubio. Nec tu exigis tantum donum ab ijs quibus
22 hoc nondum contigit diuinitus,qui uiduas etiam lasciuiores iubes nubere. Hæc (inquam)
& huiusmodi si narrasset Fabiola, ciuiliorem, ni fallor, experta fuisset Apostolum,quàm
episcopum illum,quisquis fuit,qui innoxiam puellam adegit ad publicam pœnam,quasi
matrem ueneno necasset: præsertim quum illa,ut indicat Hieronymus, non contemptu
constitutionis pontificiæ,sed imprudentia,maritum alterum adsciuisset. Quod si quis urgeat, Paulum hic agere de causa adulterij,cur non excipit quod excepit dominus? Imò cur
addidit, quod non addidit dominus? Maneat innupta. Cur uiro prohibet ne dimittat,cui
permittit Christus,ut dimittat adulteram? Non tamen hæc dicimus, quod uelimus aperiri fenestram crebris diuortijs, uerum ubi nihil non frustra tentatum est,consuli cupiam
saluti uel infelicium, uel infirmorum. Neque uero periculum est, ne passim dirimantur
connubia, quando & apud ethnicos, suus constabat honos matrimonio, apud quos mutuum erat diuortij ius, at non temere tamen. Vis rara esse diuortia? Cura ut non tam facile coeant coniugia. Iudicio coeant:coeant autoritate parentum,aut eorum quorum in-
22 terest (quemadmodum apud Hebræos, Græcos, Romanos, ac Barbaros olim coire so- 22: solet
lent. Quis enim apud Christianos hoc oraculum primus prodidit, quod solo consensu
contrahatur matrimonium? etiam inuitis his, sub quorum potestate deus uoluit liberos
esse. Quod argumentum nimium facile discutit Thomas Aquinas: Non est, inquit, in
potestate patris,ut ancilla,sed ut filia. Cur igitur non itidem licebat apud Iudæos inuitis
parentibus nubere? Ac linum lino connectens, addit: Sicut potest ingredi religionem
absque consensu parentum,quum sit persona libera. Vt liberi parentibus inuitis se conferant ad professionem euangelij,docent nos ipsa euangelia. Hic tamen & hactenus tan- 22: Sic
tum negligunt autoritatem parentum,quatenus cogunt ad impietatem. Cæterum ut puella aut puer relictis Christianis parentibus, quibus duplici nomine debet obsequi, se ad-
dicat instituto Benedictinorum aut Dominicalium, apud quos fortasse licentius uiuat
27 & impunitius, non religiosius, (ac præter publicum ius, semet emancipet ab eorum potestate, quibus illos & natura & humanæ diuinæque leges uoluerunt esse subditos, ac
se nescio quibus dedant,in seruitutem humanam,ut ex liberis fiant parentum perfugæ,
35 hominum alienorum mancipia) non uideo qua ratione nitatur. [Hæc constitutio uidetur
ab ijsdem profecta, qui statuerunt,ut à sponsa legitime ducta,sed nondum cognita liceat
diuertere ad uitam monasticam,nec interim fas sit puellæ alteri nubere ante editam sponsi
profes-

professionem, & si ante professionis diem migret in aliud monasterium, & hinc rursus in aliud, ut iam fiant anni quatuor, sponsa tamen cogetur manere innupta. Deniq; si ille nusquam profiteatur, sed redeat ad sponsam, illa cogetur summa cum infamia maritum habere, qui tot annis habitauerit in cuculla. Praeclara aequitas. Egregius religionis fauor, ob humanum institutum uiolare legem diuinam, cum iniuria innocentis puellae, atq; etiam cum periculo non mediocri. Et hic adfertur nobis frigida subtilitas: Monachi sunt mundo mortui. Mors corporis dirimit matrimonium, multo magis mors spiritualis. Quasi uero non omnes Christiani in baptismo hanc mortem professi sint, & Christo in baptismo consepulti. Iactatur addictio, quasi non caeteri Christiani sint toti addicti Christo. Qui haec statuerunt, aut non intellexerunt uigorem legis diuinae, aut nimium tribuerunt humanis institutis] Verum ut ad rem} Saltem hoc apud nos detur infelici innocentiae, quod apud Iudaeos datum est peruersae maritorum acerbitati, quod Paulus indulget uiduis intemperantibus, ne quid admittant sceleratius. Ei quae frigido nupsit, succurrit tacita conditio, & dirimitur matrimonium. At qualitas animi saepe grauior est corporis uitio, cur hic non est tacitae conditionis remedium? Non probatur, inquiunt, apud Iudaeos diuortium, sed conceditur. Conceduntur & apud Christianos lupanaria publica, ne quid admittatur deterius. At mihi non fit uerisimile peccaturum fuisse Iudaeum qui uxorem egregie sceleratam abiecisset, & alteram duxisset domum, quum id lex palàm concederet, nihil addens hoc donatum duriciae cordis, praesertim quum ex sensu naturae non possit sciri quod nos interpretamur{Et si con- 27
cessum est duriciae cordis, utique licet, quod concedit deus, praesertim si nullo signo declaret eos peccare, qui permisso utantur} Verum haec utcunque habeant, ita conceditur, ut tamen impune sit marito duxisse quam uelit, nec uetantur utcunque repudiatae nubere. {In- 27
terdum enim hoc licere dicitur quod lex non punit} At apud nos idem non modo non toleratur, sed ut atrox flagitium punitur, & aliquanto grauius quàm adulterium, quum Augustinus clare pronunciet sceleratius esse extra connubium libidinari, quàm à diuortio nouo marito iunctam uiuere. Neque simpliciter negat huius esse uxorem, sed magis esse illius quem reliquit, quàm cui nupsit. Verum huius disputationis iam modus esto, quum res uoluminis sit, non annotatiunculae. Haec tamen paucis libuit delibare, quo doctis ac studiosis uberiorem cogitandi materiam praeberemus. Nec ullo pacto iudicio maiorum ob haec praeire conamur, multo minus ecclesiae catholicae. Caeterum, quoniam in priore aeditione, uotum in hac re nostrum, siue prudens, siue imprudens, certe pium, subindicaueram, ne quis id aliorsum interpretaretur atque à me scriptum fuerat, declarandum putaui, quibus rationibus adducti, tale quiddam optaremus, si quà fieri possit per ecclesiasticam autoritatem.}

19-22: putavimus
19-22: margin: Britanni

22 {Miserebat me illorum quos uidebã huiusmodi uinculis inextricabilibus implicatos, quos sciebam esse plurimos, praesertim apud Britannos, apud quos hoc opus primum deformabam. Videbam uiros olim probatae doctrinae sanctimoniaeq; non fuisse deterritos, euangelij Paulíq; uerbis, quo minus admitterent diuortium: uidebam quaedam secus posse exponi, quàm hactenus exposita sunt. Videbam hoc tribui pontifici Romano, ut euangelicam & apostolicam doctrinam, interpretetur, astringat, laxet, dispenset, & iuxta quosdam etiam abroget aliqua in parte. Videbam & hodie matrimonium dirimi, ob errorem personae & conditionis etiam cõsummatum coitu. Ob lapsum in haeresim, etiam illud dissolui, de quo dubitari non poterat, quin uerum esset matrimonium. Videbam ob professionem instituti humani, ob mutatum pallium, sponsum legitimum fraudari sua sponsa. Videbam per Romanum pontificem, personas reddi inhabiles, quas neq; natura neq; lex diuina fecerat inhabiles: ac eiusdem uidetur potestatis, hominis autoritate uetare ne coeat matrimonium, & efficere ut dirimatur matrimonium. Videbam scripturam hac in parte, ut in plerisq;, esse perplexam & ancipitem. Videbam ueteres interpretes doctissimos à recentioribus disside re. Videbam quanta sit autoritas ecclesiae à Christo tributa, cui dederit claues regni coelorum. Cogitabam ecclesiam habere sponsi sui spiritum, neq; posse non recte statui, quod ad hominum salutem illo autore statueretur. Videbam quàm esset ingens Romani pontificis clementia, quae succurrat etiam ijs qui apud inferos citra periculum exitij aeterni cruciarentur. Cupiebam & ijs succurri, qui quum aeternae salutis periculo hic discruciarentur in uita, nihil commeriti. Videbam ea quae obijciuntur, facile posse dilui citra nostrae religionis

[Perplexa matrimonia]

iniuriam

iniuriam. Videbam rationes quas adducunt hac in causa ueteres ac neoterici non esse tam urgentes, ut ad tantam adigant necessitatem hominum genus. His rebus commota charitas Christiana, proposuit ijs qui me plus cernunt, dispicerent, si qua ratione sermo euangelicus ac Pauli dispensari posset ad plurimorum salutem, ad quam omnia scripta sunt nobis: & ad quam Paulus nonnunquam etiam detorquet sacras literas. Quod si hoc quod opto fieri non potest, certe illud potest statui, ne matrimonia præter ueterum omnium morem, præter æquitatem naturalem, tam facile, ne dicam tam temere coeant. Etenim si Romanus pontifex statuere potest, ne coniugium inter tertio gradu coniunctos sit coniugium, idem uidelicet statuere potest, ne inter eos qui alienæ sunt potestatis, ne inter adulescentulos, puellas, ebrios, inconsultos, nullo maiorum consilio, sed lenonum ac lenarum impulsu, uel stultitiæ potius consilio rem gerentes ratum sit matrimonium. Hac certe uia fiet, ne tam multi miserabilibus nexibus implicentur.> end of long addition from p. 467

19 Beatior autem erit.) Græce habet Est, præsentis temporis, non Erit. {Vel ex hoc apparet quum superius diceret, Mulierem non tangere, bonum esse: non de uitio, sed de uitæ commoditate sensisse.}

* Secundum meum consilium.) κατὰ τὴν ἐμὴν γνώμην. id est, Mea sententia, siue meo iudicio {liberum interim faciens hac in re suum cuique iudicium.} * 16: follows Nam qui statuit) p. 467

EX CAPITE OCTAVO

19 {Scientia inflat, charitas ædificat.) Hunc locum eo torquent quidam, ut dicant esse periculosum bonas literas attingere, quum ipse Paulus paulo ante de se dixerit, Scimus quod omnes scientiam habemus, uidelicet de se suique similibus loquens. Proinde non uetat Paulus, ne non amplectamur scientiam, sed ne desit scientiæ charitas, alioqui nihil æque inflat atque inscitia. Tractat hunc locum eleganter Augustinus, libro aduersus Faustum decimoquinto, capite octauo.} 19: stultissime; 19-22: in eum sensum

Si quis autem existimat se scire.) εἰ δέ τις δοκεῖ εἰδέναι τι. Si quis quid uidetur scire: aut, Si quis sibi uidetur aliquid scire, ut intelligas omnem scientiæ persuasionem oportere abesse.

Nondum cognouit.) οὐδέπω οὐδὲν ἔγνωκε. id est, Nondum quicquam nouit, ut intelligamus hanc esse præcipuam scientiæ partem, nosse rationem sciendi. {Iam tametsi Græcæ negationis congeminatio est ex idiomate sermonis, tamen nonnihil facit ad uehementiam, alioqui uertendum erat ad uerbum, Nondum nihil nouit. Hic rursus libet istos quosdam anxie religiosos appellare, qui nihil omnino mutandum putant in diuinis literis, ne iota quidem aut apicem, cur hic ausus est interpres totam negationem omittere? Aut quinam explicabunt hunc locum, qui dialecticorum regulas per omnia sanctas & ἀκινήτους esse contendunt.} [Negationes duæ pro unica] (19)

De escis.) περὶ δὲ τῆς βρώσεως τῶν εἰδωλοθύτων. id est, De esu uero eorum quæ idolis immolantur {quidam uertunt Immolatitia. Dure uertit Græca. Quis enim dicitur, immolare escas? Nec abest amphibologia. Potest enim accipi, quod ea quæ immolantur idolis comedant. Et miror hic escarum uocabulum placuisse interpreti, quum Græca commode reddi potuerint, de esu eorum quæ simulacris immolantur.) (27)

Quia nihil est idolum.) ὅτι οὐδὲν. Potest legi, Quod nullum est, siue nihil esse idolum. nam addidit, In mundo. Melius autem uertisset, ὅτι Quod. Ambrosius pro idolo, semper legit simulacrum. nam idolum Græca uox, sed à Latinis iam usurpata, & θύω, sacrifico: inde εἰδωλόθυτα, simulacris immolata, pro quo uulgus legit Idolotica, mendose, {quum in Paulino codice scriptum habeatur Idolothyta. Thomas Aquinas adducit nouam differentiam inter idolum & simulacrum, quod simulacrum sit effictum ad similitudinem alicuius rei naturalis: idolum contrà, ut, inquit, si corpori humano addatur caput equinum. Quæ distinctio uera sit, nec ne, iudicent alij: mihi lexico quod Catholicon inscribunt, non indigna uidetur. Certe Ambrosius nullum nouit discrimen inter idolum & simulacrum: nec ego ullum uideo, nisi quod simulacrum est uox Latina à simulando dicta, idolon Græca, ab εἶδος, species, quod speciem & imaginem inanem præ se ferat, quum absit ueritas. unde quæ nos spectra uocamus, Græci uocant εἴδωλα.} (19) Diuus Thomæ distinctio (19: Diuus)

Nullus est deus nisi unus.) ἕτερος, id est Alius, deest in nostris. Et sicut non est ullus 16-27: Quia nullus deus)

deus præter unum, ita non est idolum, quod deum aliquem repræsentet.

Siquidem sunt dij.) ὥσπερ εἰσὶ θεοὶ πολλοί. {id est,} Quemadmodum sunt dij multi. Fortasse interpres legit εἴπερ. 19

19-22: tr — *Apud Ambrosium desunt quædam*

{Siquidem sunt dij multi & domini multi.) Totum hoc abest apud Ambrosium, adeo ut nec edisserens indicet se legisse. Non erat autem hinc periculum ne plures deos crederemus, quum satis manifeste testetur illos non esse simpliciter deos aut dominos, sed illis esse deos ac dominos, à quibus colebantur. Quemadmodum & Paulus Romanis scribens, dicit deum pseudapostolorum esse uentrem. Huic respondet quod sequitur, Nobis autem, & cætera. Itidem & de se paulo post, Et si alijs non sum apostolus, sed tamen uobis sum. Rursus non appellat eos simpliciter deos ac dominos, sed ait uocari deos ac dominos, uidelicet nomine, non re, & opinione, non uirtute.} 19

*In illo, pro In illum*

Ex quo omnia, & nos in illo.) Græce est, Et nos in illum. atque ita primum scriptum erat in exemplari, quæ uiderim omnium emendatissimo, bibliothecæ Paulinæ: quod tamen ita fuit erasum, ut euidentissimum rasuræ uestigium testetur adhuc germanam scripturam. Neque uero nescio Græcam præpositionem esse ancipitem, neque me fugit quid interpretentur Ambrosius ac Thomas: mihi tamen uidetur germanius, In illum: ut respondeat ei quod præcessit, Ex quo omnia: tanquam ab autore summo, & nos in illum ad quem ceu fontem omnia referenda sunt. {Aut omnia quidem sunt ex illo, qui condidit uniuersa, nos tamen 27
qui credidimus per fidem in illum conuersi sumus & uelut in unum commissi, quemadmodum interpretatur Theophylactus.}

Et unus dominus.) Hic locus facit ad id quod aliàs admonuimus, Paulum ferè dei uocabulum tribuere patri, domini filio, quum aliàs, & pater uocetur dominus, & filius dicatur deus.)

Esca autem nos non commendat deo.) οὐ παρίστησι τῷ θεῷ. {id est, Commendatos, siue 19
gratos reddit deo. Quod si uere dixit Paulus, unde nunc inter Christianos tot præcepta de ciborum generibus? unde tanta in his obseruandis superstitio, ut penè nulla ex re magis iudicemur?}

16: habebimus

Deficiemus.) ὑστερούμεθα. id est, Minus habemus. Ambrosius legit, Non deerit nobis. Sensus est, Nihil habere momenti ad pietatem {quibus uescamur cibis. Porrò Græcis utrunque 19
uerbum est præsentis temporis, περισσεύομεν & ὑστερούμεθα, Plus habemus, & minus habemus. Neque enim temporis rationem declarare uoluit Paulus, sed rei naturam: ueluti si quis dicat, Pauperes ubique negliguntur.}

Ne forte hæc licentia.) ἡ ἐξουσία. id est, Potestas, siue ius. {Nec est Eum, sed Te. ἐὰν γάρ 19
τις ἴδῃ σε τὸν ἔχοντα γνῶσιν. id est, Nam si quis uiderit te, qui habes scientiam. Porrò secundam personam ex consuetudine sermonis, pro quauis persona posuit.}

*16: follows Idolotica) below ↓1

* In idolio.) ἐν εἰδωλείῳ. id est, In idoleo, penultima producta. Est autem idoleum locus simulacrorum, aut mensa in qua carnes sacræ proponebantur. Et cur non accumbentem potius quàm recumbentem? κατακείμενον. {nam recumbunt resupinati.} 19

*Diuersa lectio*

Nonne conscientia eius quum sit infirma.) ἡ συνείδησις αὐτοῦ ἀσθενοῦς ὄντος. id est, Conscientia eius qui infirmus est, ædificabitur, & cætera. ⟨Interpres legisse uidetur ἀ- 22
σθενὴς οὖσα.⟩

Idolotica.) Reliquit aliquoties hanc uocem non uersam. Idolothyta uero scribendũ est, id est, Idolis immolata, παρὰ τὸ εἴδωλον καὶ θύω. ut modo admonuimus.

*Negare in Christum & in Christo*

⟨In Christum peccetis.) Hoc loco nescio an subscribendum sit sententiæ Ambrosianæ, 22
qui legit In Christo, non In Christum. Id enim declarat illius interpretatio. Quando enim charitatis, non æmuli sunt, qua Christus nos liberauit, peccant in Christo non in Christum: quia in Christum peccare, negare est Christum: in Christo autem, in hæc quæ sunt Christi. Sicut & hic qui sub lege est, in lege dicitur peccare, ita & hi qui sub Christo sunt, in Christo peccare dicuntur. Certe Græci legunt, In Christum: qui sermo ut sit anceps, {tamen Chryso 35
stomus} ac Theophylactus interpretatur hanc iniuriam admitti in Christum, quandoquidem committitur in membrum Christi.⟩

*Duæ negationes pro una*

Non manducabo carnem.) οὐ μὴ φάγω. id est, Non manduco, siue non edo, aut uescor carnibus. Et est ἐμφατικώτερον per tempus præsens, {tametsi non negem in his uerbis Græ 19
cos

1 16: proponebantur. Nec est eum, sed te, ἐὰν γάρ τις ἴδῃ σε τὸν ἔχοντα γνῶσιν, id est. Nam si quis uiderit te, qui habes scientiam. Porro secundam personam ex consuetudine sermonis, pro quavis persona posuit. Et cur

35 eos aliquoties abuti uerbo præsentis tēporis uice futuri.{& geminatā negationē nihilo plus efficere quàm unam, nisi quod aliquid addit uehementiæ.] Illud obiter annotandum, quum Paulum in idolothytis nihil offendat, præter offensionem infirmi, quem ferri uult, duntaxat in hoc ut proficiat, mirum est cur Augustinus in epistola ad Publicolā centesima quinquagesimaquarta, pronunciauerit melius respui Christiana uirtute cibum in idolio repertum, ei qui ob famem de uita periclitetur, etiamsi nullus adsit hominum, modo sciat eum cibum simulacris immolatum fuisse. Opinor & hunc locum retractaturū fuisse, si monitus rem propius expendisset. Iam uero quod hic Paulus de scandalo uitando disserit, non opinor ad quoduis scandalum uitandum, esse pertrahendum. Nam ingens est scandalum idolatriæ, & illis temporibus suspicio penè inuincibilis. Et tamen Paulus infirmum docet offendi non debere, & firmi scientiam magis approbat, tantum concedi uult infirmitati, quæ uinci non possit. At nos dum quasuis ineptias uulgo receptas ultro sequimur, quid aliud quàm alimus infirmitatem populi? Nec enim damus operam, ut illi desinant esse infirmi, sed ut ipsi cum illis infirmemur. Quod si is qui firmior est, semper obsequundabit infirmitati alienę, & huiusmodi obsequijs semper in maius gliscent & augescent offendicula, quis tandem offendiculorum erit finis? aut quando habituri sumus Christianos in Christo fortes & adultos? Distinguamus igitur offendiculi causas, & stultam huiusmodi quorundam infirmitatem non alamus, sed corrigamus.}

*Augustini opinio excußa*

*Scandala quatenus uitanda*

EX CAPITE NONO

Non sum apostolus.) Apertius erat, An non sum apostolus? nam planè Græci legunt per interrogationem, quæ tamen uehementius affirmet, ut sit impudens contradicere. Nec est quod metuamus, ne hæc uideantur arrogantius dicta à Paulo. Nihil enim magis in illum conuenit, quàm huiusmodi sancta quædam ostentatio, & pia insolentia, qua alijs quoq; locis utitur.

19 {Signaculum apostolatus mei uos estis.) ἡ γὰρ σφραγίς. id est, Sigillum: quo certa fides fiat autoritatis apostolicæ: quemadmodū uulgatis etiam prouerbijs, quod uehementer certum & indubitatum intelligi uolumus, id dicimus obsignatis literis testatum.}

*Signaculū, p cōfirmatione*

Qui me interrogant.) τοῖς ἐμὲ ἀνακρίνουσι. id est, Iis qui me dijudicant. Quanquam & hic sensus esse potest, hoc illis respondeo qui me interrogant: hoc est, qui rogant, quo argumento doceam me esse apostolum. Est enim uerbum ambiguum, quod significat tum interrogo, tum excutio & examino.{& tamen annotauit hoc quisquis fuit, cuius extant collectanea in hanc epistolam nomine Hieronymi.}[Chrysostomus uarie interpretatur, qui scire quærunt, unde constet quod sim apostolus: aut qui mihi crimini uertunt, quod accipiam pecunias, aut qui percontantur, quamobrem non accipiam: aut qui conantur persuadere me non esse apostolum, his omnibus respondeo me in uobis declarasse quod sim apostolus, & aduersus eosdem me defendo ijs rationibus quas mox dicam, An non habemus potestatem edendi ac bibendi: & cætera.]

*Interrogant, dijudicant*

Nunquid non habeo.) μὴ οὐκ. id est, An non habeam?

19 Sororem mulierculam.) ἀδελφὴν γυναῖκα. id est, Sororem mulierem{atq; ita scriptum in uetustissimis exemplaribus} Laurētius cauillatur hoc loco quum dixisset sororem, quid opus erat addere mulierem, quasi soror sit quæ mulier non sit: unde colligit apostolos uxores suas secum circumducere solitos, sed quæ iam essent loco sororum: imò sororem addidit, ut intelligas Christianam, & hac gratia sequi apostolos. Ambrosius legit Mulieres, pro Sororem mulierem. Atque ita citat diuus Hieronymus aduersus Iouinianum libro secundo{siue quod hæc lectio magis faciebat ad causam quam illic agit, siue quod alteram lectionem nescierit: nam γυναῖκα Græcis & uxorem significat, ut crebro iam admonuimus}(Certe Clemens, ut refert Eusebius, ecclesiasticæ historiæ libro tertio, locum hunc adducit, quo doceat Paulo fuisse uxorem)(quam tamen non circunduxerit, consulens euangelicæ libertati, quum Petrus & Philippus circunducerent suas.)

*Sororem uxorem, id est Christianam. Laurentij argutatio*

Aut ego solus & Barnabas.) An, castigat ac mutat Faber. Verum rectè habebat Aut, quum præcesserit μή, id est, An: quod hic tacite repetendum est{Etenim si fuisset nouum interrogationis caput, dixisset rursus, μὴ οὐκ, ut cœperat.}

*Faber*

Hoc operandi.) Hoc, additum est. οὐκ ἔχομεν ἐξουσίαν τοῦ μὴ ἐργάζεσθαι; id est, An non

habemus poteſtatem non operandi{ut uerbum operandi, ſit abſolutum}& uidetur eſſe ſen 19
ſus, An nobis ſolis non licet in ocio uiuere ſuppeditantibus alijs{Sic & [Chryſoſtomus ac] 19·35
Duplex ſenſus Theophylactus μὴ ἐργάζεσθαι interpretatur, in ocio uitam agere, nimirum huc reſpiciens,
19: Vulgarius quod Paulus & Barnabas opera manuaria ſibi uictum pararent, quum non reliqui tantum
19: Vulgarius apoſtoli, ſed ipſe etiam Cephas aleretur aliena benignitate. Annotauit & hoc Theophylactus, ſubindicans quo præcellentior eſt epiſcopus, hoc minus debere grauare gregē ſuum.
At hodie quantum eſt onus ferre quoſdam tyrannos uerius quàm epiſcopos, quorum ut
quiſque maximus eſt, ita populo ferè grauiſsimus⟨imminet⟩Sed{fortaſſe}rectius eſt, ut ac- 22, 19
cipiamus in eum ſenſum in quem omnes interpretantur. An non habemus poteſtatem, ut
[Duæ negatio-nes pro una] hoc nobis liceat agere quod agunt omnes: nam duabus negationibus⟨οὐ μὴ,⟩unius uice eſt 22
abuſus(Ciuilius enim erat dicere, faciendi quod alij faciunt, quàm circunducere mulierem, 27
præſertim quum nominaſſet Petrum & fratres domini. Id ſubindicat Ambroſius.)Verum
id exactius expendat diligens lector.

Stipendijs.) ὀψωνίοις. De quo ſuperius meminimus.

An non & lex hæc dicit.) ταὐτὰ legit Ambroſius, non ταῦτα. & ob id uertit Eadem, non Hæc.

Propter nos utique.) πάντως. Rurſum ut paulo ſuperius uertit, Vtique⟨Eſt autem ad- 22
uerbium adfirmantis.⟩

Et qui triturat.) Græce paulo ſecus eſt: καὶ ὁ ἀλοῶν τῆς ἐλπίδος αὐτοῦ μετέχειν ἐπ'
ἐλπίδι. id eſt, Et qui triturat, ſpem ſuam participare in ſpe. Quanquam nos hyperbaton
Græci ſermonis mutauimus, Ambroſium & alios ſequuti.{Porro quod in noſtris exem- 19
Deeſt in noſtris plaribus additum eſt Fructus percipiendi, uidetur explanandæ rei gratia factum. Illud
certum non adijci apud Græcos. Cæterum Sub ſpe, quod apud nos non additur, interpre-
19: Vulgarius tatur etiam nominatim Theophylactus, annotans, in aratione ſemel duntaxat poni ſpem,
nec fieri mentionem participationis, propterea quod totus prouentus aranti tantum in uo-
tis ſit. At qui triturat, iam incipit eſſe particeps ſpei, fruiturq; optatis, laborans interim in
19: Vulgarium aliam ſpem anni ſequuturi: quamuis haud neſciam, Theophylactum hanc clauſulam ad
apoſtolos proprie referre, qui non cibi tantum cauſa docerent, ſed uberius præmium in po
19: expectabant ſterum expectarent}[Hæc Theophylactus hauſit è Chryſoſtomo.] 35

{Si carnalia ueſtra}metamus.) θερίσομεν. id eſt, Metemus:{etiamſi id ad ſenſum ni- 19
hil refert.}

Poteſtatis ueſtræ.) ἐξουσίας. ut intelligas non quamlibet poteſtatem, ſed facultatem metendi, & circumducendi uxores{ſiue mulieres}, quam illi cæteris apoſtolis per- 19
mittebant.

16-27: magis Quare non potius.) Quare, addidit de ſuo interpres: ſat erat, Nonne magis nos: οὐ
μᾶλλον ἡμεῖς;

[στέγω] Sed omnia ſuſtinemus.) στέγομεν. quod proprie uaſis eſt omnia capientis.

{Ne quod offendiculum demus euangelio.) Non eſt Græce σκάνδαλον, quod hic uer- 19
tit Offendiculum: ſed ἐγκοπήν, quod Interciſionem, ſiue interruptionem ſonat: ne quid
exiſtat, quod euangelicæ prædicationi moram ullam adferat. Annotauit hoc ante nos
19: Vulgarius Theophylactus.}

Qui in ſacrario operantur.) Paulo diuerſius eſt apud Græcos, ὅτι οἱ τὰ ἱερὰ ἐργαζόμενοι,
ἐκ τοῦ ἱεροῦ ἐσθίουσιν. id eſt, Qui ſacra operantur, è ſacro ſiue templo ueſcuntur. nam ἱερὸν &
uictimam ſignificat & templum.

[προσεδρεύειν] Qui altario deſeruiunt.) τῷ θυσιαστηρίῳ προσεδρεύοντες. id eſt, Sacrario aſsiſtentes, ſiue
aſsidentes.{Cuius uocis emphaſim & ante nos annotauit Theophylactus, [& ante hunc 19·35
Chryſoſtomus]Non enim ait Sacerdotes, ſed Qui aſsident altario: ut intelligamus aſsiduū
cultum ſacrorum. At hodie nulli ferè magis abſunt ab altari, quàm ij qui maxime participes ſunt altariorum. Nec ulli moleſtius exigunt à populo decimas, quàm ij qui nihil eorum
præſtant populo, quorum gratia dandæ fuerant decimæ}[Nec ſatis eſt aſsidere, ſed operan- 35
dum eſt: nec ſatis quiduis operari, ſacra oportet operari, & in his aſsiduum eſſe. Nec dixit
è ſacro accipiunt, ſed è ſacro ueſcūtur: ut admoneat uictum deberi non diuitias.]Et συμμε-
ρίζονται, partem accipiunt cum ſacrario. Diuidebatur enim hoſtia inter ſacerdotes & leui

tas

tas. Stomachatur hoc loco Valla, fortasse liberius aliquanto, quàm ut quorundam aures
ferre possint, uerum non omnino ab re, aduersus Remigium, qui duas has uoces sacrarium *Remigius à*
& altarium ita distinxerit, ut sacrarium ad idola pertineat, altare ad deum, quum earum uo *Laurentio*
22 cum proprietas magis à Græcis fuerit petenda. Deinde longius euectus animi calore{Val- *taxatus*
la}demiratur impudentiam quorundam theologorum, qui Paulinas epistolas quum Græce scriptæ sint, ausi sint interpretari, Græcarum literarum prorsus ignari. Nec hic à diui
Thomæ nomine temperat, quod de hoc narrant quidam, confectis in Paulum commentarijs, uisum illi Paulum, & ingenue confessum, suas epistolas ante id temporis à nemine fuisse intellectas, præterquàm à Thoma, ceu fabulam commentitiam & impudenter confi- *Fabula de*
ctam deridet, quum ne fieri quidem possit, ut exacte quisquam interpretetur ignarus eius *Thoma*
linguæ in qua scriptum fuit quod interpretatur. Ego sanè ut non possum omnino refellere
quod scribit Valla, ita talibus uiris, præsertim sanctimonia quoque commendatis, nonnihil
deferendum arbitror. Habenda ratio temporum in quibus illi uixerunt. Postremo meminisse oportet homines fuisse. Proinde ut & ingenuum est, & ad eruditionem conducibile,
19 non dissimulare, sicubi lapsi sunt{ueteres}ita probi hominis officium existimo à conuitijs
19 temperare, & ita mederi malo, ut quod licet, non lædas hominem.{Thomas hoc loco sacra- 16-19: quoad
rium interpretatur templum Iudæorum uel gentilium: Altarium, altare templi Hierosoly- *Thomæ sententia discussa*
mitani, siue ipsum templum, sensum, opinor, exponens eius sermonis magis quàm uocum
proprietatem. Alioqui ut domus non magis dicitur Gallorum quàm Britannorum, ita sacrarium & altarium quorumlibet est. Nisi quod θυσιαστήριον ab immolando dictum, locus
est ubi uictimæ mactantur.}

Quàm ut gloriam meam.) τὸ καύχημα. id est, Gloriationem. Sic enim paulo ante, quasi glorians iactauit sese. Et euacuet, est κενώσῃ. id est, Irritam, siue inanem reddat.

Et si euangelizauero.) εὐαγγελίζομαι, præsentis temporis est, Si euangelizo, siue euan- 16-27: Si enim
19 gelizem{ut legit Ambrosius.}

Merces mea.) Pro mea, mihi est apud Græcos: τίς οὖν μοί ἐστιν ὁ μισθός; Quid igitur mi
19 hi est mercedis?{Apparet interpretem legisse μου, pro μοι.}

Sine sumptu ponam.) ἀδάπανον θήσω. id est, Gratuitum faciam. Et iucunde uocat *Sine sumptu*
27 ἀδάπανον, quod nemini sit sumptui (Alioqui sine sumptu facit, & is qui nihil impendit.) *ἀδάπανον*
Porro Ponere, apud Græcos passim pro Facere, obuium est. Et post Euangelium, Græci 16-27: pono
19 addunt Christi.{O gloriam uere apostolicam, sed quam nemo nunc studet æmulari. Nihil
nunc gratuitum, ne sepultura quidem, quum Augustinus epistola sexagesimaquarta, nolit uendi mortualia.}

Tanquam sine lege essem.) Aduerbium Græcum ὡς, anceps est: tamen hic ma-
19 gis quadrabat Quasi: atque ita legit diuus Hieronymus in Esaiam{ita que Ambrosius
27 in plerisque locis. Non enim ponitur exemplum, sed falsa rei species proponitur}(Theophylactus legit, ἄνομος θεοῦ & ἔννομος χριστοῦ, quod dure sonat Exlex dei, & sub-
lex Christi.)

Sine lege dei.) Deo, est Græce: μὴ ὢν ἄνομος θεῷ. Cum deo non sim sine lege. Quan- 19-22: margin: Dei pro deo
35 quam in hoc uariant Græcorum exemplaria.[Chrysostomus legit, ἄνομος θεοῦ.]

Infirmis infirmus.) ὡς ἀσθενής. id est, Tanquam uel quasi infirmus.

Vt omnes facerem saluos.) Græce secus est, ἵνα πάντως τινὰς σώσω. id est, Vt omnino *Tempus*
19 aliquos saluos facerem. Quanquã hic apparet Græcorum exemplaria uariasse{Sanè Theo *mutatum*
phylactus iuxta id quod nos adduximus & legit & interpretatur, existimans hoc facere ad 19: Vulgarius
exaggerandam Pauli charitatem, quod nihil non faciat, ut aliquot saltem adducat ad salu-
19 tem}Laurentium{Vallam}nonnihil offendit tempus uerbi perperam immutatum, ut om- 16: ut modo indicavi
nes saluos facerem, σώσω, uelut ad præteritum referatur, quum uerbum sit futuri temporis. Neque sensus est eum id olim egisse, nunc desinere, sed nunc item agere, & ita facturum.
Porro quod hic dictum est σώσω, idem accipiendum est de eo quod præcessit κερδήσω,
lucrifaciam, potius quàm lucrifacerem.

19 Omnia autem facio.) τοῦτο δὲ ποιῶ. id est, Hoc autem facio.{Atque ita legit Theo- 19: Vulgarius
35 phylactus}[Chrysostomus habet πάντα, quanquam ex enarratione parum liquet quid
legerit.]

Vnus accipit brauium.) Ambrosius legit, palmam pro brauio{itidem & Cyprianus} 19
Brabion unde — nam βραβεῖον est Græce.{Atqȝ est quidem omnino brabion, præmium: sed proprie quod 19
datur certantibus ac uincentibus. Existimant enim dictum βραβεῖον, quasi ῥαβδεῖον, commutatis ac translatis duabus literulis: propterea quod certaminum iudices data uirga palmea, designarent uictorem: unde & βραβευταὶ dicuntur Græcis, quasi ῥαβδευταὶ, qui uictorem pronunciant.}

{Vt comprehendatis.) ἵνα καταλάβητε. Aut abusus est ἵνα, pro ὥστε. aut sensus 19
est, Hoc animo currite, non tantum ut uideamini certasse, sed appetisse uictoriam, quemad
19: Vulgarius — modum palam interpretatur Theophylactus. Quæ sententia si probatur, Sic, aduerbium non est referendum ad Vt, quod sequitur: quasi dicas, Sic sequere ut sequaris: sed ad similitudinem quæ præcessit, Sic, id est, ad illorum exemplum & uos in uestro stadio currite. [Idem subindicat Chrysostomus his uerbis: καὶ εἰπὼν οὕτως, καὶ τὸν τύπον δίδωσι. id est, 35
Et quum ait, sic, etiam formam siue exemplum commonstrat.] Mirum unde Cyprianus hic legat, Sic currite ut omneis occupetis. Quanquam recte occupat qui assequitur & anteuertit.}

*16: precedes Unus accipit bravium) above

* Qui in agone contendit.) πᾶς γὰρ ὁ ἀγωνιζόμενος. id est, Omnis enim qui certat: sed proprie in publicis certaminibus, ueluti palæstra, aut Olympiacis, aut Circensibus. Nam de cursu ac pugilibus ipse mox meminit.

Ab omnibus se abstinet.) πάντα ἐγκρατεύεται. id est, Omnia sustinet, aut tolerat: siue, quod magis probo, In omnibus temperans est: ut subaudias κατά.{Cyprianus le- 19
git, In omnibus continens est. Siquidem athletæ uictus etiam ratione præparantur ad certamina.}

Nos autem incorruptam.) φθαρτὸν ἄφθαρτον. id est, Corruptibilem & incorruptibilem. miror cur uariauerit.

Pugno, pro pugillor

Sic pugno.) Non est pugno, quod Græce μάχομαι, sed πυκτεύω, quod est pugilum certamen exerceo, & pugnis certo. Ad pugnos allusit interpres, non ad pugnas. Ambrosius legit, Percutio pugnis, pro pugno.{Atque ita locum adducit libro De paradiso, capite 19
duodecimo. Augustinus enarrans Psalmum quinquagesimum septimum, legit, Non sic pugillor quasi aerem cædens: adscribitqȝ, pugillari est pancratium facere. Rursum tractatu de utilitate ieiunij. Thomas tamen uidetur pugnare, interpretari bellare, primum quum ait, Secundo pugnam suam in uictoria mali. Ac mox, Sic pugno, inquit, contra hostes decertando contra malum. Condonandus lapsus nisi quidam nimium urgerent nos, fabula de Paulo commentariorum illius approbatore.}

Thomas lapsus

Prouerbium

Aerem uerberans.) Prouerbiali schemate dictum est, pro frustra & inaniter laborare, ueluti pugil nihil agit, nisi corpus attingat. Cæterum hæc eò tendit parabola, ut intelligamus non esse satis quomodocunqȝ nostro fungi officio, nisi demus operam, ut insigniter ac præter cæteros gessisse nos uideamur.

Castigo, pro Sugillo

Castigo.) ὑπωπιάζω. id est, Coerceo, siue cohibeo{subigoqȝ. nam interpres sensum 19
expressit potius, quàm uocem Græcam reddidit. Eam Paulinus propius expressit epistola quinquagesima octaua, ad Augustinum, Liuidum, inquit, facio corpus meum, & in seruitutem redigo. Siquidem Græcis ὑπωπιάζειν, est liuore seu sanguinis nota sugillare proprie oculos, quos illi ὦπας uocant, & ὑπώπια notas eiusmodi, autoribus Hesychio & Suida: licet hanc uocem diligenter explicarit etiam Theophylactus. Apparet sumptam metaphoram à certamine pugilum, unde Paulus non illibenter solet similitudines ducere. Siquidem in his supplantabat, qui deijceret in humum antagonistam suum, sugillabat qui notam insignem inflixisset faciei.}

19-27: Augustinus!
19-27: Dardanum!
19: Vulgarius

Supplantare quid proprie

## EX CAPITE DECIMO

NOlo enim.) οὐ θέλω δέ. Nolo autem{Ambrosius legit Enim, consentientibus 19
& antiquis exemplaribus, ut hæc cohæreant cum superioribus: si quod modo præcepit Corinthijs, idem Iudæorum exemplis corroborat, quod si mauis autem, erit ad alia digredientis.}

In Mosen

Et omnes in Moyse baptizati sunt.) εἰς τὸν μωσῆν, est Græce, id est, In Mosen. Augustinus enarrans Psalmum septuagesimum septimum, legit, Per Mosen. Re-

ctius

ctius arbitror accipi, in Mosen, pro in legem Mosaicam, nondum enim in Christum, cuius
27 aduentus procul aberat (Interim Moses Christi typum gerebat, & figuris res adumbraba-
tur euangelica.)

22 ⟨Bibebant autem.) Græcis est Enim. Atque ita refert Augustinus libro aduersus Faustum duodecimo, capite uigesimo nono, ex uetusti codicis fide, ubi & Græce dixit conse- † 16: Eos vero
quente eis. Et aliâs aliquoties sic loquitur Consequens est huic.⟩ addidit interpres,

Consequente eos.) ἀκολουθούσης. id est, Sequente, siue prosequente. Sequente autem Consequente
dixit, tanquam itineris perpetua comite: id enim sonat ἀκολουθεῖν magis quàm ἕπεσθαι. eos petra
19 {Origenes homilia in Exodum quinta, sequentem petram refert, ad nubem quæ præcessis-
35 se legitur Hebræos [offensus ut apparet, absurditate sensus, si petra dicatur sequi profici-
scentes. Verum accipi potest riuum qui è petra prosilijt, illos fuisse comitatum. Et Augustinus quum alijs aliquot locis, tum contra aduersarium legis & prophetarum libro secundo, capite sexto, interpretatur, Christus erat petra, id est petra significabat Christum: nec
obstat quod hanc petram dixerit spiritualem. Quicquid enim mysticum habet sensum, spi
rituale dicimus. Bibebant aquam de petra, non qualibet, sed de spirituali, quæ significabat
illam unicam petram, unde salutem hauriunt omnes credentes]. Hieronymus, aut si quis
alius is fuit, enarrans Psalmum quadragesimum primum, adducit hunc locum omisso pro
nomine Eos: quod quum non sit apud Græcos, adiectum est ab interprete, quo sermo fieret explanatior, & nos item addidimus. Nec addit tamen Ambrosius, quum subinde locum hunc in suis libris adducat.}

* Beneplacitum est deo.) εὐδόκησεν ὁ θεός. Quod Ambrosius uertit, Bene sensit deus, * 16: entries
27 nos uertimus Approbauit. (de hoc uerbo iam crebro monuimus.) reversed

27 * In figura facta sunt (nostri) Figuræ siue formæ, est Græcis pluralis numeri τύποι, si- In figura,
cut & paulo post, Hæc autem omnia in figura cõtingebant: ταῦτα δὲ πάντα τύποι. id est, pro Figuræ
19 Hæc omnia figuræ contingebant. {In collectaneis Bedæ priore loco, figuræ legitur, licet
22 Nostri, deprauatum erat in Nostræ ⟨quod tamen ad eundem modum frequenter est obuium in libris Augustini⟩ ac priore loco Græcis additur ἡμῶν, ut legant: Hæc autem figuræ nostri fuerunt. Et ad eum modum citat hunc locum Augustinus, enarrans Psalmum
centesimum decimumtertium. Rursus aduersus Faustum in fragmento quarti libri, alijsq;
locis compluribus.}

Neque idololatræ efficiamini.) Opinor pro γίνεσθαι, mutatum esse γίνεσθε. id est,
Neq; efficeremur simulacrorum cultores: quandoquidem in hoc quoq; additur, sicut qui-
27 dam eorum, ut γίνεσθαι respondeat ad εἶναι. (Alioqui in duobus mutauit personam, in
idololatris & murmuratoribus.)

Sicut quidam eorum.) καθὼς καί τινες αὐτόν. id est, Quemadmodum & quidam illum Duplex lectio
19 tentauerunt. Interpres legit αὐτῶν. atque ita scriptum est in nonnullis exemplaribus. {Nec
35.27 ex Ambrosio [nec ex Chrysostomo] nec ex Theophylacto satis liquet quid legerint (nisi 19: Vulgario
quod apud utrunque contextus habet αὐτῶν.) Si legimus αὐτόν, id est Eum, ex hoc loco
declaratur Christi diuinitas, quem à Iudæis tentatum dicit prius quàm hominem assume-
ret. Nam de eo quod præcessit, Petra autem erat Christus: posset aliquis interpretari, petra
27 illa designabat Christum post nasciturum. (Spiritalem autem uocari, quod typum haberet
mysticæ petræ) Si legimus αὐτῶν, sensus erit, ne nos tentemus Christum, sicut olim Iudæi 19-22: legis
tentauerunt deum.}

Ad correptionem nostram.) πρὸς νουθεσίαν ἡμῶν. id est, Ad admonitionem nostram, † 16: Et panis...)
19 {siue nostri} quod tamen nonnunquam pro correptione usurpatur. p. 488 placed here

Tẽtatio uos non apprehẽdat) εἴληφεν. i. apprehẽdit, præteriti tẽporis, siue cepit. Subindi Apprehendit
19 cat enim Corinthios iam incidisse in tentationẽ, sed humanã, hoc est, tolerabilẽ ac sanabilẽ. alij Appre-
Et in hãc sane lectionẽ consentiũt exẽplaria Græcorũ quæ uiderim omnia: tametsi apparet hendat
Ambrosiũ legisse apprehendat, ex his uerbis quæ subijcit, Vt aũt humana tentatio illos ap
prehẽdat, hortatur. Quanq̃ quid simile inter καταλαμβανέτω & εἴληφεν. Nisi forte Ambro
sius legit εἰληφέτω. At mihi sensus Græcæ lectionis uidet magis germanus esse Paulo, atq;
35 eam palã est [Chrysostomo &] Theophylacto placuisse. Ante terruerat eos horrendis exem 19: Vulgario
27 plis, mox ne desperẽt, reficit eos, extenuãs quod hactenus peccassent (dicensq; leue quiddã

 esse}

[quum ipse grauioribus malis fuisset tentatus.] 35

Prouentus, pro Euentu

Prouentum.) τὴν ἔκβασιν. id est, Exitum, siue euentum. id est, is qui sinit uos incidere
in tentationem, idem faciet ut tentatio bene eueniat. Hieronymus in commentarijs Ionæ
legit ad hunc modum, Sed faciet cum tentatione & exitum{Atque item Augustinus expli 19
cans Psalmum sexagesimum primum}Nam prouentus proprie dicuntur sementis, & e ter
ra nascentium.[Rursus epistola octogesima nona]{At ne quis putaret sic esse dictum, sed fa/ 35.19
ciet cum tentatione prouentum, quasi deus pacisceretur cum tentatione de euentu, nos uer
timus, Sed faciet una cum tentatione euentum: ut sit sensus, Qui passus est incidere tenta/
tionem, idem dabit & exitum bonum.}

{Vt possitis sustinere.) Græce magnificentius quiddam dicitur ὑπενεγκεῖν, quod est 19
ita ferre, ut oneri superstis ac superes}(quemadmodum ad Romanos dixit ὑπερνικῶμεν.) 27

*16: follows Sicut quidam eorum.) p 487

(Cui benedicimus.) ὃ εὐλογοῦμεν. id est, Quem cum gratiarum actione sumimus. Sic 27
enim interpretatur Chrysostomus ac Theophylactus. Nonnulli recentiores interpretantur
de benedictione consecrantis.)

Panis quem frangimus

} 19-27: hic, ni fallor, de pane loquitur consecrato.

* Et panis quem frangimus.) τὸν ἄρτον, ὃν κλῶμεν. id est, Panem quem frangimus. Cur
non offenduntur hoc loco, quos illud offendit, quod Græci in uerbis quibus Latini conse/
crant corpus Christi, dicunt, Hoc est corpus meum, quod frangitur pro uobis{sequuti ut ap 19
paret, Paulum autorem, qui proximo capite ad hunc modum recenset uerba Christi: Quod
si quis cauilletur eum locum esse deprauatum in exemplaribus, certe hoc loco consentiunt
nostri codices cum Græcorum lectione, & tamen}(sunt qui putent hic agi de pane & calice 27
consecrato, aut certe in genere, ut possit locus ad utrunque sensum accommodari. Nam pri/
sci Christiani omnem panem ueluti sacrum habebant, ob memoriam cœnæ dominicæ, &
calicem inter se porrigentes, gratias agebant domino, quum tamen non semper fieret con/
secratio sacramentalis. Annotatum est hic quod prius meminit calicis quàm panis. In Luca
bis fit calicis mentio, prioris illis edentibus, alterius post cœnam.)

Synaxis olim fiebat interdũ absq; cõsecratiõe corporis & sanguinis

Nonne participatio corporis.) κοινωνία. Modo communionem uerterat, nunc uertit
participationem(ad quid cõducat ista copia non uideo. Interim lector Græce ignarus, com 27
miniscitur aliquod discrimen, inter communicationem & participationem frustra.)

19: Vulgarius

Vnus panis & unum corpus.) Abest Græcis copula Et, εἷς ἄρτος, ἓν σῶμα. id est,
Vnus panis, unum corpus{ita legit[Chrysostomus ac]Theophylactus: atque ita scriptum 19.35
comperi in exemplari Paulino}(Consentiebat utrunque Constantiense)[Dixerit aliquis, quid 27.35
refert, si addatur coniunctio Et? Non ad modum: tamen τὸ ἀσύνδετον melius congruit
sensui quem adferunt Græci. Putant enim nos intelligi panem illum, qui est corpus domi/
ni: quandoquidem omnes Christiani membra Christi sunt, quasi correxerit quod prius di/
xerat participamus: plus est enim unum & idem esse, quàm participem esse.]

Omnes enim, pro Oẽs qui

Omnes qui.) οἱ γὰρ πάντες. id est, Omnes enim: absque Qui. Omnes enim de uno pa
ne participamus{ita legit & Ambrosius. In uetustissimo codice scriptum reperi, Omnesque: 19
ut uerisimile sit, Que, mutatum in Qui. tametsi hæc lectionis uarietas sensum non admo/
dum uariat}(Cæterum non est mentio de calice nec apud Græcos, nec in codice Donatia/ 22
ni)(In uetustiore codice Constantiensi non erat mentio calicis, sed recentiore manu aliquis 27
adiecerat in spacio uersuum)In nonnullis excusis repperi, Omnes quidem de uno pane(& 27
sic habebat uterque Constantiensis)ut probabile sit interpretem γὰρ uertisse per coniun/
ctionem expletiuam.)

*16: follows Qui judicavit) p.489

Sermo imperfectus

*Videte Israel secundum carnem.) Ad differentiam adiecit Secundum carnem, ut
ostenderet esse alium secundum spiritum{licet Græcis non repetatur articulus, τὸν κα- 19
τὰ σάρκα.}

Quid ergo? dico.) Ex Græcis exemplaribus locus ita debet distingui: Quid igitur
dico? idolum esse aliquid, aut idolis immolatum esse aliquid? quasi diceret, Nequaquam
hoc loquor. Et ueluti iam negasset se id sentire, quod per se dictu sit absurdum, subijcit
quid sentiat, Sed quæ immolant, & cætera {alioqui dure cohæreret quod sequitur: Sed 19
quæ gentes immolant, & cætera. Proinde nos non ueriti sumus additis aliquot uer/
bis orationem reddere lucidiorem. Ad hunc modum distinguunt & Latinorum uetu/
sta exemplaria.}

Sed

Sed quæ immolant gentes.) ἀλλ' ὅτι ἃ θύει. id est, Sed quod ea quæ immolant: ut intelli
gas, sed hoc dico, quæ gentes immolant, ea immolari dæmonibus, non deo.
19 * Nolo autem uos socios fieri.) κοινωνούς. id est, Participes, siue communicatores {aut * 16: follows Sed quod alterius.) below
consortes.}
An æmulamur dominum?) παραζηλοῦμεν. id est, Prouocamus & irritamus: quod Aemulari, pro
superius uertit, Ad æmulandum prouoco. Et ad eum modum interpretantur Græco/ prouocare
19 rum scholia, {nominatim Theophylactus:} παραζηλοῦμεν ἢ παροξύνομεν. id est, Tenta/ 19: Vulgarius
19.27.22 mus & iritamus. {nam ζηλοῦμεν, & in bonam partem (dicitur:) παραζηλοῦμεν (fere non> C 19: non
nisi in malam.}
Sed quod alterius.) ἀλλὰ τὸ τοῦ ἑτέρου ἕκαστος. id est, Sed quisque quod alterius. 16-27: quae
Omne quod in macello uenit.) Venit, hoc loco significat uenundatur, πωλούμενον, Venit, pro
19 & in macello legendum, non in macellum {Indicat hoc & diuus Augustinus aduersus Ada uenditur
mantium, Interrogare, inquit, uetat, quum quid de macello emitur. Atque huiusmodi am/
phibologiam tollere poterat accentus circunflexus notatus supra uerbum Venit.} ** 16: entries reversed
** Nihil interrogantes.) μηδὲν ἀνακρίνοντες. id est, Nihil diiudicantes: quod idem uer/ Plenitudo
19 bum est paulo inferius. Ambrosius legit, Nihil disquirentes {Est autem participium eius eius scilicet
quod superius uertit Interrogant.} terra
** Et plenitudo eius.) Eius, ad terram refertur, non ad dominum αὐτῆς, hoc est, quicquid
19 diues gignit terra {id omne domini est.}
19 {Hoc immolatum est idolis.) Vetusti codices habent, Hoc immolatitium est idolis. At/
que ita legimus apud Ambrosium. Est autem Græcis eadem dictio, quam interpres toties
reliquit, εἰδωλόθυτον.}
Qui iudicauit.) τὸν μηνύσαντα. id est, Indicauit, per n, non per u. Id tametsi minutu/
lum est, tamen quoniam facillimus in huiusmodi lapsus est, admonendum duxi. Nam
19 μηνύειν Græcis est prodere rem prius occultam {licet apud Ambrosium hæc particula non † 16: Videte Israel.) p. 488 placed here
addatur, propter eum qui indicauit, haud scio an librariorum incuria.} †
Conscientiam dico non, & cætera.) Ante hunc locum repetitur in Græcis codicibus, Plus est in
Domini enim est terra & plenitudo eius: quod paulo superius positū est: sed utrobicg pro/ Græcis
be quadrat. Illic nō refert quibus uescamur, omnia enim sunt domini. Et hic non est cur fra/
trem offendas, uescens idolis immolato, quum tantam ciborum copiam diues mundus sup
peditet. Cæterum hoc posteriore loco uidetur inferri sub alterius persona, uelut obijcientis
Paulo, quod ipse mox dixerat: Quam mihi narras conscientiam, quum ut ipse fateris, Do/ Persona alia
mini sit terra & plenitudo eius? Idcirco subijcit ac distinguit conscientiam: Conscientia, in/ in sermone
quit, tua dicit, domini est terra & plenitudo eius: at non idem dicit alterius conscientia, quæ Pauli
putat aliquid simulacris esse proprium, neque commune deo. Neque magnopere facit ad
rem quod hic argutatur de ἑαυτοῦ, deq illum & conscientiam Laurentius. Quum enim
ait, Et propter conscientiam, exponit quid ante dixerat illum: alioqui qui audierat sibi di/
ctum ne ederet propter illum qui indicauit, rogare poterat, quid hoc ad illum? Respondet
27 Paulus, ob (illius) conscientiam quam tuo facto uulneras, etiamsi tua firma sanaq est. Dein/
de quod dicit tuam, suo more personam fingit: quandoquidem nonnunquam in se recipit
personam alterius, quo rem magis exponat oculis.
Ab aliena conscientia.) ὑπὸ ἄλλης συνειδήσεως. id est, Ab alia conscientia. Atque ita le/ Aliena, pro
19.27 git Ambrosius {itaq scriptum uisitur in uetustissimis exemplaribus, (nominatim utroque alia
Constantiensi)} Quanquam id quidem ad sensum haud magni refert.}
Cum gratia participo.) Ambrosius legit, Gratiæ particeps sum: uerum non reperio Duplex sensus
19 μετέχω datiuo iunctum {nisi referatur ad socium communionis, non ad rem cuius parti/
19 ceps es} Vnde magis probo Cum gratia, id est, cum gratiarum actione. {Potest & hunc in
35 modum accipi, ut χάριτι sonet hic beneficentiam, sitq datiuus instrumenti [siue modi] Si
ego particeps sum escarum, idq non per idolum, sed beneficio munificentiaq dei, quid est
35.27 cur male audiam? In hunc sensum interpretatur [Chrysostomus ac] Theophylactus (gra/ 19-22: interpretari videtur
35 tiam dei uocans animi fortitudinem contemnentis idolum) ac dei bonitatem, qua fit, ut 19: Vulgarius
ipsius dona per impiorum maliciam non inquinentur puris.]
Pro eo quod gratias ago.) ὑπὲρ οὗ ἐγὼ εὐχαριστῶ. id est, Pro eo pro quo ego gratias
ago

ago. Opponit autem hæc inter se ueluti contraria, βλασφημεῖν & εὐχαριστεῖν.
Vel aliud quid.) εἴτε τι. id est, Siue quid. Aliud, additum est {explicandæ rei gratia} At- 19
que ita legit Ambrosius, Siue aliquid facitis {quemadmodum habetur apud Græcos.} 19
Sine offensione estote.) Græce iucundius est, ἀπρόσκοποι. id est, Tales, ut nemo per
uos offendatur.
Iudæis & gentibus.) Pro Gentibus, est ἕλλησι. id est, Græcis. Iteratur autem ad singula coniunctio καί, proinde nos uertimus per Neque.
Non quærens quod mihi utile est.) Simplicius & uerius erat, Non quærens meam ipsius utilitatem, sed multorum. μὴ ζητῶν τὸ ἐμαυτοῦ συμφέρον, ἀλλὰ τὸ τῶν πολλῶν.

EX CAPITE VNDECIMO

{IMitatores mei estote, sicut, & cætera.) De hoc loco superius admonuimus 19
huius epistolæ capite quarto: Vox est autem digna ijs, qui locum apostolorum sibi uindicant. Se Paulus proponit exemplar, sibi conscius se nihil habere quod non sit imitandum: & tamen hoc exemplar non uult imitabile uideri
*Christus exemplar archetypum* cuiquam, nisi respondeat ad archetypum Christi. Nunc quidam suo arbitratu uiuentes, nihil enim dicam aliud, satis esse putant, si minis denuncient quicquid ab alijs
fieri collibuerit, siue rectum id fuerit, siue secus. Sunt alij superstitiosi magis quàm religiosi, qui ad suum quisque institutum uocant homines. Franciscani dicunt, Imitatores nostri
estote. E diuerso Prædicatores clamant, Imitatores nostri estote. Totidem uerbis hinc clamant Carmelitæ, hinc Benedictini, hinc alij atque alij. Et recte clamant, modo uere possint
addere cum Paulo, Sicut & nos sumus Iesu Christi. Nunc ipsi, de multis loquor, hominum
æmulatores, tamen clamant, Imitatores nostri estote.}
*Omnia mea* Per omnia mei memores estis.) ὅτι πάντα μου μέμνησθε. id est, Quod omnia mea memi-
nistis. Et in hunc sensum accipit Ambrosius: legit enim, Quod omnia mea memoria reti-
*19: Vulgarius* netis. Et consentiunt Græcanica scholia {nominatim Theophylactus} Præparat enim illos 19
laude ad sequentem admonitionem: quasi diceret, Sicut in cæteris tenetis mea præcepta,
ita in hoc quoque sequamini. {Hæc interpretatio mihi sanè magis arridet quàm Ambrosij. 22
Scribit enim hunc in modum: Postquàm mores & conuersationẽ illorum arguit, nunc traditiones uult corrigere. Ideo non hoc confirmat, sed succenset eis, quia quum esset apostolus eorum, immemores erant traditionum eius: neque quod adhuc non didicerant, ex alia-
rum ecclesiarum traditione sequebantur, ac per hoc quasi nouiter tradit illis dicens} (Fortas- 27
sis interpres legit πάντῃ, hoc est, in omnibus, aut πάντα accepit per synecdochen, κατὰ
πάντα. Codex uetustior Constantiensis habebat, Omnia mei memores estis: omissa præpositione, quæ nec apud Græcos est.)
*Varia apud Græcos lectio* Et sicut tradidi uobis præcepta mea.) Hic apparet uariam fuisse in Græcis codicibus lectionem. Nam Ambrosius legit ad hunc modum, Et quomodo ubique trado, traditiones
*16: magis* meas tenetis. id quod ex interpretatione quoque licet colligere. Interpretatur enim Vbique, 19
id est In omnibus ecclesijs. {Atqui πανταχοῦ, quod apparet legisse Ambrosium, non reperimus in Græcorum codicibus: nec usquam illius meminerũt interpretes, quos ego sanè uiderim. Mollior erat futurus sermo, si priore loco posuisset μὲν, posteriore δέ. Laudo quidem uos, quod in cæteris omnia mea tenetis: cæterum illud estis admonendi, quod parum
uidemini meminisse. Seu prius illud δέ, tantum notat digressionem à cœpto sermone de
idolothytis, posterius uim habet aduersatiuam, quasi præcessisset μὲν.} (In uetustissimo co- 27
dice pro Tenetis, erat Tenete. Nam Græca uox anceps est, κατέχετε. nec est Præcepta,
Græce, sed modestius uerbum & Paulo dignius παραδόσεις. id est, traditiones: quæ nos
Instituta possumus dicere. Leuius est enim traditio, quàm præceptum.)
*In capite habens* Velato capite.) Græce est, κατὰ κεφαλῆς ἔχων. id est, In capite habens: ut intelligas non
solum de pileo, uerum etiam de coma, quæ & ipsa caput tegit. atque id annotant Græcanica
*19: Vulgarius* scholia {nominatim Theophylactus} [Et mox meminit de tondendo, sic argumentans, Si mu- 19.35
lier in hoc imitatur uirum, quod aperit caput: simul & in hoc imitetur, quod ille tonsus est.]
Deturpat caput suum.) καταισχύνει. id est, Dedecorat, siue pudefacit, aut dehonestat.
Vnum est enim.) ἓν γάρ ἐστι καὶ τὸ αὐτό. id est, Vnum est & idem: hoc est, nihil omnino
refert. Aliquanto diuersius legit Ambrosius, uerum hoc nihil habet momenti ad sensum.

Ac si

Ac si decaluetur.) τῇ ἐξυρημένῃ. id est, Cum derasa siue rasa: hoc est, perinde est ac si ra-
19 sa sit{Ambrosius legit: Vnum est enim atque idipsum ut decaluata}Fortassis interpres af-
27 fectauit hoc uerbum decaluare, uelut odiosius, & scommatis obnoxium(est)caluicium.
19.22 Tondeatur.) καὶ κειράσθω. id est, Etiam tondeatur{In exemplari Paulino(ac Donatiani
27 con)scriptum erat, Si non uelatur mulier & tondeatur(Consentiebat utrunque Constantiense.)
Nec enim est ociosa coniunctio, quae perinde ualet, ac si dicas, Eadem opera tondeatur, quandoquidem retegit caput.}

Aut decaluari.) ἢ ξυρᾶσθαι. id est, Radi: de quo modo meminimus.

Velet caput suum.) κατακαλυπτέσθω. id est, Veletur, nec aliud quicquam additur apud
19 Graecos{Ambrosius legit, Velet caput.}

Velamen habere.) ἐξουσίαν ἔχειν. id est, Potestatem habere. Porro Ambrosius & Grae- Potestas, pro
ca scholia indicant potestatem, hoc loco accipi pro uelamine: quod uelamen impositum co- uelamine
gat illam demittere oculos, significetque illam esse sub alterius imperio. Laurentius indicat
in nonnullis etiam Latinis codicibus scriptum fuisse Potestatem, pro uelamine. Id quod ad- 16: velamen
19.27 monuit & Thomas{Aquinas: & nos in Paulino exemplari ita scriptum comperimus}(suf- † 16: diuus
fragante utroque Constantiensi.)

Vos ipsi iudicate.) ἐν ὑμῖν αὐτοῖς κρίνατε. id est, Inter uos ipsos, uel in uobis ipsis iudicate: hoc est, in suo quisque animo.

Nec ipsa natura docet.) ἢ οὐδὲ αὐτὴ ἡ φύσις διδάσκει ὑμᾶς; id est, An ne ipsa quidem na-
19 tura docet uos?{Quanquam Latinis Nec, aliquoties pro Ne quidem, usurpatur. Interpres
non uidetur legisse ἢ, quod hodie uidemus additum in Graecis codicibus.}

Comam nutriat.) κομᾷ. id est, Comatus est. Coma, capillitium, sed promissius κόμαν
& curatum.

Capilli.) ἡ κόμη. id est, Coma. Cur quod modo uertit Comam, nunc mutauit in capillos?

19 Nec ecclesia dei.) Ecclesiae, multitudinis numero, αἱ ἐκκλησίαι.{suffragante codice La-
tino quem modo citauimus. Sunt & mundi conuenticula, plena litium ac iurgiorum. Porro coetus Christianorum ab huiusmodi uitijs debent abesse.}

Hoc autem praecipio non laudans.) τοῦτο δὲ παραγγέλλων οὐκ ἐπαινῶ. id est, Hoc autem
praecipiens siue denuncians non laudo. Laudarat ante, quod omnia tenerent: nunc non lau
dat in hoc, quod cogitur praecipere de concordia: quasi dicat, Hoc non laudo, quod praeci-
27 pio.(Oportebat enim uos uestra sponte, quod rectum est tenere ac facere. In hanc sententiam Theophylactus, & ante hunc Chrysostomus in Homilia quam nobis uertit Hiero-
35 nymus Donatus).[Item in Commentario.]Abutuntur enim Graeci participijs pro uerbis
19 infinitis.{Interpres & Ambrosius legisse uidentur, τοῦτο δὲ παραγγέλλω οὐκ ἐπαινῶν.}
27 (Potest & hic accipi sensus, Ante collaudati sunt, quod meminissent, ac tenerent omnia quae Paulus ordinarat: hic reprehenduntur, quod non seruarent omnia, quae tenebant memoria.)

Scissuras.) σχίσματα. Quod alibi relinquere solet, hic magis quadrabat, Sectiones, siue Scissura,
22 dissidia(Caeterum, Inter uos: non additur in uetustis codicibus Latinis, quum sit apud Grae schisma
cos, ἐν ὑμῖν.)

Ex parte.) μέρος τι. id est, Ex parte aliqua, siue partem aliquam. Et αἱρέσεις reliquit,
27 quum Sectas, commode potuerit dicere.(Diuus Chrysostomus in homilia quam unam uer
tit Hieronymus Donatus, magna contentione, multisque uerbis asseuerat, hic haereses non Haeresis, pro
esse opinionum, sed animorum dissidia: idque probat duobus potissimum argumentis: dissidio
Alterum est, quod nisi accipias haereses, pro dissidijs, non congruent quae mox sequuntur, Conuenientibus ergo uobis in unum, non est dominicam coenam manducare, & caetera. Coenam autem dominicam uocat, in qua sunt, uelut inter eiusdem domini conseruos omnia communia: quod apud Corinthios fieri desierat: & hinc sermonem orsus fuerat, Primum quidem conuenientibus uobis in ecclesiam, Vbi schismatum meminit, quae nunc mutato uocabulo uocat haereses. Alterum est, quod dicit Paulum acrius quam hic facit inuehi solere in opinionum haereticarum autores, quos & canes appellat & operarios malos, negans uel angelum de coelo loquentem audiendum, si diuersa doceat ab ijs quae Paulus

Paulus docuerat[Eadem habentur in Græcis commētariis.]Iam quamuis uerum est & per 35
opinionum hæreses illustrari qui sunt probati, tamen hoc loco Paulus non agit proprie de
talibus, quales docuisset in ecclesiam non esse recipiendos.

(Vt qui probati sunt.) ἵνα οἱ δόκιμοι. id est, Probi: ut opponatur reprobis. Et coniunctio 27
ἵνα, non causam significat, sed euentum: quod diligenter annotauit Chrysostomus.)

16: manducando

Ad manducandum.) ἐν τῷ φαγεῖν. id est, In edendo, atque ita legit diuus Ambrosius.
Nec est ociosa uerbi coniunctio πρὸ in προλαμβάνει. quod nos uertimus Occupat (Præ- 27
sumit enim aliud sonat Latinis auribus) Præueniebant enim alios, & illis non expectatis,
suam quisque cœnam edebat. & ob id mox subiicit, Inuicem expectate.

Nunquid domos non habetis?) Num domos non habetis? uel, an non habetis domos?

*Confundi pudefieri*

16-27: Ephesios

Et confunditis.) καταισχύνετε. id est, Pudefacitis. Quanquam Hieronymus in epistolam ad Galatas, capite quarto, putat nihil interesse inter αἰσχύνην & σύγχυσιν, {licet apud 19
idoneos autores secus esse comperiatur. Turbatur quidem & qui uehemēter pudescit, hoc
est, animo confunditur: at non quisquis confunditur, pudescit}[Et ἀπορεῖν, unde ἀπορία, 35
non semper significat egere, sed interdum inopem esse consilii animique perplexi, ut non satis conueniat cum καταισχύνεσθαι, sed magis cum συγχεῖσθαι.]

*Distinctio*

Laudo uos, & cætera.) ἐπαινέσω ὑμᾶς ἐν τούτῳ; οὐκ ἐπαινῶ. id est, Laudabo uos in hoc?
non laudo. Ad hunc modum distinguunt Græcanici codices{Poterat enim simpliciter dice- 19
re, In isto uos non laudo: sed interrogatio præmissa facit ardentiorem orationem. Quanquam uideo Theophylactum sic interpretari, ut hæc particula Laudo uos, non percontati-
ue, sed pronūciatiue sonetur. Ne nimium irritaret diuites, in cæteris quidem collaudaturum
se dicit illorum officium, in hoc negat se posse laudare} Sed & altera distinctio belle habet,
Laudabo uos? in hoc non laudo{ut ad interrogationem subaudiatur, Laudo in cæteris.} 19

19: Vulgarium
19-22: collaudat

⟨Quoniam dominus noster Iesus Christus.) Noster, apud Græcos non additur. Latini 22
codices uariant⟩[Sermo absolutior est, non addito pronomine.] 35

Et gratias agens.) καὶ εὐχαριστήσας. id est, Actis gratiis, uel Quum egisset gratias.

*Verba consecrationis apud Paulum*

Accipite & manducate.) λάβετε, φάγετε. id est, Sumite, edite: citra coniunctionem in-
terpositam.{Cæterum quod hæc duo uerba, Sumite, edite: non adduntur apud Ambro- 19
sium in æditione posteriore, suspicor librariorum errore commissum}(Quanquam in ue- 27
tustiore Constantiensi addebantur hæc uerba, sed in margine manu recentiore fuerant
adiecta.)

*Quibus uerbis consecrarit Christus*

Hoc est corpus meum.) τοῦτό μου σῶμα. id est, Hoc meum corpus: absque uerbo substantiuo Est. Quanquam in quibusdam additum reperio.{Fatetur Thomas fuisse, qui di- 19
cerent Christum aliis uerbis consecrasse panem, prius quàm porrigens discipulis diceret,
Hoc est corpus meum. Et eam opinionem licet refellat, non tamen uocat hæreticam, quum
hæreticam dicat eorum, qui contendebant corpus Christi non esse uere in sacramento syna-
xeos, sed uelut in signo[Et sunt qui negent uerbo incarnato opus fuisse aliis uerbis ad con- 35
secrandum.]In omnibus accedendum est iudicio ecclesiæ, licet hic sermo uideatur iam panem consecratum porrigentis}(Quod nisi quis acquiescat in ecclesiæ decretis, difficilli- 27
mum fuerit probare sensui humano, quibus uerbis consecret sacerdos. Nam ut donemus
Christum eiusmodi uerbis consecrasse, qui constat hoc pactum nobiscum initum ut referentes aliena uerba, consecremus & ipsi? Verum hic captiuandus est, ut inquit Paulus, intellectus humanus in obsequium fidei, ut hoc maius sit fidei meritum, quo minus assequitur humana ratio.)

↓}

*Frāgitur, pro tradetur*

16-27: depravationem

Quod pro uobis tradetur.) τὸ ὑπὲρ ὑμῶν κλώμενον. id est, Quod pro uobis frangitur.
Atque in hoc tantus est Græcorum codicum consensus, ut appareat apud nos uarietatem
ortam, aut certe data opera mutatam scripturam, quod absurdum uideretur frangi cor-
pus{non quod uere frangatur, sed quod, ut ait diuus Augustinus, per partes sumatur, quod 19
olim eodem pane sacro in multas parteis dissecto distribueretur omnibus Christi corpus.
Quemadmodum autem Christus comesus à singulis uiuit, nec dentibus discerpitur, ita
hoc quo dixi modo fractus, non laceratur in partes. Certe diuus Ambrosius legit, frangitur, Græcis consentiens, nihil offensus ea lectione.(Nec aliter citat Beda enarrans Euange- 27
lium Lucæ.)Porrò si quid offendit, quod prius dictus sit fregisse panem, & mox adiecisse,
quod

*Corpus Christi quomodo frangitur*

} 19-22: porrigentis. Mihi in totum videtur consultius de rebus huiusmodi, quae certis scripturae sacrae testimoniis doceri non possunt, sed ab humanis pendent coniecturis, non adeo fortiter asseverare, ut nostram opinionem oraculi vice haberi postulemus. Ac fortasse tutius sit, ecclesiasticos proceres non ⟨temere⟩ pronunciare de quibus libet, quae 22
docere non possint, cum & ipsi sint homines & labi queant. Quod pro

quod frangitur, opinor, aut primum cœpisse frangere panem fortassis in duas aut tres partes, deinde ut cuique impartiebat, à maioribus fragmentis minora defregisse: aut frangitur sine certa ratione temporis esse positum, ueluti fieri dicitur, quod quoties solet, aut opus est fieri, fit, etiamsi iam non fiat: & solui quod solui debet, etiamsi sæpe non soluatur. Cæterum hic frangi nihil aliud esse, quàm dispartiri, subindicat & interpres Theophylactus: 19: Vulgarius
Corpus, inquiens, suum, quod omnibus æque dispartiens morti destinasset. Ipse uero in cibo sumendo tempore anticipato, neque communem hunc & cibarium panem in medium 27: Nec dubium est quin
27 exponis, neque eundem frangis, ut multis detur, sed tibi ipsi reseruas. {Atque ex Græcis
35 exemplaribus palam est, quod idem legerit Chrysostomus quod Theopylactus [id] quod ex ipsa perspicuum est enarratione, quocunque consilio Hieronymus Donatus Latine reddidit, quod nostra uulgaris habet lectio. Postremo non satis constat ex ueterum commentarijs, an hic Paulus tractet de sacerdotali consecratione corporis & sanguinis dominici. Siquidem apostoli sermo cœpit à conuiuijs idololatrarum & Christianorum: posteaquàm autem ostenderat non conuenire, ut Christiani se misceant religiosis uel superstitiosis potius gentium conuiuijs, progressus ostendit, qualia debeant esse uere religiosa Christianorum conuiuia, quanta concordia, quantaque communione rerum omnium sint peragenda. Totus autem apostoli sermo uidetur in hoc uersari, ut reprehendat inæqualitatem conuiuij, reuocetque illos ad archetypum exemplum Christi & apostolorum. Nam in primordio subolescentis ecclesiæ erant omnia communia, ab hac summa charitate paulatim refrixerunt animi Græcorum, seruato tamen aliquo pristinæ communionis uestigio, dum certis diebus, præcipue festis ut est probabile, conueniunt simul, & ad conuiuium à diuitibus apparatum adhibentur & pauperes. Tandem id quoque corruptum est à quibusdam, & conuentus quidem fiebant, sed exclusis pauperibus, quisque cum suis epulabatur, etiam usque ad temulentiam, ita ut non solum pauperes non reficerentur, uerum illis etiam exprobraretur conditionis humilitas. Eoque Paulus ut exponunt Chrysostomus ac Theophylactus, inijcit mentionem cœnæ dominicæ, ut illius sacratissimi conuiuij recordatione reuocarentur ad sobrietatem ac fraternam communionem, quam dominus inter suos exhibuit proprij corporis distributione. Neque enim semper dominus consecrauit corpus suum quoties legitur gratijs actis fregisse panem. Siquidem benedixit ac fregit conuiuium exhibens multis hominum milibus. Et in Emaunte, benedicit, frangit, ac porrigit panem. Rursum quoties in sacris libris fit mentio fracti panis, non statim accipiendum est inter discipulos fuisse consecratum corpus & sanguinem domini, quemadmodum in Actis capite secundo, bis fit mentio fractionis panis quæ peragebatur quotidie per singulas domos. Itē Paulus Actorum uigesimoseptimo, in nauigatione benedicit ac frangit panem, inuitans alios ad sumendum cibum, & ut est uerisimile, panem fractum porrigens. In his igitur solennibus Christianorum conuiuijs, erat aliqua cœnæ dominicæ commemoratio, quum tamen non consecraretur corpus & sanguis domini. Quin & hodie multis in locis, peracto sacro datur singulis frustulum panis, in signum corporis dominici, ut illius mysterij memores domi frugalius agant conuiuium, haudquaquam immemores pauperum. Fortasse talia fuerunt Corinthiorum conuiuia, quæ Paulus indecenter agi stomachatur. Et haud scio an panem illum & calicem, quem inter sese conferebant Christiani, cum gratiarum actione, ac significatio-
35 ne mutuæ inter ipsos charitatis, nonnunquam appellarint, corpus & calicem domini [quod essent illorum signa] Certe Chrysostomus ac Theophylactus cœnam dominicam interpretantur, non quod ibi consecraretur corpus & sanguis domini, sed quod esset eduliorum potusque communio. Quanquam in fine nonnihil attingunt de indigna corporis & sanguinis sumptione, sed obscurius. Mihi quidem magis placet, ut hic locus pertineat etiam ad consecrationem, attamen admonere lectorem uisum est, quo diligentius excutiat. Cæterum frangendi uerbum haud male congruit corpori dominico, frangitur panis triticeus, ut multis uitam conferat: frangi dicitur & corpus domini, quod uitam ex æquo conferat omnibus digne sumentibus. Idem panis inter multos distributus concordiæ symbolum est: idem corpus pro omnibus immolatum, amicitiæ signum est.}

*Hieronymus Donatus Venetus patritius*

*Cœna dominica dicta ob esculentorum ac poculentorum æqualitatem & communionem*

27: frugales

*An in conuiuijs Corinthiorum quæ reprehēdit Paulus fuerit uera corporis dominici consecratio*

27 In meam commemorationem.) εἰς τὴν ἐμὴν ἀνάμνησιν. id est, In mei memoriam (aut in)
19 {mei commemorationem, ut legit Ambrosius} Quanquam Græca uox parum commode

reddi poteſt, niſi circumloquaris, Ad renouandam mei memoriam.

Calix poculũ {Similiter & calicem.) Ambroſius poculum legit, propius Græcam exprimens uocem, ποτήριον, à potãdo dictam, quemadmodũ poculum apud nos. Nam calix poculi genus eſt. Poculum eſt unde bibitur, ſiue cyathus ſit, ſiue calix, ſiue urceus.} 19

16: Ambrosius legit annunciantes. Annunciabitis.) καταγγέλλετε, id eſt, Annunciate, ſiue annũciatis.{Tametſi in hiſce uerbis uideo apoſtolos abuti tẽpore, ut in his quæ mox præceſſerunt, Quoties bibetis, πίνητε. Ambroſius legit annunciantes, aliquot uerbis in medio relictis, incuria ſicut arbitror librariorum. Sic enim apud illum legimus, Hoc facite quotienſcunq; bibetis in mei commemorationem, mortem domini annunciantes donec ueniat.{Non contendam cum eo qui mallet annunciatis indicandi modo, tamen arbitror utranq; lectionem conſiſtere: & qui legit annunciabitis, uidetur imperandi ſenſu loqui.} 22·19 22

Panis dicitur & poſt conſecrationem Panem &c.) τὸν ἄρτον τοῦτον, id eſt, Panem hunc.{Hic palàm corpus conſecratũ panem uocat, non quod adhuc ſit panis eo modo quo fuit, ſed quod ſit panis uiuus & uitam conferens ueram.} 19

16: graecis De pane illo edat.) Illo, hoc loco non additur apud Græcos, ſed interpres explicuit uim articuli, quod & aliàs ſæpenumero facit.{Ambroſius legit, De pane edat.}

Indigne.) ἀναξίως τοῦ κυρίου, id eſt, Indigne domino. Ad eum modum legit & Chryſoſtomus, utroq; loco addens domini nomen. Ambroſius item repetit domini nomen: Itaque quicunque ederit panem hunc aut biberit calicem domini indigne domino, licet proximo loco non apponat domino: Qui enim manducat & bibit indigne, iudicium ſibi ipſi manducat. Quanquam in nõnullis Græcorũ codicibus legitur, τοῦ κυρίου ἀναξίως, ut κυρίου utrolibet poſsit referri, Panem domini, aut panem indigne domino.} 19·22

Quod ſi.) εἰ γὰρ, id eſt, Si enim, non εἰ δὲ.

Vt non cum hoc mundo.) Cum mundo ſat erat, σὺν τῷ κόσμῳ. Nec hic potuit ſeruari non ingrata uocum alluſio, κρινόμενοι & κατακριθῶμεν.

{Vt non in iudicium conueniatis.) εἰς κρίμα. Clarius erat Ad condemnationem, ne quis accipiat eos iudices adire.}

EX CAPITE DVODECIMO.

Spũalia quæ uoce ſonãtur
16: interpretatur
19: Vulgarius

DE ſpiritualibus autem.) περὶ δὲ τῶν πνευματικῶν. Incertum an ſentiat de donis ſpiritus, ut interpretatur diuus Chryſoſtomus,{Theophylactus & Ambroſius,} an de pſallendo ſpiritu, de quo uidetur nata fuiſſe quæſtio. 19

Cum gentes eſſetis.) Græci paulo diuerſius habent, ὅτι ἔθνη ἦτε πρὸς τὰ εἴδωλα τὰ ἄφωνα, ὡς ἂν ἤγεσθε ἀπαγόμενοι, Quod gentes fuiſtis, ad ſimulacra utcunque ducebamini, abeuntes ſiue abducti,{aut, quod malim, ſequentes.} Nam ſi ὅτε legas, ſermo penderet,{niſi placet participium uerbi loco poſitum eſſe, ἀπαγόμενοι, pro ἀπήγεσθε. Neque enim participium ἀπαγόμενοι ſimpliciter adhæret nomini ἔθνη.} Porro periphraſin interpretis non improbo. Ambroſius legit, Cum gentes eratis, ſimulacrorum forma euntes, pro ut ducebamini. Quanquam hic puto ſupereſſe coniunctionẽ, cum, id quod propemodum liquet ex illius interpretatione{cuius uerba ſubſcribam, ſi quis forte requiret: Spiritualia, inquit, illis traditurus, exemplum prioris conuerſationis memorat, ut ſicut ſimulacrorum fuerunt forma colentes idola, & ducebantur duce uoluntate dæmoniorum, ita & colentes deum, ſint forma legis dominicæ. Hactenus ille. Reuocat enim illis in memoriam, quod aliquando fuerint gentes, id cum iam eſſe deſierint, admonet alijs moribus eſſe uiuendum.{Auguſtinus libro aduerſus Fauſtum xxi. cap. uiij. locum hunc ita refert: Scitis quando gentes eratis, ad ſimulacra ſine uoce, quomodo aſcendebatis inducti. Satis liquet hunc interpretem legiſſe pro ὅτι ὅτε. Et haud ſcio an pro aſcendebatis ſcriptũ fuerit incedebatis. Porrò quoniã uertit inducti, legiſſe uidetur ἐπαγόμενοι pro ἀπαγόμενοι.} 19 19 19-27: Obſcurior ſermo 27 19 22

Dicit anathema Ieſu.) λέγει ἀνάθεμα ἰησοῦν, id eſt, Dicit anathema Ieſum, accuſandi caſu, id eſt, Dicit Ieſum eſſe anathema, hoc eſt, maledicit & execratur Ieſum.{Probabile eſt autem ita legiſſe & Ambroſium, uel hoc argumento, quod proxima pars adhuc caſu manſit incorrupta.{Nemo poteſt dicere dominum Ieſum. Certe ita refert Hilarius lib. de Trin. uiij. iuxta fidem uetuſtiſsimi codicis.} Dicere Ieſum anathema aut dominum 19 27

Et nemo poteſt dicere dominus.) Hieronymus in Iohelem legit dominum Ieſum, atq; item 19

16: Quoties cumque bibetis.) πίνητε, id est bibitis, sive bibatis.

16: Pro ut ducebamini euntes) ὡς ἂν ἀπεσθε ἀγαγόμενοι, id est utcunque ducebamini, abducti sive abeuntes, aut quod malim sequentes.

item Hilarius libro de trinitate secundo. Rursum Ambrosius libro de uocatione gentium secundo, capite secundo. Rursum in commentarijs hunc ipsum enarrans locum sic adducit. Item libro de spiritu sancto, primo, capite decimo. Itidem Origenes in Genesim homilia decimaseptima} quemadmodum hodie legitur in omnibus Graecorum codicibus, δύναται εἰπεῖν κύριον ἰησοῦν. ut opponatur ei quod supra dixit, Dicit anathema Iesum, hoc est, uo-
19 cat illum anathema. Nec rursus quisquam eum dominum uocat, nisi, & caetera. {Sic enim ueteres loquebantur, Anathema sit, quoties uitandum hominem significarent} Ex hoc capite & proximo licet conijcere, quae fuerint dotes illius ueteris ecclesiae Christianae, prius
19 quàm tot ceremonijs, opibus, imperijs, copijs, bellis, alijsque id genus esset onerata. {Nunc fere tot praeclara munia, ad unam potestatem redacta sunt: hoc est, Christi titulo palliatam tyrannidem. Quid enim est aliud potestas, nisi adsit animus apostolicus?}

Dotes ueteris ecclesiae

Diuisiones gratiarum.) χαρισμάτων. id est, Donorum: sic uertit Hieronymus in episto-
19 lis, & alijs item locis {Augustinus in libello de praescientia dei ad Dardanum, legit Diuisiones donationum. Sed χάρισμα est donum gratuitum, nam à gratia nomen habet.}

Gratiae, pro donis

Diuisiones operationum.) ἐνεργημάτων. Quod non significat simpliciter operationē, sed uim quandam & efficaciam, qua deus agit in nobis. Sequitur enim mox ἐνεργῶν τὰ
19 πάντα. & paulopost ἐνεργεῖ, quod uertit, operatur. Quanquam {ut dixi} aliud quiddam sonat Graecis. Et agit, magis quàm operatur.

Operatio ἐνέργεια

Ad utilitatem.) πρὸς τὸ συμφέρον. id est, Ad id quod expedit: ita uertit Hieronymus in quaestionibus ad Hedibiam, ac rursum in secundo libro aduersus Iouinianum. Magis au-
19 tem sonat ad uerbum, Ad id quod confert {etiamsi recte uertit interpres.}

* Gratia sanitatum.) χαρίσματα ἰαμάτων. id est, Dona sanationum.

19 In uno spiritu.) ἐν τῷ αὐτῷ πνεύματι. id est, In eodem spiritu {seu potius per eundem spiritum.}

Operatio uirtutum.) ἐνεργήματα. id est, Operationes, & magis, ut dictum est, efficaciae.

19 * Discretio spirituum.) διακρίσεις. Discretiones. Interpres legit διάκρισις, {tametsi ad sensum nihil refert.}

* 16: Discretio sp.) followed by Gratia sanitatum) precede Divisiones gratiarum) above

Alij interpretatio sermonum.) γλωσσῶν. Quam uocem modo uerterat linguas, nunc
19 uertit sermones {Nam Graeci repetunt utrobique uocem eam γλωσσῶν. Alij genera lin-
22 guarum, alij interpretatio linguarum. (Ita citat hunc locum Augustinus aduersus Faustum libro duodecimo, capite octauo, ex uetusti codicis fide manu descripti) Sic certe legisse Theophylactum ex ipsius liquet interpretatione, quum ait, Nam doctrinae gratia longe est excellentior, & simplex uarijs linguis loquendi donum, plurimum antecedit linguarum interpretatio. Quanquam aliquanto post, repetens ordine dotes spiritus, extremo loco recenset genera linguarum & interpretationes sermonum. Licet haec posterior particula tantum apud Latinos illic addatur.}

19: Vulgarium

27 ** Haec autem omnia operatur.) ἐνεργεῖ. Magis efficit quàm operatur. (Et efficit per occultam uim in nobis. Diuus Hilarius uelut conans exprimere Graecam uocem, aliquoties uertit Inoperatur, nominatim libro de trinitate octauo.)

16-27: tr ** ↓

Vnus & idem.) τὸ ἓν καὶ τὸ αὐτό. Articulus additus facit, ut de certo spiritu intelligamus. Proinde nos uertimus, Vnus ille atque idem spiritus.

19 Diuidens singulis.) διαιροῦν ἰδίᾳ ἑκάστῳ. id est, Diuidens priuatim {siue peculiariter} unicuique: quod Hieronymus in dialogo primo aduersus Pelagium uertit Proprie, siue propria.

19 {Diuidens singulis prout uult.) Sermo Graecus habet amphibologiam διαιροῦν ἑκάστῳ, καθὼς βούλεται. diuidens cuique ut uult. Nam uerbum uult, referri potest ad spiritum diuidentem, & ad hominem cui diuiditur, ut si Latine dicas, Impartiens cuique prout uult. Anceps enim est, utrum sit, ut uult ipse, an ut uult quisque. Atque in hunc posteriorem sensum alicubi torquet locum hunc Origenes enarrans epistolam ad Romanos, innuens in nobis situm, ut quàm plurimum gratiae nobis impertiat deus. Quin & apud Graecos additur uox ἰδίᾳ, quam interpres non reddidit. Eam si uis aduerbij uim habere, uertendum erat Diuidens peculiariter, siue priuatim. Sin malis nomen esse, transferendum erat, Diuidens propria cuique, siue sua cuique. Atque ita quidem adducit Augustinus libro de trinitate &

Amphibologia



** 16: This entry forms second part of Discretio spirituum) above.

unitate dei,capite octauo.Diuidens propria unicuique prout uult}{Totus autem hic sermo 27
Pauli,distributionibus,dictionum earundem iterationibus, idq; nunc in principio,nunc in
medio,nunc in fine,membris,incisis,comparibus,similiter cadentibus ac desinentibus pe/
riodisq; floridus est.}

* 19-27: entries reversed

* Siue gentiles.) εἴτε ἕλληνες. id est,Græci{ut legit Ambrosius,de quo iam frequenter 19
admonuimus.}

In unum spiritum[potati]

* In uno spiritu potati sumus.) Græce est,In unum spiritum potati sumus:sicut superius
uertit In unum corpus, εἰς ἓν σῶμα. Ad eundem modum legit Ambrosius,Græca sequu/
tus exemplaria. Cæterum aliquanto superius miscuit diuersas præpositiones, εἰς & ἐν.
καὶ γὰρ ἐν ἑνὶ πνεύματι ἡμεῖς πάντες, εἰς ἓν σῶμα ἐβαπτίσθημεν. id est,Etenim in uno spiritu,
{siue per unum spiritum}nos omnes in unum corpus baptizati sumus.Quod si complexim 19
legas,sensus erit:Nos omnes baptismo facti sumus unum corpus,idq; per spiritum omni/
bus communiter impertientem se.Sin diuisim, subaudiendum erit uerbum substantiuum,
sumus,Etenim in uno spiritu sumus nos omnes.At prior lectio mihi magis arridet. 19

Potati spiritu pro Hausimus spiritum

{ Potati sumus,& cætera.) Est quidem Græce ἐποτίσθημεν, hoc est, Poti,siue potati su/
mus,sed ut potatus intelligatur is cui potus est datus.Sensum eleganter expressit Ambro/
sius, legens, & omnes unum spiritum potauimus.⟨Itidem legit Augustinus⟩ Siquidem 22
ποτίζεσθαι Græcis dicitur,quod irrigatur:combibitur autem quicquid est liquidum. Pro/
inde nos quo dilucidiores essemus, uertimus, Eundem spiritum hausimus}⟨In nonnullis 22
exemplaribus, pro Potati sumus, deprauatum comperi, Vocati sumus. Tanta est libra/
riorum audacia.⟩

Non estis mihi necessarij.) χρείαν ὑμῶν οὐκ ἔχω. Quod modo uerterat,Opera uestra
non indigeo.

Necessariora sunt.) ἀναγκαῖα. id est, Necessaria,per positiuum,non comparatiuum:
nam comparatio redditur per magis{Certe iuxta Græcorum codices citat Augustinus ser/ 19
mone quinquagesimotertio : Et quæ inhonesta sunt nostra,magis necessaria sunt.⟨Rursus 22
aduersus Faustum libro uigesimoprimo, capite octauo⟩ Itidem Ambrosius libri quem in/
scripsit de Noe & arca capite octauo} Quanquam μᾶλλον, pro potius accipi potest,ut
corrigat uerius quàm comparet:sitq; sensus,Ea membra quæ putantur inhonesta necessi/
tate commendari & usu{Nec enim apparet hoc sentire Paulum,membra pudenda quæ uo 19
cantur,esse magis necessaria cæteris,sed satis esse quod necessaria sint corpori,ad hoc ne
putentur negligenda.}

Et quæ putamus ignobiliora.) Non reddidit interpres festiuam uocum allusionem
ἀτιμότερα & τιμὴν, id est, Inhonoratiora,& honorem ⟨Pro ἀτιμότερα, Augustinus le/ 22
git Viliora.⟩

16: honesta

Et quæ inhonesta sunt nostri.) ἀσχήμονα & εὐσχημοσύνην, id est,Immodesta,siue inde/
cora,& modestiam siue decus. Ambrosius legit,Et quæ inferiora sunt nobis,reuerentiam
abundantiorem habent. Verum haud scio an locus mendo uacet.

Nullius egent.) οὐ χρείαν ἔχει. id est, Non habent opus:ut subaudias,eo honore addito.

Temperauit.) συνεκέρασε. id est,Contemperauit:hoc est,simul moderatus est,& mi/
scuit membra temperatura quadam,ut sibi mutuo sint auxilio.

Et cui deerat.) τῷ ὑστεροῦντι. quod uertere solet,deficit:sed hic sanè bene reddidit.

Vt non sit schisma in corpore.) Græcam uocem reliquit Schisma, uertere poterat
Dissidium.

Sed in idipsum.) ἀλλὰ τὸ αὐτὸ ὑπὲρ ἀλλήλων μεριμνῶσι τὰ μέλη. Sed idem mutuo curent
membra:ut τὸ αὐτό, parem indicet omnium membrorum sollicitudinem.

Gloriatur pro glorificatur, deprauatum

19: Vulgarius

Siue gloriatur.) δοξάζεται. id est,Glorificatur:hoc est,honore afficitur.Interpres uide
tur,gloriatur dixisse,pro gloria afficitur.Thomas Aquinas interpretatur gloriatur,uigora/
tur:ut sentire possis eum nonnihil offensum fuisse hoc loco{Certe glorificatur,legit Am/ 19
brosius cum Græcis consentiens.Et in eum sensum interpretatur Theophylactus.Ad eun/
dem modum legit Augustinus tractatu in epistolam Ioannis tertio,nec legit solum,uerum
etiam de glorificatione interpretatur.Rursus aduersus Faustum libro uigesimoprimo,ca/
pite octauo}{Iterum epistola centesima quadragesimaquarta.Rursus Posidonius siue Pos/ 35
sidius

sidius in eius uita capite septimo.]

Membra de membro.) μέλη ἐκ μέρους. id est, Membra ex parte. Hoc dicit, quod Corinthij non essent omnia membra corporis, sed aliqua pars membrorum. Quanquam Ambrosius legisse uidetur, ἐκ μέλους. Est autem facilis in hisce literis lapsus ob affinitatem uo-
22 cum μέλους & μέρους, ⟨præsertim si accesserit aliquis labdacismus⟩ Ad eundem modum legit diuus Thomas, trifariam hunc enarrans locum. Cæterum ille sensus minus est coactus, ut intelligamus membra de membro: hoc est, aliud membrum ab alio pendere, mutua
19 connexione. At superiorem lectionem sequitur Theophylactus{quem uersum Latine, fal- 16-19: Vulgarius
35 sissimo Athanasij titulo quidam ædiderant[Id que negant esse factum temeritate librariorum, sed astutia studioque ipsius Christophori Personæ, qui uertit hoc opus. Testatur id etiam codex ille, quem Christophorus Sixto pontifici huius nominis quarto pulcre depictum obtulit. Titulum maiusculis miniatis præfixerat Athanasij, quum in præfatione nec Athanasij nec Theophylacti faciat mentionem. Videtur itaque fucum fecisse pontifici. Hæc scribunt, qui codicem in bibliotheca pontificia asseruatum uiderunt] Origenes homilia in Leuiticum septima, adducit hunc locum iuxta id quod in Græcorum legitur codicibus.}

Et quosdam quidem.) καὶ οὓς μὲν. Articulum postpositiuum Paulus aliquoties usurpat pro præpositiuo in distribuendo. Verum hic non habet quod respondeat, cuiusmodi ↑19-27: Stapulensis
multa sunt apud hunc apostolum. Nam quod Faber Stapulēsis mutat Quosdam, in Suos, Faber
19{ut οὓς positum sit pro ἑούς,} non est probabile, præsertim in oratione soluta, maxime quū nullum nomen adhæreat pronomini, alioqui dixisset τοὺς αὐτοῦ. Vitari poterat incommodum anapodoti, si primam particulam huius diuisionis coniūctim legas, ad hunc modum, ὃς pro τοὺς
καὶ οὓς μὲν ἔθετο ὁ θεὸς ἐν τῇ ἐκκλησίᾳ, πρῶτον ἀποστόλους. ut totum hoc unum efficiat ordinem: deinde succedat, δεύτερον προφήτας, ut quod cœperat dicere per οὓς, postea mutata uoce dicat per δεύτερον & ἔπειτα. Quod ita explanatius efferri poterat: Et alios quidem 16: quidem
constituit primo loco, nempe apostolos: alios secundo, nempe prophetas: alios tertio, nempe uirtutes: atque item de cæteris.

Opitulationes.) ἀντιλήψεις. id est, Subuentiones, siue subsidia: quod alibi uertit, Susci-
19 pere{est autem ἀντιλαμβάνεσθαι conantem porrecta manu adiutare.} ↑19-27: apud nos
22 Interpretationes sermonum.) Non legitur apud Græcos hoc loco totum hoc⟨ac ne in Additum↑
uetustis quidem Latinorum codicibus, nominatim ijs quos nobis exhibuit collegium san-
27 cti Donatiani Brugis⟨nec in duobus quos exhibuit hac æditione collegium ecclesiæ Constantiensis⟩ Idem enim uidetur cum illo, γένη γλωσσῶν. id est, genera linguarum: quod modo recensuit. Opinor interpretationes sermonum adiectum ab interprete quopiam, aut ut isti loquuntur, postillatore, quod postea traductum sit in contextum sermonis: præsertim quum ne mentio quidem huius particulæ apud ullum Græcum interpretem reperiatur.↑ ↑↓
Quanquam ne quid dissimulem, Ambrosius legit quemadmodum nos uulgo legimus, Ambrosij lectio 19-22: margin notes reversed
19{nec legit solum, uerumetiam interpretatur} Deinde paulo post repetens hos gradus, hoc loco duos reddit, non unum. Nunquid omnes linguis loquuntur, nunquid omnes interpretantur, nisi forte hæc duo uelut inter se cognata unius loco posuit: ut interim dissimulem, Sanitas, pro Sanatione +↓
quod toties iam ἰάματα, uertit Sanitates, pro Sanationes: nam ἴαμα apud Græcos non est nisi sanatio.

19 * Aemulamini{autem}charismata.) ζηλοῦτε τὰ κρείττονα χαρίσματα. id est, Aemulamini Charismata
19 potiora dona. id est, ad ea nitamini dona spiritus quæ sunt eximia{Non dixit μείζονα, id Græce dixit
est, maiora: sed κρείττονα, id est, potiora, quæque magis conducunt ad publicam utilitatem.} interpres ↑19-27: oscitans
Hic charismata reliquit uocem Græcam. Diuus Hieronymus aduersus Iouinianum libro
19 secundo, uertit Dona: malens Latine loqui, quàm Græce{Nec est ociosa coniunctio δὲ, separat enim charitatem à turba cæterorum donorum. Alia contingant alijs, cæterum uos ea sectemini quæ sunt potiora.}

* Excellentiorem uiam.) καθ' ὑπερβολὴν ὁδὸν. id est, Excellentem uiam, siue eximiam & * 16: entries reversed
egregiam uiam. Ambrosius legisse uidetur ἔτι μᾶλλον, uertit enim Magis excellētiorem.
19 Porro ut noster interpres uerterit per cōparatiuum ἔτι, {id est, Insuper}fuit in causa, quod aliquoties uim habeat comparatiui.



+ 16-22: transposition of sentence: ut interim ... sanatio placed above at ↑

## EX CAPITE DECIMOTERTIO

Sonitus uocū inanis

FActus ſum uelut æs ſonans.) Velut, redundat. γέγονα χαλκὸς ἠχῶν.
id eſt, Factus ſum æs reſonans,{ſiue tinniens, aut crepitans.} Nec Ve/ 19
lut, aduerbium, additur apud Græcos, uerum alius quiſpiam adiecit
de ſuo.
Aut cymbalum tinniens.) ἀλαλάζον. Quod aliàs uertunt Iubilare.
Eſt autem ἀλαλάζειν proprie, perpetuo ſonitu ſtrepere ac tinnire, ut exponunt ety/
mologici Græci, ſono ſonum excipiente, quemadmodum fit in lebetibus Dodonæis. 19
{Qua de re copioſius dictum eſt in Chiliadibus noſtris. Non opinor hic refellendos mihi 27
qui putant prædicatorem(euangelicum)conferri cum ære ſonante,quod is ſuo tinnitu pro/
ſit quidem aliјs,cæterum ſeipſum conſumat. Siquidem hic prophetas appellat prædicato/
res: cæterum qui lingua duntaxat loquuntur,uelut inutiles per ſe,cymbalis tinnientibus
comparat}.(Id magis ad eos pertinet, qui uerba ſacra non intellecta canunt aut recitant 27
in templis.)

{Et ſi nouerim myſteria omnia.) μυστήρια. Auguſtinus[quum aliàs frequenter,tum]in 19.35
libello De actis cum Emerito, legit Sacramenta,pro Myſteria}(ut ſcias illic ſacramentum 27
interdum dici,quod reconditum eſt.)

35: long addition to p. 501

[Charitatem non habeam.) Auguſtinus ad Simplicianum libro ſecundo,fatetur ex hoc 35
loco non exacte doceri prophetiam aut fidem eſſe ſine charitate,quod hæc ſermonis for/ma non affirmet,ſed fingat interdum:quod genus ſi dicas,Si corpus habeat figuram,colo/rem autem non habeat,cerni non poſsit,non ſequitur corpus carere colore,ſed fingitur ca/rere:quod ſi fiat,cerni non poſsit. Similiter Baſilius Magnus in epiſtola ad Neocæſarien/ſes,referens hunc Apoſtoli locum, hæc ſubijcit:Non quod horum quæ commemoraui/mus ſingula ſine charitate poſsint inueniri,ſed quod ſanctus Paulus uoluerit teſtimonijs confirmare,quod dixerat præceptum charitatis infinitis partibus reliquis omnibus excel/lentius eſſe. Quod ſi quem offendit fictionis uocabulum, Sunt enim qui putant Fingere, nihil aliud eſſe quàm mentiri: ſciant quoties audiunt in Theologorum diatribis, poſito ca/ſu uel dato,idem illos dicere,quod alij dicunt,Finge,pone,aut fac ita eſſe. Rhetores autem docent & argumentandi & amplificandi rationem à fictione. Quanquam fingendi uer/bum,in hoc ſanè ſenſu,non eſt in ſacris literis,tamen ipſa res frequens eſt. Atque hoc ſer/monis tropo nihil uulgatius. Quoties audimus illa, Si filius meus eſſes,non potuiſſem te/cum amantius agere. Si tibi corpus eſſet ferreum,non ſufficeret iſtis laboribus. Si apud Scythas natus eſſes,non poſſes eſſe moribus aſperioribus. Si mihi ſint linguæ centum,non poſsim omnia commemorare. Sic argumentatur dominus,Si ego in Beelzebul eijcio dæ/monia,filij ueſtri in quo eijciunt? Et, Si crederetis Moſi,crederetis utique & mihi. Sic per fictionem argumentatur Apoſtolus primæ ad Corinthios decimoquinto,Si Chriſtus non reſurrexit,inanis eſt prædicatio noſtra,inanis eſt & fides ueſtra. Ac mox, Si mortui non reſurgunt,nec Chriſtus reſurrexit. Rurſus, Si in hac uita tantum in Chriſto ſperantes ſu/mus:& cætera. Tali fictione uſus eſt propheta Dauid Pſalmo centeſimo trigeſimo octa/uo, Si aſcendero in cœlum,tu illic es:ſi deſcendero in infernum,ades. Si ſumpſero pennas meas diluculo,& habitauero in extremis maris,etenim illuc manus tua deducet me:& cæ/tera. Nullus homo uiuens poteſt aſcendere in cœlum,aut deſcendere ad inferos,aut ſum/ptis alis procul auolare. Sed hæc per fictionem commemorat Propheta,quo magis aſſeue/ret,neminem effugere poſſe manus dei. Simili figura loquitur beatus Paulus:Etſi imperi/tus ſermone,non tamen ſcientia. Paulus non erat imperitus ſermone,qui apud Corinthios gloriatur ſe plus cæteris loqui linguis. Simile & illud,Nam ſi decem milia pædagogorum habeatis in Chriſto,ſed non multos patres. Tum temporis pauci crediderant apud Corin/thios,unde fieri non potuit,ut haberent decem milia præceptorum in doctrina fidei. Nam hos appellat pædagogos. Eiuſdem formæ eſt quod hic dicit,Et ſi linguis hominum loquar & angelorum. Angeli non habent linguam,ſed hoc per fictionem exaggerandi gratia eſt additum. Adde quod inter dona ſpiritus,hic commemoratur opitulatio, & ad Romanos

duodecimo

duodecimo, legimus, Qui tribuit in simplicitate, qui miseretur in hilaritate. Et tamen per fictionem Paulus hoc loco disiungit, quæ separari non possunt. Si distribuero omnes facultates meas in cibos pauperum. Et, Si tradidero corpus meum, ita ut ardeat: & cætera. Neque enim Paulus sentit de ijs, qui ob inanem gloriam dilargiuntur sua pauperibus, aut corpus suum tradunt incendio, quod fecisse legitur Peregrinus: (Alioqui frigide uitiosam actionem conferret cum donis spiritus) sed de his qui ad hæc parati sunt ob abundantiam Euangelicæ charitatis. Quid igitur agit hæc fictio? Non ut intelligamus hoc fieri posse sine charitate, sed ut perspicuum sit, non ex modo liberalitatis, nec ex difficultate actionis, sed ex magnitudine charitatis deum æstimare nostras actiones. Vnde fit, ut qui largitur assem interdum magis placeat deo, quàm qui largitur decem milia ducatorum. Idem sentiendum est de omnibus functionibus spiritualibus, quas deo commendat charitas in proximum. Ne quis autem hoc uelut è meo natum capite contemnat, sciat Diuum Chrysostomum & hunc imitatum Theophylactum ita differere, qui admonent, Apostolum respicere ad illa duo, quæ Dominus proposuit, ut argumenta summæ charitatis in proximum: quorum alterum est quum dicit adolescenti, Si uis perfectus esse, uade, uende omnia quæ habes & da pauperibus: Alterum quum ait discipulis, Maiorem charitatem nemo habet, quàm ut animam suam ponat quis pro amicis suis. Quî conuenit autem, ut quæ perfectam declarant charitatem, fiant absque charitate? Addunt & illud, Paulum compluribus locis uel exaggerandi, uel confirmandi gratia fingere hoc esse, quod non est, nec esse possit. ueluti quum scribit Galatis, Et si nos aut angelus de cœlo aliud uobis euangelizauerit, præter hoc quod accepistis, anathema sit. Si de malis angelis loquitur, sermo non friget modo, uerum etiam absurdus est. Si de bonis, in eos non cadit, nec prædicare falsa, nec anathematis execratio. Adferunt & eum locum, qui est ad Romanos octauo, quum ait, se neque per angelos, neque per principatus, neque per uirtutes posse seiungi à charitate, quæ est in Christo Iesu. Atqui angelorum est adlicere ad amorem dei, non diuellere. Addit, Neque alia creatura: Quum nulla sit alia creatura. Vniuersam enim creaturam, uisibilem & inuisibilem, summam, mediam, & imam complexus est. Verum ad asseuerationis certitudinem, fingit hoc esse, quod esse non possit. Videtur & hoc ἀδύνατον, quod ait: Etsi habuero prophetiam, & nouerim mysteria omnia. Nulli enim hominum, excepto Christo, datum est nosse mysteria omnia, fortasse nec angelorum cuiquam. Postremo illud constat, Si, esse conditionale: cuius tamen usus est in ratiocinando, & in amplificando: nec minus conditionale est, Siue, qua uoce hic utitur Paulus: Siue prophetiæ euacuabuntur, siue linguæ cessabunt, siue scientia destruetur. Quanquam autem nec Diuus Basilius, nec Augustinus asseuerant, cætera spiritus dona non posse inueniri sine charitate, tamen illud recte sentiunt, ex hoc loco non euidenter conuinci prophetiam, aut fidem inueniri sine charitate. Opinor autem Apostolum hic loqui non de quacunque fide, aut prophetia, sed de donis spiritus, post ascensionem Domini. Alioqui linguæ donum habuit asina Balaam, & ipse Balaam erat propheta, & Caiaphas prophetiam ædidit, sed ab ipso non intellectam: & in extremo iudicio quidam dicturi sunt, Domine, in nomine tuo prophetauimus, sed audient, Nescio uos. Verum huiusmodi prophetiæ genus, non inuenimus pro dono spiritus commemoratum in sacris literis, post Christum sublatum in cœlum. Porrò Apostolum hic loqui non de qualibet fide, aut prophetia, declarant illa, Et si habuerim prophetiam, ut nouerim mysteria omnia. Rursus, Et si habuero omnem fidem, ita ut montes transferam. Quomodo talis prophetia contingeret absque charitate, quum scriptum sit, In maleuolam animam non introibit sapientia. Quumque uera fides multa complectatur, certum assensum omnium, quæ tradita sunt nobis ad salutem æternam necessaria, certam fiduciam de misericordia domini, deque promissis, uel in hac uita præstandis, uel in futuro seculo, quomodo tale donum caderet in mentem charitatis expertem? Nunc abutor illorum sententia, qui omnem fidem interpretantur perfectam. Illud opinor nullus inficiabitur Paulum, hic loqui de charitate

tate,non quacunque,sed de uera & euangelica. Quam si conferat cum alijs donis mortuis, friget amplificatio. Quid enim magni sit,si uera charitas præferatur tali prophetiæ qualem habuit Balaam,aut tali fidei qualem habet & dæmones. Hoc nimirum perinde sit,quasi si quis uolens exaggerare robur tauri,componat illum cum leone uel mortuo,uel unguibus ac dentibus exarmato. Probabile est igitur Paulum ueram & euangelicam charitatem amplificandi gratia conferre cum ueris ac perfectis donis spiritus, per fictionem separando ea quæ cohærent. Illud extra controuersiam est,Quoties dominus aut apostoli loquuntur de fide,sentiunt de uiua fide. Quod genus sunt, Fides tua te saluam fecit. Et, Si habueritis fidem sicut granum sinapis. Et quum beatus Paulus docet Abraham ob fidem promeruisse iustitiæ elogium,alijs que locis innumeris: per omnes enim Epistolas,nihil magis inculcat,quàm gratiam & fidem,& homines per fidem iustificari,ac per fidem stare, & qui ex fide sunt,benedictionem consequuturos, & habitare Christum in nobis per fidem. Denique cum Hebræis copiose decantat encomium fidei. Similiter Petrus in Actis, Fide purificans corda eorum. Rursus quum in Epistola iubet nos resistere diabolo fortes fide. Item quum Ioannes scribit, nos uincere mundum per fidem. Huic fidei toties prædicatæ in Noui Testamenti uoluminibus, qui iungit indiuiduam comitem charitatem,obsecro quid peccat? Iam quum fides gignat opera charitatis,quemadmodum Romanis scribit Apostolus: Quicquid ex fide non est,peccatum est: & ad Galatas describit fidem quæ per charitatem operatur: opera charitatis,fidei tribuenda sunt. Quî conuenit ergo charitatem à fide separare, hoc est,radicem à ramis. Sed quosdam offendit,si quis dicat, Sola fide contingere homini iustitiam: hoc est,remissionem peccatorum. Qui nimirum mihi uidentur aut ignorare,aut non meminisse has uoces, Solus, Singularis & Vnicus, sic frequenter tum ab ethnicis, tum ab orthodoxis usurpari,ut declarent non solitudinem,sed eminentiam: ueluti quum Satyricus ait:

Nobilitas sola est,atque unica uirtus,

sentit summum & eximium nobilitatis genus esse nominis claritatem, uirtute propria partam. Et qui dicit hominem singulari prudentia præditum,non spoliat eum cæteris uirtutibus,sed eximiam prudentiam tribuit. Rursus quum in Comœdia quidam dicit,

Solus est amico amicus: non sentit præter illum neminem alijs esse amicum,sed hunc excellenter esse amico amicum. Similiter quum beatus Hieronymus hortans Heliodorum,ut amore religionis contemnat affectus parentum,ait, Solum pietatis genus est, hac in re esse crudelem: non sentit alijs in rebus nullam esse pietatem,sed hanc pietatem esse præcipuam,si quis amore Christi contemnat affectus naturæ. Cæterum ut hæc parum habeant ponderis,ex ipso sermonis tenore perpendendum est,quid excludatur per huiusmodi uoces. Dauid quum ait, Vnam rem petij à domino, & cætera: non sentit se nihil aliud petere à domino,quum toties in Psalmis petat remissionem peccatorum,auxilium aduersus inimicos,intellectum legis,stabilitatem regni sui,prosperitatem urbis Hierosolymorum: sed sentit illud præcipue ab ipso desiderari. Item quum lex dicit,Dominum deum tuum adorabis,& illi soli seruies: non excludit uenerationem & honorem debitum regibus ac parentibus,aut diuis,opinor: nec obsequium,quod serui debent dominis,sed ostendit summum honorem,summumq; cultum deberi deo. Præterea quum Christus patri loquens, dicit, Vt cognoscant te solum uerum deum, & cætera: non excludit seipsum ac spiritum sanctum à consortio diuinitatis, sed excludit deos gentium. Rursus quum ait, Solus deus bonus est,non submouet omnes angelos atque homines à cognomine boni,quum idem in Parabolis, Seruos appellet bonos, & pisces bonos,hac metaphora designans homines bonos, sed summam ac natiuam bonitatem tribuit deo. Idem quum ait Archisynagogo, Tantummodo crede, omnia possibilia credenti. Vox Tantummodo non excludit alias uirtutes,sed solicitudinem de morbo insanabili,aut de morte filiæ. Eodem schemate Paulus appellat solum deum sapientem & immortalem, non excludens angelos ac prophetas, quum in Euangelio uirgines, quinque dicantur prudentes, ac præter Salomonem complures sapientiæ nomine prædicentur in canonicis literis: sed ostendit in deum hæc cognomina singulariter competere. Quemadmodum Iesus dicitur ſus dicitur unigenitus & unicus filius dei, non quod ſolus ſit, ſed quod eximie filius. Similiter apud Lucam capite nono, quum legimus, Inuentus eſt Ieſus ſolus, non excludūtur tres diſcipuli, ſed Moſes & Helias qui prius cum eo colloquebantur. Mox in eodem capite, Quum ſolus eſſet orans. Erant autem cum illo & diſcipuli. Vox ſolus excludit turbam, quæ ſolet adeſſe. Denique quum beatus Thomas Aquinas in Proſa dicit, Ad firmandum cor ſyncerum ſola fides ſufficit, per dictionem Sola, non excluditur charitas aliæq; uirtutes, ſed tantum humana ratio ſenſuumq; experientia. Huiuſmodi loquutionibus quum & ſacra uolumina, & orthodoxorum libri, & quotidianus hominum ſermo plenus ſit, ueluti quum dicimus, Nihil hic eſurit, nihil ſitit, niſi aurum, non excluditur panis & uinum, ſed exaggeratur inſignis auaritia. Itidem dicimus, Regem ambulare ſolum, etiam ſi uno atque altero comitatus incedat, ſed ſolum dicimus non ſtipatum ſolito comitatu. Anachoritas dicimus ſolos habitare in nemoribus, quum illic adſint diuerſa animantium genera, interdum & famulus. Itaque qui dicit homines ſola fide iuſtificari, non protinus excludit charitatem, neque charitatis opera, ſed philoſophiam humanam, aut ceremonias operaq; legalia, aut uitam actam ante baptiſmum, aut aliud ſimile, quod ex ſermonis tenore colligitur. Apud Paulum quidem non additur dictio Sola. Quid refert? quum tot locis inculcet Abraham pronunciatum iuſtum ſine operibus. Nos omnes iuſtificari per fidem, & non ex operibus. Nam ſi ex operibus iam abrogari gratiam. Hoc genere ſermonum omnes Paulinæ ſcatent epiſtolæ. Qui tamen nuſquam ſeparat charitatem à fide purificante, ac toties hortatur ad opera charitatis. Sed ad hanc ſalebram diutius reſtitimus, quàm patitur argumenti ratio.

** Diſtribuero in cibos pauperum.) Græcis una uox eſt, ψωμίσω. Et omneis facultates
19 meas eſt τὰ πάντα μου. id eſt, Omnia mea{In nonnullis tamen legimus, τὰ πάντα ὑπάρ- ** 16: entries reversed
χοντά μου.}

27 ** Ita ut ardeam.) Ita, redundat.(Nec addebatur in duobus Conſtantianis,) ἵνα καυθήσω-
27 μαι. id eſt, Vt comburar, ſiue ad comburendum.(Diuus Hieronymus ſcribens in epiſtolam ad Galatas capite quinto, dicit in Latinis codicibus haberi ita ut glorier, eamq; lectionem uocat errorem, ſed addit Græcorum etiam exemplaria eſſe diuerſa. Nec dubium eſt quin error natus ſit ex mutatione literæ, καυχήσωμαι, pro καυθήσωμαι. Theophylactus
35 [& ante hunc Chryſoſtomus] nobiſcum & legit & interpretatur καυθήσωμαι. eaq; lectio mihi uidetur eſſe germana. Quanquam Hiſpanienſis æditio habebat καυχήσωμαι. Rem magnam facit, qui facultates omnes impendit alendis pauperibus: at maiorem facit, qui corpus ſuum tradit ignibus, quod feciſſe legitur Peregrinus. De gloria meminit nonnihil is cuius extant ſcholia in omnes epiſtolas Pauli, Hieronymi titulo: quaſi legerit, Vt glorier.)
35 [Baſilius in epiſtola quadam ad Neocæſarienſes legit, ἵνα καυθῇ. id eſt, Vt ardeat: ut ſubaudiatur Corpus.]

22 Charitas patiens eſt.) μακροθυμεῖ. id eſt, Longanimis eſt(ſiue leni animo eſt) Et ita legit Ambroſius. Quanquam in uulgatis codicibus pro longanima mutauerunt magnani-
19 ma{Etiamſi apud Cyprianum aliquoties magnanima uocetur charitas ex hoc Pauli loco, quod μακρόν, ut longum ita & magnum ſit. Mihi nec longanimis nec magnanimus ſatis exprimere uidetur Græcæ dictionis uim. Neq; enim Latini ſic dicimus longum animum, ut dicimus magnum animum: quin pro longo lenem uocamus, hoc eſt, non præcipitem ad iram aut uindictam.}

Benigna eſt.) χρηστεύεται. pro quo Ambroſius legit, Iucunda eſt. Significat autem co-
19 mitatem ac ſuauitatem morum{quæ opponitur aſperitati ac difficultati ſeu moroſitati. Vera pietas neſcit ſupercilium, ſimulata ſanctitas aſperitate morum grauis eſt. Benignitas Latinis plerunque ad beneficentiam pertinet. Sic enim à bono dicitur benignus, ut à malo malignus. Thomas Aquinas nouam adducit etymologiam: Benignitas, inquiens, dicitur quaſi bona igneitas, quod quemadmodum ignis facit effluere, ita & charitas. Atque id docet teſtimonio Solomonis Prouerbiorum capite quinto, Deriuentur fontes tui foras. Vir indignus qui ex tam indoctis autoribus huiuſmodi nænias ſacris Commentarijs admiſceret. Nam ſatis apparet huic ſi quid ad uocum enarrationem aut ſacrorum uoluminum teſtimonia pertinet, ferè non ex ipſis fontibus, ſed ex alienis collectaneis & indi-

Thomæ opinio excuſſa 19-27 Excussa in opinio

& indicibus petitum esse.}

Agere perperam περπερεύεσθαι

Non agit perperã.) περπερεύεται. Repetitur hoc loco apud Græcos charitas. Ac Græca quidem scholia hanc uocem uarijs modis interpretantur. Quidam περπερεύεσθαι putant idem quod est adulari, alij quod extolli, & ostentare sese, à nomine πέρπερος, quod
dictum uolunt quasi περίπερος. {Id sensisse uidetur & Hesychius.} Alij interpretantur 19
garrire, à πέρπερος, quod dictum uolunt quasi περίφερος, ὥσπερ τοῖς λόγοις περιφερόμε-
νος, {quod loquutulei sermonum ambagibus molesti sint} Sunt qui interpretentur πέρπε- 19
19: Vulgarius
ρον præcipitem ac temerarium, & περπερεύεσθαι præcipitem esse {Theophylactus inter- 19
pretatur inconstantem ac leuem} Mihi uidetur uox à Perperis fratribus esse conficta, qui
& Cercopes dicti sunt, quorum procacitas & improbitas etiam fabulis est nobilitata. De
Ne in Melampygum
quibus plura retulimus in prouerbio, Ne in Melampygum incidas, si cui libebit cognoscere. Nos uertimus, Non est procax {quam interpretationem & Theophylactus recenset} 19
19: Vulgarius
Alioqui Latine perperam agit, qui data opera secus agit, quàm oportet {Atque ita quidem 19
interpretatur Aquinas, Perperam, id est, peruerse.}

[Dure redditũ

Non est ambitiosa.) οὐκ ἀσχημονεῖ. id est, Non agit inhoneste, siue indecore. Miror unde uox ambitiosa huc irrepserit {quum nihil habeant affinitatis ἀσχημονεῖν & φιλοτιμεῖσθαι, 19
nisi forte quia præcessit non inflatur, quod uidetur ambitionis esse.} Quanquam Græca
scholia sic interpretantur, ἀσχημονεῖ, id est, Nihil sibi indecorum putat, quamlibet humile
16-19: Vulgarius
officium, modo prosit. Et Theophylactus ad eundem exponit modum, non dissimulata tamen altera quoque interpretatione {Ex Ambrosio nihil quitum est colligi, quod is contentus 19
explicuisse summam hoc loco, singula negligat persequi} (Augustinus de gratia & libero ar- 27
bitrio ad Valentinum capite decimoseptimo legit, non dehonestatur.)

Non cogitat malum.) οὐ λογίζεται. hoc est, non imputat cuiquam malum, nec male cogitat de quoquam, annotante Valla {siue quia omneis ex suo metitur animo, siue quia non 19
molitur uindictam.}

{Omnia suffert.) στέγει. hoc est, nihil grauatur. Translatum à tignis sustinentibus onus 19
impositum, aut à uasis recipientibus quod infunditur. Cyprianus de simplicitate prælato-
Cypriani lectio diuersa
rum tractatu tertio, pro omnia suffert, legit, omnia diligit. Vnde conijcere licet illius codicem habuisse, πάντα στέργει, addita literula uerbo στέγει. Et uterque sensus est tolerabilis,
tametsi is, quem nostra habet æditio, mihi magis probatur, quod hæc omnia simul congesta, uidentur eodem pertinere: Omnia suffert, omnia credit, omnia sperat, omnia sustinet.
Siquidem in se recipit quod traditur is qui credit, & qui credit sperat, & qui sperat sustinet, hoc est, durat in tempus ut promissa appareant. Id enim proprie sonat ὑπομένειν, diuersum ab eo quod præcessit στέγειν.}

Charitas nunquam excidit.) ἐκπίπτει. hoc est, nunquam cessat, ubique prodest, ubique
est usui, imò crescit indies {Etiamsi ἐκπίπτειν Græce est exulatum abire & eijci. Ita sensus 19
erit, Nunquam non esse locum charitati.}

Siue prophetiæ euacuabuntur.) Græci addunt, δέ. Atque ita legit diuus Ambrosius,
Siue autem prophetiæ euacuabuntur. Deinde quod sequitur:

Ex parte enim cognoscimus.) ἐκ μέρους δέ. Nonnulli Græci codices habebant autem,
{pro} enim, δὲ pro γάρ. 19

Quum essem paruulus.) νήπιος, Quod & puerum, aut infantem significat, &
parum prudentem, quod ea ætas ob inscitiam rerum parum sapiat {ut crebro iam ad- 19
monuimus.}

<Euacuaui ea quæ sunt paruuli.) Quod Ambrosius legit, Ea quæ paruuli erant de- 22
struxi. Atque hoc loco mihi uidentur Græci codices deprauati, in quibus ita scriptum
comperio, consentiente & Aldina æditione, κατήργησα κατὰ τοῦ νηπίου. Suspicor autem à
Paulo scriptum fuisse, κατήργηκα τὰ τοῦ νηπίου, aut κατήργησα τὰ τοῦ νηπίου> (κατήργηκα 27
legit Theophylactus) [itidem & Chrysostomus.] 35

†16-27: Sed

† Maior [autem] horum.) μείζων δὲ τούτων. id est, Maxima ex his charitas. Quanquam 35
& Latini ad exemplum Græcorum aliquoties comparatiuum usurpant pro superlatiuo.
Vt illud Catulli:

Hespere qui cœlo luces iucundior ignis.

Et Quintus

†16: incidas, quo loco copiosus super hac re disseruimus, si cui

27.19 Et Quintus Curtius, duo maiora omnium nauigia dixit. Et Græci nonnunquam compara-
tiuis superlatiuorum uice abutuntur. Atque ita sane enarrat Theophylactus: Charitatem 19: Vulgarius
22 inter ea quæ manent, summum tenere locum. Nos maluimus auferendi casu uti, ut effugeremus incommodum generis horum aut harum. In codice Donatiani scriptum erat: Ma-
35 ior autem his est charitas, qui sermo absurdus est. Neque enim charitas seipsa maior est.
Hoc incommodum exclusisset addita præpositio, Maior inter hæc, aut maxima in his: ut intelligatur distributio. Exoritur hic alius scrupulus, quid nobis declaret aduerbium nunc, an uitam præsentem in qua per fidem ambulamus, an ecclesiæ primordia. Posterius recipi non potest, alioqui sequeretur ecclesiam militantem sine fide spe & charitate posse consistere. Si accipimus hæc tria manere in hac uita, quasi cessatura sint in futura, de fide & sperationi locus esset, uerum de charitate prius pronunciauit Apostolus, quod etiamsi tollerentur cætera dona spiritus, charitas tamen nunquam excideret. Petrus apostolus fatetur à Paulo quædam esse scripta difficilia intellectu, & priscorum quidam in diuinis libris exercitatissimi fatentur Paulum in dissere̅do esse uarium ac lubricum, quod obiter quædam attingat, uelut oblitus illius quod instituerat, eandemque uocem interdum usurpet non eodem sensu, nonnunquam subito dilabatur in aliud argumentum. Legis uocabulum frequenter apud hunc repetitur, at non semper eodem sensu. Fortassis & hic tale quiddam remoratur intelligentiam nostram. Quædam enim dona quæ rudimentis ecclesiæ erant necessaria, nunc cessant, ueluti donum linguarum, sanationes, præscientia futurorum, reliquaque miracula, quæ confirmatis in fide superuacanea sunt: siquidem signa data sunt infidelibus, non fidelibus. Tale quiddam uidetur innuere, quum ait, Quum essem paruulus, & cætera: quasi quædam dona essent ad tempus data ecclesiæ subolescenti, cessatura postea quàm illa profecisset ad mensuram plenitudinis Christi. Ab hac autem perfectione digredi uidetur ad maiorem perfectionem, quæ continget in futura uita. Neque enim illa, Tunc uidebimus facie ad faciem, & Tunc cognosca̅ sicut & cognitus sum, quadrant in ecclesiam militantem. Quod si recipimus Apostolum hic per occasionem nonnihil digressum, quod & aliàs interdum facit, fortasse non absurde accipiemus hunc sensum: Etiamsi cætera dona cessent in ecclesia, fidem tamen spem & charitatem nunquam cessaturam: absque his enim non esset ecclesia Christi, sed synagoga satanæ. In uita autem cœlesti nec fidem, nec spem, nec charitatem mansuram. Fides enim substantia est rerum sperandarum, argumentum non apparentium, Et, quod quis uidet, quid sperat? Sed absonum uidetur apud superos cessare charitatem, ubi erit perfecta omnium charitas. At saluo aliorum iudicio: mihi uidetur Apostolus hic agere, non de tota charitate qua diligimus deum super omnia, & proximum propter deum, sed de una tantum functione charitatis qua studemus prodesse proximo. Arguit hoc totius huius disputationis tenor, in qua nulla mentio de dilectione dei, sed huc tantum spectat, ut quodcunque donum aliquis accepit à deo, conferat ad utilitatem proximi, licet uera charitas proximi non separetur à charitate dei ex qua nascitur, fortassis & eadem est. Eoque uult eum qui loquitur linguis tacere in ecclesia, nisi sit qui interpretetur, nec interpretem probat, nisi adsit propheta qui sensum mysticum enarret: nec prophetam probat, nisi quod suggessit spiritus proferat ad ædificationem ecclesiæ, citra contentionem ac dissidium. Hæc autem functio charitatis cessabit apud superos, ubi nullus erit, qui alterius officio desideret adiuuari, quum in hac uita nullus sit qui non egeat auxilio proximi. Iam forsitan & illud mouebit aliquem, quum dominus in Euangelio & Paulus in Epistolis tam insigniter fidem prædicent, quomodo Paulus hic dicat charitatem esse maiorem. Siquidem ut nullum donum deo gratum est absque charitate, ita nullum donum acceptum est absque fide, imò ne datur quidem absque fide. Nam fides quasi manus animi sunt, quibus excipimus & amplectimur spiritus munificentiam, sine qua nec charitatis opera grata sunt deo. præterea fides natura prior est charitate, per fidem enim cognoscimus deum, nihil autem amatur nisi cognitum. Præstantius autem uidetur quod gignit quàm quod gignitur. Adde, quod si uerum est extincta charitate, tamen in homine posse manere semen fidei, magna fidei commendatio est, quod fides extinctam se redaccendit, quu̅ idem non faciat charitas. Denique Paulus ubique salutem hominis fidei refert acceptam, potius quàm charitati. Tum si donorum maxima est charitas, in supe-

in superiore capite quo recensentur dona spiritus,oportuit charitati principem tribuere lo
cum. Nunc illic fides aliquem habet locum,charitas ne nominatur quidem. Ad hoc respon
deri potest,quamuis illic non exprimatur nomen,tamen charitatis functiones multæ commemorantur,ueluti sermo sapientiæ,sermo scientiæ,gratia sanitatum,operatio uirtutum,
prophetia,discretio spirituum, opitulationes, gubernationes, interpretatio sermonum,&
cætera. Per hæc enim opera sese profert charitas. Qui ramos & fructus ostendit,satis commendat stirpem. Et quoniam totus hic locus hortatur ad utilitatem proximi,secũdum hanc
rationem,charismata quæ magis conducunt pluribus,dicuntur meliora,& charitas dicitur
maxima, quod omnia accommodat ad utilitatem ecclesiæ. Nihil autem uetat quo minus
eadem res iuxta diuersos respectus sit altera superior & inferior. Erit fortassis,quem præter hæc,illud mouebit, quum nullum spiritus donum ne ipsa quidem charitas contingat
aut grata sit absque fide,quomodo Paulus ita recenset fidem,quasi inter membra corporis
mystici aliis adsit,aliis non adsit. Sic enim loquitur: Diuisiones gratiarum sunt,idem autem spiritus:& diuisiones ministrationum sunt,idem autem dominus:& diuisiones opera
tionum sunt,idem uero deus,qui operatur omnia in omnibus. Vnicuique autem datur ma-
nifestatio spiritus ad utilitatem. Alii quidem per spiritum datur sermo sapientiæ,alii autem
sermo scientiæ secundum eundem spiritum, Alteri fides in eodem spiritu,alii gratia sanitatum in uno spiritu, Alii operatio uirtutum,alii prophetia,alii discretio spirituum, & cætera. Sed hunc scrupulum amouit Theophylactus, indicans hic fidei nomen non declarare
credulitatem ac fiduciã illam erga deum, per quam dantur omnes gratiæ,sed eam tantum
quæ ædit miracula,quæ nec omnibus datur,nec ad salutem est necessaria:planeque uidetur
de hac ipsa sentire Apostolus,quum ait, Etsi fidem omnem habuero,ita ut montes transferam. Quemadmodum enim dominum imitatus summæ charitatis exemplum posuit, Si
quis tradiderit corpus suum ad incendium:hoc est,ad mortem horribilem, Sic dominum
imitatus,summæ fidei exemplum posuit,Ita ut montes transferam. Atque hæc quoque fides
perfecta dici potest in suo genere,quamuis non sit simpliciter perfecta,iuxta uires uniuer-
sas. Nam hæc est radix ac fons omnium donorum spiritualium,ipsius etiam charitatis. Sed
charitatis partes sunt quicquid homini contingit boni,siue spiritualis,siue moralis,siue naturalis,siue fortuiti,ad utilitatem proximi conferre. Hæc ita disserui,ut nihil asseuerem,sed
occasionem suggerere uolui sapientibus meliora dispiciendi.]

## EX CAPITE DECIMOQVARTO

*Charitas,studium benemerendi*

SEctamini charitatem,æmulamini spiritualia.) Plerique Græcorum & hic
addunt δὲ coniunctionem{in secunda particula,} διώκετε τὴν ἀγάπην, ζηλοῦ 19
τε δὲ τὰ πνευματικά. Alioqui uideretur adhortari ad utrunque ex æquo.
Nunc omni conatu uult nos eniti ad benemerendum,id enim uocat charitatem. Deinde ne quis offendatur,subiicit,reliqua tamen haud aspernãda,quæ
spiritualia uocat,quod afflatu spiritus dentur aliquoties & malis,inter quæ tamen primum
*Prophetia qd apud Paulum* locum tribuit prophetiæ. Hoc loco Paulus prophetiam uocat non prædictionem futurorum,sed interpretationem diuinæ scripturæ. Quemadmodum & Plato discernit uates à
prophetis. Vates arrepti numine,nec ipsi quid loquantur intelligunt, ea prudentes interpretantur cæteris. Porrò uehementius est uerbum {διώκετε quàm ζηλοῦτε. ζηλοῦσθαι enim 19
ea quoque quæ probamus ac miramur tantum. διώκειν est magno studio adniti ut assequa
ris. Optandum est,ut & illa nobis contingãt, Verum hæc quæ sunt charitatis,toto conatu
sunt affectanda,non optanda tantum.}

*Varia lectio* Spiritus autem loquitur.) πνεύματι δὲ λαλεῖ. id est, Spiritu autem loquitur,siue spiri-
*16-22: sequitur* tui loquitur,ut respondeat illi quod præcessit,(non)hominibus loquitur(sed deo,& quod se- 27
quitur,Hominibus loquitur)hoc est,suo loquitur animo.{Ambrosius legit Spiritu,auferen- 19
di casu,quum adscribit, Spiritu autem loquitur non sensu,quia ignorat quod dicit. Atque
ita scriptum etiamnum uisitur in uetustissimo,iuxta atque emendatissimo codice Paulino,
(consentiente paris uetustatis codice Donatiani)(Consentiente utroque Constantiensi) Atque 27·22
adeo si quis attentius obseruet,comperiet ita legisse & diuum Augustinum libro de Genesi ad literam,etiamsi in plerisque codicibus mutatum est spiritu,in spiritus. Siquidem
quum adduxisset hunc locum, subiicit alterum huic similem. Si benedixeris spiritu,quis
supplet

supplet locum idiotæ, quasi sic dictum sit hic benedicere spiritu, sicut illic loqui spiritu. Tho
mas planè testatur se legisse Spiritus, enarrans deum esse qui loquatur per eos. Atqui ui/ *Thomæ opi/*
dendum est, quomodo id congruat ad extenuandam hanc dotem. Nam id agit Paulus, ut *nio excussa*
loqui linguis sit multo inferius prophetia. Græcis, ut dixi, sermo est anceps, quod datiuus
πνεύματι possit esse instrumentalis, cuius uice Latini ponunt ablatiuum casum, & idem
possit esse acquisitiuus, siue relatiuus, perinde ut si dicas, Loquitur lingua, & loquitur tibi.
35 [Chrysostomus ac] Theophylactus sic edisserunt hunc locum, ut constet eos legisse Spiritu,
35 non Spiritus: quum [hic] ait, Hoc est, nequaquam cognitu facilia narrant hominibus & aper
35 ta, sed in spiritu sancto loquuntur mysteria {ille, quum ait Paulum utrunque donum tribuere
27 spiritui. {Mihi magis arridet Ambrosij sententia, ut spiritum accipiamus pro uoce.) Quan/
quam hic in alijs aliquot opusculis, Psallam spiritu, psallam & mente: sic adducit, quasi spi/
ritus accipiatur pro spiritu sancto. Sed huiusmodi lapsus nō paucos reperias in Ambrosio.]

Nam qui prophetat.) ὁ δὲ προφητεύων. id est, Qui prophetat autem.

Hominibus loquitur ad ædificationem.) Ad, præpositio apud Græcos abest, λαλεῖ οἰ/
19 κοδομήν. id est, Loquitur ædificationem. {Quemadmodum & Latine loqui solemus, uolu/
ptatem mihi narras, pro eo quod est, narras quæ mihi sunt uoluptati. Suspicor ex interpre/
tatione eodem modo legisse Ambrosium.}

22 ⟨Ecclesiam dei ædificat.) Dei, non additur apud Græcos, nec in codice uetustissimo Do
27 natiani (ne in Constantiensi quidem.)

35 [Nisi forte interpretetur.) Forte, de suo addidit interpres. Nec est apud Græcos, nec
apud Ambrosium, nec uideo quid faciat ad sententiam.]

19 Tamen quæ sine anima sunt.) ὅμως τὰ ἄψυχα. Faber mutat {tamen in similiter aut per/ *Quæ sine ani/*
19 inde, ac si codices haberent ὁμῶς siue ὁμοίως. Et omnino {prima fronte} magis quadrare ui *ma sunt, noue*
19 detur ad sensum. Atque in his facile labuntur scriptores.} {Mihi tamen non probatur hæc opi/ *expositum*
nio, primum refragantibus tum Latinis, tum Græcis exemplaribus. Deinde quod ad argu
tiam Paulinæ sententiæ non uideatur attinere, præsertim quum hanc sermonis formam
aliàs reperiamus apud Paulum, uelut in epistolæ ad Galatas capite tertio: Tamen hominis
testamentum: & cætera. ὅμως ἀνθρώπου κεκυρωμένην διαθήκην. de quo suo dicetur loco.
Sentit autem Paulus adeo non esse probandum inanem uocum strepitum in hominibus
Christianis, ut ea quoque quæ carent anima, nec ad aliud parata sunt, nisi ut sonent ac tin/
niant, nulli sint usui, nisi distinctum ac significantem sonum dederint. Proinde uerti pote/
27 rat, Etiam inanima, siue Inanima licet, aut Quin & (inanima) Et in hunc sensum enarrat
35 [Chrysostomus ac] Theophylactus} Præterea pro Quæ sine anima sunt, dicere poterat Ina/
35 nima, siue inanimata. [Olim ex harmonijs tibiarum uulgus agnoscebat sententiæ genus, &
hodie è uario tubæ cantu miles intelligit, quid uelit imperator: itidem in uenatu, & qui pro
cul absunt à fera, è cornu sonitu intelligunt, quo in statu sit uenatio.]

19 Sonituum.) τοῖς φθόγγοις. id est, Sonis. {Et ita probabile est legisse Ambrosium, apud
quem adhuc legitur Sonus, non Sonituum} Et δῷ potest esse dederint, ut referatur ad in/
19 anima, μὴ δῷ, {quod nomen sit neutri generis.}

Quod canitur.) τὸ αὐλούμενον ἢ τὸ κιθαριζόμενον. id est, Tibia, cithara ue canitur. Proin *Quod ca/*
de Ambrosius legit, Quod per tibiam canitur. *nitur*

Quis parabit se.) τίς παρασκευάσεται. id est, Quis præparabitur? Quod data opera &
aliàs facit interpres, nec id sanè non recte.

Manifestum sermonem.) εὔσημον. id est, Significantem. Et sic legit diuus Ambrosius
in commentarijs. Quanquam utraque lectio bene habet.

Vtputa.) εἰ τύχοι. id est, Verbi gratia, nimirum quum exemplum fingimus aut po/
nimus.

27.35 Genera linguarum.) φωνῶν. id est, Vocum (Ita legit & interpretatur [Chrysostomus ac]
19 Theophylactus) Loquitur enim de omnibus {uocum generibus, non tantum de linguis.
Quanquam Ambrosius legit Linguarum, pro uocum: hoc est, γλωσσῶν.} Et fieri potest,
35 ut linguæ uocabulo sit abusus Apostolus, ut abusus est uocabulo uocis. [Sunt autem natio/
nes quæ pro sermone habent sibilum aut stridorem.]

* In hoc mundo.) Rursus, ἐν κόσμῳ. id est, In mundo: citra pronomen.

V Et nihil

Handwritten marginalia: 19-27: margin: Faber — 16: recte mutat F. — 16: quadrat — 16: Et — 19: Vulgarius — † ↓ — * 16: entries reversed, see p. 506 — 22: Theophylactus

† 19-22: γλωσσῶν Itidem, ni fallor Vulgarius. Et

*16: entries reversed see p.505*

* Et nihil sine uoce.) καὶ οὐδὲν αὐτῶν ἄφωνον. id est, Et nullum horum, subaudi genus, est aphonum: id est, uoce carens, siue mutum[Et tamen Græcus non intelligit Scytham. Non 35
igitur sufficit uox.]

*↓ 19-27: margin: Forte additum*

Ero ei cui loquar.) ἔσομαι τῷ λαλοῦντι. id est, Ero loquenti barbarus, nec intelligam, nec intelligar. Nam prisci, peregrinum hoc nomine uocabant.

*Barbari qui*

Et qui loquitur mihi.) ἐν ἐμοί. id est, In me. Græce est, pro mihi, ueluti Meo iudicio, meoque animo. tametsi in se facundus est qui loquitur, tamen in meo animo barbarus est.
{Porrò ueteres[ut modo dixi]barbarum uocabant, quicquid erat peregrinum: deinde uox 19.35
deflexa est, ad uocis ac sermonis absurditatem. Offendit enim sermo peregrinus imperitos, etiamsi concinnior sit nostrate lingua. Postremo cœpit accommodari & ad mores feros atque asperos. Olim Græci illi primi Hellenes dicti, cæteros omnes barbaros appellabant. Homerus Caras ob peregrinum & absurdum linguæ sonum βαρβαροφώνους appellat. Et Ouidius apud Getas agens, Barbarus, inquit, hic ego sum, quia non intelligor ulli. Et Plautus ait se uertisse barbare Græcam fabulam, quam in Latinum sermonem transtulerat. Celebratur & Anacharsidis Scythæ philosophi dictum: Scythas barbaros esse apud Athenienses, sed Athenienses uicissim apud Scythas. Porrò quod hoc loco legitur de Barbaris, plus quàm barbarice scriptum in commentarijs Aquinatis, mihi suspicio est ab alio quodam adiectum, qui studuerit illius libris flosculorum nonnihil aspergere. Alioqui quis credat talem uirum de re quam prorsus non intellexerit, tam arroganter pronunciare uoluisse. Sed operæprecium fuerit ipsa uerba subscribere, non ut rideat lector, sed ne posthac fidat huiusmodi magnificis interpretationibus, & in cęteris habeat suspectos, postea quàm deprehenderit tanta autoritate pronunciantes de ijs quæ nesciunt:

*Aquinatis additio ridicula*
*19-27: annotatio*

Nota, inquit, quod Barbari secundum quosdam, dicuntur illi quorum idioma discordat omnino à Latino. Alij uero dicunt, quod quilibet extraneus est Barbarus omni alij extraneo, quando scilicet non intelligitur ab eo. Sed hoc non est uerum, quia secundum Isidorum Barbaria est specialis natio. Colossens. tertio: In Christo Iesu, non est Barbarus & Scytha. sed secundum quod uerius dicitur, Barbari dicuntur proprie illi, qui in uirtute corporis uigent, in uirtute rationis deficiunt, & sunt quasi extra leges, & sine regimine iuris. Et huic uidetur consonare Aristoteles in Politicis suis. Hactenus illius bellum annotamentum. Sed hæc utcunque rideri poterant, ni talium nugarum autores orbi Christiano leges præscripsissent, atque etiam præscriberent, nec deessent qui horum autoritatem penè parem esse uel nt euágelijs}[Non hæc 35
in Thomam dicta uelim, persuasus hoc commentulum ab alio fuisse adsutum.]

*[Distinctio*

< Sic & uos quoniam æmulatores estis spirituum.) Theophylactus indicat hunc locum 22
sic à nonnullis distingui, ut hæc particula, Sic & uos referatur ad ea quæ præcedunt: Sic & uos loquentes linguis non intellecta, barbari uidebimini audientibus. Deinde subijciunt, uelut initium alterius sententiæ: Aemulatores estote, & cætera. Verum hanc distinctionem reijcit ex autoritate Basilij, qui sic distinxerit, quemadmodum nos uulgo distinguimus. Sed prior illa distinctio non uideo quî constat, nisi tollatur ἐστέ, aut nisi pro eo quod
Theophylacti interpres uertit Estote, uertamus Estis}[Chrysostomus distinguit, quemad- 35
modum nos.]

*Spiritus pro uoce*

Spiritus meus orat, mens autem.) Spiritum, uocem linguæ uocat: mentem, affectum
animi, siue sensum animi: πνεῦμα & νοῦς. {Nec aliud est Spiritus meus orat, quàm lin- 19
gua mea sonat pia uerba: ut intelligas id nec alijs prodesse, nec ei magnopere qui sonat. Citat Theophylactus huius autorem sententiæ Basilium.}

*19: Vulgarius*

Si benedixeris.) εὐλογήσῃς. Vnica dictio est, hoc est, Si laudes & celebres deum, & uerba bene ominata dixeris.

{Benedixeris spiritu.) Spiritu, aberat in plerisque Græcorum exemplaribus: adiecimus 19
tamen ex alijs, siue quod ad sensum faceret, siue quod Ambrosius & Augustinus, cumque his Chrysostomus ac Theophylactus ita legerint.}

*Quis pro qui mendose*

Quis supplet locum idiotæ.) ὁ ἀναπληρῶν. id est, Qui supplet locum idiotæ, & fungitur uice idiotæ}Atque ita & hodie scriptum uidere est in uetustissimo codice Paulinæ bi- 19
bliothecæ}(suffragante Constantiensi)Idiota uero Græca uox est, quæ significat & priua- 27
tum, id est, non fungentem aliquo magistratu, & illiteratum. Hoc loco uertere poterat Ple-

bei

*19-27: margin: forte additum*

*↑ 19-27: Nisi forte interpretatur.) Forte de suo addidit interpres nec est apud Graecos, nec apud Ambrosium, nec video quid faciat ad sententiam.*

19 bei{ aut indocti. Mos hic, ut promiscua plebes responderet in ecclesia, durabat adhuc Hieronymi temporibus Romæ, ut testatur præloquens in secundum librum commentariorum in epistolam ad Galatas, Vbi, inquiens, sic ad similitudinem cœlestis tonitrui Amen
reboat?}

Super tuam benedictionem.) ἐπὶ τῇ σῇ εὐχαριστίᾳ. id est, Super tuam gratiarum actionem, siue ad tuam. Quanquam ex hoc loco colligimus minimum interesse inter εὐλογεῖν
19 & εὐχαριστεῖν, {utrunque enim ad laudem dei pertinet.}

Omnium uestrum lingua loquor.) Græca diuersum habent sensum: εὐχαριστῶ τῷ θεῷ Variat Græ-
μου, πάντων ὑμῶν μᾶλλον γλώσσαις λαλῶν, Gratias ago deo meo, omnibus uobis magis lin- corum lectio
35 guis loquens. id est, quod magis loquor linguis quàm uos omnes.[In hunc sensum interpre
tatur Chrysostomus.] Hieronymus comparatiuum Magis, refert ad cæteros apostolos,
ut intelligas Paulum omnium linguis fuisse loquutum, magis quàm reliquos apostolos.
Vide nonæ quæstionis expositionem ad Hedibiam, ubi non semel citat hunc locum secus
19 quàm habeat nostra æditio{licet uideam Ambrosio placere lectionem, quam uulgata habet æditio.}

19 * Quinque uerba.) πέντε λόγους. id est, Quinque sermones, aut dicta.{nec enim uerba *↓
annumerat. Et Quinque, positum est pro paucissimis, sicut decem milia pro plurimis. Nam
quis non protinus uideat frigidũ esse quod hic adducit Aquinas, haud scio unde haustum. Thomas
Ideo dictum esse quinque, quod oratio perfecta debeat habere quinque, subiectum, prædica- reiectus]
tum, copulam uerbalem, determinationem subiecti, & determinationem prædicati. Quod
si hęc parum arriserit opinio, alteram addit huic similem: Doctor, inquit, debet docere quin
que, credenda, agenda, uitanda, speranda, timenda. Minus frigidum erat futurum, si dixis-
27 set quinque libros Pentateuchi}{Qui scripsit scholia in omnes epistolas, quisquis fuit, non Curiositas in
infacete ridet huiusmodi curiositatem in numeris. Quidam, inquit, sanè quærunt quæ sint sacris literis
35 quinque uerba, è quibus è contrario, quæ sint decem milia est quærendum}[Chrysostomus
non putat in numeris esse magnum mysterium.]

† Sensu meo.) διὰ τοῦ νοός μου. id est, Per mentem meam. †16-27: In

Vt & alios instruam.) κατηχήσω. id est, Erudiam: quo uerbo libenter utitur Paulus, & κατηχεῖν
19 item Lucas{Id proprie est, uiua uoce instituere ac docere: unde dicti & catechumeni, quibus fidei nostræ mysteria non scripto, sed uocis ministerio credebantur.}

27 Quàm decem milia.) Addendum erat Potius, ut locus (fieret) huic coniunctioni Quàm.† †16-22: esset
Apud Græcos sæpenumero subauditur, id apud Latinos est inusitatius. Hac in re mirum
quàm mutata sit ecclesiæ consuetudo. Paulus mauult quinque uerba in sensu, quàm decem
milia in spiritu. At nunc in nonnullis regionibus totos dies psallitur spiritu, nec modus, nec Cultus super-
finis cantionum: quum uix intra sex menses audiatur concio salubris adhortans ad ueram stitiosus
pietatem: id enim Paulus uocat, in sensu loqui. Vt omittam interim huiusmodi musices ge
nus inductum esse in cultum diuinum, ut ne liceat quidem ullam uocem liquido percipe-
re. Nec ijs qui cantillant ocium est attendendi quid canant. Tantum uocum tinnitus aures
ferit, & mox peritura delectatiuncula mulcet. Ferendum & hoc, nisi uulgus sacerdotum ac
monachorum in huiusmodi rebus summam constitueret pietatem, multum dissentiens à
19 Paulo{Cur dubitat ecclesia tantum autorem sequi? Imò cur audet ab eo dissentire? Quid
aliud auditur in monasterijs, in collegijs, in templis fermè omnibus, quàm uocum strepi-
tus? Atqui ætate Pauli non cantus erat, sed pronunciatio duntaxat. Vix à posterioribus re- Cãtus priscus
ceptus est cantus, sed talis ut nihil aliud esset, quàm distincta modulataque pronunciatio, cuiusmodi superest etiamnum apud nos, qua sonamus in canone sacro Precationem dominicam: & linguam qua hæc canebantur, uulgus adhuc promiscuum intelligebat, respondens
Amen. Nunc uulgus quid aliud audit quàm uoces nihil significantes, & talis est ferè pronunciatio, ut nec uoces exaudiantur, sonitus tantum aures feriat. Atque hæc primum specie pietatis recepta, paulatim eò processerunt, ut Psalmorum, cantionum, sacrorum, mor-
tualiorum neque modus sit ullus, neque finis, quod sentiamus hinc aliquid accrescere prouen-
tibus nostris. Quodque grauius est, ad hæc præstanda, sacerdotes astringuntur arctioribus
22 penè uinculis, quàm ad ea quæ præcipit Christus.<Ad hæc audienda cogitur populus de-
pulsus ab opera qua liberos alit & uxorem, qua re quid esse potest sanctius> Habeant sanè
V 2 templa

* 16: Quinque ... dicta preceded by †, forms second part of Sensu meo.) below.

templa solennes cantus, sed moderatos. Ad eadem cogimur priuatim occupati, & publicum chorum, in naui, in uehiculis, in pandochijs nobiscum circumferimus. Ex his obseruatis aut neglectis, pij aut impij iudicamur. Est quispiam Crasso auarior, Zoilo maledicentior, uir tamen pius habetur, quod clara uoce sonet eas preculas, etiamsi nihil intelligat. Obsecro quid sentiunt de Christo, qui credunt illum huiusmodi uocum strepitu delectari? Nec his contenti, operosam quandam ac theatricam musicam, in sacras ædes induximus, tumultuosum diuersarum uocum garritum, qualem non opinor in Græcorum aut Romanorum theatris unquam auditum fuisse. Omnia tubis, lituis, fistulis, ac sambucis perstrepunt, cumq; his certant hominum uoces. Audiuntur amatoriæ fœdæq; cantilenæ, ad quas scorta mimiq; saltitant. In sacram ædem uelut in theatrum concurritur, ad deliniendas aures. Et in hunc usum, magnis salarijs aluntur organorum opifices, puerorum greges, quorum omnis ætas in perdiscendis huiusmodi gannitibus consumitur, nihil interim bonæ rei discentium. Alitur sordidorum (ac leuium) ut pleriq; sunt (Dionysiaci) hominum colluuies, 27
ac tantis sumptibus oneratur ecclesia ob rem pestiferam etiam. Quæso te ut rationem ineas, quot pauperes de uita periclitantes, poterant ali cantorum salarijs? Hæc adeo placent, ut monachi nihil aliud agant, præsertim apud Britannos, & quorum cantus debuit esse luctus, hi lasciuis hinnitibus, & mobili gutture deum placari credunt. (In hunc usum etiam in 27
Benedictinorum collegijs apud Britannos aluntur ephebi pueriq; & uocum artifices, qui mane uirgini matri modulatissimo uocum garritu ac musicis organis sacrum decantent. Huiusmodi choros episcopi coguntur alere domi.) Atque his rebus occupati, nec attingunt bonas literas, nec audiunt quibus in rebus sita sit uera religio. (Iam qui crassiores sunt quàm 27
ut artem musicam queant perdiscere, nõ putant satisfieri festo diei, nisi deprauatum quoddam cantus genus adhibeant, quod illi fauburdum appellant. Id nec thema præscriptum reddit, nec artis harmonias obseruat. Ad hæc quum in hoc recepta sit in ecclesiam musica sobria, quo uerborum sensus efficacius influant in animos auditorum, quibusdam hoc quoque pulchrum uidetur, si unus aut alter cæteris admixtus ingenti boatu uocis efficiat, ne uerbum ullum percipiatur. In hoc indulgetur stultorum affectibus, & uentri consulitur.) Cur hæc nobis sola placent, quæ Paulus ceu paruulorum infantiam parcissime uult adhiberi, imò quæ nullo pacto laturus fuerat? Siquidem de sacra lectione loquitur ille, non de theatricis cantiunculis. Psallamus spiritu: sed psallamus Christiane, psallamus parce, magis autem psallamus mente. Loquamur linguis, sed parcius: prophetemus studiosius. (Audia- 27
tur in primis prophetæ uox, quæ redarguat impij conscientiam, quæ consoletur deiectos, quæ extimulet dormitantes, quæ mysteria diuini spiritus proferat. & in hunc usum potius instituatur ætas tenera.) Sed satius opinor, quod institutum est persequi, (quàm hæc deplora- 27
re, haud scio an frustra.)

*Musica quæ hodie in templis* [handwritten bracket]

*Puerile est [tantum] sonare lingua*

Nolite pueri effici sensibus.) μὴ γίνεσθε. quod magis sonat, Ne sitis. Ac mox, Sensibus, φρεσί. quod Augustinus legit Mentibus, ac meo iudicio rectius.

Sed malitia paruuli estote.) νηπιάζετε. unica dictione, quasi dicas Pueremini, & pueros agatis. Quanquam ut sæpe iam admonui, νήπιοι dicuntur pueri, id ætatis quo nondum sapere possunt. Vnde pro Paruuli, Augustinus edisserens Psalmum cẽtesimum trigesimum legit Infantes.}

In alijs linguis.) ἐν ἑτερογλώσσοις. id est, In ijs qui sunt diuersarum linguarum: ac si dicas composita uoce, In diuersilinguis{id ita potest accipi, ut intelligamus linguarum uarie- 19
tatem, qua sunt usi apostoli, aut nouam linguam à superiore illa diuersam, hoc est linguam inter se diuersam, aut ab alijs diuersam} Locus quem adducit est apud Esaiam capite uigesi-
16: Secundo | mo octauo: In loquela enim labij, & in lingua altera loquetur ad populum istum (cui dixit) 22
22-27: cap. XXVI | Sic enim Hieronymus reddidit Hebraica. ↓❡ Nam iuxta Septuaginta ad hunc legimus mo-
dum: ⟨διὰ φαυλισμὸν χειλέων, διὰ γλώσσης ἑτέρας, ὅτι λαλήσουσι τῷ λαῷ τούτῳ λέγοντες. id est⟩ 22
Propter irrisionem labiorum, propter linguam alteram, qua loquentur populo huic, dicentes eis. ↓❡ Paulus iuxta Hebraicam ueritatem adducit testimonium, quum Septuaginta cæteriq; interpretes longe diuersa legerint hoc loco, sed ita rursus, ut sensum magis expresserit quàm uerba: id quod admonet & diuus Hieronymus hunc enarrans locum. Iam illa, Et nec
sic exaudient me, dicit dominus ↓⟨ nec habentur apud Hebræos, nec apud Græcos interpre- 22
tes

*Paulus à Septuaginta dissentiens*

❡ 16: Hebraica, quae sunt huiusmodi Kiy be-la'agey saphah u-ve-lashon 'ahereth yedabber 'el ha-'am ha-zeh Nam

❡ 16: eis. Annotat & Reuchlinus noster in loquela labii dictum esse perinde ac balbutiente & subsannante labio, Paulus

⟨ 16-22: dominus, de suo Paulus adiecit, ut impleret prophetiae formam. (Siquidem haec verba dicit dominus.⟩ 16-19: Nisi 22: Nec 22

35 res,sed tamen[aliquanto post sequitur in uaticinio,& noluerunt audire,quod Paulus uide/
tur attexuisse.Nam hæc clausula,Dicit dominus]solenniter addi solet in prophetijs,uelut
epiphonema〉Nisi forte aliunde sumptum est hoc testimonium. Siquidem Hieronymus
non audet affirmare,sed ait ita sibi uideri,ex eo sumptum loco.
Fidelibus.) πιςεύουσιν. id est,Credentibus.
22 〈Idiotæ aut infideles.) Infideles,priore loco non additur apud Ambrosium,haud scio an
27 culpa scribarum.Nam ex commentario nihil liquet〉{Certe apud Græcos additur.}
Quid insanitis.) ὅτι μαίνεσθε. id est,Quod insanitis. Non enim rogaret cur insaniant, Mendum manifestum
19.27 sed affirmaret eos insanire.{Quod insanitis,scriptum extat in exemplari Paulino,& item in
Constantiensi}Neque secus legit Ambrosius,apud quem est,Quia insanitis,quo magis sit
euidens,Quod,mutatum fuisse in Quid.Idem libro de spiritu sancto tertio,capite decimo
22 nono,legit,Nonne dicent quod insanitis.〈Atque itidem scriptum comperi in codice Dona
tiani〉Proinde ne quid superesset scrupuli,nos uertimus,Nõne dicent uos insanire? Quem/
35 admodum planissime interpretatur Theophylactus[& Chrysostomus.] 19: Vulgarius
Occulta enim.) καὶ οὕτως τὰ κρυπτὰ. id est,Et sic occulta cordis.ut paulo post,Et ita ca
19 dens. καὶ οὕτως πεσών.{Ambrosius non addit Enim,ut nec Græci.Nec tamen addit Ita,
nisi quod in secunda particula,pro Ita,ponit Tunc:Et tunc cadens in faciem,& cætera.}
Apocalypsim habet.) Quum ante uerterit Reuelationem,nunc uocem Græcam reli/
19 quit. ἀποκάλυψιν.{Nec uideo cur id maluerit.Ambrosius hic quoq; legit Reuelationem.
Et paulo ante,Psalmum,Latine dicere poterat Canticum.}
19 {Secundum duos,aut ut multum tres.) κατὰ δύο,ἢ τὸ πλεῖστον τρεῖς. Subaudiendum est Secundũ duos pro bini
Fiat.præcesit enim,Omnia fiant ad ædificationem,siue quis loquitur lingua,fiat ad ædifi/
cationem,sed ita ut in singulis conuentibus bini duntaxat loquantur,aut ad summum ter/
ni,sed ita ut non simul loquantur omnes,sed uicissim sileant ac loquantur. Porrò qui tan/
dem sermonis color est,quo usus est interpres, Secundum duos,aut secundum tres? Aut
quorsum attinet quod hic adducit Aquinas, In ore duorum aut trium testium? Nam ideo Aquinatis citatio inepta
Paulus non uult plures in eodem cœtu prophetare,ne fiat confusio.}
Vt multum.) τὸ πλεῖστον. id est,Vt plurimum,siue ad summum.
22 Per partes.) καὶ ἀνὰ μέρος. id est,Vicissim〈Quid autem est, Per partes? Ambrosius le/
git Particulatim.〉
Per singulos.) καθ᾽ ἕνα. id est,Singulatim.
35 Spiritus prophetarum.) πνεύματα. Græcis pluratiui numeri est[quemadmodum citat
Hieronymus prologo in Esaiam, Spiritus prophetarum, prophetis subiecti sunt] Et subij/
19 ciuntur, ὑποτάσσεται,{uerbum præsentis temporis}ne sentiamus hoc dictum de ipso spiri/
tu sancto,sed dono spiritus:quod ita datum esset singulis quibus contigit,ut in ipsorum es/
set arbitrio uti,aut non uti:quod afflatis & lymphatis non item licet.
Non enim est dissensionis deus.) ἀκαταστασίας. id quod magis sonat Confusionem,se/ Dißensio, pro Seditio
19 ditionem,& turbatum rerum ordinem.{Ambrosius legit,Dissensionis res:non Dissensio/
nis deus.Atque ita edisserit:Quia ergo pacis res est,dicente saluatore, Pacem meam do
22 uobis,pacem relinquo uobis:nemo alterum non sinat dicere}〈Nisi forte pro Rex,muta/
tum est Res.〉
Sicut in omnibus eccles.sanct.) Hoc loco uerbum Doceo,à nostris additum uidetur. Varia lec.
35 Nam apud Græcos non est.[Apud Chrysostomum æditionis Veronensis,additur:sed in
enarrando non attingit:unde adiectitium esse uidetur.In æditione Aldina,non additur.Ne
que uero Paulus docebat in omnibus ecclesijs,sed in omnibus ecclesijs sanctorum ordine
& absque tumultu res agebatur]Subaudiendum autem nonnihil, Sicut in omnibus eccle/
sijs pax est & concordia. Nam omnium exemplo adhortatur Corinthios,ut similiter fa/
19 ciant{licet Ambrosius uideatur addidisse,quũ adscripserit,Hoc dicto hortatur illos,ut quæ
præcipit,faciant,quia similiter se ecclesijs sanctorum prædicare testatur.Atque Theophy/
lactus hoc Pauli dictum detorquet ad omnes ecclesias,etiam Iudæorum & gẽtium:Quum
in nullis ecclesijs decora sit dissensio, in uestra pudeat istorum tumultuum. Porrò ecclesias
appellat cœtus,& conuentus hominum. Siquidem & apud ethnicos indecorum habeba/
27 tur in conuiuio,aut in concilio tumultuari}{Scholiastes ille Latinus,cum Græcis legere ui/

 detur

detur, eo quod hoc commentum adiecerit. Sic est ubique, ne noui aliquid me uobis imperare putetis.)

Permittitur.) ἐπιτέτραπται. id est, Permissum est{Interpres & Ambrosius legisse ui- 19
dentur, ἐπιτρέπεται. Quanquam Græca uox anceps est, ut quæ declaret interim permittere, interim mandare ac committere. Cum hoc aptius quadraret quod sequitur, Sed
ut subditæ sint uiris suis. Cæterum, In ecclesia: Latine dixisset clarius, In congregatione,
siue In cœtu.}

Varia lectio — Ignorat, ignorabitur.) ἀγνοεῖ, ἀγνοείτω. id est, Ignorat, ignoret. id est, si quis nolit hæc sci
re, nesciat suo periculo. Quanquam Ambrosius exponit Ignorabitur, {adducens illud ex 19
euangelio, Amen dico uobis, nescio uos} Opinor enim legisse, ἀγνοηθήσεται. Verum secus
16-19: et Vulgarius — accipiunt Græcanica scholia{nominatim}{Chrysostomus}ac Theophylactus{Ignorat, igno- 19.35.19
ret. qua figura dictum est illud, Qui in sordibus est, sordescat adhuc.}

Fiant in uobis.) In uobis, apud Græcos non est.

EX CAPITE DECIMOQVINTO

< QVa ratione prædicauerim.) τίνι λόγῳ. Apparet hic esse ordo, Si tenetis qua 22
ratione prædicauerim uobis. Quod ita fermè exponit Theophylactus, quasi
Paulus prædicauerit quidem Corinthijs futuram resurrectionem, cæterum
de modo rationeque resurgendi, nihil tradiderit. Apud Ambrosium legimus,
Quod sermone annunciaui uobis, debetis tenere. Fortasis Ambrosius scripserat, Quo sermone.>

Si tenetis.) Hic locus uidetur fuisse uarius in Græcis exemplaribus. Ambrosius legit,
Tenere debetis. Nisi fortè est, pro εἰ, legendum ἦ. id est, Certe tenetis{aut ἦ κατέχετε, 19
Sicut tenetis: pro καθὼς κατέχετε. Nam id quoque Græcis sonare ἦ, docent grammatici.
Quod si non placet, erit nonnihil subaudiendum: Si tenetis, & utique tenetis, nisi frustra cre-
didistis. Huiusmodi quædam in Paulinis scriptis & aliàs demonstrauimus.}

[Duodecim, pro Vndecim — Et post hæc undecim.) Græci codices habent, εἶτα τοῖς δώδεκα. id est, Et deinde
duodecim{illis}Sed Græca scholia hic laborant, dubitantque num lapsu scriptoris habeatur 19
Duodecim, pro Vndecim: an ut intelligamus Mathiæ quoque Christum apparuisse, nondum quidem cooptato in ordinem apostolicum, sed tamen à deo iam destinato{Ita fermè 19
19: Vulgarius — & Theophylactus. Quo sanè loco miror oscitantiam interpretis{cuius opera Theophyla- 27
C 19-22: latini — ctus Latinus est}qui quum uideat quæstionem moueri de duodecim, in contextu tamen
uerterit Vndecim, iuxta uulgatam æditionem. Cuiusmodi incogitantiam frequenter in
hoc licet deprehendere, nisi fortè malumus id scribis imputare}Ambrosius legit Vndecim, sed articulum quoque reddidit, τοῖς ἕνδεκα, id est, Illis, inquit, undecim.{De articulo 19
apposito diligenter annotat & Augustinus quæstionum in uetus instrumentum libro primo: τοῖς δώδεκα. id est, Illis duodecim: ut non possit accipi de quibuslibet numero duo-
Augustinus per synecdochem explicat nodum — decim, sed de illis duntaxat, quos dominus Iesus designarat. Cæterum nodum ita explicat,
ut dicat in maiore numero reddendo, non haberi rationem alicuius minutæ particulæ. Et
ad hanc formam trahit locos aliquot consimiles, quos κατὰ συνεκδοχὴν dictos esse con-
tendit{Differit hac de re idem Augustinus libro de consensu Euangelistarum tertio, su- 27
spicans Vndecim, mendose legi à nonnullis, & addens numerum illum duodenarium à
Christo consecratum, etiam in undecim manere: præsertim mox in Iudæ locum, sufficien-
do Mathia.)

< Plus quàm quingentis fratribus.) ἐπάνω πεντακοσίοις ἀδελφοῖς. ἐπάνω, non potest re- 22
ferri ad datiuum casum Quingentis fratribus: quum apud Græcos habeat gignendi casum, si usurpetur uice præpositionis, ni fallor. Et tamen Theophylactus fatetur quosdam
in hanc sententiam interpretari, iuxta quam noster uertit interpres: alios rursum accipere
ἐπάνω, pro Superne, siue cœlitus, qua non in solo, sed è sublimi se Christus omnibus osten
derit{Ita Chrysostomus, ἐπάνω interpretans ἄνωθεν, negans aliter accipi posse}Quod 35.27
factum uidetur quum ascenderet in cœlum. Alter sensus tolerabilis est, si ἐπάνω sit aduerbium, & subaudiatur ἤ, id est, quàm: quemadmodum nos dicimus, Plus mille.)

Simul, pro Semel — Quingentis fratribus simul.) ἐφάπαξ. id est, Semel. Quanquam sensus fermè
idem est.

Ex quibus

19 Ex quibus multi.) πλείους. id eſt, Plures, ſiue Complures.{Tametſi id quidem leuiculum eſt.}

19 {Dormierunt.) Si quis uelit cauillari de ratione ſermonis, dormierunt qui experrecti ſunt. Proinde aut uertendum erat Dormiunt, aut obdormierunt: ut ab obdormiſcendo ſit, quandoquidem Obdormio, neſcio an reperiatur.} Dormierunt pro Obdormierunt

Non ſum dignus.) ἱκανός. id eſt, Idoneus qui uocer. ]

27 (Et gratia eius in me.) καὶ ἡ χάρις αὐτοῦ ἡ εἰς ἐμέ. id eſt, Gratia illius erga me, ſiue fauor
19 quem in me præſtitit){Et cur non potius Inanis, quàm Vacua? Demiror autem quid legerit Ambroſius, ut pro Vacua, uerterit Pauper: quum Græce ſit, κενή. Niſi fortè iuxta proprietatem Hebræi ſermonis, pauperes dicuntur inanes: ut illic, Et diuites dimiſit inanes. Inanes enim oppoſuit diuitibus} Hic inanem uocat ſterilem & infrugiferam. Vacuus Pauper

Non ego autem, ſed gratia dei mecum.) ἀλλ' ἡ χάρις τοῦ θεοῦ, ἡ σὺν ἐμοί, Sed gratia dei, quæ mecum eſt. Corrigit enim Paulus quod modo dixerat, ſe plus omnibus laboraſſe. Imò, inquit, non ego ſum is qui hoc feci, ſed gratia potius dei, quæ mihi adfuit: ut intelligamus totum hoc deo ferri acceptum. Laurentius hoc loco reijcit eos, qui ex hiſce uerbis gra
19.27 tiam aſtruunt, quam uocant cooperantem{quorum eſt Aquinas}(ſed ante hunc Auguſtinus. Nec uideo quid hic locus faciat aduerſus illos. nam σύν, coniunctio Græca, fauorem & auxilium ſignificat: auxilium autem non excludit operam eius, qui iuuatur. ἡ σὺν ἐμοί. id eſt, Quæ eſt mecum, ſeu potius Quæ mihi auxilio eſt. Nos uertimus, Quæ mihi adeſt. quod, ut dixi, præpoſitio σύν nonnunquam ſignificet opitulationem, ut σὺν ταῖς μούσαις. Hieronymus aduerſus Pelagianos, legit, Gratia dei quæ mecum eſt: explicans uim articuli.) Duplex lectio

19 Sic prædicauimus.) οὕτως κηρύσσομεν. id eſt{Ita} prædicamus, præſenti tempore. ita le
19.22 git & Ambroſius{ſuffragante uetuſtiſſimo codice Paulino}(Atque ita refert hunc locum Auguſtinus libro contra Fauſtum Manichæum ſecundo, capite ſecundo, iuxta fidem uetuſtorum exemplarium manu deſcriptorum.)

Adhuc enim eſtis.) Enim, redundat. Referuntur enim hæc ad ſuperiorem argumenta
19 tionem, Si Chriſtus non reſurrexit, ergo adhuc eſtis in peccatis ueſtris{Illud annotandum apud Ambroſium poſteriore loco non repeti, Vana eſt fides ueſtra. ſic enim legit, Quod ſi Chriſtus non reſurrexit, adhuc eſtis in peccatis ueſtris, & qui dormierunt in Chriſto, perie
27 runt}(Sed cum noſtra conſentit Theophylacti tum lectio tum enarratio.) ]

Si in hac uita tantum in Chriſto ſperantes ſumus.) εἰ ἐν τῇ ζωῇ ταύτῃ ἠλπικότες ἐσμὲν ἐν χριστῷ μόνον. Significationem præteriti temporis participij ſic poterat reddere, Si ij ſumus qui ſpem conieceriмus in Chriſtum in hac duntaxat uita: hoc eſt, Si noſtra ſpes quam Ordo
19 habemus in Chriſto, non porrigitur ultra terminum huius uitæ{Nam in hunc ſenſum interpretatur Theophylactus, ut Tantum, referatur ad hanc uitam, non ad Chriſtum: nec abhorret Ambroſius.} 19-27: conjecimus 19: Vulgarius

19 {Miſerabiliores ſumus omnibus.) ἐλεεινότεροι πάντων. Apparet Græcis comparatiuum poſitum loco ſuperlatiui, Omnium maxime miſerabiles. Quanquam ad hunc modum loquutus eſt & Gellius. Alioqui uitari poterat ſcrupulus, ſi quis uertiſſet, Miſerabiliores ſumus quibuſuis hominibus: quando in hoc certe ſermone, omnis & quiuis, in eundem ſenſum recidunt.}

Primitiæ dormientium.) In Græcis exemplaribus conſtanter additur uerbum ἐγένετο,
19 id eſt, Factus eſt, ſiue Fuit{quanquam duriuſcule cohærens cum ſuperioribus. Vnde ui
27 detur à librarijs additum}(apud Græcos). Ambroſius, ἀπαρχήν, uertit Initium: quod fuerit omnium primus.

19 {Quandoquidem per hominem mors.) In Græcis codicibus quos ego ſanè uiderim, ita habetur, ἐπειδὴ γὰρ διὰ ἀνθρώπου ὁ θάνατος, καὶ διὰ ἀνθρώπου ἡ ἀνάστασις νεκρῶν. id eſt, Nam poſtquam per hominem mors, & per hominem reſurrectio mortuorum. Siquidem coniunctio καί, tacitam uim habet inferendi. Mortem ortam per unum hominem conſtabat, conſequens erat, ut per hominem oriretur reſurrectio mortuorum. In hanc ſententiam enarrat Theophylactus.} Vim habet ratiocinandi 19-27: margin: Tacita vis ratiocinandi in καί 19: Vulgarius

19 Sicut in Adam omnes.) ὥσπερ γὰρ ἐν τῷ ἀδάμ. id eſt, Sicut enim in Adam{ſiue per

V 4 Adam

19 ] 16: vocer 19-22: Aquinas. Gratia dei mecum ἡ σὺν ἐμοὶ id est quae est mecum {seu potius quae mihi auxilio est} aut ut quidam habent codices ἡ εἰς ἐμὲ, id est quae est in me sive erga me. Et cur non potius inanis quam vacua? Non ego 1516 edition only 19-27: Sic praedicavimus

] 19-22: perierunt. Ad eundem modum legit + interpretatur Vulgarius. Et in superiore parte rectius quadrabat, Inanis est praedicatio nostra, inanis est + fides vestra, hoc est, utrisque frustra laboratum est. Sic in hac 22: Theophylactus

19-22: et superioris conjunctio

Adam:ut mox, Per Christum. Enim, aberat in nostris codicibus. Ac more Græcorum legit Ambrosius. connectit enim Paulus probationem cum eo quod assumpserat: Quoniam per unum hominem mors irrepserat, conuenit ut per unum hominem uita detur omnibus: nam sicut per Adam, & cætera.}

{ In Christo omnes uiuificabuntur.) Cyprianus [siue Ruffinus] exponens symbolum fi- 19.35
dei, legit Viuificantur: ut respondeat superiori uerbo, Moriuntur. Atque hæc lectio mihi quidem longe magis probaretur, nisi refragarentur exemplaria. Alioqui si nos offendit Viuificantur, quod olim futura sit resurrectio, debuit eadem opera offendere uerbum moriuntur, quod olim multi sint in Adam mortui. Paulus non hic habuit rationem temporis, sed perinde sensit ac si dixisset, Sicut per Adam est mors, ita per Christum est resurrectio.} [Ha- 35
ctenus in lucubrationibus meis symboli expositionem citaui Cypriani titulo: quanquam offendebat nonnihil orationis character, & alicubi sermo loquacior, quàm est Cypriani: tamen non audebam pronunciare, nec hic animum intenderam. Et Ruffini symbolum degustaram, non perlegeram. Verum eruditi multis argumentis docent hoc opus esse Ruffini, non Cypriani. Primum quod scribitur ad Gaudentium cui Ruffinus & alias quasdam lucubrationes suas dicauit, ueluti Petri itinerarium. Præterea quod illic commemorantur hæretici, quos constat ætate Cypriani nondum fuisse natos, uelut Arius, Manichæus, Eunomius, Donatianus, Photinus, & alij nonnulli, quorum aliquot totis seculis fuere Cypriano posteriores. Addunt & illud argumentum haud leuis momenti, quod Ruffinus libro priore inuectiuarum in Hieronymum, scribit hunc in modum. Verum ad maiorem rei fidem addo aliquid amplius, & calumniosorum necessitate compulsus, singulare & præcipuum ecclesiæ nostræ mysterium pando. Etenim quum omnes ecclesiæ ita sacramentum symboli tradant, ut postquam dixerint Peccatorum remissionem, addant Carnis resurrectionem: nos dicimus, Huius carnis resurrectionem. Ita Ruffinus. Huic respondet, quod admonet in symbolo, id'que duobus locis: in principio, ubi docet, symbolum non per omnia idem haberi in omnibus ecclesijs: rursus in fine, tractans hanc symboli partem. In priore loco exprimit nomen ecclesiæ Aquileiensis. Nos tamen, inquit, illum ordinem sequimur, quem in Aquileiensi ecclesia lauacri gratia suscepimus. Constat autem Ruffinum Aquileiæ tinctum esse, & presbyteri locum tenuisse: quum Cyprianus fuerit Afer, primum presbyter, pòst episcopus Carthaginensis. Porrò Gennadius inter ea quæ Ruffinus non uertit è Græcis, sed suo Marte conscripsit, magna cum laude commemorat symboli apostolorum expositionem. Esse autem utrunque opus, & quod Ruffini titulo Hieronymianis operibus adiunctum fertur, & quod Cypriani titulo legitur, & idem & eiusdem autoris, irrefutabilibus constat argumentis: quo magis mirandum, quid sibi uoluerit qui locis innumeris scripturam uariarit, præsertim in uerbis. Etenim si hoc egit, ut (furum artificio, qui poculis addunt inauraturam, aut nouas affigunt ansas, ne uideantur aliena) falleret lectorem, oportuit innouare præfationem, & eos sermones eaque nomina eradere, quæ non sinunt uideri à Cypriano conscriptum: præterea bonam orationis partem retexere. Nunc ut omittam signa necessaria, quæ commemoraui, tanta est congruentia, ut duo duorum opera uideri non queant: rursus tanta uerborum discrepantia, ut casui non possit adscribi. Hoc lectorem latere nolui, propterea quod quum alijs compluribus locis, tum præcipue in expositione symboli, librum hunc Cypriani titulo cito.]

Qui in aduentum eius crediderunt.) οἱ τοῦ χριστοῦ, ἐν τῇ παρουσίᾳ αὐτοῦ, id est, Qui sunt
Christi, in aduentu ipsius. Et sic legit diuus Ambrosius {ut intelligamus eos quos Christus 19
suos deprehendet aduenienś} (Agit enim hic de resurrectione piorum.) 27

[ Quum euacuauerit omnem principatum.) Hunc locum ita legit Ambrosius, Quum 35
tradiderit regnum deo & patri, quum destituerit omnem principatum & omnem potestatem & omnem uirtutem & omnem dominationem. Siquidem Græcam uocem καταργήσῃ, uertit Destituerit: quum & Aboleuerit, uerti posset, aut Antiquauerit.]

*Nouißimus hostis mors*

Nouissime aũt inimica.) Nouissima, nomen est, non aduerbium Nouissime: ac si dicas Mors omniũ nouissima destruetur. & est καταργεῖται, id est, destruitur, siue aboletur, præsentis temporis. Diuus Hieronymus in cõmentarijs Esaiæ, non semel citat hoc modo: Nouissimus inimicus destruetur, mors, quasi dicas, hostis omnium postremus destruetur, nem

pe mors

pe mors. Nam ut eleganter hoc loco docuit Valla, potest inimicus esse qui non sit hostis.
19 Porrò Græcis, mors, masculini generis est. {Augustinus item enarrans Psalmum quinquagesimum primum, legit Nouissima, nomen, non aduerbium. Idem quum alias tum sermone De uerbis apostoli, tertio. Rursum sæpicule in libris quos scripsit aduersus Faustum Ma
27 nichæum. Atque ita scriptum uisitur etiamnum in exemplari Paulino} (Consentiebant codices Constantienses. Hilarius nescio quid sequutus aliquoties adducens hunc locum in
libris de trinitate, legit, Nouissima deuicta est inimica mors.)

Sine dubio præter eum.) δηλονότι. Id erat plenius reddendum: nam nunc oratio est inabsoluta. Atqui quum dicat Omnia subiecta, palàm est, quod excipitur is qui subiecit illi omnia.

Propter uestram gloriam.) Non est hic δόξα, gloria, siue honor: sed καύχησις, glorià- Per uestram
tio. νὴ τὴν ἡμετέραν καύχησιν. id est, Per nostram gloriationem. Est autem hoc loco Per, gloriam, iu-
19 præpositio iurantis. Et quoniam multa iam gloriatus {est} sancta quadam iactantia, de profe rantis sermo
ctu euangelij sui, per eam gloriam qua gloriatur in Christo, nunc iurat tanquam per rem sa
19 cram, sibiq́ue charissimam. Citat hunc locum & Augustinus {epistola octogesimanona. Rursum copiosius sermone de uerbis apostoli uigesimooctauo} ostendens hoc loco iurasse Pau
19 lum {idq́ue liquere ex Græcis exemplaribus} Nec est quod tergiuersemur, & negemus Apostolum iurasse, quum alibi non paucis locis palàm iuret. Verum in negocijs huius mundi,
pro prædijs, pro nummis iurare, fortasse non sit ingenue Christiani. Cæterum quum agi- Iurandum 19-27:
19 tur negocium Christi, tum non sit nefas interponere iusiurandum. {Neque enim Christus quatenus tr
simpliciter uetuit iurare, sed uoluit nos esse tales, ut non sit opus iureiurando, nolens ita iurare ut uulgus tum iurabat. Noluit nos esse diuites, ut diuitum uulgus tum erat, & nunc fe
rè est: noluit nos uocari rabbi, ut tum uocabantur: noluit nos appellari patres, ut uulgus ho
minum, omnem gloriam, omne subsidium collocans in parentibus, prorsus ab illis pendet.}
Quanquam Græca scholia nonnihil hic laborant, dubitantq́ue num ita legendum sit, νὴ
τὴν ὑμετέραν καύχησιν. id est, Propter uestram gloriationem: id est, ut gloriemini uos esse
19 Iesu Christi. Atq́ue ita legit Ambrosius {& Augustinus, quod ad pronomen attinet} nisi quod
19 {Ambrosius} accipit Vestram gloriam quam Paulus habebat de illis. Diuus Hieronymus in
epistola cuius initium Sæpe & multum, legit, Propter uestram salutem: haud scio memo-
19 riæ{ne} lapsu {an} quod potius à librarijs corruptus sit is locus. Theophylactus legisse uide- 19: Vulgarius
27 tur, Propter uestram gloriam: ut gloria Corinthiorum redundet in gloriam Pauli.} (καύχησιν enim appellat illorum profectum de quo gloriatur Apostolus, sed in Christo, cui debe-
35 tur omnis gloria) [Chrysostomus annotauit Corinthiorum in euangelio profectum ideo dici gloriam, ne uideretur exprobrare, quod tam aspera passus esset ob Euangelium, quum
ob hæc non solum non doleret, sed duplici nomine gauderet, & quod ea passus esset ob
euangelium Christi, & quod ea quæ passus erat, cesserant in profectum Corinthiorum.]

Ad bestias pugnaui.) ἐθηριομάχησα. dictio composita Græcis. Solebant enim olim ϑηελομαχεῖν
19 damnati bestijs obijci {Mirum est hac de re nullam in Actis fieri mentionem. Nam mihi
quidem non admodum satisfacit quod Græci interpretes, quorum est Theophylactus, detorquent hoc ad tumultum ab aurifice Demetrio concitatum, ob Ephesiam Dianam.}
19 {Manducemus & bibamus, cras enim moriemur.) Vox est diffidentium ac desperan- 19-27: Edamus
tium de promissis dei.}

Cras enim moriemur.) ἀποθνήσκομεν. id est, Morimur. Laurentius admonet prouerbium fuisse Laconicum. Extat autem apud Esaiam capite uigesimosecundo, totidem uerbis quot citauit Paulus! Quanquam Hebræis uerbum est futuri temporis נמות Verum 1↓
19 hoc ad sensum haud multum refert: & haud scio an Paulus scripserit, ἀποθνήξομεν. {præser
22 tim quum hic in cæteris, Septuaginta non dissonent ab Hebræis} (Certe apud Septuaginta
sic legimus: φάγωμεν καὶ πίωμεν, αὔριον γὰρ ἀποθνήσκομεν.)

Corrumpunt mores.) φθείρουσιν ἤθη χρηστὰ ὁμιλίαι κακαί. Senarius est Menandri, quem Menandri
admodum indicat diuus Hieronymus, & constat suis pedibus, si seruetur apostrophus: senarius
φθείρουσιν ἤθη χρηθ᾽ ὁμιλίαι κακαί.
Nos carmen carmine reddidimus:
Mores bonos colloquia corrumpunt mala.

Euigilate

1↓16: Paulus 'akhol we-shatho [kiy] mahar namoth Quanquam ('akhol mispelt 'ahol)

Euigilate iusti.) ἐκνήψατε δικαίως. id est, Sobrij estote iuste, siue Expergiscimini iuste: ut Iuste, sit aduerbium: id est, sicut oportet & recte. Nam uigilant quidam etiam ad iniustitiam {id quod annotauit & Theophylactus} Alioqui quorsum attinebat iustis præcipere, ut uigilarent, & non peccarent, quod si faciant iusti non sint? Deinde qui conuenit, ut eos iustos uocet, quos arguit, & de quibus mox subijcit, Ignorãtiam dei habent quidam? Quin & Ambrosius, ut ex interpretatione conijcere licet, ita legit, quemadmodum habetur apud Græcos, Iustos, inquit, esse præcepit: {quasi euigilate iuste, perinde ualeat, ac si dixisset, Expergiscimini ad iustitiam} Atqui qui iustos appellat, non præcipit ut sint iusti {etiamsi in uulgatis exemplaribus scriptum habetur: Euigilate, iusti estote} (In uetustiore codice Constantiensi resedit germana lectio, Euigilate iuste: ne quis Græcorum consensum contemnat.)

Iusti, pro Iuste, mendose

19: Vulgarius

Ad reuerentiam uobis.) πρὸς ἐντροπὴν. id est, Ad erubescentiam, & ad pudorem.

22-27: mortui

< Quomodo resurgent.) ἐγείρονται> [id est, Resurgunt. Et uenient, ἔρχονται, congruentius uerteretur Veniunt, ut conueniat uerbo præcedenti. Non enim hic loquitur de tempore, sed de re: quod solet uerbis præsentis temporis fieri, quasi dicas, Qualis est resurrectio, aut qualis aduentus. Tum enim actio rei declaratur absque significatione temporis] Augustinus aduersus Faustum libro undecimo, capite tertio, legit Veniunt, ἔρχονται. quanquam Græca uox anceps est.>

< 22-27: et quod sequitur uenient

16: Stulte

Insipiens.) ἄφρον. id est, Stulte, amens, siue insipiens {uox à mente dicta, addita particula priuatiua.}

Insipiens tu.) Post Insipiens, ponenda erat distinctio: ἄφρον, σὺ ὃ σπείρεις. id est, Stulte, tu quod seminas: {Distinguit enim pronomine personam hominis à persona dei: Si quod tu seminas, prouenit longe præclarius, multo id uberius efficiet deus in resurrectione, cuius ille proprie est autor.}

Nisi prius moriatur.) Quorsum attinebat addere Prius, quum Græce sit, ἐὰν μὴ ἀποθάνῃ. id est, Nisi fuerit emortuum {Augustinus hunc adducens locum libro ad catechumenos tertio, capite decimo, non addit aduerbium Prius.}

Vtputa.) εἰ τύχοι. Ita uertit & paulo superius, ut sit exemplum ponentis: {Augustinus in epistola centesima quadragesima sexta, pro εἰ τύχοι, uertit Fere} [Itidem super Genesim ad literam libro quinto, capite uigesimo.]

19: 147

** Sicut uult.) καθὼς ἠθέλησεν. id est, Sicut uoluerit: ut subiunctiui sit modi. {Atque ita sane adducit Augustinus, in eo quem modo adduximus loco.}

{Non omnis caro.) οὐ πᾶσα σάρξ. id est, Non quæuis caro.}

** Corpora cœlestia & terrestria.) ἐπουράνια & ἐπίγεια, quod ita sonat quasi dicas, quæ in cœlo uersantur, & quæ in terra uersantur: ne de ipsis cœlis, aut de materia {cœli terræque} intelligamus.

** 16: both entries placed after Insipiens tu.) above

Claritas δόξα

Alia claritas.) δόξα. Eandem uocem quam modo Gloriam uerterat, nunc uertit Claritatem. Fortasse quod absurdum putaret dicere Gloriam solis, aut lunæ, aut stellarum. Imò maius quiddam significare uidetur gloria, dignitas, maiestas, quàm claritas. Et aliàs interpres δόξαν, maiestatem uertit. Denique quum Paulus eadem usus sit uoce, quorsum attinebat interpretem Latinis diuersas uoces obijcere, quum ad id non cogat sensus?

* 16: entries reversed

διαφέρειν excellere

* Stella enim differt à stella.) ἀστὴρ γὰρ ἀστέρος διαφέρει. id est, Stella enim stellam antecellit. Nam id quoque Græcis significat διαφέρειν.

+ Seminatur in ignobilitate.) Ambrosius legit Ignominia, & rectius, ἐν ἀτιμίᾳ.

+ 16: placed after Secundus homo...) p. 515

* Si est corpus animale.) Si, redundat: ἔστι σῶμα. id est, Est corpus. (Quanquam hanc particulam non attingit Ambrosius uel legens uel enarrans: ne scholiastes quidem. Theophylactus tamen interpretatur. Videri poterat huc repetitum ex superiore: & quod enarrator adiecit, relatum à scriba parum attento in contextum.)

Stapulensis

Factus est primus homo Adam.) Faber Stapulensis admonet Homo, superesse. Quanquam in plerisque Græcis etiam codicibus, quos mihi uidere contigit adscriptum reperi, ὁ πρῶτος ἄνθρωπος ἀδάμ. id est, Primus homo Adam. tametsi ex interpretatione Ambrosiana subodorari licet illũ Adam legisse, omisso hominis uocabulo, quum ait ab Apostolo duos constitui Adam. Deinde in secunda particula, Adam solus repetitur absque hominis mentione

22-27: Ad reverentiam vobis.) πρὸς ἐντροπὴν id est. Ad erubescentiam, & ad pudorem.

mentione,nouissimus Adam in animam uiuificantem. Consentaneum autem est ab inter/
prete quopiam additum,qui uoluerit explicare quid sonaret Adam,apud Hebræos,nimi/
rum hominem. Proinde in Genesi,quoties hominis uocabulũ repetitur, אדם Adam po/ Adam,homo
nitur. Et aliquanto post,omisso Adam,hominem duntaxat repetit, Primus homo de terra,
19 & cætera{Cyprianus in sermone de zelo & liuore,haud male addidit pronomen Ille: Qua/
lis ille de limo,tales & qui de limo: uelut exprimens articuli uim,quod & aliàs ab interpre/
te factum optarim: Primus ille homo de terra,terrenus. ὁ πρῶτος.}
19 {In animam uiuentem.) Iam puto lector agnoscis eloquutionis idioma toties admoni/ 16-22: diverse
tus,sic dictum, Factus est in animam uiuentem: pro eo quod erat,Factus est anima uiuens. legunt {atque nos}
Quemadmodum illud dicitur,Esto mihi in deum protectorem.}
Secundus homo de cœlo,cœlestis.) Græci lectionem habent à nostra diuersam,Idq; Præfertur no
constanter, ad eundem modum interpretantibus Chrysostomo & Theophylacto, ὁ δὲ stra lectio
19 δεύτερος ἄνθρωπος, ὁ κύριος ἐξ οὐρανοῦ. id est, Secundus autem homo{ipse}dominus è 16-19: Vulgario
cœlo. Quanquam ut ingenue dicam,mihi magis probatur,quod in nostris codicibus scri/
ptum est,præsertim quum ita legant Hieronymus & Ambrosius,& magis respondet ad id
19 quod præcessit,De terra,terrenus.{Proinde arbitror ὁ κύριος adscriptum à studioso quo/ Additũ aliqd
piam,qui uoluerit orationem reddere explanatiorem: tametsi nos reddidimus,ne non re/ apud Græcos
sponderent Latina Græcis.} † † 16: Seminatur in
Portemus & imaginem cœlestis.) Portabimus,futuri temporis est Græcis, φορέσομεν. ignobilitate.) p 514
Quanquam nonnulli codices habent φορέσωμεν, id est,Portemus: nec magni refert ad sen placed here
19 tentiam{nisi quod futurũ tempus aptius erat huic loco,in quo Paulus agit de resurrectione
futura. Gestauimus imaginem terreni Adæ,peccando & moriẽdo: gestabimus imaginem
27 posterioris,innocenter uiuendo,& immortalitatem eius(quodam modo imitabimur)quo/
niam hic initium ac meditatio quædam illius est. Tolerari poterat & uerbum hortandi por
temus. Vtranq; lectionem indicat Theophylactus,portabimus,ut sit prædicentis futuram 19: Vulgarius
immortalitatem: & portemus,ut sit adhortantis ad uitæ puritatem: cui satis congruit quod
sequitur,Caro & sanguis,regnum dei non possidebunt. Ambrosius legit Portemus,non
portabimus. Neque uero periculum est si legamus Portabimus,ne uideamur cum Arianis
sentire,qui negabant nos à resurrectione carnem habituros: habebimus carnem & eãdem,
sed non per omnia talem. Attingit & hunc sensum diuus Ambrosius.}
Possidere non possunt.) κληρονομῆσαι. id est,Hæreditate accipere. Et paulo post,Possi
19 debit, κληρονομεῖ. id est,Hæreditate accipit: uerbo præsentis temporis{licet reclamantibus
Latinorum exemplaribus. Theophylactus admonet Basilium hæc ita fuisse interpretatum 19: Vulgarius
ut diceret Paulum hisce uerbis Corinthios ad innocentiam uitæ uoluisse cohortari. Quæ
sententia si placet,mollius erat uerbum præsentis temporis,sed quo rem notet,non tempo/
35.27 ris discrimen}[Atq; ita legisse Chrysostomum ipsa docet enarratio.(Quæso te lector,ut hoc
loco conferas commentarios Ambrosianos,cum his qui feruntur falso Hieronymi titulo, 27: nominis
reperies eadem uerba: idq; multis alijs locis comperies)Hoc autem loco plurimi uersus ad
uerbum conueniũt. Subdubito tamen utrum hæc sint ex Ambrosij cõmentarijs huc trans/
scripta,an ex alijs commentarijs Ambrosij commentarijs supposita. Quid enim tum sibi
non permisit scribarum audacia?] 19-27:
Omnes quidem resurgemus.) Græca sic habent, πάντες μὲν οὐ κοιμηθησόμεθα, πάντες Varia lectio Duplex
δὲ ἀλλαγησόμεθα. id est,Omnes quidem non dormiemus,sed omnes immutabimur. At di/
22 uus Hieronymus ad Minerium(& Alexandrum)ostendit hunc locum bifariam legi apud
Græcos,& hoc modo quem hic indicaui,& eo modo quo uulgata habet æditio. Atque hoc
sanè loco mirum quàm sudant Græcanica scholia. Theophylactus & Chrysostomus sic le/ 16-19: Vulgarius
19 gunt,interpretanturq; quemadmodum nos{in Græcorum exemplaribus legimus acquer/
35 timus.[Chrysostomus itidem citat enarrans epistolæ ad Romanos caput undecimum:]
ut sit sensus, Non omnes morituros, omnes tamen immutandos esse.*Porrò si quis dif/ *↓ †↓
fidet citationi nostræ, sciat Chrysostomum ac Theophylactum†haberi Basileæ in biblio/ 16-19: Vulgarium
theca Dominicalium, unde multis uoluminum eorum facta est copia. Qui Græce no/ 16-19: prædicatorum
27 uit, is poterit excusso loco, me uel comprobare uel refellere*.(Nec aliter legit Tertullia/ 16-19: mihi
nus libro De carnis resurrectione. Quod palàm ex illius interpretatione deprehenditur,
quanquam

* 16-19: Porro ··· refellere is placed in footnote on p 516
† 16-19: quos modo allegavimus haberi

quanquam apostoli uerba recitata deprauauit scriba. Subijcit enim, Quis enim non desi-
derabit dum in carne est, superinduere immortalitatem, & continuare uitam lucrifactam
morte per uicariam demutationem, & cætera quæ sequuntur, quem locum citat & diuus
Hieronymus [in epistola ad Marcellam quæstione tertia, atque locum qui est primæ ad 35
Origenes
Thessalonicenses quarto, exponit in hanc sententiam, nec ullius alterius meminit] In hanc 19
sententiam citat locum hunc & Origenes aduersus Celsum libro secundo. Sed præstiterit
opinor, ob eos qui diffidunt, ipsius uerba adscribere: Tuba, inquit, signum dabit, & mortui
resurgent incorrupti. De uiuis autem immutandis, & à mortuis surgentibus segregatis sic
scribit, Et nos immutabimur: quod utique dixit, ubi prius dixisset Mortui resurgent. Quin
etiam & in prima ad Thessalonicenses epistola, alijs uerbis eandem differentiã præferens,
quum alios quidem dormientes, alios uiuentes affirmet, sic inquit: Si enim credimus quod
Iesus mortuus est, & resurrexit, & cætera. Ex his satis perspicuum est quid senserit Origenes, nimirum immutandos omnes ⟨pios⟩ & qui resurgent, & qui uiui deprehendentur, non 22
Non omnes morientur
morituri quidem illi, sed tamen cum ijs qui mortui fuerant immutandi. Et ob id initio dixerat omnes immutãdos, licet non omnes resurrecturos. Se uero ponit Paulus inter eos quos
aduentus domini uiuos deprehenderet, propterea quod Christus eum diem omnibus oc-
19-22: expectasse
cultum esse uoluit. Et ex alijs locis apparet, Paulum semper eum diem expectari uoluisse,
licet non nesciam ita posse intelligi, ut Paulus sub prima persona, quosuis designarit, quos
aduentus domini sit reperturus, Nos qui uiuimus, & cætera. Si nunc incidat aduentus domini, quod in nobis accideret, idem accidet in illis quicunque erunt} Diuus Ambrosius se-
19-22: Sequitur
qui uidetur eam lectionem quam uulgo audimus, ut sentiamus non omnes immutandos
ad gloriam, quanquam resurrecturi sint omnes {ad uitam} Quanquam & is alteram subdit 19
interpretationem, in qua significat fore qui non moriantur, atque ob id non resurgant ⟨qui 22
tamen immutantur. Neque enim resurgit, nisi mortuus⟩ {Idem aliquanto inferius, explicans 19
eum locum, In nouissima tuba: canit enim tuba, & cætera: partim meminit huius sententiæ: Mortui autem, inquit, uel peccatores intelligendi sunt, qui etiam uiuentes, mortui esse
dicuntur, uel certe simpliciter omnes mortuos resurgere dicit, & solos sanctos, qui uiui iu-
16-22: Certe
sti inuenti fuerint, in gloriam immutari} Sanè cum eo quod Græci legunt, magis consentiunt ea quæ Paulus scribit Thessalonicẽsibus: Si enim credimus, ꝙ Iesus mortuus est & re
surrexit, ita & deus eos qui dormierũt per Iesum adducet cum eo. Hoc enim uobis dicimus
in uerbo domini, quod nos qui uiuimus, qui residui sumus in aduentu domini, non præue-
niemus eos qui dormierunt, quoniam ipse dominus in iussu, & in uoce archangeli [& in tu- 35
ba dei] descendet de cœlo: & qui in Christo sunt, resurgent primi: deinde nos qui uiuimus,
qui relinquimur, simul rapiemur cum illis in nubibus obuiam Christo in aera, & sic semper cum domino erimus (In eundem sensum refertur & illud secundæ Corinth. quinto, eo 27
quod nolumus expoliari sed superuestiri, ut absorbeatur quod mortale est à uita: hoc est, ut
sine morte tribuatur immortalitas) Ex his liquet, non omnes dormituros, sed aliquos fore
residuos in aduentu Christi. Sunt qui dicant in momento & illos subito morituros ac reui-
Augustini opinio
↓ ⟨
cturos, qui residui fuerint ⟨quam opinionem refert⟩ Augustinus libro de ciuitate dei uige- 22·19
simo ⟨capite uigesimo: sed ut coniecturam duntaxat, quæ non sit omnino reijcienda, non ut 22
sententiam aut decretum. Idem inibi⟩ declarat & Latina uariasse exemplaria. In nonnullis
scriptum fuisse, Omnes quidem resurgemus: in alijs, Omnes quidem dormiemus [Idem in- 35
dicat in libello De octo quæstionibus Dulcitij, quæstione tertia] Cæterum ex utraqꝫ lectione consequi, ut moriantur omnes, propterea quod nemo resurgat nisi mortuus. ⟨Cæterum 22
hanc lectionem, Omnes quidem resurgemus, quam sequitur Ambrosius, Hieronymus in
Commentarij in epistolas Pauli falso inscripti Hieronymo
epistola ad Minerium, negat inueniri in codicibus Græcorum⟩ Quin & is qui commentariolos collegit in omneis Paulinas epistolas, quos quidam Hieronymi putant, sed falso,
quod uel ipsa satis testatur præfatio, quanquam hanc puto alterius esse, quàm sit ipsa colle-
19-22: quam
ctio (commentariorum) quos apparet esse studiosi cuiuspiam nec indocti, è diuersis uete- 27
rum commentarijs compendium contrahentis. Quisquis enim is fuit qui præfatiunculam
adiecit, quum sit infans ac balbus, tamen impudenter affectauit haberi Hieronymus. Ve-
Lectio triplex
rum ut dicere cœperam, quisquis fuit eius operis rhapsodus, indicat triplicem huius loci lectionem: Omnes quidem resurgemus, sed non omnes immutabimur: ut immutari sit proprium

⟨ 16-19: fuerint. Caeterum si perpendamus a malos immutari si non ad gloriam, certe ad immortalitem, nihil erit quod offendat in lectione Graecorum. Porro
Then follows from p. 515 at * Porro ... refellere 16: In momento p. 519
19: Augustinus

prium transeuntis ad uitam beatam: cuius lectionis & hunc sensum facit, Omnes resurgemus, qui mortui reperiemur: non omnes immutabimur, qui in corpore uiui reperiemur.
quod soli pij sint immutandi, multi autem impij deprehendendi sunt uiui. Alteram, Omnes
quidem dormiemus, sed non omnes immutabimur. ut accipiamus neminem non moriturum, non omnes item immutādos ad gloriam. Tertiam, Omnes quidem non dormiemus,
sed omnes immutabimur. ut intelligas non omnes morituros, omnes tamen transforman-
dos ad eandem gloriam. Siquidem totus hic sermo non ad omneis homines communiter,
sed ad iustos proprie pertinet. Atque hanc postremam lectionem maxime probat, ut apostolico sensui maxime congruētem. Nec Aquinas tacuit hanc triplicem lectionem, nullam *Aquinas*
22 improbans, licet Hieronymum sequutus præferat uulgatam hanc, sed ita ut diuersam ne- † 19: autoritate
22 get pugnare cum fide, aut habere sensum hæreticum. Porrò quod quosdam offendit, pa- videlicet sua
rum uideri uerum quod scriptum est, Statutum est omnibus semel mori: si dicamus quosdam non morituros, facile soluitur, quando paucorum prærogatiua non officit legi communi, quemadmodum aliquoties admonet Origenes. Neque enim ideo uerum non est,
quod scripsit Paulus, Omnes in Adam moriuntur, & omnes in Adam peccauerunt, si
Maria fuit ab omni peccato immunis. Neque continuo falsum est quod scripsit Propheta,
non esse qui uacet peccato, ne infantem quidem unius diei, si dicamus Hieremiam, ac Ioan
27 nem Baptistam absque ullo peccato & natos fuisse & uixisse. Sed quid his argumentis uti-
22, 35. 27 mur? Quum ipse Hieronymus quem ante citauimus scribens ad Marcellam quæstione 22: Certe
tertia, palam affirmet fore qui uiui transformentur ad gloriam immortalitatis. Eius uerba
subscriberem, nisi hoc loco recensuisset Glossa quam uocant ordinariam. Atque hic unus est
scrupulus qui commouit Augustinum & alios nonnullos, ut à Græcorum lectione abhor-
rerent. Siquidem Augustinum etiam illud offendit, In Christo omnes uiuificabuntur, præsertim quum addat, Tu quod seminas non uiuificatur, nisi prius moriatur. Atque his Pauli
uerbis existimat nos urgeri, ut credamus uiuos subito in ipso raptu morituros ac reuicturos: quum mea sententia, nihil sit necesse, si præsentem Pauli sermonem ad eos accommo-
demus, qui obdormierint ante aduentum Christi. Neque enim hic in hoc laborat Paulus,
ut persuadeat neminem non moriturum, quod nequaquam est creditu difficile, sed ut persuadeat eos qui sepulti sunt, seminis in terram conditi modo reuicturos. Et tamen idem Augustinus libro de dogmatibus ecclesiasticis, tametsi liber is non uidetur eiusdem autoris,
planè pronunciat æque catholicos esse, qui Græcorū lectionem, quam unam nunc habent,
sequerentur. Quum enim commemorasset eorum sententiam, qui nolebant quenquam
exemptum esse à communi lege moriendi subijcit: Verum quia sunt & alij æque catholici
& eruditi uiri, qui credunt anima in corpore manente, immutandos ad incorruptionem &
immortalitatem eos qui in aduentu domini uiui inueniendi sunt, & hoc eis imputari pro
resurrectione ex mortuis, quod mortalitatem immutatione deponant, non morte, quo libet
quis acquiescat modo, non est hæreticus, nisi ex contentione hæreticus fiat. Sufficit enim

*Liber de dogmatibus ecclesiasticis, nō uidetur Augustini, quæ idē eadem tradit ad quæstionē Dulcitij tertiam*

27 in ecclesiæ lege carnis resurrectionē credere futuram de morte. Augustinus, siue quisquis
fuit eius operis autor, æquat utranque lectionem, ac mihi uidetur is sensus quem Græci codices quos hodie uidemus, sequūtur efficacius astruere resurrectionem quàm alter: quum
enim in nonnullis eadem corpora dicuntur immutanda ad gloriam immortalitatis, magis
profligatur illorum error, qui negabant eadem corpora resurrectura. Quod si uerum esset,
iam esset inæqualitas inter beatos, alijs suum corpus possidentibus, alijs alia quædam quæ
19 prius non habuerant. Porrò quod Augustinus libro de ciuitate dei uigesimo, capite uigesimo, torquet illud Pauli ad Corinthios, Tu quod seminas non uiuificatur, nisi moriatur: non
hoc agit illic Paulus, ut doceret neminem non esse moriturum, sed ne quis desperaret se à
morte resurrecturum, quum semen etiam putrefactum in scrobe, surgat in herbam. Proinde quæ lectio maxime sit amplectenda, uiderit eruditus lector. Non suscepi de huiusmodi
pronunciandi negocium: nisi quod, ut dixi, Græcorum lectio magis congruit cum altero
loco qui est ad Thessalonicenses. Et quoties ueteres fatentur lectionem esse diuersam, semper mihi suspectior esse solet ea quæ prima specie uidetur absurdior, ut consentaneum sit,
lectorem uel parum eruditum, uel parum attētum, offensum absurditatis imagine, mutasse
27. 22 scripturam. Licet sciam ut dixi in libello Hieronymi ad Alexandrum & Minerium, com-

*Quod prima fronte absurdius, id maxime deprauatur*

memorata & expoſita utraque lectione, præferri hanc, qua nunc uulgo utimur. Porrò ua- 22
riandæ ſcripturæ ſuſpicor hanc occaſionem fuiſſe. Qui legebat, Non omnes dormiemus,
ſed omnes immutabimur: non animaduertens Paulum hic loqui proprie de reſurrectione
piorum, exiſtimauit nō competere in omnes uerbum Immutabimur, quum impij non ſint
immutandi. Siquidem immutationem hic appellat transitum ad felicem immortalitatem.
Ac mox quum ſubijcit, Et mortui reſurgent incorrupti, & nos immutabimur, offendit lectoris animum parum attenti, quo conſilio quum ante de pijs dixiſſet, Omnes immutabimur: nunc ueluti ſuperuacue quod dixerat, repetens dicat, Et mortui reſurgent incorrupti,
& nos immutabimur. Nec animaduertit Paulum hic ſeparaſſe pios mortuos à pijs uiuis:
quum enim ait, Et mortui reſurgent incorrupti, ſentit de pijs qui iam ante Christi aduētum
obdormierant in Christo: quum addit, Et nos immutabimur, explicat id quod paulo ante
cœperat dicere, Non omnes quidem dormiemus, ſed omnes immutabimur. Et tamen ſolus
hic ſcrupulus mouit Hieronymum, ut præferret lectionem apud nos uulgatam. Porrò ſe
Paulus, ut dixi, numerat inter eos quos ille dies eſſet in uita reperturus, ſiue hoc uere putauit, ſiue docendi gratia transfert in primam perſonam, quod ſub quauis perſona dici poterat. Iam quod de pijs hic loquitur, declarant tum ea quæ præcedunt, tum ea quæ ſequuntur
hunc locum. Nam ante docens hic meditandam eſſe nobis illius uitæ immortalitatem: Hoc
autem, inquit, dico fratres, quoniam caro & ſanguis regnum dei non poſſidebunt, neq; cor
ruptio incorruptelam poſſidebit. Ac mox ad idem redit, Oportet enim corruptibile hoc, &
cætera. Ac rurſum, Vbi eſt mors ſtimulus tuus, & cætera. Hæc nimirum omnia congruunt
in pios, non item in impios. Quum igitur pleroſque hæc haberet opinio, Christum quemadmodum in Euangelio promiſerat ſubito aduenturum, iamq; didiciſſent à Paulo reſurre-
cturos eſſe mortuos, ac diuino ſiſtendos eſſe iudicio, rogabant quid futurum eſſet de ijs
quos ille dies offendiſſet uiuentes: reſpondet & hos etiamſi non reſurgant eo quod mortui
non ſint, ad idem immortalitatis præmiū transferendos, ac per omnia æquandos & iungen
[Calumnia depulſa] dos ijs qui reuixiſſent. Vides optime lector quàm hic nihil ſit quod in me debeat reprehendi. Nam quod ſequor eam lectionem, quæ ſola nunc habetur in libris Græcorum, quum
Græca uertam, non licuit ſecus facere. Et tamen ex hoc loco duo quidam, tanti theologi, ut
ſibi perſuaſerint ſemel ruituram uniuerſam eccleſiam, niſi eam ſuis humeris fulcirent: alter
epiſcopi quoq; dignitate præfulgens, uterque profeſſor eius religionis, quæ baptiſmi pro-
feſſionem penè reddidit irreligioſam, atrocem calumniam mihi ſtruxerunt. Alter in corona
frequenti nobilium & eruditorum hominum apud ſummos principes, impegit, quod tolle-
rem reſurrectionem, propterea quod concederem non aſſeuerarem, aliquos in aduentu domini non morituros. Alter in publica & ordinaria profeſsione impegit hæreſim, quod indu
cerem lectionem contradictoriam ei quam ſequitur eccleſia. Primum ut demus hic eſſe ueram ἀντιλογίαν, ut demus eccleſiam hanc lectionem ſic approbare, ut damnet diuerſam,
ut demus ineſſe ſenſum hæreticum, tamē mihi non poterat impingi crimen, qui nihil aliud
profiteor, quàm interpretem. Niſi fortè ſemet hæreſeos obligauit Hieronymus, quum bona fide uerteret libros Origenis περὶ ἀρχῶν. qui potius reprehendendus erat, niſi quod ille
ſcripſerat, reddidiſſet. Nunc docuimus tot orthodoxos uiros utranque lectionem agnoſcere, & adeo non damnare alteram hæreſeos, ut Thomas nominatim etiam admoneat, in ea
quam Hieronymus non reprobat, ſed ei quam hodie tenent Latini, poſtponit, non ineſſe
ſenſum hæreticum. Porrò cauſam cur Hieronymus hanc prætulerit, oſtēdimus nullius eſſe
momenti, item alias cauſas quę mouębant Auguſtinum, indicauimus poſſe dilui. Quin &
Petrus Lombardus libro quarto, diſtinctione quadrageſimatertia, referens Auguſtini uerba ex libro de ciuitate dei uigeſimo, hæc attexuit [quaſi de ſuo, decerpta ni fallor ex octo ad 35
Dulcitium quæſtionum, tertia] Sed uellem de his potius audire doctiores. An ille tam he-
bes erat, ut non uideret hæreſim & ἀντιλογίαν, quam uiderunt iſti? Certe pueri ſciunt,
quot res requirantur ad hoc, ut uera ſit ἀντιλογία. Nam Ambroſius eundem facit ſenſum
huius (proloquij) Non omnes reſurgemus, & huius) omnes reſurgemus. Etenim ſi loquaris 27
de his qui ante Chriſti aduentum deceſſerāt, uerum erit proloquium, Omnes reſurgemus:
ſi promiſcue de ijs qui prius deceſſerant, & ijs quos dies ille uiuos offenderit, æque uerum
erit, non omnes reſurgemus. Nec hoc magis mirū, quàm ſi duo ſimul uerum dicant, quum
alter

alter pronunciet omnes theologos esse synceros, de Louaniensibus sentiens: alter, non omnes theologos esse synceros, de cunctis in genere sentiens. Nec mirum si Paulus in utroque numero ponit seipsum, quum docendi gratia prima persona pro quauis abutatur. Hæc quum partim à nobis fuerint annotata, partim apud celebres autores habeantur, partim ita sint perspicua, ut uel cæco, quod aiunt, appareant: quæ tandem ista rabies est in talibus uiris, qui se lumina mundi uideri uolunt? Sed istis opto mentem saniorem, ecclesiæ, patronos his meliores. Nam hi planè non quærunt ea quæ sunt Iesu Christi, sed sub alio titulo plus quàm Pharisæi, gloriæ suæ uentriq; suo seruiunt. Amant πρωτοκαθεδρίας in scholis, gaudent iisdem in opiparis conuiuiis, amant salutari Rabbini, uenantur mitras & abbatias, & adulantes hominibus adulterant sermonem dei, suisq; traditiunculis obscurant & obruunt scintillam charitatis euangelicæ: idq; faciunt adeo palàm, ut diffisi præsidiis quibus armatos decet esse theologos, ad uiolentiam confugiant: quasi cogi possit humanum ingenium, ut aliud credat quàm sentiat. Vtinam aliquando expergiscatur Christus, & hoc Iudaismo atque hac tyrannide liberet populum suum. Nisi fortè ideo nos redemit suo sanguine, ut huiusmodi portentis seruiamus.>

In momento.) ἐν ἀτόμῳ. id est, Puncto temporis indiuisibili, à τέμνω seco, & α particula priuatiua. ἐν ῥιπῇ ὀφθαλμοῦ. id est, In ictu oculi. Hieronymus ad Minerium, indicat utrunque inueniri, & ῥιπή, id est, ictus, & ῥοπή, id est, motus. Prius translatum est ῥιπή, ῥοπή>
19 ab ictu teli, seu fulminis: secundum à motu lancis{seu libræ. & alterum à ῥίπτω dictum, alterum à ῥέπω.} Laurentius suspicatur interpretem scripsisse non Ictu, sed Nictu, hoc est, motu oculi.

Canet enim tuba.) σαλπίσει γάρ. id est, Canet enim: & subauditur Tuba, quæ præces-
19 sit. nisi mauis dicere, Buccinabitur enim: aut{sicuti uertit quidam in homilia Origenis in Matthæum trigesima, Tubabit, explanate potius quàm Latine: nisi placet}angelum subau-
19 dire, de quo tamen hoc loco nulla mentio{In Ambrosianis commentariis hæc non adduntur, Canet enim tuba: quod satis apparet librariorum uitio prætermissum, etiamsi nec in
22 interpretatione significat se legisse}<In codice Donatiani scriptum erat, Canet enim, & mortui resurgent.>

Quum autem mortale hoc induerit.) Repetitur Græcis utraque pars, Quum autem corruptibile hoc induerit incorruptionem, & mortale hoc induerit immortalitatem. ὅταν
19 δὲ τὸ φθαρτὸν τοῦτο ἐνδύσηται ἀφθαρσίαν, καὶ τὸ θνητὸν τοῦτο ἐνδύσηται ἀθανασίαν. {licet refragantibus exemplaribus Latinis. Augustinus tamen iuxta Græcos citat hunc locum sermone quadragesimotertio in Ioannem. Rursum sermone de uerbis apostoli secundo, atque item tertio.}

In uictoria.) Ambrosius legit Contentione. νεῖκος enim si cum diphthongo scribatur, contentionem sonat: sin secus, uictoriam significat. Atque ita Hieronymus legit alicubi in epistola aduersus Ioannem episcopum Hierosolymitanum. Rursus in commentario Osee legit contentione: & pro stimulo, legit aculeum. Nam illud est minutius, quòd Græci sermonis ordinem immutauit uel interpres uel librarius: ποῦ σου θάνατε τὸ κέντρον; ποῦ σου ᾅδη τὸ νῖκος; id est, Vbi tuus mors aculeus? ubi tua inferne uictoria? Cæterum testimonium quod adducit, sumptum est ex Osee capite decimotertio: idq; magis iuxta Septua- νεῖκος, νίκη]
19 ginta, quàm iuxta Hebraicam ueritatem, quæ sic habet{interprete Hieronymo}: Ero mors
22 tua ô mors, ero morsus tuus inferne. Iuxta Septuaginta ad hunc legimus modum: <ποῦ ἡ δίκη, νίκη
27 δίκη σου θάνατε; ποῦ τὸ κέντρον σου ᾅδη; id est>Vbi est causa (siue uindicta) tua, mors? ubi est aculeus tuus, inferne? Porrò quod Septuaginta transtulerunt, ποῦ ἡ δίκη σου; hoc est, Vbi causa tua? Hieronymus uertit, Ero mors tua. Symmachus interpretatus est, Ero plaga tua. Quinta æditio & Aquila, Vbi sunt sermones tui? Hebræis est uerbum רבר. quod si scribatur per duo cametz, רָבָר sonat Verbum: sin per sex puncta, רֶבֶר sonat Mortem, siue Pestem: iuxta illud quod in Esaia legimus, Mortem misit dominus in Iacob, & uenit in Israel. Hieronymus uertit, Verbũ misit in Iacob, & uenit in Israel. Præterea pro aculeo, quem Hieronymus maluit uertere morsum: Symmachus, ἀπάντημα transtulit, hoc est, Occursum: Theodotion & Quinta æditio, plagam interpretati sunt.

Deo autem gratias.) τῷ δὲ θεῷ χάρις. id est, Deo autem gratia: ut subaudias Est, aut Sit

X 2

{ 16: habet 'ehiy devareykha maweth 'ehiy qatavekha she'ol id est Ero

Sit:quomodo loquuntur & Latini.

Stabiles sitis & immutabiles.) ἑδραῖοι γίνεσθε, ἀμετακίνητοι. Et,copula redundat.Dicuntur autem ἑδραῖοι, qui firmam ac certam tenent fidem: ἀμετακίνητοι, qui aliunde alio moueri & abduci non possunt.

EX CAPITE DECIMOSEXTO

[λογία

De collectis.) περὶ δὲ τῆς λογίας. id est, De collecta{siue collectione}nouum 19
apud Paulum uerbum,à colligendo{siue à legendo}dictum.{Apparet meta/ 19
phoram ductam à fœtibus arborum aut terræ,quæ legi dicuntur:unde & le/
guminibus uocabulum.Collationem poterat uertere,nisi uerbum hoc Colle
19: Vulgarius ctæ,tum,ut arbitror,solenniter receptum uulgo magis placuisset.}

Vna, pro prima Per unam sabbati.) σαββάτων. id est, Sabbatorum.{Theophylactus admonet Vnam,
dictam esse pro Primam}(significari autem diem dominicum)[in quo consentit Chryso/ 27·35
stomus.]

Recondens.) θησαυρίζων. id est,Thesaurizans:quod tandem uertit Latine,solitus antehac Græcam uocem relinquere.

[εὐοδῶται dure uertit Placuerit

Quod ei bene placuerit.) ὅτι ἂν εὐοδῶται. Laurentius ita uertendum existimat,Quod facile aut leue sit,siue quod bene cedat. Mihi rectius uertendum uidetur,Quicquid commodum fuerit,& quicquid deo prospero contigerit.Hoc autem addidit,ne forte puderet
muneris parū magnifici{Interpres legisse uidetur, εὐδόκηται pro εὐοδῶται. Certe Theo 19
19: Vulgarius phylactus nobiscum facit(sic enarrans, ὅτι ἂν ὁ θεὸς εὐοδώσῃ καὶ πέμψῃ, καὶ ὃ εὔχρηστες ἔχῃ.)[id 27·35
est,Quicquid deus bene fortunauerit ac miserit,& quod in promptu fuerit. Annotauit Chrysostomus non esse dictum Quicquid lucratus fueris,sed Quicquid prospere obtigerit:ut intelligerent facultates etiam à deo suppeditari,& in hoc ipsum,ut inde subleuentur egentes]Ex Ambrosio non liquet quid legerit.}

Perferre gratiam uestram.) τὴν χάριν ὑμῶν. Hic planè gratiam pro beneficio posuit, sed gratis collato.

[χάρις beneficium

Quod si dignum fuerit.) ἐὰν δὲ ᾖ ἄξιον. Græcis hæc uox aliquanto secus usurpatur non nunquam atque apud nos,pro tanti est:unde nos uertimus,Quod si fuerit operæprecium: hoc est,Si res fuerit tanti.

Nam Macedoniam pertransibo.) Nihil refert ad sententiam,tametsi διέρχομαι ambiguum est ad utrunque tempus:unde non perperam uertit Pertransibo.

[Hyemare pro Hybernare

{Vel etiam hyemabo.) Quanquam hyemandi uerbum apud Suetonium in Cæsare Au 19
gusto,sic uidetur usurpari,quasi sonet affligi incommodo hyemis,& apud Salustium notante Seneca,noue dictum est hyemare mare,quum tempestate molestum est,tamen subinde reperitur idem uerbum in Commentarijs Cæsaris, pro hybernare, hoc est, hyemem
transigere}[Apud Suetonium autem ipse sensus admonet,ut Augustus accipiatur Romæ 35
solere frigore hyberno offendi. Verba Suetonij sic habent:Ac per annos amplius quadraginta eodem cubiculo hyeme & æstate mansit,quamuis parum salubrem ualetudini suæ urbem experiretur,assiduec in urbe hyemaret.Hæc ille.Quum Suetonius adferat hoc argumentum quo doceat Augustum exiguam habuisse curam ualetudinis,& utraque sermonis particula pendeat à dictione Quamuis,quid ad rem facit,quod assidue hyemem agebat Romæ,ut omittam dubium esse an recte dicatur,assidue hyemare pro semper.Sed illud sentit,Augustum assidue Romæ ob rigorem peius habere:& hæc posterior particula probat superiorem,quæ dicit Romam fuisse incommodam ualitudini eius, quod illic in hyeme semper periclitaretur. Hæc non addidissem, nisi fuisset, qui hinc struxisset calumniam.]

In transitu uidere.) ἐν παρόδῳ. id est,Obiter,ac uelut alio properans.

Pentecoste quinquagesimus dies Vsque ad pentecosten.) ἕως τῆς πεντηκοστῆς, Et usque ad quinquagesimum.ut subau/
dias Diem:neq enim de festo loquitur(opinor)& haud scio,an pentecostes festum id tem/ 22·19
poris notum fuerit gentium auribus, præsertim quum Paulus in epistola ad Romanos, quam constat post hanc esse scriptam,tollat omne discrimen dierum,& infirmos uocet,

Thomæ sententia qui diem cum die conferunt.Certe nullus ueterum interpretum,quantum equidem memini,facit ullam festi mentionem.Thomas satis frigide se hinc explicat,adscribens:Forte hæc

epistola

epiſtola miſſa fuit in hyeme,ſeu in uere,& tunc poſt pentecoſten debebat ire in Macedo/
niam,& morari ibi uſque ad hyemem,& tunc ire Corinthum & hyemare. Theophylactus 19: Vulgarius
citra controuerſiam interpretatur,uſque ad quinquageſimum diem,adſcribens hoc eſſe ar
35 gumentum inſigniter amantis,quod temporis etiam modum præſcripſiſſet.[Haud diſſenta
nea his ſcribit Chryſoſtomus,tametſi non perinde liquet an de Iudæorum feſto die ſenſe/
rit, an de ſpatio moræ]. Item Ambroſius interpretatur, ideo diutius manendum Epheſi,
quod illic multos haberet aduerſarios,& fructus eſſet ingens. Neuter de feſto uerbum fa/
22 cit.(Quanquam in Actis capite uigeſimo,quum ait, τὴν ἡμέραν τῆς πεντηκοστῆς, uidetur
aliquod feſtum Iudæis ſignificare.Etiamſi Beda in Gloſſa ordinaria putat paſchæ & pente
coſtes feſtum,etiam apoſtolorum temporibus fuiſſe celebratum ritu Chriſtiano.Hoc com/
mentum opinor ab illis repertum,ne Paulus crederetur obſeruare dies feſtos Iudæorum, 22: Paulo
27 quos docuerat eſſe negligendos.)(Apud priſcos illos magna contẽtio fuit de tempore rituq;
celebrandi paſchæ feſtum,quod ſi ab hoc die numerentur quinquaginta,erit eadem con/
trouerſia de pentecoſtes die,de quo tamen nulla fuit controuerſia. Verum hac in re, ſuo
quiſque iudicio fruatur incolumi charitate.)

* Magnum & euidens.) μεγάλη καὶ ἐνεργής. id eſt,Magnum & efficax.Scribitur enim * 19-27: entries reversed
per ε, non per α. Interpres legiſſe uidetur, ἐναργής, per α. idque Græcis ſonat Eui/
dens.atque ita legit Ambroſius,ſecus Chryſoſtomus & Theophylactus. 16-19: Vulgarius
19 * {Et aduerſarij multi.) Conſentiunt quidam Græci codices cum noſtra uulgata æditio/
ne. Quanquam aptius alioqui uidebatur quod adducit Hieronymus in commentarijs
quibus explicat Iohelem,Oſtium mihi apertum eſt magnum & euidens, ſed aduerſarij 19-22: margin:
multi:ut intelligas ſpem fructus eſſe uberem,ſed non ſine negocio,ob eos qui conarentur Additum aliquid
impedire.}

De Apollo autem fratre.) Fratre, & Notum uobis facio, hæc uerba in Græcis codici/ Supereſt in nostris
bus non inuenio:Fratre,inuenio in quibuſdam. Verum hæc eclipſis familiaris eſt epiſto/
19 lis{ut ſubaudiatur Reſpondeo, aut ſcito,aut aliud huic ſimile}ueluti,De libris quos puta/
19 bas periſſe,ſunt in tuto apud generum.{Itaque ob ſimplicem lectorem,interpres adieciſſe
uidetur, Notum uobis facio.}

Et utique.) πάντως. more ſuo uertit Vtique,pro Omnino.

Non fuit ei uoluntas.) οὐκ ἦν θέλημα. id eſt, Non erat uoluntas. Ei,addidit interpres 19-27: erat
22·35 explicandi cauſa.(Theophylactus ad dei uoluntatem refert,cui non fuerit ita uiſum)[Chry/
ſoſtomus legit ut Theophylactus:de uoluntate dei,diſsimulat.]

Quum ei uacuum fuerit.) ὅταν εὐκαιρήσῃ. id eſt,Quum erit opportunum,quanquam
Vacat,idem efficit:& ita uertit in Actis apoſtolorum, Athenienſes ad nihil aliud uaca/
35 bant. ηὐκαίρουν. [Hæc particula facit pro commento Theophylacti.Nam ſi uenturus erat,
ſimul atque uacaret,non deerat ipſius uoluntas,ſed deerat opportunitas.]

Omnia enim ueſtra.) Enim,hoc loco prorſus ocioſum eſt. Nec eſt uſquam apud Græ/ Enim redundat
19 cos,ſed πάντα ὑμῶν.{nec additur apud Ambroſium,ac ne in Paulino quidem exempla/
27 ri(aut Conſtantienſi)Exponit enim quid dixerit Confortari. Superſtitio reddit infirmos,
charitas fortes.}

Noſtis domum Stephanæ & Fortunati & Achaici.) Fortunatum & Achaicum hoc
19 loco Græci codices non habent,ſed tantum Stephanam{licet hi tres paulo poſt coniungan
27 tur}(In Conſtantienſi,Fortunatus addebatur,Achaicus nequaquam) Et hoc loco,domus,fa
19 miliam ſignificat,quam primitias Achaiæ uocat,quod prima ſuſceperit Chriſtum.{Porrò
quod οἴδατε, uertit Noſtis,poteſt intelligi & Noueritis:ut iubeat agnoſci benemeritos,
maxime quia paulo poſt de iiſdem loquens:Cognoſcite ergo,inquit,huiuſmodi. Ambro/ 19: Vulgario
35 ſius interpretatur Cognoſcere,honorem habere, aſſentiente & Theophylacto}[Ex hoc lo/ Cognoſcere pro Hono/
co uidentur arripuiſſe occaſionem, qui in epiſtola ad Romanos capite ultimo, pro primi/ rem habere
tiæ Aſiæ,mutauerunt primitias Achaiæ.]

Quod uobis deerat.) τὸ ὑμῶν ὑστέρημα. id eſt, Veſtrum defectum. nempe quoniam
pro omnibus uenerant ad Paulum.Ita quod deerat,id eſt,quod Paulus deſiderabat in Co/ 16: populum
rinthijs,nimirum præſentiam illorum,id iſti ſuo aduentu ſupplerunt. Faber legit, ὅτι ὑστέ/
ρημά μου, id eſt, Quoniam defectum meum: uerum id ad ſenſum perparui refert. Et

paulo superius, ἐν παρουσίᾳ, uertere poterat, In aduentu.{Ambrosius anceps hoc loco, 19
utrunque sensum attingit, ita edisserens: Quia præsentes sunt apud uos, & in illis magnum potestis habere profectum, siue quia mihi uenerunt pro uobis ministrare officium charitatis.}

Ipsi suppleuerunt.) οὗτοι. id est, Hi (Interpres legisse uidetur αὐτοί.) 27

Prisca.) Græce, Priscilla: quemadmodum & superius.

Cum domestica sua ecclesia.) Recte quidem uertit, sed non ad uerbum, ut Ambrosius, Cum ea quæ in domo eorum est ecclesia, σὺν τῇ κατ' οἶκον αὐτῶν ἐκκλησίᾳ. uerum hic maluissem Congregationem, quàm Ecclesiam {quum significet familiam Christianam.} 19

¶16: A deo patre nostro...) from p.523 placed here

Apud quos & hospitor.) Hoc non reperio additum in Græcis codicibus, quanquam ita legit Ambrosius.

Mea manu Pauli.) Mea, casus est ablatiui (Mea, nempe Pauli.) ¶ 27

*Anathema, maran atha*

Anathema sit.) Hac uoce Paulus solet extremum exitium significare, quod Hebræi uocant חֵרֶם. Cæterum, Maran atha, Ambrosius putat uocem Syram esse, potius quàm Hebraicam, licet inter has linguas nonnulla fuerit affinitas: sonare autem apud illos, Dominus noster uenit. ¶ Quanquam inter Hebraica uocabula, quæ nullo certo autore feruntur, reperio Maran atha, expositum, In aduentu domini nostri: ut cohæreat cum superiori, Sit anathema in aduentu domini nostri: ueluti referat finem Malachiæ, Ne fortè ueniam & percutiam terram anathemate. Theophylactus ad Ambrosij sententiam interpretatur, Dominus uenit: uultque uideri ceu iusiurandum, quo confirmet dominum aduenturum. Eadem fermè diuus Hieronymus in epistola quadam ad Marcellam, cuius super hac re uerba non grauabor adscribere: Maran atha, magis Syrum est quàm Hebræum: tametsi ex confinio utrarunque linguarum aliquid & Hebræum sonat: & interpretatur מָרַן אֲתָא Dominus noster uenit. ut sit sensus, Si quis non amat dominum Iesum, anathema sit: & illo completo deinceps inferatur, Dominus noster uenit. Quod superfluum sit odijs pertinacibus aduersus eum uelle contendere, quem uenisse iam constet. Hactenus Hieronymus. Nec his dissimilia scripsit * Augustinus. Illud admonendum erat, in Dominus noster uenit: Venit, esse præteriti temporis {est enim, ἦλθε.} id declarantibus Græcis interpretibus, si parum ex interpretatione Hieronymi liqueret. (Rursus hic mihi monendus est lector: hæc uerba quæ modo retuli ex Hieronymo, Maran atha, magis Syrum est quàm Hebræum, tametsi ex confinio utrarunque linguarum aliquid & Hebræum sonat, & interpretatur Dominus noster uenit: habentur eadem in commentarijs Ambrosianis, & in his scholijs quæ feruntur Hieronymi titulo.)

↓ ¶ 19: Hieronymi titulo

16-19: Vulgarius

↓ *

16: nisi

↓ **

{ANNOTATIONVM IN EPISTOLAM AD CORINTHIOS PRIOREM FINIS, PER DES. ERASMVM ROTERODAMVM}

¶16-19: uenit. Verum haud scio an tutum sit hac in re fidere Ambrosio, gravi aloquin autori, sed quam fuerit hebraei sermonis ignarus vel illud indicio est, quod osanna interpretatur redemptionem domus David, quemadmodum & Hilarius. Quanquam

*16: Augustinus .. erat followed ἦλθε, placed at { on next line.

**16: FINIS PRIMAE AD CORINTHIOS.

# IN EPISTOLAM PAVLI
## AD CORINTHIOS SECVNDAM ANNOTATIONES DES. ERASMI ROTERODAMI

IN uniuersa Achaia.) ἐν ὅλῃ. id est, In tota: nimirum reliqua. nam ipsa Corinthus est in Achaia, cuius & metropolis est. * A deo patre nostro & domino.) Leuiculum est quod admonet Laurentius de amphibologia, quasi legi possit, A deo patre nostro & domini Iesu Christi. Siquidem id Paulo est pe- *↓
19 culiare, patrem uocare deum, Christum dominum.{Admonuimus & aliàs sermonem Græcis esse ancipitem: nam potest accipi ut gratia proficiscatur à patre & à filio, aut ut proficisca-
22 tur à patre, communi Christo & nobis.}{Cæterum quod Ambrosius tantum legit, A deo: nec addit, Patre & domino nostro Iesu Christo: id fortasis scribarum accidit uitio.}

35 [Benedictus deus & pater.) ὁ θεὸς καὶ πατὴρ. Vnicus apud Græcos articulus facit, ut Deus & Pater, ad eundem pertineant, quum apud Latinos posint intelligi duo, Deus & pater. Idem fuisset apud Græcos, si dixisset, ὁ θεὸς καὶ ὁ πατὴρ. Expresius reddi poterat, Ille qui est deus & pater d.n.Ie.Chr.] 16-27: Et

**[Totius consolationis.) Magis hic quadrabat, Omnis consolationis. Atque ad eum mo- Totius conso
27 dum refert Hieronymus in commentarijs Esaiæ.{Quidam exponunt perfectam consolatio- lationis, pro
nem. Et in hac epistola lector si non pigebit conferre commentarios Ambrosij cum scholijs Omnis
quæ feruntur nomine Hieronymi, uidebis miram confusionem. Hoc studium non erat omnino damnandum, si quod factum est in Aurea catena, idem hic fuisset factum. Nunc mutilum habemus Ambrosium, imò confusum, nec hos habemus integros.} ** 16: placed before Nam gloria nostra) p. 525

35 [Sicut abundant pasiones Christi.) περισσεύει. quod absolute dictũ accipi potest. Chrysostomus indicat & ad Christum posse referri, quasi plura pertulerint quàm Christus.]

Per exhortationem.) διὰ τῆς παρακλήσεως. id est, Per consolationem. Est eadem uox quam modo Consolationem, uerterat. 19-27: Et

19 Qua exhortamur.) παρακαλούμεθα. id est, Consolamur{q intempestiua copiæ affectatio. Locus uarie
19.22 {Consolamur & ipsi.) Interpres legit, καὶ αὐτοί. id est, Et ipsi{quum apud Græcos non lectus &
27 addatur coniunctio καὶ}nec mihi displicet addi}Sicut nos consolante deo fortes sumus in explicatus
rebus asperis, ita conuenit nostra fortitudine uicisim confirmari animos aliorum uel exemplo uel exhortatione. Et Consolamur, hoc loco pasiuum est: unde Ambrosius legit, Exhortationem consequimur. Quum sint autem duæ partes orationis, Siue, & Siue, quarum utraque respondet uni clausulæ, nempe huic, Et spes nostra firma est pro uobis: quæ apud nos adijcitur posteriori, Græcis in medio ponitur: à quibus tamen hic dissentimus. Cæterum miror quod sequutus exemplar Aquinas: ex duabus partibus tres facit, Siue tribulamur pro uestra exhortatione, siue consolamur pro uestra consolatione, siue exhortamur pro uestra exhortatione. sed reclamantibus Græcorum pariter ac Latinorum exemplari- { 19-27: Quae Thomæ lectio excusa
22.27 bus, etiam uetustis{nominatim Paulino & Donatianico}{ad hæc utroq; Cõstãtiensi}Neq; uideo quis locus hic esse posit tertiæ parti, quum consolari & exhortari Græcis idem sit uerbum: & tamen ad eum modum ille interpretatur etiam, nõ solum legit. Nam apud Ambrosium opinor eandem sententiam alijs uerbis repetitam, quum ita legit, Siue autem angustiam patimur, pro uestra exhortatione & salute: ac mox interiecto commẽtariolo, Siue autem pressuram patimur pro uestra exhortatione & salute, siue exhortationem consequimur pro uestra exhortatione quæ operatur, & cætera. Item in Theophylacto uerso, de suo 19-22: Vulgario Theophylacti interpres addit de suo
27 addidit interpres, bis explicans Greca{tametsi nec Chrysostomus diligenter enarrans hũc locum, nec Theophylactus attingant plures partes quàm duas}quanquam alioqui potest & hic accipi sensus, ut singulis particulis proxima respondeat: Siue tribulamur, id fit ad exhortandos uos & ad salutem uestram, ut nostro exemplo roboremini, si quid afflictionis inciderit: siue refocillamur consolatione, id fit ad consolationem uestri, ut eadem pasi, spe- 27: quanquam



* 16: Adeo … dominum forms separate entry on p. 522 at ↑ after Mea manu Pauli.)

retis eadem. Atque ita particula quæ sequitur, Et spes nostra, peculiariter pertinebit ad
partem posteriorem. Hoc adieci quod uideam Paulum & aliàs huiusmodi sermonis forma usum, uelut illic: Neque enim qui in manifesto Iudæus est, aut in carne circuncisio}(Nam 27
coniunctio δὲ, non patitur has particulas adhærere superioribus.)

Pro uestra exhortatione.) Rursum est, παρακλήσεως. id est, Consolatione{quanquam 19
& apud Ambrosium hæc uideo confundi, quasi nihil admodum intersit inter exhortationem & consolationem, quod quisquis consolatur, hortatur ut forti sis animo.}

Quæ operatur tolerantiam.){τῆς ἐνεργούσης. siue, ut quidam habent,} ἐνεργουμένης, ἐν 19
ὑπομονῇ πολλῇ. id est, Quæ operatur in tolerantia multa. Operatur autem, est agit, ac uim 22
suam explicat & aperit[Etiamsi Chrysostomus legendum putat ἐνεργουμένης passiue, non 35
ἐνεργούσης, ut locus sit gratiæ dei, cui præcipua laus nostræ salutis debetur, & ἐνεργεῖται interpretatur δείκνυται, αὔξεται, ἐπιτείνεται. id est, Ostenditur, crescit & intenditur, fitque maior.]

Earundem passionum.) τῶν αὐτῶν παθημάτων. id est, Eorundem malorum, siue dolo-
rum{aut earundem afflictionum}Et paulo post: κοινωνοί ἐστε τῶν παθημάτων. id est, Partici- 19
pes estis malorum aut afflictionum: nam passio uox est dura Latinis auribus.

16-27: et consolationis eritis

Sic eritis & consolationis.) Eritis, additum est. Videtur autem subaudiendum Estis, po
tius quam Eritis{nam apud Græcos non additur. Sentit enim hic quoque utrunque esse com- 19
mune, afflictionem malorum, & cōsolationem dei. & in hanc sententiā interpretatur Theo

19: Vulgarius

phylactus(suo more sequutus Chrysostomum)Siquidem Ambrosius legit, Ita ut desperare 27
mus nos etiam uiuere: & interpretatur afflictiones processisse usque ad mortem illatam.}

Quæ facta est in Asia.) Græci addunt, Nobis. τῆς γενομένης ἡμῖν ἐν τῇ ἀσίᾳ. id est,
Quæ contigit nobis in Asia.

*Tæderet, pro desperaremus*

Ita ut tæderet nos etiam uiuere.) ὥστε ἐξαπορηθῆναι ἡμᾶς καὶ τοῦ ζῆν. potest accipi, Vt
desperaremus etiam de uita. Atque in hunc sensum accipit diuus Ambrosius{& huic con- 19

19: Vulgarius

sentiens Theophylactus[nec dissonat Chrysostomus.] 35
(Respōsum mortis) ἀπόκριμα. uelut ipsis periculis nihil aliud denūciantibus q̄ mortem.) 27

16-27: Et *Pericula, pro mortibus*

De tantis periculis) ἐκ τηλικούτου θανάτου. id est, tāta morte{Est enim τηλικούτου, quod quan 19

16: proximus

titatem significat, potius q̄ qualitatem}Ambrosius propius accedens ad Græcā ueritatem
legit, De tantis mortibus(quemadmodum legit Chrysostomus, ostendens ὑπερβολικῶς in- 27
gentia discrimina, dictas esse mortes){Noster interpres sat habuit reddidisse sententiā: sentit 19
enim mortes, afflictiones morti proximas. Si nihil licet mutare, cur hoc ausus est interpres?}

16: eruit

Eripuit & eruet.) ἐρρύσατο καὶ ῥύεται. id est, Eripuit, & eripit. idem uerbum apud Græcos, nisi quod posterius est præsentis temporis{Alioqui si legamus hic Eruet, qui congruit 19
quod mox sequitur, In quem speramus, quod & adhuc eripiet: In Ambrosio uerbū præsen
tis temporis quod est in medio non additur. sed omissum est, ut arbitror, scriptoris incuria.}

16: quam

In quem speramus.) εἰς ὃν ἠλπίκαμεν. id est, In quem sperauimus. tametsi in huiusmodi
uerbis sæpius utuntur præterito pro præsenti, ut δέδια, γέγηθα. nam illud Sperauimus, so
nat, quasi dicas, Spem fiximus.

*Ex multarum personis facierum, locus obscure redditus*

Vt ex multarum personis facierum.) Græce sic habet, ἵνα ἐκ πολλῶν προσώπων, τὸ εἰς
ἡμᾶς χάρισμα, διὰ πολλῶν εὐχαριστηθῇ ὑπὲρ ἡμῶν. id est, Vt ex multis personis, de dono in
me collato, multis modis gratiæ agantur pro nobis. Pro ἐκ πολλῶν προσώπων, Ambrosius uertit, In multorum facie: ut intelligamus gratias publicitus agendas. nam πρόσωπον
apud Græcos non solum personam, sed & aspectum ac faciem sonat. & sic διὰ πολλῶν erit
Per multos: ut subaudias ἀνθρώπων. Potest & sic accipi, ἐκ πολλῶν προσώπων. id est,
Multis modis. quandoquidem speciem rei, faciem uocamus{Nec satis queo diuinare, quid 19
noster legerit interpres, quum eadem uox Græcis & faciem significet, & personam: nisi
fortasse quispiam Græce peritulus adiecit Facierum, uolens interpretari quid Græcis esset προσώπων. (Nam uetustior codex Constantiensis habebat rasuram, prima scriptura 27
fuisse uidetur, Ex multorum facie. Personis, adscriptum erat in spatio.) Laurentius diuersam sententiam commentus est, uidelicet hanc, ut de gratia in me ex multis personis, siue
respectu multorum collata; per multos gratiæ agantur propter uos. Neque mihi displicet
hoc inuentum, nisi quod nonnihil reclamat articulus parum commode positus ad hanc sen
tentiam. Commodius enim fuerat, ἵνα τὸ ἐκ πολλῶν προσώπων εἰς ἡμᾶς χάρισμα, Quod in
nobis

nobis est: siue, ut uertit Ambrosius, Donum in nos collatum. Et ὑπὲρ ἡμῶν, ut habet Theophylactus & Ambrosius, Pro nobis, primæ personæ. Quibusdam Græcis est, ὑπὲρ ὑμῶν, Pro uobis. atque ita legisse uidetur Valla. Vtrunque tolerabile: agantur gratiæ pro uobis, quorum precibus & quorum bono seruatus sum, & pro nobis qui sumus seruati.} 19: Vulgarius

27 (Chrysostomus dissentiens à Theophylacto legit, ἵνα ἐν πολλῷ προσώπῳ τὸ εἰς ἡμᾶς χάρισμα διὰ πολλῶν εὐχαριστηθῇ ὑπὲρ ἡμῶν. Quanquam & hic, ἐν πολλῷ προσώπῳ, accipi potest pro

35 Multis modis. [Nec absurdum si intelligamus, In magna hominum frequentia, siue multis testibus.] Aut si hoc mauis referre ad frequentiam agentium gratias, διὰ πολλῶν referri poterit ad multiformes afflictiones unde liberatus fuerat.) Cæterum εὐχαριστηθῇ passiue posuit, sicut & Latini dicunt Gratulari reditum incolumem, pro gratulari de reditu incolumi.

19.35 {Ambrosius circunloquutus est, In gratiarum actione celebretur.] [Interpres noster obscurius, Gratiæ eius donationis: pro eo quod erat, Pro ea donatione, siue dono, potius. Sunt qui stomachentur à me nonnunquam notari, ab hoc interprete præter causam affectari copiam. Sed obsecro te lector, quid hic usus habet uerbum mutatum. Salutem autem hic appellat incolumitatem, quod è tantis malis saluus ac uiuus emerserit.] ↑ ↑16: Et totius consolationis) from p. 523

Nam gloria nostra.) καύχησις. id est, Gloriatio: tametsi glorias pro gloriatione legimus, sed in malam partem: unde & gloriosi dicuntur iactabundi.

19 In simplicitate cordis.) {Cordis} abest in Græcis codicibus {nec additur apud Ambrosiū,

27 (nec apud Chrysostomum) nec apud Theophylactum Græcum, etiamsi de suo addidit in- 19: Vulgarium

27 terpres} (nec additum erat in utroque Constantiensi.)

Abundantius autem ad uos.) πρὸς ὑμᾶς. id est, Apud uos, siue Erga uos, secundæ personæ.

Legistis & cognouistis.) Vtrunque uerbum Græcis præsentis temporis est, ἀναγινώσκετε, ἐπιγινώσκετε. {Atque ita legisse Ambrosium, uel ex ipsius enarratione licet colligere: Ea, inquit, se dicit scribere, quæ non solum literis cernerent, sed & operibus eius manifesta haberent. Sed offensus lector quispiam eruditulus, quod prima specie sermo uideretur absurdus, Non alia scribimus uobis quàm quæ legitis, mutauit scripturam: quod nihil uideatur legi, nisi quod scriptum est. Atqui Paulus suo more expressit hanc sententiam. Non alia scribimus uobis, quàm ea quæ non solum legitis à nobis scripta, uerumetiam agnoscitis à nobis expressa re factisque. Græci addunt <coniunctionem> ἢ καὶ ἐπιγινώσκετε. Aut etiam agnoscitis: agnoscimus enim quæ uidimus. Sed suspicor articulum ἃ mutatum in ἢ. <Codex Donatianicus habebat, Et cognoscitis, in altero certe uerbo seruans integritatem ueteris scripturæ.> Legitis cognoscitis

(margin numbers beside the above: 19 at "σκετε, ἐπιγινώσκετε", 22 at "tis à nobis expressa", 22 at "ἢ. <Codex")

In die domini nostri Iesu Christi.) Græcus habet, In die domini Iesu, ἐν ἡμέρᾳ τοῦ κυρίου

19 ἰησοῦ. nec addit Christi. Porrò diem suo more uocat iudicium. {Quamuis uulgi iudicio non est mihi causa gloriandi de uobis, aut uobis de me, tamen apud Christum est quod gloriemur utrique de alteris.} Dies, pro Iudicio

Vt secundam gratiam.) δευτέραν χάριν. quod uerti poterat, Iteratum beneficium, siue geminum beneficium, nempe prius per epistolam, postea per præsentiam ipsius. Græca margin: 19 only Gratia pro Iudicio

35 nica scholia [& Chrysostomus] admonent χάριν positum pro χαράν. id est, Gratiam, pro gaudio. Nam apud Latinos quoque gratiam habere dicuntur quæ delectant.

19 Quum autem hoc uoluissem.) βουλευόμενος. id est, Quum hoc deliberarem {siue statuerem.} Idem uerbum mox sequitur, ἃ βουλεύομαι. quod interpres uertit, Quæ cogito: Interpres dormitans

19 adeo sibi permittit interpres mutare quocunque modo quod libuerit. {Ambrosius legit, Co-

27 gitans. Theophylactus interpres satis indicat de consilio siue decreto sentiendum esse} (Similiter Chrysostomus, quanquam in prioribus legit ἐβουλόμην. Ad sententiam refert minimum). Nec est hoc loco Autem, sed οὖν, id est Igitur {& Ergo, legit Ambrosius, etiamsi mihi non displicet δὲ, quod sit aduersatiua. Videtur enim diluere quod illi tacite forent obiecturi, si statueras uenire, cur mutasti consilium?} 19: Vulgarius

(margin number 19 beside "nimum). Nec est hoc loco")

Leuitate usus sum.) ἐλαφρίᾳ. à ceruo dicta uox, ob celeritatem mutandi consilij. Et hic leuitate sum usus, Græce dixit magis quàm Latine, pro eo quod est leuiter, siue inconstanter me gessi. ἐλαφρίᾳ ]

19 {Secundum carnem cogito?) Hic subaudienda est responsio, Non cogito, siue nequaquam

quaquam: ut apte cohæreat quod sequitur, Vt sit apud me, & cætera. {Atque hic sensus ma 27
gis congruit, si legamus ut legunt Latini, Vt sit apud me, est & non. Nam protinus diuersa
lectio diuersum reddit sensum. Quanquam ut constet lectio, tamen sermo nonnihil habet
obscuritatis. Nam prima fronte offert sese hic sensus, Nec inconstans sum, nec dolosus sum
hominum more, qui uel mutant propositum, uel dolo pollicentur, quod non est animus
præstare. Nunc ex interpretatione Chrysostomi uidetur aliud sentire Paulus: nimirum
hoc, Quod distuli promissum reditum, non est mutatæ sententiæ: uolebam enim tum, &
adhuc uolo: sed quod in animo uoluo, non sic uoluo iuxta carnem, hoc est, iuxta uoluntatem hominum, qui in rebus gerendis animo suo obsequuntur, ut sit apud me Est, est, & non
non: hoc est, ut quicquid uelim, faciam, & quicquid nolim, uitem. Imò subditus sum spiritui
dei, per quem aliquando uetor facere quod uolo, & iubeor facere quod nolebam. Per hunc
igitur stetit quo minus uenerim. Apud illum enim est, Næ, næ, & οὒ, οὔ. & hinc est quod
non præstiti quæ promisi: sed tamen quãquam in hac parte frustratus est uos sermo meus,
tamen in prædicatione euangelij uos non fefelli, sed auxiliante deo, firmum est & indubita
tum quicquid docui.)

*Locus obscurus* * Vt sit apud me, est.) Hic locus apud nos confusus, apud Græcos sic habet, ἵνα ᾖ παρ' ἐμοὶ τὸ ναὶ, ναὶ, καὶ τὸ οὒ, οὔ. id est, Vt sit apud nos, quod est etiam, etiam, & quod non, non.
* 19-22: entries and margin notes reversed
{Certe Ambrosius legit, Est, est, non, non. Et exemplar Paulinum uetustissimum manifesta 19
rasuræ uestigia præ se ferebat.} Porrò illud Etiam, apud Græcos uox est affirmãtis, ναὶ, &
οὒ negantis. Ergo qui non faciunt quod negant se facturos, ijs non est non, & qui faciunt
quod affirmant se facturos, ijs etiam est etiam. Cæterum quod Laurentius non uult In illo
↓{* & in ipso, referri ad Christum, non uideo quid hominem mouerit. {Nam uehementer ridi- 19
margin: 19-27: *Taxatus pallam Valla*
culum est, quod Valla uult in ipso subaudiri Etiam, non Christum: imò Paulus felicem exi
tum promissorum deo fert acceptum, & Christo per quem hoc sit impetratum, ne uideretur suis uiribus arrogare quicquam: id quod testatur & huius sermonis clausula, Deo ad
gloriam, per nos. Deus autor est, Christus impetrator, nos duntaxat horum ministri.} (Dilu- 27
cidius autẽ ac Latinius erat penes me quàm apud me παρ' ἐμοί. hoc est, in potestate mea.
Non, inquit, hoc cogito secundum carnem: hoc est, non mihi uindico, ut penes me sit præstare quod uolo. Agnoscit autem Paulus aliquo modo culpam non præstitæ fidei, sed in
humano promisso, modo constet fides ipsius in prædicatione euangelij.)

[*πιστός qui seruat promissa* * {Fidelis autem deus.) Recte usus est Fidelis, pro Fido: quum alias usurpemus hoc no- 19
minis pro fidenti. Ne uideretur enim hoc arrogare sibi quod dixit, adiecit, Fidelis autem
deus, quo autore & adiutore præsto quod præsto. Potest & ita distingui hic sermo: Aut
enim quæ cogito, secundum carnem cogito, ut sit apud me, quod est etiam, etiam, & quod
est non, non: ut hæc sit interrogatio. Deinde quasi responderit, nequaquam hæc secundum
carnalem affectũ loquor, ut mihi arrogem si quid præstiti, subijcit. Imò deus fidelis, qui per
*δὲ corrigit* me præstat quicquid uoluit. Et ad hunc modũ distinguit Ambrosius. Atq; ita δὲ coniunctio aduersatiua uim habet corrigendi, cuius uice poni poterat, Quin potius, aut imò.}

[Qui fuit ναὶ, καὶ οὔ, apud uos.) ὁ πρὸς ὑμᾶς. id est, Quem dixi uobis. Sentit enim ni 35
fallor, de ijs quæ promisit epistola priore.]

16: est
** Non fuit in illo est.) οὐκ ἐγένετο ναὶ καὶ οὔ. id est, Non fuit etiam & non. Porrò hæc uer
** 16-22: entries reversed
ba, Sed est in illo, in Græcis codicibus non legũtur hoc loco{licet mox in proximo sermone 19
adijciantur, suffragãte uetustissimo exemplari Paulino, in quo scriptum uisitur, Fidelis autem deus, quia sermo noster qui fuit ad uos, non est in illo est & non: dei enim filius, & cæt.}
** Per me & Syluanum.) Hieronymus admonet, Sylam esse legendum, non Syluanum,
cuius crebra mentio fit in Actis apostolorum: {sed reclamant quæ uiderim Græcorum 19
exemplaria.}

*Est & non, pro Instabilis & uanus* Non fuit in illo.) οὐκ ἐγένετο ναὶ καὶ οὔ, ἀλλὰ ναὶ ἐν αὐτῷ γέγονεν. id est, Non fuit etiam &
↓C non, sed etiam in ipso fuit. (Quum dicit, Est, est, & non, non: sentit agendi quod uelis liberta 27
tem. Quum dicit, Est, & non: significat lubricam fidem, hoc est, falsitatem. Quũ dicit Non,
significat frustratam spem ac uanam pollicitationem. Quum dicit Etiam, siue est, significat
inuiolabilem ueritatem. Quod autem addit, In illo: In, præpositio posita est loco Per. Per
illum: ne quid arrogaret sibi.)

Quotquot

{ 16: moverit, quanquam ad deum refertur patrem, cuius ante meminit. Per me
C 16-22: fuit. Per etiam semper intellige confirmationem {+ in proper usurpatur}. Quotquot 19

Quotquot enim.) ὅσαι γὰρ ἐπαγγελίαι θεοῦ ἐν αὐτῷ τὸ ναί, καὶ ἐν αὐτῷ τὸ ἀμήν. id est,
27 Quotquot enim promissiones dei in ipso (siue per ipsum) etiã, & in ipso amen. Nam apud
Hebræos, amen confirmantis est, ut apud Græcos ναί.
Ideo per ipsum.) Ideo, abijciendum. ἐν αὐτῷ τὸ ἀμήν. id est, Et in eodem amen deo. Articulus
19 Et rursum, hic Amen habet suum articulum τό, {sicut ναί & ὃν superius} ut intelligas pro ly
certitudinem quam significare uoluit per Amen. Et in illo, Amen deo, significat omnia cer
27 ta & rata quæ deus pollicitus est (Interpres ἐν αὐτῷ uertit per ipsum, quod mirum est eum
in cæteris non item uoluisse facere.)
35 Et [qui] signauit nos.) καὶ σφραγισάμενος. quo uerbo significare solet rei certitudinem, Signare, con
19 uelut quum obsignamus instrumentum aut uas {atque id mox explicat, indicans datam ar firmare fidem
ram, quo certius esset promissum} Hoc admonendum ratus sum, quod uideam recentiores
interpretes hic multa philosophari de gratia cooperante, quæ ad rẽ non admodũ pertinent. Gratia coo
Pignus spiritus.) τὸν ἀῤῥαβῶνα. id est, Arrabonem siue arram quæ fidem faciat totius perans
promissi præstandi.
Non ueni ultra Corinthum.) Magis quadrabat Nondum, quàm Vltra: est enim οὐκ Non ultra, 16-27:
ἔτι ἦλθον. id est, Non adhuc. Sentit enim se distulisse reditum, nisi mauis ἔτι pro denuo pro Nondum tr.
19.27 accipere. Cæterum Ambrosius de dilato reditu interpretatur {atque item (Chrysostomus &)
Theophylactus.} 19: Vulgarius
Dominamur fidei uestræ.) Vide, num hic sensus accipi possit, Dominamur uobis pro Dominamur
pter fidem, uel fidei gratia, ut more Græcorum subaudias, ἕνεκα. Græca sic habent, οὐχ fidei
ὅτι κυριεύομεν ὑμῶν τῆς πίστεως. Atque ut ita sentiam, facit articulus post ὑμῶν positus,
35 alioqui magis conueniebat, τῆς ὑμῶν πίστεως. [Licet Chrysostomus nihil offendatur arti
culo] Hæc autem dicit, quod ante dixerat parcens, uelut alioqui sæuiturus. Non est autem
19 dominium, nisi quum peccatum est alicubi {sed in fide nondũ peccarant, qua firmi stabant:
27 libidine, contentione, dissidijsque peccarant} Id igitur uerbi mitigat hac ratione (In hanc sen 16-19: oratione
tentiam Chrysostomus) Theophylactus in cæteris mecum faciens, de transposito articulo, 16-19: Vulgarius
19 nullum mouet scrupulum {quanquã & alter sensus probe habet: Fides libera est, dominium Qui subigunt
necessitatis est, ut interpretatur Ambrosius. Hæc animaduertenda nobis, qui fidei ac reli Turcas, ne
gionis titulo ad tyrannidem abutimur. Nec alio fortassis studio quidam cupimus orbem spectent do
redigi ad professionem Christi, quàm ut ipsi latius regnemus.} minium aut
Fide statis.) ἑστήκαμεν. id est, Stamus, siue constituimus. Tametsi uariant hic Græca prædam
27 exemplaria. Et magis quadrat Statis, ne uideantur usquequaque obiurgandi. (Ita que legit 16-27: constitimus
Chrysostomus.)

EX CAPITE SECVNDO

Nisi qui contristatur ex me.) ὁ λυπούμενος ἐξ ἐμοῦ. Contristari, suo more po
nit pro dolore affici, quum aliud quiddam sonet Latinis. Sentit autem hoc
ipsum sibi uoluptati esse, quod admoniti indolescant, quod id argumentum
sit animi resipiscentis: ita uicissim gaudium è dolore nascitur.
Tristitiam super tristitiam.) Super tristitiam, superest. μὴ ἐλθὼν λύπην Additum
19 ἔχω. Verum id aliunde huc translatum est {uidelicet ex epistolæ ad Philippenses, capite se apud nos
cundo. Certe apud Ambrosium non additur, & congruit cum huius lectione ipsius inter
pretatio. Consentit cum Ambrosio & Theophylactus, licet interpres in contextu addide 19: Vulgarius
22 rit de suo, uulgatam sequutus æditionem} (Quidam indicat in uno quodam codice depre
hendi scripturam Græcam, cum nostra translatione congruentem, ἵνα μὴ ἐλθὼν λύπην
ἐπὶ λύπῃ σχῶ. Hunc ait è Rhodo missum R. P. Francisco Cisuerio, cardinali quondam
Toletano, cuius equidem uiri memoriæ, cum primis faueo, quod ipse fauerit pietati bo
nisque studijs omnibus. Sed quum Ambrosius nobiscum faciat, quum tot exemplaria suffra
gentur huic lectioni quam indicamus, fieri potuit, ut Rhodiẽsis ille liber fuerit deprauatus,
præsertim quum causam indicauerimus deprauandi, fieri potuit ut ad Latinorum codices Græci codi
fuerit emendatus, præsertim quum sit Rhodiensis. Nam id fuisse factum constat in nonnul ces quidam
lis, ut post concordiam initam cum ecclesia Romana, hac quoque in parte concordarent. Por ad Latinos
rò codices eius generis nihil aliud sunt, quàm amussis alba in albo lapide. Neque enim uelim emendati
corrigere nostram translationem ex fide codicis, qui per omnia congrueret cum nostris.)
Nec

(Nec tamen res est ulla digna contentione, sensus est pius ac sanus.) 27
Angustia cordis.) συνοχῆς, Coartatione, siue anxietate. Nam angustia cordis est pu-
sillanimitas, & in uitium sonat.
Vt sciatis quam charitatem.) Græce est, Vt charitatem sciatis quam habeo abundantius {in uobis: ut legit & Ambrosius. Et} In uos {rectius est quàm In uobis} est enim εἰς ὑμᾶς. 19
siue Erga uos.
Si quis autem contristauit me.) Me, non est apud Græcos (nec apud Chrysostomum 27
aut Theophylactum), εἰ δέ τις λελύπηκεν. id est, Si quis dolore affecit: ut subaudias id
quod commodum fuerit, aliquem, aut uos, aut me. Diuus [item] Ambrosius non addit pro- 35
nomen, uerum iuxta Græcos legit, Si quis autem contristauit, non me contristauit. Grauat
enim peccantē, qui contristauerit omnes, neq; Paulum tantum, uerum omnes bonos apud
Corinthum. Nam quod ⟨post⟩ ait, Non me contristauit: perinde ualet ac si dicat, Non me 22
proprie ac solum contristauit, uerum ex parte duntaxat, ut cui dolor hic sit cum omnibus
uobis communis. [Chrysostomus, si modo non fallit titulus, uidetur aliter distinguere, ut 35
πάντας referatur non ad uerbum Grauem, sed ad superius Contristauit: Non me contristauit, sed ex parte (ne grauem) omnes. Durum enim erat dicere, Non solum me contristauit, sed uos omnes mecum. ideo subleuat eum qui peccauerat, addens Ex parte, uelut mitigans quod dicit. Ex parte: hoc est, aliquo modo. Theophylactus apertius sic interpretatur,
ἀπὸ μέρους, ὀλίγον τι. id est, Paululum quiddam. quanquam hunc Theophylacti locum, interpres non intellexit. Nec tamen absurdum est quod interpretatur Ambrosius: diuersum sensum sequutus. Denique non est simpliciter Onerem, sed ἐπιβαρῶ, aggrauem: hoc est, addam onus grauato.]
(Obiurgatio hæc quæ fit.) ἐπιτιμία. quam uertere solet Increpationem. Et, Quæ fit à 27
pluribus: ἡ ὑπὸ τῶν πλειόνων. uerti poterat, Quæ facta est à pluribus.)
{Ita ut è contrario magis donetis.) ὥστε τοὐναντίον μᾶλλον ὑμᾶς χαρίσασθαι, καὶ παρακαλέ- 19
σαι, Adeo ut è diuerso potius condonare & consolari debeatis. Videtur enim in his ora-
*Synecdoche* tionibus subesse synecdoche, aut si mauis, eclipsis, ut subaudiatur δεῖ, aut aliud simile.}
Vt confirmetis in illum.) κυρῶσαι. Quod propemodum ualet, ac si dicas, Facite ut pon-
*κυρία, concio* dus & autoritatem habeat charitas erga illum. Loquitur enim uelut ad iudices & concionem, quorum suffragijs uelit absolui {eum} qui traditus fuerat satanæ. Nam κυρία concio- 19
nem significat, in qua creantur magistratus, quæ Latini uocant comitia, & diem alicuius
rei causa præstitutum, & ius aliquod agendi. (Quin & κύριον Græci dicunt scriptum au- 27
thenticum, autoribus Hesychio & Suida. Mihi uidetur & ea sententia quæ uicisset in suffragijs, dicta fuisse κυρία. unde prouerbium, αὕτη κυρία. κύριος [item significat efficacem 35
probationem seu pondus & autoritatem sententiæ, quæ κύρωσις dicitur. Aristoteles libro
†16-27: videtur rhetoricorum primo, pacta priora uocat ἄκυρα, posteriora κύρια, quod prius pactum
16-27: χυριόω posteriore reddatur irritum & inefficax] unde ductum † κυρόω, ueluti suffragijs compro-
16: velut bo, & ratum facio. (Quidam hic deprauate legunt In illo, pro In illum.) 27
*Proprietas* Quod donaui.) καὶ γὰρ ἐγὼ εἴ τι κεχάρισμαι ᾧ κεχάρισμαι. id est, Etenim ego si quid do-
*Hebraismi* naui, cui donaui: siue, Si cuius rei gratiam feci. Nam donare, uocat condonare culpam.
19: quater Deinde Cui donaui, subaudiendum est denuo uerbum Donaui {ut ter repetatur Donaui: 19
*Lenitas Pauli* alioqui erit imperfectus sermo. ⟨Nam & ego si quid condonaui, cui condonaui, propter uos 22
condonaui.⟩ Subindicat hoc Chrysostomus de suo supplens ἐποίησα, id est, feci) Animad- 27
uertendum autem quàm paucos Paulus tradiderit satanæ, & quāto affectu hunc suis commendet, quum nos ob treis drachmas effulminemus passim. Nec tamen hunc tradidit satanæ priuata sua autoritate, sed publico omnium iudicio, qui apud nos rectà in ignem conij-
ceretur. Et in ipsa condemnatione miscet indicium charitatis, in interitum carnis, ut sp. &c.}
⟨Tanta est eius in malos clementia, qui ipse nullis peccatis erat obnoxius, nos nobis tam ma- 22
le conscij, quàm non Christiane sæuimus in alios delinquentes.⟩
In persona.) ἐν προσώπῳ. quod est uel In persona, uel In facie, siue conspectu. Nam
Græce uox ambigua est, & scholia uarie exponunt. (Chrysostomus interpretatur, ἢ κατὰ 27
θεόν, ἢ εἰς δόξαν τοῦ Χριστοῦ, ἢ ὡς τοῦ Χριστοῦ καὶ τοῦτο κελεύοντος. id est, Vel secundum deum, uel
in gloriam Christi, [aut uelut & hoc iubente Christo.] Theophylactus, In persona Christi, 35
id est

id est, in conspectu dei, ac uelut illo hoc iubente, & uelut illius uicem gerens, καὶ ὡς αὐτὶ προσώπῳ ὢν ἐκείνου. Quanquam interpres Theophylacti, tantum hic uertit, Hoc est,
19 haud secus ac si Christus ipsi donasset. Id quo casu, quo ue studio factum sit, nescio.{Ambrosius interpretatur, In persona Christi, pro uice Christi.}

Vt non circunueniamur à satana.) ἵνα μὴ πλεονεκτηθῶμεν. id est, Ne occupemur & usurpemur, uelut ab iniusto possessore satana. Ambrosius legit, Vt non possideamur: & propius expressit uocem Græcam. Nam πλεονεκτεῖν, est occupare quod tuum non est,
27 ut faciunt auidi, & alienorum usurpatores.(Græcæ uocis emphasim diligenter exponit Chrysostomus & Theophylactus.)

Non habeo requiem spiritui meo.) Nimium bona fide reddidit datiuum Græcum, qui uertendus erat, in auferendi casum. Siquidem illi instrumentum & modum actionis, dandi casu efferunt, nos auferendi. Ambrosius propius accedit ad Græca: legit enim, Non habui requiem in spiritu meo. οὐκ ἔσχηκα ἄνεσιν τῷ πνεύματί μου. hoc est, Non conqui-
19 ui animo.{Hic est ille Titus quem Paulus à nonnullis ideo putatur desiderasse, quod is es-
35 set eius linguæ peritior. Horum de numero est Theophylactus.(Quin & diuus Hieronymus ad Hedibiam quæstione undecima, non ueritus est scribere Paulum quum haberet scientiam scripturarum, uarijsque linguis loqueretur, non potuisse tamen diuinorum sensuum maiestatem digno Græci sermonis explicare eloquio, & ob id huius interpretem fuisse Titum, quemadmodum Petri interpres fuit Marcus.) Meminit & Thomas huius interpretationis, sed reijcit, ne spoliaret apostolos dono linguarum. At uel hinc colligitur illum adiutum fuisse commentarijs è Græco uersis, quum nihil huiusmodi attingat Ambrosius.}

Modus & instrumentum Græcis datiuo exprimitur

16: spiritui

19: Vulgarius

Thomas Græcis commentarijs adiutus

19 Sed ualefaciens.) ἀποταξάμενος. id est, Dimissis fratribus, aut renunciato uale.{Ambrosius legit, Sed uale illis dixi, & profectus sum, & cætera.}

Deo autem gratias.) Gratia est Græce χάρις. Atque ita, ni fallor, uertit interpres.

Qui semper triumphat nos.) τῷ πάντοτε θριαμβεύοντι ἡμᾶς. Diuus Hieronymus ad Hedibiam quæstione undecima, exponit, Triumphat nos, id est, de nobis, uel triumphum
19 suum agit per nos.{Ambrosius item, Triumphat nos, facit nos uictores uincēte perfidiam
27 fide.}(Latinis triumphari dicuntur, qui uicti ducuntur in triumpho. Sic miles quoque qui nauauit bonam operam in bello ducitur in triumpho honoris causa, ut particeps sit suo duci. In Christo, potest accipi Per Christum, siue in Christo, in quo nostra est gloria. Subnotauit hoc Theophylactus.)

16-27: Agabiam

Bonus odor sumus deo.) εὐωδία. id est, Fragrantia, siue beneolentia: ut ad uerbum efferam: nam Græcis dictio est composita. Et deum rursum appellat patrem, suo more.
19.27 Quoties enim absolute hoc utitur uerbo{fere} deum patrem intelligit(præsertim si iungatur filij mentio.)

Alijs quidem.) Elegantius uertisset, His & illis.

19 Tam idoneus.) Tam, Græcis non legitur, nec apud Ambrosium{nec apud Augustinum, qui citat hunc locum, edisserens Psalmum septimum, legitque, Et ad hæc quis idoneus? Itidem adducit Origenes homilia in Genesim decimatertia} Fortassis interpres de
19 suo addiderat, Quis nam.{Id uersum est in Quis tam. Subauditur autem responsio Perpauci, aut simile quippiam. Intelligit enim rem esse uehemēter arduam, & quæ non queat à quibusuis præstari, nisi mauis per hyperbatum referre ad id quod aliquanto post sequitur, Ad hæc quis idoneus? Et postea quàm dilata responsione, auxit facti magnitudinem, deinde respondeat, Fiduciam autem talem habemus, & cætera.}

Tam superest

Ordo

Sicut plurimi.) ὡς οἱ λοιποί. id est, Sicut cæteri. Alij habent, ὡς οἱ πολλοί. id est, Sicut multi, aut plerique. †

Adulterantes.) καπηλεύοντες. id est, Cauponantes. Hieronymus ad Hedibiam quæstione undecima, uertit, Venundantes & uenditantes. Est enim καπηλεύειν, ad quæstum abuti re quapiam, quod Petrus accōmodauit ad ipsos etiam homines, Cauponantes uos. Quo quidem uerbo usus est Ennius in Officijs Ciceronis, Non cauponantes bellum, sed belligerantes. Interpres Adulterantes, uertit pro Corrumpentes: idque sequutus est Ambrosius, nec inerudite. Siquidem ueteres, quicquid esset insyncerum, ac dolo fraudeque uitiatum

Cauponari Adulterare

16-27: Agabian

Y

† 19-27: Quum autem conversi fuerint ad dominum.) misplaced here; it refers to Corinthians II cap. 3 v. 16; in 35 was removed to its correct place on p. 531.

tum, id καπηλεύειν appellabant, uelut Aeschylus, citante, quisquis is fuit, etymologiarum
Græcanicarum coaceruatore, κάπηλα προφέρων τεχνήματα. id est, Cauponias proferens
artes. propterea quod hoc hominum genus plerunque insyncerum est, utpote quæstu me-
tiens omnia.{Græca uox proprie quadrat in eos qui uenditant esculenta aut poculenta: 19
quorum præcipuum est studium, uitiata pro synceris uendere.}
Sed ex synceritate.) ἀλλ' ὡς, Sed tanquam ex synceritate, sed tanquam ex deo: additis
aduerbijs.{Et tamen nisi subaudias aliquid, erit imperfectus sermo: Non adulterantes, sed 19
uelut ex synceritate prædicantes.}

EX CAPITE TERTIO

INcipimus iterum nosmetipsos commendare.) συνιστάνειν. quod non simpliciter sonat laudare, id quod uulgus existimat, sed insinuare in alterius beneuolentiam.
Ad uos aut ex uobis.) Græci repetunt commendatitijs.{licet reclaman- 19
tibus exemplaribus Latinis quæ uiderim omnibus, neque temere tamen.
Commendatitijs ad uos, hoc est, quæ ab alijs profectæ commendent nos uobis, aut à uobis profectæ commendent nos alijs.}[Nam ad eundem modum & legit & interpretatur 27
Theophylactus.)
{Epistola nostra.) Suam uocat, non quam scripserit, sed qua commendetur. Studium 19
curandæ salutis illorum, argumentum erat & epistolæ uice. Nostris autem dixit, uel mode
stiæ causa, pro Meis, uel quod pari studio essent & alij quidam Pauli collegæ.}
Adnominatio * Quæ scitur & legitur.) Interpres non reddidit uenustatem Græcanici schematis, γι-
νωσκομένη καὶ ἀναγινωσκομένη. id est, Que intelligitur & legitur.
* Manifestati quoniam epistola estis.) φανερούμενοι. Verbum est medium, unde commode uerti poterat, Dum manifestatis uos esse epistolam, & cætera. Aut, dum manifesta-
mini quod estis epistola, & cætera.
Et scripta non atramento.) Græcis non additur Et{nec apud Ambrosium.} Nec est, 19
Scripta, sed Inscripta. ἐγγεγραμμένη.
σαρκίνου σαρκικοῦ * In tabulis cordis carnalibus.) σαρκίναις. id est, Carneis: ut materiam intelligas, non
qualitatem, quam notant quum dicunt σαρκικός. Nam quod alibi Carnalibus legimus,
σαρκικοῦ est Græce. καρδίαις habent quidam codices, hoc est, cordibus: sed mendose,
opinor.[Qui sic legunt uolebant esse appositionem, In tabulis carneis: quibus? nimirum 27
ipsis cordibus.)
{Sed sufficientia nostra.) ἡ ἱκανότης, Idoneitas: ut ita loquar.} 19
Qui & idoneos nos fecit ministros.) ὃς καὶ ἱκάνωσεν ἡμᾶς διακόνους. id est, Qui idoneos
nos fecit, ut essemus ministri noui testamenti: quasi dicas, Idoneauit. Est autem uerbum
ab eo nomine, quod mox uertit, Sufficientes & sufficientia.
Litera, pro Literæ Non litera sed spiritu.) Græcis genitiuus est, Literæ sed spiritus: ut referas ad ministros, & intelligas Nouum testamentum, spiritum, Vetus, literam. At apostoli delecti sunt
ut spiritum administrarent, non ceremonias legis(tantum ac præcepta legis)quas suo mo- 27
re literam uocat.(Per Mosen enim non dabatur spiritus quemadmodum per apostolos. 27
{Ex Ambrosiana interpretatione non potest certum deprehendi quid legerit, & ad sensum 19
haud magni sanè refert. Nam quod offendit Vallam, ita uitari poterat: Qui fecit ut essemus idonei noui testamenti ministri, quod spirituale est, non literale sicut uetus, ut literæ
& spiritus referatur ad testamentum, aut ministros noui testamenti, hoc est, non literæ sed
spiritus.}Ac ne quis existimet nos rem adferre nouam, uterque codex Constantiensis consentiebat cum Græcis, nec locus ullam habebat rasuram)[Neque secus citat Augustinus 35
libro de spiritu & litera, capite centesimo septuagesimonono: quanquam eiusdem operis
capite decimoquarto, scriba locum deprauarat, qui quum uideret scripturam sibi constare, non ausus est omnia corrumpere.]
Hugo Carrensis Literis deformata.) Quidam Deformata, interpretatur Turpiter formata. Id quo magis credamus, Carrensis adijcit, Sicut mulier dicitur deformis. O columẽ theologiæ, quasi
uero sola mulier dicatur deformis. Deinde post aliquot id genus nugas, addit aliud commentum, si cui hoc parum probatur: Deformata, id est, ualde bene formata. quasi uero hoc
agat

[Handwritten marginal notes:]
I post vobis ↓{
* These 3 entries precede Ad vos aut ex vobis.) above.
I 19-27 omnis

{ 16: commendatitiis ἢ δὲ ὑμῶν συστατικῶν id est num opus est nobis ut vel ab aliis commendemur literis ad vos scriptis, aut a vobis aliis commendemur literis per vos scriptis? Et scripta

19 agat Paulus{ut intelligant}eam legem ualde bene formatam, quam præ euangelio contem
ni uult. Verum quorsum attinet hæc insectari, quum in summa totum hoc sit impudentis/
simum, Nouum testamentum Græce scriptum ab apostolis, interpretari uelle, si Græce
prorsus nescias. Paulus scripsit, ἐντετυπωμένη. id est, Informata: ut ad uerbum reddam,
hoc est, insculpta. Quanquam eleganter interpres dixit Deformata, pro Formata. Nec
enim hic auget De, non magis quàm in Deambulare, ac deosculari. Et Quintilianus, Mar
mora prima deformata manu. Ambrosius formata legit, non deformata. ↑16: est

Damnationis in gloria est.) In, superest. δόξα, id est, Gloria.↑ Atque ita legit Ambro/ In, superest.
35 sius. [Gloriam, more Hebræorum dixit, pro gloriosam] quanquam hoc non admodum ua/ 19: id 22: hic
19 riat sensum. {Variantque Græcorum codices} Et mox, Per gloriam est, διὰ δόξης, dixit pro
In gloria.

Nam nec glorificatum est quod claruit.) καὶ γὰρ οὐδὲ δεδόξασται τὸ δεδοξασμένον. id est,
19 Etenim ne glorificatum{quidem}est, quod glorificatum est: id est, quod tum glorificabatur
accedente gloria euangelij perdidit gloriam. Et ideo addidit, In hac parte: id est, in compa/
ratione. Sic enim exponunt Græca scholia.

Multa fiducia.) πολλῇ παῤῥησίᾳ. quæ uox apud Græcos significat loquendi liberta/
tem, quum palàm quis eloquitur quod sentit. Hoc ad Mosen refert, qui palàm & aperte
19 non est ausus loqui, sed uelata facie{Et χρώμεθα utimur, idem potest esse utamur. Atque
ita sanè legit Ambrosius, ut sit adhortantis ad libertatem mere Christianam.}

In faciem.) εἰς τὸ τέλος. id est, In finem. Id quod haud dubie librariorum accidit erro/ Varia lectio
19 re{Certe Ambrosius legit, Vsque ad finem eius quod euacuatur, & ad eum modum inter/
pretatur. Volebat Mosi faciem esse obtectam, nec aspici, donec id quod erat abolendum,
27 coruscante euãgelio euanesceret, & sic licebat intueri faciem Mosi. (Et τέλος legit simul
& interpretatur Chrysostomus ac Theophylactus. Non poterat crassus populus perspice
re quod lex illa finem esset habitura). Porrò ut hic sermo sit absolutus, subaudiendum est
aliquid, Et non facimus sicut Moses qui ponebat, & cætera. Et tamen in nonnullis Græco
rum codicibus comperimus scriptum, εἰς τὸ πρόσωπον. quemadmodum nos legimus.} } ↓
35 [Sed hos suspicor ad Latinorum lectionem fuisse correctos.] Quod hic uertit, Intenderent,
Græce est ἀτενίσαι. id est, defigere oculos, & immotis oculis intueri. quemadmodum so
lent amantes, & qui attente audiunt loquentem. Aspicere poterant, sed fixis oculis, & diu
inhærentibus non poterant. Vnde re cognita, Moses quoties loqueretur populo, faciem
uelo obtexit. margin: 19-27:

In finem, uidelicet ne illic conquiescerent. Et quod euacuatur, sonat quasi dicas, Eius In finem
19 qui euacuatur uel aboletur, ut referas ad Mosen{moriturum. Moses mortalis erat, Chri/
stus immortalis. Mosi lex ad tempus erat instituta, Christi lex finem nescit} Aut absolute
in finem, eius rei quæ euacuatur. Et euacuatur, hic est, καταργούμενον, id est, Quod abo/ 19: Vulgarius
19-27 letur & irritum redditur{Id annotauit & Theophylactus}(Tametsi lex non aboletur pro/ } 19-22: interpres
prie, sed figuræ cedunt ueritati.)

Obtusi sunt.) ἐπωρώθη. id est, Excæcati sunt. Et cogitationes, potius quàm sensus, Obtusi, pro
22 νοήματα, quod paulo ante uertit Cogitationes. (Quum autem conuersus fuerit, ἡνίκα δὲ Excæcati ]
ἂν ἐπιστρέψῃ. opinor subaudiendum Israel, pro Israelita. Augustinus libro aduersus Fau/
stum duodecimo, capite quarto, legit, Quum autem transieris. ut ἐπιστρέψῃ sit à uerbo
medio, & secunda persona, pro Quauis persona: nisi fortè malumus uitio librarij, Trans/
ieris, scriptum pro Transierit. Quanquam & aliàs totidem uerbis adducit hunc locum,
uelut eiusdem libri capite trigesimonono.)

* Manet non reuelatum.) Maluissem, Nec tollitur: quo sensus sit apertior. * 16: follows + ↓
19 + (Quum autem conuersi fuerint ad dominum.) Quum Græce sit ἐπιστρέψῃ, si placet Speculantes.) p 532
uerbum medium, erit Conuersus fueris, secunda persona: quemadmodum subinde locum at ↑
hunc adducit Augustinus, nominatim in libris quos scripsit aduersus Faustum, Quum 19: non potest
22 transieris ad dominum, auferetur uelamen. Sin (uerbum actiuum, erit) Conuersus fuerit, aliud intelligi
tertia persona: ut subaudias, Israel. Atque ita legit diuus Ambrosius, Quum autem conuer/ quam aut
22 sus fuerit ad dominum, auferetur uelamen. (Vsus est eodem uerbo capite quod proxime 19-27: Aut
sequitur.) Neque quicquam tamen officit sententiæ, quod noster interpres mutauit nume/
Y 2 tum

} 19-22: legimus. Atque ita legit & interpretatur Vulgarius. Quod 22: Theophylactus
+ 19-27: entry misplaced, see p. 529 footnote ↑.

rum. Neq; enim refert utrum dicas, Equa gestat fœtum decem mensibus, an equę gestant
decem mensibus. Origenes hunc adducens locum in Exodum homilia duodecima, legit
Vbi conuersus quis fuerit, auferetur uelamen. Rursus in Leuiticum homilia secunda.
Dominus autem spiritus est.) Non simpliciter ait dominum esse spiritum, & corpus
esse negat, sed addidit articulum τὸ πνεῦμα, hoc est ille spiritus, nempe legis, quasi Moses fuerit caro, utpote mortalis & imbecillis & crassus, iuxta typum quem gerit, Christus
spiritus, ut efficax & immortalis.}

Speculantes, à speculo, non à specula — Speculantes.) κατοπτριζόμενοι. id est, Speculantes. hoc loco à speculo ductum est, non
à specula: ut intelligas dei gloriam à purgatis animis ceu speculo excipi, ac reddi. Ad hunc
enim sensum exponunt Græca scholia, ut κατοπτριζόμενοι sit ueluti speculo exprimentes
ac referentes.{Græcæ uocis emphasim annotauit & Augustinus libro de trinitate decimo 35
quinto, capite octauo.}Et quod additur, In eandem imaginem: præpositio Græcis abest,
τὴν αὐτὴν εἰκόνα. id est, iuxta eandem imaginem: ut subaudias κατὰ. Ac paulo post: [
16: Manet non revelatum) p. 531, placed here. — A claritate in claritatem.) A gloria in gloriam. ἀπὸ δόξης εἰς δόξαν. sic enim aliquoties
uertit hanc uocem. Verum hæc uarietas interpretandi, nonnunquam ansam errandi Lati-
nis expositoribus præbet, dum aliud quiddam à Paulo dici putant, claritatem & gloriam,
quum apud illum eadem sit uox.

Triplex lectio — A domini spiritu.) Trifariam hic locus accipi potest apud Græcos, A domini spiritu,
siue à domino spiritus, siue à domino spiritu, ut accipiamus ipsum dominũ esse spiritum.
Cæterum media lectio mihi magis probatur. ἀπὸ κυρίου πνεύματος.{Primam sequutus 19
19: Vulgarius — uidetur Theophylactus, atq; item Ambrosius.{Vltimam sequitur commentarius in hanc 35
epistolam Chrysostomi titulo, torquens in Arianos. Item diuus Basilius in opere de spiritu sancto ad Amphilochium capite uigesimo primo.}Mirum quid sequutus Augustinus
libro de ciuitate dei uigesimosecundo, capite uigesimonono, legit, Tanquam ad domini
spiritum. si modo scriptura mendo uacat.}Cæterum ὡς hic non sonat similitudinem sed 27
congruentiam, Tanquam à spiritu domini: ut intelligas eximiam dignamq; quam conferat domini spiritus. Similis locus est apud Ioannem, Quasi unigeniti à patre.)

EX CAPITE QVARTO

IVxta quod misericordiam consequuti sumus.) καθὼς ἠλεήθημεν. Ambrosius uertit, Prout misericordiam consequuti sumus. Interpres pro καθὼς legisse uidetur καθ' ὃ. Cæterum, Misericordiam consequuti sumus, suo more
modestiæ causa dixit, pro eo quod est, Delecti sumus ad officiũ apostolicum.
Non deficiemus.) οὐκ ἐκκακοῦμεν. id est, Non deficimus, siue segnescimus, aut degeneramus. Nam Græcis κακὸς aliquando inertem significat ac instrenuum,
ut & alias indicatum est.{Ambrosius legit, Non deficiamus & renunciemus: ut utrunque 19
sit hortantis, quasi legerit, μὴ ἐκκακῶμεν & ἀπειπώμεθα. Mihi magis probatur, ut indicandi modo legantur, & ad Pauli personam pertineant, qui contemptis Mosi ceremonijs,
Christi philosophiam libere prædicabat.}

Sed abdicamus.) ἀπειπάμεθα. id est, Abdicauimus, siue abnegauimus, reiecimus.
16: renunciamus — Ambrosius legit, Renunciemus.{ut uerba sint inuitantis.}{Verum hæc omnia Chrysosto- 19, 27
mus ac Theophylactus legunt & interpretantur indicandi modo. Non enim illis præcepit
Apostolus quid debeant facere, sed ostendit qualis sit ipsius functio, obiter taxans pseuda
postolos, qui fumos obijciebant discipulis, quemadmodum & hodie Iudæi iactant mysteria Talmudica & Cabalistica.)

Occulta dedecoris.) τὰ κρυπτὰ τῆς αἰσχύνης. Aptius est probri, siue dedecoris, quàm
pudoris. Non enim dixit αἰδοῦς, sed αἰσχύνης. Atq; ita legit Ambrosius.{Probrum enim 19
Occulta, pro occultamẽtis — opponit gloriæ quam tribuit euangelio.}Porrò Occulta dixit, pro occultamentis. nam tur-
pitudo amat latebras.

Nec adulterantes.) δολοῦντες. id est, Dolo utentes, siue tractantes. Neq; est hic καπη-
[δολοῦ. — λεύοντες, quod antea uertit, adulterantes: sed δολοῦντες, quasi dicas, falsificãtes. Nec est
In manifestatione, sed Manifestatione: ut referatur ad commẽdantes.{hoc est, non dolo ca- 27
ptantes hominum fauores, sed synceritate prædicationis.)

Opertum est.) κεκαλυμμένον. Quod hactenus Velatum, uertit, nunc mutat Opertum

tum, quum Græcis eadem sit uox.

Deus huius seculi.) ὁ θεὸς τοῦ αἰῶνος τούτου. id est, Deus æui huius. Theophylactus ac scholia Græca putant legi posse per hyperbaton ad hunc modum: In quibus excæcauit cogitationes incredulorum huius seculi, ut intelligamus deum uerum ultorem scelerum, excæcare mentes infidelium huius seculi. Atque hic quidem sensus accipi poterit, si deus subiecta hypostigme separetur ab his quæ sequuntur, hoc pacto: In quibus deus, seculi huius excæcauit mentes infidelium, hoc est, in quibus deus excæcauit mentes infidelium huius seculi, eamque lectionem plerisque placuisse nostrorum, testis est Augustinus libro aduersus Faustum uigesimoprimo, capite secundo, quod Manichæi duos deos faceret, alterum uerum, alterum unde scaterent mala, quem Hylen uocabant. At idem aliquanto post, negat absurdum uideri debere, si diabolus dicatur deus huius seculi, quemadmodum & illud dictum est Paulo, Quorum deus uenter est, Item illud in Psalmo, Dij gentium dæmonia. Idem repetit contra aduersarium legis & prophetarum libro secundo, capite septimo. In hanc sententiam enarrat Ambrosius. Proinde quod priore loco diximus ex Græcis scholijs, id uidetur affectatum ac uiolentum. Simplicius est ac uerius, ut intelligamus deum huius seculi satanam, quemadmodum sentit Cyrillus, citantibus scholijs Græcanicis. Nec moueat quod illi tribuatur uocabulum dei. Non est enim simpliciter deus diabolus, sed illis est deus, qui illum anteponunt Christo. Velut auaris pecunia (siue mammona) deus est, nepotibus gula deus est, & homo homini deus est, iuxta prouerbium. Certe Ambrosius non ueretur interpretari diabolum huius seculi deum malorum. Nam in diuinis literis triplici differentia reperitur nomen dei ac domini: iuxta naturam ac ueritatem, Ita solus deus dicitur deus ac dominus: iuxta adoptionem, Ego dixi dij estis: & iuxta opinionem primæ Corinth. octauo: Nam etsi sunt qui dicantur dij in cœlo siue in terra. Chrysostomus studiose repugnat, ne diabolus dicatur deus, odio Marcionis & Manichæi, uultque hunc locum accipi de deo uero: & indicat ordinem orationis quem antea commōstraui. Mox remisso hoc effugio tamen urget eundem sensum, ac submouet duplicem scrupum. Quomodo deus cœli ac terræ dicatur deus huius seculi: deinde quomodo is dicatur excæcare. Primum excusat cōsuetudine scripturæ mysticæ, quæ deum appellat deum Abraham, Isaac & Iacob. Item deum Israel: rursum deum cœli, quum sit deus uniuersorum. Alterum sic expedit, ex more sermonis mystici, deum frequenter dici facere, quod permittit fieri, quemadmodum in epistola ad Romanos, dicitur philosophos tradidisse in reprobum sensum, & in Exodo dicitur indurasse cor Pharaonis. Pie quidem Chrysostomus, quanquā alteram sententiam arbitror esse germanam. At non uideo quorsum pertineant hæc suffugia, quum Paulus alibi manifeste dei nomen tribuat ijs qui uere dij non sunt, sed pro dijs habentur, ueluti secundæ Corinth. octauo, Sicut sunt dij multi & domini multi: & Ephes. sexto, impios spiritus appellat κοσμοκράτορας, id est, mundi potentes: mundum utique pro malis accipiens: quemadmodum hic usurpat uocem seculi. Ita'ne protinus triumphaturi sunt Manichæi, si hic Satanas dicatur deus huius seculi? Et ad coactas defensiunculas confugiemus potius quàm ad germanam interpretationem? Illud addam commentarios qui Chrysostomi titulo feruntur in hanc epistolam non esse illius, sed simij cuiuspiam.

Hyperbaton

Diabolus dictus deus

Illuminatio euangelij gloriæ Christi.) Congeries genitiuorum reddit orationem ancipitem. Potest enim sic accipi, ne illucesceret illis illustratio euangelij, hoc est, prædicationis gloriæ Christi: aut ne illucesceret illis lumen gloriæ euangelij Christi, aut ne illucesceret illis lux euangelij quæ est gloria Christi. Demiror autem quid legerit Ambrosius Græce, quum ita uertat hunc locum: In quibus deus seculi huius, obcæcauit sensus infidelium, ut non peruideant lumen euangelij gloriæ Christi, ni forte pro αὐτοῖς legit αὐτοὺς ad hunc modum, εἰς τὸ μὴ αὐγάσαι αὐτοὺς τὸν φωτισμόν. Nam autore Hesychio, αὐγάζω & αὐγάζομαι Græcis est ὁρῶ καὶ βλέπω, uideo, siue intueor. Deinde φωτισμόν proprie sonat illuminationem, siue illustrationem: quod Ambrosius uertit lumen. Sed lumen quum profertur, φωτισμός est. Chrysostomus & huic succinens Theophylactus, αὐγὴν interpretantur sublustre quiddam & quasi gustum futuræ gloriæ, quem ante dixit, arrabonem spiritus: φωτισμόν, lucem illam ineffabilem, quæ pòst aperitur.)

Locus obscurus & uarie lectus

Qui est imago dei.) In Aldina æditione additur ἀοράτου, quum non sit in nostris La

 tinis

tinis, sed uidetur à studioso quopiam adiectum ex epistolæ ad Colossenses capite primo, præsertim quum in alijs Græcis nō reperiatur, quumq; (Chrysostomus) ac Theophylactus 27 nec legat, nec interpretetur. (Imò neuter codex Constantiensis habebat Inuisibilis.) 27

Sed Iesum Christum dominum nostrum.) Nostrum, redundat. (Nec habebatur apud 27 Theophylactum & Chrysostomū, nec in uetustiore codice Constantiensi, sed adscriptum erat recentiore manu in margine) & plenius est, ut intelligamus omnium esse dominum. Præterea discernit suam personam à persona Christi, quum ipse sit minister, alienū agens negocium. Ille dominus, ad cuius gloriam omnia referenda sunt quæ facit seruus.

Nos autem seruos uestros per Iesum.) Propter Iesum, legendum est. διὰ τὸν ἰησοῦν. Atque ita legit diuus Ambrosius.

Dixit, pro Iussit, dure — Qui dixit.) ὁ εἰπών. Commodius erat, Qui iussit. & addendum erat uerbum substantiuum: Deus est qui iussit lumen illucescere, & cætera. Deinde:

Ipse illuxit.) Pro ipse, Græce est ὃς, id est, qui. Nam ipse qui iussit, illuxit. {Cæterum 19 Græca uerba sunt λάμψαι & ἔλαμψε, pro quibus Augustinus in opere aduersus calumniatorem legis Mosaicæ, legit clarescere & claruit. Rursus contra Faustum disputans libro uigesimosecundo, capite octauo.}

Scientiæ claritatis.) τῆς γνώσεως, τῆς δόξης. id est, cognitionis gloriæ. Interpretatur enim quid dixerit φωτισμόν, nempe cognitionem gloriæ Iesu. Item pro dei, Ambrosius legit Suæ. Ad illuminationem gloriæ suæ, propterea quod præcessit Deus.

In facie Christi Iesu.) ἐν προσώπῳ ἰησοῦ χριστοῦ. id est, In facie Iesu Christi. Faber hoc loco mauult legere persona, pro facie, Laurentium, opinor, sequutus. At mihi multo magis quadrare uidetur ad Pauli sententiam, si legamus In uultu, siue in facie. Adludit enim ad Mosi faciem uelamine opertam, quum in Christi facie clare refulserit gloria dei patris, uelut in imagine absolutissima. (In hunc fermè sensum Chrysostomus ac Theophylactus.) 27

In uasis fictilibus.) ὀστρακίνοις. id est, testaceis. {licet idem sit sensus.} 19

Vt sublimitas.) ἵνα ἡ ὑπερβολὴ τῆς δυνάμεως ᾖ τοῦ θεοῦ. id est, Vt sublimitas uirtutis, sit dei, & non ex nobis. (Hic constanter Græci dissentiunt à Latinis. Nam Ambrosius non 27 solum legit quod nostra habet translatio, uerum etiam interpretatur. Sic enim loquitur, ut eminentia uirtutis eius appareat per homines prædicatores, & cætera.)

Ordo apud nos diuersus à Græcis — Quanquam hic quoq; uirtutis sic accipitur, non ut opponatur uitio, sed infirmitati. Proinde Hieronymus in dialogis aduersus Pelagium, citat hunc locum his uerbis, Vt abūdantia fortitudinis nostræ sit ex deo. Cæterum ea uox uirtutis, ad nos refertur, non ad deum: ut sit sensus, Vt nostra uirtus tam eximia nō tribuatur nobis, sed deo. Neq; rursum est sublimitas, sed ἡ ὑπερβολή, id est, excessus, siue excellentia (siue ut Ambrosius, eminentia) {Augustinus aliquoties legit eminentia, aptissimo uocabulo, & eminentia coniungit cum uirtute, ut eminentia uirtutis sit dei, quum aliàs frequenter, tum enarrans Psalmos. Item epistola centesima quinquagesimatertia, rursus sermone de uerbis apostoli decimoquinto.} 27·19

In omnibus tribulationem patimur.) Interpres neque sensum Pauli dilucide reddidit, neq; schematis iucūditatem, ἐν παντὶ θλιβόμενοι, ἀλλ᾽ οὐ στενοχωρούμενοι. id est, ubiq; pressi {siue afflicti} sed non coartati, siue non anxij redditi. Alioqui consequitur, ut qui prematur, 19 is adigatur in angustum. Ambrosius propius reddidit Græca ad hunc modum, In omnibus pressuram passi, sed non coangustati.

Aporiari ἀπορεῖσθαι — Aporiamur, sed non destituimur.) Est apud Græcos iucunda uocum allusio, ἀπορούμενοι, ἀλλ᾽ οὐκ ἐξαπορούμενοι. quorum alterum significat hærentem & consilij inopem ac perplexum, alterum significat planè desperantem ac tædio uictum. Quāquam ἀπορεῖσθαι significat & egere [sed anxie] quod sequutus est interpres. Ambrosius uertit, inopiam passi, pro egentes. Et quod hic uertit destituti, participium est eius uerbi quod paulo ante uertit tædere, ἐξαπορεῖσθαι. ita ut nos tæderet uiuere. {Græci sic interpretantur, ut ἀπορεῖσθαι 35 19 sit redigi ad summam angustiam & inopiam, sed ἐξαπορεῖσθαι uinci & opprimi malis.}

Sed non derelinquimur.) διωκόμενοι ἀλλ᾽ οὐκ ἐγκαταλειπόμενοι. quorum posterius sonat, in periculo deseri ac destitui, ob præpositionem additam ἐν.

Superest in nostris — Humiliamur sed non confundimur.) Hæc nec habentur in Græcis codicibus, nec in lectione Ambrosiana (nec in uetustissimo codice sancti Donatiani, nec in utroque Constan- 22·27 tiensi

27 tienſi)unde miror unde irrepſerint(Chryſoſtomus ac Theophylactus nec legit nec inter/
19 pretatur:ac ne is quidem cuius commentariolus fertur falſo Hieronymi titulo){Et tamen
ad Pauli ſenſum non inepte accederent,quod humiliationi proxima ſit confuſio} Quod
autem hic interpres uertit per uerba,Græci dicunt per participia. Atque ita legit Am/
broſius, In omnibus preſſuram paſsi, ſed non coanguſtati, inopiam paſsi, ſed non de/
19 ſtituti. Verum quoniam tempus participij non conueniebat{interpres}maluit per uer/
ba reddere.

Semper mortificationem Ieſu Chriſti.) Græce eſt, Domini Ieſu: νέκρωσιν τοῦ κυρίου Minutißima
ἰησοῦ. Sed obſtrepet aliquis,quid iſta faciunt ad ſenſum,an ſit domini Ieſu,an Ieſu Chri/ in ſcripturis
ſti? Primum arbitror eſſe nefas in diuinis literis,ſi uel unum apicem ſciens ac uolens mu/ nõ negligẽda
tes.Quod ſi quis propius introſpexerit,uidebit nec hanc in Paulo uarietatem ocioſam
27 eſſe,in quo nihil omnino eſt ocioſum.(Addidit domini cognomen,ne ſeruos pigeret ſi/
milia pati:item ne mortis nomen adderet contemptum Chriſto,addidit domini cogno/
men) Ambroſius pro νέκρωσιν legit non Mortificationem, ſed Mortem:nec id abſurde
mea ſententia.

35 Vita Ieſu[manifeſtetur]in corporibus noſtris.) ἐν τῷ σώματι ἡμῶν. id eſt,In corpore no/
19 ſtro.Atque ita legit Ambroſius{cum Græcis cõſentiens}ut non reſpicias tuum aut meum
corpus,uerum id quod opponitur ſpiritui.

Ergo mors in nobis operatur.) ὥστε ὁ μὲν θάνατος ἐν ἡμῖν ἐνεργεῖται. id eſt,Itaq; mors
quidem in nobis operatur.Quanquam eſt Agit,potius quàm Operatur.de quo toties
iam dictum eſt.

Sicut ſcriptum eſt.) κατὰ τὸ γεγραμμένον. Faber putat poſſe legi,A quo ſcriptum eſt. Ve
rum id Græci ſermonis ratio nullo pacto patitur,unde miror ſi diuerſum habuit exem/
plar,aut certe tam erudito uiro quid in mentem uenerit.

27 Credidi propter quod loquutus.) Locus eſt in Pſalmo centeſimo decimoquinto.(Ser/ C ↓
mo Græcus eſt anceps,ſi coniunctim legas,ſenſus eſt, Credidi eo quod loquutus ſum:ſi
disiunctim,ſenſus erit,Credidi,& ideo loquutus ſum:ut iuxta priorem diſtinctionem acci
pias,eum non fuiſſe crediturum,niſi loquutus fuiſſet,Iuxta poſteriorem,non fuiſſe loqu
turum,niſi crediſſet. διό, quapropter,ſiue Propterea quod.)

* Scientes quoniam qui ſuſcitauit Ieſum.) Græci legunt, Dominum Ieſum. ὁ ἐγείρας * 16: entries
τὸν κύριον ἰησοῦν. Porrò quod uertit ὅτι, nunc quia,nunc quoniam, frequentius occurrit reversed
quàm ut uacet caſtigare. Nam poterat Latine dicere,Scientes qui Ieſum ſuſcitauit,eum
19 nos quoq; per Ieſum ſuſcitaturum eſſe{Aut,ſcientes quod qui Ieſum ſuſcitauit,is & nos
per Ieſum ſuſcitaturus eſt.}

* Et conſtituet uobiſcum.) καὶ παραστήσει σὺν ὑμῖν, Et exhibebit ſiue adiunget ſibi unà
nobiſcum:hoc eſt,Non ſolum nos Iudæos,uerum etiam uos gentes.Rurſum illud: 16: gentiles

Cum Ieſu.) Græce eſt, Per Ieſum. διὰ ἰησοῦ. Neque enim cum Ieſu,qui iam olim re/
ſurrexit:ſed per illum,cuius membra facti ſumus,& per quem donauit nobis omnia.
19 {Etiamſi Ambroſius legit,Cum Ieſu:non ad tempus reſpiciens,ſed ad communem reſurre
ctionem capitis & membrorum.}

Vt gratia abundans per multos in gratiarum actione abundet in gloriam dei.) ἵνα ἡ Græca luci/
χάρις πλεονάσασα,διὰ τῶν πλειόνων τὴν εὐχαριστίαν περισσεύσῃ εἰς τὴν δόξαν τοῦ θεοῦ. id eſt,Vt diora noſtris
gratia exuberans ſiue redundans,ſiue quæ redundauit,propter multorum gratiarũ actio/
nem abundet in gloriam dei. Eſt enim propter,non per, niſi διὰ referas ad πλειόνων, at
27 tum non habes quò referas εὐχαριστίαν.(Videtur autem Paulus aliquoties abuſus hac præ
poſitione)Et Ambroſius ita propemodum legit, Per multorum gratiarum actionem:hoc
eſt,Si plures agant gratias,id cedet in gloriã dei.Poteſt & uerbum περισσεύσῃ accipi tran
27 ſitiue,adhærente huic accuſatiuo εὐχαριστίαν,(ut ita diſtinguamus, ἵνα ἡ χάρις πλεονάσα/ C ↓
σα διὰ τῶν πλειόνων. hic poſt hypoſtigmen ſubijciantur reliqua, τὴν εὐχαριστίαν περισσεύσῃ.
id eſt,ut gratia quę per plures ſparſa exuberauit,faciat ut exuberet etiam gratiarum actio
in gloriam dei.Hoc ne prorſus uideatur eſſe ſomniũ,in exemplari uetuſtiori Conſtantiẽſi
ſic habebatur, Vt gratia abundans per multos,gratiarum actio abũdet in gloriam dei. Al/
terum in hoc conſentiebat,quod gratiarũ actiones,& colo & maiuſcula ſeparabatur à ſu/

 perioribus

C 16: decimoquinto. Apud Hebraeos ita legimus He'emantiy kiy 'adabber 'aniy 'aniythiy me'od. Septuagint verterunt ad hunc modum ἐπίστευσα, διὸ ἐλάλησα· ἐγὼ δὲ ἐταπεινώθην σφόδρα. Et constituet
C 19-22: εὐχαριστίαν id est, efficiat ut abundet gratiarum actio. In hunc ferme sententiam Vulgarius Non deficimus
22: Theophylactus

perioribus:quasi dicas,redundante gratia per multos similiter & gratiarum actio redundet per multos in gloriam dei:ut prior nominatiuus ponatur absolute pro genitiuo,& διὰ τῶν
πλειόνων referatur ad utranque partem, πλεονάσασα & περισσεύσῃ.)
Non deficimus.) οὐκ ἐκκακοῦμεν. Quemadmodum uertit & supra,pro eo quod est,
non segnescimus,non defatigamur.
Quod in præsenti est momentaneum & leue.) τὸ γὰρ παραυτίκα ἐλαφρόν. id est,Quod
enim in momento est leue.nam in præsenti non est in Græcis,nisi quod interpres uoluit
reddere aduerbium τὸ παραυτίκα. Poterat autem uertere ad hunc modum, τὸ γὰρ παραυτίκα ἐλαφρὸν τῆς θλίψεως ἡμῶν καθ' ὑπερβολὴν εἰς ὑπερβολὴν αἰώνιον βάρος δόξης κατεργάζεται ἡμῖν. id est,Momentanea leuitas afflictionis nostræ,insignite,supra modum æternum
pondus gloriæ operatur,siue efficit nobis:ut τὸ ἐλαφρόν, id est,leue,ponatur pro nomine
substantiuo:& τὸ παραυτίκα, fungatur uice adiectiui,quod Græcis est familiarissimum.
Opposuit autem Paulus, τὸ ἐλαφρὸν τῷ βάρος. quod utique substantiuum est⟨Nec hic 27
ἐλαφρὸν dicitur,quod sit leue toleratu,sed quod cito transeat:quemadmodum nec βάρος
dicitur,quod grauet,sed quod solidum sit ac permaneat:unde & ἐν βάρει dicuntur esse,
qui grauitatem præ se ferunt⟩. Iam illud, καθ' ὑπερβολὴν, εἰς ὑπερβολὴν, quod constanter
habetur in omnibus Græcis exēplaribus,& repetitur in scholijs,nihil aliud sibi uult quàm
insignem & ineffabilem pręcellentiam,quasi dicas Egregie egregius est,ita bis dixit supra
Cōduplicatio Hebraica modum. Nihil enim aliud significat καθ' ὑπερβολὴν, quàm εἰς ὑπερβολήν. Et alias admonuimus,Hebræos huiusmodi conduplicatione epitasin exprimere. Nec est In nobis,
apud Græcos,sed Nobis,absque præpositione.⟨Huius particulæ ἀναδίπλωσιν annotauit 27
Chrysostomus ac Theophylactus:noster interpres pro altera uertit Supra modum,pro altera In sublimitate. Hæc quoniam ignorant recentiores quidam,ut Thomas & Lyranus
non admodum apte hic philosophantur,de modo & proportione præmiorum ad merita,
deq; sublimitate uitæ cœlestis.Hoc tamen admonebo,epitheton αἰώνιον posse utroq; referri,ad hyperbolen quæ præcessit, & ad βάρος quod sequitur.Totus autem hic sermo
picturatus est ex contrarijs inter se relatis,quod indicauit etiam Chrysostomus.Nam θλῖψιν opponit δόξαν, ἐλαφρὸν opponit βάρος, τὸ παραυτίκα opponit αἰώνιον. Rursum
committit τὰ βλεπόμενα, καὶ τὰ μὴ βλεπόμενα. Item πρόσκαιρα & αἰώνια⟩. Iam quod
paulo superius dixit,De die in diem:Græce non est, καθ' ἡμέραν, sed noue, ἡμέρα καὶ ἡ-
μέρα, ut incrementum etiam intelligas renouationis,quemadmodū corpus indies magis
ac magis deficit,præsertim in prouectioribus.⟨Sapit autem hic sermo Pauli dialecton He- 22
braicam,quod genus, In progeniem & progenies:pro eo quod erat,In omneis progenies.⟩
[ πρόσκαιρα Temporalia.) πρόσκαιρα. id est,Temporaria & ad tempus durantia:quo uocabulo
usus est Euangelista,de semine mox exarescente.

## EX CAPITE QVINTO

SCimus enim quoniam si.) Græci legunt ad hunc modum, οἴδαμεν γὰρ ὅτι
ἐὰν ἡ ἐπίγειος ἡμῶν οἰκία τοῦ σκήνους καταλυθῇ. id est,Nouimus enim quod
si terrena nostra domus tabernaculi dissoluta fuerit. Nec additur huius{nisi 19
quod τοῦ certum indicat tabernaculū}Addidit autem tabernaculi,ut ostenderet domicilium hoc non esse perpetuum,sed ad paucos paratum dies,cu-
iusmodi sunt tabernacula.
Non manufactam.) Iucundius est Græce dictione composita, ἀχειροποίητον.{hoc est, 19
dissimile his,quæ opera manuaria construuntur ac destruuntur.}
16: Nam Nam & in hoc ingemiscimus.) καὶ γὰρ ἐν τούτῳ στενάζομεν, Etenim in hoc gemimus.
19-22: Etiam Incertum autem an pronomen hoc demonstret tabernaculum corporis,an absolute pona-
Superindui tur pro Ob id gemimus.Quod cupiamus superuestiri:aut quod mauult Valla,superin-
dui, ἐπενδύσασθαι. Vnde ependytes dicta uestis exterior,ueluti toga aut pallium. Ad id
16: reperiemur facit quod sequitur,Si tamen induti & non nudi reperiamur.Neque enim superuestiri potest,qui prius non sit uestitus.
Habitationem nostram.) τὸ οἰκητήριον ἡμῶν. id est,Domicilium nostrum{Refertur au- 19
tem ad uerbum superindui. Corpus enim domicilium est animi. & Ambrosius legit Domicilio. Porrò quod addit,Quod e cœlo est:sentit,ut opinor,Christi corpus,cui nostra
confor

conformantur societate immortalitatis.}

27 In hoc tabernaculo.) ἐν τῷ σκήνει. id est, In tabernaculo. (Annotauit uocum emphasim Chrysostomus, Mortale corpus uocat σκῆνος, immortale iam factum οἰκίαν καὶ οἰκητήριον, quod tabernaculum uiatoris est ac militis, eoque temporarium, domus inhabitantis ac permanentis.)

19 {Si tamen uestiti, & non nudi inueniamur.) Ambrosius indicat in nonnullis codicibus diuersam esse lectionem. Siquidem expoliati, non nudi inueniamur: hoc est, si expoliati hoc corpore non deprehendamur nudi, sed induti Christo. Idem annotant Græcanica scholia, in nonnullis esse, ἐκδυσάμενοι. in alijs rursus ἐνδυσάμενοι. Est aūt participium actiuum Quum exuerimus nos, aut quū induerimus. Sic enim de corpore loquitur, quasi de ueste.} *Duplex lectio* 16-27: tantum

Vt absorbeatur quod mortale est à uita.) τὸ θνητόν. Cur non potius mortalitas quàm mortale, quo magis respondeat uitæ? Et ad eum modum Græci abutuntur adiectiuis neutri generis. *Mortale, pro mortalitate*

Qui autem effecit nos in hoc ipsum.) ὁ δὲ κατεργασάμενος ἡμᾶς εἰς αὐτὸ τοῦτο θεός. id est Porro qui nos fecit, siue parauit in hoc ipsum, deus: ut subaudias Est: quod in participijs passim fit apud Græcos. Deus renouabit nos in resurrectione, qui in hoc ipsum nos condidit. Ambrosius legit perfecit, pro effecit. Nam affecit, quod addidit Faber, non uideo quo modo respondeat Græcæ uoci. margin: 19-27: Faber

Pignus.) ἀῤῥαβῶνα. Nec est Qui dedit, sed Qui etiam dedit. ὁ καὶ δούς. ut referatur ad eum qui parauit nos in hoc, & postea pignus quoque dederit sui spiritus, quo certius speremus. ἀῤῥαβῶνα]

Audentes igitur.) θαῤῥοῦντες. id est, Confidentes, siue fidētes. Hoc loco uidetur Paulus participio pro uerbo abusus: quod frequentius fit apud Græcos, quàm apud Latinos. Nisi malis ad hunc modum ordinare sermonem, ut illa Per fidem enim ambulamus, per parenthesim sint interiecta. Deinde ueluti recepto gradu, redeat ad interruptam orationem, θαῤῥοῦμεν δὲ καὶ εὐδοκοῦμεν. Cœperat enim ab huius uerbi participio θαῤῥοῦντες. ut hic sit sensus, Fidentes igitur semper, & scientes quod quum uersamur in corpore, absumus à domino. Nam per fidem ambulamus, non per speciem, & tamen fidentes, inquam, sumus, & non solum fidentes, uerum etiam sic animati, ut malimus abesse à corpore, quo liceat adesse deo. *Ordo sermonis*

* Audemus autem.) Rursus, θαῤῥοῦμεν. id est, Confidimus. * 16-27: follows Dum sumus in hoc corp.) below

19 {Et bonam uoluntatem habemus.) εὐδοκοῦμεν. Quod Ambrosius, consentimus: nos maluimus, probamus. Probatur enim quod placet.}

Dum sumus in hoc corp.) ἐνδημοῦντες, ἐκδημοῦμεν. Opposuit uerba contraria, quæ Latinus interpres non potuit commode reddere, nisi dicas, Dum adsumus, absumus. Siquidem in Græcis uerbis conduplicata ἐναντίωσις, geminam habet gratiam, quod & in uocibus sita sit, & in rebus. ἐκδημῆσαι, est foris agere: hoc est, domi non esse. ἐνδημεῖν, 16: Apposuit
27 est domi agere. Interpres uarie reddidit, idque suo more. (Tertullianus libro de carnis resurrectione octauo, uertit, Siue peregrinantes, siue immorantes.) ἐκδημεῖν ἐνδημεῖν

Et ideo contendimus.) φιλοτιμούμεθα. id est, Certamus & ambimus. Ambrosius le-
19 git Conamur. quanquam Contēdimus, bene quadrat: modo bene intelligatur à nobis. {Est enim φιλοτιμεῖσθαι, ambitiose quippiam contendere, sic ut te non patiaris ab alio uinci.}

** Siue absentes siue præsentes.) Participia sunt eorum uerborum, quæ ante uertit Peregrinari. Verti poterat, Siue foris agentes, siue domi. Sentit enim de domicilio corporis, in quo quum domi sumus, tum foris sumus seiuncti à domino. Ambrosius, Siue præsentes, ** 16-27: follows Ex hoc.) p. 538.
27 siue peregrinantes. (Interpres propemodum reddidit gratiam schematis, quam Græcis uerbis addit ἐναντίωσις & παρονομασία.)

Propria corporis.) Græce est, τὰ διὰ τοῦ σώματος. id est, Quæ per corpus fiunt. Interpres legisse uidetur, τὰ ἴδια σώματος. Atque ita legit Ambrosius. Theophylactus legit & *Lectio uaria* 16-19: Vulgarius
27 interpretatur, τὰ διὰ τοῦ σώματος. (Tertullianus legit διὰ, subindicans amphibologiam orationis. Sensus enim esse potest, ut unusquisque reportet per corpus, uel quæ gessit per corpus.)

Prout gessit.) πρὸς ἃ ἔπραξε. id est, Ad ea quæ gessit. hoc est, pro ratione & portione eorum

ne eorum quæ fecit in corpore. Quidam codex habebat, πρὸς ὃ ἔπραξε. id est, Ad id
quod gessit.
16-27: vero Deo autem manifesti sumus.) Græcis non est Manifesti, nomen: sed Manifestati sumus, uerbum. πεφανερώμεθα. Et item mox, In conscientijs uestris manifestos nos esse.
πεφανερῶσθαι. Id siue à librarijs fuit immutatum, siue ab interprete positum, non magni
refert ad sensum Pauli.

Occasionem damus.) Græce διδόντες est, id est, Dantes. Sed recte interpres participium commutauit in uerbum.

Vt habeatis ad eos.) πρὸς τούς. id est, Aduersus eos. Et Habeatis, posuit pro Possitis gloriari.

Excedimus, pro Excidimus
Excedimus.) ἐξέστημεν. quasi dicas, Rapti sumus extra nos: quem uocant mentis excessum, siue raptum. Fortasse scriptum erat, Excidimus mente, non Excedimus: hoc est,
siue insanimus, siue sani sumus, siue sapimus, siue desipimus. Id magis explicat id quod
mox consequitur.

Siue sobrij sumus.) εἴτε σωφρονοῦμεν. id est, Siue sobrij sumus. Ambrosius legit, Siue
16-22: Excedimus sanum sapimus: ut referatur ad illud, Excidimus mente. Nam id quoque significat aliquo-
σωφρονεῖν ties σωφρονεῖν. Et Græcanica scholia admonent, insanorum esse ingentia loqui, uelut ob-
19-22: uarie redditū litos sui. {Quod idem indicat Ambrosius. Augustinus quum alijs compluribus locis, tum 19
indicavit enarrans Psalmum trigesimum, ad ecstasim refert excessum. & Excessimus ⟨compluribus 22
locis⟩ legit, non Excedimus, obseruato tempore uerbi Græci. Quanquam in huiusmodi
quæ ad animi pertinent affectiones, solet præteritum tempus pro præsenti usurpari. ⟨Et li- 22
bro aduersus Faustum duodecimo, capite uigesimosexto, pro Sobrij sumus, legit Tempe
rantes sumus⟩ ⟨Theophylactus triplex commentum adscripsit: de magnis rebus loquutu- 27
rus ecstasim, inquit, uocat: rursum, siue uidemur insanire, siue sobrij esse: postremo, tribuit
Paulo insaniam, sed ἐρωτικήν, hoc est, amatoriam. Nam Plato triplicem furorem docet,
uatum, poetarum & amantium, quorum postremum putat esse felicissimum. Talem furorem Theophylactus tribuit Paulo, qui non in se, sed in Christo uixerit, quemadmodum
amantis anima, non est ubi animat, sed ubi amat, quique pro fratribus optarit anathema fie-
Sermo imperfectus ri à Christo⟩ Illud annotandum, nisi repetas utrunque uerbum, sermonem inabsolutum uideri. Siue enim mente excidimus, deo excidimus: siue sanæ mentis sumus, uobis sani sumus. Nam si quid gloriatur Paulus, id non ad ipsius, sed ad dei gloriam pertinet. Si medio-
cria loquitur, id tribuit infirmioribus, quorum affectibus & capacitati semet accommodat. Adsimili figura dictum est illud ad Romanos, Non enim qui in manifesto Iudæus est,
nec quæ in manifesto in carne est circuncisio, & cætera: ut illic indicauimus.}

Vrget nos.) συνέχει. id est, Constringit, siue compellit. quanquam Vrget, belle habet.
Ac mox, non est Aestimantes, sed κρίναντας, id est Iudicantes, siue qui iudicauimus ac
statuimus illud. ⟨Iudicantes legit Augustinus libro aduersus Faustum undecimo, capite 22
octauo⟩ ⟨quemadmodum Ambrosius.⟩ 27

Quoniam si unus pro omnibus.) Si, non est apud Græcos in quibusdam codicibus.
16-19: Vulgarium Certe apud Theophylactum non additur {nec apud Ambrosium, quātum ex illius liquet 19
interpretatione. Separat enim hoc ab ijs quæ sequuntur interiecto commentario: Ergo
omnes mortui sunt, & cætera. Assumit Paulus id quod indubitatum est: Christum pro
omnibus mortuum. ac mox infert quod hinc consequitur. Verum id ad sensum perpusillum refert⟩ ⟨nisi quod asseuerantius est quod legunt Græci: Christus mortuus est, de hoc 27
non est disputandum: eoque dicit κρίναντας. Consequitur igitur omnes fuisse mortuos.)

↓ ** Ex hoc.) ἀπὸ τοῦ νῦν. id est, Post hac. quod hic uertere solet Amodo. Ambrosius legit,
De cætero Ex hoc tempore. Apud Quintum Curtium legimus, De cætero.

{Si qua ergo in Christo noua creatura.) Ambrosius interpretatur, Si quis est in Chri- 19
sto, noua creatura est: ut bis subaudiatur uerbum substantiuum, etiamsi in Ambrosianis
codicibus uerba contextus deprauata sunt. At idem adducens hunc Pauli locum libro epi
stolarū secundo, epistola octaua, palàm indicat quid legerit, ita scribens: Et ideo addidit, Si
quis in Christo, noua creatura: id est, qui perfectus in Christo, noua creatura est. Consentit
19: Vulgarius per omnia cum Ambrosio Theophylactus interpres, etiāsi apud huius quoque interpretem
uerba

** 16-22: Sive absentes ...) from p. 537 follows Ex hoc.)

uerba contextus deprauata habebantur in æditione Romana, quæ falso titulo, quod erat ǂ Theophylacti {Bulgariensis archiepiscopi} Athanasio inscripsit. Quid quod in eũdem sensum adducit hũc locum Origenes homilia in Leuiticum duodecima: Omnis ergo, inquit, secundum Apostolum, qui in Christo est, noua creatura est. Origenes enim Si quis, exponit Quisquis. (Denique Chrysostomus sic explicat, εἴ τις ἐπίστευσεν αὐτῷ, φησίν, εἰς ἑτέραν ἦλθεν δημιουργίαν, ἐκ γὰρ ἄνωθεν ἐγεννήθη διὰ πνεύματος. id est, Si quis credidit illi, in aliam transijt creationem. Etenim cœlitus natus est per spiritum. Notat idem epitasin, quod uehementem mutationem appellarit καινὴν κτίσιν.)

ǂ 19: Vulgarii, sive ut nonnulli malunt

19.27 Quandoquidem deus erat in Christo.) ὡς ὅτι. {Propemodum} sonat) Sic, quia, ut modum ostendat quomodo deus reconciliauerit sibi nos. Ita uidentur significare Græca scholia {& clarius etiam Theophylactus} [Reconciliauit: quomodo? non imputans peccata.]

19.35 19: Vulgarius

Non reputans.) μὴ λογιζόμενος. Melius, Non imputans.

19 {Legatione fungimur.) πρεσβεύομεν. quod & Oramus, significat. Quanquam & oratores dicti, qui alterius nomine postulant aliquid.}

22 ⟨Tanquam deo exhortante per nos.) παρακαλοῦντος. Scio uocem Græcam esse ancipitem. Neque pugnarim, si cui magis placet exhortante. Me tamen nihil mouet scrupulus eorum, qui putant indecorum deo obsecrare. Certe mox per Paulum orat δεόμεθα.⟩ (Chrysostomus ita scribit in hunc locum, εἶδες πῶς ἦρε τὸ πρᾶγμα, τὸν χριστὸν εἰσαγαγὼν πληροῦντα τὴν ἱκετηρίαν ταύτην, μᾶλλον δὲ οὐ τὸν χριστὸν μόνον, ἀλλὰ καὶ τὸν πατέρα. id est, Vides quomodo rem exaggerarit, Christum inducens hanc supplicationem peragentem: imò non Christum tantum, sed & ipsum patrem.)

19 * {Eum qui non nouit peccatum, fecit peccatum.) Prius peccatum est admissum, posterius est hostia destinata expiando peccato} Mirum cur Faber tam sollicitus sit, ne quis intelligat Christum peccasse, quum ex his uerbis is sensus nullo pacto possit accipi, Eum qui non nouerat peccatum, pro nobis peccatum fecit. Non enim dixit Peccatorem fecit, sed Peccatum: hoc est, uoluit pati supplicium, perinde quasi peccasset omnia, quum solus nihil peccasset: ut peccatum accipias, hostiam quæ pro expiando peccato solet immolari: sicuti legimus, Peccata populi comedent. Ita fermè scholia Græcanica. Denique sic hoc loco Christum uocauit peccatum, ut nos paulo superius, iustitiam dei {dixit: & alibi Christum appellauit maledictum. Nec abhorret Augustinus ab hoc sermone, libro aduersus Faustum decimoquarto, à capite tertio aliquot deinceps capitulis} [Etiamsi locis aliquot ita sententiam hanc edisserit, quasi uerbum Fecit, pertineat ad Christum, non ad patrem.]

Peccatum pro hostia

* 16: placed at ǂ on p. 540 with heading Pro nobis peccatum fuit.)

27 (Iustitia dei.) Hebraico idiomate Iustitiam dixit, pro Iustus: & addidit Dei, ut excluderet fiduciam ac supercilium nostrorum operum. Ita Chrysostomus. Annotandum est schema in traductione, peccati & peccati: item in ἀνταποδόσει, peccatum & iustitia.)

Iustitia, pro iustus

## EX CAPITE SEXTO

ǂ Adiuuantes autem exhortamur.) ǂ Thomas hoc loco torquet sese, primum bifariam interpretans Adiuuantes uos, ut referatur ad Corinthios: deinde Adiuuantes deum. Cæterum quoniam hoc iam absurdum uidetur, deum adiuuari ab homine, distinctiunculam adhibet, qua tamen nihil erat opus, si Græca consuluisset, in quibus est συνεργοῦντες, id est, Cooperantes (Cur enim horreamus hunc sermonem, quum in superioris epistolæ capite tertio legamus, Dei enim adiutores sumus. συνεργοί. Chrysostomus tamen & priorem sententiam retulit, quemadmodum & Theophylactus. Verum altera magis congruit his quæ præcedunt & sequuntur: Pater est autor negocij, Christus princeps legationis, apostoli ministri. In Christo operatur pater, Christus in apostolis. Nec coniunctio caret emphasi, καὶ παρακαλοῦμεν. Magnum erat illis prædicasse euangelium, tantaque perpessum fuisse, & tamen his addit etiam obsecrationem.) Deinde quod sequitur, Exhortamur, Græce est παρακαλοῦμεν. quod, ut crebro dictum est, sonat & obsecramus & consolamur: ut paulo superius, Tanquam deo exhortante per nos. Vtroque loco non male quadrabat obsecrandi uerbum, præsertim quum sequatur δέομαι, rogo, quod interpres uertit obsecro. Illud annotandum, quò se demittat tantus apostolus, etiam apud illos qui peccauerant, quum nunc longe dissimiles huic, miro supercilio, nil nisi mandata, minas, excommunicationes, & anathemata

ǂ 16-27: Sed
ǂ 16-19: Diuus Thomas frustra se torquens

27 C↓

16: Ac magis: 19-27: Supercilium episcoporum
16: dimittat
16: dissimules

C 16-22: Cooperantes. Item quod alibi est, Dei adiutores sumus, graecis est συνεργοί. Deinde

? see * on p. 539

anathemata crepent.{Bis autem rogat, primum nomine Christi, cuius uice fungitur: deinde suo, tanquam illius cooperarius, quasi hoc nonnihil etiam ad se pertineret. Deinde gratiam dei, uocat beneficium dei.} ? 19

Tempore accepto exaudiui te.) Quum dicit Ait, subaudiendum est Dominus, siue scriptura. Quæ sermonis forma non est infrequens apud Paulum. Locus quem adducit est apud Esaiam capite quadragesimonono. Hebraica{diuus}Hieronymus ita reddidit: In tempore placito exaudiui te, & in die salutis auxiliatus sum tui. Neque dissident ab his Septuaginta, Tempore opportuno exaudiui te, & in die salutis auxiliatus sum tui. Illud interim miror, quî factum sit, ut pro Tibi, legamus Tui: quum Græce sit datiuus, ἐβοήθησά σοι. Quod tamen magis est Succurri tibi, quàm quod hic uertit Adiuui. 19

↓ { 16: Hebraeca sic habent be-'eth raṣon 'aniythiykha u-ve-yom yeshu'ah 'azartiykha Hieronymus

{Nemini dantes ullam offensionem.) Interpres legisse uidetur, μηδὲ μίαν μηδαμῶς διδόντες. quum in his quos mihi uidere contigit Græcis codicibus scriptum haberetur μηδὲ μίαν ἐν μηδενί. id est, Ne quam usquã, siue ulla in re{Ita legit & Theophylactus & Chrysostomus}{Itidem citat Augustinus de triade libro octauo, capite nono, Nullã in quoquam dantes offensionem: ut μηδενί referatur ad rem, non ad personam.} 19 27 35

Ministerium nostrum.) Nostrum, apud Græcos non est additum: & præstat non addi, quo plenior sit sensus: Salus est munus dei, ea per nos administratur. Sic igitur se gerat qui administrat, ne munus ipsum contemnatur uitio ministrantis.{Interpres exprimere uoluit uim articuli, ἡ διακονία.} 27

16: Exhibemus

Exhibeamus.) συνιστῶντες ἑαυτούς. id est, Commendantes nosipsos. atque ita legit diuus Ambrosius{cumq; hoc consentiens Augustinus libro de doctrina Christiana quarto, capite uigesimo}Incertum autem an sit Exhibeamus, an Exhibemus. Nam mox ingreditur laudes suas. Hanc enim uocat commendationem, quæ factis ipsis conciliat fauorem & autoritatem. Nec est, Sicut dei ministros, sed Sicut dei ministri: ut subaudias Sumus. 19

Ordo sermonis

quemadmodum & illic, Nemini dantes, & cætera: nisi magis placeat referre ad illud superius, παρακαλοῦμεν. id est, Exhortamur. Deinde post multa interiecta respondeat, Nemini dantes. Ita omnia hæc pertinebunt ad personam Pauli, atque ita consentaneum est. Denique Ambrosius legit, Vt dei ministri: non Ministros.

*16: follows A dextris ...) below

* In suauitate.) ἐν χρηστότητι. id est, In benignitate, seu bonitate, & comitate, quæ opponitur supercilio & asperitati morum.

Catalogus uariat

In patientia multa.) In harum enumeratione rerum, nonnihil uariant exemplaria, id quod ferè solet usu uenire, quoties recensentur huiusmodi complusculа, fallente scriptorem, opinor, sua memoria.{Tum præpositio In, toties repetita propemodum per abusum usurpari uidetur pro Per.} 19

In charitate non ficta.) Iucundior est apud Græcos uox composita, ἀνυποκρίτῳ. id est, Quæ expers sit simulationis. Ambrosius legit, Non simulata.

In uirtute dei.) ἐν δυνάμει θεοῦ. Vt de signis ac miraculis intelligas, quemadmodum interpretatur & Ambrosius.

A dextris & sinistris quõ intelligendũ

margin: 19-27: Stapulensis

A dextris & à sinistris.) Faber Stapulensis hoc loco mutat pro Dextris ac sinistris, Sequundorum & aduersorum. Quod, quid sibi uelit, prorsus non intelligo. Nam primũ longe aliud est sinistrum ac dextrum, quàm aduersum & sequundum. Quanquam nec illud uideo, quomodo arma quæ à tergo gerimus sequũda, quæ à pectore, aduersa dici possint. Verum ut demus hæc ita habere, non erat tamen dicendum, sequundorum & aduersorum, sed sequunda & aduersa: referuntur enim hæc epitheta ad arma, ni fallor. Sed Faber, opinor, uoluit interpretari Dextra & sinistra, quasi per dextra significentur res sequundæ, per sinistra, res aduersæ. Atqui istud est officium commentarium scribentis, non interpretis. Nec est absurdum quod uocat arma dextra, quæ ad dextram nos muniunt aduersus indulgentiam fortunæ: & sinistra, quibus à sinistra tegimur aduersus incursum malorum & afflictionum. Quãquam mihi simplicius uidetur, ut accipiamus à dextris & à sinistris, quasi dicas, undique armati aduersus omnia: id enim figura prouerbialis efficit{Certe diuus Aurelius Augustinus quum alibi, tum in commentarijs Psalmi nonagesimisecundi, legit, Per arma iustitiæ dextra & sinistra}{Eodem modo citat libro de triade octauo, capite nono.} 19 35

Per gloriam

Per gloriam & ignobilitatem.) διὰ δόξης καὶ ἀτιμίας, id est, Per gloriam & ignominiam, siue contemptum.

Per infamiam & bonam famam.) διὰ δυσφημίας καὶ εὐφημίας. Quasi dicas maledicentiam, & benedicentiam.

Vt seductores.) ὡς πλάνοι, id est, Vt impostores, uel potius quasi, sicut mox uertit. Quanquam oportuit ita perpetuo uertere, cum sit ubique ὡς. Sed interpres mire sibi placuit sua copia, nunc uertens ut, nunc quasi, nunc sicut, nunc tanquam, perinde quasi nihil inter sit apud Latinos inter has omnes uoces. Iam ut demus nihil interesse, certe uocis eiusdem iteratio, non solum ad decus orationis facit, uerumetiam ad uehementiam. Sic enim totus Sermo Pauli figuratus
27 hic sermo per contraria, per membra (per comparia) per similiter desinentia, per ἀναδιπλώσεις, aliaque id genus schemata uariatur, uoluitur, ac rotatur, ut nihil esse possit, nec uenu
27 stius, nec ardentius. (Vnde diuus Augustinus hunc locum producit in libris de doctrina Christiana, tanquam exemplum grandiloquæ dictionis, Nam uelut in ecstasin raptus tandem addit, os nostrum patet ad uos ô Corinthij.)

19 {Sicut qui ignoti & cogniti.) ὡς ἀγνοούμενοι καὶ ἐπιγινωσκόμενοι. Augustinus libro de doctrina Christiana quarto, capite uigesimo, seruata temporis ratione legit, Vt qui ignoramur, & cognoscimur. Quo quidem in loco, totius huius orationis ardorem & harmoniam annotauit, si quis cupiet cognoscere.}

19 {Tanquam castigati non mortificati.) ὡς παιδευόμενοι. Quod Augustinus cum alias tum libro de ciuitate dei undecimo, legit Vt coerciti, & non mortificati. Græcum participium præsentis est temporis, quod sic efferri possit, ut qui corripiamur non occidamur. Significat enim pios corripi à deo, sed ueluti filios à patre, qui castigat & emendat flagello, non interimit.} 19-22: ut

Quasi tristes.) ὡς λυπούμενοι, id est, Dolentes, potius.

Vt nihil habentes & omnia possidentes.) Fortassis hoc loco uenia danda interpreti, quod Græci schematis gratiam non reddidit, ὡς μηδὲν ἔχοντες, καὶ πάντα κατέχοντες. Quasi dicas, ut nihil tenentes, & omnia continentes. {Dilucidius autem erat, Quasi nihil habentes, cum omnia possideamus.} 16: quo
19

Non angustiamini in nobis.) οὐ στενοχωρεῖσθε. Primum admonendus est lector, hic angustiamini non esse dictum imperandi modo, sed indicandi: neque enim Græce dixit μὴ, sed οὐ. Et interpres hoc orationis genus reddere solitus est, ad hanc formam, Nolite angustiari: ut paulo post, Nolite iugum ducere cum infidelibus. Deinde στενοχωρεῖσθαι, dicuntur, qui loci angustia premuntur. Sentit igitur sibi esse amplissimum animum in Christo, Cæterum illos angustos esse, non in Paulo, sed suis ipsorum affectibus, quos uiscera uocat. Ac mox hortatur ut & ipsi desinant esse angusti. Siquidem angustiam uocat hoc loco, non afflictionem aut molestiam animi, sed trepidam obseruationem ceremoniarum legis Mosaicæ, aut humanarum traditionum. Superius enim disputauit de idolothytis. Nisi mauis ad mœrorem referre, quem conceperant ex eo quem Paulus iusserat tradi satanæ. Non angustiamini — 16: tristiciam

Eandem autem habentes retributionem.) Habentes non habetur in Græcis exemplaribus, unde uidetur subaudienda præpositio κατὰ, id est, iuxta eandem retributionem dilatamini & uos. (Theophylactus de suo supplet uerbum εἰσενέγκατε, id est, adferte) Quanquam Ambrosius legit, mercedis retributionem: ut exprimeret Græcam uocem ἀντιμισθίαν. ↑ {Idem ita distinguit, ut participium habentes, pertineat ad angustiamini, Angustiam patimini non per me, qui sum amplissimo, & animo, & ore erga uos, sed in uestris ipsorum animis, cum habeatis eandem pensationem mercedis, quam cæteri atque ego.} Deinde subijcit, Vt filijs loquor, dilatemini uos quoque, uidelicet ut parenti respondeatis. (Verum ex Chrysostomo deprehendimus huius loci lectionem, ut nec præpositione sit opus, nec uerbo aliunde ascito. Quod Paulus appellat amplitudinem, est eximiæ charitatis, quod angustiam, est charitatis non ex æquo respondentis. Expostulat igitur cum Corinthijs, quod minus ab illis diligatur quàm ipse diligat. Quum igitur dixisset, angustiamini in uisceribus uestris: Perinde quasi rogassent Corinthij, quorsum ista Paule? Respondet, Non exigo à uobis quicquam arduum, neque reposco meritum cum usura, tantum hoc postulo pater à filijs, ut in charitate respondeatis, omnia putabo pensata si pariter ametis. Hæc erit merces officiorum
27 (mini & uos)
19
27

Habentes eandem retributionem super est, in nostris C↓ ↑↓ Habentes eandem retributionem, locus noue expositus — 19-22: Ambrosius Margin: 19-27: Habentes Superest

Z

C 16: vos. Atque ita sensisse videtur Vulgarius. Quanquam
↑ 16-22: ἀντιμισθίαν. Nisi malit aliquis accusativum remunerationem referre, ad dico, quasi id sentiat. Promitto eandem retributionem vobis tanquam filiis. In eum sensum nos vertimus. 16: Nolite
19-22: Ambrosius ita distinguit

rum meorũ erga uos. Itaq;, dico, est uelut exponentis quod tectius dixerat, Non angustiamini in me sed in uisceribus uestris, quemadmodũ solemus dicere, nouercam loquor, hoc est de nouerca loquor. Hæc loquor tanq; cũ filijs, exigens ab eis mutuam Charitatẽ. Chrysostomi uerba subscribam, καὶ οὐκ εἶπεν οὐ δέχεσθε ἡμᾶς, ἀλλ' ὅτι στενοχωρεῖσθε, τὸ αὐτὸ μὲν αἰνιττόμενος, μετὰ φειδοῦς δὲ καὶ τοῦ μὴ σφόδρα καθάψασθαι. τὴν δὲ αὐτὴν ἀντιμισθίαν, ὡς τέκνοις λέγω. καίτοι οὐκ ἔστιν ἴσον, πρότερον ἀγαπηθῆναι. κἂν γὰρ τὸ ἴσον τις εἰσενέγκῃ μέτρον, ἐλάττων τῷ δεύτερος ἐπανελθεῖν. ἀλλ' ὅμως οὐδὲν ἀκριβολογοῦμαι φησιν, κἂν παρ' ἐμοῦ λαβόντες τὰς ἀρχὰς τὸ αὐτὸ μέτρον ἐπιδείξησθε. ἀγαπῶ καὶ στέργω. εἶτα ἵνα δείξῃ ὅτι καὶ ὀφειλὴ τὸ πρᾶγμα ἦν, καὶ κολακείας ἐκτὸς τὰ εἰρημένα, ὡς τέκνοις λέγω φησίν. τί ἐστιν ὡς τέκνοις. οὐδὲν μέγα αἰτῶ, εἰ πατὴρ ὢν βούλομαι φιλεῖσθαι παρ' ὑμῶν, id est, Non dixit nõ capitis nos, sed angustiamini, idẽ tacite significans, sed parcens illis, nec acriter mordens. Eandẽ autẽ retributionẽ ut filijs dico. Atqui nõ est æqualitas, quũ prius sint dilecti. Nam etsi quis eandẽ reponat mensurã, tamẽ hoc inferior est, qđ posterior accessit. Attamẽ nihil, inquit, ad uiuũ reseco. Quanq; à me profectũ est amoris in uos exordiũ, tamen eandem mensuram reponite. Diligo & amo. Deinde quo uideatur res esse debiti, nihilq; dictũ per assẽtationẽ, ut filijs, inquit, loquor. Quid est, ut filijs? Nihil magni postulo, si quũ sim pater, postulem à uobis diligi. Ex his Chrysostomi uerbis apparet, illud λέγω, nõ referri ad sequentẽ orationem, dilatamini & uos, sed ad retributionem.)

Nolite iugum ducere.) Sensum probe reddidit interpres. Quanq; Græcus sermo significantior est, μὴ γίνεσθε ἑτεροζυγοῦντες, hoc est, Ne iungamini eodem iugo cum infidelibus. Nam si Christianus ducat uxorem ethnicam, aut Christianus in gerendo magistratu, col-

16-19: gentilem ἑτεροζυγοῦν

lega sit ethnico, dicetur ἑτεροζυγεῖν. Huiusmodi matrimonia Hieronymus imparia uocat.

16-19: gentili

[ἕτερον apud Græcos interdum significat alterum è duobus, interdum diuersum siue è duobus siue è pluribus. ἑτερόφθαλμος qui altero caret oculo, ἑτερόδοξος qui diuersæ est opinionis. Vnde incertum est an Paulus dicat ἑτεροζυγοῦντας, qui alteram iugi partem sustinent, an qui cum diuersæ conditionis homine iugum ducunt, ueluti si equũ ac bouem iugo copules. Posterius est probabilius ex his quæ sequuntur: quę enim participatio iustitiæ cum iniquitate &c.] 35

Conuentio.( συμφώνησις, id est, Consensus, aut concordia.

Belial

Christi ad Belial.) Græci legunt Beliar, βελίαρ, ob id, ni fallor, quod Græcis nullũ nomẽ desinit in l. Græca scholia indicant Belial Hebræis significare desertorem, hoc est, luciferũ. At eximius ille Ioannes Reuchlinus, uir undequaq; doctissimus, & alterũ post Rodolphũ Agricolam, decus & ornamentũ nostræ Germaniæ, in suo Lexico docet, Belial apud Hebræos significare malũ & iniquũ, aut etiam noxium dæmonem, quod satis quadrat. Nam Christus omnia fecit, ut prosit: contra Belial, etiam cum iuuat, in hoc iuuat ut noceat.

Sicut dixit deus.) Hoc testimonium diuus Thomas Aquinas, sumptũ putat ex Leuitici capite uicesimo sexto, ubi legimus ad hunc modum: Ponam tabernaculũ meum in medio uestri, & nõ abijciet uos anima mea. Ambulabo inter uos, & ero uester deus, uosq; eritis mihi populus meus. At Carrensis autore Didymo refert ad Ezechielis caput tricesimumseptimum, ubi legimus ad hunc modum: Et erit tabernaculũ meum in eis, & ero eis deus, & ipsi erunt mihi populus. Et scient gentes, quia ego sanctificator Israel, cum fuerit sanctificatio mea in medio eorum in perpetuũ. Atqui cum neutro horum locorũ per omnia respondet citatio Paulina. Proinde sciat lector hoc testimonium non ex uno prolatum loco, sed è pluribus conflatum, id quod & aliâs factum ostendimus. Siquidem prima pars è Leuitico deprompta uidetur. Deinde quæ sequuntur, Quapropter exite de medio illorum &c. ex Esaia decerpta sunt, apud quẽ legis capite xxij. Recedite recedite, exite inde, pollutum nolite tangere, exite de medio eius: mundamini qui fertis uasa domini. Demum quod adiecit, Et ero uobis in patrem &c. sumptum uideri potest ex Hieremię capite xxxi. Quia factus sum Israel pater, & Ephraim primogenitus meus.

Carrensis

Testimonium idem ex pluribus locis conflatum

16-19: 52

Et inambulabo inter eos.) Inter eos, nõ est Græcis, sed tamen [interpres] conatus est exprimere uerbum ἐμπεριπατήσω, quod significat in aliquo ambulare. Nam inambulare Latinis nihil aliud est aliquoties, quàm ambulare: tametsi melius erat in eis, quàm inter eos: {nisi putamus utrobiq; præpositionem in, positam pro inter.} ⟨Ambrosius utranq; sumpsit ita legens, Inhabitabo in illis, & inter eos ambulabo.⟩ 35 19.22

EX

16-27: Didymo, quem equidem demiror ubi viderit, si tamen vidit, refert

EX CAPITE SEPTIMO.

Capite nos.) χωρήσατε ἡμᾶς. Quia dixit ante angustiamini. Nec hic est capi te pro intelligite, sed sicuti uas aut locus aliquid capit. Ambrosius propemodum explicuit, qui legit, Capaces estote nostri, {quem nos secuti sumus.} (Refricat enim quod ante dixit, dilatamini & uos.) Capite, capaces estote

Circumuenimus.) ἐπλεονεκτήσαμεν. Quod & alibi uertit ad eundem modum (Ne circumueniamur à satana.) Est autẽ proprie per fraudem abstulimus quod iure nõ debebatur. Ambrosius ita legit hoc loco, Nemini nocuimus, neminem grauauimus, neminem circumuenimus: atque ita exponit. Nocent pseudapostoli, cum sensus suorũ corrumpunt, & grauant sacculos circumuentione serpentinæ astutiæ. Græca sic habent, οὐδένα ἠδικήσαμεν, οὐδένα ἐφθείραμεν, οὐδένα ἐπλεονεκτήσαμεν, id est, Neminẽ iniuria affecimus, neminem corrupimus, neminem fraudauimus, hoc est, nullius rem præter ius occupauimus {& in nostrum uertimus commodum. (ἀδικεῖ qui tyrannidem exercet, φθείρει qui falsa docet, πλεονεκτεῖ, qui dolo usurpat aliena. Sic enim oblique taxat pseudapostolos. Alioqui nequaquam magna laus erat, hæc non fecisse Paulũ) O gloriam uere sacerdotalem, & utinam omnibus episcopis ad eundem modum uere liceret gloriari.} πλεονεκτεῖν circumuenire

Prædiximus enim.) προείρηκα γάρ, id est, Prædixi enim: atque ita legit Ambrosius.

Ad commoriendum & ad conuiuendum.) εἰς τὸ συναποθανεῖν καὶ συζῆν. Id erat apud ueteres amicitiæ genus, ut amico forte extincto, amicus ultro sibi mortem consisceret {quod amicitiæ genus significat Horatius sibi fuisse cum Mecœnate.} Vnde dicti συναποθνήσκοντες. Non quod Paulus huiusmodi quippiam sentiat {quale legimus olim fuisse apud Ethnicos} uerum hoc modo arctissimam amicitiam uoluit indicare. Cõmorientes συναποθνήσκοντες

{Gloriatio} pro uobis.) ὑπὲρ ὑμῶν, Melius hic, de uobis, hoc est, nomine uestro.

Superabundo gaudio.) ὑπερπερισσεύομαι. Quod est supra modũ, aut uehementer abundo, seu potius, superfluo. Nec idem apud Latinos facit super, additũ, quod apud Græcos ὑπέρ siue περί in cõpositiõe. Proinde diuersa ratione cõueniebat epitasin explicare Latinis. Superabundo ὑπερπερισσεύομαι ὑπέρ addit epitasim

Sed omnem tribulationem passi sumus.) ἀλλ᾽ ἐν παντὶ θλιβόμενοι, id est, Sed in omnibus afflicti, ut subaudias, eramus. Nam Hebræis [& Græcis frequenter] familiare est subaudire uerbum substantiuum.

Qua consolatus est in uobis.) Consolatus est hic passiue accipiendum est, ᾗ παρεκλήθη.

Et si pœniteret.) εἰ καὶ μετεμελόμην, id est, Etiam si pœnituisset, (ut accipias Paulum (non quidem fateri pœnitentiam, quod eos ante mœrore affecisset) nunc tamen adeo gaudere, quod ex Tito cognouisset rem bene cessisse, (ut etiam si qua pœnitudo tenuisset ipsum prioris facti, nunc eam abiecturus fuerit. Annotat hoc diligenter Chrysostomus. Nõ enim dixit, prius pœnitebat, nunc non pœnitet, sed, non pœnitet etiam si pœnituisset. Sic loquimur quum & errata feliciter cadunt) & refertur ad superiora, nõ ad sequentia. Nam sequitur apud Græcos βλέπω γάρ, id est, Video enim. {Quamuis me non fugiat secus distingui ab Ambrosio, qui sic ordinat, Etsi pœniteret, uideo &c. nec addit enim. In hoc certe congruit cum Græcis, quod legit βλέπω non βλέπων. Verum siue legamus uideo, siue uidẽs, fateri cogimur unam sermonis particulam inabsolutã esse, nisi accipiamus iuxta primam lectionem quam indicauimus, Id incommodum hac ratione tolli poterat: Quamuis ea epistola uos ad tempus contristauit, nunc tamen gaudeo, non quod contristauerim uos, sed quod uideam contristatos ad pœnitentiam.} Locus uarie lectus & expositus. Et si pœniteret

(Vt in nullo detrimentum patiamini.) ἵνα ἐν μηδενί, id est, ne qua in re detrimentum patemini, nisi forte Paulus abusus est hac uoce ἵνα pro ὥστε, quod aliquoties uidetur facere.)

Stabilem.) ἀμεταμέλητον, id est, Non pœnitendam. [Impœnitendam legit Augustinus libro de ciuitate dei decimoquarto capite octauo iuxta fidem uetustissimi codicis Longobardici] Refertur autẽ (ut arbitror) ad pœnitentiam nõ ad salutem, μετάνοιαν ἀμεταμέλητον, elegantissime coniunctis cõtrarijs, quasi dicas, impœnitendã pœnitentiã. Quanquam Ambrosius uidetur adiectiuum ad salutem referre, non ad pœnitentiam (Est autem sententiæ genus simul & schema, ex contrarijs contextum, mundo & deo, morte & salute, pœnitentia non pœnitenda. Huius generis esse putat Fabius illam sententiam, Obsequiũ amicos, ueritas odium parit. Ex Chrysostomo & Theophylacto non satis liquet, utrò retulerint ἀμεταμέλητον ἀμεταμέλητον stabilem



C 16-22: Paulum ante doluisse, quod eos contristasset, nunc autem gaudere, quod ex Tito nunc
22: affecisset moerere
T: 19-22: Secundum deum contristari) from p544 placed here

μέλητον. Vterqꝫ sensus probe consistit, efficit pœnitentiam nõ pœnitendam, Nam & pœ
nitentiæ frequenter pœnitentiam agimus: aut efficit pœnitentiam, quæ adducit ad salutẽ,
*Pœnitentia quid Græcis μετάνοια μεταμέλεια* quæ nescit pœnitentiam, sed habet gratulationẽ perpetuam) Annotauit Laurẽtius, eidem
uoci Latinæ pœnitentia, duas respondere Græcas μετάνοια & μεταμέλεια, quarũ prior dic-
ta est à sensu retractando, posterior à cura in melius mutanda. Et quemadmodũ Cicero cõ
uiuium aptius uocabulum iudicat Latinum, quàm sit Græcorũ συμπόσιον, ita Laurentius
16-27: lactantius putat hic Græcas uoces elegantiores, quàm Latina sit, quod pœnitentia significet tristiciam cõmissi, illæ mentis emendationem. Siquidem pœnitere, pigere est tæderecꝫ. Proinde
nihil agere, qui ex hoc loco triplicem inducant pœnitentiam: unam, quæ sit contritio: alte-
*Triplex pœnitentia Valla* ram, quæ sit confessio: tertiam, quæ sit satisfactio. In hanc ferè sententiam Valla noster.
<Quanquam illi non prorsus in hoc assentior, pœnitere à pœna dictum, sed magis arbitror 22
dictum à pone tenendo, hoc est ab intelligendo post factum, unde & Græcis dicta est me-
tanoea. Atqꝫ hæc cum dicimus non tollimus, necꝫ contritionem, necꝫ confessionem, necꝫ
satisfactionem, sed uim ostendimus Euangelicę uocis. Nam ueram resipiscentiam illa tria
comitantur, dolor, confessio, quæ meo iudicio pars est satisfactionis, & satisfactio, quę ma
le facta benefactis pensat) Nam hoc satisfactionis genus arbitror optimum, quum iuuan- 27
dis proximis suscipiuntur labores, potius quàm quum accersiuntur cruciatus, graues fe-
renti, præterea nulli utiles: quales sunt apud inferos.)

*16: follows Sed defensionem) below
* Seculi autem tristicia mortem operatur.) Alibi αἰῶνα uertit seculum, hic κόσμον, id est,
mundum. Ambrosius legit huius mundi.

** 19-22: precedes Stabilem.) p544
** Secundum deum contristari.) τὸ κατὰ θεὸν λυπηθῆναι ὑμᾶς, id est, Quod secundum deum
contristati fuistis.

[Sed pro imo
Sed defensionem, sed indignationem.) Ambrosius ita legit, Sed excusationem, sed timorem, sed desiderium, sed æmulationẽ, sed uindictam. Græca sic habent, ἀλλὰ ἀπολογίαν,
ἀλλὰ ἀγανάκτησιν, ἀλλὰ φόβον, ἀλλὰ ἐπιπόθησιν, ἀλλὰ ζῆλον, ἀλλὰ ἐκδίκησιν, id est. Sed excusationem siue purgationem, sed indignationem, sed timorem, sed desideriũ, sed æmulationẽ,
<sed uindictam) Græca scholia monent ἀλλὰ, id est, sed, hoc loco poni pro καὶ, id est, &, cũ po- 22
tius usurpetur pro imò, siue insuper mea quidẽ sententia. Auget enim ac ueluti corrigit,
quod dixerat σπουδὴν sollicitudinem, imò plus aliquid, usqꝫ ad uindictam turpis admissi) In 22
hoc catalogo, pars una deest apud Ambrosium, cuius nec in commentario meminit. Non
↓] enim meminit indignationis, quocunqꝫ casu id esse factum libet coniectare.> ]

In omnibus exhibuistis uos.) συνεστήσατε, id est, Commendastis. Quanquam hic non
male quadrabat præstitistis. Et ἐν παντί, quod etiam superius uertit, in omnibus, melius
reddetur per ubicꝫ. Rursum illud, In negocio. Articulus Græcus additus, ἐν τῷ πράγματι, significat eum loqui non de quauis re, sed de certo quodam negocio, nimirũ eo de quo scripserat in priori epistola, quendam habuisse rem cum uxore patris. In eo negocio ostende-
runt se puros esse eiecto & punito huiusmodi homine, cum ibi Paulus etiam nonnihil illis
] 16: etc imputaret: Et uos, inquiens, inflati estis. ]

*Hebraicũ idioma* Igitur etsi scripsi.) Scripsi, bis intelligendum est, Etsi scripsi, scripsi. Quanquàm apud
Græcos non nisi semel ponitur. Etsi scripsi uobis, nõ propter eum scripsi &c.{Velut ibi, Et- 19
si quid donaui, propter uos}(Admonent Græcorum commentarij, hic negationem habere 27
uim comparatiuam. Nam omnino scripserat etiam illorum causa qui peccarant. Nam hos
sentit, qui iniuriam fecit & qui passus est, sed non hæc erat præcipua causa. Quod genus
est & illud. Misericordiam uolo & non sacrificium. Et, non est cura deo de bubus.)

*Ambrosiana lectio* Non propter eum qui fecit iniuriam.) Ambrosius ita legit. Nõ propter eum qui inique
uersatus est, sed necꝫ propter eum qui inique tractatus est.
16: tractus

Ad manifestandam sollicitudinem nostram quam habemus pro uobis.) In eundem sen
sum legit Ambrosius.{Sed ut manifestaretur sollicitudo nostra quam pro uobis habemus 19
coram deo}uidelicet inuersis his pronominibus ὑμῶν & ἡμῶν, id quod facile cõmittitur uel
*Locus obscurior* scriptoris obliuione. At Græci sic legunt ἕνεκεν τοῦ φανερωθῆναι τὴν σπουδὴν ὑμῶν, τὴν ὑπὲρ
ἡμῶν πρὸς ὑμᾶς ἐνώπιον τοῦ θεοῦ. Quibus ex uerbis apparet hoc sensisse Paulum, se gaudere, quod ex ea tristitia consecutum sit, ut palàm fieret, quo studio essent Corinthij erga se.
{Et particula πρὸς ὑμᾶς potest accipi apud uos, ut referatur ad uerbum manifestetur quod 19
præcessit

] 16: Praediximus enim) from p543 placed here preceded by Quam habemus pro uobis.) τὴν ὑπὲρ ἡμῶν πρὸς ὑμᾶς id est quae est in nobis erga vos, sive apud vos, at illud erga vos referatur ad verbum superius, ut manifestatur erga vos.

præcessit: ut sit sensus, Paulum hoc egisse, ut qui apud Corinthios fauerent pseudaposto- | 16: In multo experimento) placed here from
lis, intelligerent quo affectu tota Corinthiorum ecclesia esset erga se. Porrò quod adijcit,
apud uos coram deo, ueluti iurantis esse potest, & illos & deum conscium testantis. Nam *Coram deo iurantis* ** below
27 & paulo superius meminit de studio Corinthiorum, quod ex Tito cognouerat. {Theophy-
lactus tamen legit & interpretatur quemadmodum Ambrosius.}

Abundantius [magis.) Aut duo cōparatiua coniunxit, ad exprimendam maiorem em- [ 16-27: autem
phasim, aut pro magis uertendum erat potius. μᾶλλον enim apud Græcos, ut & apud nos *Comparatiua duo iuncta*
19 {potius} corrigit nonnunquam, ut intelligas illum multum accepisse solatij ex correctis Corinthijs, sed uerius ex gaudio Titi. Ambrosius pro abundantius ac magis, legit magis ma- *Distinctio diuersa*
gisque. Verū illud haud dissimulandū, hunc locū longe secus apud Græcos distingui, quàm
apud Latinos. Nam uulgata æditio & Ambrosius sic habent: Ideoque consolati sumus. In 16-19: habet
consolatione autem nostra, abundantius magis gauisi sumus. Græca sic habent, διὰ τοῦτο
παρακεκλήμεθα ἐπὶ τῇ παρακλήσει ὑμῶν, περισσοτέρως δὲ μᾶλλον, id est, Propterea cōsolationē
19 accepimus in consolatione uestra, abundantius autē magis &c. {Sed Ambrosius nostram
sequitur distinctionem, intersecans cōmentariolo interiecto, quæ Græci coniungunt.}

Refectus est spiritus eius.) ἀναπέπαυται, id est, Refocillatus fuit, quod est propriū eius
qui laborauit ac fatigatus est, & postea requie refocillatur. Ambrosius hūc locum diuerse
legit, diuersum, opinor, exemplar nactus: Quia, inqt, requieuit spūs eius in omnib. uobis.

Non sum confusus.) οὐ κατῃσχύνθην, id est, Non sum pudefactus.

Abundatius in uobis.) εἰς ὑμᾶς, id est, In uos, siue erga uos.

19 Reminiscentis.) ἀναμιμνησκομένου, id est, Recordantis siue commemorantis {seu in memoriam reuocantis.}

* Quod in omnibus confido in uobis.) In, non est Græcis exemplaribus. θαῤῥῶ ἐν ὑμῖν * 16: follows Non
19.27 id est, Confidimus uobis {Nōnulli tamen habebāt θαῤῥῶ ἐν ὑμῖν {itaque legit Theophylactus} sum confusus)
Et in his syllabis lapsus facillimus est librariorum, interposito μ.} above

EX CAPITE OCTAVO

ET quod in multo.) Et, redundat, nec est in Græcis codicibus, nec additur ab 16: multa
19 Ambrosio {ne in nostris quidem emendatioribus.}

** In multo experimento.) ἐν πολλῇ δοκιμῇ, id est, In multa probatione. Atque ** 16: precedes
ita legit diuus Ambrosius. Abundantius magis:)

\+ Abundantia gaudij.) ἡ περισσεία. Sed Ambrosius recte mutauit nomen above.
in uerbum, legens, abundat gaudium. + 16: forms last entry in Cap 7

Altissima paupertas.) ἡ κατὰ βάθους πτωχεία. Ambrosius legit, profunda paupertas. Sum- *Alta paupertas*
ptum apparet à uase seu scrinio iam ad imum exhausto. Ad quod pertinet illud quod He-
siodus scripsit, seram in fundo esse parsimoniam. Proinde nō omnino pessime uertit inter-
19 pres {Opposuit autem Paulus inter se contraria, profunda paupertas, hoc est exhaustissi-
ma, & exuberauit. Non exuberat, quod est inane, & paupertas cum diuitijs pugnat.}

In diuitias simplicitatis.) εἰς τὸν πλοῦτον ἁπλότητος, id est, In opulentiam simplicitatis. 16:
Simplicior est qui libenter erogat, & hoc magis ditescit candoris ac benignitatis bono, Simplicitate
quo pauperior redditur pecunia.

Quia secundum uirtutem.) ὅτι κατὰ δύναμιν, id est, Quia pro uirili, siue pro uiribus. *Secundum*
Et sic legit diuus Ambrosius, ne quis hic uirtutem accipiat oppositam uitio. *uirtutem,*
Supra uirtutē.) Et ὑπὲρ δύναμιν, id est, Vltra uires. Et sic legit Ambrosius, quemadmo- *pro uiribus*
19 dum & supra, pro uiribus. Quanquam dilucidius erat, etiam supra uires {Ex Ambrosio prope
modum subolet uerbum μαρτυρῶ, quod ille uertit, testimonio illis sum, per parenthesim in-
terseri. Siquidem pro uiribus, me teste, imò supra uires ultro dare uolebant.}

19 Voluntarij.) αὐθαίρετοι, id est Spontanei, ut subaudias fuerūt {hoc est, non rogati, non 16: et
prouocati.}

X Cum multa exhortatione obsecrātes nos.) Græci secus legunt, μετὰ πολλῆς παρακλή- X 16: follows
σεως, δεόμενοι ἡμῶν, τὴν χάριν, καὶ τὴν κοινωνίαν τῆς διακονίας, τῆς εἰς τοὺς ἁγίους δέξασθαι ἡμᾶς, id est, Ita & perficiat
Multa cum obtestatione rogantes nos, ut gratiam & communionem ministerij, quod est in vobis:)
in sanctos susciperemus. p546

Et non sicut sperauimus.) καὶ οὐ καθὼς ἠλπίσαμεν, id est, Multo amplius quàm sperare

audebamus, ne putemus id accidiſſe Paulo præter ſpem. {Proinde nos uertimus, quate- 19
19-22: Scriptor nus. Hoc loco ridiculum quiddam incidit in exemplari Corſendoncenſi, codice alioqui
*Ridiculum de loco deprauato* per quàm eleganti, ſed pulchro uerius quàm emendato, Lector, ut facile licet conijcere,
cum reperiſſet à ſtudioſo quopiam annotatũ quiddam in ſpacio marginali, credens à ſcri-
ba prætermiſſum, tranſtulit in medium uerſum ad hunc modum, δέξασθαι ἡμᾶς, ἐν πολλοῖς
τῶν ἀντιγράφων οὕτως εὕρηται, καὶ οὐ καθὼς ἠλπίσαμεν. Siquidem is indicans ἡμᾶς in pleriſq;
non addi, in alijs rurſus addi, aſſcripſerat hæc: In pleriſq; exemplaribus ſic inuenitur. Ea
uerba ſcriptor indoctus medio Pauli ſermoni admiſcuit. Simile quiddam accidit in epiſto
la Paulini ad Auguſtinum, quæ numero fertur lviij. in medio epiſtolæ contextu, quoniam
præceſſerat mentio apoſtolorum & prophetarum, longum ſomnium intermiſcet indoctus ſcriba, de etymologia uocum apoſtoli & prophetæ, quod male feriatus quiſpiam, ex
Catholico fortaſsis aſſcripſerat in margine: Vt enim, inquit, ad uim termini proficiſcar,
apoſtolus Græcum, dicitur ab apos, quod notat augmentum uel præeminentiam, & ſto-
lon quod eſt miſsio, quaſi præeminenter miſſus, ad augmentationem ſcilicet fidei catholi-
cæ. Ac mox, propheta autem, inquit, à pro, id eſt, procul, & for faris, quaſi quæ ſunt, erunt
uel fuerunt locuturus. Aliaq; id genus multa deblaterat in media uiri eloquentis iuxta ac
docti epiſtola, ſuppoſiticius ille Paulinus. Atq; hæc cũ ab eruditis multa deprehendantur
in libris, qui cum autoritate leguntur, quid futurum arbitramur, ſi quicquid quocunq; mo
do libris illitum fuerit, citra iudicium, citraq; cenſuram uelimus recipere? Et hac occaſione
comperimus innumeros locos eſſe deprauatos.}

Ita ut rogaremus Titum.) εἰς τὸ παρακαλέσαι ἡμᾶς τίτον, i. In hoc ut adhortaremur Titũ.
[16: Cum multa exhortatione ...) from p. 445] Ita & perficiat in uobis.) εἰς ὑμᾶς, id eſt, In uos, uel erga uos. ]

Et cõſummaret in uobis etiam gratiã iſtam.) Rurſum χάριν gratiã uertit, rectius uerſu-
rus, beneficiũ {aut munificentiã} ſiue ut nos uertimus, beneficentiã: quo nomine frequẽter 27.19
uſus eſt Cicero, cũ aliâs, tũ primo libro officiorũ, ne quis calumniet} Deinde cur nõ potius
erga uos, quàm in uobis {cũ Greçe ſit} εἰς ὑμᾶς {preſertim cũ ita legat Ambroſius: Vt quem 19
admodum cœpit, ita cõſummet, etiam in uos gratiam iſtam. Interpretatur aũt, ut quemad
modum hortatu Titi cœpiſtis imitari munificentiã aliorũ, ita eodẽ hortatore perficiatis.
19-27: quoniam Eſt autẽ Græcis gemina coniunctio καὶ, quarũ prior refertur ad priorem partẽ incipiendi,
poſterior, ad ceteras dotes, quibus ualebant Corinthij. Qui cœpit, idem perficiat, ut quem
admodum probamini cæteris uirtutibus, ita in hac quoq; laudem promereamini. Vt autẽ
*Laus in exhortando* egregius artifex laudem admiſcuit exhortationi, iuxta rhetorum præcepta.}

Inſuper & charitate.) καὶ τῇ ἐξ ὑμῶν ἐν ἡμῖν ἀγάπῃ, id eſt, Et charitate quæ in nobis eſt
ex uobis (Pro τῇ ἐξ ὑμῶν, interpres uertit ueſtra, nec male) Nec eſt inſuper, apud Græcos, 27
{ne in Paulino quidem uetuſtiſsimo exemplari (ne in Conſtatienſi quidẽ) licet ſit apud Am 19.27
19: Vulgarius broſium.} Videtur autem dictum in nobis, pro in nos. {Theophylactus & Greca ſcholia interpretantur, charitatem Corinthiorum erga Paulũ. Ambroſius uidetur inuertere pronomina, Illa quæ ex nobis in uobis eſt charitate, hoc eſt, abundatis ea charitate, quam ex nobis didiciſtis. Etiam ſi in libris uulgatis habebatur, Et uobis, pro in uobis: opinor emen-
dandum, ex uobis in nobis.}

Et in hac gratia abundetis.) Gratia hoc loco pro beneficio ſeu eleemoſyna accipitur,
ut & paulo ſuperius. Loquitur enim de adiuuandis liberalitate ſanctis: {ſubaudiendum eſt 19
autem uerbum hortor, aut date operam, alioqui ſermo non erit abſolutus.}

Non quaſi imper.) οὐ κατ᾽ ἐπιταγὴν, id eſt, Non iuxta imperium, hoc eſt, nõ tanquàm
imperans. Ambroſius legit, Non ſecundum imperium.

*Senſus duplex* Sed per aliorum ſollicitu.) Græce διὰ eſt, hoc eſt, Per, non propter. Eſt enim ſenſus ut
ueſtra charitas probatior fiat, ex aliorum erga nos officio, non quod aliquid exigam à uobis {tametſi ſermo Græcus ancipitem habet ſenſum. Poteſt enim ſic accipi, ut ueſtra quo- 19
que charitas ſicut cæterorũ Achaicorum reddatur probatior ac ſpectatior, ſi ueſtra ſollici-
tudine ſubleuetur paupertas ſanctorum. Poteſt & hic accipi, ut & ueſtra charitas magis à
me probari poſsit ac prædicari, ſi uos aliorum exemplo prouocati, non ceſſeritis cæteris in
hoc beneficentiæ genere, cum in cæteris non ſitis inferiores.}

Veſtræ charitatis ingenium bonum.) Græce ſecus habet, καὶ τὸ τῆς ὑμετέρας ἀγάπης
γνήσιον

19 γνήσιον, id est, Et,charitatis uestræ ingenuitatem{siue synceritatem}Ingenuum autē pro ingenuitate dictum est. γνήσιον autem uocant,quod est uerum, germanum,ingenuum, minimeq; fucatum & adulterinum. Ambrosius legit bonum,omisso ingenio. Et sanè suspicor in nostris codicibus olim scriptum fuisse ingenuum, non ingenium,idq; parum intellectum à sciolo quopiam deprauatum. Iam uero quorsum attinet cōmemorare quid hic somnient recentes quidam theologi? nimirum hoc impudentiores, quo indoctiores,cum Ingeniū pro ingenuo | 16-19: divus | 16-27: plurimis

19 Thomas pluribus uerbis philosophetur in hoc uerbo ingeniū. Sic enim legit & ille,{suum} secutus exemplar. Quid enim aliud faceret,ignarus Græcanicæ literaturæ? Atq; hic quo studiosius laborat,hoc magis erret necesse est,nō secus quàm si quis semel aberrarit à uia, Thomas errans occasione uocis deprauatæ

19 {is}quo uehementius currat,hoc magis erret oportet. Cæterū illi sanè ueniam tribuendam arbitror,cui nihil omnino defuisse uideo præter cognitionem linguarum. Verum præsta 16-27: Verum

27 bat aliquanto minus Aristotelicum esse,q̄ hoc carere adminiculo. (Is cuius scholia feruntur falso Hieronymi titulo,uidetur legisse ingenitum,quasi genuinum. Nam asscribit. Est enim uobis sic ingenita pietas,ut eam ab alijs discere minime egeatis.)

19 Quoniā propter uos egenus factus est.) {Quoniā, uel quia rectius uertisset per quod.}

27 Hoc loco Faber mutat uos secundam personam in nos primam, idq; ita inueniri (prædicat) in archetypis. At reclamant constanter exemplaria Græca, quæ quidem ego uiderim,& Stapulensis

19 insuper Latina,& magis quadrat uos,quia præcessit,scitis{& sequit̄,Diuites essetis. Atq; hoc sermone Corinthiorum liberalitatem studet elicere}tametsi non multū habet momenti ad sensum,utrum legas ἡμᾶς an ὑμᾶς. Verum illud,Egenus factus est, est Græce ἐπτώχευσε, id est,pauper fuit,siue potius mendicauit:ut hinc possint argumentum sumere,qui gaudent mendicitatem suam ad Christum autorem referre. Nec retulit interpres uocum allusionem, ἐπτώχευσε, πτωχεία, id est,Pauper fuit,& paupertate. Quam mirum cur ceu data opera confuderit,cum nullo incommodo licuerit reddere.

Et consiliū in hoc do.) καὶ γνώμην ἐν τούτῳ δίδωμι. Hic uidet̄ planè γνώμην accipere pro consilio. Porrò In hoc,id est,in hac re:ne quis hic erret, putans hoc esse accusatiuū casum. | ↓

Sed etiam uelle.) Sensus ambiguus est, an cœperint simul & uelle, & facere ante annum,ut hoc beneficium non nuper cœptum intelligas:an cœperint non solum facere,sed Sensus duplex

19 etiam ultro facere,& suapte sponte, nam id plus est quàm facere. {Est autem gemina laus Corinthiorum,qui non solum cœperint largiri pauperibus,suapte uoluntate,non prouocati alienis exemplis,sed hoc ipsum etiam animi propositum ultro, nec prouocati sumpserint}Atq; hunc quidem posteriorem sensum sequuntur interpretes.

Ab anno priore.) ἀπὸ πέρυσι, id est, Ab anno superiori.

Animus uoluntatis.) καθάπερ ἡ προθυμία τοῦ θέλειν, id est, Quemadmodum promptus est animus ut uelit,siue ad uolendum.

Ita sit & perficiendi ex eo quod habetis.) οὕτως καὶ τὸ ἐπιτελέσαι, ἐκ τοῦ ἔχειν, id est, Sic & perficere sit,siue perficite ex habendo,id est, ex hoc quia habetis,hoc est,quia potestis. 16-27: Sic

19 {Siquidem habere uidetur abusus pro posse. Velle est animi prompti: præstare quod uelis, est facultatis.}

Si enim uoluntas prompta est.) εἰ γὰρ ἡ προθυμία πρόκειται, id est,Si enim prius adsit ani 16: Sic

22 mi promptitudo,aut si præcesserit animi promptitudo (quasi fundamentum beneficentiæ.)

* Secundum id quod habet.) καθὸ ἐὰν ἔχῃ τις. Hic habet, accipio more Græcorum pro potest. Id innuit diuus Ambrosius qui legit, secundum facultatem. Et potius est, iuxta id quicquid illud est quod possit,ut subaudias dare. Quanquam hoc ad sententiam Pauli nō admodum refert. Habere pro posse | * 16: entries reversed

* Vt alijs sit remissio, ἄνεσις, id est,Remissio & relaxatio laborum. Proinde Ambrosius uertit refrigerium.

Vobis autē tribulatio.) θλῖψις. Hoc loco melius redditur ab Ambrosio angustia. nam

19 angustiā rei familiaris dicimus. Relaxat̄ ijs quib. minus angusta sit res familiaris:{atq; hic subaudiendū est aliquid,quo sermo reddat̄ absolutus. Nō enim sic dandū est ut alijs &c.}

Vestra abundantia.) Hic suppleat,additum est, cum Græce sic habeatur, τὸ ὑμῶν περίσσευμα, εἰς τὸ ἐκείνων ὑστέρημα, ἵνα καὶ τὸ ἐκείνων περίσσευμα γένηται εἰς τὸ ὑμῶν ὑστέρημα, ut γένηται referat̄ ad utranq; partē. Poterat aūt reddi ad hunc modū, Vt uestra abundantia illorū in Additum aliquid



| 16: Gratias autem ago deo.) from p. 548 placed here with full wording.

opiæ,& illorum abundantia, ueſtræ ſuccurrat inopiæ.(Nam ſermo Græcus contrarijs in/ 27
ter ſe redditis & repetitione uocis ἐκείνων figuratus eſt. Quin & in ueſtra & illorum taci
ta ἐναντίωσις eſt.)

Qui multum.) ὁ πολύ. Etiam Græcis ſubauditur participiū ἔχων, id eſt, qui habebat.

[ἐλάττονῶ ↓{ [πλεονάζω] Non minorauit.) οὐκ ἠλαττόνησεν, id eſt, Non fuit inferior, aut non minus habuit. Cæ/
terum teſtimonium quod adducit, eſt Exodi capite decimoſexto {Iuxta Hebraicam ueritа 19
tem} Diuus Hieronymus uertit ad hunc modum: Nec qui plus collegerat, habuit amplius,
nec qui minus parauerat reperit minus. Dictum eſt autē de colligendo manna, quod Pau/
lus deflexit ad ſuum negocium. (Apud Theophylactum talem repperi lectionem, ὁ τὸ πολὺ 27
οὐκ ἐπλεόνασε, καὶ τὸ ὀλίγον οὐκ ἠλαττόνησε, quaſi dicas, copiæ nihil ſuperfuit & inopiæ nihil
defuit. In enarrando addit uerbum ἔχων.)

✱ cf p.547 footnote ✱ Gratias aūt ago {deo}) χάρις δὲ τῷ θεῷ, id eſt, Gratia aūt deo {ut ſubaudias eſt, aut ſit.} 19

Eandem ſollicitudinem.) Quod iam ſæpius uertit ſollicitudinē, Græcis eſt σπουδὴν, id
eſt, Studium ſiue cura {Et interpres atq; Ambroſius legerunt, τὴν αὐτὴν eandem, ſiue ut 19
uertit Ambroſius, hanc ipſam [Item Auguſtinus qui legit, idem ſtudium] Atq; ita legitur 35
in nonnullis Græcorum exemplaribus, cum in aliquot pro τὴν αὐτὴν ſit τοιαύτην, id eſt,
Talem} (Chryſoſtomus legit τὴν αὐτήν.) 27

[παράκλησις Quoniam exhortationem quidem.) Ambroſius legit conſolationem, ſed melius (no/ 27
ſter interpres) adhortationem. Significat enim ſuo rogatu ueniſſe, ſed tamen ſuapte ſpōte
ad id propenſum (& alacrem. In hanc ſententiam Theophylactus.) 27

Sed cū ſollicitior eſſet.) σπουδαιότερος, id eſt, Studioſior ac diligentior & alacrior. Atq;
hoc ſanè loco coniunctio δὲ uim habet corrigendi, ut non abſurde uerti potuerit per imò.
Siquidem quod modo dixerat Titum adductū ſuis precibus ſuſcepiſſe negocium, id mu/
tat, imò inquiens, nō meo impulſu hoc fecit, uerum cum ſua ſponte ad id eſſet promptus,
me rogante factus eſt alacrior ac diligentior, ueluti cum ultro currentem incitamus.

Sua uolūtate.) αὐθαίρετος, id eſt, Spōtaneus ſiue ultroneus. Ambroſius legit uolūtarius.

[Frater abſolu te pro Chri/ ſtiano Cum illo fratrem noſtrum.) Noſtrum, non eſt Græce, ſed tantū τὸν ἀδελφόν. (Nec ad/ 22
debatur in codice Donatianico) Sic enim uocat Chriſtianū. Cæterū articulus additus, fa/
cit ut certū aliquem deſignatū intelligamus, cuius nomen data opera ſuppreſſerit, malens
eum elogio q̄ uocabulo deſcribere. Proinde uertendū erat. Miſimus autem unà cum illo
fratrem eum, cuius laus eſt in euangelio per omnes eccleſias {At paulo inferius additur no 19
ſtrum. Miſimus autem unà cum illis & fratrem noſtrum, quem probauimus in multis}

Cuius laus eſt in euangelio.) Sermo uidetˉ anceps. Nam apparet accipi poſſe, laudem
illius eſſe ſcriptam in euangelio. Verum illud dicit, illum quiſquis eſt de quo dicit, nam id
incertum eſt, ita uerſatum eſſe in prædicatione Chriſti, quam hic Euangeliū uocat, ut om
nium teſtimonio eccleſiarum laudetur. Nec ea res tamen uetat, quo minus accipiatur de
Lucas Luca, quod ſenſiſſe uidetur Hieronymus {cum alij Barnabam opinentur deſignari, rurſus 19
alij Apollo} Verum illud admonere uolui, hic magis de prædicatione fieri uerba, quàm de
ſcripto euangelio, propter id quod ſequitur, Per omnes eccleſias. [Porrò incertū, an id tem/ 35
poris quo hæc ſcribebat Paulus, Lucas ſcripſerit Euangelium] Iam illud, Non ſolū autem,
uertendum erat, nec id ſolum, ut intelligamus eum non ſolum ſpectatum prædicatione
16-22: sibi Euangelij, uerumetiam Paulo comitem fuiſſe delectum.

Sed & ordinatus eſt.) χειροτονηθεὶς, id eſt, Electus, ſiue ſuffragijs creatus, id quod pro/
prie ſignificat Græca uox. Et συνέκδημος, comes peregrinationis meæ, recte, niſi quod
συνέκδημος comes minus eſt quàm συνέκδημος, id eſt, Collega ſiue ſocius, ut æqualem intelligas,
non ſequentem.

In hanc gratiam.) Græci habent σὺν τῇ χάριτι ταύτῃ, id eſt, Cum gratia hac. Quanq̄
gratia hoc loco beneficium ſonat.

16: Quae miniſtratur a nobis..) p549 placed here Ad domini gloriam.) πρὸς τὴν αὐτοῦ τοῦ κυρίου δόξαν, id eſt, Ad eiuſdē domini gloriam.

Deſtinatam uoluntatem.) καὶ προθυμίαν, id eſt, Animi promptitudinem. Ambroſius
legit ſollicitudinem, opinor uitium eſſe librariorum, qui pro promptitudine mutarint ſolli
16-19: Diuus citudinem. Thomas Aquinas, deſtinatam uolūtatem interpretatur à deo prædeſtinatam,
qui prædeſtinarit ab æterno, uos talem uoluntatem habere. Non libet inſectari conuicijs
uirum

{ 16: decimoſexto quod apud Hebraeos ita legitur we-lo' he'ddiyph ha-marbeh we-ha-mam'iyt lo' hehsiyr. Diuus

uirum tam eruditum, tamq; celebrem. Malim quicquid est imputare seculo, modo lector
27 intelligat, ne doctissimos quidem (absq; periculo lapsus) interpretari posse diuinas literas citra linguarum peritiam, sentiatq; id quod Thomas huc adduxit, δὶς διὰ πασῶν abesse à sensu Paulino. Sentit enim hoc beneficium à se administrari, ad domini gloriã, simulq; ad prouehendam ac declarandam animi promptitudinem eorum qui largiebantur ultro.

*16-19: pium*
*Thomas lapsus* [occasione uocis male reddita] — *Thomas lapsus occasione uocis male reddita*

19 {Ambrosius, ut pro προθυμίαν legit sollicitudinem, ita pro ὑμῶν secundæ personæ legit ἡμῶν primæ, sed secus interpretantibus Græcorum scholijs ac Theophylacto.}

*Diuersa lectio*

Deuitantes hoc.) στελλόμενοι τοῦτο, id est, Cauentes illud. Sumptum est à nautis, qui flexo cursu declinant scopulum aut periculum.

*19: Vulgario*

In hac plenitudine.) ἐν τῇ ἁδρότητι, id est, Abundantia siue exuberantia. Solet enim magna pecuniarum uis obnoxia esse suspicioni fraudis.

* Quæ ministratur à nobis ad domini gloriam.) Non repetitur hoc loco apud Græcos ad domini gloriam.

** 16: follows Ad domini gloriam.) p. 548*

Prouidemus enim.) προνοούμενοι, id est, Prouidentes, absq; enim: pendet enim à superioribus, misimus. Quanquam id quidem ad sensum nihil refert
19 {Et καλὰ magis sonat honesta quàm bona.}

*19-27: precedes Devitantes hoc) above*

In multis sępenumero.) Interpres ne potuit quidem reddere iucunditatem Græcanici schematis ἐν πολλοῖς πολλάκις, quasi dicas, In multis multifariam
19 {aut in multis multoties, si sic liceat loqui.}

*Schema non redditum*

Sollicitum esse.) σπουδαῖον ὄντα, id est, Diligẽtem aut promptum, aut etiam probum. Nam hoc quoq; significat σπουδαῖος.

Confidentia multa in uos.) πεποιθήσει πολλῇ τῇ εἰς ὑμᾶς, id est, Ob fiduciam multam quam habent erga uos. Græca sunt ambigua. Nam fiducia referri potest ad Paulum, qui confidat illum nũc fore diligentiorem, quod speret illos bene tractaturos hominem. Non solum autem confidit de hoc, uerumetiam de Tito. Quamobrem? quod socius ipsius sit, & in iuuandis Corinthijs adiutor. Item de cæteris, quod Pauli sint fratres, & missi ab ecclesijs, sicut ante dixit. Et idcirco maluimus hic apostolos uertere legatos.

*Confidentia pro fiducia & sensus anceps*

*16-22: suus*

19 ** Et in uobis adiutor.) καὶ εἰς ὑμᾶς συνεργός, id est, Et erga uos cooperator {siue collega.} Præterea hi nominatiui dure subijciuntur. Simplicius erat, Pro Tito socio meo, & in uos cooperatore siue adiutore.

*16: in vos cooperatur*

*** 16: entries reversed*

** Gloriæ Christi.) δόξα χριστοῦ, ut intelligas ipsos apostolos esse gloriam Christi. Quanquam totus hic locus uarie legitur. Ambrosius ita legit, Siue per Titum qui est socius meus & adiutor in uobis, siue per fratres nostros apostolos ecclesiarum gloriæ Christi. Græca sic habent, εἴτε ὑπὲρ τίτου, κοινωνὸς ἐμὸς, καὶ εἰς ὑμᾶς συνεργός, εἴτε ἀδελφοὶ ἡμῶν, ἀπόστολοι ἐκκλησιῶν, δόξα χριστοῦ. Scholia explicant ad hunc modum: Siue de Tito, ut subaudias aliquid dicendum est, hoc possum dicere, quod est socius meus &c. Siue de cæteris dicendum est aliquid, hoc dico, quod sunt apostoli ecclesiarum, & gloria Christi, quorum prædicatione & uita illustrius fit Euangelium Christi. Hæc autem omnia eò pertinent ut commendet Corinthijs eos quos illò mittit. Nec me fugit, quid Faber Stapulensis hoc loco scripserit, uerum illius sententiæ hac quidem in parte non subscribo, præsertim refragantibus Græ-
27 cis scholijs, & nominatim (Chrysostomo ac) Theophylacto, atq; ipso deniq; Ambrosio. Cęterum quæ Thomas & hoc recentiores, in hunc adducunt locum, non libet referre. Quanquam sensit non nihil Aquinas, cum gloriæ legens, tamen interpretatur ad gloriam, quasi
27 gloriæ, sit datiuus casus, cum apud Græcos sit rectus (Chrysostomus ac Theophylactus attingunt & alteram sententiam nimirum hanc, quocunq; nomine eos receperitis, quicquid officiorum in eos contuleritis, gloria erit Christi. Nam in hunc redundat quicquid impenditur Euangelij ministris. Potest & sic accipi, Quicquid sunt illi quos laudo, pertinet ad gloriam Christi.)

*Locus apud nos deprauatus*

*16-22: ob id*

*margin: 19-27: Stapulensis*

*16-19: Vulgario*

*Errans ex deprauato loco*

*margin: 19-27: Thomas*

Ostensionem ergo quæ est charitatis uestræ.) Græce est simpliciter, Ostensionem cha-
19 ritatis uestræ {Neq; secus legit Ambrosius} Et nostræ gloriæ rursus est καυχήσεως, quod Ambrosius hoc loco uertit exultationem.

19 In facie ecclesiarum dei.) {εἰς πρόσωπον τῶν ἐκκλησιῶν.} Dei, non additur in Græcis, nec in Ambrosio. Porrò illud, in faciem, magis quadrabat in personã ecclesiarum. Redundat

*Duplex sensus*

enim

enim in personã ecclesiarũ honor habitus ijs,quos miserant ecclesiæ(Ita quidẽ Theophy/ 27
lactus)Quanquam & alterũ probo sensum,nimirum hunc,ut cæteræ quoque ecclesiæ uideant
charitatem uestram de qua soleo apud illas gloriari,ut in facie sonet,in conspectu.

EX CAPITE NONO

EX abundanti est.) περισσόν μοι, id est,Superuacaneum est. Et ita legit Am/
brosius,superuacuum est. Quæso quorsum opus erat huc accersere periphra
sin? nisi quod sic libuit interpreti ludere. ꟾ

19-22: scilicet, hoc est, ineptire

Promptum animum uestrum.) τὴν προθυμίαν ὑμῶν, id est, Animi uestri
promptitudinem,siue,ut Ambrosius legit,promptam uoluntatem uestram.

margin: 19-27: Thomas

Eadem uox Græcis,quam modo uertit destinatam uoluntatem {in qua sic philosophaba/ 19
tur Thomas.}

Pro quo de uobis.) ἣν ὑπὲρ ὑμῶν καυχῶμαι μακεδόσιν, id est,Quam de uobis iacto Ma
cedonibus,siue apud Macedones,Sic enim dixit,Quam glorior, quemadmodum nos di/
cimus gratulor tibi reditum in patriam.

Quoniam & Achaia.) Et,coniunctio redundat{nec additur apud Ambrosium}<Cete/ 19.22
rum ὅτι fortassis aptius uertisset,quod.Siquidem hoc erat quod iactabat Paulus.>

Ab anno preterito.) ἀπὸ πέρυσι,id est,Ab anno supiori. Ambros. legit,ab anno priore.

Et uestra æmulatio.) καὶ ὁ ἐξ ὑμῶν ζῆλος, id est,Ex uobis orta æmulatio,hoc est,uestrũ

16: sacerdotum

exemplum[Quanquam ζῆλος sonat etiam studium & feruorem.] 35

Plurimos pro complures

16: pro

Prouocauit plurimos.) Sic interpres dixit plurimos,pro multis,ut uulgo sacerdotes in
preculis horarijs, pro, De pluribus martyribus legunt,de plurimis. Græce est πλείονας, id
est,Plures siue complures. Abutuntur enim & Græci comparatiuo hoc, uice positiui no/
minis. Ambrosius legit plures,non plurimos. Quanquam id uideri potest scriptoris acci/
disse culpa.

Misimus autem.) ἔπεμψα δὲ, id est,Misi uero. Sed hoc loco fratres accusandi casu le/
gendum est,non nominandi(aut uocandi,) τοὺς ἀδελφούς. Excusat autẽ Paulus, quod tam 27
multa uerba fecerit de administranda eleemosyna in sanctos, sed tamen mittendos fratres
omnino putauit,ne offenderentur imparati:hoc est,non dubitat,quin libenter sint subuen
turi pauperibus,sed præmonendos duxit, ut in tempore conferant, quod uelint conferre,
ne uideantur minus libenter dare,quàm cæteræ ecclesiæ.

16-22: pudorem eum ad illos maxime attinere ↳ 19-22: qui

Vt non dicamus uos in hac substantia.) ἵνα μὴ λέγωμεν ὑμᾶς ἐν τῇ ὑποστάσει ταύτῃ τῆς καυ
χήσεως, id est, Vt non dicamus uos in hac substantia gloriationis. Ambrosius legit,ut non
dicam omnes in hac parte. Verum exemplaria consentiunt:& pulchre habet, ut intelliga/
mus ad hunc modum: Ne erubescamus tunc nos {qui uidebimur uani, si non præstetis, 19
quod præstaturos diximus}deinde per occupationẽ<additur> ut ne dicam uos, significans 22
fore, ut is pudor ad illos maxime pertineat{si desciuerint à pio decreto animi.}Verum id 19
maluit intelligi quàm explicare, ne quid offenderet animos Corinthiorum. Postea quod
sequitur,In hac substantia gloriationis,referẽdum est ad illud superius, erubescamus nos
nimirum pudefacti in hoc argumẽto gloriationis meæ, qua gloriatus sum de uobis. Aut,
nõ in omĩbus, in quibus merito gloriatus sum,sed in hac quoque parte,quo nihil sit in quo

↓{ ὑπόστασις argumentum

non iure uidear de uobis gloriatus. ὑπόστασιν autem dixit argumentum{& cui innititur 19
sermonis fides.}

Rogare fratres.) Rursum fratres accusandi casu legendum est,non uocandi.

Vt preueniãt.) ἵνα προέλθωσιν. id est, Vt prius ueniãt,siue precedãt, ut legit Ambros.

Benedictio εὐλογία [pro collecti/one

16: collego

Repromissam benedictionem.) προκατηγγελμένην, id est,Ante promissam. Porrò be/
nedictionem hoc loco uult intelligi beneficentiam,non manum motam. Nam ante λογί/
ας, id est,collectiones,eleemosynas uocauit,hic easdem εὐλογίας uocat,non à λόγος,{ra/ 19
tio}sed à λέγω colligo.{Ad hanc sententiam facit.quod mox adducit: Qui parce seminat, 19
parce & metet,& qui seminat in benedictionibus, in benedictionibus & metet. Nam be/
nedictionem opposuit parsimoniæ, uelut à bona benignaque collectione dictam. Proinde
non absurde uidetur εὐλογία uerti potuisse munificẽtia siue largitas, Qui parce seminat,
parce & metet,qui largiter seminarit,largiter item metet}. Nisi mauis huc torquere, quod
beneficium alacriter & benignis uerbis dandũ est,& ob id benedictionẽ uocarit. Etenim
inter

{ 16: argumentum, quemadmodum vertit in epistola ad hebraeos argumentum non apparentium. Rogare

inter auaros hoc agitur, ut quamminimum detur, & si quid forte coguntur dare, dant uer/
bis male ominatis, At beneficium hoc animo & uultu dandum est, quasi dando lucrum fa/
19 cias{In hunc sensum explanant Græcanica scholia} Et addendum est uestram, quod abest Deest in no/
19 in nostris codicibus{cum addatur apud Ambrosium.} stris
Paratam esse.) Maluissem uertere per nominandi casum, τὴν προκατηγγελμένην εὐλογίαν ὑμῶν ταύτην, ἑτοίμην εἶναι, id est, Vt ante promissa uestra ista benedictio prompta sit,
hoc est, ut alacriter detis quod daturos uos ante polliciti estis.
Quasi benedictionem.) οὕτως ὡς εὐλογίαν, καὶ μὴ ὥσπερ πλεονεξίαν, Sic ueluti sit bene/ πλεονεξία
dictio, & non uelut sit auaricia. Nam beneficentia debet alacris esse, cum auarus det tri/
19 stis{Nihil uetat quo minus πλεονεξίαν interpretemur usurpationem, occupationem, frau
dationem, siue extorsionem. Nam hæc dantur ab inuitis, & tali ominatione quali utitur
pastor ille Vergilianus,
Hos illi, quod nec bene uertat, mittimus hœdos.}
27 Ambrosius pro πλεονεξία legit circũuentione}(Nam tales ferè sunt eulogiæ populi quum
nouus Episcopus exigit à sacris ac prophanis preces, ut uocant, primarias. Cæterum hic
πλεονεξία referri uidetur ad accipientes, unde non male uertisset spoliationem.)
Hoc autem dico.) Dico non exprimitur in Græcis codicibus, sed tantum est, hoc au/ Addit inter/
tem τοῦτο δέ, & cætera subaudiuntur: & à Latinis additum est uerbum explicandæ rei gra pres
22 tia(Poterat & aliud uerbũ subaudiri, memineritis, aut si quod aliud magis placet. Non co/
git Paulus quenquam dare, nec præscribit, quantum cuiq; dandum sit. Tantum admonet,
pro modo largitionis fore modum præmij.)
De benedictionibus.) In benedictionibus. Nam utrobiq; est ἐπ᾽ εὐλογίαις. Interpres εὐλογία
19.22 mutauit suo arbitratu{cum apud Ambrosium utrobiq; sit, in}(Quę prępositio Latinis non
27 perinde est familiaris in hoc sensu)}(Rursum agnoscis hic genus sententiæ ex cõtrarijs con
textæ, parce & largiter, seminat & metet: addunt decus, repetitio eiusdem uocis, quã dixi/
mus appellari, traductionem, tum duo membra in bina commata diuisa, rursus alterum co
lon similiter sectum, quibus superadditur unum membrum simplex, uelut epiphonema,
Hilarem datorem diligit deus. Hæc passim annotare superstitiosum esset, uerum aliquoti/
es indicasse in hoc profuerit, ut iucundior ac dilucidior sit oratio Pauli.)
Vt destinauit.) προαιρεῖται, id est, Proponit, Præsentis temporis. Et Ambrosius legit, se
cundum propositũ cordis: nec additur suo, aut sui, ut sit sensus absolutior. Nec enim agit
de huius aut illius animo. Tantum indicat, libenter & ex animo dandum esse quod datur.
27 (Ne præpositio quidem additur, sed est προαιρεῖται τῇ καρδίᾳ, id est, destinat corde.)
Ex necessitate.) ἐξ ἀνάγκης. Laurentius putat hoc loco necessitatem accipiendã pro Valla taxatus
indigentia, non pro coactione, cui non assentior hoc sanè loco. Nam hanc particulam, Ex
necessitate, opposuit illi, quæ præcessit ὡς προαιρεῖται, hoc est, ut sponte sua statuit: & qui
19 coactus dat, tristis dat, ob quod citauit illud, Hilarem datorem diligit deus{Mecum faciũt
27 interpretes omnes}(Græci pariter ac Latini.)
Abũdare facere in uobis.) εἰς ὑμᾶς, id est, In uos, & περισσεῦσαι accepit transitiue, quod
alibi solet neutraliter: uelut apud nos suppeditare, nonnunquam est suppetere, nonnunq;
subministrare. Atq; hic quoq; gratiam appellat beneficentiam. Sentit enim libenter dan/
dum, quod deus potens sit efficere, ut quicquid in sanctos illius contulerint, id multo cum 16-22: ut efficiat
fœnore ad ipsos redeat, ne uel ea res illos à largiendo deterreat, quod benignitas exhaurire 16-22: redire
uideatur rem familiarem.
Vt in omnibus semper.) ἵνα ἐν παντὶ πᾶσαν αὐτάρκειαν ἔχοντες, id est, Vt in omnibus αὐτάρκεια
omnem sufficientiã habentes. Est autem αὐτάρκεια, ubi quis suis est contentus, suaq; sor/
te, nec aliunde desiderat quicquam. Interpres & Ambrosius, si modo codices mendo ua/
19 cant, legisse uidentur ad hunc modum, ἵνα ἐν παντὶ πάντοτε πᾶσαν. {Vt in omnibus sem/
27 per omnem}(Est autem iucunda uocis eiusdem iteratio in παντὶ πᾶσαν & πᾶν.)
In seculum seculi.) Græce tantum est, εἰς τὸν αἰῶνα, id est, In æuum. Locus diuer/
Qui autem subministrat.) ὁ δὲ ἐπιχορηγῶν. Hic locus apud Græcos paulo diuersius ha sus apud Græ
betur, ὁ δὲ ἐπιχορηγῶν σπέρμα τῷ σπείροντι, καὶ ἄρτον εἰς βρῶσιν χορηγήσαι, καὶ πληθύναι τὸν cos. Qui autẽ
σπόρον ὑμῶν, καὶ αὐξήσαι τὰ γεννήματα τῆς δικαιοσύνης ὑμῶν, id est, Qui autem suppeditat subministrat
semen

semen seminanti, & panem in cibum ministret, & multiplicet semen uestrum, & augeat
16: genimina
prouentus iustitiæ uestræ, ut χορηγήσαι, πληθύναι, αὐξήσαι infinita, uideantur uertenda potius per imperatiuum modū, suppeditet, impleat, augeat. Nisi forte subaudiatur uerbum μέλλει, quod additum infinitiuis, futurum tempus efficit. Nam in tam multis uerbis, non est consentaneum, tempus casu fuisse commutatū, ut legas χορηγήσει πληθυνεῖ αὐξήσει, tametsi in hunc sensum legit Ambrosius. {Certe Græcorum scholia χορηγήσαι interpretantur χορηγήσειεν, id est, Suppeditet} {nominatim Theophylactus indicat esse sermonem optantis pro corporalibus spiritualia.} 19 27

Varia lectio

Augebit incrementa frugum.) γεννήματα τῆς δικαιοσύνης, id est, Prouentum {siue annonam} iustitiæ {Nec sine gratia translatitio uerbo addidit proprium}. Quod hic uertit incrementa frugum, Ambrosius uertit fructum. 27 27

16-27: locupletimini

In omnibus locupletati.) Paulus aliquoties suo more participijs abutitur: unde recte uertit πλουτιζόμενοι in uerbum. Laurentius referendum putat ad particulam quæ præcessit, abundetis in omne opus bonum.

εἴ τις, pro ἥτις

Quæ operatur per uos.) Ambrosius pro ἥ, τις legisse uidetur εἴ τις. uertit enim, Si quis, & consentiunt cum hac lectione scholia illius {Græci legunt ἥτις.} 27

Ministeriū huius officij.) διακονία τῆς λειτουργίας ταύτης, id est, Administratio huius ministerij. Sic enim uocat officium subministrandæ pecuniæ. Sed λειτουργία nonnunquam Græcis significat sacrificium, suo ritu peractum, ut accipias pecuniam quasi uictimam offerri deo, cuius minister sit Paulus, ut sacerdos sacrum peragens.

Per m. g. act. locus uarie expositus

Per multas gratiarum actiones in domino.) διὰ πολλῶν εὐχαριστιῶν τῷ θεῷ, id est, Per hoc quod multi gratias agunt deo. {Etiamsi in nonnullis exemplaribus scriptum comperi, διὰ πολλῶν εὐχαριστιῶν. Quomodo legisse uidetur interpres. Atqui si sequamur id quod prius apud Græcos comperi, participium περισσεύουσα transitiue capiatur oportet, ut hinc pendeat infinitum, εὐχαριστεῖν, sitque hic sensus. Verum etiam efficit, ut copiose agantur gratiæ deo per multos. In eum sensum interpretantur Græcorum scholia} {Theophylactus legit hunc in modum, ἥτις κατεργάζεται δι' ὑμῶν εὐχαριστίαν τῷ θεῷ. Similiter legit Chrysostomus, nisi quod δι' ἡμῶν habet, id est, per nos prima persona, & quod legit interpretatur.} 19 27

Stapulensis

Et in obedientia confessionis.) Faber uult esse hypallagen, ut intelligamus in confessione obedientiæ uestræ. Verum nihil uideo causæ cur reclamantibus exemplaribus, & interpretationibus ad hypallagen huiusmodi confugiamus. Nam obedientia confessionis potest accipi, quod obedientes Euangelio in eleemosynis largiendis declararent se uere & ex animo confiteri Euangelium. Quod si mauis ὁμολογία pro assensu, laudat illorum obedientiam, quod ipsi id suadenti ac monenti non sint refragati. Ambrosius pro obedientia, legit, subiectione, magis exprimens Græcam uocem ὑποταγῇ. Quanquam ὁμολογία non solum confessionem significat, uerumetiam consensum, ut accipias futurum, ut multi gratias agant deo, cum uiderint Corinthios tanto consensu obedire Paulo. Atque ita tacite monet, ut omnes cōferant pro sua quisque uoluntate & facultate. {Porrò quod addit in Euangelium Christi, sensit hoc pertinere ad negociū Euangelij, si Christiani omnes inter se consentiant in benefactis. Et Euangeliū admonet dandā eleemosynā, pollicēs omnia fore munda.} 19

16: Paulo
16-22: sibi
ὁμολογία consensus
16: confessione

Desiderantium uos.) ἐπιποθούντων ὑμᾶς. Ambrosius addidit, desiderantium uidere uos, siue quod aliud habuerit exemplar, siue quod uoluerit explicare sensum, in quem & Grecanica scholia interpretantur. Quanquam hoc loco gratiam uerti poterat beneficium. ut intelligas illos esse cupidos uidendi Corinthios, in quibus deus tantam beneficentiam ipsis contulisset.

* Gratias ago deo.) Rursum est χάρις δὲ τῷ θεῷ, id est, Gratia autē deo {ut subaudias sit.} 19

*16: follows Absens autem .. vobis) p.553. cf versions of this entry on p.p.547 & 548

## EX CAPITE DECIMO

IPSE [autem ego] Paulus.) αὐτὸς δὲ ἐγὼ παῦλος. Mire Paulus tribus uocibus παῦλος, αὐτὸς δὲ & ἐγὼ separauit suam personam à cęteris apostolis, quod antehac egerit negocium aliorum, nunc è suo loquatur affectu. 35

** Et modestiam.) καὶ τὴν ἐπιείκειαν, quod comitatē magis & facilitatem {aut humanitatem} sonat, quàm modestiam, quæ opponitur arrogantiæ. 19

** 16: both follow Desiderantium vos.) above

** In facie.) κατὰ πρόσωπον, id est, Iuxta faciem {pro eo quod est in specie, Græci tamen interpretantur 27

terpretantur de præsentia Pauli, Vbi coram adsum, humilis uideor. Quidam putant esse
ironiam.) Rogo autem uos.) Cum ante dixerit se obsecrare, non adiecit quid obsecra
ret. Vnde capitis huius initium utrocq; referri potest, ad superiora, ut sit sensus, Rogo ut Ordo
meo quocq; nomine libenter conferatis hanc pecuniam. Aut ad sequētia, quemadmodum
modo diximus. Atq; ita δέομαι repetit quod dictum erat παρακαλῶ, ut sit redeuntis ad
19 id quod cœperat, quasi dixisset, Rogo inquā {Id subindicat Ambrosius cum ait, Idem sen/
sus est, quem ut dilucidet, repetit.}

Absens autem confido in uobis.) θαῤῥῶ εἰς ὑμᾶς. Græca quidē sunt ambigua, uerum Græca am/
19 magis congruit, ut intelligamus, audax {siue confidens} sum erga uos, sicut alibi dicit, Epi/ bigua ]
stolæ fortes, præsentia infirma. Quanquam scholia Græcorum non eodem exponunt mo
9.35.27 do. {Theophylactus {Chrysostomū sequutus} cui non displicet ironia, sic accipit,} quasi Pau 19: Vulgarius
lus referat hæc sub aliorum persona. Præsens abiecte se gerit, absens scribit minaces ac se/ 19: egerit
35 ueras epistolas {Quanquam indicant & citra ironiam consistere sensum. Nec ego sanè ui
deo causam quare ad ironiam confugiamus. Iam quod interpres, λογίζομαι uertit existi/
mor, non conuenit expositioni ueterū. Chrysostomus enim ostendit hunc sermonem esse
comminantis apostoli, qui quoniam existimabant ipsum iuxta carnem ambulare, hoc est
non habere Christi spiritum, contemnebant illum, uelut impune peccantes. Hos terri/
tare uolens Paulus rogat Corinthios, ne cogatur ea audacia (Sic enim appellat potesta/ Erasmus' own
tem suam, quam dicebant epistolis inesse) præsens uti. Porrò mitigans minas, non ait qua brackets
decreui aut uolo uti, sed quam cogito, etiamnum inuitans illos ad resipiscentiam. Idq; pu/
tat esse summæ bonitatis in Paulo, qui in commeritos non statuerit decreueritq; pœnam,
quam & pro sua autoritate poterat infligere, & pro illorum duricia debebat, sed tantū di/
cit se de ea re cogitare, quasi libenter mutaturus sententiam, si uellent illi sua sponte redire
ad mentem meliorem. Theophylactus λογίζομαι exponit duobus uerbis ὑπολαμβάνω
& στοχάζομαι, id est, suspicor & destino. Suspicio enim est nondum certa cogitatis, & qui
destinat & ad scopum dirigit oculum, nondum emisit telum manibus, sed ueluti minatur † 16: Gratias ago
se missurum, circumspiciens in quos mittat & quomodo mittat.} † deo) p552 placed

Qui arbitrantur nos tanquam.) τοὺς λογιζομένους, id est, Qui cogitant aut æstimant, uel here
qui sic habent nos, quasi secundum carnem ambulantes.

Non carnalia.) οὐ σαρκικά. Diuersum ab illo σάρκινα, Quod tamen eadem uoce Latina
reddidit, ut superius admonuimus.

Sed potentia deo.) Græcis est δυνατὰ τῷ θεῷ. Ambrosius legit, fortia deo. Laurentius δυνατὰ potentia ] 16-27: Et
mauult, ualida deo. Cæterum illud deo, Græcis datiuus est instrumenti, polletq; perinde
ac si dicas, fortia per deum, & opera diuina. Vtinam liceret omnibus episcopis, maximeq;
ijs qui in Pauli locum successerunt, tam uere suoq; iure hanc usurpare uocem, quàm ipse Arma sacer/
Paulus usurpauit, Arma militiæ nostræ non carnalia, sed fortia deo, nō ad demolitionem dotum ]
oppidorum, arcium, sed impiarum cogitationum. Hæc sunt arma, hæc bella, hæ pugnæ, margin: 19-27:
27 hæc uictoria, hi triumphi digni successoribus Apostolorum (Nunc uidere est aliquot, qui Bella pontificum
quum res postulat copias habent, gladios lanceas & bombardas habent, deniq; quicquid
forti bellatore dignum est. Cæterū ubi gladio uerbi diuini demolienda est acies uitiorum,
nec linguam habent nec manus.)

Consilia destruentes.) λογισμοὺς, id est, Cogitationes. Et rursum participium addidit, margin: 19-27:
quod nusquam referatur καθαιροῦντες destruentes, hoc est, quibus armis destruimus. Por Soloecismus in
rò cum de armis meminerit, mire subiecit metaphoras munimentorum, quorum alia arti/ Paulo
ficio, alia sublimitate sunt inexpugnabilia. Nos quo magis perspicuus esset sensus, uerti/
mus hoc pacto: Sed potentia per deum ad demolitionem munitionum, quibus cogitatio 16: a deo
nes demolimur, & omnem celsitudinem, quæ extollitur aduersus scientiam.

19 Extollentem se.) ἐπαιρόμενον, id est, Insurgentem, siue qui attollitur. Erat {enim} huius/
19 modi machinarum genus, quod repente sublatum in altum {muris} inueheret hostem.

Omnem intellectum. πᾶν νόημα, Omnem cogitationem.

19 * In obsequiū Christi. εἰς ὑπακοὴν, id est, In obedientiam, ut semper antehac uertit {sed * 16: follows
apertius erat, Ad obediendum Christo. Captiui sub iugunm eunt. At felices qui sic capti Quae secundum
27 ducuntur ut submittant se Christo (Vtinam huiusmodi triumphos ambiant episcopi.) faciem . . ) p554

Aa Quæ

16: Vulgarius putat per Ironiam dictum. Mihi sane non probatus. Gratias ago deo)
19-22: Vulgarius putat per Ironiam accipi posse quasi 22: Theophylactus

27: epistolas. Eadem scribit Chrysostomus. Quanquam et alterum sensum addunt, nec
video causam quur ad ironiam confugiamus. Qui arbitrantur.)

*Varius sensus* Quæ secundum faciem sunt uidete.) Græci codices {ex sententia Theodoreti} legunt 19
16: fingens hoc per interrogationem, ut sit, uidetis, non uidete, quasi fingat id fieri, quod uelit obiurga
re. Num ea cernitis, quæ sunt iuxta faciem? hoc est, quæ foris uidentur, & ostentationē ha
bent potius quàm efficaciam. Meminit enim quod dixerit se humilem fuisse apud illos {iuxta 19
faciem} hoc est, contempto similem, cum alij quidam magno fastu agerent apostolos. Ambrosius legit, Secundum faciem, pro eo quod est {quæ} in conspicuo sunt & aperta {ut per- 19
tineat ad sequentia, Si quis confidit se esse seruum Christi. Quasi uelit ea clarissima uideri facillimaque iudicatu quæ dicturus sit. Alij secundum faciem interpretantur de signis eui
dentibus quibus deprehendi possint pseudapostoli, ueluti si quis diues sit, si quis elatus,
16-19: Vulgarius si quis iactabundus, si quis falsa uirtutis imagine personatus} Theophylactus uult esse ob
iurgantis, quod ex opibus, è cultu fastuue æstimarent hominem, ac non potius ex animi
19: Vulgario bonis, cui {magis} assentior {Theophylacto suffragatur Gennadius, citantibus Græcorum 19
↑16: In obsequium Christi) p. 553 placed here scholijs} {Acrior est autem obiurgatio per interrogationem} {Chrysostomus item uult hunc 22·27
esse sermonem obiurgantis eos, quod ex rebus extrarijs æstimarent hominem.)}↑

{Cogitet iterū apud se.) ἀφ' ἑαυτοῦ, id est, Ex seipso, nimirū nō expectans nostrā increpa 19
tionem.} Ita & nos.) Græcus addidit Christi, ὅτι καθὼς αὐτὸς χριστοῦ, οὕτως καὶ ἡμεῖς χριστοῦ, id est, Quod quemadmodum ille Christi, sic & nos Christi {Quod tamen apud Græ- 19
cos additum uideri potest explicandę rei gratia} Porrò Christi genitiuus est, non rectus ca
sus {Nam in hanc sententiam interpretatur & Ambrosius, uelut hactenus se parem faciat 19
illis, quod & ipse non sit à Christo alienus, si illi se putant seruos Christi, quo maiore fide
post declaret quanto illos antecellat cæteris.

*19-27: Pontifex Paulus nihil potest, nisi ut prosit* Non in destructionem.) οὐκ εἰς καθαίρεσιν ὑμῶν, Ad perdēdos uos. Porrò ædificare more suo uocat prodesse, Destruere, lædere. Hic locus annotandus est ijs, qui summi pontificis autoritatem in immensum attollunt, asseuerātes uni homini uniuersum ecclesię Christianæ corpus debere cedere, adeo ut si animas omnes deduceret ad inferos, non foret ius illi resistendi. Paulus ab ipso Christo acceperat autoritatem apostolicam, nō à Petro cum quo postea contulit, sed ita ut diceret ab illo sibi nihil accessisse, & tamen ingenue fatetur hoc quicquid est potestatis in hoc datum ut prosit, non ut lædat. At qui nunc tribuunt Romano pontifici tantam potestatem, utinam possint & cæteras dotes pontificias tribuere sapientiam, puritatem, charitatem, contemptum rerum omnium. Gręci interpretantur destructionem hanc de uindicandis pseudapostolis.}

*Inquit, pro inquiunt* Inquiunt,) φησί, id est, Inquit, ut subaudias, aliquis, aut certum hominē qui hoc dixerit. Nam & præcessit, & mox sequitur, τοῦτο λογιζέσθω ὁ τοιοῦτος, id est, Hoc perpendat istiusmodi {Fingit enim personam obtrectatoris, cui respondeat.} 19

Sermo contemptibilis.) ἐξουθενημένος, id est, Contemptus potius.

Inserere aut comparare.) ἐγκρῖναι, ἢ συγκρῖναι.) Interpres non potuit reddere uocum affinitatem Græcarum, quasi dicas, inferre & conferre, aut inserere & cōserere {Porrò τολ- 19
*Audemus pro sustinemus* μῶμεν, quod interpretatur audemus, idem significat & sustinemus. Quo uerbo utimur quoties res est eiusmodi, ut non possimus imperare animo nostro, siue inducere animum, sic frequenter usus est Suetonius. Alioqui cur non audeat Paulus se conferre pseudapostolis, qui se non dubitat & anteferre probis apostolis? Quin potius non libet cōferri cum talibus. Nisi legamus dictum per ironiam, ut uideo Græcis quibusdam placere.}

Sed ipsi in nobis.) Græce secus est, ἀλλ' αὐτοὶ ἐν ἑαυτοῖς ἑαυτοὺς μετροῦντες, καὶ συγκρίνοντες ἑαυτοὺς ἑαυτοῖς, οὐ συνιοῦσιν, id est, Sed ipsi in seipsis seipsos metientes, & comparantes seipsos sibijpsis, non intelligunt &c. Atque ita Græca exponunt scholia, ut intelligamus arrogantes illos, ex suo ipsius animo metiri sese, & sibi magnos esse, & alios ab alijs laudari mutua quadam talione. Atque hūc sensum secutus est diuus Augustinus in opere de doctrina Christiana cum ait, Et fit illis quod ait apostolus, Comparantes enim semetipsos sibimetipsis, non intelligunt {Rursum explanans Psalmum trigesimumquartum: Et compa- 19
rantes, ait Apostolus, semetipsos in semetipsis, non intelligunt, neque quæ loquuntur, neque de quibus affirmant. Iterum in Psalmum CXVIII. Rursus in Psalmū CXLI. Impij metientes semetipsos ex semetipsis. Item aduersus Faustum libro uigesimosecūdo cap. uigesimo septimo, interpretans etiam iuxta Græcorum sententiam} Ad eum modum interpre

tatur

 16-19: Vulgarius

tatur & Theophylactus, Paulinarum epistolarum non indiligens interpres. Quanquam Lectio di
19.22 Ambrosius diuersum exemplar secutus uidetur{& sermonem facit perpetuum}eiectis his uersa
uerbis, Non intelligunt}hoc pacto: Sed ipsi in nobis nosmetipsos mensurantes, & comparantes nosmetipsos nobis, nõ in immensum gloriabimur &c}Porro quod addidit, Non intelligunt, Græci interpretes putant imperfectum esse sermonem, ut subaudias, quàm sint
alijs derididuli. At mihi uidetur hoc loco participium esse positum loco uerbi infinitiui, id
quod apud Græcos non raro fieri solet. Ac tum quidem hic erit sensus: At ipsi non intelligunt, quod seipsos inter sese metiuntur & conferunt, & non potius cum ijs, qui meliores
sunt illis, necp iuxta regulam Christi. Atcp hic sensus magis quadrat cum his quæ sequuntur. Nam quod Theophylactus uult subaudiri, non intelligunt, quàm sint alijs ridiculi, mi 16-19: Vulgarius
19 hi uidetur coactius.{Etiamsi scholia quædam Græcanica uidentur hunc sermonem sic di-
uidere, ut prior pars pertineat ad Paulũ: Sed ipsi in nobismetipsis nosmetipsos mensurantes & comparantes: ut intelligamus Paulum nõ metiri se ex opinione aut laude aliorum,
sed suis ipsius uirtutibus, ac potestate à Christo tradita. Mox quod sequitur, ad pseudapo
los ἑαυτοὺς ἑαυτοῖς οὐ συνιοῦσιν, id est, Seipsos sibijpsis, subaudi, comparantes non intelligunt, hoc est, dum pseudapostolus pseudapostolo comparatur, & mali mutuo se laudant,
non intelligunt sese ridiculos uideri}Cæterum regulam hic uocat, mensuram, sumpta metaphora à regulis fabrorum. Ne quis tale quippiam somniet, quale est cum dicimus regulam Francisci, aut Benedicti.

Qua mensus est.) οὗ ἐμέρισεν, id est, Qua partitus est nobis deus mensura, quasi dicas ἐμέτρησε
ea quocp mensura, quatenus ad uos uscp gloriemur. Nec est simpliciter ad uos, sed etiã ad pro ἐμέ...
uos ἄχρι καὶ ὑμῶν: ut intelligamus non esse mediocre pertingere ad modum Corinthiorum. Respondet autẽ ei quod mox sequitur, ἄχρι γὰρ καὶ ὑμᾶς ἐφθάσαμεν, id est, Nam uscp
ad uos quocp peruenimus. Quemadmodum autem gloriari solent ambitiosi principes, si 16-22:
longissime prorogarint imperiũ: ita Paulus Christi ductor gloriatur quod eò uscp propa- insanissimi
gauerit ditionem principis sui, sperans fore, ut lõgius etiam proferat imperium. Interpres
legisse uidetur ἐμέτρησεν pro ἐμέρισεν.

19 Crescentis fidei.) αὐξανομένης πίστεως, id est, Augescente fide uestra{siue subolescente,}
22⟨ut Græcis sit genitiuus absolutus.⟩

Magnificari secundum regulam.) Rectius hæc infinita uertisset in aliũ modũ. Spem
habentes, fore ut augescente fide uestra in uobis amplier, iuxta regulam nostram in abundantiam ad euangelizandum ea quæ ultra uos sunt, non ut in aliena regula in his quæ pa
rata sunt gloriemur. Significat se sperare futurum, ut indies crescente fide Corinthiorum,
crescat & ipse, ac maior maiorcp fiat, adeo ut iam prædicatio sua lõgius porrigatur, etiam
ad eos qui ultra Corinthios sunt, idcp iuxta suam regulam, non alienam, hoc est, suo Marte, ne uideatur gloriari de ijs, quæ iam parata sunt, & ab alijs laborata, quemadmodum faciebant pseudapostoli.

Etiam in illa quæ ultra uos sunt euangelizare.) εἰς τὰ ὑπερέκεινα ὑμῶν. Faber hoc loco margin: 19-27:
legit, εἰς τὰ ὑπὲρ ἐκεῖνα ὑμῶν, id est, In illa quę supra illa uestra. Sed fallitur, meo quidem Stapulensis
iudicio: nam ὑπερέκεινα aduerbium est, cui additur articulus, ut fiat epitheton, id est, ulteri-
ora uobis, id est, quæ ultra uos, hoc est, longius, & in alios etiam populos. Et in hãc senten
27 tiam, interpretantur non solũ⟨Chrysostomus⟩Theophylactus cæterícp Græci, uerum eti- 16-19: Vulgarius
am diuus Ambrosius. Proinde nonnihil demiror Stapulensem, mutata etiam scriptura à
tot autoribus uoluisse dissentire, præsertim cum hic nihil sit quod offendat, aut alio suadeat confugere. Verum quandocp bonus dormitat Homerus. Necp uero nos grauatim alijs
ignoscimus, eandem uicissim ab alijs ueniam flagitantes.

EX CAPITE VNDECIMO

VTINAM sustineretis modicum.) ὄφελον ἀνείχεσθέ μου μικρὸν τῇ ἀφροσύνῃ, id Valla lapsus
est, Vtinam sufferatis me paulisper in insipientia. Et est sustinuissetis magis
cp sustineretis. Cæterum quid Laurentio Vallæ uenerit in mentem, ut pro
sustineretis, mutandum putarit susciperetis, ut ingenue dicam, prorsus non
intelligo. Nisi forte somniauit ἀναδέχεσθε, pro ἀνέχεσθε. Nam ἀνέχεσθε ma
gis ad uerbũ reddi ne possit quidem, cp si dicas sustinete.[Alioqui, ut donemus ἀνέχεσθε in-

terdum idem ualere quod ἀνασχέσθε, quid est suscipite me: nisi forte, recipite curam mei. Hesychius admonet interdum ἀνασχέσθαι idem ualere quod ἀνέχεσθαι, quod ut demus alicubi uerum esse, hic certe non cōgruit.} Illud recte admonet in modicum quid, quid, abesse in sermone Græco. Et modicum interpres suo more posuit pro pusillo. Nos uertimus pau
lisper, ut ad tempus pertineat. {quod aliâs factum admonuimus. Adhuc modicum lumen 19.27
in uobis est. Et, modicum & iam non uidebitis me.}

16: Supportate Supportare me.) ἀνέχεσθε. Græca uox anceps est. At magis quadrat, ut sit indicatiui modi sustinetis. Corrigit enim quod dixerat, utinam sustinuissetis, imò, inquit, sustinetis, & quod opto factum, facitis. In hunc sensum exponunt Græcanica scholia.

ζηλῶ̃ zelotypum esse — 16: in modicum — 16: Nam

Aemulor enim uos.) ζηλῶ γὰρ ὑμᾶς. Ambrosius usus est Græca uoce, opinor non inueniens quo uim uerbi explicaret. Nam hic zelum appellat ingentem, & ut ita dixerim immodicum quendam amorem, uelut ambiat, ut apud illos primus esset, nec ferat alios apostolos in partem amoris admitti. Siquidem agit hic de quibusdam apostolis, qui pluris haberi uolebant apud Corinthios, quàm Paulus esset. Addit autem zelo dei ne quis arbitraretur illum sua gloria, suóue compendio commoueri. Nos uertimus zelotypi sumus erga uos. Quid autem uereamur sic intelligere de Paulo, cum ad eundem modum
interpretetur Origenes, Theologorū {sui temporis} sine cōtrouersia princeps, de deo, quod 27
zelotes dictus sit {quasi zelotypus nostri amator, qui nullum in amore ferat riualem.} 19

ἡρμοσάμην despondi

Despondi enim.) ἡρμοσάμην, id est, Adaptaui siue adiunxi. Ambrosius legit paraui,
{quem pro ἡρμοσάμην legisse suspicor ἡρτυσάμην.} Hieronymus in Amos legit statui, sed 19
lapsus opinor memoria. {Augustinus aduersus Manichæos pro Genesi, libro secundo, le- 19
git, Aptaui uos uni uiro. Nam ἁρμόζω Grecis proprie est, apte & concinne applico, uelut ea quæ glutino aut ferrumine committuntur.}

Astutia sua.) Grecus addit in, In astutia sua, idq́ iuxta proprietatem sermonis Hebraici, pro eo quod est, per astutiam suam. <Atq́ quod hic recte omisit interpres, haud scio quo 22
consilio libenter addat alibi.>

Corrumpantur sensus.) φθαρῇ, Accommodato usus est uerbo, cum de uirgine meminisset. Et sensus Græcis non est αἰσθήσεις, ut de uisu, auditu, aut alijs similibus queat accipi, sed νοήματα, quod proprie ad mentem animumq́ pertinet. {Certe mentes, pro sensus le- 19
git Augustinus, loco quem mox adducemus.} Accōmodat enim allegoriam: Euæ decepti sunt oculi, Corinthijs timendum erat menti. Cæterum illud uerbum excidāt, nec est apud

Additum Græcos, nec apud Ambrosium. Proinde uidetur adiectum ab interprete, quod alioqui durius uideretur dicere, Corrumpantur à simplicitate. Neq́ enim simplicitas corrumpit animum, sed animus corruptus degenerat à simplicitate. Perinde ut Vergilius dixit, Quantum mutatus ab illo, non quod ille mutasset, sed quod illi dissimilis esset factus. Et apposi-
te uirgini tribuit simplicitatem memor allegoriæ suæ. {tametsi Ambrosius legisse uidetur 19
ἁγνότητι, cum pro simplicitate, legat castitate. Neq́ secus adducit Augustinus cum alijs
19: 16.cap.9 aliquot locis, tum libro aduersus Faustum XV capite tertio. <Rursus eiusdem operis libro 22
XXII cap. XLIX> Nisi quod hic utrunq́ coniungit. Ne corrumpantur mentes uestræ à simplicitate & castitate, quæ est in Christo Iesu.} Deniq́ non est simpliciter ne, sed μήπως id est, Ne quo pacto: nos uertimus, Ne quâ. Vehementius enim est addita coniunctione

Pauli ciuilitas expletiua. Quin & illud annotandum, ut obiurgaturus Corinthios arte subleuat illos, om-

16: cuidam nem inuidiam deriuans in corruptorem.

Quæ est in Christo Iesu.) τὴν εἰς τὸν χριστὸν, id est, Quæ est ergā Christum, siue in Christum, quia pure ac simpliciter illi obtemperamus.

Alius Iesus — 16-19: Vulgarius

Alium Christum.) ἄλλον ἰησοῦν, id est, Alium siue alterum Iesum. Ita consentiunt Græci codices, quos ego quidem uiderim. Atq́ ita legit & interpretatur Theophylactus, {con- 19
sentientibus scholijs. Ambrosius nobiscum legit Christum.} Illud obiter annotandū, quod Paulus admonet Corinthios, id nobis quoq́ magnopere cauendum, ne nobis alterum Iesum accersamus, ac fingamus potius, onustum opibus, onustum, imperio, ditione, uoluptatibus, & quicquid hic mundus habet præstigiarum, ad hæc ceremonijs plusquam Iudaicis obsitum, cum uerus ille ab omnibus hisce rebus fuerit purissimus.

Recte pateremini.) Cur non & hic sustinuissetis ἀνείχεσθε, uidelicet illos pseudapostolos

los, si quid docerent, quod nos non docuimus. Nunc cum nihil adferant de Christo quod nos non docuerimus, cur illos ostentantes sese tolerastis?

Nihil me minus fecisse.) μηδὲν ὑστερηκέναι τῶν ὑπὲρ λίαν ἀποστόλων, id est, Nihilo inferiorem fuisse excellentibus apostolis. Et in hunc sensum legit Ambrosius, Aestimo enim me in nullo inferiorem fuisse, ab ijs qui ualde sunt apostoli. Sentit enim de Petro, Iacobo, & Io- *Paulus nulla re inferior Petro*

19 anne, qui summates habebantur, ut indicant Graecanica scholia {cumque his consentiens

27 (Chrysostomus ac) Theophylactus. Sed mirum quomodo quae praecedunt & sequuntur, *19: Vulgarius*

in illos competant. Recentiores excusant non de his dictum, sed de his qui se fingebant à

35 Petro ac caeteris missos} [Porrò τῶν ὑπὲρ λίαν, plus quiddam sonat quàm excellentes, ob additam praepositionem ὑπὲρ, quasi dicas, supra modum excellentes apostoli, quod non absque stomacho dictum uidetur.]

Nam & si.) εἰ δὲ καὶ. Hic interpres frequenter pro δὲ uertit, nam. Porrò quamuis imperitus, aduersatur enim superiori parti, qua iactat se nihilo inferiorem summis apostolis.

Sed non scientia.) Cur non potius & Latinius & simplicius, Non autem scientia, siue cognitione? Laurentius merito ridet nonnullos, qui ex hoc loco Paulum colligunt balbum quempiam & impeditae fuisse linguae, quasi nihil intersit inter impeditum & imperitum, homines, inquit, uere impedito sermone, atque adeo scientia, cum Graece sit ἰδιώτης, id est, Idiota, quae uox illis tum priuatum, tum indoctum significat. Hieronymus hac *Paulus Graece parum peritus*

22 in re uarius est, compluribus locis clamans Paulum Graeci sermonis ⟨elegantioris⟩ ignarum fuisse, quod aliquoties suis quibusdam utatur uocibus, Ciliciae uernaculis, nonnunquam coniunctioni μὲν, non reddat eam quae respondet δέ. Ad haec quod hyperbatorum anfractibus molestus sit alicubi, quod interdum anapodoton relinquat orationem. Rursus alias in diuersum declamat, procul submouens eos, qui putent Paulum hoc ex animo dixisse, cum omneis sermonis proprietates pulchre tenuerit, omneis argumentationũ strophas ad unguem calluerit. Quin & diuus Augustinus in opere de doctrina Christiana, pleraque rhetorum schemata ex Paulinis adducit epistolis. Idem alicubi monet, & si, hoc loco non esse fatentis, sed concedentis ac donantis: ueluti si dicas, fac me esse imperitum ser- *Hieronymus sibi nõ cõstãs*

19 mone, certe nõ sum imperitus scientia {Porrò quod ad sensus attinet, nihil potest esse Paulo diuinius: sermo uero, licet his uacet soloecismis, quos plerosque illi addidit interpres, tamen politus dici non potest, iuxta morem humanum, cum Graeci interpretes passim tor-

27 queantur incommoditatibus orationis (quod non accidisset si nobis Isocratis aut Luciani lingua fuisset loquutus.)}

22 In omnibus autem manifestus sum uobis ⟨siue ut habent uetusti codices manifestatus sum.⟩ Graeca secus habent ἀλλ' ἐν παντὶ φανερωθέντες ἐν πᾶσιν εἰς ὑμᾶς. Quae quidem ad uerbum ita sonant: Sed in omni manifestati in omnibus in uos. Sensus autem hic est, Non sicut pseudapostoli sumus, qui fucati & personati, simulatione sanctimoniae uobis imponunt, sed in omni re, & inter omnes declarati sumus, & apparet quales simus erga uos. Et illud παντὶ referri potest ad rem, & ἐν πᾶσιν, ad personam, nisi mauis cõduplicationem facere ad uehementiam.

Aut nunquid peccatum feci.) Graeca sic habent ἢ ἁμαρτίαν ἐποίησα, An peccatũ feci, siue, an peccaui. Graeci non distinguunt inter an & aut. Apud Latinos plurimum interest, & quorsum attinebat addere quid, cum id Graecus sermo non habeat?

19 Alias ecclesias expoliaui.) ἐσύλησα, id est, Depraedatus sum {Nam bellicis metaphoris libenter abutitur Paulus, ut mox, Accepto stipendio.}

19 In ministeriũ uestrũ.) εἰς {siue ut est in quibusdã πρὸς τὴν} ὑμῶν διακονίαν, In hoc ut uobis ministrare, hoc est, uobis inseruiui sine uestro sumptu, stipendio interim ab alijs accepto.

Et egerem.) καὶ ὑστερηθεὶς, id est. Destitutus, uel cum deesset. Neque uero simplex, ut opinor, est emphasis coniunctionis καὶ, sed epitasin habet hoc loco, ut sit sensus, adeo nõ graui uos, ut nec egens id uoluerim facere. I *I: 16: In omnibus sine onere) P558 placed here*

Onerosus fui.) κατενάρκησα. quod uerbũ dictũ est ab ocio & torpore. Nam hi premũt *καταναρκεῖν*

19 & imminent alijs, unde petunt assidue, dictione composita {à} ναρκεῖν, quod est torpere: unde & νάρκη torpedo piscis, & praepositione {κατὰ}, quae frequenter in malã significat partem, ueluti in καταστρηνιάω & καταφρονῶ, praesertim cum hic quoque paterno iungatur ca- *{16: e tribus graecis* *{16: ἐν* *{16: 4 altera idem*

 sui

*16: placed on p558 at } sui κατενάρκησα οὐδενός.{Hieronymus in libello ad Algasiam admonet uocem esse Cilici- 22
p558 at } bus peculiarem}At si Paulus noluit cuiquam esse onerosus, qui tantū laborauit, qua fron- 19
te quidam expilant plebem, cum nulli sint usui?}
19: Et * In omnibus sine onere.) ἀβαρῆ, id est, Minime grauem, dictione composita.
Iurat Paulus Est ueritas Christi in me.) Hoc ueluti iusiurandum adiecit{quo confirmat quod dixit. 19
Id subindicat Ambrosius cum ait, sub testimonio Christi.}

Non infringetur.) οὐ φραγήσεται. Id scholia Græca exponunt, nō interrumpetur, neq; deficiet, hoc aiunt, significans, se nec in posterum aliquid ab illis accepturum, ut non præcludatur sibi hæc occasio gloriandi, quod gratis docuerit euāgelium. Interrumpitur enim quod non est perpetuum. At ille iurat eam gloriam sibi fore perpetuā, ne cui grauis esset. Verbum dictum est ab intersepiendo, nam sepe obiecta excludimur. Nec enim est In me, auferendi casu, sed accusandi εἰς ἐμέ, quasi dicas, aduersum me.

Quia non diligo uos.) Apertius erat, An quod non diligam uos, mutato uerbi modo. Nam Græci negligunt differentiam huiusmodi.

Quod autem facio & faciam.) Non sensisse uidetur interpres elegantiam huius con-
Vis καὶ iunctionis καὶ, quam hoc loco & similibus habet apud Grecos, ὃ δὲ ποιῶ, καὶ ποιήσω, id est, Quod facio, hoc etiam sum facturus in posterum, siue quod facio, idem & in posterū sum facturus. Deinde licet Græcis unica sit coniunctio δὲ, quæ pluribus Latinis respondeat, autem, sed, uero{uerum}porrò, cæterum, rursum, contra, & his similibus, nonnihil tamen 22
apud nos interest, quam quo loco colloces. Hic magis cōgruebat, sed, q̃, autem. An quod non diligam uos? deus nouit. Sed quod facio &c.

Vt in quo gloriantur.) ἵνα ἐν ᾧ καυχῶνται. Ambrosius propius accessit ad Græca, Vt in eo quod gloriantur, reperiantur ut & nos, hoc est, si & illi gloriantur se gratis euangelizare, nec in hoc erunt nobis præstantiores: cum ipse gratis doceam & egens.

Eiusmodi pseudo apostoli.) Pseudapostoli dicendū composita dictione, quemadmodum est apud Græcos, nec potest in duas diuidi: Latine sonat, falso titulo apostolos{Apo- 22
stolus enim eius agit negocium à quo missus est, isti suis commodis seruiunt.}

Si ministri eius.) εἰ καὶ οἱ διάκονοι, id est, Si & ministri: & ita legit Ambrosius. Et transfigurat se, Græce est transfigurat: & transfigurantur, μετασχηματιζόμενοι, μετασχηματίζεται.

Alioqui uelut insipientem.) εἰ δὲ μήγε, id est, Sin aliter, id est, Si minus persuadeo me non esse insipientem {qui non ob inanem gloriam, sed necessitate compulsus hæc de me 19
prædicem}tolerate me tamen gloriantem tanquam insipientem.

Vel ut, pro uelut {Velut insipientem accipite me.) κἂν ὡς ἄφρονα, id est, Etiam ut insipientem. Fortassis 19
interpres καὶ uertit in uel, Vel ut insipientem: eas coniunctiones nos male coniunximus.}

Modicum quid.) μικρόν τι, id est, Paululum siue paulisper, aut aliquantisper.

Secundum deum.) κατὰ κύριον, id est, Secundum dominū, quemadmodū & in superio-
16: stultum ri epistola scripsit, Ego non dominus, & dominus non ego. Humanum quiddam, parumq; seuerum significat, quod negat esse secundum dominum.

In hac substantia gloriæ.) ἐν ταύτῃ τῇ ὑποστάσει τῆς καυχήσεως, id est, In hac parte siue materia gloriationis. Et sic legit diuus Ambrosius{substantia gloriationis.} 19

16-19: Vulgarius Si quis accipit.) εἴ τις λαμβάνει. Quod præcessit κατεσθίει uidetur ad cibum pertinere, quem illi sumebant apud discipulos, hoc ad munera. Theophylactus putat idem bisdictū, Deuorat & accipit, ut intelligamus insatiabilem auferendi auiditatem in pseudapostolis, cum summa coniunctam arrogantia.

Secundum ignobilitatem dico.) κατὰ ἀτιμίαν. Magis quadrabat, Iuxta contumeliam. Exponit enim illa atrocia, si quis uos deuorat, si quis in faciē cędit &c. Non, inquit, quod ista uos patiamini à pseudapostolis, sed quod{quantū}ad cōtumeliæ rationem attinet, non 19
leuiora patiamini ab istis, quàm si ista pateremini.

Superest in nostris Quasi nos infirmi fuerimus in hac parte.) In hac parte, non reperio in Græcis codicibus, quos ego sanè uiderim.

In quo quis audet.) ἐν ᾧ δ' ἄν τις, id est, In quocūq; uero aliquis audet.{Corrigit enim 19
quod modo dixerat, quasi nos minus ualuerimus in hac parte, hoc est, in argumento gloriandi. Tantum autem hoc abest, ut illis hic quoq; par sim in omnibus, in nonnullis etiam

superior

superior. Proinde nos uertimus per imò, quo foret euidentior correctio.}

In insipientia dico.) Hoc per parenthesin interiecit, memor eius quod ante dixerat, Nō loquor secundum dominum, sed uelut in insipientia.

Ministri Christi sunt.) Post hanc partem Græcis non repetitur, & ego. Imò id additum Ordo
subuertit totam sententiam: sic enim legendum: Ministri Christi sunt, plus ego: deinde il-
22 lud παραφρονῶν λαλῶ, id est, desipiens dico, per parenthesin interiectum est <ut modo sub-
monui> Consentit cum Græcorum exemplaribus Ambrosius, ad hunc legens modum:
Ministri Christi sunt, uelut insipiens dico, magis ego. Nam in cæteris quidem æquabat se
se cæteris apostolis, at in eo quod apostolorum est proprium, semet illis anteponit, non solum æquat. Verū quoniam id arrogantius dictum uideri poterat, præmunit stultitiæ prætextu, quemadmodum & initio fecit. Quod si maxime sic legeretur, ministri Christi sunt
& ego, ut minus sapiens dico plus ego, nihil erat necesse sensum eum inducere, quem ex
Aquinatis sententia induxit Nicolaus cognomento de Lyra, qui ab hoc loco, Vt minus sapiens dico, plus ego, nouum facit orationis caput, & ad hunc edisserit modum: Si uideor, Thomas & 
inquit, uobis insipiens me pseudapostolis adæquando, adhuc uidebor uobis minus sapiēs Lyranus
me eis præferendo. Poterat enim illud, plus ego, per correctionem subijci, præmissa miti-
gatione insolentiæ, nempe hoc modo: Ministri Christi sunt, sum & ego. Quid autem dixi
& ego? Imò, ut stultorum more loquar gloriosius, plus ego. Quanquam non est huius instituti discutere, quid huiusmodi scriptores senserint, quos constat, ueterum ignaros litera
rum, tumultuario studio hinc atq; hinc consarcinatis glossematis, sacras tractasse literas. 16: tulisse
Cum antiquis potius nobis res est. Cæterum de orationis ornamentis & schematibus qui
27 bus totus hic sermo picturatus <ac modulatus> est, qui plenius uelit cognoscere, legat quarti de doctrina Christiana libri caput quartum.

In laboribus plurimis.) περισσοτέρως, id est, In laboribus abundantius. Fortassis interpres uertit pluribus, id quod erat tolerabile. Quanquam apud Græcos alius est ordo, ἐν
κόποις περισσοτέρως, ἐν πληγαῖς ὑπερβαλλόντως, ἐν φυλακαῖς περισσοτέρως, id est, in laboribus
abundantius, in plagis supra modum, in carceribus abundantius. Nam quod interpres bifariam reddidit, Græcis unicum est aduerbium περισσοτέρως. Etiamsi comparatiuum positum est uice superlatiui.

Supra modū.) ὑπερβαλλόντως, id est, Eximie, & ut ita dicam, excessiue, & supra quàm 16-22:
credi possit: ut non admodum ad rem faciant qui interpretantur supra modum humanæ nihil agant
uirtutis.

Quadragenas.) τεσσαράκοντα, id est, Quadraginta, quanquam recte uertit, significans Quadra-
illum quinquies uapulasse, & unoquoq; tempore quadraginta plagis cæsum fuisse, si mo genæ
19 do id uerum est, {quod certe uerisimillimum est, præsertim cum apud Iudæos uapularit.}
Sic enim sentit diuus Ambrosius, addens id præceptum in libro Deuteronomij, ut plagis
19 trigintanouem emendarentur, qui cōmeruissent {Legimus autem ad hunc modum Deuteronomij capite uigesimoquinto: Pro mensura peccati erit & plagarum modus: ita duntaxat, ut quadragenarium numerū non excedant, ne fœde laceratus ante oculos tuos obe
at frater tuus. Proinde probabile est ob humanitatem, unam plagam remitti solitam, ut ci-
22 tra numerum præscriptum consisterent} <Quod quidem haud scio unde haustum indicat
Lyranus, & glossa quam uocant ordinariam>. Valla mauult quinquies undequadraginta
accepi, subaudiendum autem haud dubie plagas.

27 Ter naufragium feci.) τρὶς ἐναυάγησα, <quasi dicas, naufragatus sum> Latine sanè uertit, 16 quidem
naufragium feci, pro naufragium passus sum. Quemadmodum Terentius dixit: Is nauem
fregit apud Andrum, de eo cui nauis esset fracta tempestate.

Nocte & die.) νυχθήμερον ἐν τῷ βυθῷ πεποίηκα, id est, Noctem & diem in profundo egi.
19.22 Nec additur maris, {etiamsi de mari interpretatur Ambrosius <atq; etiam Theophylactus.>
potest tamen βυθὸς & alterius rei profundum dici, ueluti carceris.}
19 {Periculis ex genere.) Non sentit proprie de cognatis, sed Iudæorum gentem, genus * 16: precedes
suum uocat, cui mox opponit gentes.} Nocte & die) above
* In falsis fratribus.) Græcis unica dictio est ψευδαδέλφοις, hoc est, falso Christianis, qui Falsis fratres
se fingerent esse discipulos Christi, cum non essent. Nam ut sæpius iam admonui, fratres

absolute dicebantur omnes Christiani, Quod quidem cognominis, nunc à paucis occupa
tum est, uelut ad illos solos reciderit Christianismus {ac uulgo pene inuisum habetur, cum 19
non sit aliud charitatis nomen plausibilius.}

In labore & erumna.) κόπῳ καὶ μόχθῳ. Propemodum bis idem dixit. Nam μόχθος quo
que labor est, sed qui difficultatem habeat adiunctam. ⟨Hinc Græcis μοχθηροὶ dicuntur cala 22
mitosi.⟩ Vnde Ambrosius, molestiam legit pro erumna.

Vigilijs multis.) Pro multis, Græce est πολλάκις, id est, Sæpe. Itidem est, in ieiunijs sæ
pe. πολλάκις, non πολλαῖς.

Præter illa quæ extrinsecus sunt.) χωρὶς τῶν παρεκτὸς, id est, Præter ea quæ foris & ex
trinsecus accidunt. Ad eum quidem modum pleriq; edisserunt. Cæterum (Chrysostomus 27
16-19: Vulgarius
& hunc sequutus) Theophylactus παρεκτὸς accipit pro præter, quasi dicas, præter ea quæ
† ut   Sensus
prætermitto: ut sit sensus Paulum, nec in hoc suorum malorum catalogo recensuisse om
16-19: Pauli   duplex
nia {consentiunt & Græcanica scholia} Verum utra sententia magis approbanda, pruden 19
ti lectori perpendendum relinquo.

ἐπισύστασις duo significat
Instantia mea quotidiana.) Hoc separatum est à superioribus ἡ ἐπισύστασίς μου ἡ καθ'
ἡμέραν. Quanquam {hæc particula καθ' ἡμέραν} potest utroq; referri {ad instantiam & } ad so 19
Sensus duplex
licitudinem quotidianam. (Chrysostomus ac Theophylactus referunt ad id quod præces 27
sit ἐπισύστασιν. Nam commentario interiecto, subijciunt sollicitudo omnium ecclesiarum.)
Græcanica scholia interpretantur ἐπισύστασιν non curam ac diligentiam, sed conspiratio
nem in Paulum: ut intelligas præter eas persecutiones quæ foris erant, hoc est, ab ethnicis,
↓ C
quotidie ferendas insidias {& insultus populorum ac ciuitatum seditionem mouentium in
Euangelium} {Cæterum Ambrosius interpretatur, urgentes curas omniũ ecclesiarum, quę 19
Paulo imminebant. Atq; in hanc sanè sententiam adducit locum hunc Augustinus edisse
rens Psalmum nonagesimum octauum: Incursus in me quotidianus, sollicitudo omnium
ecclesiarum, ut per appositionem copules ἐπισύστασις & μέριμνα. Et in hunc sensum com
mode uerti poterat, Incumbens mihi quotidiana sollicitudo pro ecclesijs.}

16: redundat justa graecos
Et pater domini nostri Iesu Christi.) Nostri, in nonnullis Græcorum exemplaribus nõ
apponitur. Et est absolutius {simpliciter} uocari dominum, qui dominus sit omniũ {nisi quid 19
aliud suaserit addi.}

Damasci aduerbialiter
Damasci præpositus.) Genitiuus Damasci, hic est aduerbialis, nam præpositus ad se
quentia refertur ἐθνάρχης ἀρέτα, id est, Gentis præfectus Aretæ regis. Aretas rex, is erat so
cer Herodis ⟨Tetrarchæ, siquidem is rex fuit Arabiæ Petreæ & Damascenæ ciuitatis quæ 22
Arabiæ uicina est, dominus, ut docet Iosephus libro Iudaicarum antiquitatum xviij⟩ Eum
igitur significat quem Aretas rex Damasco præfecerat.

Et me comprehenderet.) πιάσαι με θέλων, id est, Comprehendere me uolens.

16: Eius
Et sic effugi manus eius.) Sic, non est apud Græcos, sed tantum est καὶ ἐξέφυγον, id est,
Et effugi. ⟨Nec addebatur in codice Donatiani⟩ (ne in Constantiensi quidem.) 22·27

EX CAPITE DVODECIMO

Si gloriari oportet
Si gloriari oportet.) Græce sic habet καυχᾶσθαι δεῖ, οὐ συμφέρει μοι. Quanquam
Lectio diuersa
Laurentius in plerisq; codicibus δὴ legit, non δεῖ, ut sit sensus, gloriari certe
nõ expedit mihi (ita sanè Chrysostomus etiam interpretatur & huius imita 27
tor Theophylactus, admonentes hunc esse transitum ad cõmemorationem
eorum quæ plus etiam habent gloriæ.) Quod si cui placet δεῖ, id est, oportet,
ita legendum est, ut gloriari oportet, legatur per interrogationem: deinde ipse sibi respon
16-22: superiorem lectionem
deat, non expedit. In hunc sensum legit Ambrosius. Verũ superior lectio mihi sanè multo
magis probatur, quod appareat hunc locum ex superiore mutatum, ubi dixerat: Si gloria
† 16-22: sequitur Vulgarius/ Theophylactus
ri oportet, in his quæ infirmitatis meæ sunt gloriabor, minus enim illic periculi. Cæterum
ubi uentum est ad reuelationes, contrahit sese, negans esse gloriandum, etiamsi uera sint
quæ dicturus est, quod hæc magis obnoxia sint suspicioni iactantiæ, quàm illa. Iam quem
Ac ↓ 1
admodum erratum est à librarijs in δεῖ & δὴ, siue δὲ, ob affinitatem & elementorum & uo
cum, ita consentaneum est erratum fuisse in μὴν, & μοι. Neq; enim Græci legunt, Non ex
pedit quidem, sed nõ expedit mihi οὐ συμφέρει μοι. Idq; accõmodatius est ad Pauli senten
tiam, ut sit sensus: Vobis (quidem) expedit, ut cognoscatis, qualem habeatis apostolum, 27
longe

C 16: insidias suorum clanculum insidiantium Paulo. Et pater   19-22: Caeterum
19-22: Postremum
22: Theophylactum } 1 16-22: δὲ, nam ita lego apud Vulgarium ob

19 longe alium, quàm sint isti supercilíosi, Verum mihi non expedit{narrare}ut cui tutum nō
sit, siue propter discrimen inanis gloriæ, siue propter suspicionem hominum, quibus uide/
bor hæc iactantiæ gratia comminisci, quemadmodum plerique solent. Et mihi, legit Ambro
sius, non quidem, nec addidit, Si gloriari oportet, sed nō expedit mihi. Iam quod sequitur,
multo cohæret aptius cū superioribus: Veniam enim ad uisiones, ueluti causam reddens,
cur dixisset non expedire sibi super hisce rebus gloriari. Neque enim apud Græcos est hoc
loco autem δὲ, sed γὰρ enim, mire consentientibus exemplaribus. 16-27: Novi

Scio hominem.) annotandum hoc loco non apponi Græcum articulum, ne certum ali Articulus
quem hominem designare uideretur, sed in genere dixit hominem, οἶδα ἄνθρωπον. omissus

Siue in corpore.) Post hanc particulam additur οὐκ οἶδα, id est, Non noui, quæ post al/
22 teram item repetitur, siue in corpore nō noui, siue extra corpus nō noui.(Cōsentiebat Græ
cis codex Donatiani, qui sic habebat scriptū, siue in corpore nescio, siue extra corpus nes/
27 cio)(Eandem scripturam habebat codex Constantiensis)Et pro siue, Latinius uertisset, an.
35 Arcana uerba.) ἄῤῥητα ῥήματα, id est, Non dicenda siue ineffabilia uerba.[Subest taci/
ta gratia in Græcis uocibus cognatis & contrarijs, quasi latine dicas, indicenda dicta, pro
non dicenda dicta.]

Pro huiusmodi gloriabor.) ὑπὲρ τοῦ τοιούτου. Et uidetur magis pertinere ad hominem 16-27: Super
quàm ad rem. Narrat enim Paulus hanc rem, ueluti de alio quopiam, quem tamen noue/
rit: Ergo de me, inquit, nō gloriabor. Verum de huiusmodi homine quem noui gloriabor,
22 ueluti dissimulans se esse illum de quo loquitur.(Sic fermè Theophylactus.)

Pro me aūt nihil.) ὑπὲρ δὲ ἐμαυτοῦ οὐ καυχήσομαι, id est, De meipso autē nō gloriabor.

Ne quis me existimet.) μήτις εἰς ἐμὲ λογίσηται, ὑπὲρ ὃ βλέπει με, ἢ ἀκούει τι ἐξ ἐμοῦ, id est, Ne
quis existimet in me, supra id quod uidet me, aut audit aliquid ex me. Illud autem In me,
22 perinde est, ac si dicas, cogitet de me aut tribuat mihi.(Videt me legit Ambrosius, reddens
27 ad uerbum sermonem)(atque idem habebat uterque codex Constantiensis.)

Et ne magnitudo.) Græce sic habet, καὶ τῇ ὑπερβολῇ τῶν ἀποκαλύψεων, ἵνα μὴ ὑπεραίρω-
27 μαι ἐδόθη μοι σκόλοψ τῇ σαρκί, ἄγγελος σατᾶν, id est,(Et)ne cexcellentia reuelationum extol/
lar, datus est mihi stimulus carni, siue in carne, angelus satan. Atque ita fermè legit Ambro/
19 sius{Augustinus in quæstionibus super librum Iudicum, legit, Et in magnitudine reuela/ 16-19:
tionum ne extollar, quasi legisset, ἐν τῇ ὑπερβολῇ}Cæterum nō est hic κέντρον, ut in actis, actibus
19 sed σκόλοψ, quod palum præacutum sonat{Nōnulli stimulum hunc interpretantur, motus Stimulus
35 & affectus libidinis, quod demiror ulli docto Theologo placere.[Quid enim absurdius quàm carnis quid
putare tantū apostolum iam senem adhuc solicitari urtica libidinis, & ita solicitari ut hac
gratia coactus sit ter interpellare dominum. Mouet istos mentio carnis, ac statim putant
de Venere uerba fieri, quemadmodū Augustinus concupiscentiæ uocem ferme interpre/
tatur affectum coitus, quum Paulus omnem affectum humanum qui non proficiscitur à
spiritu dei carnem appellare soleat. Sed idem externas molestias quas humana uita secum
differt carnem appellat, ueluti quū de coniugatis loquens dicit, ueruntamen tribulationē
carnis habebunt huiusmodi. Quod autem hoc loco infirmitatem sentiat non morbū cor/
poris, sed afflictionem ab inimicis illatam, testantur ea quæ sequuntur, libenter gloriabor
in infirmitatibus meis &c. Ac mox explicat quas dicat infirmitates, propter quod inquit,
placeo mihi in infirmitatibus meis, in contumelijs, in necessitatibus, in persequutionibus,
in angustijs pro Christo. Et superiori capite præfatus est. Si gloriari oportet, quæ infirmita
tis meæ sunt gloriabor.]Diuus Hieronymus in commentarijs, quos ædidit in epistolam ad
Galatas, refert quosdam sensisse stimulum hunc, fuisse corporis aduersam ualetudinem,
27 quod Paulus crebro capitis dolore solitus sit affictari(Refert hoc Theophylactus) Tho/
27 mas Aquinas, haud scio quem secutus, ait eum iliaco morbo fuisse obnoxium.(Chrysosto
mus homilia de laudibus Pauli sexta, interpretatur de contempto corporis dolore) At mi/
hi uero proximum uidetur, quod ait Ambrosius, insectationem malorum hominum, quæ
illi negocium facessebat assidue, uocari stimulum. Sic enim inquit, Hoc ergo remediū da/
22 tum est Apostolo, ut iniurijs aduersariorum pressus, animo non posset extolli.(Siquidem
27 hac parte prosunt nōnunquam & inimici docentes nos sobrietatem ac modestiam)(Theo/
phylactus indicat quosdā ὑπεραίρωμαι interpretari, extollar, hoc est supra modū glorificer
ab

ab hominibus, Verum hoc commentum reijcit. Mouet autem quæstionem, quur quum
multos pateretur aduersarios, Hermogenem, Phygelum, Alexandrum, pseudapostolos di
xerit satan, & quur hunc uocet angelum.)
Qui me colaphizet.) ἵνα με, id est, Vt me. Et sic legit Ambrosius. Quanquam qui pro
ut poni solet interdum.
Qui me colaphizet.) Post hæc uerba rursum inuenio repetitum, ἵνα μὴ ὑπεραίρωμαι,
id est, Vt ne extollar. Atque ita legit Ambrosius. Quanquam plus sonat Græca uox, quam
↓ C extollar, imò supra modum efferar, quasi dicas superefferar (plus satis.) 27
Propter quod.) ὑπὲρ τούτου, i. De hoc, uel pro hoc, & refert ad superiora, nō ad sequentia.
Virtus per infirmitatem
Nam uirtus.) Græce est uirtus mea ἡ δύναμίς μου. {Sunt enim uerba domini Paulo re/ 19
spondentis} Nec est uirtus ἀρετὴ, ut opponatur uitio, sed δύναμις ut opponatur infirmitati.
Sentit enim uirtutem ac potentiam diuinam longe diuersa ratione declarari, quàm poten
tiam mundi. Siquidem hæc uiribus & ui innotescit, illa contra tolerando {Potest & hic acci 19
pi sensus, Virtus diuina maxime illustratur, cum is per quem fit, infirmitatis suæ conscius,
nihil inde sibi uindicat, sed uniuersam laudem uni deo tribuit. Ambrosius uidetur diuer/
sam sententiam sequi, quę mihi tamen non admodum probatur. (Tametsi Theophylactus 22
attingit eandem) {Et Augustinus libro ad Bonifacium Episcopum tertio capite septimo re 35
fert ad uirtutem hominis, quæ in futuro seculo perficietur, quum hic nō sit ἀρετὴ, sed δύ/
ναμις} Asscribit enim (Ambrosius) ut deuotio dum infirmitate pressuræ accedentis nō fran 27
gitur, probata uideatur, ut respondeat illi quod mox sequitur, Cū enim infirmor, tunc po/
tens sum} Porrò festiuiter retulit inter se duo pugnantia, δύναμιν & ἀσθένειαν.
Libenter.) ἥδιστα, id est, libentissime. Et nō simpliciter est gloriabor, sed μᾶλλον καυχήσο/
μαι, id est, magis siue potius gloriabor. Neque pugnat hic cōparatiuū cū superlatiuo, cū po/
tius, nō pertineat ad modum gloriandi, sed ad argumentū & materiam gloriandi. Vtrun/
que autē coniunxit Ambrosius. Sed ego potius hoc loco malim quàm magis.
Propter quod placebo.) διὸ εὐδοκῶ, id est, Propter quod placeo, siue placitum est mihi
16: tr 16 ↑ meis {concordantibus & Latinis emendatioribus} Nec additur meis {tantū est} In infirmitatibus} 19
(Consentiebat exemplar Constantiense, mox enim exponit quid appellet infirmitates.) 27
} 16: id est Factus sum insipiens.) γέγονα ἄφρων καυχώμενος. {Potest accipi & hoc sensu} Fui insi/ 19
piens glorians siue gloriando.
Nihil minus feci.) Id quo pacto uertendū fuerit, superius ostendimus, Nihilo inferior
fui. Ambrosius legit, Nihil enim minus feci.
16: [ὑπερλίαν. excellentissimorum apostolorum
Supra modum apostoli. τῶν ὑπὲρ λίαν ἀποστόλων, id est, Excellentissimis apostolis {Am 19
brosius legit, quàm illi ualde apostoli} Conduplicauit enim aduerbium epitaseos, quo ue/
hementior esset oratio. Quandoquidem hoc loco ὑπὲρ aduerbium est, non præpositio, de/
clarans excellentiam. idque non citra stomachum dixit, non quod tales essent, sed quod tales
haberi uellent {ne uideatur de Petro & Iacobo sensisse.} 19
Tametsi nihil sum.) εἰ καὶ οὐδέν εἰμι. Hæc particula referenda est ad superiora, ut miti/
16: apostolos get quod dictū uideri poterat arrogantius, Nihilo inferior summis apostolis: nam proxi/
mus sermo habet μὲν quę prohibet sic legi, ut legit Ambrosius, q addidit, tamē, loco quidē.
(Legit enim ad hunc modū, Nihil enim minus feci quam illi ualde apostoli. Et interiecto com/ 27
mentario subijcit, uelut alterius sermonis initium. Et si nihil sum tamē signa apostoli &c.)
Signa apostolatus.) Græce est apostoli, ἀποστόλου, nō ἀποστολῆς {Signa apostoli, nō aposto 19
latus} (Nec uero prorsus ociosa est Græca coniunctio μὲν, extenuat enim quasi dicas certe.) 27
Facta sunt super uos.) ἐν ὑμῖν, id est, In uobis, ut legit Ambrosius, uel potius Inter uos,
hoc est, uobis uidentibus. Interpres legisse uidetur ἐφ᾽ ὑμῖν.
* 16: entries reversed
* Et uirtutibus.) δυνάμεσι. Vt intelligas potentiam miraculorum.
* Minus habuistis præ cæteris ecclesijs.) ὃ ἡττήθητε, id est, In quo inferiores fuistis, cæteris
Ironia in literis sacris
ecclesijs. {Donate mihi hanc iniuriam.) χαρίσασθε. Quod ego maluissem condonate, 19
siue, ut magis exprimam uocem Græcam, Huius iniuriæ mihi gratiam facite. Siquidem
hic sermonis color frequens est apud Suetonium, & apud Salustium. Admonet diuus Au
gustinus libro primo contra aduersarium legis & prophetarū, non hoc simpliciter dictum
à Paulo, sed ironia potius exprobrantis, quale putat illud in Genesi: Ecce Adam factus est
tanquam

C 22 only: superefferar. Efferat plus satis apud homines Theophylactus & hoc attingit. Propter

tanquam unus ex nobis. Cur enim rogaret sibi ignosci, qui profuerit officio? } • • 16: Cap. XIII begins here
Ecce tertio hoc.) Hoc, non est apud Græcos, ἰδοὺ τρίτον ἑτοίμως ἔχω ἐλθεῖν πρὸς ὑμᾶς, id
est, Ecce tertio paratus sum uenire ad uos. Interpres & Ambrosius legisse uidentur τρίτον
τοῦτο, id est, Hac tertia uice, ut paulo post.
Superimpendar ego ipse.) Ego ipse, non est apud Græcos. Nec est superimpendar, sed
expendar, ἐκδαπανηθήσομαι. Etiamsi ad hunc modum legit Ambrosius. Vnde coniici po
test, exemplaria uariasse. ‡ 16-19: esto
19 Sed {ego uos grauaui.) Græce est, Sed esto, ego uos non grauaui {suffragantibus nostris Mendum
codicibus emendatioribus, atque item Ambrosio qui legit, Sed esto, ego uos non grauaui.} manifestariũ
27 (Dilucidius erat si ego uertisset in ipse quo Pauli persona discernatur à pseudapostolis.) in nostris
Nunquid per aliquem eorum.) Grece est μήτινα ὧν ἀπέσταλκα πρὸς ὑμᾶς, δι' αὐτοῦ ἐπλεο-
νέκτησα ὑμᾶς, id est, Num aliquem eorum quos misi ad uos, per hunc uos circumueni, siue fraudaui uos? Sed hoc loco parum respondet ordo grammaticus. Cum enim diceret μή
19 τινα, uidetur aliud quippiam adiecturus fuisse, quod obliuione mutarit {præsertim cum nõ
respondeat casus. Alioqui uideri poterat ex idiomate Hebraico repetisse per hunc, cum
27 præcesserit per aliquem} (Admonendus & hoc lector rudis ὧν articulum nõ congruere suo Articulus nõ
uerbo ἀπέσταλκα, sed nomini præcedenti τινά.) congruens
Nunquid Titus uos circumuenit.) ἐπλεονέκτησε. Quod Paulus aliquoties usurpat tran suo uerbo
sitiue, pro eo quod est, per auiditatem extorquere, siue occupare plus quàm oportet. Nec
male hoc loco legit Ambrosius: Nunquid auarus in uos fuit Titus? Nos uertimus, Nunquid à uobis extorsit?
Olim putatis.) Non est olim, sed πάλιν, id est, Rursum siue iterum. Interpres fortassis
legit, aut certe somniauit πάλαι, quod significat olim. Ambrosius legit, iterum, hoc est, πά
λιν, quod ante uisus sit sese prædicasse. {see ** below
Omnia enim.) Omnia autem: & ἀγαπητοί, id est, Dilecti.
19 Et ego inueniar à uobis.) A, superest iuxta Grecos codices {Sat em̃ erat inueniar uobis.}
19 * Animositates.) θυμοί, id est, Iræ {etiamsi θυμὸς sonat impetum animi efferuescentis. Est θυμός
enim Græcis θυμὸς ea pars animi, quam Plato ponit in præcordiis, & obstrepit rationi, cui
27 sedem tribuit in cerebro} (Alibi uertit furorem, Domine ne in furore tuo ἐν θυμῷ σου.) * 16: entries reversed
19 * Sint inter uos.) Hæc tria uerba, quoniam in Græcis quæ {quidem} legerim exemplari- Superest in
19 bus non habentur, addita conijcio, quo sermo fieret dilucidior {Cæterũ Græce non est sim nostris
pliciter ne μή, sed μήπως, quod reddi poterat, Ne quo pacto, aut, ne quo modo. Nam exple
tiua cõiunctio ita uerbũ diminuit, ut sententiã augeat. Vult em̃ Paulus nullo pacto, inter ** 16: placed above at {
illos esse quicq̃ omnino dissidij} Dissensiones, ἐριθεῖαι, id est, Cõtentiones siue certamina.
Et non egerunt pœnitentiam.) μὴ μετανοησάντων, id est, Non pœnituerunt, siue quos Agere pœ-
27 nõ pœnituit. (Quanquam aliâs admonuimus agere pœnitentiam idem esse Latinis quod nitentiam
pœnitere, quemadmodum agere uitam, idem quod uiuere, uerum durius est nisi addas ge
nitiuum significantem id cuius nos pœnitet.)

19 {EX CAPITE DECIMOTERTIO}

ECce tertio.) τρίτον τοῦτο ἔρχομαι πρὸς ὑμᾶς, id est, Hac tertia uice uenio ad
uos. Nam τρίτον, id est, Tertiũ, hic aduerbium est, nõ nomen. Nec additur,
ecce hoc loco, uel apud Grecos, uel apud Ambrosium. Verum ex superiori
loco huc deportatũ fuit, quemadmodũ illuc, pronomen hoc, ex hoc loco.
Vt in ore duorum.) Vt, redundat, tantum est, In ore duorum testium uel Vt redundat
19 trium stabit omne uerbum {Ita legitur & apud Ambrosium.}
19.22 * Prædixi enim & prædico.) Enim, redundat {licet addatur apud Ambrosium} (in conte- * 16: precedes Ecce tertio.) above
xtu. Quanquam in commentarijs non liquet quid legerit.)
Vt præsens uobis.) Græce sic habet, ὡς παρὼν τὸ δεύτερον, καὶ ἀπὼν νῦν γράφω, id est, Vt Græca à no-
præsens iterum siue secundo, & absens nũc scribo, ut intelligas eum cum adesset secundo stris dissident
prædixisse, quod nunc absens tertio predicit scribens. Ambrosius τὸ δεύτερον uertit secun
do aduentu, ut referatur ad participium παρών, & non ad sequentia καὶ ἀπὼν νῦν γράφω, ut
intelligamus eum bis fuisse Corinthi. Et in hunc sensum exponit & Theophylactus. 16-19:
An experimentum quæritis.) Non est an, sed quandoquidem, ἐπεί. Et rectius uerti- Vulgarius
set

ſet,loquentis in me Chriſti,id eſt,an Chriſtus in me loquatur.In Ambroſio legitur quomodo{unde legiſſe uidetur πῶς. Quomodo probationem quæritis &c}ſed opinor ſcriptum 22
fuiſſe,quoniam,aut certe quando: pendet enim à ſuperioribus, non parcam, quandoquidem quæritis experimentum, an & in me Chriſtus loquatur, quemadmodum & in cæteris apoſtolis{hoc eſt, an mea præcepta, ſint ab humano profecta ſpiritu, an dei}Iam uero 19
quorſum opus erat, interpreti addere eius, Eius qui in me loquitur Chriſtus? Quod primum non eſt apud Græcos, deinde non citra ſolœciſmum acceſsit orationi. Laurentius mauult documentum aut ſpecimen pro δοκιμὴν. Quod hic uertit experimentum{Ambroſius{legit}probationem.} 19 27

16: inhabitet

Qui in uobis non infirmatur.) In uos eſt, εἰς ὑμᾶς, hoc eſt,Erga uos.Et item paulo poſt. In uirtute dei in uobis.) εἰς ὑμᾶς,hoc eſt, Erga uos.Et ita legit Ambroſius.

Niſi forte reprobi eſtis.) εἰ μήτι,id eſt,Niſi in aliquo.Ambroſius omittit forte,nam τὶ ſolet nonnunquam addi feſtiuitatis cauſa magis quàm uſus.

16: quod soleat

* Quod cognoſcitis. ὅτι γνώσεσθε, id eſt, Cognoſcetis.Ambroſius legit,Spero autem cogniturος uos.

* 22-27: entries reversed

Oramus autem deum.) εὔχομαι δὲ πρὸς τὸν θεόν, id eſt,Opto autem apud deum,numero ſingulari. Ac mox,Hoc & oramus, τοῦτο δὲ καὶ εὐχόμεθα,id eſt,Hoc autē etiam optamus, tantum abeſt ut doleamus{Ambroſius legit in ueſtram conſummationē, haud ſcio an deprauata ſcriptura.Nam apud Græcos in,non additur}{Conſentiebat cū Græcis uterq; codex Conſtantienſis.Hoc ipſum enim eſt quod optat nimirū illorū conſummationem.) 22 27

16-27: autem

16-27: fortes

Deprauatum quando in quoniam

* Gaudemus enim quoniam nos infirmi ſumus,uos autē potentes.) Palàm eſt hic quando mutatum eſſe in quoniam, quandoquidem Ambroſius legit. Cum nos infirmamur, uos autem fortes eſtis.{Exemplar Conſtantienſe utrunq; habebat quando non quoniam.} 27
Et Græca ſic habent, ὅταν ὑμεῖς ἀσθενῶμεν,ὑμεῖς δὲ δυνατοὶ ἦτε, Cum nos infirmi fuerimus, uos autem fortes fueritis. Neq; enim id affirmat eſſe, ſed gaudere ſe dicit, ſi ita ſit.{Et hic 27
Apoſtolus omiſit alteram coniunctionem, μὲν, quod Hieronymus alicubi tribuit imperitiæ Græci ſermonis.Rurſus εὐχόμεθα uerti poterat,gloriamur, uos eſſe tales.Se uocat infirmum quod nihil ualeat aduerſus innocentes,& potentes ſunt,qui nō peccant. Non enim eſt quod metuant apoſtolum.)

Durius agam.) ἀποτόμως χρήσωμαι, id eſt, Præciſe ſiue exacte,quod Latini uocant ad uiuum,ut ſuperius admonuimus.Græcus ſermo ad uerbum ita ſonat, Ne rigide utar,hoc eſt,ne ſeuere me geram.

De cætero.) λοιπόν, id eſt, Quod ſupereſt.Et χαίρετε, quod & ualete ſignificat, hic potius erat uertendum ad eum modum.

Perfecti eſtote.) καταρτίζεσθε. Ea uox conuenit quoties rem laceram ſarcimus ac reconcinnamus.Notat autem hoc uerbo diſsidia Corinthiorum.

Exhortamini.) παρακαλεῖσθε. Rectius hoc loco Conſolamini,ut paſsiue tamen accipias.

Idipſum ſapite.) τὸ αὐτὸ φρονεῖτε, id eſt, Idem ſentite. Ambroſius legit,idem ſapite.Apertius erat,concordes ſiue unanimes ſitis.Siquidem hoc ſentit{Paulus}{Nec enim agit de 19.27
opinionibus, ſed de affectu animorum.)

Pacem habete.) εἰρηνεύετε, id eſt, In pace uiuite.Ambroſius recte legit, In pace agite.
{Vt autem à pace exorſus in pacem deſinit, uir uere apoſtolicus}{Exponit enim quod dixerat,Idipſum ſapite,eſtote concordes,& pace conglutinemini,hoc ob contentioſos. 19.27

In oſculo.) In additur ex proprietate ſermonis Hebraici.

Patri charitas, filio dominium, ſpiritui ſancto cōmunio tribuitur

Gratia domini.) Suo more patrem appellat deum,filium dominum. Et ſpiritui tribuit communionem,quum filio tribuerit gratiam,patri charitatem. A patre cœpit exordium humani generis redempti, qui ſic dilexit mundum ut filium unigenitum traderet in mortem:Per filium uenit gratia, qui nos nihil promeritos ſua morte redemit: donorum diſtributio per ſpiritum ſanctum facta. Ex hoc loco Chryſoſtomus refellit eos qui negabant ſpiritum ſanctum eiuſdem eſſe naturæ cum patre & filio,quod Paulus in frontiſpicijs epiſtolarum, ſemper coniungit patrem & filium,omiſſa mentione ſpiritus. )

ANNOTA-

16 ANNOTATIONUM D. ERASMI IN SECUNDAM AD CORINTHIOS FINIS.

19 ANNOTATIONUM IN EPISTOLAM PAULI SECUNDAM AD CORINTHIOS PER DES. ERASMUM ROTERODAMUM FINIS.

22-27 ANNOTATIONUM IN EPISTOLAM PAULI posteriorem ad Corinthios per Des. Erasmum Roterodamum finis.

Appendix A to p. 366, line 34, at C°. Based on 1527 edition and excised in 1535.

19 16-27: Adam {quorum est Ambrosius, qui in hoc quoque philosophatur, cur dixerit in quo,
nimirum Adam, & non in qua, cum ab Eva, sit ortum peccatum, videlicet Origenem
19 secutus ut ferè solet.} quidam ad peccatum cuiusque proprium {in qua sententia video
27 (Chrysostomum &) Theophylactum esse} (Quanquam utraque sententia recidit eodem) Mihi 19: Vulgarium
non absurdum videtur si ἐφ' ᾧ accipiatur pro quatenus, sive quandoquidem, ut sit sensus, 16: accipitur
per unum hominem venisse peccatum in mundum, peccati vero comitem fuisse mortem, 16: tr
proinde ad omnes pervenisse mortem, quatenus omnes peccatum habuerunt. Nam ad
19 hunc modum reperire licet & alias {ni fallor} apud Paulum ἐν ᾧ, sive ἐφ' ᾧ pro in eo
27 quod, sive in quantum aut, quatenus. (Huic sententiae minus fidebam priusquam
comperissem positam ab eo cuius sunt scholia in omnes epistolas Paulinas, viri, quod
res ipsa declarat, eruditi, licet praefationem addiderit impostor, qui quo vendibilius
esset opus, finxit Hieronymum autorem. Scholium sic habet, in quo omnes peccaverunt,
hoc est, in eo quod omnes peccaverunt, exemplo Adae peccant). 16: Non imputabatur..) p 373
19-27: Usque ad legem..) p 373

Appendix B to p. 392, line 32, at C. This is the 1527 edition which was fundamentally adapted by Erasmus in 1535 although several words, phrases and sentences were retained.

(Photographs from B. 1. 12 Th. Seld., by courtesy of the Bodleian Library, Oxford.)

Edited from Haeretica scripsit to Non autem only.

Ad filios enim tabulæ testamenti pertinet, quanquam Hieronymus putat hoc uerbū apud Hebræos, unde ductum est à nostris, magis sonare pacta quàm testamenta.

Legislatio.) ἡ νομοθεσία. Græcis unicum est uerbum, quod ad omnes leges condendas pertinet, non solum ad unam. Augustinus in libello quem scripsit aduersus aduersarium legis, legit Legis constitutio. Sentit enim Paulus gloriam à deo conditæ legis, penes illos fuisse. Rursus & testamentum.) Græce est Testamenta numero multitudinis. Ita legit Hieronymus ad Algasiam quæstione nona, interpretans alterum in litera, alterū in spiritu. Atq; ita scriptum est in uetustissimis exemplaribus Latinis.

*Obsequium, pro cultu.*

Et obsequium.) ἡ λατρεία, id est, Cultus, siue religio, quod alibi uertit, Seruitutem. Sentit autem officia sacerdotalia, & ritus ac ceremonias sacrorum, interprete Origene. Quis autē per obsequium quicquam tale Latinus intelligeret?

Et promissio.) ἐπαγγελίαι, id est, Promissiones aut promissa, ut legit Ambrosius.

*Christus olim raro dictus deus, ob scādali periculum.*

*Mirum Origenem disputare aduersus suam ipsius opinionem.*

*Inspersa quædam in Origenis cōmentarijs, quæ uideātur ab Hieronymo correcta.*

Qui est super omnia deus.) Hoc certe loco Paulus palàm Christum pronunciauit deū, & consentiunt, quæ quidem uiderim Græcorū exemplaria. Theophylactus admonet hoc loco refelli Arrianorum impietatem, qui solum patrem uoluerunt uere ac proprie deū dici. Similia disserit Origenes, indicans iam tum fuisse, qui non audebant Christum appellare deum, ne plures deos facere uiderentur. Sed suspicor hunc locum, quod intolerabilis esset Rhomanis auribus, mutatū ab Origenis interprete, aut ab alio quopiam quisquis is fuit, qui declarat sese etiam initio operis nonnihil adiecisse de suo. Et Hieronymus obijcit Ruffino, quod in libris quos uerterat, omneis Origenis errores reliquerit, præterq; de personis diuinis, quod eam blasphemiam nullas Rhomanorum aures laturas sciret. Itidem in his commentarijs reperies quædam, licet obscurius obiter inspersa, de diabolo redimendo, capite tertio, de animabus quæ peccarint antequam nascerētur, aliaq; id genus multa. At hic etiam aduersus Arianorum dogma disserit, qui suum errorem ex Origenis hauserāt libris. At diuus Hieronymus scribens aduersus Ruffinum, negat inueniri in Origenicis libris, ubi catholice loquutus sit de rebus hisce, de quibus in libris περὶ ἀρχῶν hæretica scripsit, id quod affirmabat Ruffinus. Quin & Ambrosius hoc loco subindicat fuisse, qui conarentur 19
hæc ad patrem non ad filium detorquere, quod aliàs apud Paulum dei uocabulum, patri soleat tribui, filio domini, non quod minus competat in filium quàm in patrem, sed quod sic magis expediebat illis temporibus ad prædicationem euangelij, ut ostendemus alibi copiosius. Verum hoc loco nulla patris fit mentio, ut ulla ratione possit hæc pars ad illum accommodari. Theophylactus legit, ὁ ὢν ἐπὶ πάντων θεὸς εὐλογητὸς εἰς τοὺς αἰῶνας ἀμήν. 27
Chrysostomus hunc in modum legit, ὅς ἐστιν εὐλογητὸς εἰς τοὺς αἰῶνας ἀμήν. Fortasse deum subaudit ex superioribus. Commentum quod scribit in hunc locum sic habet, ἅπερ ἅπαντα ἐννοήσας καὶ λογισάμενος πόσην ὁ θεὸς μετὰ τοῦ ἑαυτοῦ παιδὸς ἐποιήσατο τὴν σπουδὴν σῶσαι αὐτούς, ἀνεβόησε μέγα καὶ εἶπεν, ὅς ἐστιν εὐλογητὸς εἰς τοὺς αἰῶνας, ἀμήν, τὴν ὑπὲρ πάντων εὐχαριστίαν ἀναφέρων αὐτὸς τῷ μονογενεῖ τοῦ θεοῦ. τί γὰρ εἰ ἕτεροι βλασφημοῦσί φησιν, ἀλλ' ἡμεῖς οἱ τὰ ἀπόρρητα εἰδότες αὐτοῦ καὶ τὴν σοφίαν τὴν ἄφατον, καὶ τὴν πρόνοιαν τὴν πολλήν, ἴσμεν σαφῶς, ὅτι οὐ τοῦ βλασφημεῖσθαι, ἀλλὰ τοῦ δοξάζεσθαι ἄξιος, id est, Quæ quidem quum intellexisset ac perpen-
cf p. 392 dissset omnia, quantam deus una cum suo filio curam adhibuisset ut illos seruaret, uehementer exclamauit & dixit, qui est benedictus in secula, Amen, Gratiarum actionem super his omnibus ipse referens ad unigenitum dei. Quid enim inquit, si cæteri maledicunt? Sed nos qui occulta illius nouimus, & sapientiam ineffabilem, & prouidentiam plurimam, certo scimus eum esse dignum qui glorificetur, nō qui blasphemijs incessatur. Tantū Chrysostomus, ex quibus apparet illum non legisse, deum quemadmodum nos legimus. Reperiuntur autem huiusmodi clausulæ locis aliquot additæ, uelut ad finiendam lectionem, quemadmodum apud nos solenne est addere, Tu autem domine, Gloria patri, Gloria tibi domine, sic apud Græcos ad calcem orationis dominicæ hanc adiecerunt coronidē, Quia tuum est regnum, & potentia, & gloria in secula seculorum, amen. Consimilem ad modum uideri poterat hæc addita clausula, ad finitam disputationis partem, & noui capitis initiū, nisi tantus esset omnium exemplarium consensus. Quanquam Cyprianus aduersus Iudæos libro secundo, capite quinto, adducit hunc locum omissa dei mentione. Verum id fa- 22
ctum suspicor incuria scribarum. Quanquam & aliàs docuimus orationem sic posse distingui,

*Coronides.*

*Cyprianus nō addit deus.*

*Distinctio uariat sensum.*

gui,ut Qui eſt ſuper omnia, referatur ad Chriſtum, deinde interiecto ſilentio, ſubijciatur uelut epiphonematis loco: Benedictus deus. ut intelligamus Paulum agere gratias patri, qui filium omnibus rebus præfecerit

Super omnia deus.)Incertum eſt,an diſtinguendum ſit, Deus ſuper omnia,an ſuper omnia benedictus,hoc eſt,celebrandus ac laudãdus. Deinde incertum eſt,an ſit Super oẽs, an ſuper omnia,Poſtremo poteſt eſſe,& In omnibus ἐπὶ πάντων.

Non autem quod exciderit uerbum dei.) οὐχ οἷον δὲ, ὅτι ἐκπέπτωκεν ὁ λόγος τοῦ θεοῦ.Quod ita uertas licebit,Non autem uelut exciderit uerbum dei,id eſt,quod ſic opto,ceu deſperãs illos,non eſt tale,ut putem promiſſa diuina irrita fuiſſe,quum deus promiſerit ſalutẽ Iſraeli, & tropus habet eclipſim,Non autem hæc dico quod &c.Sic & Latini, nõ quod,ſed addita coniunctio facit orationem aliquanto duriorem. *Excidit qu[...] irritum eſt [...]ctum.*

Non enim omnes.)Ex circunciſione,non eſt apud Græcos,ſed ad hunc modum, οὐ γὰρ πάντες οἱ ἐξ ἰσραὴλ, οὗτοι ἰσραήλ. Non enim omnes qui ſunt ex Iſrael, hi Iſrael, ut ſubaudias ſunt.nam ſecundo loco gentem ipſam uocat Iſrael. Non omnes orti ex ſtirpe Iſraelis, ſunt Iſraelitæ.Nec id rarum eſt in ſacris libris,Iudam non pro homine poni,ſed pro gente, & Iacob pro Hebræis ipſis uſurpari. Cæterum uideo ueteres ferè conſentire in interpretatione huius nominis,quorũ de numero eſt & Origenes & Hieronymus,ut Iſrael interpretentur, uirum uidentem deum,quum hæc uocis interpretatio nõ quadret loco Geneſis xxxij. ubi nomen commutatur Iacob,Nequaquam Iacob appellabitur nomen tuum,ſed Iſrael,Quoniam ſi contra deum fortis fuiſti,quanto magis contra homines præualebis? Hic enim indicat ideo commutatum nomen,quod aduerſus angelũ in lucta præualuiſſet. Hæc eſt enĩ illa uis,qua deus gaudet nos irrumpere in regnum cœlorum, fide ac precibus improbis ab eo extorquere benedictionem,quam non promerebamur, quaꝗ martyres dum tentantur uarijs afflictionibus uſꝗ ad uitæ contemptũ perſeuerant in profeſſione nominis Ieſu. Solus Tertullianus mihi uidetur rectam interpretationem attingere, libro aduerſus Marcionem quarto.Et alius inquit,inſcribitur in nomine Iſraelis. Quid enim ſapientius & incontradicibilius confeſſione ſimplici & exerta,in martyris nomine cum deo inualeſcẽtis,quod eſt interpretatio Iſraelis.

Neꝗ qui ſemen ſunt.) οὐδ᾽ ὅτι,id eſt,Neꝗ quod,ſiue quia.Atꝗ ita legit ambroſius. Conſentit cum hoc uetuſtiſſimũ exemplar Paulinæ bibliothecæ:unde hoc à librarijs eſt deprauatum.Alioqui interpres pro ὅτι, legiſſe uidetur ὅσις. Neꝗ ideo ſtatim ſunt filij Abrahæ, quod ex illo ducant genus. *Qui,pro qu[...]*

Promiſſionis enim uerbũ.) ὁ λόγος,Sermo, ſiue oratio,neꝗ enim unũ ponit uerbum.

Secundum tempus hoc.) κατὰ τὸν καιρὸν τοῦτον,id eſt,in tempore hoc.

Non ſolum autem illa.) οὐ μόνον.Illa, pronomen addidit interpres, ut mitigaret Græcam figuram,idꝗ haud perperam,quod tamen aliâs non eſt auſus.

Ex uno concubitu.) ἐξ ἑνὸς κοίτην ἔχουσα,id eſt,ex uno concubitum habens. Poteſt bifariam legi, ex uno Iſaac,atꝗ ita genitiuus Græcus uertendus erat in ablatiuum Latinum,πατρὸς ἡμῶν,id eſt,Patre noſtro:aut ex uno,ſubaudi filio,deinde, Concubitum habens,id eſt, Connubium patris noſtri Iſaac. ut intelligas ex una prole conſtitiſſe promiſſionem, uidelicet,Iacob,Nam Eſau reiectus eſt.Poſtremo,niſi intelligas ἦν,id eſt,Erat habens,oratio uidetur imperfecta,niſi repetas ſuperiora. Imputabatur in numero filiorum Abrahæ quantũ ad filios attinet, cum eos pariter ex eodem patre ſuſtuliſſet,ſed qui reprobatus eſt, non habitus eſt pro filio,nec huic profuit ex eodem patre progenitum fuiſſe. Porrò cubile habẽs, uerecunde dixit pro eo quod eſt,Concepit.Laurentius Valla optimo iure refellit eos, qui hoc loco putant Rebeccam ex eodem concubitu concepiſſe geminos, quaſi illud ad hanc rem pertineat,quoto coitu concepti ſint Iacob & Eſau. Imò Paulus ut adimat parentum fiduciam, proponit duos fratres ex eodẽ patre,eadẽ matre, ſimulꝗ eodem die progenitos, quorum alter tamen reiectus ſit. Quid, quod ne poteſt quidem uno concubitu cohærere, cum κοίτη apud Græcos fœminini generis ſit,ἑνὸς maſculini. Nec κοίτης legitur,ſed κοίτην,id eſt,Cubile.Proinde quidam offenſi uerbis nihil ſignificantibus, adiectis uerbis aliquot ita legebant,Sed & Rebecca ex uno concubitu,habens geminos filios, quemadmodum indicat ac reprobat Lyranus.Et tamen ita uertit interpres Theophylacti,quum apud autorem *Duplex lecti[...]* *Locus pala[...] deprauatus.*